경영학총서

경영학원론

이 필 상
이 만 우 공저
정 순 진

法 文 社

머리말

이 책은 경영학을 처음 접하는 학생이나, 경영학에 관심을 갖고 있는 경영자, 관리자, 직원 등 일반인들을 대상으로 한 입문서의 성격을 갖고 있다. 이 책을 통해 우리는 사회생활을 하면서 경영학이 왜 필요하고 왜 중요한지를 깨닫게 될 수 있으며, 경영학의 실제 사례를 통해 그 응용되는 분야에 대한 안목을 가질 수 있다.

경영이란 마치 공기와 같아서 환경에 적합하고, 시의적절하게 조직이 원활하게 운영될 때는 그 중요성을 잊게 되지만, 상황에 적합하지 않게 발휘되면, 맞지 않는 옷을 입었을 때 불편을 느끼는 이상으로 구성원들에게 고통을 줄 뿐만 아니라 조직 자체가 흔들리게 될 정도로 그 영향력은 막대히 크다. 또한, 우리가 어떤 일을 하기 위해 계획, 실천, 평가하는 모든 과정과 우리가 속한 가정, 친목단체, 학교, 정부, 기업 등 모든 조직에서 이루어지는 활동도 결국은 경영활동과 관련되어 있으므로, 사회생활에서 경영이 차지하는 범위는 너무나 넓다.

경영학은 경영을 다루는 학문이므로 이론적이면서도 실천성이 매우 강한 특성을 갖고 있다. 이러한 이유 때문에 이 책은 다음과 같은 다섯 가지 점에 초점을 맞추어 쓰여졌다.

첫째, 급변하는 사회를 읽을 수 있는 안목을 제시하기 위해 경영전략적 사고방식을 강조하였다. 정보화, 국제화되고 있는 환경에 적응하고 목표를 달성하기 위해서는 경영전략적인 마인드가 필수이다. 한 시대를 풍미했던 유망기업이 변화되는 환경에 적응하지 못하고 도태된 이유를 우리는 여기서 찾을 수 있게 될 것이다.

둘째, 이론과 실천의 균형있는 감각을 키우기 위해, 경영학에 기본적으로 등장하는 이론들을 쉽게 풀어서 설명했으며, 이론과 관련된 실례를 풍부하게 제시하였다.

우리는 이 책을 읽어나가면서 이론과 실무가 공통분모를 가지고 어떤 식으로 서로 영향력을 행사하게 되는지 이해하게 될 것이다.

셋째, 경영활동의 필수적인 요소로서 윤리를 강조하였다. 경영윤리라는 것은 시장을 효율적으로 만드는 필수요소이며, 모든 시장참가자가 공정한 게임을 할 수 있도록 마당을 열어주는 열쇠라고 본다. 또한, 경영윤리는 개별기업의 장기적인 성장을 돕는 필수적 요소 및 차별화요소가 될 것이며, 한국적 경영환경에서 꼭 필요한 숙제이다. 합리적인 윤리의식이 사회 전반에 걸쳐 나타날 때, 시장에 대한 불확실성이 감소하고 우리나라 시장이 국제화되는데 중요한 밑거름이 될 것이다.

넷째, 각 장마다 토의문제를 제시하여 그 장에서 다루어진 내용에 대해 더 깊이 생각할 수 있는 기회를 제공하고, 실생활에 응용할 수 있는 능력을 키우고자 하였다. 토의문제는 추후에 경영학 각론을 공부할 때도 도움을 줄 수 있도록 구성하였다.

다섯째, 이 책을 통해 경영학의 참맛을 본 후 더 깊이있게 나아가고 싶은 분들을 위해 경영학의 미래 및 발전방향을 제시하였다. 이 부분은 특히 경영학을 전공하고자 하는 저학년들에게 도움이 될 것으로 믿는다.

위와 같은 부분의 강조를 위해, 이 책은 다음과 같이 4부로 나누어 내용을 구성하였다. 즉, 1부에서는 경영의 일반론으로 경영학에 대한 전반적인 이해를 돕고자 했으며, 2부에서는 경영전략으로 기업의 장기적인 발전방향을 설정하는데 필요한 기본적인 틀을 제시하였다. 3부에서는 경영의 전반적인 관리를, 4부에서는 경영학의 미래에 대한 예측과 필요한 준비과정을 제시하였으며, 부록에서는 구체적인 정보를 제공하고자 노력하였다.

이 책이 준비되는 동안에도 경영환경은 너무나 빨리 변해 왔다. 즉, IMF 체제를 극복하는가 싶더니, 벤처열풍에 이은 거품논쟁, 미국경제의 연착륙 논란, 북한의 개방가능성 등… 이 책은 변화하는 환경에 재빠르게 대처하기 위해, 초판 이후에도 계속적으로 내용을 보완하고 수정할 것을 약속드린다.

이 책이 나오기까지 법문사의 정현성 차장과 김제원 차장의 노고가 너무 컸다. 이 책을 통해 모든 이들이 경영학에 대한 이해를 통해 자신을 성장시키고 자신이 속한 조직을 발전시키는 계기가 되길 바란다.

2001년 2월 25일

이필상 · 이만우 · 정순진

차 례

제1부 경영의 일반론

제 3 부 경영관리

제 4 부 경영학의 미래

제 1 부

경영의 일반론

1 경영학을 시작하며

1.1 조직과 경영

1. 나에게 어떤 조직이 맡겨진다면…

우리 사회는 크고 작은 조직들로 구성되어 있다. 각 조직은 경영을 어떻게 하느냐에 따라 그 성과가 크게 달라진다. 따라서 조직의 성과에 있어서 경영자의 역할이 매우 중요하다. 경영자의 역할에 따라 쓰러져 가던 조직이 살아나기도 하며, 건실한 조직이 뿌리채 흔들리기도 한다. 즉, 조직과 경영활동은 매우 밀접한 관련이 있다.

우리는 살아가면서 여러 조직에 속하게 된다. 즉, 학교, 동아리, PC 통신 동호회, 직장, 종교단체 등의 조직에 속해 조직에 영향을 주기도 하고 영향을 받기도 하면서 조직과 개인의 목적을 달성하곤 한다.

2. 이러한 조직의 공통점은 무엇이 있을까?

조직이란 목표를 달성하기 위하여 모인 사람들이 상호작용하며 체계적으로 일하는 단체를 말한다.

우선 목표가 일치한다. 즉, 기업의 경우 '기업가치를 극대화하는데', 병원은 '아픈 사람을 치료하는데', 동아리는 '친목도모에' 목표를 두고 지속적으로 상호작용하며 이를 달성하고자 한다.

또한, 체계적으로 운영된다. 즉 각자의 능력과 자격과 소질을 고려하여 적절히 업무를 분담하고, 권한을 배분하여 일을 처리한다. 기업에서는 최고경영자와 중간관리자, 직원으로 구분하기도 하고, 인사관리전문가와 회계·재무전문가, MIS전문가 등으로 구분되기도 한다. 동아리에서는 회장, 총무, 친교부장 등으로 구분되어 목표달성을 위해 각자 다른 역할을 담당하게 된다.

그리고, 조직은 하나의 유기체(system)로 활동하게 된다. 유기체란 관련된 개체들, 즉 하부유기체(subsystem)들이 모여서 하나의 큰 조직을 이루는 것으로, 유기체가 살아가기 위해 외부환경과의 상호작용을 필요로 한다면 이를 개방적 유기체(open system)라 한다.

개방적 유기체의 대표적인 예로 사람을 들 수 있다. 사람은 생존하기 위해 지속적으로 식사도 하고 호흡도 하며 외부환경으로부터 에너지를 흡수하는 등 외부로부터 영향을 받을 뿐만이 아니라 외부환경에 영향을 미치기도 한다. 기업을 포함한 대부분의 조직도 외부와의 상호작용을 통하여 존속·성장할 수 있게 된다. 그러므로 외부환경과 상호작용조건이 적합하지 않으면, 오히려 소멸하고 쇠퇴할 수 있다.

즉, 기업의 존속은 내부의 효율적 활동에만 달린 것이 아니라, 외부의 소비자, 정부, 원재료 공급업자 등과의 원만한 관계유지를 통해서 달성될 수 있는 것이다.

폐쇄적 유기체(closed system)란 어떤 유기체가 살아가기 위해서 외부와의 상호작용을 필요로 하지 않는 경우를 말한다.

조직의 공통점
① 공동의 목표
② 체계적
③ 구성원간의 상호작용
④ 외부환경과의 상호작용

3. 경영이란?

이러한 조직이 효율적으로 운영되고 성장하려면, 적극적인 관리활동인 경영이 필요하다. 경영은 조직을 구성하고 있는 자원을 잘 활용하여 조직의 목표를 되도록 효율적으로 달성하고자 하는 데 관심을 둔다.

경영이란 조직의 목표달성을 위해 조직 내의 인적·물적·지적 자원을 효율적으로 관리하는 활동을 말한다.

예를 들어 기업의 대표적인 경영활동은 되도록 적은 비용으로 제품을 만들고 매출을 극대화하여 이익을 높이고자 하는데 있다. 축구팀의 감독이 선수들을 어떻게 배치하고 관리하느냐에 따라 그 성적이 많이 달라지거나, 지휘자가 오케스트라의 각 단원들을 어떻게 조화시키느냐에 따라 그 작품의 완성도가 달라지는 것처럼, 경영활동은 우선 조직내부의 자원을 어떻게 잘 활용하느냐에 관심을 두고 있는 것이다.

이와 같은 경영활동에 공통적인 요소는 무엇이 있을까? 경영자가 해야 할 대표적인 활동은 대개 다음의 단계를 거친다.

첫째로, 경영자는 미래를 예측하여 조직의 비젼과 목표를 제시하고 활동계획을 작성한다(planning). 즉, 어떠한 조직이든 미래의 상황을 고려한 확고한 비젼과 구체적인 목표가 먼저 제시되어야 한다. 계획없이 그때그때 상황에 따라 행동패턴을 바꿔야 한다면, 종업원들이 방향감각을 잃어 효율성 있게 일을 처리할 수 없을 것이다.

그림 1-1 *경영활동의 과정*

▶ 관리과정은 학자에 따라 다소 다르게 보는 경우가 있는데, 위와 같은 5단계의 관리과정은 프랑스의 학자 Fayol에 의한 분류이다. 그 외의 가장 대표적인 관리과정으로 Plan(계획)→ Do(집행) → See(통제)나 Plan → Organizing → Controlling 등으로 나누는 예를 들 수 있다.

둘째로, 일을 체계적으로 하기 위하여 인적·물적 요소를 조직하며 누가 어떤 일을 해야 할지를 결정한다(organizing). 이는 계획을 달성하기 위한 조직화가 적절해야 함을 의미한다. 농구팀의 경우 대개 선수들이 주로 활동하는 포지션을 정하게 되는 것과 유사한 논리이다. 그러나 시합에 임할 때 상대팀 선수들의 기량을 파악하고 이에 따라 선수들을 다시 배치하는 것처럼 조직의 형태도 끊임없이 변할 준비가 되어 있어야 한다. 대개 규모가 작은 조직이 환경변화에 따른 조직변화에 더 유리할 것이다.

셋째로, 종업원들이 의욕을 가지고 최선을 다해 일할 수 있도록 유도한다(leading). 즉, 계획이 수립되고 조직화가 되고 나면, 실제로 업무를 해야 할 종업원들을 독려하고(motivating) 후원해 주어야 할 것이다.

넷째로, 업무진행과정에서 발생하는 상충된 이해관계를 조정하고 통일성 있게 일이 진행되도록 조화시킨다(coordinating).

경영학의 연구범위를 다양한 조직으로 넓힐 때 보편성을 지닌 경영원리를 발견할 수 있을 것이다.

마지막으로, 수행되는 일들이 계획에 일치되도록 하기 위하여 조직과 개인의 성과를 측정하고 편차를 수정한다(controlling). 즉, 통제단계에서는 계획과 성과가 일치하는지 여부의 파악과 이 양자가 일치하도록 대책을 강구하는 활동이 병행되어야 한다.

이러한 경영활동은 이윤을 추구하는 기업뿐만이 아니라, 대학이나 군대, 정당, 자선단체, 교회, 교향악단 등의 조직에도 공통적으로 적용된다. 그러므로 경영학의 연구를 통해 모든 조직의 생산성 향상에 공헌할 수 있을 것이다.

경영산책

◆ 스포츠 마케팅의 예

1995년 삼성이 박세리 선수와 10년간 계약금 8억원에 연봉 1억원씩 지급하기로 계약했을 때 경쟁기업들은 이를 몹시 못마땅해 했다. 당시 수준으로는 대우가 파격적이었기 때문이다.

이로부터 불과 3년, 박세리 선수가 세계적인 골퍼로 부상하며 일약 스타가 되자 다른 기업들은 무릎을 치며 부러워하고 있다. 전세계 골프 애호가들이 지켜보는 각종 골프대회에서 박세리의 후원자인 삼성은 억만금을 주고도 얻을 수 없는 짜릿한 홍보효과를 만끽하고 있는 것이다.

코오롱은 1994년 이후 마라토너 이봉주에게 7억원 정도를 투자했다. 그 결과 1998년 로테르담 마라톤 대회에서 이봉주가 한국신기록을 깨고 2위로 골인하자 그 대회에서만 30억원 정도의 광고효과를 봤다. 이뿐 아니라 이 선수가 그 대회에서 신었던 '액티브 마라톤화'는 연간 500켤레 정도 팔리던 것이 대회 이후 한달 동안에만 3년치인 1천500여 켤레나 팔렸다.

나이키는 골프 신동 타이거 우즈가 고등학생 때부터 1천만 달러에 가까운 후원금을 내줬다. 그의 천재성을 간파하고 투자를 결심한 것이다. 타이거 우즈가 1996년 3월 미국 아마추어 선수권 사상 3연패를 이룬 뒤엔 5년간 4천만 달러라는 거액을 후원료로 지불하며 스폰서 계약을 맺었다. 이후 우즈가 가는 곳엔 나이키도 그림자처럼 따라 다니게 됐고 결과는 대성공이었다.

우즈가 역대 사상 PGA 상금왕에 등극함과 동시에 그 동안 매출이 부진했던 나이키의 골프부문 사업은 획기적인 성장으로 정상에 올랐다. 3년만에 300만 달러이던 매출액이 2억 달러로 늘어난 것이다.

1.2 경영자

1. 경영자의 역할과 구분

조직의 특성에 따라 요구되는 경영활동이 달라지는 것과 마찬가지로, 조직의 성장과 발달에 따라 요구되는 경영자(manager)의 역할은 달라질 수밖에 없다.

우선 기업내의 소유권과 경영권의 집중정도에 따라 나누어보면, 소유경영자, 고용경영자, 전문경영자의 개념이 등장하게 된다. 기업의 규모가 방대해지면 자연스럽게, 소유권이 주식의 형태로 분산되고, 거대한 기업을 운영하는 전문적 능력이 필요하게 되므로, 아래 그림처럼 소유경영자보다는 전문경영자의 형태가 각광을 받게 되는 것이다.

반면, 경영관리의 기능을 수행하는 계층에 따라 나누게 되면 최고경영층, 중간관리층, 하위관리층의 개념이 필요하다.

그림 1-2 *소유와 경영의 분리와 경영자*

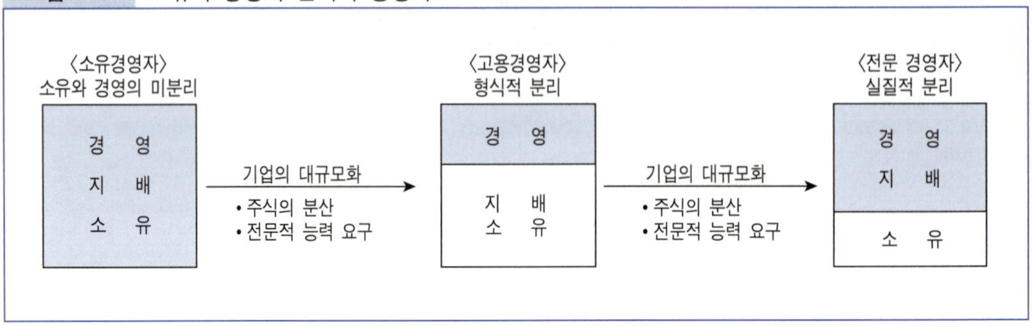

경영노트

❖ Berle & Means의 미국내 자산순위 200대 비금융기업의 소유권조사에 관한 연구결과

1930년 최대주주가 전체주식의 20% 미만을 소유한 기업이 44.3%	→	1963년 최대주주가 전체주식의 10% 미만을 소유한 기업이 84.5%

최대주주가 전체주식의 10%미만을 보유하고 있다는 것은 소유주가 과거와 같이 기업경영에 대해 막강한 영향력을 행사할 수 없다는 것을 의미한다. 이는 기업경영에 대한 실질적 통제권이 소유주로부터 경영자로 옮겨가고 있음을 보여주는 것이다.

그림 1-3 *계층에 따른 경영자의 구분*

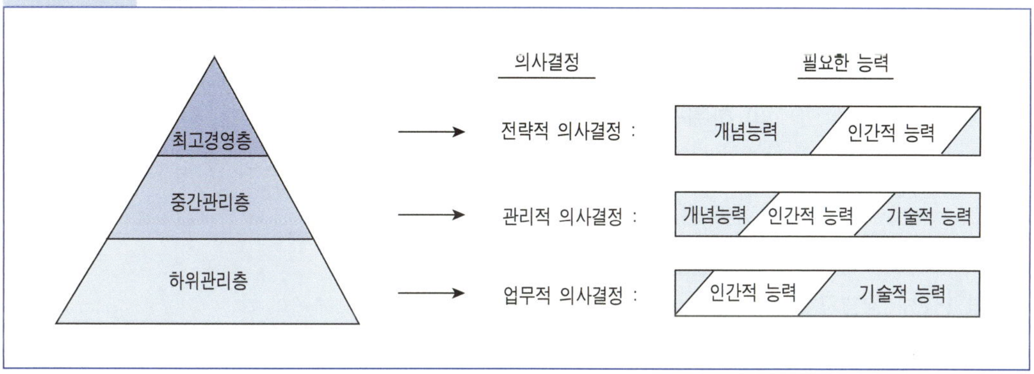

① 최고경영층

전략적 의사결정자로 불리우는 최고경영층(top management)은 조직의 전반적인 방향과 운영에 대한 권한과 책임을 가지고 있으므로, 주로 계획수립에 시간을 많이 보내게 된다. 최고경영층은 맡고 있는 기능이나 역할에 따라 다시 수탁경영층, 전반경영층, 사업부문 책임자 등으로 구분되기도 한다.

> 이사회는 경영활동에 상시적으로 참여하는 **사내이사**와 상시적으로 참여하지 않는 **사외이사**로 구성된다.

수탁경영층은 주주로부터 경영을 위탁받아 조직을 운영하고 그 결과를 주주에게 보고하는 역할을 담당하는데, 주로 이사회(board of directors)로 불리운다.

전반경영층은 이사회가 정한 경영활동의 기본방침을 준수하면서 경영활동을 계획·실행·통제하게 되는데, 사장 또는 최고경영자(CEO; chief executive officer), 부사장·전무·상무 등이 이에 해당된다.

사업부문 책임자는 기업내의 특정사업부를 맡아 기업의 기본방침을 준수하면서 독자적인 경영활동을 수행하는데, 본부장 등으로 불리운다.

② 중간관리층

전술적 경영자로 불리우는 중간관리층(middle management)은 최고경영층과 하위관리층의 중간에서 이들을 연결해 주는 연결핀(linking pin)의 역할과 최고경영층의 경영정책에 따라 하위부문을 관리하는 역할을 담당한다. 중간관리층은 주로 구매, 생산, 재무, 인사, 마케팅 활동들을 관리하게 되므로 전문성이 많이 요구된다.

③ 하위관리층

하위관리층은 생산현장 등에서 근무하는 일선 종업원들을 지휘·감독하는 역할을 맡게 된다.

그림 1-4 *경영자 계층의 변화*

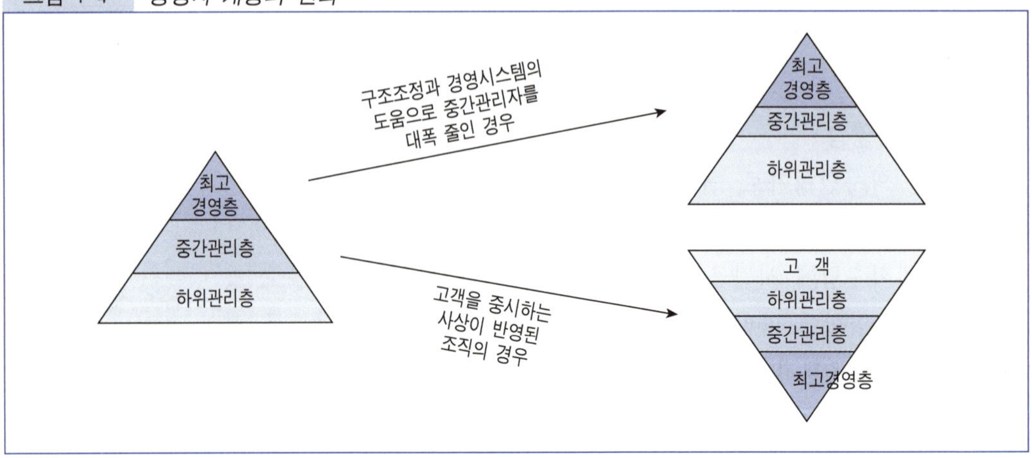

경영사례

♦CEO 진퇴따라 주가 춤춘다

최고경영자(CEO)의 됨됨이에 따라 기업의 주가가 등락을 거듭하는 곳이 미국이다.

월스트리트의 '큰 손'들이 기피하는 인물이 CEO로 취임하면 그 회사 주가는 폭락한다. 반대로 인정받는 CEO가 취임한다는 소식이 전해지면 바로 그 회사 주가가 급등한다. 일본의 경제전문 주간지 닛케이 비즈니스는 "이같은 현상은 투자가들이 기업의 운명은 CEO에게 달려 있다고 믿기 때문"이라고 풀이했다. 미국 최대의 통신회사인 AT&T의 마이클 암스트롱 회장이 1992년 방위산업체인 휴즈사의 CEO로 취임할 무렵 휴즈사는 존폐의 기로에 있었다. 그러나 그가 1997년 10월 AT&T로 자리를 옮길 무렵 휴즈의 주가는 취임 당시에 비해 세배 이상 올랐다.

암스트롱이 AT&T로 옮긴다는 소식이 월가에 전해지면서 AT&T 주가는 1998년 초까지 석달간 거의 하루도 빠지지 않고 올랐다. 4월초 현재 AT&T 주가는 그가 취임할 때보다 70% 가량 올랐다. 미국의 대형 정보처리업체인 EDS는 주가를 안정시키기 위해 기관투자가들이 불신하는 CEO를 교체하기도 했다. EDS 이사회는 1998년 7월 12년간 CEO를 맡고 있던 레스 알바사르를 전격 해임하고 기관투자가들에 인기있는 리처드 브라운을 영입해 주가를 안정시키는 데 성공했다. 기관투자가들은 기업의 후계구도에 민감한 반응을 보이고 있다. 못마땅한 CEO가 취임하는 것을 미리 막는 것은 물론 세대교체가 임박한 기업이 후계구도를 확정하지 못할 경우 압력을 가하기도 한다.

월트 디즈니의 마이클 아이즈너 회장이 바로 그런 압력을 받고 있다.

자료원: 동아일보, 1999. 5. 3.

♦사외이사제도의 순기능

LG그룹의 이사회 분위기가 사뭇 달라졌다. 22, 23일 구본무 회장 주재로 각각 열린 LG화학, LG전자 이사회에서 사외이사들이 "신제품 개발전략이 어디까지 진행되고 있느냐," "유능한 인재를 스카우트할 방안은 마련돼 있느냐"는 등 질문과 지적을 쏟아붓자 준비가 미흡한 항목에서는 제대로 답변을 하지 못하는 경우가 많았던 것.

"사외이사들의 준비가 예상외로 철저하고 세부적이었다"는 게 참가 임원들의 공통된 반응.

회사 경영상 주요 사안은 대부분 그룹 최고경영진에 의해 결정되고 이사회는 이미 결정된 사안에 대해 동의하는 절차 정도로만 여기던 과거 분위기에 익숙한 임원들로서는 의외의 일격을 당한 셈이었다. 자연히 이사회 시간도 1시간이면 끝나던 것이 3시간 넘게 진행됐다. 특정 사안에 대해서는 임원들끼리 '갑론을박'을 벌이기도 했다고 한 관계자는 전했다. 구회장도 전문성을 갖춘 사외이사들의 의견 가운데 타당한 내용들을 적극 수용하겠다는 입장을 밝혔다.

LG측은 이와 관련해 "이사회가 실질적인 최고 의사결정기구인 동시에 대표이사의 직무집행에 대한 감독기관으로 위상을 정립해가고 있다는 증거"라고 자평했다.

경영사례

♦ 21세기의 피라미드 AOL

인류 최대 불가사의로 흔히 이집트 피라미드가 꼽힌다.

먹고 살기조차 힘들었을 그 옛날, 인간 생활에 별 보탬이 안되는 무덤 만드는 데 그 많은 노력을 쏟아부운 것이 너무나 놀랍기 때문이다. 이 정도라면 필경 강제노역보다는 사람들의 자발적 참여로 이룩됐을 것으로 추정된다. 온 세상 사람들이 뭔가에 단단히 홀려 광신도처럼 나선 덕분이었을 것이다.

최근 타임워너그룹을 인수하기로 해 세상을 놀라게 한 인터넷 접속서비스업체 아메리카 온라인(AOL)도 이런 피라미드가 아닌가 한다. 그 자신이 창출하는 실용가치가 별것 없는데도 거대한 실체를 빚어냈기 때문이다. 주식투자자들이 뭔가에 홀린듯 인터넷사업을 숭배하지 않았다면 불가능한 구조물이다.

AOL은 하와이 섬에서 태어나 윌리엄스대 정치학과를 졸업한 78학번 스테픈 M. 케이스가 세운 회사다. 그는 졸업 후 뉴욕의 J. 월터 톰슨사 광고직 사원 모집에 응시했다가 떨어지고 피자헛과 프록터 앤드 갬블 등의 브랜드 매니저로 전전했다. 그러나 샐러리맨 생활을 3년만에 그만두고 1983년 컨트롤 비디오라는 비디오게임기 생산 벤처기업에 합류했다. 그러나 12만여대 생산품 가운데 고작 2천여대를 판 컨트롤 비디오는 형편없이 실패했고, 이에 케이스는 퀀텀컴퓨터라는 온라인 서비스 대행업체를 차려 코모도어와 애플 등으로부터 일감을 따내 그럭저럭 꾸려갔다.

하지만 애플과 갈등을 빚고 1985년 간판을 바꿔 달았으니, 이것이 바로 아메리카 온라인이다. "사이버계의 바퀴벌레"라는 혹평을 들으면서도 1992년 주식공모를 성공적으로 치른 AOL은 1996년 기업의 운명을 바꿔 놓는 행운을 맞았다. 현 사장인 로버트 피트만을 사장으로 영입한 것이다. 당시 42세였던 피트만은 이미 23세 때부터 인정받은 경영의 귀재다. 뉴욕 NBC라디오 편성부장 당시 NBC라디오를 전국 1위로 올려 놓았고 워너사에서는 음악전문 케이블방송사 MTV를 출범시켰다.

MCA에서는 첨단 온라인 미디어 벤처기업 인수 책임자로 활약했고 타임워너 그룹에선 대형 테마파크 인수 및 경영을 맡아 했다. AOL로 옮기기 직전엔 젊은 나이에 미국 최대부동산 회사 중 하나인 센트리21 사장에 임용돼 세상을 놀라게 했다. 피트만은 한마디로 첨단 미디어와 구식 미디어, 추상세계와 실물세계를 모두 섭렵한 사람이다. 그런 그가 케이스 회장의 제갈량이 됐다. 기대대로 피트만이 사장이 된 후 AOL은 즉각 날기 시작, 그야말로 무섭게 성장했다. 현재 1천6백억 달러를 넘는 회사가치도 사실상 이 기간에 생겨난 것이라 해도 과언이 아니다.

그러나 AOL의 미래는 피라미드 완공 직전의 이 순간, 더 불안하게만 느껴진다. 시장의 맹목적 신념과 환상이 이로써 깨지고 자신뿐만 아니라 다른 인터넷 환영들을 몽땅 부둥켜 안고 추락할 것 같다. AOL의 성공비결이란 것이 딱히 없기 때문이다. 게으른 네티즌들에게 인터넷을 TV처럼 쉽게 쓸 수 있게 한 포장술이 고작이다. 콘텐츠며 전송망은 사실상 전부 남의 것이다. 얼마간의 프로그래밍 기

> 술도 특출난 것이 아니다. 누구든지 쉽게 모방할 수 있는, 진입장벽이 매우 낮은 사업분야의 기업이다. 고객들도 언제든 클릭 한번에 접속선을 바꿀 수 있다.
>
> AOL은 다만 남보다 한발 빨랐을 뿐이다. 케이스 회장은 온갖 남의 것만 비추는 거울에 현혹돼 거울 아닌 거울 속 물건값을 몽당 치른 투자자의 환상이 깨지기 전에 잽싸게 물건을 들여놓고자 하고 있는지 모른다. 하지만 정작 물건값을 치러야 할 1년 정도 후에도 과연 부풀려진 거울값이 현 수준에서 가만있어 줄지 심히 의심스럽다. 피트만 사장은 곧 은퇴할 예정이다.
>
> 자료원: 한국경제신문, 신동욱의 경영노트, 2000. 1. 27.

2. 경영자에게 요구되는 가장 중요한 능력은 무엇일까?

드러커라는 학자는 성실성, 도덕성, 원만한 인격, 창의성, 리더쉽, 솔선수범성, 포용성, 설득력 등을 들고 있으며, 버나드는 도덕성, 책임감, 용기, 결단력, 인내력, 지구력, 그리고 지식과 설득력 등을 들고 있다.

과연 경영자에게 요구되는 가장 중요한 능력은 무엇일까?

① 혁신성(Innovator role)

일찍이 경제학자 슘페터(Schumpeter)는 기업의 발전을 위한 혁신성에 초점을 맞춘 기업가정신(Enterpreneurship)을 강조하였다. 즉 창조적 파괴과정을 두려워하지 않고 추진하여 신제품개발, 신시장 개척 등을 이루어 내는 역할이야말로 경영자로서 가장 필요한 능력이라고 보았다.

② 대인관계능력, 정보관리능력, 의사결정능력

민쯔버그(Mintzberg)는 경영자에게 요구되는 중요한 역할로 대인관계능력, 정보의 탐색과 보급능력, 의사결정능력 등을 들고 있다.

첫째, 대인관계능력으로는 종업원에 대한 동기부여 역할(리더역할)이나 대표자로서의 역할 등을 들 수 있다. 종업원의 결혼식에 주례를 선다든지, 거래처에 축하편지나 화환을 보내는 행위는 조직의

경 영 산 책

「상속받은 부자는 드물고, 돈이 많으면 그만큼 사회 기부도 많이 한다」－월스트리트저널의 자매지인 배런스가 밝힌 미국 부자들의 공통적 특성이다. 배런스지는 얼마전 미국 국세청이 지난 8년간 납세자 중 상위 1%의 고소득층(연간 평균소득 약 22만7,500달러)을 대상으로 조사 발표한 「돈을 많이 버는 사람들의 공통점」에서 이같이 밝혔다.

이들 고소득층 중 유산을 받은 사람은 10%에 불과했고, 중산층 또는 하류계층 출신의 자영업자와 전문직 종사자들이 대부분을 차지했다. 40～50대가 55%였으며 30대도 19%나 됐다. 이들은 연 수입 중 8%를 자선단체에 기부하고, 42%를 세금으로 내며, 저축 및 투자에 27%를 쏟아붓는다. 우리가 생각했던 것과는 상당한 차이가 난다.

세계 최대의 기업인 마이크로소프트사의 빌 게이츠 회장은 세계 최고의 부자일 뿐 아니라 최고 자선가로도 유명하다. 전 재산의 사회환원을 약속한 그는 1984년 설립한 자선재단을 지난 8월 「빌 앤드 멜린다 게이츠 재단」으로 통합하면서 기금을 171억 달러로 늘렸다. 타임워너사의 테드 터너 부회장은 1997년 주가폭등으로 32억 달러를 벌자 그 중 10억 달러를 유엔에 기부했다. 세계적인 펀드매니저인 조지 소로스는 러시아 부도위기사태로 20억 달러의 손해를 봤지만 지난해 5억 달러를 미국 사회에 내놓았다.

재벌 2세 등 사회지도층들의 변칙적인 상속·증여가 다시 큰 문제가 되는 곳이 있다. 우리나라다. 어느 재벌은 얼마를 어떤 방식으로 가족에 넘겼다는 이야기들이 연이어 터져 나오고 있다. 세금을 안 내고 모은 재산을 거의 고스란히 자녀들에게 물려주겠다는 것이다. 또 주가폭등으로 번 돈을 사회에 돌리기 보다는 주가조작을 통해 더 큰 돈을 벌고 있다. 얼마전 타계한 소니 명예회장인 모리타 아키오에 대한 일본인들의 애도를 보면서 부러움을 느꼈다고 말하는 사람들이 많다. 우리가 진정으로 존경할 수 있는 우리의 기업가를 만나게 될 날은 언제일까.

자료원: 한국일보, 1999. 10. 11.

이미지와 성공에 필요한 대표자로서의 역할을 담당한 것으로 볼 수 있다.

둘째, 유능한 경영자는 다양한 정보원천을 보유하고 있으므로 중요정보에 빨리 접근할 수 있을 것이다. 이러한 정보를 필요한 종업원에게 잘 분배하여 시의적절하게 전해줄 수 있다면, 조직의 활동은 매우 효율적일 것이다(정보관리능력).

마지막으로 수집된 정보를 이용하여 의사결정 하는 경우에도 경영자는 기업가 역할, 혼란조정자의 역할, 자원분배역할, 외부와의 교섭

경영사례

◆ 잭 웰치 美GE회장의 5大경영철학

세계적인 기업인들의 경영철학은 무엇일까.

20년 가까이 미 제너럴 일렉트릭(GE)을 이끌면서 세계적 우량기업으로 만든 '경영귀재' 잭 웰치 회장의 철학은 의외로 간단하다. "직원들에게 성취 동기를 부여하라."

미 경제 일간지 월스트리트저널은 21일 성공한 기업인의 경영철학에 대한 부정기 시리즈 기사를 시작하면서 첫번째로 웰치 회장의 경우를 소개했다.

그는 인터뷰에서 직원들에게 성취동기를 부여하기 위한 자신의 5가지 비결을 밝혔다.

1. 사원들이 희생자라는 생각을 갖지 않도록 하라. 희생자라고 느끼는 직원은 그만두는 편이 낫다. 또 직원들이 회사를 자꾸 그만두면 관리자도 문제가 있으므로 그 또한 그만두게 하라.
2. 지속적인 인력관리를 하라. 최고의 사원에게는 보상을, 최악의 사원은 퇴출시킨다.
3. 사원의 고과평가는 포물선형으로 하라. GE는 사원을 가장 우수한 1등급부터 퇴출대상인 5등급까지 다섯 등급으로 나눠서 평가한다. 1등급은 상위 10%, 2등급은 15%, 3등급은 50%, 4등급은 15%, 5등급은 10%다. 고위 간부의 경우에는 업무성취도와 회사 기여도를 절반씩 평가한다.
4. 직원들의 업무목표를 정하는 대신 기업 성장을 위한 아이디어를 내게 하라. 우리는 추진한 아이디어의 20~30%는 실패할 각오를 한다. 대기업의 장점은 실패로부터도 배울 수가 있다는 점이다.
5. 지갑을 채워주라. 뛰어난 사원에게는 임금을 듬뿍 올려주는 것이 제일이다. 상장이나 트로피도 중요하지만 지갑을 채워줘라.

웰치 회장은 인터뷰에서 "최고경영자로서 가장 중요한 임무는 직원에게 성취동기를 부여하고 실적을 정확히 평가하는 것"이라면서 "직원평가에 50%이상의 시간을 할애하고 있다"고 밝혔다.

웰치는 1980년 GE회장이 된 뒤 5년간 10만명의 종업원을 해고했으며 시장 1, 2위 기업을 제외하고는 모두 팔아버리는 과감한 구조조정을 단행했다. 성공적인 구조조정 등에 힘입어 GE의 시장가치는 지난해 세계 최초로 3,000억 달러를 넘어섰다. 지난해 영국 파이낸셜타임스지는 GE를 세계에서 가장 명망있는 기업으로, 웰치 회장은 세계에서 가장 명망있는 기업인으로 선정했다.

자료원: 동아일보, 1997. 6. 23.

담당자로서의 역할을 담당하게 되는데, 이러한 역할수행이 잘 되느냐 여부에 따라 조직의 성과는 많이 달라질 것이다.

이 중 혼란조정자의 역할은 노조파업이나, 주요공급업자의 파산, 고객의 계약파기 등 직접적인 통제 밖의 문제와 변화를 다룰 때 나타난다.

그림 1-5 *민쯔버그의 연구에 의한 경영자의 역할*

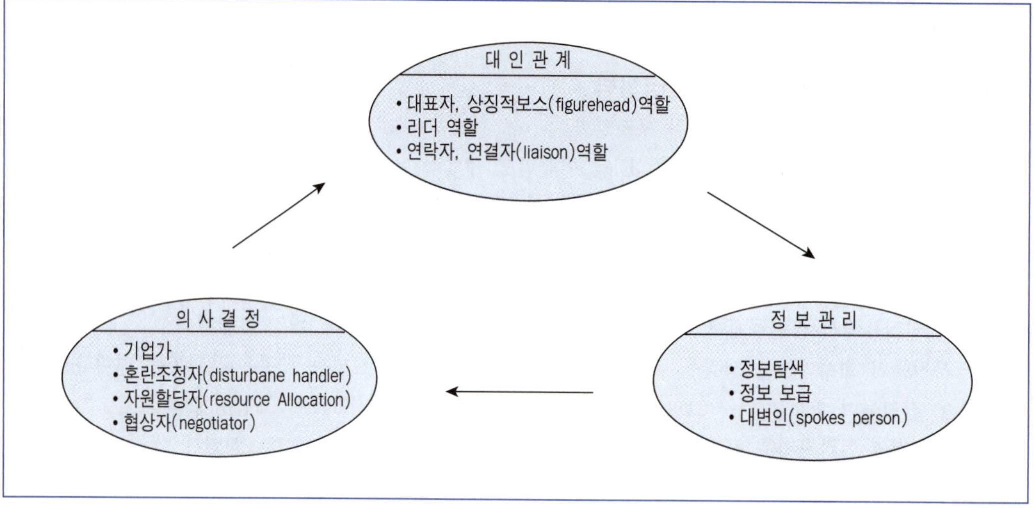

③ 의사소통능력

경영자가 다른 사람과 의견을 교환하고, 정보를 주고 받을 때 다른사람에게 영향력을 미치기 위해서는 의사소통(communication)능력이 필요할 것이다. 즉, 마음 속의 생각이나 감정을 효과적으로 표현할 수 있는 능력, 회의시간에 조리있게 표현하여 좋은 인상을 줄 수 있는 능력 등이 필요하다.

④ 기 타

위의 능력 이외에도 경영자에게는 글로벌라이제이션시대에 필요한 외국어 구사능력, 요즈음 새로운 의사소통수단으로 중요성이 한층 부각된 컴퓨터 활용능력 등이 요구될 것이다.

경영사례

◆경영자 이야기

빌 게이츠는 마이크로소프트사의 회장이자 최고경영자다. 1955년 미국 시애틀에서 태어나 13세 때부터 프로그래밍을 하기 시작했다. 1973년 하버드 대학에 입학했으나 장차 개인용 컴퓨터가 모든 사무실과 가정에 중요한 도구로 자리잡게 될 것을 예견, 1975년 학교를 그만두고 폴 앨런과 함께 마이크로소프트사를 설립했다.

빌 게이츠는 탁월한 비젼과 끊임 없는 연구로 보다 많은 사람이 보다 쉽고 재미있게 소프트웨어를 이용할 수 있도록 하였으며 컴퓨터 산업을 눈부신 발전과 진보의 길로 이끌었다. 빌 게이츠가 마이크로스프트사에서 개발한 주요 소프트웨어로는 MS-DOS, EXCEL, WINDOWS 등이 있다.

'인터넷 제국의 지배자' '아시아의 빌 게이츠'.

21세기 사이버 시대를 이끌어갈 경영자로 평가받는 손정의씨 앞에는 흔히 이런 수식어가 붙는다. 손정의씨는 일본 규슈에서 태어난 제일동포 3세다.

'손정의 신화'는 그가 1981년 컴퓨터 소프트 종합유통회사인 소프트뱅크를 설립하면서 시작됐다. 아르바이트생 2명과 함께 창업한 이 회사는 18년 만에 자산 4조엔대의 거대 그룹으로 성장했다.

현재 그는 야후, 컴덱스 등 전세계 120여개 인터넷 기업을 장악하고 있는 세계 최대의 인터넷 기업가로 불린다.

경영사례

◆ 대우 김우중회장 32년 영욕사 : 성장시대 '영웅'…차입경영 '敗將'

▶ **도 전** : 신문뭉치를 옆구리에 끼고 소년은 뛰었다. 6·25전쟁 통에 5남 1녀의 가족은 뿔뿔이 흩어지고 대구까지 함께 피난온 모친과 동생은 그의 신문팔이 수입으로 입에 풀칠하는 신세였다.

피난지 대구에서 신문은 고향에 돌아갈 날을 손꼽아 기다리던 피난민들의 유일한 정보원(情報源). 경기중학을 다니다 전쟁을 만난 김우중은 타고난 뛰박질 실력과 신용거래를 앞세워 신문배달 '상권'을 장악했다. 전쟁이 끝나 서울 장충동 집으로 돌아왔지만 부친(김용하)의 납북으로 가세는 기울었다. 고학으로 연희전문학교를 다닌 그는 부친과 친분이 깊었던 김용순씨의 권유로 한성실업에 입사하게 된다.

이곳에서 무역실무를 익힌 김우중이 무역부장을 끝으로 대우실업을 세운 것은 31세 때인 1967년 3월. 샘플원단을 들고 동남아로 출장을 떠난 그는 1주일만에 나일론 트리코트지와 폴리에스테르 트리코트지 30만 달러어치를 수주했다.

당시 연간수출액은 2억5,000만 달러. 갓 설립한 무명의 무역상이 올린 수주액으로는 경이적이었다. 이를 계기로 동남아시장에 퍼진 '트리코트 김'이란 별명은 국내에도 알려졌다.

섬유수출이 한국의 달러박스였던 1969년 김회장은 미국시장에 눈을 돌린다. 국가별 수입쿼터제도를 도입할 것이란 정보를 미리 들은 그는 수익성을 무시하고 물량을 대거 늘려 미국에 섬유를 수출하는 아시아업체 중 1위를 차지했다. 1972년 미국이 수입쿼터를 실시하면서 대우실업은 창업 5년만에 5,300만달러어치를 수출, 국내 최대의 섬유수출업체로 부상했다.

▶ 성 공 : 김회장과 대우실업의 성장은 1970년대 '월급쟁이 신화'인 동시에 외형성장에 치중해온 한국 경제의 부침을 단적으로 보여주는 '축약판'이다. 그의 성장신화의 밑거름 중 하나는 수출드라이브에 목을 매달았던 권위주의 정권과의 우호적 관계였던 것도 사실이다.

대구사범에서 부친 김용하씨의 가르침을 받았던 박정희 전대통령은 수시로 '도와줄 것이 없느냐'고 옛스승의 아들을 다독거렸고 잇따라 부실기업 인수를 권유하면서 대우를 우회 지원했다. 1970년대 한국기계(현 대우중공업), 조선공사(대우중공업 조선부문), 새한자동차(대우자동차)의 인수대가로 거액의 은행돈을 빌리면서 대우는 점점 차입경영에 무감각해졌다.

재계 인사들은 하나같이 김회장을 '일벌레'로 부른다. 1970년대 중반 해외출장을 마치고 돌아온 김회장은 자택을 거치지 않고 서울역앞 그룹사옥으로 직행하기 일쑤였다.

때론 아예 현장사업장에 머무르기도 했다. 옥포조선소에 상주하면서 흑자로 전환시킨 것이나 1992년 GM과의 결별로 위기에 빠진 부평대우자동차 공장에서 상주하며 신차 모델개발을 독려한 것 등이 대표적 사례. 최근 부평공장에 출근하기 시작한 것은 김회장의 마지막 승부수다. 김회장의 끝없는 도전의식과 저돌성은 성장시대의 미덕이었다. '1분을 하루같이 썼던' 그의 근면함이 어우러져 대우그룹은 1978년 42개의 계열사를 거느린 재벌그룹으로 성장했다. 1982년엔 그룹회장제를 신설, 명실공히 재벌체제를 가동하기 시작했다.

그러나 외형성장의 이면에는 쉽게 드러나지 않았던 근본적인 문제가 있었다. 바로 제품기술력의 한계였다. 김회장은 평소 "죽기 전에 세계 1위 제품을 만드는 것이 소원"이라고 말했다. 사실 대우는 어떤 진출업종에서도 기술력을 인정받지 못했다. 1990년초 뒤늦게 기술개발에 나섰지만 삼성, LG 등 경쟁재벌들과 한참 격차가 벌어진 뒤였다.

▶ 좌 절 : 김회장에게 금융은 제조업의 성장을 도와주는 보조수단이었다. 다른 재벌들도 비슷한 처지였지만 정권과의 우호적 관계에 힘입어 대우는 '은행돈 쓰기'에 큰 부담을 느끼지 않았다.

그러나 김회장은 IMF관리체제 이후 정부의 보호막이 걷히고 금융시장의 신뢰가 제조업의 목줄을 잡는 새로운 패러다임 변화를 읽지 못했다. 오히려 쌍용자동차를 인수했으며 세계최고수준의 설비로 수출을 늘려야 한다는 '역발상'을 설파했다.

측근들은 김회장이 IMF 이후 몰아친 '재벌망국론'에 크게 상심했다고 말한다. 한 측근은 "재벌의 공을 무시하고 잘못만 추궁하는 여론이 불거질 때마다 김회장은 재계의 '명예'를 되찾자고 말했다"고 전한다. 환란(換亂)의 주범으로 재벌체제가 언급될 때마다 일벌레로 살아온 자신의 평생이 매도되는데 대해 참담함을 느꼈을 것으로 보인다. 이 때문에 전경련회장에 취임한 직후 전경련도 스스로 비판할 것은 비판하는 건전한 정책대안 집단으로 거듭나도록 촉구하기도 했다. 불행히도 국내외 사업장의 열악한 재무구조는 김회장의 주장에 힘을 실어주지 못했다. 오히려 '구조조정에 역행한다'는 안팎의 비판에 직면했다. "세계경영을 한다는 사람이 달러도 빌려오지 못하느냐"는 면박을 받기도 했다.

인수기업을 정상화하기도 전에 이를 바탕으로 새로 돈을 빌려 사업장을 세우는 차입경영에 해외투자자들은 우려를 거두지 않았다. 80억 달러에 달하는 대우 해외투자액의 80% 가량은 차입금으로 쌓아 올린 것으로 해외투자자들은 추정하고 있다.

▶ **앞 날 :** 지난해 GM과의 지분협상이 결렬된 지 두달 뒤인 11월 대우사장단회의에서는 김욱한 부속실 사장의 주도로 계열사 구조조정안이 공개됐다. 다른 그룹에 비해 1년이나 늦게 시동을 건 셈. 그나마 계열사 최고경영자들의 격렬한 반발로 진통을 겪다 올 4월 구체적인 안이 확정됐다. 5월초엔 사장단 절반이 퇴진하는 재계 사상 초유의 최고경영진 구조조정안을 시행했다. 그러나 국내 금융시장과 해외투자자들은 이미 등을 돌린 뒤였다.

재계에서 '대우의 부도설'은 만성화된 루머였다. 김회장은 1980년 신군부 등장으로 큰 위기를 맞았고 1992년 대통령선거 출마설과 1995년 노태우 전대통령 비자금사건 등으로 홍역을 치르기도 했다. 1980년대 후반엔 대우조선의 부도설이 퍼져 사재 일부를 수혈하는 등 진화에 나선 끝에 기사회생시키기도 했다.

김회장은 그룹 해체의 위기를 맞은 지금도 몸에 밴 낙관주의로 자신의 노련한 돌파력을 믿고 있을지 모른다. 재계는 그러나 "김회장이 넘어야 할 위기는 다름아닌 시장제재"라며 그의 재기 가능성에 고개를 젓고 있다.

김회장은 창업세대이면서도 전문지식을 갖춘 전문경영인 체취를 물씬 풍긴다. 큰아들의 교통사고 사망 이후 자녀들의 경영개입을 차단, 대우를 전문경영인체제로 탈바꿈시킨다는 구상을 누차 밝혀왔다. '소유와 경영의 분리'에 초점을 맞춘 정부의 재벌개혁 드라이브 속에서 김회장이 어떤 명예로운 수순을 밟을지 재계는 주목하고 있다.

자료원: 동아일보, 1999. 8. 18.

1.3 기업의 여러 형태

1. 기업형태의 발전

역사적으로 가장 오래된 형태인 개인기업(sole proprietorship)은 단독의 출자자가 무한의 책임을 지고 자본을 투자하여 경영하게 되므로, 그 개인이 성취감을 느끼게 되고, 운용시 일관성과 신속성을 유지할 수 있는 등의 장점이 있지만, 개인의 능력이나 자금력 등에 한계가 있을 수 있기 때문에 성장·발전이 어렵다는 문제가 있다.

그러므로 다른 자본가와의 결합에 의한 기업형태의 발전이 불가피하게 되는데, 이때 자기와 같은 무한책임을 지고 투자하여 연대책임을 지고 공동기업을 운영하는 합명회사(ordinary partnership)나, 무한책임사원 외에 유한의 책임을 지기로 하고 투자하되 경영활동에 관여하지 않고 이윤의 일부만 배당받기로 하는 유한책임사원도 참여시키는 합자회사(limited partnership)가 등장하게 되었다. 그러나 이러한 합명회사나 합자회사의 형태는 무한책임사원의 신용도에 문제가 있고, 유한책임사원의 모집도 용이하지 않다는 문제가 있다.

경영산책

◆ 코카콜라의 탄생이야기

자유의 여신상이 세워진 1886년.

미국의 조지아주 애틀랜타에서 조그마한 약국을 운영하던 존 펨버튼 박사는 이런 저런 실험을 하다 우연히 시럽을 하나 발명했다.

당시는 약국에서 음료를 만들어 팔던 시대. 펨버튼 박사는 이 시럽에 탄산을 섞어 친구들에게 권했다. 전에는 맛볼 수 없었던 새롭고 상쾌한 맛이라는 찬사가 쏟아졌다. 이에 고무된 펨버튼 박사는 이 제품을 약국의 신상품으로 내걸었다. 부하 경리직원의 권유에 따라 '코카콜라'라고 이름 붙였다.

그러나 펨버튼 박사를 비롯한 어느 누구도 이 5센트짜리 음료가 장차 태평양을 건너고 만리장성을 넘어 전세계 200여개국에서 초당 1만160잔을 마시게 되는 '탄산음료의 대명사'가 되리라고는 상상하지 못했다.

시골약국의 음료에 불과하던 코카콜라를 본격적으로 상품화한 주인공은 아서 캔들러라는 인물. 1873년 단돈 1달러 75센트를 들고 애틀랜타로 이주한 그는 펨버튼이 죽은 뒤 코카콜라에 대한 일체의 권리를 2,300달러에 매입했다. 캔들러는 코카콜라 시럽 개선 실험에 착수해 '7X'라는 첨가물을 만드는 데 성공했다. 이 첨가물은 지금까지도 극히 일부 책임자를 제외하곤 극비에 부쳐져 있는 물질.

캔들러는 또 도시 구석구석에 광고물을 내걸어 '코카콜라는 언제 어디서나 마실 수 있는 음료'라는 인상을 심는 데 성공했다. 1899년에는 벤저민 토머스와 조지프 화이트헤드라는 또 다른 장사꾼들이 등장한다. 두 사람은 캔들러에게 코카콜라를 병에 담아 팔자는 아이디어를 제안해 코카콜라를 세계로 진출시키는 밑바탕을 마련했다.

그림 1-6 *기업형태의 발전*

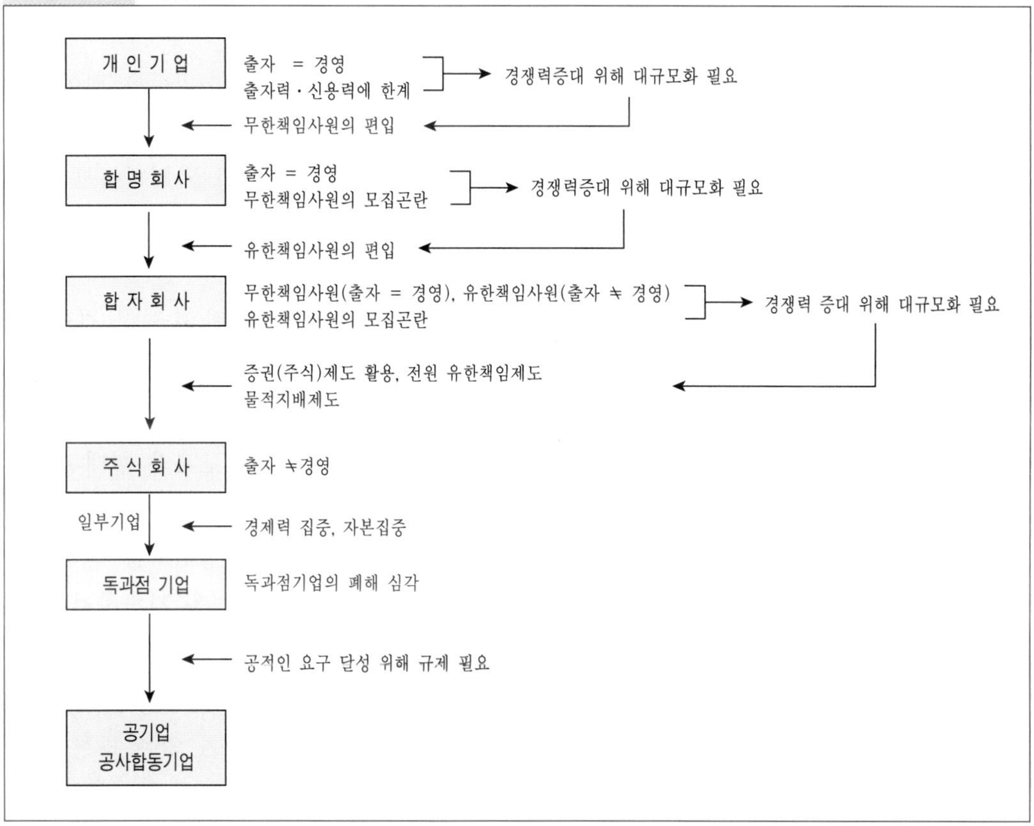

이러한 한계를 극복하기 위해 유한회사와 주식회사(joint stock company)의 형태가 등장하게 되었다. 주식회사 제도는 모든 출자자가 유한책임을 지게 되고, 출자자의 지분을 증권화하여 자유롭게 매매 · 양도할 수 있게 하므로 거대한 자본을 조달할 수 있는 장점이 있다. 또한 출자자인 주주가 경영권을 직접 행사하지 않고 주주총회를 통해 전문경영자에게 경영권을 위임하여 소유와 경영을 분리시키는 특징이 있다. 반면, 유한회사(limited company)는 사원전원이 간접의 유한책임을 지는 자본단체라는 점에서는 인적회사와 다르고 주식회사와 같지만, 소규모에 폐쇄적이고 지분의 양도에 제한이 있으며, 자본형성방법에 관하여 법의 규제가 완화되어 있다는 점에서는 주식회사와 다르고 인적회사와 유사한 형태이다.

2. 기업의 집중과 공기업의 필요

기업간의 끝없는 경쟁은, 시장내 모든 기업의 수익성을 떨어뜨릴 수도 있으며 이러한 기간이 길어지고, 시장의 규모가 축소될 경우 도산하는 기업도 나타나게 된다. 이런 무한 경쟁상황을 회피하고 도산의 위험을 방지하기 위해 시장에 존재하는 기업끼리 결합하는 경우도 있는데 이를 기업집중이라 한다.

기업집중은 결합의 방향을 기준으로 나누어 보면 수평적 결합, 수직적 결합, 다각적 결합 등으로 분류할 수 있다.

수평적 결합이란 동종 또는 유사업종 기업간의 결합으로, 주로 시장의 독점적 지배를 목적으로 하고 있으며, LG반도체와 현대전자의 결합 등을 예로 들 수 있다. 수직적 결합은 동일 제품의 생산단계를 달리하는 기업간의 결합으로, 생산 및 유통과정의 합리화를 목적으로 행해지는 경우가 많다. 그 결과 시장경쟁력·지배력을 강화하기 위해 경쟁자를 위협하든가 신규기업의 참여를 방해할 수가 있다. 컴퓨터 조립업체가 컴퓨터 부품업체나 컴퓨터 A/S업체를 결합하는 것을 예로 들 수 있다. 다각적 결합은 자사의 제품과 관계가 없는 다른 업종간의 결합으로, 자본관계에 의하는 경우가 많고 위험분산이나 기업의 지배력을 강화하기 위해 사용된다.

한편 기업집중을 참가기업의 독립성 정도 등에 따라 나누어 보면 카르텔, 트러스트, 콘쩨른 등이 있다.

① 카르텔

카르텔은 시장통제를 목적으로 하고 있으므로 수평적 결합의 형태를 띠게 된다.

카르텔(cartel, kartel)은 기업연합이라고도 하는데 각 기업은 각각 법률적·경제적으로 독립성을 유지하면서 협약에 의해 결합하는 형태이다. 이 협약은 상호경쟁을 제한하면서 시장통제를 목적으로 한다. 그러나 카르텔은 신사협정이기 때문에 결합력이 약하다는 문제가 있다.

카르텔에는 구매조건을 협정하는 구매카르텔, 생산량의 제한이나 생산분야의 협정을 하는 생산카르텔, 판매가격이나 판매량 또는 판매지역을 협정하는 판매카르텔 등이 있다.

경영 노트

❖ 신디케이트

신디케이트(syndicate)는 시장통제가 용이한 카르텔의 일종으로 시장통제를 위한 공동판매기관을 뜻한다. 신디케이트 가맹기업은 독립성을 가지고 독자적인 생산활동을 영위하나, 모든 제품을 중앙의 공동판매기관을 통해 판매한다. 신디케이트는 대외적으로 공급제한과 가격지배를 강력히 할 수 있고, 기업과 고객간의 직접적인 거래관계가 없는 특징이 있다.

❖ 지주회사제

▶ 지주회사란: 지주회사(持株會社 · Holding Company)는 자회사 주식을 50~100% 소유하고 이를 지배하는 회사다. 그 중 사업지주회사는 생산 및 판매 등 자신의 사업을 영위하면서 자회사의 주식을 소유해 이들 기업을 거느린다. 제네럴 일렉트릭스(GE) 등 미국 대기업 대부분이 여기에 속한다. 우리나라나 일본의 주력기업도 이와 유사한 형태다. 독자사업부문 없이 전략수립 등과 같은 본부 기능만을 하는 지주회사는 순수지주회사다. 뚜렷한 실체없이 자회사들의 지분을 갖고 경영, 전략, 인사, 재무 등 자회사의 경영활동을 총지휘한다. 지분은 소유하지 않았지만 우리나라 재벌 회장실이나 기획조정실이 이같은 기능을 하는 셈이다.

▶ 재벌구조와 지주회사구조의 다른 점: 외국의 지주회사도 우리 재벌 못지않게 문어발식 경영을 하기도 한다. 지금은 '구조조정본부'로 이름을 바꾼 재벌그룹 기획조종실이나 회장실은 지주회사와 유사한 역할을 해왔다. 지주회사와 달리 자회사의 지분을 갖고 있지 않으면서 그룹 경영을 좌지우지해 온 그룹 기조실은 지위와 책임이 명확하지 않아 재벌구조의 문제점으로 자주 거론돼 왔다. 지주회사와는 달리 재벌구조가 비난의 대상이 되는 이유가 바로 그것이다. 지주회사는 경영책임과 투명성을 확보할 수 있도록 관리된다는 것이 전제. 경영진을 감시할 수 있는 이사회제도와 주주권리를 보장하는 제도적 장치가 갖춰져야 한다. 바로 재벌구조가 취약한 부분이다.

지주회사제 도입을 한국에 강하게 요구했던 경제협력개발기구(OECD)도 "상법, 증권거래법, 외부감사법, 노동법 등의 정비가 먼저 이뤄져야 한다"고 권고한 바 있다.

② 트러스트

트러스트(trust)는 기업합동이라고 하는데, 독립적으로 기능하던 각 기업이 시장독점을 목적으로 완전히 하나의 기업으로 합병되어 소유권과 관리권을 하나로 합치는 것이다. 이것은 카르텔보다 강력한 외국의 거대기업들은 실제 사업은 다양한 자회사에 맡기고 지주회사는 기획·연구 등을 담당하는 방식으로 **효율경영**을 꾀한다.

기업집중형태로, 카르텔의 한계를 극복하기 위해 몇개의 동일 산업부문의 기업이 하나의 통일된 의사를 바탕으로 합동하여 성립되는 것이다. 즉 트러스트는 참가기업의 자본적 결합을 통해 이루어지기 때문에 필연적으로 각 기업은 독립성을 잃게 되고 보다 고도의 자본결합체가 되는 것이다.

경영사례

◆ 지주회사: 효율-투명성 갖춘 '집단경영 본보기'

일본의 히다치제작소가 17일 획기적인 사업체제 전환계획을 발표했다. 전기전력, 정보미디어, 가전 등으로 구성된 5개 그룹을 품목별로 11개 독립회사로 재편하겠다는 것. 이들 회사의 지분을 갖고 경영을 지휘하는 지주회사를 2000년까지 만들 계획도 공개됐다.

일본의 도카이(東海)은행과 아사히(朝日)은행도 지난달 말 상호제휴를 발표했다. 양 기관은 중복점포를 통폐합하고 별도의 지주회사를 만들어 그 아래 각 사업부문별 자회사를 둔다는 것이다.

주요 자본주의국가 가운데 순수지주회사를 금지해온 나라는 한국 뿐이다. 일본은 지난해 6월 그 빗장을 풀었다. 왜 그랬을까.

"일본의 제조업체는 수익이 계속 악화되는 상태에서 비대(肥大)사업부문을 수월하게 구조조정할 필요성이 있었습니다. 특히 금융권은 외국금융자본에 대항해 합병 등으로 맞서면서 다양한 사업영역을 효율적으로 지배하기 위해 지주회사제도 도입이 절실했던 것입니다"(이홍배 대외경제정책연구원 연구원). 지주회사는 이미 서구자본주의 사회에서는 수십년 전부터 정착돼온 기업지배구조다. 우리 귀에 익숙한 세계 굴지의 기업들은 대부분 지주회사로 봐도 무방하다. 미국의 GE, IBM, 포드, 프록터앤드갬블(P&G), 펩시, 독일의 화학그룹인 훽스트, 바이엘, 듀센, 영국의 글락소….

미국의 보스턴컨설팅그룹은 최근 전국 경제인연합회에 제출한 보고서에서 지주회사가 이처럼 널리 자리잡게 된 이유를 다음과 같이 설명했다.

각국 지주회사 제도 비교

(자료: 공정거래위원회)

구 분	미 국	일 본	독 일	한국(안)
규모제한	제한없음	총자산 15조엔 이상	제한없음	제한없음
자회사 지분율	제한없음. 통상 50~100%	50%이상이면 자회사로 취급	제한없음 통상 50~100%	50% (상장30%이상)
부채비율	은행지주회사는 50%이하, 타 업종은 규제없으나 낮다.	규제없음	규제없으나 낮은 수준	100%이내
금융·비금융회사 동시소유	은행지주회사는 비금융자회사 소유금지	동시소유 금지	제한없음	동시소유 금지

"지주회사 방식은 구조조정시 유연한 대응을 가능하게 하며 주주를 위한 가치창출을 가능하게 한다. 급변하는 환경변화에 가장 효율적으로 대처할 수 있는 기업구조인 셈이다."

재벌구조는 효율적인 대처가 안될까. 현대전자와 LG반도체의 통합법인 설립과정을 보면 양 재벌은 끝내 자율적 합의도출에 실패했다. 오너 입장에선 자신의 기업을 퇴출시키거나 남에게 넘기는 것이 쉬운 일이 아니다. 게다가 다른 계열사의 빚보증을 해소해야 하는 등의 작업도 만만치 않다.

지주회사 경영진은 '자리를 지키기 위해' 철저히 주주의 수익을 올리는 경영을 할 수밖에 없다. 부실기업은 과감히 퇴출시키고 수익성 있는 기업을 과감히 사들이게 된다. 자회사의 지분만 처분하면 되므로 기업매각과 퇴출도 간편하다.

여러 사업부문을 거느리고 있는 대기업에서 한 사업부문의 부실은 곧 회사 전체의 부실로 연결되며 우량 사업부문에도 충격을 준다. 지주회사는 자회사의 사업실패에 대해 출자범위 내에서 책임을 진다. 최악의 경우 그 사업부문만큼의 손해 뿐이다.

지주회사는 외국자본을 끌어들이는 데도 유리하다. 미국 제네럴 모터스(GM)의 경우 해외투자시 주로 지주회사에 투자한다.

"전자, 금융 등 부문별 소그룹제도를 운영중인 삼성그룹을 비롯해서 5~6개 그룹이 외자유치를 수월하게 하기 위해 지주회사 도입을 준비중입니다. 그룹총수나 주력기업이 보유하고 있는 계열사 주식을 현물출자해 지주회사를 설립하고 여기에 외자를 유치하는 방식이죠."(김학현 공정거래위 기업결합과장).

또 자회사는 사업에만 전념하고 연구개발 등은 지주회사가 맡는 방식으로 경영효율을 높일 수 있다는 점도 지주회사가 글로벌 스탠더드로 자리잡게 된 이유. 1990년에 순수지주회사를 도입한 독일의 벤츠가 그런 사례다. 자동차뿐만 아니라 항공, 전자 등으로 사업영역을 계속 확장하던 벤츠는 경영전략, 연구개발, 기술개발, 재무, 인사업무 등과 같은 공유부문을 지주회사에 집중시키고 자회사는 사업에 전념하도록 했다.

자료원: 동아일보, 1998. 10. 22.

③ 콘쩨른

콘쩨른(financial group, konzern)은 기업연휴라고도 하며 카르텔이나 트러스트와 같이 단순히 동일 산업부문 또는 기술적으로 관련된 수직적인 산업부문만의 자본지배가 아니고, 산업부문에 관계없이 산업과 금융의 융합에 의해 자본지배를 일반화하려는 형태이다.

콘쩨른 지배방법 중에서 가장 기본적이고도 중요한 것은 주식소유에 의한 지배이다. 현대의 기업은 대부분 주식회사형태이므로 콘쩨른에 의한 기업지배도 주식을 소유함으로써 이루어지는 경우가 많다.

지주회사(holding company)는 타회사의 주식을 소유하여 타기업을 지배하는 것을 목적으로 하는 회사이며, 콘쩨른 형성에 주도적인 역할을 하고 있다.

그림 1-7 *지주회사에 의한 콘쩨른의 형태*

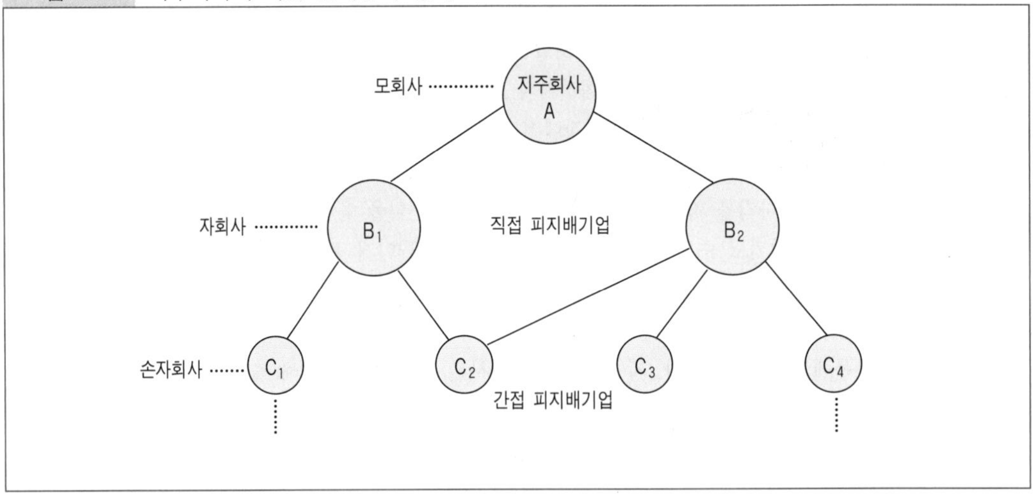

특히 주식이 고도로 분산된 상황에서는 기업지배를 위하여 주식의 과반수를 소유할 필요가 없다. 다시 말해서 적은 자본으로도 기업의 지배가 가능하게 되는 것이다. 그리하여 기업지배를 위한 주식수의 절약, 즉 자금의 절감은 하위기업에 의한 추가 지배를 가능하게 하여 피라미드형태로 기업의 지배력을 촉진시킬 수 있다. 지주회사제도는 이러한 주식소유에 의한 지배를 가능하게 하는 제도이다.

그 외의 기업집중형태로 콤비나트나 컨글로머릿의 형태가 있다.

콤비나트(kombinat)란 다각적인 결합공장이란 뜻으로 기술적 측면에서 유기적으로 결합된 다수기업의 집단을 의미한다. 이것은 원료의 연속가공이나 부산물의 제품화 및 동력 등을 서로 유리하게 이용함으로써 동일 지역내의 각종 기업이 생산기술적인 관점에서 유기적인 결합을 하고자 하는 형태이다.

컨글로머릿(conglomerate)은 이종기업간의 다각적 결합을 의미하는데 대개는 기존기업의 주식을 매입하여 형성된다.

이러한 기업집중 등에 수반되는 경제력의 집중, 즉 독점은 그 개별기업으로 보아서는 여러 가지 이점이 있을 수 있으나, 독점기업의 서비스가 나빠지고, 독점이윤에 의해 가격이 인상되어 소비자가 손해를 보게되는 경우가 생길 가능성이 많아진다. 따라서 기업집중에 의한 폐해를 제거하기 위해서 정부차원에서 독점금지라든가 폐해규제와 같은 정책이 마련되게 된다. 우리나라도 물가안정 및 공정거래법이나, 독점규제 및 공정거래에 관한 법률이 제정 시행되고 있다.

이러한 독과점기업의 폐해는 규제해야 하지만, 국제경쟁력 확보를 위해 또는 산업의 특성상 천문학적 자본이 필요하거나, 국민의 공익성이 강조되어야 할 경우에는 정부에서 적극적으로 개입하여 공기업이나 공사합동기업의 형태로 운영하는 경우도 있다.

공기업이 이윤추구에만 치중한다면 공익성이 등한시될 수 있고, 공익성을 보장하기 위해 정부에서 지나치게 통제한다면 효율성이나 기업성이 저해되므로, 공기업의 경영활동에서는 이 양자의 조화가 중요한 관심이 된다.

토·의·과·제

1. 여러분에게 대형 종합병원의 경영을 총괄할 수 있는 기회가 주어졌다고 하자. 어떤 식으로 병원을 운영하여 경쟁력을 높이고 성장시킬 것인가를 상세하게 준비하여 발표해 보자.

   ▶ 토의방식 : 정해진 발표자 1명이 발표하는 것을 다른 사람들은 듣고 있다가 발표가 끝나면 질문하고 대답을 듣는 방식으로 토론해 보자.

2. 현대그룹의 정주영회장이나 마이크로소프트사의 빌 게이츠는 대학에서 경영학을 전공하지 않고도 맡은 기업을 훌륭하게 키워냈다. 과연 경영자에게 경영학 이론이 필수적인 것일까? 우리가 경영학을 배우는 이유는 무엇일까? 경영학을 배우는 것이 나에게 어떤 도움을 줄 것인가? 등에 관해서 토론해 보자.

   ▶ 토의방식 : 경영학이란 대주제를 놓고 모든 학생들이 둘러앉아서 자유롭게 토론해 보자.

3. 남북통일이 되었다고 하자. 북한에다 공장을 세우고 기업을 운영하려 하는데 남한과 북한출신의 종업원들이 사용하는 기술적 용어도 다르고, 의식도 달라서 이들을 융화시키는 것이 중요한 사안으로 떠올랐다고 하자. 어떤 방법들을 동원하여 이런 문제를 해결할 것인가를 토론해 보자.

   ▶ 토의방식 : ① 각자가 쪽지에 써서 자신이 생각한 방법을 제출한다.
   ② 제출된 의견을 칠판에 차례로 써 놓는다.
   ③ 이해가 안 되는 부분들에 관해서는 부연설명을 허용하되 학생들간에 토론은 허용하지 않는다.
   ④ 다시 각자 자기의 생각을 조정하여 쪽지에 써서 제출한다.
   ⑤ 합의사항이 나올 때까지 위의 방법을 반복한다.

4. 지금 우리나라는 대부분의 기업들이 경쟁력을 높이고 시장 적응력을 높이기 위해 구조조정을 실시하고 있다. 이와 병행하여

정부에서는 방만하게 운영되던 공기업을 민영화하고자 하고 있다. 공기업의 민영화를 찬성하는가? 또는 반대하는가? 이에 관해 의견을 제시해 보자.

▶ 토의방법 : ① 우선 전체학생을 두 그룹으로 나눈다.
② 한쪽 그룹은 찬성집단으로, 다른 그룹은 반대집단으로 정해준다.
③ 우선 각 그룹끼리 모여 약 20분간 찬성논리와 반대논리를 명확히 하고 상대의 논리를 예상하여 공격방법도 고안해 낸다.
④ 다시 모여서 두 그룹간에 격렬하게 토론한다.

5. 우리는 위에서 네 가지 문제에 관해 서로 다른 토의 방법을 사용하여 토론해 보았다. 시간이나 내용면에서 특별히 더 효과적이고 효율적인 회의방법이 있었는가? 회의 방식이 의사결정이나 합의를 도출하는 데 영향을 준다고 보는가? 이에 대해 의견을 나누어 보고 우리가 나중에 조직이나 집단을 다룰 때 이런 내용이 어떻게 연관될 것인가를 상상해 보자.

6. 우리나라의 금융기관은 대출의 요건으로 부동산 등의 담보를 주로 요구했었다. 혹시 기술을 담보로 대출할 수는 없을까 생각해보자. 또한 기술을 담보로 할 때 나타날 수 있는 문제점이 무엇이며 기술의 담보력을 측정할 수 있는 수단(지적자산평가제도를 포함하여)은 무엇이 있는지 토론해 보자.

7. 중소기업에 대한 다음의 글을 읽고, 중소기업의 특징, 중소기업의 사회적 역할, 대기업과의 차이점, 중소기업의 육성방안 등을 구체적으로 연구해서 발표해 보자.

〈중소기업의 활성화 방안〉

■ 중소기업의 명암

중소기업이란 규모가 상대적으로 작은 기업을 말하는데 그 규모는 상시 고용된 종업원의 수를 따지는 것이 일반적이다.

제조업·광업·운송업은 종업원수 3백인 이하, 건설업은 2백인 이하의 기업을 말한다. 그러나 상업과 기타 서비스업의 경우에는 종업원 20인 이하인 경우로 중소기업의 범위가 더 확대되며, 종업원수와 아울러 자산총액 규모에 대해서도 일정한 제약이 주어진다.

중소기업의 장점으로는 소유자가 직접 경영에 참여하므로 주인의식이 투철하고 자신의 능력을 최대한 발휘할 수 있는 점을 들 수 있다. 그러나 이와 같은 장점은 곧바로 약점으로 연결된다. 즉 소유자가 혼자만 책임을 지기 때문에 자본조달이 어렵고 경영능력이 부족하게 된다. 그리고 주로 대기업에 납품하는 방식으로 사업을 운영하기 때문에 대기업의 횡포에 어려움을 겪기도 하고, 조금만 잘되면 이사람 저사람이 뛰어들어 치열한 경쟁에 부딪치기도 한다.

■ 정부의 지원이 필수적

자유경쟁의 원리에 따라 움직이는 시장경제체제는 아주 냉혹하다. 자본력과 시장력을 갖춘 대기업과 맞부딪치면 중소기업은 견디기가 매우 어렵다. 정부가 중소기업과 대기업의 관계에 전혀 개입하지 않고 자유경쟁원리에만 맡기는 것은 권투경기에서 체급을 없애는 것과 같다. 핀급 선수와 슈퍼헤비급 선수가 링위에서 만나면 순간적으로는 핀급 선수가 몇대치고 빠질 수는 있겠지만 결국 슈퍼 헤비급선수의 큰 주먹에 맞아 나자빠질 것이 너무 명백하다.

그러므로 기업활동에 있어서도 권투경기의 체급과 같은 조정방안이 마련되어야 한다.

대기업과 중소기업간의 조정은 사업영역 제한과 공정거래규제, 그리고 금융 및 세제상의 지원으로 나눌 수 있다. 중소기업이 더 효율적으로 경영할 수 있는 고유업종을 정하고 이에 대해서는 대기업이 참여할 수 없도록 하는 것이 가장 중요한 조정방안이다. 예를 들어 자동차 공업에서 대기업은 최종조립과 판매만을 전담하고 부품의 생산은 세분화되고 전문화된 중소기업에 맡기는 것이 보다 효율적인 것이다.

이와 같이 중소기업의 사업영역을 실질적으로 보호하기 위해서는 대기업의 횡포를 방지하기 위한 공정거래규제가 강화되어야 한다. 그렇지 않으면 중소기업이 사력을 다해 개발한 기술을 대기업의 횡포로 사업화해 보지도 못하고 쓰러지는 일이 일어나게 될 것이다. 중소기업이 부딪치는 가장 큰 어려움은 사업운영에 필요한 자금의 조달이다.

대부분의 금융기관이 정부의 통제 아래 있고, 금융기관 임직원들의 보신주의가 팽배해 있어서 지금까지의 우리의 자금대출은 담보위주의 관행을 유지해 오고 있는 형편이다. 따라서 담보잡힐 만한 재산이 별로 없는 중소기업에게는 은행 문턱이 너무 높은 것이 현실이다. 중소기업들은 할 수 없이 이자율도 훨씬 높고 안정성도 없는 私債시장에 의존할 수밖에 없고 약간만 일이 잘못 되어도 부도를 막지 못하고 도산해 버리고 만다.

중소기업의 자금조달의 어려움은 정부가 금융기관의 대출이자율까지도 획일적으로 규제해 왔기 때문에 보다 심화되었다. 금융지원과 아울러 중소기업에 대한 세제지원도 보다 확대되어야 한다. 우리나라의 부가가치세제는 제대로 세금계산서를 주고 받을 수 있는 대기업에 유리하게 운영되고 있다. 중소기업은 약자의 입장에 있기 때문에 세금계산서를 일일이 챙기지 못하는 경우가 많다. 여러 가지로 불리한 입장에 놓여 있는 중소기업에 대해서 대기업과 똑같은 세법상의 記帳義務가 주어지고 있다. 중소기업이 안심하고 사업에 열중할 수 있도록 대기업보다 완화된 기장의무만을 부여하고, 세율도 대기업보다 낮추어 줄 필요가 있는 것이다.

이와 같은 정책과 아울러 정부가 사용하는 물품은 중소기업제품으로 우선해서 조달하는 방안과 정부 발주공사에 있어서 중소기업이 생산한 원자재를 일정비율 이상 사용하도록 하는 방안도 적극 도입되어야 할 것이다. 그리고 중소기업을 경영하다가 피치못할 사정으로 도산한 기업관계자에 대해서는 기본적인 생계대책을 마련해 주고 다시 사업을 시작할 수 있는 길을 열어주기 위한 부조사업도 활성화시켜 나가야 할 것이다.

상기의 정책적 지원은 중소기업의 육성을 위해 시급히 이뤄져야 할 부분들이다.

중소기업이 활동하는 사업영역을 니치(Niche)시장 또는 틈새시장이라고 한다. 대기업이 경영하기에는 너무 규모가 작고 아직 기술이 제대로 개발되지 않은 영역을 중소기업이 파고드는 것이다. 근래에 와서 이러한 니치시장을 공략해서 성공한 중소기업이 늘어나고 있기도 하다.

■ 적극적 방안

우리사회의 활기를 불어 넣으려면 열심히 노력한 사람들이 계층상승을 할 수 있는 길이 열려 있어야 한다. 시장경제체제에서 가장 일반적인 계층이동의 수단은 경제력이다.

계층이동의 촉진책으로는 부의 독점적 세습을 억제하는 상속세와 증여세를 들 수 있다. 그러나 상속세와 증여세를 고율화하는 데에도 문제가 없는 것이 아니다. 부의 이동에 너무 고율의 세금을 부과하게 되면 재산을 생전에 다 써버리려는 소비풍조가 만연될 뿐만 아니라, 일을 열심히 하지 않으려는 분위기마저도 생길 수 있는 것이다.

이와 같은 소극적인 방안보다는 중소기업이 성공할 수 있는 사회적 분위기를 조성해 나가는 것이 보다 적극적인 방안이 될 수 있다. 중소기업을 성실히 경영하여 성공하는 사람이 많이 나타나야만이 계층이동의 희망이 넘치고 활기찬 사회가 이룩될 수 있을 것이다.

중소기업이 정당하게 자원을 배분받고 공정하게 경쟁할 수 있는 여건을 조성하는 것은 중소기업의 성장과 국가경제의 안정화를 위해 너무나도 중요한 과제인 것이다.

고려대 교수 李晩雨

부 록

◆ 21세기 경영인의 역할과 자세

지난 수 십년 동안 기업을 경영해오면서 비록 보잘것 없는 것일지는 모르지만 나름대로의 경영철학과 기업을 운영하는 데 있어서 유의할 점들을 가지게 되었다. 여기에서는 이에 관해 자세하게 말해 보고자 한다.

첫번째로 경영인은 원대한 꿈과 굳건한 신념을 갖고 한 번 시작한 일은 끝까지 밀고 나가야 한다. 서양격언에 이런 말이 있다. 「Dream it, believe it, and just do it」 이 말은 곧 경영인은 미래에 대한 꿈과 신념을 가지고 한번 시작한 일은 밀고 나가야 한다는 것을 말해주는 좋은 격언이라고 생각한다. 또한 「Opportunities come at you everyday. Don't blow it」이란 서양격언 역시 한번 결정한 일은 신념을 가지고 추진해 나가야 한다는 것을 잘 말해주고 있다.

두번째, 경영인은 모든 일을 낙관적으로 보고 그것을 간단하게 정리해서 처리해 나가야 한다. 기업을 경영하다보면 생각지도 못했던 많은 어려움에 직면하게 된다. 이때 이러한 문제를 낙관적으로 보고 문제의 원인과 앞으로의 전망 등을 간단 명료하게 정리하여 해결책을 모색해 나간다면 이러한 문제들은 오히려 쉽게 해결되는 경우가 많다.

옛날 우크라이나에 한 젊은 부부가 살고 있었다. 소작농으로 일하며 어렵게 생활하고 있는 이 부부는 어느날부터인가 큰 고민거리가 생기게 되었다. 자신이 경작하는 땅의 주인이 무엇 때문인지 자신들에게 노여움을 품고 있었기 때문이다. 하루는 이 지주 노인이 남편을 자신의 집으로 불렀다. 남편이 지주의 집으로 떠나려 할 때 부인은 저녁에 남편이 돌아오지 못하면 어떡하나 걱정하면서 눈물까지 흘렸다고 한다. 그런데 얼마뒤 남편은 아무일 없었다는 듯한 태연한 모습으로 집으로 돌아왔다. 크게 걱정했던 부인은 안도의 한숨을 내쉬며 남편에게 지주의 집에서 있었던 일을 물었다. 남편이 말하길 지주가 자신에게는 친구라고는 강아지 한 마리밖에는 없어서 매우 적적하니 1년 동안 영어나 불어 중에 어떤 말이든 개가 할 수 있도록 훈련시키라고 했다는 것이다. 이 말을 들은 부인은 남편에게 그것은 1년 뒤에 죽으라는 이야기와 똑같은 것이라고 말하면서 어쩔 줄을 몰라했다. 하지만 남편은 태연하게 아직 1년이라는 시간이 있고 1년 안에 지주가 죽을 수도 있는 문제인데 벌써 뭘그리 걱정하느냐고 했다. 한 기업을 책임져야 하는 경영자에게 위의 우크라이나 농부처럼 모든 일을 긍정적, 낙관적으로 보고 해결책을 찾는 자세는 무엇보다도 중요한 것이라 생각한다.

세번째, 경영인은 무엇을 결정할 때는 충분한 시간을 갖고 심사숙고하여 결정해야 한다. 서양격언에 「Spend time at the decision」이라는 말이 있다. 즉 의사를 결정할 때는 충분한 시간적 여유를 가지고 하라는 것이다. 중국속담의 「欲速則不達」이라는 말도 의사결정에 있어서의 신중함을 강조하는 말이다. 그렇다고 어떤 문제에 관한 의사결정을 내리지 못하고 마냥 시간을 허비해서는 안된다. 「曼曼的更不達」이라는 중국격언도 있듯이 의사결정은 신중하면서도 문제해결에 지장이 없도록 신속하게 내리는 것이 바람직하다.

네번째로 경영인은 품행이 단정해야 한다. 경영인도 한 사회의 구성원으로서 자신이 속한 사회의 안정과 발전을 위해 노력해야 하는 의무가 있다. 즉 경영인이 하는 일은 국가와 사회에 도움을 주고 주위에 폐해를 끼쳐서는 안된다. 뿐만 아니라 사업을 할 때는 항상 정상적으로 정정당당하게 해야지

뒤로 비자금 따위를 건네는 식의 비정상적인 방법을 써서는 안된다. 제품의 질을 향상시켜 남들과 경쟁하지 않고 정부의 특혜나 바라는 구시대적 사고방식은 다가올 무한경쟁의 21세기에는 통하지 않을 것이다.

다섯번째, 경영인은 항상 겸손해야 한다. 서양격언에 「There is no luxury than peace of mind」라는 말이 있다. 즉 마음의 평화와 안정이 없이는 아무리 돈이 많더라도 소용이 없다는 말이다. 그러므로 기업인은 항상 겸손한 마음가짐으로 고객과 하청업체 그리고 이웃과 원만한 관계를 가짐으로써 마음의 평화를 유지하도록 힘써야 한다.

여섯번째, 기업인은 다방면의 지식을 겸비해야 한다. 기업을 경영하기 위해서는 많은 사람들을 만나고 그들에게 좋은 인상을 심어주고 원만한 관계를 유지하는 것이 필수적이다. 그러기 위해서는 언제, 어디서, 누굴 만나 어떤 화제가 나오더라도 그 대화를 주도하지는 못할망정 맞장구칠 정도의 지식과 견문을 갖추고 있어야 한다. 그러므로 경영인은 방문할 나라의 종합일간지를 비롯한 신문, 잡지 특히 경제, 시사, 스포츠면을 읽어 견문과 지식을 넓히도록 노력하는 자세를 갖추어야 한다.

일곱번째, 경영인은 법률에 관한 일반적인 개념을 이해해야 한다. 기업을 경영하다보면 법률적 지식을 필요로 하는 경우가 많이 있다. 특히 계약서를 작성할 때는 각별히 신경을 써야하는 것이 사실이다. 1962년 현대시멘트에 들여놓을 시멘트 공장 기기를 구입하기 위해 워싱턴에 갔을 때의 이야기다. 시멘트 기기 구입이 거의 끝나갈 무렵 계약서의 내용에 관해 자문을 받기 위해서 워싱턴의 한 유명한 변호사 사무실을 찾아 갔다. 거기에서 변호사가 말하기를 계약서를 작성할 때는 "검사와 변호사가 지켜보는 가운데 재판장의 질문에 대답하는 자세로 임해야 한다"는 것이다. 나는 여기에서 일반적인 법률지식과 법률을 대할 때의 올바른 자세의 중요성에 관해 새삼 깨닫게 되었다.

여덟번째, 기업의 해외진출은 후진국이나 개발도상국보다는 선진국이 유리하다. 값싼 노동력과 부지를 구할 수 있기 때문에 많은 기업들이 해외진출지로 개발도상국이나 후진국을 선호하는 경향이 있다. 그러나 후진국으로 진출하는 데는 많은 위험부담이 따른다. 후진국이나 개발도상국은 대체적으로 정치사회가 불안하고 경기에 대한 장기예측이 불안정하다. 1994년 IIC(International Industrial Conference)에 참석했을 때 세계적인 경영학자 Peter Drucker는 지나가는 말로 "세계경제가 경쟁이 워낙 심하다보니 냉전시대 보다 분위기가 더 냉랭하다"고 말했다. 오늘날은 이처럼 정해진 우방도 적대국도 없는 무한경쟁의 시대이다. 이렇듯 빠르게 변화하는 세계 무역환경속에서 경기에 대한 장기 예측이 불가능하다는 것은 기업에게는 심각한 위협이 될 수 있다. 그러므로 해외진출은 우선 장기예측이 가능하고, 정치사회가 안정되어 있고, 사업자금이 풍부한 선진국을 대상으로 하는 것이 유리하다.

아홉번째, 경영인은 유머감각을 가지고 있어야 한다. 기업인들은 사업상 많은 사람들을 만나고 또 그들과 친밀한 관계를 유지할 필요가 있다. 하지만 사업상의 일은 대체적으로 딱딱할 수밖에 없다. 특히 상담이나 교섭중에는 서로 긴장하고 있기 때문에 친밀한 관계를 유지하면서 대화를 이끌어내는 것이 굉장히 어렵다. 이럴 때 재미있는 이야기나 농담으로 상대방의 긴장을 풀어 주고 분위기를 전환한다면 상대와 더욱 긴밀한 관계를 유지하게 되고 결국은 사업상으로도 만족스러운 결과를 이끌어 낼 수 있을 것이다.

자료원: 한국경영학회주최 경영자대상 시상식에서 경영자 대상을 수상한 정인영 한라그룹 회장의 연설문, 1996. 5. 18.

2 경영환경의 분석 및 관리

2.1 기업이 처한 환경
2.2 미래의 경영환경
■ 토의 과제

2.1 기업이 처한 환경

조직은 개방시스템(open system)으로서 생물체처럼 환경으로부터 영향을 받고 끊임없이 상호작용한다. 환경에 민감하게 반응하며 적응을 잘하는 조직과 그렇지 못한 조직의 성과의 차이는 불을 보듯 명확할 것이다. 그러므로 기업이 처한 환경은 그에게 기회(opportunity)가 되기도 하고 위협(threat)이 되기도 한다.

정부가 환경보호를 위하여 규제를 강화하고 공해예방시설을 의무화 할 때, 공해 배출기업에게는 위기가 되지만, 환경산업에 속한 기업에게는 기회가 될 것이다.

기업이 처하게 되는 경영환경은 크게 일반환경과 과업환경으로 나눌 수 있다. 일반환경(general environment)은 사회전체적으로 모든 기업에 공통적으로 영향을 주는 환경으로, 기업입장에서는 관리가 힘들기 때문에 이에 잘 적응하는 것에 초점을 맞추게 될 것이다.

과업환경(task environment)은 기업과 매우 밀접한 관련을 맺고 있으며 직접적으로 기업에 영향을 미치는 환경으로, 그 대상이 명확하여 기업이 이에 영향력을 행사하며 관리할 수 있다.

일반환경의 예로 경제적 환경, 정치적 · 법률적 환경, 기술적 환경, 사회적 · 문화적 환경, 국제적 환경 등을 들 수 있고, 과업환경의 예로

그림 2-1 *경영환경*

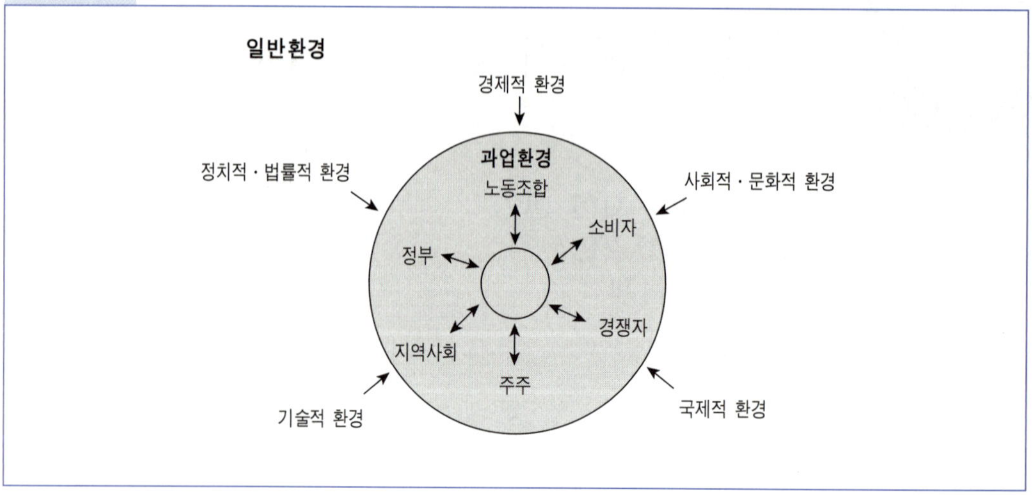

종업원, 주주, 노동조합, 소비자, 경쟁자, 정부, 지역사회, 공급자, 금융기관, 언론기관, 지역사회(community) 등을 들 수 있다.

1. 일반환경

① 경제적 환경

시장의 이자율과 물가, 환율의 변동은 기업에 중대한 영향을 준다. 즉, 이자율의 상승은 부채비율이 높은 기업의 부실화를 초래한다. 또한 환율의 상승은 수출기업의 가격경쟁력을 높이지만, 수입을 주로 하는 기업에게는 불리하게 작용한다. 그리고 사회전반적으로 경기가 침체되거나, 호황이 될 때 기업에 미치는 영향은 달라질 것이다.

② 정치적 · 법률적 환경

기업활동에 영향을 주는 대표적인 법률로, 상법, 세법, 독과점규제법, 공정거래법, 소비자보호법, 공해방지법, 노동법 등을 들 수 있다. 이러한 법률의 적용으로 기업에 합법성을 부여하기도 하고, 제재가 가해지기도 한다.

또한 그 사회의 정치풍토나 권력의 집중정도, 정당제도 등도 기업활동에 영향을 준다. 정권이 바뀔 때마다 정책이 바뀐 경우나, 기업의

경영사례

제조물책임(PL: product liability)은 자동차, 가전제품, 의약품 등 공업적 제조 및 가공을 거친 제조물의 결함에 의해 소비자의 생명, 신체 또는 재산에 발생한 손해에 대하여 그 제조물의 제조업자 혹은 유통업자가 지게 되는 손해배상책임을 말한다. 일반적으로 제품에 결함이 있을 때 이를 수리, 교환, 환불해 주는 것이 제조자의 기본의무라는 것은 당연하지만 제조물책임은 제품의 결함으로 발생한 인적·물적 피해는 물론 정신적 피해까지 제조업자가 배상해야 하는 한 단계 높은 손해배상제도이다.

제조물책임은 사후적인 피해구제를 통해 간접적으로 소비자의 안전을 확보하는 기능을 하는 것이므로 제품으로 인한 피해를 사전에 예방하기 위해 실시하는 리콜제도와도 다르다.

세계적인 화학업체인 다우코닝은 여성 유방확대용 실리콘 분야의 세계 최대기업이다. 그러나 1990년대 이후 이 제품을 사용한 수술의 부작용으로 피해를 입은 소비자들이 집단으로 손해배상 소송을 제기하여 결국 다우코닝사는 자사 제품의 부작용으로 인한 손해배상금으로 총 32억 달러를 지급하겠다는 계획서를 미시간주 파산법원에 제출했다. 이로 인해 다우코닝사는 피해자들에게 1인당 최저 12,000달러에서 최고 30만 달러의 손해배상금을 지급하게 되었다.

우리나라의 경우 제조물책임(PL)법이 2001년부터 전면 시행된다.

PL법의 적용 대상은 공산품이나 가공식품 등 제조물이며 손해배상책임은 원재료나 부품 또는 완성품 제조자, 자신을 제조자로 표시하거나 제조자로 오인시킬 만한 표시를 한 자, 제조물을 수입한 자, 제조자를 알 수 없을 때는 제조물의 공급자 등이 지게 된다.

소멸시효는 손해 및 제조자를 안 날로부터 3년, 제조물을 유통시킨 날로부터 10년이 된다. PL법이 시행되면 국내제품의 신뢰도가 높아져 외국제품과의 경쟁에서 유리하게 작용할 것이다. 그러나 손해배상책임 증가에 따른 원가 부담을 가격에 전가할 경우 제품가격이 상승하게 될 것이다.

구조조정을 정부의 뜻대로 추진하려는 최근 예만 보더라도 충분히 이해할 수 있을 것이다.

③ 사회적 · 문화적 환경

어떤 집단을 특징지워주는 가치관, 욕구, 전통 등을 문화라고 한다. 이러한 문화는 그 기업의 활동과 가치관 등에 영향을 주게 된다.

즉, 교육을 중시하고, 노동을 기피하는 가치관, 여성의 권익을 보호하려는 사회분위기, 인맥과 지연을 중시하고, 명분을 강조하는 전통, 과정보다는 결과만을 중시하는 사회풍조 등은 기업의 대외적 활동이나 종업원 관리방식에 영향을 주게 될 것이다.

④ 기술적 환경

최근 기업이 직면하는 기술적 변화는 점점 가속화되고 있다. 특히 정보통신분야나 컴퓨터기술, 유전공학, 생명공학 등의 분야에서 두드러지게 나타나고 있는데, 기업이 이에 적절히 대응하지 못할 때 그 기업의 미래는 대단히 어두울 것이다.

5천만명에게 보급되는데 걸린시간 :
라디오 38년
↓
TV 13년
↓
PC 16년
↓
인터넷 4년

2. 과업환경

① 주 주

기업의 주주들은 일반적으로 주주총회를 통하여 의견을 제시하고 경영자에 영향력을 행사한다. 또한 경영자나 이사가 주주의 이익에 반하는 행위를 하여 주주들에게 손해를 입혔다고 여겨지면 적극적으로 주주소송을 통하여 권리를 행사하는 경우도 있다.

신경영기법

◆ 소수주주권의 강화와 주주 중심경영의 필요성

모든 주주는 회사에 대하여 일정한 권리를 행사할 수 있는데 이러한 권리는 1주만 소유하더라도 행사할 수 있는 단독주주권과 일정한 수 이상의 주식을 소유해야만 권리를 행사할 수 있는 소수주주권으로 나누어진다.

단독주주권에는 이익배당을 청구할 수 있는 권리, 기업파산 후 잔여재산의 배분을 청구할 수 있는 권리, 신주 인수의 권리, 주총에서의 의결할 권리 등이 있다. 반면에 이사나 감사 등의 불법행위나 법률 및 정관 위반 등에 대해 법원에 그 이사 및 감사의 해임을 청구할 수 있는 해임청구권 등은 주식을 일정비율 이상 가진 주주만이 할 수 있는 소수주주권이다. 참여연대가 SK텔레콤에 대하여 대한텔레콤 등 계열사와의 내부거래를 통해 부당하게 이익을 빼돌렸다며 대표이사와 재무담당 임원의 사퇴 및 이익 환수를 요구한 것은 이러한 권리에 따른 것이다. 또한 회사가 이에 대해 적절한 조치를 취하지 않는다면 이들은 소송도 제기할 수 있는데 이런 대표소송권 역시 소수주주권의 하나이다.

◆ 주주관계활동

국내 기업들은 이제까지 주로 고객들과 우호적인 관계를 맺기 위해 노력을 기울여 왔으며, 주주나 잠재적인 투자자들과의 관계는 상대적으로 소홀하게 취급하였었다.

그러나 기업가치에 관한 인식, 외부자금의 조달, 안정적인 경영권의 확보 등 기업에 있어서 보다 직접적인 문제는 사실상 주주나 투자가, 기업분석가의 인식과 태도에 달려 있다. 그러므로 기업에게는 현재의 주주나 잠재적인 투자가들과 보다 밀접하고 우호적인 관계를 맺는 것이 시급한 과제가 되었다. 이를 위해 주주나 잠재적인 투자가들에 대해 보다 체계적이고 적극적인 활동이 필요한데, 이와 관련하여 기업이 주주나 주식투자자 혹은 증권분석가들을 대상으로 펼치는 전사적 홍보 및 재무활동을 '주주관계활동(IR : Investor Relations)'이라 한다. 즉 IR은 기업의 재무기능과 커뮤니케이션 기능을 결합하여 주주나 투자자에게 자사 관련 정보를 적극적으로 제공해주는 새로운 재무관리 활동을 말한다.

기업의 IR은 주주들로 하여금 자사의 주가를 적정하게 평가할 수 있도록 적절한 정보를 적시에 능동적으로 제공하여 결과적으로는 안정적으로 높은 주가를 유지시키는 데 도움을 주게 되며, 이는 원활한 자금조달을 가능하게 하고 자금조달비용을 낮추는 효과를 가져오게 한다. 또한 IR활동은 안정적이고 우호적인 주주 기반을 확보함으로써 예상되는 적대적인 M&A의 위험이나 비우호적인 주주들의 경영 간섭을 최소화하는 효과를 가져온다.

IR활동은 기업들에게 귀찮고 비용이 수반되는 활동일 수 있다. 또한 기업비밀의 유출 가능성이 우려될 수 있다. 그러나 장기적인 관점에서 IR비용도 R&D비용과 마찬가지로 투자라는 인식을 최고경영자는 가질 필요가 있다. 적극적인 IR활동의 전개는 낮은 비용으로 대규모의 자금을 원활하게 조달할 수 있게 하며 안정적인 경영권을 담보해주는 핵심이 될 것이기 때문이다.

소수주주들은 주주총회에서의 의결권 대리, 대표소송 등의 소수주주권을 활용하여 적극적으로 기업경영 감시활동에 참여하고 있다.

기업은 전략적인 주주관계 활동을 통하여 안정적인 주주 기반의 확보와 원활한 외부 자금조달을 꾀할 수 있다.

최근 들어 정부는 소수주주권을 강화하기 위해 관련 법규정을 개정하고 있으며, 소수주주들 스스로도 주주총회에서의 의결권 대리, 대표 소송 등을 통해 적극적으로 기업경영 감시활동에 참여하여 자신들의 권익을 신장시키기 위한 권리를 적극적으로 행사하고 있다. 소액주주인 참여연대가 제일은행을 상대로 한 대표소송에서 승소한 사례는 우리나라에서도 과거에는 제목소리를 내지 못하던 일반 소액주주들이 서로 연대하여 적극적으로 자신들의 권리를 주장하고 있는 최근의 경향을 잘 보여주고 있다.

이와 같은 적극적인 주주권 행사는 이사회의 현 경영진에 대한 경영감시, 감독체제가 구축되도록 함으로써 외부지배구조로서의 감시와 규율을 강화시킬 수 있다.

그러므로 이제는 각 기업들이 경영의 투명성 제고, 공정성 확립 및 경영효율화 실현을 통해 소액주주뿐만 아니라 일반주주, 대주주 및 잠재적 주주에게까지 신경을 쓰는 주주중심의 경영을 실현해야 될 때가 되었다.

경영사례

◆ IR 활동 사례

미국의 GE사의 경우 기관투자가 및 증권분석가와의 1대1 미팅 연간 150회 이상, 기금운용가와의 점심식사 미팅 연간 약 50회, 전자분야 담당 증권분석가를 대상으로 한 최고경영자의 발표회 개최, 회사설명회 연 1~2회 등을 IR활동으로 실행하고 있다. 또한 개인투자자들을 대상으로 해서 연차/분기보고서 발송, 투자설명회 개최 등을 시행하고 있다.

② 노동조합

노동조합(labor union)은 종업원(조합원)들의 권익을 보호하기 위해 결성된 단체로, 조합원들의 의견을 대표하여 경영활동에 직접적인 영향을 미치고 있다. 특히 노조가 기업단위로만 구성되어 있는 것이 아니고 산별노조나 전국노조와 연대하여 영향력을 행사할 때, 그 영향력은 더 커지게 될 것이다.

③ 소비자

수요보다 공급이 많아진 최근의 경우, 공급자들의 경쟁이 심해지고 소비자의 위상이 상대적으로 높아지게 되었다. 더구나 최근에는 고객을 만족시키지 않고서는 지속적으로 수익을 창출하기 어렵기 때문에 소비자의 태도나 욕구는 경영활동에 중요한 관심거리가 된다. 한편 소비자 차원에서 권리를 향상시키기 위해 조직적으로 벌이는 활동의 내용이나 소비자보호관련법률 등도 지속적으로 고려해야 한다.

소비자주의(Consumerism)란 소비자의 권리를 보호하기 위해 소비자가 적극적으로 전개하고자 하는 운동을 말한다.

2.2 미래의 경영환경

기업이 처하는 환경은 불확실성이 점점 커지고 있으며, 점점 복잡해지고, 또한 그 변화의 속도도 점점 빨라지고 있어 그 예측이 용이

하지는 않다. 그러나 현재에도 각 기업에 영향을 주면서 미래에도 두드러지게 영향을 주게 될 대표적인 경영환경으로, 정보화, 지식사회화, 글로벌화 등을 들 수 있다.

1. 정보화시대와 기업의 대응방식

① 디지털정보와 멀티미디어기술

20세기 말의 가장 두드러진 발전으로 정보통신기술의 발달을 들 수 있다. 정보통신기술의 발달은 기업의 활동방식을 변화시키고 있으며, 이에 적극적인 대처가 절실히 요구된다.

디지털정보는 아날로그정보보다 더 정확하게 재생할 수 있으며, 반영구적으로 사용될 수 있을 뿐만이 아니라, 컴퓨터와 접목이 쉬운 장점이 있다. 최근 컴퓨터 성능의 발전으로 문자, 음성, 그림, 동영상 등의 정보를 쉽게 디지털 형태로 나타낼 수 있게 되었고, 이는 원격지의 정보원간에 실시간(real time)으로 정보교환을 가능하게 만들었다. 이를 통해 원격 연구개발이 가능해지고 유통관리, 종업원관리방식 등이 변화하게 되었다.

② 인터넷(internet)

전세계의 모든 기업과 소비자가 실시간으로 정보를 주고 받을 수 있게 하는 인터넷의 출현은 기업의 활동방식과 활동영역을 혁명적으로 변화시켰다. 즉 소비자의 이용이 편리하도록 전자상거래기법을 잘 구축한 회사는 기존 시장에서의 강자를 한 순간에 몰아내기도 하고, 인터넷 시장을 선점한 신생기업이 기술력과 인지도를 바탕으로 무한한 사이버 시장을 개척해 나가기도 한다. 그러므로 기업의 홈페이지를 만드는 수준을 넘어서 전자상거래나 인터넷 마케팅에 관심을 갖는 기업이 늘어나는 것은 당연한 일이다.

경영사례

인터넷 환경의 폭발적 증가는 "야후"의 설립자 제리양 등을 비롯한 수많은 스타를 배출하였다. 최초의 인터넷서점인 Amazon.Com은 1996년 1,600만 달러의 매출을 기록하였고, 1997년에는 1억 4,800만 달러의 매출을 기록하였다. 미국의 대규모의 서점 중의 하나인 Barnes & Nobles도 온라인 시장에서 Amazon과 경쟁하기 위해 1997년 온라인서점을 개설하였다.

2. 지식사회화와 지식경영

미래에는 기업들이 지식과 정보를 효율적으로 처리하는 것뿐만 아니라 새로운 지식과 정보를 지속적으로 창출하는 것이 더욱 중요한 과제가 되는 지식사회(knowledged society)가 될 것이며, 지적 자본의 창출과 관리력이 기업의 경쟁력을 좌우하게 될 것이다.

표 2-1 *전자상거래 시장의 추이*

	94 년	95 년	96 년	97 년	2000 년
세계 인터넷 이용자수	2,217만명	4,882만명	9,472만명	1억2,881만명	2억만명
국내 인터넷 이용자수	14만명	38만명	70만명	125만명	420만명
전자상거래 규모(미국)	97년 5월	98년 5월	98년 12월	2001년	2002년
	$7.5억	$22.8억	$80억	$1,830억	$3,400억

그림 2-2 *사회변천에 따른 정보의 비중변화*

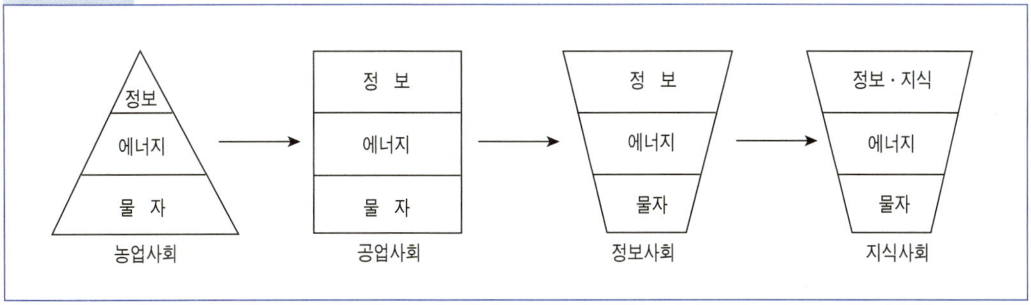

토플러(A. Toffler)는 일찍이 인류사회의 발전단계를 농업사회, 공업사회, 정보사회의 세단계로 구분하고 정보의 비중이 점점 중요해짐을 강조하였다.

지식경영이란 지식을 지속적으로 획득·창출, 축적, 전파·공유하고, 이를 활용해서 고객에게 뛰어난 가치를 제공함으로써 높은 기업성과를 달성하려는 것이다. 따라서 기업으로서는 지식의 중요성과 가치를 구성원들이 인식하도록 하고, 지식의 공유, 탐구, 전파 등을 장려하는 조직 문화와 보상시스템을 구축하고, 정보시스템, 구성원간 네트워크 등의 지식 하부구조를 구축하는 등 전사적인 접근을 해야 한다.

경영 노트

❖ 토플러의 권력이동(powershift)설

산업화시대 이전: 폭력 → 산업화시대 : 자금력 → 미래사회 : 지식

① 지식경영의 등장배경

1970년대부터 공급초과 현상이 고착화되고 경쟁이 극심해지면서, 매력적인 시장을 찾아 수익률을 극대화하려는 '전략경영'이 나타났다. 그러나 1980년대에 들어 정보가 일반화되고 누구나 신규사업에 진출할 수 있게 되자 자신만이 보유하는 차별적 핵심역량을 획득하려는 노력이 나타났다. 이때 BPR, 벤치마킹 등의 수많은 '경영혁신기법'이 나타났는데, 이러한 혁신기법들이 일부조직에는 상당한 효과를 주었지만, 쉽게 정착되지 않는 기업들도 나타났다.

미국 생산성/품질센터(APQC)의 보고에 의하면, 초일류기업의 경우에도 창출된 지식이 타 부문으로 전파되는데 평균 27개월이 소요된다고 한다.

이때부터 경영자들은 위로부터의 일방적 혁신노력은 큰 효과가 없으며 현장 종업원들에게 혁신이 체질화되지 않고서는 혁신은 결코 완성될 수 없다는 인식을 갖게 된 것이다. 현장에서 모든 구성원들이

그림 2-3 *20세기 경영의 흐름*

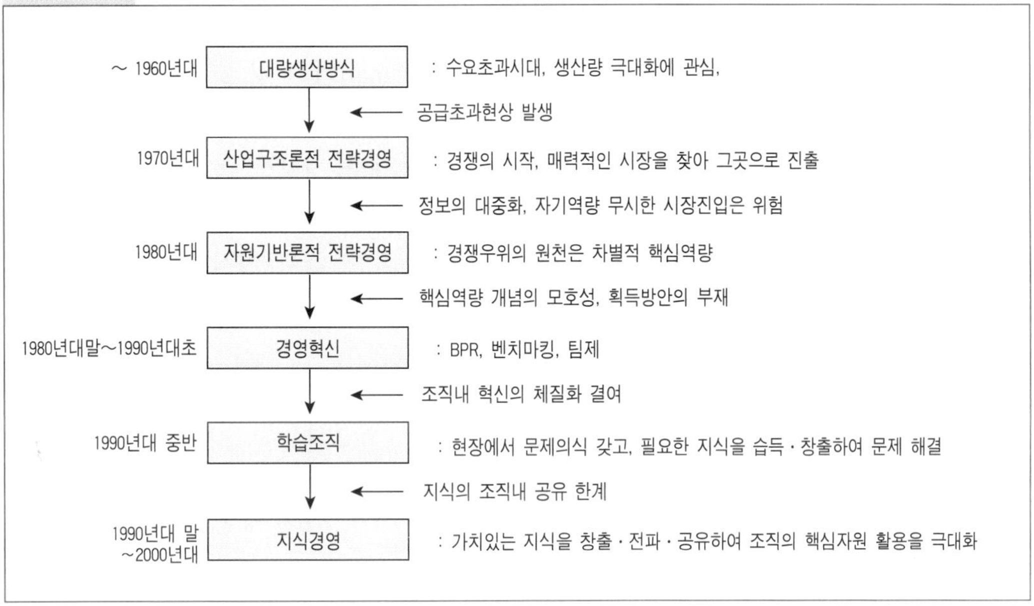

끊임없이 문제 의식을 갖고 필요한 지식을 습득, 자기 담당 분야의 문제를 스스로 해결하려는 시도의 집합체가 곧 경영혁신이 되어야 한다는 것이다. 이것은 위에서 아래까지 기업경영의 근본적인 체질개혁을 의미한다. 그 결과, 핵심역량화할 수 있는 지식의 창출을 용이하게 하기 위한 자율경영, 조직학습등의 개념이 등장하였다.

이제 문제는 지식의 창출뿐만이 아니라, 지식의 전파와 공유를 통한 전체 조직 내 자원활용의 극대화에 있다. 한 부문의 핵심역량이 전체 조직의 가치창출 극대화에 있어 충분한 가치가 있다면, 이를 전체 조직의 핵심역량으로 전환시키는 것이 중요하다. 지식은 더 이상 개인이나 부서의 것이 아니라, 조직전체의 것이 되어야 한다. 이것이 바로 '지식 경영'이 추구하는 바이며, 지식경영의 등장배경이다.

② 지식경영의 실제 사례

〈case 1〉 지식기반마케팅 인터넷 서점, 음반 판매의 대명사인 Amazon은 고객 정보를 분석, 활용할 줄 아는 부가가치 창출 능력을 바탕으로 설립 5년만에 업계에서 가장 가치가 높은 기업으로 부상한 대표적인 기업이다. Amazon의 현재 기업 가치는 250억 달러인데, 이는 유통업계의 황제로 알려진 Wal mart가 무려 27년에 걸쳐 달성한 수치이다.

Amazon은 고객의 구매 특성에 대한 정보를 분석하여 그들이 즐겨보는 다른 책이나 저자를 제안 소개함으로써, 보유 정보의 부가가치를 높이고 추가 판매기회를 극대화한, 소위 지식기반 마케팅을 실

경영사례

◆ 세계적인 컨설팅사들의 지식중심 인적관리방법

지식의 획득과 활용, 전파를 축으로 인적자원개발을 가장 먼저 시작한 기업은 컨설팅사들이다. 이는 컨설팅사의 상품 자체가 임직원의 지식과 노하우이기 때문에 수익과 성장을 높이기 위해서 지식과 노하우가 중요함을 일찍부터 깨달았기 때문이다.

세계적 컨설팅 회사인 맥킨지는 지식 근로자에 대해 철저히 보상을 한다는 측면에서 지식 경영을 도입하려는 기업에게 시사하는 바가 크다. 맥킨지에는 재미있는 고과 기준이 있다. 가장 많이 불려 다닌 사람이 제일 높은 고과를 받는 것이다. 동료들로부터 전자 메일을 가장 많이 받은 사람, 전화 질문을 가장 많이 받은 사람이 높은 인사고과 점수를 얻는다. 즉 맥킨지에서 최고 인사고과 평점은 남들이 가장 많이 찾는 인물(The most wanted)에게 주어진다. 자신의 연구 결과를 인트라넷에 많이 띄운 사람도 역시 높은 고과를 받는다. 당장에 그 사람이 돈을 많이 벌지는 않았어도 조직 내의 다른 사람으로 하여금 돈을 벌 수 있게 했고 또 앞으로 수익을 많이 낼 수 있게 한다는 이유에서이다.

또한 맥킨지는 지식 관리 임원을 중심으로 전체 인력 중 10%가 넘는 400여명은 현업에서 떠나 자료 축적 및 공유를 위한 연구에만 몰입토록 하고 있다. 또한 전세계적으로 추진되었던 프로젝트의 노하우를 축적한 PD나 전세계 구성원들간의 인적 네트워크를 구축하기 위한 FPIS와 같은 데이타베이스는 지식 경영을 촉진시키는 핵심적인 도구로 활용되고 있다.

아더 앤더슨의 경우에는 연수시설에서 컨설턴트들이 모이는 기회가 많다. 이러한 모임은 대부분 각 컨설턴트들이 인적 접촉을 통해 네트워크를 구축하고 서로의 문제해결 경험을 나누는데 초점이 맞춰져 있다. 아더 앤더슨은 다양한 문제해결 도구를 활용해 문제해결식으로 학습을 진행한다.

이들 컨설팅 회사의 인적 자원 관리 방법에서 눈에 띄는 것은 다양한 방법론, 문제해결도구에 대한 지식과 노하우를 수집하여 공유하는 것이다.

자료원: 주간경제, 1999. 1. 13.

시하였다. 미국 내 전통적인 대형도매 서점인 Barnes & Noble 역시 인터넷을 통한 판매를 하고 있다. 그러나 고객이 원하는 책을 소개하는 데 그치고 있으며, 정보량도 Amazon의 1/3수준에 불과하다. 이 기업의 주식 가치는 주당 109달러인 Amazon의 1/3인 37달러이다.

〈case 2〉 이중경력제 IBM의 경우 구성원들의 다양한 업무 경험 축적을 위해 전문가적 업무와 관리적 업무를 병행 경험토록 하는 이중 경력제(dual career)를 시행한다. 이를 통해 구성원들은 회사에 대한 전사적인 시각과 다양한 지식을 갖출 수 있으며, 이는 지식경영을 위한 최소 단위인 구성원 개개인의 지식 축적을 활성화시키는 역할을 하고 있다.

〈case 3〉 open space HP의 경우 건물내에 모든 칸막이를 없애고, 모든 사무실을 공개된 장소(open space)로 운영한다. 이러한 운영 방침은 아무리 사소한 지식이나 정보라도 모든 구성원들이 공유하는 것이 필요하다는 인식 때문이다.

〈case 4〉 데이타베이스 마케팅 베네통은 제품의 색상이나 디자인 등을 항상 최신의 유행에 맞춰 일괄적으로 대량 생산하고, 이를 전 세계 매장에 공급하는 것으로 유명하다. 베네통이 이러한 제품을 개발하고 생산, 공급할 수 있는 것은 전 세계에 퍼져있는 각 매장으로부터의 일일 매출 자료나 고객 자료를 데이타베이스로 신속하게 축적하고, 이러한 정보에 근거하여 CAD나 CIM을 통해 제품을 개발, 생산해 내고 있기 때문이다. 즉, 고객의 욕구나 취향과 관련된 자료를 전사적으로 축적, 이를 바탕으로 경영 활동의 신속한 변경을 추구함으로써 지식 경영을 하고 있는 것이다.

CAD
= Computer aided design,
CIM
= Computer integrated manufacturing

일본의 National Bicycle은 자전거를 생산하는 기업으로, 고객의 키나 체중, 또는 원하는 자전거 색상 등 고객의 욕구에 맞는 제품을 매장에서 즉시 공급하는 역량을 가지고 있다. 동사가 이러한 운영을 할 수 있었던 것도 역시 고객에 대한 축적된 데이타베이스를 기준으로 하여, 각 매장에서 고객의 욕구에 따라 제품 변경이 가능하도록 제품을 개발하고 있기 때문이다.

〈case 5〉 전사적 학습활동 리츠칼튼 호텔의 모든 구성원들은 호텔에 투숙한 모든 고객으로부터 고객의 신상 자료 및 호텔에 대한 건의사항 등과 관련된 정보를 확보하도록 요구된다. 이러한 정보는 전사적으로 축적되고, 모든 구성원들이 향후 보다 나은 서비스를 제공하도록 학습, 공유된다. 이러한 전사적인 학습 활동을 통해 고객은 다음 투숙시 개인의 욕구나 성향에 꼭 맞는 서비스를 경험할 수 있는 것이다.

신경영기법

◆ 지식경영

지식경영을 추진하는 데 있어서 가장 중요한 것은 조직이 보유하고 있는 각 지식들이 기업의 전략과 구조, 시스템, 기술, 문화 등과 잘 조화를 이뤄 핵심 경쟁력이 발휘되고 시장에서 성과를 얻는 것이라 할 수 있다. 즉 정보기술 인프라를 이용해 지식창고에 축적하는 것에 주력할 것이 아니라 핵심역량의 축적을 통해 부가가치를 창출하는 데 보다 많은 노력을 기울여야 한다.

이를 위해서 지식공유 및 보상체계, 위험에 대한 태도 등 지식경영을 조직문화로 정착시키는 것과 권한과 책임의 현장위임, 교차기능적 조직육성 등의 조직구조를 갖추는 것이 필요하다. 또한 빠른 시장환경 변화에 조직이 적응해 나갈 수 있도록 기존의 관리위주 경영에서 효과적인 의사결정 위주로 경영스타일을 전환하는 것이 중요하다.

● 지식경영 활동

지식경영에서는 회사내의 직무 중 가장 핵심적인 직무가 무엇인지를 규명하고 그에 맞는 인력을 선발하고 교육시키는 것이 가장 근본적인 일이다. 이와 함께 전자문서관리시스템과 인트라넷, 전사적자원관리시스템, 검색엔진 등이 정보기술 인프라를 형성하고 있어야 한다. 여기에 최고경영자를 비롯한 경영층의 지식경영에 대한 의지가 더해져 지식경영의 근간을 형성할 수 있다고 볼 수 있다. 여기에 조직학습과 스킬활동 등을 통한 '지식의 창출과 획득', 베스트 프랙티스, 영업활동 사례 등을 이용한 '지식축적과 공유', 정보와 '지식의 활용'으로 이어지는 3단계 활동이 더해져 지식경영 활동을 구성하고 있다. 이러한 활동을 통해 고객만족도를 높이고 의사결정의 효과를 높여 기업의 경쟁력을 높일 수 있다.

●경영방식의 변화

기업을 둘러싼 환경이 급변하는 상황에서는 회사의 핵심 이슈를 파악하고 어떤 환경에서도 그 해결책을 찾을 수 있는 지식베이스를 구축해 의사결정의 역량을 강화하는 것이 매우 중요하다. 과거에는 계획과 그에 따른 실행결과의 차이점만을 분석하는 경영방식이 주를 이뤘다면 지식기반 경영에서는 의사결정지원시스템을 통해 수시로 계획할 수 있는 여건을 갖춤으로써 변화 대처능력을 키우는 것이 핵심이다.

이러한 지식기반 경영방식은 전략적 투자, 효율적인 경영관리, 성과에 대한 공정한 평가 및 보상 등 3개의 축을 중심으로 하고 있다.

전략적 투자 부문에서는 핵심역량을 중시하며 합리적인 프로세스를 마련하고 불확실성과 위험을 고려해 복수의 전략대안을 마련하는 것이 중요하다.

효율적 경영관리는 경제적 부가가치 및 현금흐름 중심으로 관리하고 수시로 발생하는 주요 경영문제를 그때그때 해결하는 데 주력하는 것을 포함한다.

또한 평가 및 보상부문에서는 적정한 성과지표를 개발하고 장·단기 지표의 균형을 맞추는 것이 필요하며 성과를 보상과 연계함으로써 성과의 지속적인 창출을 독려해야 한다.

● 기업의 의사결정

기업들은 의사를 결정하는 데 전통적으로 한두 개의 의사결정안을 작성한 뒤 이를 합리화하는 것에 주력했다. 또한 불확실한 미래에 대해서도 주관적인 판단과 추측을 활용했으며 분석방법 및 과정은 생략한 채 분석결과만 보고했다. 지식경영을 위해서는 이러한 의사결정 방법이 개선돼야 한다.

해결방법에 대한 대안을 적어도 3~4개 이상 여러개 만들어 놓고 이들에 대한 시나리오 분석을 통해 최적안을 선택해야 한다. 또한 불확실성에 대한 객관적 평가를 통해 위험요인을 차단하고 분석의 과정에서 주요 단계마다 의사결정자의 의견을 충분히 반영하는 것이 중요하다.

이러한 의사결정 및 위험분석 모델로 LG정유는 핵심연구팀과 검토위원회간에 이뤄지는 피드백 모델을 사용하고 있다. 즉 실행전략을 마련하는 프레임 작업과 수익과 위험의 분석작업, 자원을 배분하고 실행하는 연결작업 등 전략수립과 실행에 관계되는 각 단계에서 주요 이슈별로 경영진과 실무진들이 상호 지속적인 피드백을 할 수 있도록 하는 것이다.

이러한 실행을 통해 최고 경영자가 의사결정의 가장 중요한 요소가 무엇인지를 알게 되며 이는 향후 발생하는 환경변화에 보다 효과적으로 대응하는 것을 가능하게 한다.

3. 글로벌화 및 글로벌 스탠더드 경영

미래사회는 정보·통신기술의 발달, 운송수단의 발달 등에 힘입어 세계가 하나의 단일경제권이 되는 글로벌경제화 될 것이다. 자본과 상품이 국경의 장벽을 쉽게 넘을 수 있게 되고, 유로화 출범과 같이 화폐의 통합으로 국가경제의 구분이 의미가 없어지고 있다. 그러므로 국내기업도 이러한 환경변화에 발맞춰 수출기업의 형태를 넘어, 다국적기업(multinational corporation), 글로벌기업(global corporation)화 되어야 할 것이다.

또한 글로벌화의 가속화에 따라 세계적으로 요구되는 글로벌 스탠더드는 모든 기업의 의사결정기준으로 영향력을 행사할 것이다.

글로벌 스탠더드는 단일화되어가는 세계시장에서 통용되는 국경을 초월한 약속이나 규범, 즉 세계적으로 인정하는 표준을 의미한다. 미국 등 세계적으로 경제질서를 주도하는 국가들은 자국의 기업 경영방식과 규칙을 글로벌 스탠더드로 규정하여 타국의 기업들에게 준수하도록 요구하고 있다. 글로벌 스탠더드를 이행하지 않는 기업은 세계시장에서 소외를 당할 수밖에 없고, 국제간 거래에서 통상압력 등 많은 불이익을 받게된다.

예를 들어 외환위기 이후 IMF 및 외국 금융기관들은 구제금융 지원을 전제로 우리나라 경영방식으로 대표되었던 차입경영, 지배구조 등을 개선할 것을 강도높게 요구한 바 있다. 이제 우리 기업들은 우리 것만을 고집할 수 없는 상황이다. 우리나라 기업 경영방식의 장점을 살리면서 글로벌 스탠더드로 인정받는 경영방식을 수용하려는 적극적이고 긍정적인 자세를 가져야 한다.

경영사례

◆ 디지털가전 '세계표준' 경쟁

'세계 표준을 잡아라.' 급속히 디지털화가 진행되고 있는 세계 가전업계에서 표준전쟁이 치열하다. 기술의 쓰임새가 넓어지고 정보 공유가 지구촌 차원에서 실시간으로 이뤄지면서 과거 한두 제품에 국한됐던 표준전쟁이 여러 업종에 걸친 관련기업간 연합전의 양상으로 벌어지고 있다.

표준전쟁의 대표적 사례는 1970년대 후반 소니와 마쓰시타의 VCR분야 싸움. 소니의 베타맥스 방식은 기술적으로 앞선다는 평가를 받았지만 히타치와 RCA가 마쓰시타의 VHS방식에 동조하자 가전시장에서 도태됐다.

◆ 대표적 표준화 전장(戰場) 디지털TV

21세기 영상문화를 대표하는 디지털TV 분야에서 영상신호를 입출력하는 방식을 놓고 미국 유럽 일본의 삼파전이 벌어지고 있다. 아날로그식 고품위(HD)TV 방송을 가장 먼저 시작, 시장제패를 노렸던 일본은 미국과 유럽세가 디지털방식으로 방향을 틀자 BST-OFDM이란 새로운 디지털 형식 전송방식을 들고 나왔다.

미국의 VSB방식을 채택한 우리나라는 LG전자가 인수한 미 제니스사가 원천기술 일부를 보유하고 있어 가까스로 표준전쟁에 '명함'을 내민 상태. 영상신호를 화면에 표시하는 주사방식을 둘러싸고도 PC업계와 가전업계의 패권싸움이 한창이다. 디지털TV 내부에 장착하는 소프트웨어 분야도 선마이크로시스템스와 마이크로소프트간 경쟁이 치열.

◆ 확전양상 보이는 디지털 다기능디스크(DVD)

DVD는 기존 콤팩트디스크(CD)의 밀도를 높여 집적도와 다양한 기능을 갖춘제품. 소니와 필립스는 1990년대 초 읽기전용의 CD를 개발, 원천기술을 보유했다. 이어 후발주자인 마쓰시타와 도시바 등은 다른 방식의 CD를 개발, 대항전선을 구축했다. 표준을 놓칠 경우 특허료 등을 일방적으로 부담, 시장에서 밀려나기 때문.

4개업체는 2년 전 읽기전용 DVD규격에 합의했지만 최근 반복기록이 가능한 DVD시장이 급부상하면서 또다시 지루한 전쟁을 벌이고 있다. 디지털카메라 분야에서도 미국의 코닥과 일본의 후지필름이 각자 다른 이미지포맷 기법을 내놓고 한판 싸움중이다.

◆ 국내업체들, '로열티나 깍자'

박팔현 LG경제연구원 책임연구원은 "국내업체들은 외국업체간 전쟁이 일단락돼 국제표준이 확립되면 로열티나 깎겠다는 태도를 보이기 일쑤"라고 지적했다. 원천기술을 확보하지 못한 때문이다.

다만 응용기술 분야에선 나름대로 '선전'하고 있다. 최근 '동영상데이터 압축전송기술(MPEG4)' 분야에서 가전3사와 현대전자 한국전자통신연구원 등이 개발한 15개 기술이 국제표준으로 채택된 것은 국내업계가 국제표준화를 선도한 대표적 사례로 꼽힌다.

자료원: 동아일보, 1999. 4. 26.

경영 노트

❖ 우리나라 기업 경영방식의 문제점과 대응방안

(1) 우리나라 기업경영방식의 문제점

우리기업과 이해관계에 있는 외국기업 및 금융기관들은 우리나라의 기업경영방식에 대해서 많은 문제점을 제시하고 있다. 그 가운데서 과도한 차입경영에 의존하고 있는 점과, 투명경영이 이루어지지 않고 있다는 점이 가장 많이 지적되고 있는 문제점이다.

① 과도한 차입경영

우리나라의 기업들이 직면하고 있는 현재의 위기상황은 수익성이 뒷받침되지 않는 상황에서 무리한 차입경영에 의한 문어발식 확장을 추구했기 때문으로 보는 시각이 지배적이다.

우리나라 기업의 재무구조는 미국, 일본과 비교할 때 매우 취약하다. 즉, 우리나라 기업의 평균 차입금 금리는 미국, 일본 등 다른 선진국들에 비해서 2~3배 정도 높은 수준이다. 그럼에도 불구하고 우리나라 제조업체의 경우 1997년말 현재 부채비율이 400%에 이르고 있다. 이처럼 우리나라 제조업의 재무구조가 상대적으로 취약한 것은 기업 성장과정에서 생산능력 확충을 위한 시설투자 등의 소요자금을 내부유보나 주식발행을 통한 자체 자금조달보다는 주로 외부차입에 의존해 온 데 기인한다. 과거 고도성장기에 내부자금 만으로 막대한 투자자금을 조달할 수 없었던 우리 기업에게 있어서는 필연적인 결과일 수도 있으나 높은 부채비율이 불황기에는 기업의 자금흐름을 압박하여 부도의 위험요소로 작용하게 된다.

② 회계정보의 투명성 저하

그동안 외국 기업과 금융기관들은 우리나라 회계기준에 대해 많은 불만을 제기해왔다. 우리나라 기업회계기준이 국제회계기준과 많은 격차를 보이고 있다는 지적이다. 이러한 점은 우리나라 기업경영에 대한 투명성, 신뢰성 저하의 주요원인으로 작용하였다. 그 동안 국내 기업회계기준에 대한 문제점으로 지적되어 온 사항은 크게 세 가지로 요약될 수 있다.

첫째, 기업회계기준 측면에서는 국제회계기준과의 격차가 커서 외국인들이 우리나라 기업의 회계정보에 대해서는 믿으려 하지 않는 점이다. 이로 인해 국내기업들이 해외에서 자금을 조달할 경우 국제회계기준에 맞게 회계정보를 새로 작성하는 애로사항이 있었다.

둘째, 외부감사의 기능과 역할에 대한 문제점을 들 수 있다. 외부감사의 주요 기능은 기업들이 규정된 회계기준에 따라 회계정보를 생산하고 있는지를 감사하여 회계정보이용자들이 회계정보에 대해 신뢰할 수 있도록 지원하는 것이다. 그러나 우리나라 외부감사 기능은 독립성과 역량면에서 상대적으로 낮은 수준이고, 또한 사후 감독기능이 미흡하다는 지적이 끊임없이 제기되어 왔다.

셋째, 회계정보 이용자의 문제를 들 수 있다. 투자자, 채권자 등 회계정보 이용자들은 소수주주권 행사나 소송 등을 통하여 기업을 감시 · 견제하는 역할를 수행하여야 한다. 최근 소수주주권 행사가 빈번하게 발생하면서 정보이용자의 감시 · 견제기능이 강화되고는 있지만 아직까지도 투자자, 채권자 등 정보이용자의 역할이 상대적으로 미비한 실정이다.

③ 지배구조의 후진성

외국 기업이나 금융기관들은 우리나라 기업의 지배 구조를 개선시켜야 한다고 지적한다. 사실 지금까지 우리기업들은 기업의 주인인 주주의 권익을 거의 무시해 왔다. 몇몇 대주주들이 실질적인 회사의 주인으로 회사의 모든 경영의사결정과 이의 집행을 독점해 온 것이 사실이다. 이러한 상황에서 소수주주들의 이익은 외면당할 수 밖에 없었고 결과적으로 경영의 투명성을 확보하지 못하게 된 것이다.

(2) 대응책

① 제도적 대응책

1998년 말 우리나라는 기업회계기준을 국제회계기준을 반영하여 개정하였다. 이 개정안의 기본골격은 기업경영의 투명성과 회계정보의 신뢰성 확보라는 대전제하에서 기업회계기준을 국제회계수준으로 향상시킴으로써 글로벌 스탠더드에 성큼 다가갈 수 있는 계기를 마련한 것이라 할 수 있다. 또한 IMF체제 이후 의사결정 과정의 투명성을 위해서 사외이사제도를 의무화시켰고, 소수주주권을 강화시키고 있으며 소수주주 자신들도 적극적으로 주주권을 행사하고 있다. 이는 기업의 주인인 주주가치의 극대화를 위한 글로벌 스탠더드에 한층 다가가고 있는 것을 의미한다.

② 우리나라 기업의 자발적 대응책

우리기업들이 자발적으로 시급히 해결해야 할 과제는 과도한 차입경영에서 벗어나는 것이라 할 수 있다. 기업회계기준의 개정, 지배구조의 선진화는 제도와 법령을 통해서 제도적으로 추진될 수 있지만 과도한 차입경영은 기업의 구조조정과 맞물린 기업의 자발적인 노력이 필요하기 때문이다. 특히 금융비용 부담율이 선진국에 비해 상대적으로 높은 우리나라 기업들은 재무구조의 건전성 확보가 생존과 직결된 시급히 해결해야 할 과제이다.

자료원: 주간경제, 1999. 3. 3.

경영 노트

❖ 바람직한 기업지배구조 개혁

최근 대한항공의 잇단 사고에 대한 정부와 일반여론의 압력으로 오너경영인이 물러났다. 이번 사건은 대통령이 직접 사기업의 경영권에 대해 언급하면서 전문경영체제를 요구했다는 점과 그 결과 오너경영인이 제2선으로 물러났다는 점에서 획기적이라 할 수 있다.

또한 이번 사건을 계기로 기업 구조조정의 가장 민감한 사안인 기업 경영권과 기업 지배구조개혁이라는 판도라의 상자가 열린 것처럼 보인다.

오너경영체제의 득과 실, 즉 주인 있는 경영과 오너의 전횡에 관한 논란은 오래 전부터 있어왔다.

하지만 전문경영인이 경영을 책임졌던 대표적 기업인 기아가 부실기업으로 전락한 후 '주인 있는 경영'의 논리가 힘을 얻으면서 오너경영체제에 관한 논란이 수그러졌다.

또한 은행지분의 소유권 제한에 관한 논의와 공기업 민영화 계획수립 과정에서도 주인 찾아주기 논리가 재벌에 의한 금융지배와 경제력집중 논리보다 더 힘을 얻는 것처럼 보였다. 그러면 과연 오너경영체제가 전문경영인체제보다 기업가치를 높일 수 있는 경영체제인가. 아니면 그 반대인가. 결론적으로 말하면 어느 한 체제가 다른 체제에 비해 더 큰 기업가치를 창출한다고 일반화해 말하기는 힘들다.

만약 오너가 뛰어난 경영능력을 지니고 있다면 직접 경영권을 행사하는 것이 바람직할 것이다. 능력있는 대주주에 의한 직접경영은 경영자와 주주간의 이해관계를 일치시켜 기업가치를 높일 수 있기 때문이다. 하지만 경영능력이 뛰어나지 못한 사람이 단지 지배 대주주라는 이유 하나로 경영권을 행사하려 한다면 이는 기업가치를 파괴하는 행위이며 그 폐해는 일반 주주들에게 전가될 수 밖에 없다.

마찬가지로 전문경영자에 의한 경영 또한 언제나 바람직한 것은 아니다. 경영진이 기업가치 극대화보다는 자신의 이익을 우선시하여 수익성을 무시한 외형 위주의 경영을 한다면 이는 기업가치를 파괴하고 그 폐해는 주주에게 전가되는 것이다.

이러한 전문경영인체제가 불러 올 수 있는 폐해의 단적인 예가 '기아'라고 할 수 있을 것이다. 따라서 어떠한 경영체제가 더 큰 기업가치를 창출하는가에 대한 일반화보다는 경영주체들이 기업가치의 극대화를 추구하도록 하는 제도적 장치, 즉 제대로 된 기업지배구조를 확립하는 것이 더욱 중요하다. 한국 기업이 세계적인 경쟁력을 가질 수 있는 지배구조의 확립은 다음과 같은 본질적인 문제의 해결과 직결된다.

첫째, 오너냐 전문 경영자냐를 떠나 '능력있는 사람' 즉 해당기업의 가치를 극대화 할 수 있는 사람이 경영을 맡을 수 있고 실패한 경영자는 책임을 지는 제도적 장치를 확립해야 한다.

둘째, 능력 있는 전문경영진이 경영을 담당할 경우 이들이 오너의 간섭을 배제하고 의사결정을 내릴 수 있는 실질적인 권한이 주어져야 한다.

마지막으로 이들 경영자에게 자신의 이익보다는 기업가치의 극대화를 추구할 동기를 부여하고 또 이들의 전횡을 규율하고 평가할 수 있는 경영시스템을 확립해야 한다. 이러한 본질적인 문제의 해결은 적대적 M&A와 같은 시장규율 메커니즘 또는 독립적인 이사회와 같은 내부규율 메커니즘에 의해 이루어질 수 있다.

하지만 경영권에 집착하는 한국적 경영형태로 볼 때 경영권 방어에 집착하다 도산에 이른 미도파의 예처럼 적대적 M&A의 역기능이 나타날 수 있으므로 이사회를 통한 문제의 해결이 상대적으로 더 바람직할 수 있다. 하지만 지금까지 한국 기업의 이사회는 이러한 구실을 제대로 수행하지 못했다고 할 수 있다.

전통적으로 이사회가 주로 기업의 집행임원들로 구성되어 왔던 한국 기업에서는 이사회에 의한 경영진의 임면과 경영진 규율은 불가능한 것이었다. 이러한 한계를 극복하고자 최근 도입된 사외이사제도 또한 사외이사의 대부분이 오너경영진과 친분관계가 두터운 인사들로 임명되는 또 다른 한계를 드러내며 도입 취지를 무색케 하고 있다.

설상가상으로 많은 기업은 이사회의 대표성과 권한에 대해 잘못 이해하고 있어 이사회가 기업가치를 창출하기보다는 오히려 기업가치를 파괴하는 모습을 보여주고 있다.

최근 글로벌한 차원에서 OECD가 지배구조 라운드 제정을 준비하고 있고 국내에서도 기업지배구조개선위원회가 만들어졌다. 이 같은 움직임들은 앞으로 제대로 된 지배구조의 확립이 한국 기업과 경제가 추진해야 할 주요 과제라는 점을 다시 한 번 시사해 주고 있다. 특히 전체주주의 이익을 대변하며 능력있는 경영진의 선발과 이들의 규율을 통하여 기업가치를 창출할 수 있는 가치창출형 이사회제도의 확립은 앞으로 우리 기업과 경제가 글로벌 경쟁력을 갖추는 데 필수적인 선결요건임을 주지해야 할 것이다.

자료원: 매일경제, 1999. 4. 28.

경영사례

◆ 환경 글로벌스탠다드

최근 지구환경문제의 심각성이 대두되면서 환경문제의 논의가 매우 빠른 속도로 진행되고 있다.

최근 가장 시급히 요구되는 환경 스탠다드는 바로 2000년대 중요한 위기로 지목되는 지구온난화문제와 이에 대처하기 위한 온실가스 감축문제이다. 지구온난화와 빈번한 기상재해에 공동대처 하기 위해 선진국들은 구속력 있는 온실가스 감축이행을 위해 열을 올리고 있다. 이에 따라 유럽, 미국, 일본 등은 기업의 자발적 에너지 절감을 유도하고 전자제품의 에너지효율기준을 높이는 등 노력을 기울이고 있다. 최근 유럽연합 집행위는 온실가스 감축을 위한 자동차 배출가스 규제안을 마련했다. 즉 9인승 이하 자동차의 경우 2005년까지 이산화탄소 배출량을 170g/km에서 120g/km이하로 30% 줄여야 하며 수입차도 규제대상에 포함하고 있다. 즉 온실가스 감축을 둘러싼 선진국의 환경기준이 점차 세계기준으로 확대되고 있는 것이다. 이에 대해 유럽 자동차 시장의 11%를 차지하는 일본 도요타와 혼다의 경우는 수출주력차종을 대형차에서 소형차로 전환하고 차세대 자동차 연구에 노력을 기울이고 있다.

온실가스 감축뿐만 아니라 내분비계장애물질(일명 환경호르몬)이 함유된 화학제품 판매 규제도 EU지역을 중심으로 전개되고 있다. 어린이의 완구제품에 들어가는 프탈레이트와 같은 플라스틱 유연제는 환경호르몬 물질로 분류되어 완구 제조업자들로부터 외면을 받고 있는 상황이다. 현재 선진국을 중심으로 전개되는 환경호르몬 물질에 대한 규제가 향후에는 세계적인 기준으로 가시화될 날이 곧 올 것이다.

자료원: 주간경제, 1999. 2. 17.

경영사례

◆ 일본기업 환경친화경영 나선다

일본 기업들이 라이프사이클평가(LCA) 기법을 도입, 실질적인 환경친화 경영에 나서고 있다.

다이닛폰인쇄와 히타치제작소 NEC 등 유력기업들은 최근 생산과 이용 폐기 전단계에서 제품이 환경에 주는 영향을 종합 평가하는 LCA기법을 잇달아 채택했다.

LCA는 미국 코카콜라나 스웨덴 업체들이 연구기관과 공동으로 개발한 기법이다. 이는 원료 조달에서 제조 수송에 이르는 생산공정, 고객의 이용시점, 사용후 폐기과정 등 단계마다 발생하는 이산화탄소 배출량과 에너지 소비량을 수치화한 것이다.

30일 니혼게이자이 신문은 지구 온난화방지나 리사이클에 관한 소비자 인식에 맞춰 기업의 환경관도 달라지고 있다고 보도 했다. 신문은 "이제까지 일본기업들이 제품에 환경보호 문구를 써넣는 예는 많았지만 그 기준이 애매하고 객관적인 판단자료도 없었다"고 지적했다.

전문가들은 4월부터 개정 에너지절약법이 발효됐고 내년 4월부터 용기포장 리사이클법이 전면시행된다는 점을 고려할 때 기업들의 환경친화 경영에 속도가 붙을 것이라고 전망했다. 다이닛폰인쇄는 내년 봄까지 음료팩과 같은 용기포장제품에 대한 LCA 작업을 마칠 예정이다.

이 업체는 고객기업들에 분석결과를 제시, 환경부담이 적은 제품을 주문하도록 제안할 것이라고 밝혔다. 히타치는 올해부터 가전 산업기계를 비롯한 전제품 설계작업시 종래 기종과 비교한 LCA개선도를 계산할 계획이다.

히타치는 제품 개발 단계마다 LCA 수치를 체크, 모든 신제품에 환경요소를 강화하겠다고 말했다.

NEC도 퍼스널컴퓨터와 휴대전화와 같은 간판상품의 이산화탄소 배출량을 산정해 환경 영향도가 낮은 제품을 중점 개발할 예정이다.

자료원: 내외경제, 1999. 4. 30.

경영사례

◆ 페더럴 익스프레스의 과학경영

많은 사람들이 "우편배달"을 우습게 안다.

생산성이나 수익성이 저급해 급여가 낮고, 하는 일도 원시적이고 천박한 것이라고 여긴다.

그러나 실제로 이것만큼 어려운 사업도 없다.

특히 배달지와 발송지를 찾아가는 택배사업은 수취지점뿐 이니라 발송지점이 수시로 변해 문제를 지극히 어렵게 만든다. 약속시간대로 배달해야 함은 물론이다. 게다가 하루시간대별, 요일별, 월중 날짜별, 계절별, 지역별로 수요량이 엄청난 진폭을 보이며 변한다. 배달시간에 영향을 미치는 교통혼잡도도 감안해야 한다. 또한 지역 사정에 정통해야 한다. 현지 지리와 교통사정에 대해 완벽한 자료를

갖춰야 할 뿐만 아니라 고등수학과 확률론을 통달하지 않으면 안 되는 것이 바로 이 사업이다. 정해진 공장에서 정해진 양을 만들어 정해진 매장에 일정시간 간격으로 내보내는 제조업과는 사업의 본질이 판이하게 다르다. 게다가 마진은 박한 반면, 초기 투자비는 엄청나다. 때문에 정부 보조금 없이 순전히 고객에게 받는 요금만으로 이 사업을 영위하자면 수준 높은 치밀한 시장조사와 패턴파악능력, 또 최적치를 도출할 수 있는 수학모델을 조작하고 컴퓨터 시뮬레이션을 하는 등의 지식이 필요하다.

특히 최초 시스템 설계 단계에서 이는 절대적이다. 시스템 설계가 잘못되면 열심히 노력해도 몇달을 버티지 못하기 때문이다. 이런 어려움을 거뜬히 극복하고 세계 최대 물류회사로 도약한 주인공이 바로 페더럴익스프레스(FedEx)다. 1973년 미국 체신청 우편요금이 20센트 정도일 때 10달러 요금에 익일배달을 해 주겠다며 테네시주 멤피스에서 프레드릭 스미스가 사업을 시작하자 사람들은 촌놈은 어쩔 수 없다며 배꼽을 잡고 웃었다. 하지만 FedEx는 창설 이후 4반세기 동안 줄곧 두 자리 내지 세 자리 수의 성장률을 기록하며 이제 연간매출 19조원 순이익 6천억원의 포천 94대 기업 반열에 올랐다. 전세계 2백10개국에서 6백40여대 비행기와 4만 3천여대 차량, 그리고 15만명에 가까운 직원들이 시계같이 정교하게 맞물려 돌아간다. 매일 3백 10만개나 되는 우편물과 소포를 취급하면서도 신경처럼 곳곳에 뻗어 있는 정보망을 통해 그 모든 것의 위치와 움직임을 실시간으로 파악한다.

FedEx의 이같은 성공은 크게 세 가지로 요약할 수 있다. 첫째는 시대를 읽을 줄 아는 능력이다. 생활수준이 향상되어 사람들이 품질 좋고 편리한 특송 서비스에 돈을 아끼지 않게 된 세태를 정확히 읽어내고는 불모지에 남보다 앞서 진출해 영토를 차지했다. 둘째는 세계교역량의 증가와 글로벌라이제이션, 그리고 아웃소싱 바람을 제대로 탔다.

특히 1980년대와 1990년대 초반 물류수요를 5년만에 3배씩으로 늘려 놓은 Just-In-Time 경영기법의 풍미현상은 FedEx를 일약 초대형기업으로 키워 주었다. 그러나 그 모든 성공요인 중에서 가장 중요한 것은 최첨단 계량기법으로 무장된 경영진이었다. 이론물리학과 수학, 공학, 컴퓨터과학, 산업공학 경영과학자들로 구성된 이사진과 경영간부진이 정밀하게 배송시스템을 설계하고, 치밀한 일정계획을 세우고, 차량기종과 크기에다 휴대단말기, 통신체계 등 채용기술을 엄선했다. 한마디로 FedEx에는 일거수 일투족 계산되지 않은 채 존재하는 것은 하나도 없다.

자료원: 한국경제신문, 신동욱의 경영노트, 1999.10.21.

토·의·과·제

1. 경영자의 경영활동에 가장 많은 영향을 주는 외부환경 및 내부환경을 무엇일까? 그 요인과 그 이유를 사례를 들어 설명해 보자.

2. 여러분이 인터넷 시장에 진출하기로 하였다고 하자. 어떤 사업을 어떤 식으로 진행시킬 것인가? 현재 인터넷시장의 변화추이를 체계적으로 설명해보고, 자신만의 노하우를 개발해 보자.

3. 기업이 지식경영을 실시하기 위해 가장 중요시 해야 하는 변수는 무엇일까? 다음의 자료를 참조하여 더 구체적으로 설명해 보자.

> 지식경영의 출발점은 사람이다. 지식경영의 대가인 노나카 이쿠지로 교수는 '지식은 개인에게서 출발하며 조직을 통해 보다 강력한 무기로 전환된다' 고 하였다. 지식경영이라는 전략적인 선택을 성공적으로 실행하기 위해서는 먼저 사람에 대한 관심에서부터 출발해서 이를 잘 관리할 방법을 모색하는 것이 필요하다.

4. 우리나라에서 지식경영을 가장 모범적으로 실시하고 있는 기업을 선정하여 그 사례를 발표해 보자.

5. 우리는 뉴스를 통해 어느 대기업노조가 파업에 돌입하여, 생산이 멈춤으로써 하루에 수억원씩 손해를 보고 있다는 기사를 접할 때가 있다. 경영자 입장에서는 내가 채용한 종업원을 내 마음대로 해고하고, 월급도 내 마음대로 줄 수도 있는 것 아닌가 항변할 수도 있는 문제이다. 이에 관해서 생각해보자. 과연 노조의 파업 등 쟁의행위는 필요한 것인가? 경영자의 생각 중 무엇이 잘못되어 있는가?

6. 경영자가 그 기업의 주인인 주주의 권리를 보호하지 못하는 이유는 무엇일까? 경영자가 고용된 경영자가 아니고, 그 기업의 주식을 보유하고 있는 경우에도 주주의 이익에 반하는 행위를 할 수 있는가? 있다면 그 예를 들어보고 그것을 방지하는 방법을 제시해 보자.

7. 미래의 정보화사회, 지식사회 및 글로벌환경에서 활동해야 될 우리가 학생시절에 준비해야 할 것이 무엇인가 고민해 보자.

8. 환경문제는 21세기의 가장 중요한 문제이면서, 환경산업은 가장 매력적인 시장이 될 것으로 예측된다. 다음의 사례를 참조하여 우리나라 기업의 환경문제에 대한 의식은 어떠하며, 우리나라 기업이 나아가야 할 바는 무엇인가 설명해 보자.

경영사례

THE BODY SHOP

영국의 The Body Shop은 전세계 47개국에 1,500여개의 지점을 둔 피부 및 모발용 화장품 회사이다. 창업자인 Anita Roddick은 창립 때부터 환경 친화적이 상품과 포장정책을 고수해 왔다. The Body Shop은 그들의 경영이념에 '인간을 존중하고 동물을 해치지 않으며 지구를 지키기 위하여 노력함으로써 우리들이 살아가고 있는 환경에 대한 배려를 보인다'는 구체적인 비전을 제시하여 환경을 기업이 추구해야 할 하나의 새로운 가치로 내세우고 있다.

이를 반영하듯 The Body Shop의 향수나 로션, 샴푸를 담는 제품용기는 리필을 용이하게 하기 위하여 약병처럼 투박하고 단순한 디자인을 상용하고 있으며, 향수를 산 고객에게도 그냥 재생비닐로 된 봉지에 상품을 넣어주고 있다. 또한 소비자들을 유혹하기 위한 화려한 광고를 피하고 '자연에 순응하는 건강미'라는 구호를 내걸고 소비자에게 다가가고 있다. 화장품 개발 시에도 동물실험금지, 용기 재활용, 포장지 사용 억제, 광고 억제 등을 통하여 원가절감과 제품의 환경친화성을 동시에 얻는 경영방식으로 소비자들에게 주목받고 있다. 식물성 원료를 중심으로 한 제품생산을 통해 기존의 다른 화장품회사와도 차별화를 추구하고 있다. 이 회사는 현재 580여종의 상품을 생산하고 있으며 1998년 매출총액은 6억4백만 파운드를 기록했고 이는 전년도에 비해 5% 증가율을 나타낸 것이다. 특히 유럽지역에서 8%의 매출 증가율을 나타냈으며, 총 수익도 전년도에 비해 12% 성장하는 성과를 올렸다. 1994년에는 캐나다 지사가 온타리오 리사이클링 위원회로부터 자원절약상을 받기도 하였으며 매년 연간 환경리포트를 발간함으로써 그린시대의 모범기업으로 성장하였다.

또한 포장재로 인한 환경오염 문제가 중요한 이슈로 등장한 유럽지역의 규제 역시 The Body Shop의 경영이념을 더욱 확고히 하는 데 일조 하였다. 유럽연합(EU)은 포장폐기물의 감량과 재활용을 촉진하기 위해 1994년 '포장 및 포장폐기물 지침'을 제정하여 회원국들이 2001년까지 포장폐기물의 50~60%를 회수하고, 25~40%는 재활용해야 하며, 재활용 가능한 품목들은 각 소재별로 최소한 15%를 감량시키도록 하였다. 또한 수출용 가전제품 포장재와 관련해 수은, 납 등 환경유해 요소를 함유하고 있는 소재사용을 금지했으며 발생되는 포장폐기물 총량의 50% 이상을 수거, 재생하고 25% 이상을 재활용해야 한다는 규정을 시행중이다.

이런 국제적인 환경장벽이 오히려 The Body Shop에겐 경쟁력의 우위를 점할 수 있는 요소로 작용하고 있다.

자료원: ECOS, Vol. 3, No. 4, 1999에서 수정.

3 기업의 책임은 필요한 것인가

3.1 기업의 사회적 책임은 필요한 것인가?

우리는 한보라는 회사가 무분별한 차입경영을 추구하다가 도산하게 되면서, 우리나라 전체 산업의 기반을 흔들고, 수많은 실업자를 양산하고, 결국에는 IMF에 신세를 지게 된 사실을 기억하고 있다.

비단 성수대교나 삼풍백화점의 붕괴를 예로 들지 않더라도, 기업의 비도덕적 행위가 미치는 사회적 파급효과가 대단히 크고 중요하다는 것을 쉽게 짐작할 수 있다. 그러므로 우리는 과연 기업의 사회적 책임의 범위는 어디까지이며, 기업의 도덕적 또는 비도덕적 행위가 기업당사자와 이해관계자에게 어떤 영향을 주는지에 대해 심각하게 고려해 볼 필요가 있다.

그 동안 기업의 사회적 책임에 대해서는 이를 반대하는 의견과 찬성하는 의견이 대립되어 왔다. 즉, 프리드만(M. Friedman)은 기업이 사회적 책임을 추구하다보면 기업의 목표인 이윤극대화가 달성되지 않는다고 보고 반대하고 있으나, 사뮤엘슨(P. Samuelson)은 기업의 사회적 책임을 완수하고자 하는 노력이 장기적으로 기업에 이익이 된다고 보고 찬성하고 있다.

또한 기업윤리에 대한 시각도 시대의 변천에 따라 바뀌었다. 즉, 초기에는 기업의 사회적 책임이 주주의 이익극대화나 기업의 장기적 이익에 있다고 보았으나, 그 이후에는 이해관계자 집단의 이익도 함께

표 3-1 *기업의 사회적 책임에 대한 반대이유와 찬성이유*

반 대 이 유	찬 성 이 유
① 기업의 사회적 책임 이행은 비용이 많이 들게 되므로 주주의 경제적 이익이 감소된다. ② 기업의 사회적 문제를 해결할 수 있는 능력이 부족하다. ③ 사회적 비용이 제품가격에 전가되면 국제경쟁력이 약화된다.	① 기업의 사회적 책임이행은 기업의 이미지를 높여, 고객, 종업원, 투자자를 확보하기가 쉬워진다. ② 이미 발생된 사회적 문제를 치료하는 것보다, 적극적인 사회적 참여를 통해 그 문제의 발생을 사전에 예방하는 것이 더 효율적이다. ③ 사회적 책임의 이행은 추가적인 정부규제와 개입을 줄여, 기업의 의사결정에 신축성을 가질 수 있다.

그림 3-1 *사회내의 기업역할의 변화*

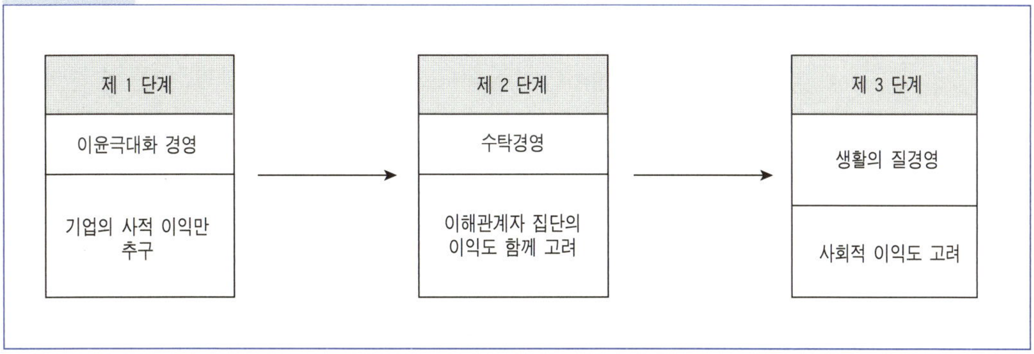

고려하게 되었고, 최근에는 이해관계자 뿐만 아니라 일반 대중의 생활의 질을 향상시키는 단계로 발전하였다.

3.2 기업의 사회적 책임은 의무인가 권리인가?

일부 기업은 단순히 그 이해관계자나 정부의 요구를 따르는 단계를 넘어서 적극적으로 사회적 책임을 이행하기도 한다.

한 조사에 따르면 미국 성인의 77%가 기업의 환경에 대한 평판이 구매결정에 영향을 미친다고 응답했다.

기업이 윤리적 · 사회적 책임을 이행할 때 나타나는 이점은 무엇이 있을까?

첫째, 윤리 · 도덕적 규범을 잘 지키는 사람이 그 사회에서 존경과 신뢰를 받는 것처럼, 높은 수준의 윤리성을 유지하는 기업은 사회 또는 고객으로부터 두터운 신뢰와 좋은 평판을 얻어서 매출액도 높아지고, 자금조달도 원활해져 성장 · 발전이 쉬워질 것이다.

둘째, 기업이 비윤리적인 행동을 하게 되면, 사회적 불신이 높아지고 여론이 나빠져서 이러한 비윤리적 행동을 규제하고자 하는 법규가 나타나게 될 것인데, 이런 법규를 준수하기 위한 비용이 증가하게 될 것이다.

셋째, 기업에서 종업원의 양심이나 신념에 어긋나는 행동이 강요되는 경우, 그 종업원은 윤리적 갈등과 스트레스를 느끼게 되어 근로의욕이 상실될 것이고, 이직률도 높아질 것이다. 반면 높은 수준의 윤리성이 유지되는 기업에서 근무하는 종업원의 경우 자부심과 보람을 갖고 열심히 일하게 되어 생산성도 높아지고, 회사에 대한 귀속의식 및 애사심이 강화될 것이다. 이렇게 기업이 높은 수준의 윤리성을 유지한다는 것은 단기적으로는 기업에 부담이 될 수도 있겠지만 장기적 안목으로 볼 때는 기업의 신뢰성을 높여주고, 수익성·성장성·안정성도 증대시켜 줄 것이다.

그러므로 이러한 이점들을 간파한 기업의 경우 적극적으로 사회적 책임을 이행하고자 할 것이다.

경영사례

♦ 온실가스 절감을 기회로 삼는 Shell

세계 최대의 석유메이저 회사로 알려진 Royal Dutch Shell은 지구 온난화 문제의 심각성을 인식하고 온실가스 배출 감축과 재생가능한 에너지 개발사업에 주력하고 있다. 이러한 Shell의 입장은 지구 온난화 위기에 대한 공감일 뿐 아니라 향후의 온실가스 배출 규제가 가져올 새로운 사업기회에 대한 능동적인 준비이기도 하다.

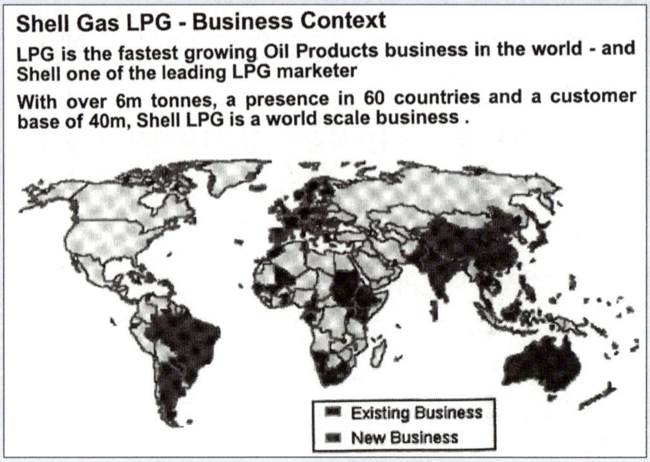

Shell은 지난 20여년간 재생가능한 에너지 개발과 상용화를 위해 지속적으로 연구해 왔다. 그런 연장선상에서 Shell International Renewables社는 1997년에 향후 5년간 5억 달러를 이 부문에 투자할 것이라고 발표했다. Shell의 이런 계획은 환경이 어떻게 경영과 통합될 수 있는지를 보여준다. 즉 온실가스 배출 저감에 대한 전세계적인 목소리가 높아짐에 따라 태양열, 풍력 등의 대체 에너지 시장 확대가 예상되고 있는 현실을 반영한 것이다. Shell은 온실가스 감축과 재생가능 에너지 개발을 위해 태양에너지, 바이오개스 발전, 온실가스 흡수원으로서의 조림사업 등 세 가지 영역에 주목하고 있다.

Shell은 태양전지 생산원가가 향후 20년간 연평균 6~8% 떨어질 것으로 예상하고 있다. 이것은 태양발전 비용이 10년 후면 현재의 1/3수준으로 떨어질 것을 의미하는 것이다. 현재도 외딴 지역의 태양발전은 다른 에너지원에 비해 경쟁력을 갖고 있다. Shell은 태양열 발전효율을 향상시켜서 어떤 기후여건에도 효과적이고 유용한 발전원으로 이용하기 위한 기술개발에 노력하고 있다.

뿐만 아니라 Shell은 매년 4~5백만 톤의 이산화탄소를 흡수할 수 있는 12만 헥타아르의 삼림을 조림하였다. 1980년대 초부터 조림(造林)에 투자를 해오면서 환경과 사회적인 관점뿐만 아니라 사업적인 관점에서도 상당한 경험을 축적하여 왔다. 또한 야생보전기금(WWF)과 연계하여 환경적, 사회경제적 영역을 다루는 'Tree Plantation Review'라는 12개의 보고서를 발간하여 삼림을 조성하는 데 크게 기여하였다. 현재 교토의정서 상에는 1990년도 이후 조림사업분을 국별 배출량 산정시 인정하는 것을 원칙으로 세부사항은 이후에 결정하기로 했기 때문에 Shell의 이러한 경험과 성과는 매우 유리한 입지를 점할 것으로 예상된다.

Shell은 에너지 효율 향상, 배출구에 의한 메탄가스 방출을 불꽃으로의 전환, CFC와 할론 사용 중지, 저탄소 연료 공급 확대 등을 통해 사업활동에 있어서의 온실가스 저감을 적극적으로 전개할 방침이다. 이에 따라 2002년까지 이산화탄소 배출량을 1997년 배출량 대비 26% 감축하기로 하였다.

그 밖에도 해안지역의 풍력발전 기술개발 연구, 천연가스 개발 및 공급 등에도 노력하고 있다. 사실 작년까지만 해도 온실가스 배출 억제에 대해 소극적인 입장을 취하고 있는 산업계 조직인 GCC(Global Climate Coalition)의 회원이었던 Shell은 올해 GCC를 탈퇴하였다. 이는 BP(British Petroleum)와 같이 지구온난화 방지에 대한 기업의 사회적 책임과 새로운 사업기회 발굴에 주력함으로써 '온실가스 배출 규제'라는 경영환경 변화를 능동적으로 대처하고 있는 실례가 된다.

자료원: ECOS, Vol. 2, No. 11, 1998.

3.3 기업의 사회적 책임에의 영향요인과 그 유형

기업의 사회적 책임의 수준은 그 기업내부 종업원의 가치관, 그 조직의 목표나 문화뿐만 아니라 사회적 규범이나 정부의 규제 등 수많은 이해관계자와의 상호작용과정에서 결정될 것이다.

경영사례

◆ 환경소송 봇물…공해기업 설땅 없다.

미국 앨라배마주의 두 방직회사는 수십년 동안 방직염료를 호수로 몰래 내보내다 주민들에게 발각돼 소송을 당했다.

작년 11월 앨라배마주법원은 두 회사가 주민들에게 5천2백56만 달러(약 6백30억원)를 배상하라고 판결했다. 피해자들이 입은 실제 손해 15만5천2백 달러의 3백38배에 이르는 돈이다. 배상금이 이렇게 껑충 뛴 이유는 징벌적 손해배상 때문이다. 1989년 3월 엑슨사 유조선이 알래스카 연안에서 좌초돼 1천1백만 갤런의 원유가 유출됐다. 엑슨 발데스호는 유조선 값으로 2천5백만 달러, 원유값으로 3백40만 달러를 잃어버렸다. 엑슨사는 기름을 없애기 위해 1991년까지 21억 달러를 썼고 2001년까지 9억 달러를 투입할 예정이다. 엎친 데 덮친 격으로 91년 법원은 엑슨사에 가혹한 판결을 내렸다. 오염지역을 생활의 터전으로 삼는 주민 1만4천여명에게 50억 달러(약 6조원)를 지급하라고 명령했다. 선원들이 항해 중 술을 마신 정황과 엑슨사의 자산 규모를 감안한 금액이었다.

특히 이 소송이 '대표당사자 소송제(Class Action)'로 진행되는 바람에 엑슨사의 벌금이 천문학적으로 불어났다. 대표당사자 소송제는 피해자 몇 명이 대표로 소송에서 이기면 똑같은 피해를 본 다른 사람들도 별도의 소송없이 손해를 배상받는 재판 제도다.

한국에서는 지금까지 오염 피해자가 실제로 입은 손해액을 받아내기도 힘들었다. 환경오염사건은 인과관계를 밝히기가 어려울 뿐만 아니라 변호사, 보건학자, 의사, 환경공학자 등을 동원한 기업과 맞서는 것은 처음부터 힘겨운 싸움이다. 이 때문에 피해 주민들은 대부분 민사소송으로 가지 않고 가해자가 주는 배상액에 만족할 수밖에 없었다.

1995년 전남 여천군에서 시프린스호가 침몰했을 때 주민 2만여명은 7백억~1천억원의 손해를 봤다고 주장했지만 결국 1백67억원만 받았다. 1인당 3백50만원꼴. 당시 주민들은 국내 감정업체에 감정을 의뢰해 1년간 현장검증한 결과 악취로 인한 고통 등 계산할 수 없는 것을 제외하고 가두리 양식장의 피해액만 7백여억원이라는 감정결과가 나왔다. 그러나 호유해운과 유류오염 손해보상을 위한 국제기금이 별도로 지정한 외국감정업체는 피해액을 1백60여억원으로 산정했다. 결국 피해자들은 가해자가 제시한 배상액만 받고 합의하기에 이르렀다.

1993년 이 지역에서 금동호가 침몰했을 때도 주민들은 9백31억원의 피해를 봤다고 주장했지만 보상액은 35억원에 그쳤다. 이처럼 국내 환경오염 사건에선 대부분 소송 전 당사자끼리 합의로 배상액을 결정하고 실제로 확인된 손해액만 피해자에게 지급하므로 배상액이 적다. 기업이 제시하는 배상액에 만족하지 못할 때는 민사소송을 내면 되지만 생계에 쫓기는 피해자들로서는 변호사 선임료와 인지대 등 소송비용이 버겁기만 하다.

미국에서는 환경을 오염시킨 기업이 설사 소송에서 이기더라도 그것으로 끝나지 않는 사건도 있다. 최근 개봉된 로버트 레드퍼드 감독, 존 트래볼타 주연의 영화 '시빌 액션(Civil Action · 민사소송)'은 환경오염 기업의 말로가 어떤지 잘 보여준다.

이 영화의 줄거리는 실화를 바탕으로 한 것이다. 1970년대 미국 매사추세츠주 위번시에선 아이들이 잇따라 백혈병에 걸렸다. 환자 가족들은 그레이스와 비트리스라는 두 기업이 폐수를 방류해 지하수가 오염됐기 때문이라며 소송을 제기했지만 9년을 끌다 패소하고 말았다. 그러나 미국환경청(EPA)은 재판결과를 무시하고 독자적인 조사를 벌였다. 마침내 두 기업은 6천9백40만 달러가 소요되는 정화사업에 착수했고 그레이스는 공장을 폐쇄했다.

한국에서도 환경오염 기업이 설 땅이 점점 좁아지고 있다. 환경단체 녹색연합은 다음달 10일 교수, 변호사 등 40명으로 구성된 '환경소송센터'의 문을 연다. 이 센터는 환경을 위협하는 개발사업이나 기업과 싸우는 주민과 시민단체에 법률상담을 해주는 '주민지원단'과 민사소송을 통해 직접 문제를 푸는 '기획소송단'으로 구성된다.

녹색연합은 "환경침해의 인과관계가 명확한 사건에 대해서는 즉각 소송을 벌이고 그렇지 않을 때는 대규모 역학조사를 벌이겠다"고 말했다. 이를 위해 의학 · 보건학 · 환경공학 전문가들을 참여시킬 계획이다. 법조계에선 환경소송과 제조물 배상소송의 피해자들을 위해 '대표당사자 소송제'를 도입해야 한다는 목소리가 나오고 있다. 이 제도가 도입되면 환경오염 피해자들의 소송절차가 간편해지고 배상액도 올라갈 수밖에 없다.

자료원: 동아일보, 1999. 4. 30.

그림 3-2 *기업의 이해관계자와 기업윤리에의 영향요인*

기업의 이해관계자

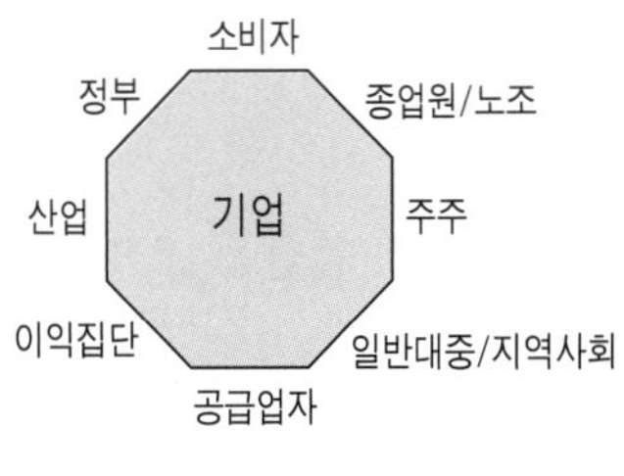

기업윤리에의 영향요인

구 분	영향요인의 예
종업원차원	금전적 욕구의 크기, 개인의 연령 · 학력 · 지위 · 종교적 신념, 조직목표와의 갈등
조직차원	기업문화, 경영자의 태도, 동료의 행동, 기업의 목표 · 정책
사회차원	정부의 규제, 전반적 경쟁 분위기, 사회의 규범

표 3-2 사회적 책임의 유형

	소극적 윤리	적극적 윤리
대내적 윤리	불공정 인사 · 임금체불 · 부당노동행위 여부 부실경영 · 허위 보고서 작성 · 기업재산 유용여부	• 산업재해예방 · 복리후생향상 여부 • 인간중심 경영 · 품질향상 · 생산성 향상 여부
대외적 윤리	• 공해유발 · 유해식품제조 여부 • 가격조작, 매점매석, 허위과대광고 여부 • 세금포탈, 불성실한 회계보고(공시) 여부 • 상표도용 여부 • 정경유착 여부	• 환경보호 · 자원보전 여부 • 소비자만족경영 · 교육학술지원 여부 • 생활의 질 향상, 사회복지향상 여부

기업의 사회적 책임은 그 행위가 미치는 영역에 따라 대내적 윤리와 대외적 윤리로 구분할 수 있고 그 성격이나 내용에 따라 소극적 윤리와 적극적 윤리로 구분할 수 있다.

1. 대외적 윤리

① 주주와 경영자간의 대리인 문제

대규모 기업에서는 주주들이 필요한 모든 의사결정을 직접할 수는 없다. 대신에 주주들은 그들의 대리인으로서 기업을 경영할 수 있는 경영자를 고용한다. 그래서 주주가 아닌 경영자가 일상적으로 기업을 통제하게 되며, 경영자는 주주의 부가 아닌 자신의 이익에 보다 관심을 가질 수 있다. 다시 말하면 기업의 소유와 경영의 분리에 의해서 주주와 경영자의 목표가 서로 달라질 수 있다. 경영의 주체(principals)인 주주로부터 대리인(agents)인 경영자로의 의사결정권한의 위임으로 인하여 발생하는 주체와 대리인의 갈등을 대리인문제(agency problems)라 한다.

주주와 경영자 사이에 갈등이 발생할 수 있는 원인을 요약하면 다음과 같다.

첫째, 경영자들은 주주 부의 극대화보다 호화스러운 사무실, 최고급승용차 구입 등 자신의 특권적 소비(perquisite consumptions)를 위하여 기업재산을 사용하거나, 기업의 외형적 확장에 열중할 수 있다.

둘째, 경영자들의 재임기간은 주주들에 비해서 보다 짧으므로 장기적인 이익보다 단기적인 이익에 치중하는 경향이 있다.

셋째, 경영자와 주주의 위험에 대한 주관적인 평가가 서로 다를 수 있다. 경영자는 위험을 초래할 수 있는 투자안에 대해서 과민할 정도로 회피하려는 경향이 있다. 즉 경영자는 무사안일주의에 빠져 자신의 직위에만 연연하는 경향이 있다.

② 소비자에 대한 윤리문제

기업은 소비자에게 안전한 제품을 제공할 의무가 있으며, 제품의

경영사례

◆ 실제 1,000억원짜리 공사의 이면계약 사례

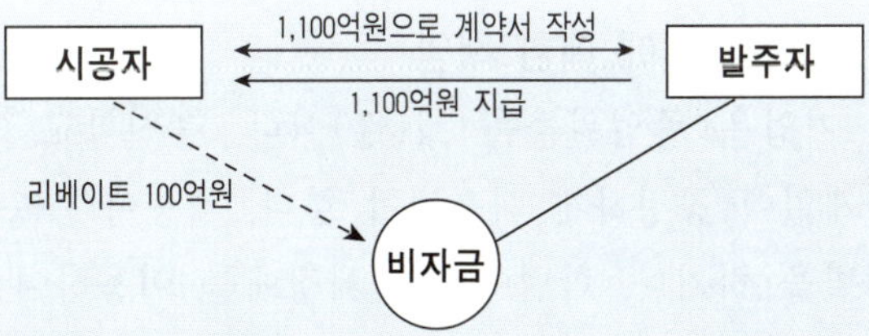

대규모 건설회사의 K이사는 얼마 전 중견업체 사장으로부터 "특수건물을 짓는 1,000억원짜리 공사계약을 당신 회사와 체결할 테니 100억원의 비자금을 만드는 일을 도와달라"는 달콤한 제의를 받고 고민에 빠진 적이 있다. 한마디로 계약서류에는 1,100억원으로 적고 세금 정산이 끝나면 100억원을 몰래 돌려달라는 유혹.

K이사는 "만의 하나라도 문제가 생기면 어떡하나 하며 망설이는 사이에 그 업체는 다른 회사와 계약을 체결했다"고 말했다. 건설업 하청업체 사장 이모씨(47). 지난해 말 거래업체의 담당 간부가 은밀히 그를 찾아왔다. 그 간부는 "2억원짜리 계약이 성사되면 4,500만원을 나에게 달라. 당신은 손해 안 보게 해주겠다. 내가 공사 감독이니 시공을 제대로 안해도 눈 감아 주겠다"며 압력을 넣었다. 이씨는 결국 살아남기 위해 '공범계약'을 할 수밖에 없었다.

국세청 관계자는 "서로에게 이익이 되는 이같은 탈세계약은 당사자의 고발이 있기 전에는 사실상 적발할 방법이 없다"고 말했다.

자료원: 동아일보, 1999. 7. 7.

하자에 대해서는 A/S나 교환 등 사후적인 책임도 져야 한다. 한편 자사제품에 대해 허위광고나 과대광고 등도 삼가해야 한다. 이를 위해 정부에서는 소비자보호법, 제조물책임법(PL법), 공정거래법 등을 제정하여 기업의 윤리행위에 영향을 주고 있다.

③ 정부와 사회에 대한 책임

기업은 영업활동으로부터 벌어들인 수익에 대해 세금의 형태로 그 일부를 사회에 환원해야 한다. 또한 경영활동과정에서 대기오염이나 소음공해, 수질오염 등이 발생하지 않도록 주의해야 한다. 세금포탈을 하거나 뇌물을 통해 부당이익을 취하려는 행위는 그 기업뿐만이 아니라 사회전체의 경제질서를 흐트러 뜨리게 된다. 또한 불공정한 경쟁을 우려한 외국기업이 투자를 꺼리게 될 수도 있다.

2. 대내적 윤리

① 종업원에 대한 책임

기업은 종업원들을 성(性)이나, 출신학교, 출신지역, 신체장애와 관계없이 공정하게 대우해야 한다. 채용이나 승진, 보직에 있어서 성차별을 하거나, 학벌이나 신체장애를 이용하여 종업원을 불평등하게 다룰 경우 조직의 분위기나 조직의 문화에 나쁜 영향을 미쳐 기업의 효율성을 떨어뜨릴 것이다. 또한 종업원에게 부도덕한 행위를 강요하지 않아야 하고, 종업원이 안정적으로 작업에 임할 수 있도록 배려하여야 한다.

참고

한 연구에서 일반인 550명을 대상으로 '대기업' 하면 떠오르는 단어를 나열하게 하였다. 그 중 가장 많이 지적된 다섯 가지는 다음과 같다.

① 부동산투기(187명), ② 문어발식 기업확장(162명), ③ 정경유착(134명), ④ 독·과점(91명), ⑤ 노조탄압·노사분규(168명).

반면 수출(19명), 경제성장(15명) 등 긍정적 이미지는 적게 대답하였다.

자료원: 정구현, 「전경련」(1990. 10. 별책부록), pp. 37-41.

경·영·이·야·기

1999년 2월 경제협력개발기구(OECD)의 '뇌물방지협약'이 발효됐다. 국제상거래 질서를 왜곡시키는 부패한 관행에 대한 최초의 국제규범인 셈. 정부도 1998년 말 이 협약의 이행법으로 '국제상거래 뇌물방지법'을 제정, 공포했다.

부패학 전문가들은 "투명하고 깨끗하지 않으면 냉엄한 국제경쟁에서 신용을 얻을 수 없고 결국 도태될 수밖에 없는 시대가 열린 것이다"고 그 의미를 부여했다. 미국이나 유럽 등 선진국은 계약과 거래를 통해 신용을 쌓아간다. 그 계약내용과 거래액이 바로 개인에 대한 신용정보가 되기 때문이다. 상호 믿음의 표현인 계약을 지키지 않거나 악용하면 평생 신용불량자로 낙인찍히고 만다. 그러나 우리는 계약을 탈세와 비자금 조성을 위한 수단 정도로 여기는 실정이다.

사회발전 시스템연구소 J박사는 "부패척결을 위해서는 금융실명제보다 거래실명제가 더 중요하다. 거래은행을 통해 모든 자금의 수급이 이뤄진다면 신용의 기록화가 가능하고 부패방지 효과도 크다"고 말했다. 바른경제동인회 P부회장은 "계약과 거래 내용이 상호검증돼야 투명하고 합리적인 계약문화가 이뤄진다"고 강조한다. 그는 "정부가 신용카드 사용을 적극 권장하고 나선 것은 때늦은 감이 있지만 잘한 일"이라며 "카드 거래가 늘면 무자료거래가 줄고 현금유통도 축소돼 비자금같은 부패한 돈이 설 땅을 잃게 된다"고 말했다.

경실련도 예산감시 차원에서 정부회계분야에 복식부기제도를 전면적으로 도입해야 한다는 입장이다. 그래야만 각종 정부계약이나 예산집행에 대한 교차 자료가 확보돼 신뢰성이 있는 검증이 가능해진다는 것이다.

② 노조에 대한 책임

경영자는 종업원이나 노조를 대상으로 부당노동행위를 하지 않도록 주의해야 한다. 노동조합법에 의하면 노조에 대한 부당노동행위로, 단체교섭의 거부, 지배, 개입, 자금원조 등을 들고 있다.

경영 노트

❖ 침묵하는 '내부 고발'

휘슬 블로어(Whistle-blower), 즉 호루라기를 부는 사람이다. 조직내부의 부정과 비리를 보고 "여기 불의가 있다"고 소리치며 호루라기를 불어 세상에 알리는 내부고발자를 의미한다. 미국 등은 휘슬블로어 보호제도를 조직을 정화하는 중요한 부패 통제장치로 활용하고 있다. 일종의 감시제도로 부패감시에 큰 역할을 하고 있다.

지난 10년 사이 우리 사회는 '양심선언', '폭로' 등의 이름 아래 갖가지 굵직한 내부고발 사건들을 경험했다. 하지만 부패가 워낙 고질화돼 있고 동양적 의리와 충성의 문화가 뿌리깊은 우리 풍토에서 내부고발자는 '고자질쟁이'로 비쳐졌고 대부분 '조직의 쓴 맛'을 볼 수밖에 없었다. 평생 일터에서 파면 전직 등의 혐의로 구속돼 감옥에 갇히는 고통까지 감수해야 했다.

수년에 걸친 소송 끝에 명예를 회복한 뒤에도 이들은 더이상 조직에 남아 있지 못했다. 이에 따라 시민단체를 중심으로 내부고발자 보호제도 마련을 위한 입법 노력이 진행돼 왔지만 아직 그 성과는 나타나지 않고 있다. 최근의 경기 화성 씨랜드 청소년 수련원 참사도 불의에 저항했지만 끝내 타협할 수밖에 없었던 군청계장의 내부고발이 있었더라면 막을 수 있는 사건이었다.

❖ 미국의 내부고발자보호제도

미국은 내부고발자보호제도가 가장 발전한 나라. 하지만 미국에서도 내부고발자보호법은 상당한 우여곡절을 겪고서야 이뤄졌다. 1978년 제정된 공무원제도 개혁법은 '불법활동과 권한남용, 국민건강 및 안전에 위험한 활동을 폭로 또는 신고한 경우 정부가 공무원들을 보호해야 한다'고 규정했다. 그러나 고발자에 대한 보호규정이 너무 약해 오히려 행정부의 탄압수단으로 이용되는 부작용이 나타났다.

이에 따라 1989년 별도의 내부고발자보호법이 만들어졌다. 특별조사국이 행정부내 독립기관으로 자리잡아 내부고발 내용을 조사하고 고발자를 행정부의 보복으로부터 보호하는 역할을 맡고 있다. 의회의 발의로 이뤄진 이 법안은 대통령이 한때 거부권을 행사했으나 다시 의회가 법안을 통과시켜 결국 대통령이 서명하는 진통을 겪어야 했다. 이와 함께 미국은 이른바 '링컨법'으로 일컬어지는 부정주장법(False Claims Act)을 제정해 놓고 있다. 이 법은 기업이 정부와 맺은 계약과 관련해 부정을 저지른 경우 내부고발을 허용하고 나아가 정부는 고발자에게 되찾은 돈의 15~30%를 보상금으로 지급하도록 규정하고 있다.

링컨법은 남북전쟁 당시 톱밥을 화약에 섞거나 같은 말을 두세 번 팔아먹는 군수물자 부정사례가 빈발하면서 만들어졌다. 남북전쟁 종료 이후 유명무실해졌다가 1980년대 후반에야 다시 빛을 보게 됐다.

자료원: 동아일보, 1999. 7. 14.

3.4 기업윤리의 제고방안

1. 조직내에서의 노력

기업의 윤리의식을 높이기 위해서는 우선 최고경영자의 도덕성과 경영철학이 전제되어야 한다. 최고경영자가 솔선수범하여 윤리적 행동을 하고, 기업내에서 이를 강조할 경우, 이는 조직문화에 영향을 미쳐 전반적으로 기업의 윤리의식을 높일 수 있다. 또한 이를 위해 종업원 평가시에도 윤리적 항목을 중시하여 가중치를 높이고, 기업윤리 규정을 제정하여 지속적으로 교육시킬 필요가 있다.

한편, 사외이사제도나 공익대표 이사제도를 도입하여 외부의 객관적인 인사를 이사회에 참여시킴으로써 기업의 윤리수준을 높일 수 있다. 공익대표 이사제도는 이해관계자 집단의 대표를 기업의 이사회에 참여시키는 제도로 소비자단체, 환경보호단체, 지역대표 등의 요구와 기대를 신속히 경영활동에 반영할 수 있게 한다.

2. 외부이해관계자의 역할

기업의 윤리 또는 사회적 책임의 수준을 결정하는 외부이해관계자

참고

A회사의 중역들에게 실시한 한 여론조사에 따르면 80%가 취중 운전을 시행했고, 35%가 세금공제를 과장해서 보고했으며, 75%가 직장의 소모품을 사적으로 사용한다고 응답했다. 또한 78%가 사적인 시외전화를 하는데 회사 전화를 쓴다고 시인했다. 다른 여론조사의 결과에 의하면 정부 전화 사용료의 3분의 1이 사적 용무로 지출되었다는 사실도 드러났다. 업무시간을 낭비하는 일과 출근시간 지각은 직장에서 흔히 일어나는 위반사항이다. 제네랄 모터스사는 직원들의 결근에 의해 9%의 근무시간이 상실된다고 했고, 또 사무실의 직원들의 눈에 보이지 않는 범죄로 인한 비용은 1년에 400억 달러에 달한다고 보고했다.

로는 정부, 소비자단체, 환경보호단체 등의 공익단체를 들 수 있다.

우선 정부는 주식회사법, 증권거래법, 노동관계 제 법규, 공정거래법, 소비자보호법, 환경보호법 등 각종 법규를 제정하여 기업윤리를 제고하고 대중, 소비자, 종업원의 권리를 보호하고자 한다.

또한 소비자는 안전에 대한 권리, 정보를 얻을 권리, 피해보상을 받을 권리 등을 보장받기 위해 다양한 소비자 보호운동을 전개하고 있다. 소비자보호 운동을 돕기 위한 대표적인 단체로 소비자보호원, YMCA, 경실련, 참여연대 등을 들 수 있다.

① 대리인 문제의 해결

스톡옵션이란 정해진 기간에 정해진 가격으로 주식을 살 권리를 부여한 것을 말한다.

경영자와 주주간에 발생하는 대리인문제를 해결하기 위해 다음과 같은 제도적 장치가 사용된다.

첫째, 주주들은 주주총회에서 이사회의 구성원을 선출한다. 그리고 경영자들은 이사회에서 선출되므로 이사회는 경영자들을 직접적으로 통제할 수 있고 주주들은 이사회를 통하여 경영자들을 간접적으로 통제할 수 있게 된다.

둘째, 주식가격이 상승할 때는 가치를 가지나, 주식가격이 허락할 때는 가치가 없어지는 주식옵션(stock options)과 같은 유인제도를 이용함으로써 경영자들로 하여금 주식가격을 높이려는 노력을 하도록 할 수 있다.

셋째, 만약 무능한 경영자로 인하여 주식가격이 너무 심하게 하락한다면, 주주집단, 다른 기업, 또는 개인에 의해서 기업이 인수될 수 있다. 이와 같은 '기업인수(takeover)'가 실행된다면, 피인수기업의 경영자는 직업을 상실하게 될 것이다. 그러므로 경영자들은 기업인수에 대한 불안 때문에 주식가격을 높이려는 노력을 할 것이다.

넷째, 경영자 인력시장에서의 경쟁 때문에 경영자들은 주주의 이익을 위해서 노력할 것이다. 그렇지 않으면 그들은 새로운 경영자에 의해서 교체될 것이기 때문이다.

경·영·이·야·기

◆ 스톡옵션제

최근 들어 우리 기업에서도 스톡옵션제(주식매입선택권)에 대한 관심이 부쩍 높아지고 있다. 일부 부실기업의 경영을 책임지게 된 최고경영자들이 스톡옵션제를 선호하더니 최근 들어서는 기업 오너들이 앞장서 이 제도를 채택하려는 움직임을 보이고 있다. 대기업은 물론 중소기업 임원들도 오너나 주주들이 스톡옵션제를 채택해 주기를 은근히 기다리는 눈치다.

스톡(stock)은 기업의 주식을 얘기하고 옵션(option)은 특정가격에 그 주식을 살 수 있는 권리를 말한다. 스톡옵션은 특정 개인에게 미래 일정기간에 그 기업의 주식을 정한 가격에 살 수 있는 권리를 주는 것이라고 할 수 있다. 물론 그런 옵션을 가진 사람은 시가보다 싸게 사기 마련이고 이를 통해 큰 차익을 보게 된다. 스톡옵션이 국내외에서 관심을 모으는 것은 현실적으로 경영자들에 대해 스톡옵션만큼 능력 창출을 유도할 수 있는 제도가 없기 때문이다. 경영자의 경우 회사 정책결정에서 중요한 역할을 하는 자리를 차지하고 있는데도 불구하고 이들의 경영능력을 적극적으로 이끌어낼 '당근'이 없다. 오너와 주주는 언제라도 경영자를 퇴임시킬 수 있다는 '채찍'만을 들고 있었을 뿐 경영임원에게 주는 연봉은 그다지 큰 당근이 되지 못한다.

한 예로 많은 총수와 주주들이 임원들에게 혁신을 요구하고 있지만 정작 경영임원들은 혁신의 필요성을 느끼지 못한다. 경영자의 입장에서 혁신적인 사업이나 경영변화를 추구해서 성공해봐야 별다른 기대수익은 없는 반면 실패는 곧 해임으로 연결되기 때문이다. 스톡옵션은 경영자가 뛰어난 경영능력을 발휘해 발생하는 과실을 주주(오너)와 경영자가 나눠 갖는 것이라고 할 수 있다. 스톡옵션제는 기업환경의 변화로 오너의 존재가 약화되는 대신 일반 주주들의 위상이 높아지면서 발생하는 피할 수 없는 추세이기도 하다. 그 동안 경영자들은 '작은 당근'을 받으면서도 오너의 입김이 약화되면서 전문경영자로서는 그런 후사를 기대하기보다는 경영성과에 대해 높은 보상을 받고 싶어하는 것이다.

최근 뉴욕타임즈 보도에 따르면 한국의 사장 연봉은 15만 달러 수준인 데 비해 미국은 107만 달러로 7배에 달한다. 브라질, 홍콩, 영국 등도 60만~70만 달러에 달하는데 이같은 차이는 스톡옵션에 따른 보상이 큰 비중을 차지한다. 국내에서 동아건설, 주택은행을 시작으로 쌍용투자증권, 서울증권 등이 임원들을 중심으로 스톡옵션제를 적용하고 있다. 스톡옵션제를 뒷받침하는 것은 공정한 평가시스템이다. 공정한 평가시스템이 없으면 전문경영자가 진정한 성과 없이 과실만 가져가는 결과를 낳을 수 있다. 단기적 이익에 집착한 경영전략만을 펴나가는 경우도 생각할 수 있다. 또 부실기업을 금융기관이나 정부의 지원을 받아 정상화시킨 경우에 이를 정상적인 기업의 수익성을 크게 높인 경우와 같은 수준으로 높게 평가해야 할지도 의문이다. 일반 사원과의 급여 불평등에 따른 위화감도 문제이다. 지난 1980년 미국의 경우 최고경영자 평균급여가 일반생산직 근로자의 42배 수준이었으나 최근의 차이가 200배까지 벌어지면서 직원들의 사기를 떨어뜨리고 있다.

자료원: 매일경제, 1999.2.22.

3. 사회감사를 포함한 외부감사의 강화

사회감사(social audit)란 기업의 사회적 책임을 이행하기 위해 벌이는 노력을 평가하는 것으로 경제적 책임, 법적 책임, 도덕적 책임 등을 완수하는지에 관심을 두고 있다.

경제적 책임은 건전한 영업활동을 통해 이익을 창출하는지 또는 그 기업이 부실화될 가능성은 없는지를 살펴보는 것이고, 법적 책임은 그 기업에 주어진 법률을 준수하고 있는지를 살펴보는 것이다. 특정 기업이 법에서 정한 기준보다 더 엄격한 내부기준을 정해놓고 이를 준수한다면 도덕적 책임도 완수하고 있는 것이다. 외부감사는 기업경영의 투명성을 확보하기 위해, 그 기업이 기업회계기준에 맞게 회계정보를 처리하고, 그 결과를 외부정보이용자에게 적절히 공표하는지를 외부의 제3자가 감사하는 것이다. 외부 감사는 공인회계사가 담당하고 있다.

경영사례

세계최대의 의류업체인 리바이스사는 아시아에 있는 하청공장 근로자들의 권익을 보호하기 위해 엄격한 기준을 마련해 놓고 있다. 본사로부터 파견된 감독관이 700군데가 넘는 공장을 돌며 근로자들의 건강상태, 안전시설상태, 미성년자 고용여부, 임금수준 등을 조사한다. 중국과 미얀마에서는 근로조건을 어기는 공장과 계약을 중단한 일이 있다. 방글라데시에서는 미성년 근로자들을 발견하고 그들에게 학비를 지급하여 학업에 전념케 한 후 졸업 후에 다시 일을 할 수 있게 조치하였다.

토·의·과·제

1. 정부공사의 발주를 책임지고 있는 여러분에게 정부의 고위관리가 사례비와 접대를 요구했다고 가정하자. 고위관리를 실망시킬 경우 건설공사수주는 어려운 듯이 보인다. 이 경우 어떻게 해야 하는가?

2. 하루는 경쟁사에 근무하는 친구가 찾아와서, 우리회사의 영업비밀을 넘겨주면, 보상도 많이 해주고 스카웃도 될 수 있다고 이야기했다. 꺼리고 있는 모습을 보고 자기회사도 지금 그 item을 연구하고 있는데 1년만 지나면 누구나 알아낼 수 있는 것이므로 시간만 좀 단축하고자 하는 것이라고 자세한 설명을 덧붙이며 친구의 우정을 다시 한번 강조했다. 여러분이라면 어떻게 하겠는가?

3. 우리나라 기업 중 장애인들을 적극적으로 채용하여 사회적 책임도 담당하며, 다른 경쟁기업과도 수월하게 경쟁하고 있는 기업이 있는가? 그 사례를 찾아서 발표해 보자.

4. 기업의 사회적 책임의 범위는 어디까지일까 토론해 보자.

5. 다음의 각 사례를 읽고, 해당 부정행위를 방지할 수 있는 방법이 무엇이 있는지 토론해 보자.

경영사례

〈사례 1〉

◆ 중소기업기술 빼내 인터넷 통해 중국유출

서울지검 외사부(부장검사 박상옥)는 12일 중소벤처기업이 개발한 첨단기술을 인터넷을 통해 중국으로 유출한 혐의(부정경쟁방지 및 영업비밀보호법 위반)로 SNTR사 회장인 재미교포 제임스 김

(66 · 한국명 김○진)과 이 회사 부회장 션 마이크 리(45 · 한국명 이○구) 등 2명을 구속기소했다.

검찰은 또 SNTR기획이사 이○목(33)씨와 전 LG정보통신 연구원 김○수(30)씨 등 3명을 불구속 기소했다. 이씨와 김씨는 검찰이 구속했으나 법원에서 구속적부심으로 풀려났다. 검찰에 따르면 SNTR 기획이사 이씨는 중소벤처기업인 (주)키트의 기획실장으로 근무하다 지난해 2월 퇴직하면서 키트가 개발한 보안 및 범죄예방용 '무선신호 위치추적 시스템' 기술자료를 노트북에 저장해 빼낸 뒤 3월 SNTR의 인터넷 홈페이지에 게재한 혐의다.

또 회장 제임스 김 등은 이 자료를 E메일로 중국 S교수에게 전송했다고 검찰은 밝혔다. 김씨는 LG정보통신이 개발한 초고속통신망(ATM) 관련기술인 '주제어장치' 파일 등을 회사 E메일을 통해 자신의 컴퓨터에 저장한 뒤 SNTR에 유출한 혐의를 받고 있다.

〈사례 2〉

◆ "돈봉투 안돌리고 어떻게 건물짓나"

돈봉투가 안 돌면 서류도 안돌아가는 '건축비리'. 집이나 건물을 지을 때 관할구청에 제출해야 하는 것은 건축허가신청서 설계도면 대지소유증명서 등이다. 하지만 만원권 지폐 10장이 든 '하얀 봉투'도 빠뜨려선 안된다는 사실이 검찰수사 결과 드러났다.

건축공사를 끝마치고 사용검사승인(준공검사)을 받을 때도 '배추잎'을 구청에 내놓아야 마무리가 수월하다. 건축민원을 대행하는 건축사가 구청 건축과 담당직원에게 돈을 전달하는 대표적인 방법은 '서류속에 끼워넣기'. 계단이나 화장실에서 급행료 주고 받기가 이뤄지기도 한다.

창구 직원은 보통 7~9급 하위직 공무원. 이들은 자신들의 자리를 지키기 위해 5~6급 계장이나 과장에게 돈의 일부를 정기적으로 상납한다. 매월말과 명절 때 결재서류 속에 20만~30만원을 넣어 '업무보고'를 하는 것. 상관은 창구직원과 건축사들의 공생관계를 지속시켜 주고 상납한 부하에게 인사상 혜택을 베푼다.

1일 검찰이 수사를 통해 밝힌 중하위직 건축공무원들의 뿌리깊은 부패구조다. 적발된 공무원은 모두 11명. 이 중 4명이 구속됐고 6명이 수배됐으며 1명은 불구속기소됐다. 건축사 4명도 불구속기소됐다. 서울지검 특수2부(부장검사 김인호)는 이날 1995년부터 건축관련 민원을 처리하면서 건당 5만~20만원, 총 3백6회에 걸쳐 급행료조로 2천75만원을 받은 혐의로 관악구청 건축과 노○일(47 · 7급)씨를 구속기소했다.

검찰은 노씨와 같은 혐의로 관악구청 건축과 전현직 7~9급 공무원 6명을 적발해 3명은 구속기소하고 1명은 불구속기소했으며 2명은 지명수배했다. 검찰은 노씨 등 부하직원으로부터 4백만~1천2백20만원을 상납받은 혐의로 같은 구청 건축 1계장 배○석(50 · 6급)씨 등 5~6급 공무원 4명을 지명수배했다.

검찰에 따르면 급행료비리는 공무원이 트집을 잡기 쉬운 건축허가 신청과 사용검사 승인에 집중됐는데 건축경기가 크게 나빠진 1997년 상반기 이후에도 액수가 건당 5만~10만원으로 낮아졌을 뿐

급행료는 사라지지 않았다는 것. 검찰은 "수사 착수 이후 서울시내 건축공무원들 상당수가 자취를 감춰 현재 건축허가 업무가 거의 마비상태"라며 "이같은 비리가 고질적으로 만연돼 있는 것으로 판단해 서울시와 행정자치부에 감사를 의뢰했다"고 밝혔다.

자료원: 동아일보, 1998. 12. 2.

부 록

◆ 부실금융 책임지는 사람이 없다

정부는 5개 부실 은행 퇴출을 발표하고 금융기관 구조조정 작업을 본격화했다. 5개 퇴출은행은 자산과 부채를 선별적으로 이전하는 형태로 다른 우량은행에 흡수된다. 이러한 부실은행의 정리는 순조로울 것으로 예상했으나 퇴출은행 직원들의 반발로 뜻밖의 혼란이 야기되었다. 전산망 가동을 중지시키고 금고열쇠를 감추는 등 저지행동을 하여 금융거래가 혼선을 빚었다. 퇴출은행 직원들의 거부행동은 경제혼란을 가중시키는 것은 물론 금융기관의 생명인 신뢰성을 떨어뜨리는 것으로 결코 바람직한 일이 아니다.

그러나 퇴출은행 직원들의 반발은 이유 있는 항변으로 해석할 필요가 있다. 부실은행 정리에서 가장 문제되는 것이 불공평한 고통분담이다. 이번에 정부가 선택한 부실 금융기관 퇴출은 고용승계를 의무화하지 않고 있다. 따라서 인수은행의 처분에 따라 선별적으로 고용승계가 이루어질 전망이다. 여기서 문제는 상부 지시대로 업무만 충실히 해온 직원들이 무차별적으로 해고를 당하는 것인데, 실직을 하루아침에 당해야 하는 근로자들로서는 분노를 참을 수 없는 일이다. 금융기관이 부실화하고 경제가 부도위기에 처한 것에 대해 관치금융 비리를 주도한 정치인, 관료 그리고 금융기관 임원들의 책임이 크다. 그러나 금융기관들이 송두리째 무너지고 실업자가 대량으로 쏟아져도 이들 중에 책임지는 사람이 하나도 없다. 고통분담의 형평성이 무너지면 어떤 개혁이건 성공하기 어렵다. 특히 근로자들의 개혁이 생존권과 연결된 경우 고통분담의 불공평성은 거꾸로 개혁을 좌초시키고 경제를 쓰러뜨릴 수가 있다. 희생을 당하는 사람들의 저항이 집단화하는 것을 막을 수 없기 때문이다. 현 우리 경제위기의 성격상 금융기관의 구조조정은 필수적이다. 은행도 망할 수 있다는 냉엄한 경제논리를 도입해서 금융시장기능을 정상화시키지 않고서는 경제의 경쟁력 회복은 요원하다. 그러나 그 동안 금융기관과 기업 구조개혁이 부진하여 경제의 경쟁력이 회복되지 않고 해외 신인도도 올라가지 않고 있다. 더구나 아무리 돈을 풀어도 밑빠진 독에 물붓기식으로 부실채권은 줄지 않고 오히려 확대재생산되는 모순이 생기고 있다. 이런 상황에서 문제의 근원인 부실금융기관을 퇴출시키고 환부를 도려내는 일은 우리 경제의 생존을 위해서 불가피한 일이다.

이러한 당위성에도 불구하고 금융구조 개혁이 갈피를 못잡는 것은 결국 금융부실의 책임을 제대로 묻지 않고 있기 때문이다. 정부는 기득권 보호 논리를 무슨 일이 있어도 과감히 벗어야 한다. 그리고 금융부실에 대한 근본 원인 규명과 책임소재 파악을 분명히 한 후 구조개혁을 추진해야 한다. 그래야 근로자들이 개혁을 수용할 수 있다.

이번 퇴출은행 정리에서 또 문제가 된 것이 정부가 명확한 판정기준을 제시하지 않고 부실 퇴출은행을 인위적으로 선정했다는 것이다. 부실금융기관을 정리하는 데 가장 중요한 절차가 객관적 기준을 먼저 설정하는 것이다. 다음 필요한 법과 제도를 마련한 후 이에 의거하여 과감하게 정리절차를 밟아야 한다. 지금이라도 정부는 5개 부실퇴출 은행의 선정기준과 과정을 확실히 밝혀서 불필요한 의혹을 깨끗이 씻어야 한다.

부실은행을 우량은행에 인위적으로 인수시키는 것은 우량은행마저 부실화시킬 우려가 있다. 정부는 인수은행의 동반 부실화를 막기 위해 인수은행에 필요한 재정지원을 하겠다는 방침이다. 이는 부실채권의 부담을 국민에게 전가하는 것으로 또다른 비효율구조를 초래할 수 있다. 향후 금융산업의 구조조정은 최소한의 국민부담을 전제로 해야 한다. 그리고 추가적 지원을 원칙적으로 차단하고 금융기관의 책임하에 자율적으로 추진하도록 기본 구도를 바꿔야 한다.

본격적인 금융기관의 구조조정에 따른 경제불안을 최소화하는 준비가 필요하다. 우선 금융기관 구조개혁에 따른 금융시장 경색이 확대될 것으로 보인다. 정리대상 5개 부실은행과 거래하던 기업들은 자금조달이 어려워 심각한 타격을 받을 것이다. 여기에 대부분의 대형 시중은행도 대대적인 구조개혁이 예정되어 있어 금융경색이 심화할 전망이다. 이에 대비하여 통화정책의 신축운용등 철저한 자금지원 대책을 세워야 한다. 무엇보다도 큰 불안은 실업문제이다. 향후 금융기관 구조조정 과정에서 대규모 정리해고 바람이 불 전망이다. 금융기관 구조조정의 목적이 금융기관의 퇴출과 정리해고가 되어서는 안된다. 국제경쟁력을 회복하는 것을 원칙으로 하되 정부와 해당금융기관들은 고용불안을 해소하는데 신빙성있는 대책을 제시해야 한다. 금융기관의 구조조정은 경제위기 극복을 위한 시대적 과제임을 감안하여 해당 금융기관의 종사자들도 불합리한 거부 행동은 자제해야 한다.

고려대 교수 李弼商

제 2 부

경영전략

4 경영전략의 필요성 및 특성

4.1 경영전략의 필요성 및 특성

1. 경영전략은 왜 필요한가?

우리는 흔히 '고시합격전략', '대학입학전략', '당선전략' 등 전략이란 말을 자주 듣게 된다. 전략은 왜 필요한가? 그것은 경쟁이 있기 때문이다. 경쟁상황에서는 그 경쟁에 효과적으로 대처하고 궁극적으로는 승리하기 위해 전략을 필요로 한다.

기업도 마찬가지이다. 날로 치열해지는 다른 기업들과의 경쟁에서 이기고, 그들이 설정한 경영목표를 달성하기 위해서는 기업에 영향을 주는 환경요인들의 변화를 고려하고 그에 대한 대응책을 강구하여야 한다. 기업의 이러한 활동을 경영전략이라 한다.

2. 경영전략의 중요성/대상(관심)

경영전략적 의사결정은 다른 어떤 의사결정보다도 우선되어야 한다.

경영전략은 대개 기업전체를 관심의 대상으로 하고, 주로 최고 경영자의 입장에서 수립된다. 전략은 그 내용이 포괄적이며 장기간의 의사결정에 해당되고 그 범위도 조직전체와 관련되어 있기 때문에 일상적인 운영계획과는 달리 잘못될 경우 조직전체에 큰 피해를 줄 수도 있다. 즉 장군이 전략적인 실수를 범하게 되면 부분적인 전투에서 이기더라도 그 전쟁에서 이길 수 없는 것과 마찬가지이다. 그러므로 전략은 효율적 운영보다 우위에 있는 개념이다.

예를 들어 기업이라는 하나의 배가 항해하고 있다고 하자. 그 배의 승무원들이 숙련도도 높고 의욕적이어서 자기가 맡은 일을 성실하고 효율적으로 수행하고 있다하더라도 선장이 배를 암초가 있는 곳으로 잘못 이끈다면 그 배는 결코 목적지에 도달할 수 없으며 난파될 수도 있는 것처럼, 기업이 아무리 효율적인 생산설비를 갖추고 있고,

뛰어난 인재들을 고용했다하더라도 최고경영진이 기업의 나아갈 방향을 잘못 잡으면 그 모든 노력은 소용이 없는 것이다. 전술적인 실수는 용인할 수 있어도 전략적인 실수는 용인할 수 없다.

경영사례

◆ 동명목재: 무리한 확장 · 경영미숙 창업 55년만에 막내려

한때 세계 최대의 합판공장을 자랑하던 부산재벌 동명목재의 몰락은 전근대적인 기업경영과 무리한 기업확장, 해외에 대한 시야부족 등 3박자를 고루 갖춘 때문으로 분석된다.

강석진회장이 회사를 차린 것은 1925년초 부산의 일본인 목재상에서 일하며 번 돈과 노하우를 바탕으로 부산진 근처에 구멍가게만한 「동명목재소」를 세웠다. 강회장은 남다른 부지런함으로 목재소를 키워 1961년에는 합판수출에 나섰다. 국제시세보다 싼 값에 내다팔며 급성장한 동명은 1969년부터 1971년까지 3년 연속 최고수출상을 받았고 강회장의 개인소득세 납세실적도 1969년 전국 1위를 기록했다. 1975년 동명은 하루생산능력 14만장(4×8피트), 근로자수 6천명에 이르는 단일공장으로는 세계최대 규모의 합판공장을 완공했다. 그러나 동명의 생명줄이었던 수출이 1977년 8천9백만달러를 정점으로 주춤한데다 국제 원목가격이 폭등하며 회사 경영상태는 급속도로 악화됐다. 동명에 결정타를 가한 원목가격은 1970년대 중반 ㎥당 40~50달러에서 1980년 4월 1백70달러까지 폭등했다. 더구나 1979년의 2차 오일쇼크로 경기가 후퇴하며 합판 수요도 뚝 끊어져 1980년에는 공장가동률이 30%까지 떨어졌다.

무리한 기업확장과 원자재가 급등 및 판매부진이 겹치자 강회장은 견디다 못해 전재산을 헌납해 부채를 갚고 경영권을 포기하겠다는 각서를 썼다. 당시 國保委는 동명목재를 아예 정리, 청산해 버렸다. 창업 55년만에 「동명」 간판을 내린 강회장은 1984년 77세로 타계했다. 동명의 몰락에는 또 다른 원인도 있다. 개인회사로 버티며 몰락 직전까지 회사재산 빼돌리기에 바빴던 경영진들의 욕심도 문제점으로 지적됐다.

자료원: The Weekly Economist, 1995. 8. 9.

3. 경영전략의 특징

최근 경영전략에 대한 관심이 높아지고 있는 이유는 무엇일까?

첫째로, 기업이 처한 환경에 대한 예측이 어려워진 것을 들 수 있다. 사회의 다원화, 권위주의 붕괴 및 개성 존중, 고학력 · 고소득시대뿐만 아니라 환율의 변화, EU 의 출현, WTO체제, 강한 노조, 소비자보호단체의 역할, 글로벌화, 컴퓨터화, 통신환경 등 엄청난 속도로 변화하는 기업의 내·외부환경을 제때에 파악하여 대처하는 것이 어렵게 된 것이다.

환경이 안정적일 때는 과거자료를 바탕으로 추세를 파악하여 장래 예측을 하면 되겠지만 환경이 빠르게 변할 때는 과거 경험이 큰 도움이 되지 않을 뿐 아니라 전략수립에 오히려 걸림돌이 될 수도 있다. 또한 기업의 규모가 점점커지고 있는데 그에 따라 환경적응능력은 기업의 중요한 과제로 떠올랐다.

경영전략의 특징
① 기업환경의 급변
② 다양한 경쟁상대
③ 큰 파급효과
④ 다른 의사결정을 통제

둘째로, 경쟁상태가 다양해지고 있는 것을 들 수 있다. 이제는 시장이 개방되어 해외 기업과도 경쟁을 해야하며, 새로운 업태의 출현으로 새로운 형태의 경쟁방식이 필요하게 된 것이다. 즉 롯데백화점의 경우 신세계백화점 등 기존 경쟁업체들 뿐만 아니라 Macro 등 외국에서 들어온 할인점, LG 홈쇼핑업체, 인터넷 쇼핑업체 등과 경쟁을 해야하고 때로는 협조도 해야 한다.

셋째로, 선례가 없으며 파급효과가 크다는 것이다. 전략적인 결정은 선례도 없고 그 스케일이 크기 때문에 성공하거나 실패했을 경우에 그 결정이 회사전체에 미치는 파급효과가 매우 크다. 예를 들어 미국의 컴퓨터회사 IBM이 1995년 6월에 다른 컴퓨터 소프트웨어 회사인 Lotus를 인수할 때 지불한 금액이 35억 2천만 달러이었다. 만약이 인수결정이 잘못된 것이어서 실패로 끝날 경우 재정적인 손실은 물론이고 회사인수후에 한 회사로 통합시키는 문제 등 회사 전체에 미치는 파급효과는 매우 클 것이다.

마지막으로, 경영전략은 다른 모든 결정들을 통제하는 한계를 정해주기 때문이다. 즉, 전략적인 결정을 내리고 나면 그것을 구체적으로 실행하기 위하여 많은 하위결정들을 내려야 한다. 얼마나 많은 자금이 필요하며 어떻게 조달한 것인가 등의 재무적인 결정, 필요한 기술은 무엇이며 어떻게 개발할지의 기술적인 결정, 어떻게 마케팅 프로그램을 짤 것인가의 마케팅 결정 등 모든 결정은 각 부서에서 방향성 없이 나름대로 짤 것이 아니고, 최고경영자의 결정에 의거해서 그것을 실행하는 방향으로 가야 하는 것이다.

예를 들어 IBM이 Lotus사로부터 원하던 것은 Notes라는 한 가지 제품인 것으로 알려져 있는데, Lotus 인수 후에 어떤 제품라인은 없앨 것인지, 잉여인력은 해고해야 하는지, 재분배해야 하는지, Lotus를 독립적인 사업부로 운영해야 하는지 등의 부수적 의사결정이 필요한 것이다.

4.2 경영전략의 과정

그림 4-1 *경영전략의 과정*

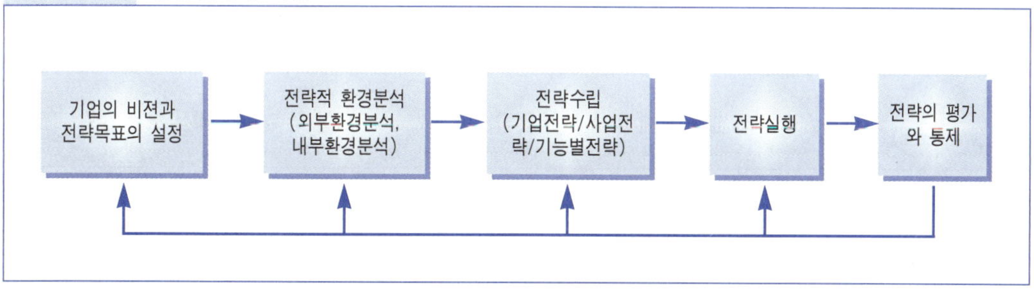

1. 기업의 비전과 전략목표의 설정

비전(Vision)은 급변하는 경영환경 속에서 기업이 나아가야 할 방향을 제시해주며 이 비전을 장기적으로 실현시키기 위한 구체적인 목표를 선정하는 데도 지침이 된다.

기업의 전략목표는 경영전략의 실행을 통해 궁극적으로 얻고자 하는 결과를 말하는데 수익성, 생산성, 경쟁력확보, 기술개발 등의 다양한 형태로 설정될 수 있다. 가능하다면 기업의 전략목표는 정량적 형태로 나타내고자 한다. 이와 같은 경영목표들은 기업에 따라 달라질 수 있지만 이론적인 측면에서 보았을 때 '기업가치의 극대화' 또는

'주주부의 극대화' 라는 목표와 일치해야 할 것이다.

2. 전략적 환경분석

기업이 고려할 환경은 외부환경과 내부환경을 모두 포함한다. 기업의 외부환경은 좁게는 경쟁자를 중심으로 한 산업환경과, 넓게는 경제적, 정치적, 기술적, 사회적 환경 등 기업운영에 직·간접으로 영향을 주는 제반 기업환경을 말한다.

표 4-1 *SWOT분석*

외부요인 / 내부요인	기회 (Opportunity)	위협 (Threat)
강점 (Strength)	기회 활용 위해 강점 사용 전략	위협 극복 위해 강점 사용 전략
약점 (Weakness)	기회 활용 위해 약점 보완 전략	위협 극복 위해 약점 보완 전략

기업은 자신이 처한 이러한 외부환경을 분석함으로써 기업에 주어지는 기회(opportunity)와 위협(threat) 요소들을 알 수 있게 된다.

기업의 내부환경은 크게 기업구조(structure), 기업문화(culture), 기업내부자원(resources)으로 나눌 수 있는데, 이러한 기업내부환경의 분석을 통하여 기업의 강점(strength)과 약점(weakness)을 파악할 수 있게 된다. 그 결과 SWOT(Strength, Weakness, Opportunity, Threat) 분석이 가능하게 되는데, SWOT분석은 강점을 토대로 주어진 기회를 기업에 유리하게 이용하고, 위협에는 적절히 대처하게 하거나 기업의 약점은 적절히 보완할 수 있는 전략을 수립하게 한다.

3. 기업의 외부환경분석 : Porter의 산업구조분석기법

특정기업의 과업환경에서 중요한 요인들을 이해하고자 하는 노력을 산업구조분석이라 한다. 산업구조를 분석하는 기법을 처음으로 경영전략에 도입한 Michael Porter는 1980년 경제학의 산업구조분석기법을 기업에 적용하기 쉽도록 변형시킨 분석틀을 제시하였다. 그 분석틀에 의하면 다섯 가지의 요인에 의해 산업내의 경쟁정도나 산업의 수익률이 결정된다고 하였다.

이 다섯 가지 요인 중 세 가지는 수평적인 경쟁요인으로 대체재, 잠재적 진입자, 기존사업자가 있고, 나머지 두 가지는 수직적인 경쟁요인으로 공급자와 구매자가 있다. 이 다섯 요소로부터 오는 힘이 강할수록 각 기업이 가격을 올리거나 이윤을 실현할 여지는 줄어들게 된다.

수직적이란 원재료 공급, 제조, 판매라인을 통칭하는 말이다.

즉, 이 다섯 요소의 힘이 강하면 그 기업에 위협(threat)이 되고, 요소의 힘이 약하면 기회(opportunity)가 되는 것이다. 개별기업은 이 다섯 요소를 이용하여 산업환경을 분석·이해함으로써 전략결정의 기초로 삼을 수 있게 된다.

4. 기업의 내부환경분석 : 조직문화

어떤 가정이나 사회에 속한 개인들이 그 가정의 문화(가치관)나 사회의 문화(가치관)에 영향을 받아 행동하는 것처럼, 조직의 구성원들은 그 기업의 문화(가치관)에 영향을 받아 행동하게 된다. 기업문화(corporate culture)는 대개 설립자나 현재의 최고경영자에 의해 영향을 받는다. 기업의 문화는 그 기업을 독특하게 하며 그 종업원들이 긍지와 소속감을 갖고 일하게 하는 역할을 한다.

예를 들어 E랜드그룹은 기독교정신에 입각하여 경영을 하는 것으로 알려져 있다. E랜드는 일요일에 점포를 열지 않으며, 종업원들의 근검, 절약을 강조한다. 그로 인해 기독교정신에 동의하는 젊은이들이 이 기업에 적극적으로 지원하여 자기의 일에 긍지를 갖고 임하게 될 것이고, E랜드의 기업문화는 더욱 다른 기업과 다른 형태로 공고히 될 것이다.

그러므로 전략은 기업문화에 맞게 설정되어야 한다. 개인주의가 팽배한 기업문화 아래에서 협동을 필요로 하는 기업목표를 추구한다면 이러한 전략은 성공하기가 매우 어려울 것이다.

그림 4-2 *Porter의 산업구조분석모형*

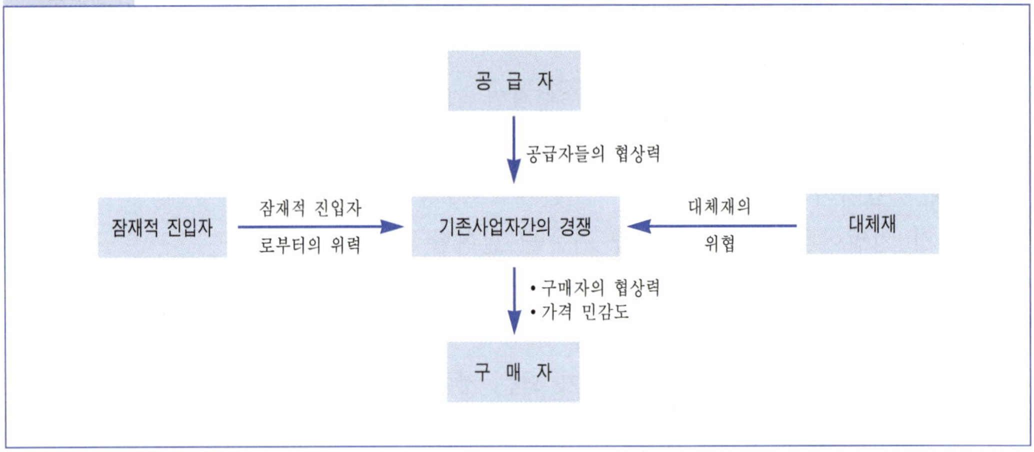

경 영 산 책

◇ 아낌없이 주고 간 '이스트만'

사진업계 세계 선두주자는 단연 미국의 이스트만 코닥(Eastman Kodak Co.)이다. 8만여명의 직원이 지난해 16조원의 매출을 올려 1조6천억원의 순이익을 기록한 싯가총액 21조원의 회사다. 최대 경쟁사, 일본의 후지포토필름이 97%의 매출로 바짝 추격중이지만 수익성과 호감도면에서 아직 우위를 지키고 있다. 이스트만 코닥은 뉴욕주 워터빌에서 태어난 조지 이스트만이 26세인 1881년에 설립했다. 그는 보육원 운영을 중단하고 대학설립을 추진하던 아버지를 다섯살 때 여윔에 따라 14세 때 학업을 포기하고 생업전선에 나섰다. 보험회사 사환으로 일하며 경리를 독학해 은행창구직원이 됐고, 은행 직원으로 일하며 밤에 홀로 기술개발에 몰두해 코닥을 출범시켰다. 은행에서 일하던 중 휴가를 같이 가 사진도 찍자는 동료 제의에 당시 사진을 찍으려면 트럭 한 차분의 장비와 용액통들을 운반해야 한다는 사실을 알고는 휴가를 포기하고 즉각 간편 사진기 개발에 매달렸다. 3년의 노력끝에 1880년 신기술을 개발해 특허를 땄다.

그후 코닥은 더 작고 저렴하며 더 간편한 사진기와 필름을 내놓으며 지금까지 줄곧 세계 사진필름업계의 혁신자요, 선두주자로 달려왔다. 뭔가 강렬하고 인상깊은 사운드의 이름을 원했던 조지 이스트만은 겨음 k로 시작해서 k로 끝나는 단어, "코닥"을 1888년 고안해 내 회사이름도 1982년 "이스트만"에서 "이스트만 코닥"으로 개칭했다. 1달러짜리 사진기를 내놓아 가난한 사람들도 행복한 순간을 간직할 수 있게 한 1900년 당시 이미 코닥은 손색없는 다국적기업이었다. 이후 세계 초일류 기업으로 한 백년을 지내 왔다.

그러나 97년초 대비 60% 수준으로 떨어진 최근 주가가 말해 주듯 코닥의 미래는 예측을 불허한다. 이른바 디지털혁명시대이기 때문이다. 특히 디지털 카메라의 출현으로 필름이 완전히 사라질 가능성도 제기되고 있다. 66년 10만명을 돌파했던 인력규모는 30여년간 지속되다 몇년전 시작된 감량작업으로 최근에야 8만명 선으로 줄었지만, 그래도 여전히 후지의 두배 가까이나 된다.

신수종(新樹種) 사업으로서 디지털 카메라며 1회용 카메라, 인터넷 사진서비스, 가정용 사진인쇄기 등 이것저것 손을 대 보지만 모두 경쟁이 너무나 치열하고 마진이 박해 실속이 없다. 21세기의 필름, 반도체를 만들지 않는 다음에는 언제나 죽수어 남주는 꼴이다. 매출액 담보상태에서 몇년전 부터 이익은 원가절감으로 창출되고 있다. 그러나 만의 하나 설혹 코닥필름이 사라진다 해도 이스트만 코닥의 이름은 설립자, 이스트만으로서 영원히 기억될 것이다. 중학교를 중퇴해야 했을 정도로 가정형편이 어려웠지만 항상 음악에서 힘을 얻으며 온화함을 잃지 않았고 장애인 누나를 위해 기꺼이 돈벌이에 나섰던 그였다. 역사에 길이 남을 극진한 효자였지만 사랑이 가족에 국한되지 않아 그야말로 박애를 실천했다. 재계 사상 처음으로 종업원지주제와 회사차원의 연금제를 실시했고, 육영자선사업에 아낌없이 기부했다. 척추마비증에 걸려 32년 77세 나이에 세상을 하직했을 때도 전재산을 대학에 기증하고 빈손으로 떠났다. "근무시간중의 활동은 한 인간의 소유물을 결정한다; 여가시간중의 활동은 그 인간 자체를 결정한다"가 그의 평소 지론이었지만, 그는 실로 여가시간에 공부하고 실험함으로써 항상 새로운 인생을 개척할 수 있었다. 이에 비해 코닥의 후계자들은 설립자 타계후 너무 일만 죽도록 해 시대변화를 좀더 일찍 내다보지 못했던 것은 아니가 한다.

자료원: 한국경제신문, 신동욱의 경영노트, 2000. 5. 8.

4.3 기업의 전략수립과 경쟁우위

1. 전략의 단계(Hierarchy)

경영전략은 어떠한 수준에서 설정할 것인가에 따라 기업전략(corporate strategy), 사업부 전략(business strategy), 기능별 전략(functional strategy)으로 나눌 수 있다.

기업전략은 어떤 사업분야에 들어가서 경쟁할 것인가를 결정하는 것이다. 즉, 기업이 경쟁할 시장을 결정하거나 산업의 범위를 결정하게 된다. 기업전략에 의해 특정기업은 성장/확장할 것인가, 안정을 추구하며 현재의 기업을 정리/정돈할 것인가, 또는 축소/탈퇴할 것인가를 결정하게 된다. 그러므로 다각화, 수직적 통합, 기업인수합병, 해외진출과 같은 결정이나, 기업전체의 조직구조형태를 결정하는 데 관심이 있다.

기업전략은 여러 사업영역을 포괄하는 경우가 많으므로 기업전략 성과의 측정기준은 기업의 생존·성장이나 기업전체의 이윤 등이 될 것이다.

사업부 전략은 각 사업분야에서 어떻게 경쟁을 할 것인가를 결정하는 것이다. 각 사업부가 각 시장에서 경쟁하고자 하는 구체적 방법을 다루게 되므로 경쟁전략(competitive strategy)이라고도 한다.

기업이 경쟁에서 이기려면 경쟁기업보다 경쟁우위에 서야 할 것이다. 경쟁우위를 확보하고 유지하기 위해서는 대개 저원가전략이나 차별화전략이 사용될 수 있다. 사업전략의 성과 측정기준은 시장점유율, 이윤 등 기업전략의 경우보다 구체적인 척도가 사용될 것이다.

기능별 전략은 기업전략과 사업부전략 등 상위전략을 효과적으로

그림 4-3 *전략의 단계*

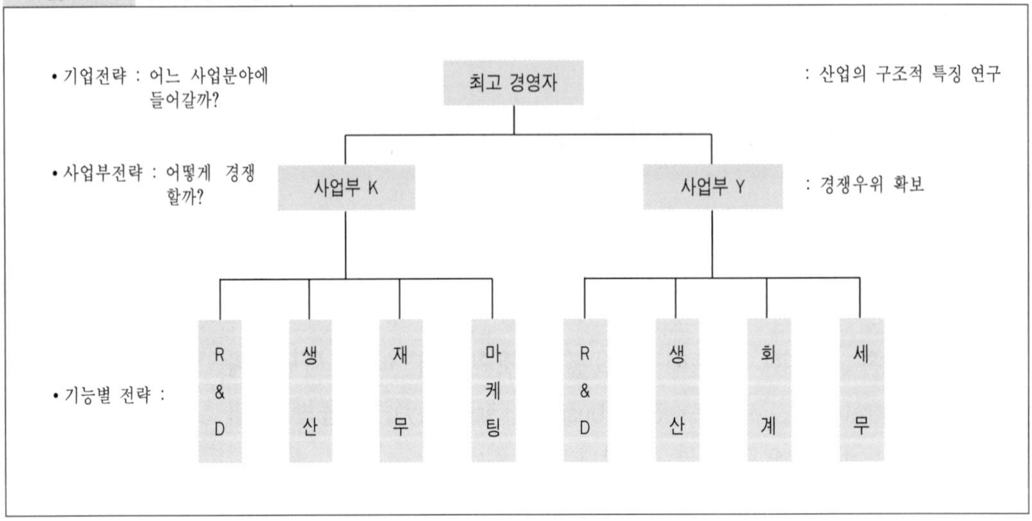

뒷받침할 수 있도록 각 사업부나 부서내에서 각 기능을 효율적으로 수행하고자 하는 전략이다. 즉 생산, 재무, 마케팅, 회계·세무 등 기능별 분야에서 세부적인 수행방법을 결정하게 된다. 기능별 전략의 성과측정기준은 생산성이나 비용절감 등을 들 수 있다.

2. 경쟁우위

경쟁우위의 창출
① 독특함
② 환경변화에 의 적절한 대처

경영전략의 궁극적인 목적은 경쟁우위를 갖는 것이다. 경쟁우위를 창출하기 위해서는 그 기업의 경영자원이나 핵심기술이 다른 경쟁기업에 비해 독특한 것이어야 하며, 산업환경과 부합되어야 한다. 즉, 경쟁우위는 정부규제의 완화, 환율의 변동과 같은 기업외부환경의 변화에 적절히 대처하거나 기업내부의 새로운 혁신을 통해 창출될 수 있다.

예를 들어 원유가격의 인상은 자동차의 연료효율(즉, 연비)을 경쟁수단으로 보고 개발한 자동차 회사의 경쟁력을 높여주게 된다. 반면 원유가격의 인하는 소비자들로 하여금 연비보다는 디자인이나 다른 기능에 더 관심을 갖게 할 것이다. 그러므로 이러한 외부환경의 변화에 민첩하게 대응하는 기업에 경쟁우위가 창출될 것이다. 미국의 Wal-Mart라는 유통회사는 POS(point of sales)시스템을 통하여 소비자의 구매패턴의 변화를 빨리 알아차리고 이에 신속하게 대처함으로써 제품의 재고도 줄이면서 소비자가 원하는 제품을 제때에 공급할 수 있게 되었다. 이를 통해 Wal-Mart는 경쟁기업에 비해 상당한 경쟁우위를 보유하게 되었다. 이를 민첩성 측면에서 보면 시간을 중시하는(time-based) 경쟁우위가 중요한 경쟁우위의 요건이 됨을 알 수 있다.

경쟁우위의 지속성
① 자원의 획득가능성
② 낮은 모방가능성

한편 기업이 높은 수익률을 얻기 위해서는 경쟁우위를 창출하는 능력도 중요하지만, 이 경쟁우위를 일정기간 이상 유지하는 능력도 중요하다. 이 경쟁우위의 지속성은 대개 경쟁우위를 창출하는 자원의 획득가능성이나 모방가능성에 달려 있다. 즉, 경쟁우위를 창출하는 자원을 경쟁기업들이 쉽게 구매할 수 없을 때 경쟁우위는 유지될 수 있다.

또한, 브랜드이미지 같은 경영자원은 쉽게 모방할 수 없기 때문에,

자동차시장에서의 현대나 전자시장에서의 삼성과 같이 특정시장에서 명성을 쌓아놓은 기업들은 일정기간 이상 경쟁우위를 유지할 수 있게 된다.

3. 경쟁우위의 원천

앞에서 살펴본 경쟁우위를 창출하기 위한 원천을 구체적인 용어로 표현하면 가치활동(value activities)과 핵심역량(core competence)을 들 수 있다. 핵심역량은 기업의 자원이라 할 수 있고 가치활동은 기업활동이라 할 수 있는데 이 둘은 서로 밀접하게 관련되어 있다. 즉, 기술적 우위와 같은 기업의 자원(핵심역량)은 연구개발활동과 같은 기업활동(가치활동)을 통해 획득되어지며, 기업의 활동은 자원을 기초로 이루어진다.

그림 4-4 *경쟁우위의 두 원천*

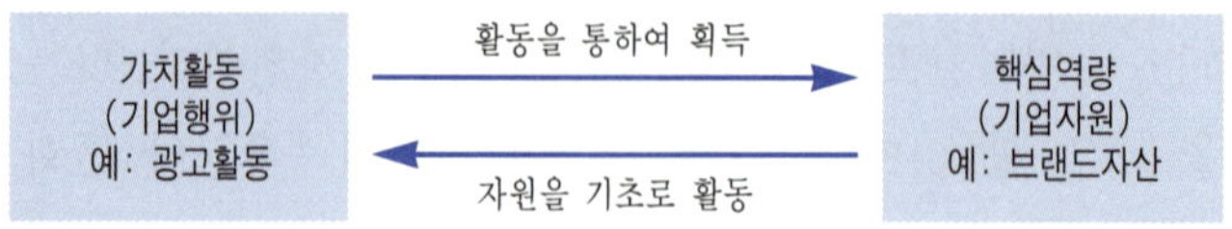

쉬어가는 코너

지난 1997년 말 한국의 외환위기에는 여러 가지 원인들이 지적된다.

외부기관들은 한국의 은행들이 여신심사 기능과 집행 기능을 분리하지 않아 대규모 부실여신이 발생했고 이것이 외환위기의 불씨를 제공했다고 지적한다. 특히 전결권한이 큰 지점장이나 임원 은행장 등 높은 지위에 있는 사람들이 심사 권한보다 집행 권한이 커 잘못된 관행을 초래했다고 강조한다. 돈이 궁한 기업주들은 그런 구조를 악이용해 제대로 심사를 받으려 하기보다는 소위 힘있는 자리에 있는 누구를 로비할 생각부터 갖게 돼 리스크 관리의 빈틈이 생겼다. GE의 경우 창과 방패로 불리는 '신사업 개발팀'과 '리스크 팀'의 견제와 균형 구조가 탄탄하게 자리잡고 있다. 세계에서 몇 안 되는 '트리플 에이(AAA)'의 최고 신용등급을 유지하는 GE로서는 티끌만큼의 위험요인이라도 함부로 다룰 수 없다. 방패로 불리는 리스크 팀은 매우 철저하게 프로젝트의 위험요인을 분석하는 것으로 정평이 나있다. GE의 잭 웰치회장도 마지막 사인을 하기 전에 반드시 글로벌 리스크 매니저의 의견에 귀를 기울인다.

자료원: 매일경제신문, 왓슨 와이어트의 리서치노트, 2000.5.17.

4.4 경쟁우위의 창출

1. 가치활동과 경쟁우위

경쟁우위의 창출
① 독특함
② 환경변화에 적절한 대처

어느 기업이 경쟁기업보다 더 높은 수익률을 얻기 위해서는, 특정 제품을 경쟁기업보다 더 낮은 가격으로 제공하거나, 더 높은 가격이라도 기꺼이 소비자가 구매할 수 있도록 차별화된 제품을 제공해야 한다.

이러한 경쟁우위는 소비자에게 혜택을 줄 수 있는 가치창출활동을 통하여 달성될 수 있다. 경쟁우위의 원천을 분석하기 위해서는 기업의 가치활동을 점검해보고 이 활동들간의 상호작용을 체계적으로 살펴보아야 한다. 이를 위한 분석도구로 Porter가 제시한 가치사슬(value chain)이 있다. 가치사슬기법에 의하면 기업의 전반적인 생산활동을 주활동 부문(primary activities)과 보조활동 부문(support activities)으로 나누어 기업의 구매 및 재고관리에서부터, 생산, 판매, 물류, A/S까지 각 부문에 비용이 얼마나 들고 소비자에게 얼마나 부가가치를 창출하는지를 정교하게 분석할 수 있다

그림 4-5 *Porter의 가치사슬*

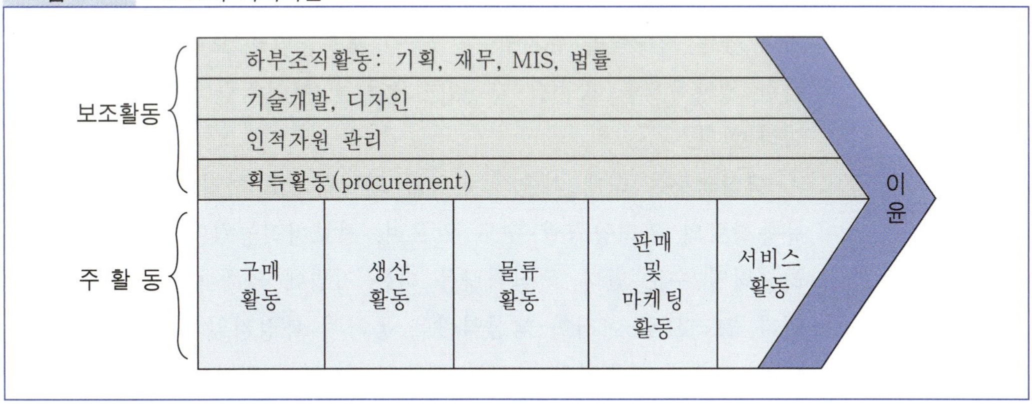

Porter의 가치사슬에서 각 활동의 중요성은 업종에 따라 다를 것이다. 예를 들어 유통업자의 경우 물류활동이 중요하고, 은행의 경우 마케팅활동이 중요하며, 복사기 제조회사의 경우 서비스활동이 중요할 것이므로 그 중요한 활동이 경쟁우위를 창출하기 위한 핵심활동이 될 것이다.

가치사슬은 기업의 내부에서 경쟁우위를 찾는 방법이고, 가치무리는 기업의 외부에서 경쟁우위를 찾는 방법이다.

한편, 가치창출활동을 기업 내부에만 국한하지 않고, 외부의 다른 조직과의 창조적인 상호작용이나 관계설정에까지 넓힌 개념으로 '가치무리(value constellation)'라는 개념이 새로이 등장하고 있다. 즉, 오늘날 경쟁우위를 창출하는 가치활동은 자사의 독립적인 활동만으로는 부족하며, 공급자, 고객, 동업자 등 기업을 둘러싸고 있는 다양한 외부경제 주체들과 협력하여 새로운 '가치창조 시스템'을 구축하고자 하는 것이다.

예를 들어 완성품만을 팔던 컴퓨터 회사가 DIY제품을 개발하여 고객들이 직접 제품을 조립할 경우 저렴한 가격으로 공급하기로 하고 원하는 고객에게 제공하였다면, 이는 회사와 고객과의 새로운 관계설정을 통하여 저가격과 참여(조립)의 즐거움이라는 새로운 가치를 창출한 것이 된다.

2. 핵심역량과 경쟁우위

특정기업이 특정산업에서 다른 경쟁기업에 비하여 특정제품 생산시에 높은 효율성과 효과성을 유지할 수 있는(즉, 상대적으로 낮은 원가나 높은 기술력을 유지할 수 있는) 내부능력을 보유하고 있다면, 이러한 경쟁우위를 창출할 수 있는 능력을 핵심역량(core competence)이라 한다.

핵심역량은 대개 기술적 우위를 의미하기도 하지만, 고객서비스나 유통경로의 관리능력일 수도 있으며, 정보처리능력이나 인적자원 관리능력일 수도 있다. 핵심역량은 다른 기업에 의해 쉽게 모방되지 않는다. 그러므로 이러한 핵심역량을 통하여 특정기업의 경쟁력이 제고되며, 고객에게 특별한 가치를 제공할 수 있게 된다.

예를 들어 Cannon은 현미경을 제작하는 조그만 공장에서 출발하였으나, 광학기술, 정밀제조기술, 전자기술 등을 개발하고 이들을 조화시키며, 점차 카메라, 사무용기기, 레이저프린터 등의 시장에 진출하여 성공하게 되었다. 부품조립회사였던 일본의 샤프사는 조립이라는 간단한 공정만으로는 경쟁력이 상실될 것이 우려되어, 액정 제조 쪽으로 눈을 돌리고 지속적인 기술개발을 통하여, 전자계산기, 전자시계, 비디오, TV, 모니터 등의 액정부분에서 경쟁우위를 보유하게 되었다.

또한 혼다는 오토바이 엔진 제조기술로부터 출발하여 승용차, 펌프, 잔디깎기 등 엔진이 중요한 역할을 하는 산업으로 확장하여 계속적인 성장을 할 수 있었다. 그러나 핵심역량은 혼다의 엔진 제조능력과 같이 특정요소에 대한 기술적 우위로 여기기 보다는 제품기술, 마케팅, 유통, 제조, 서비스 등 부가가치 창출활동의 전체를 포괄하는 광범위한 개념으로 보아야 한다. 즉 혼다의 경우에도 엔진제조 기술 외에도 '대리점관리능력', '제품화 구현능력' 등 다방면에서 핵심역

그림 4-6 *경쟁우위의 원천으로서의 핵심역량: Cannon사의 예*

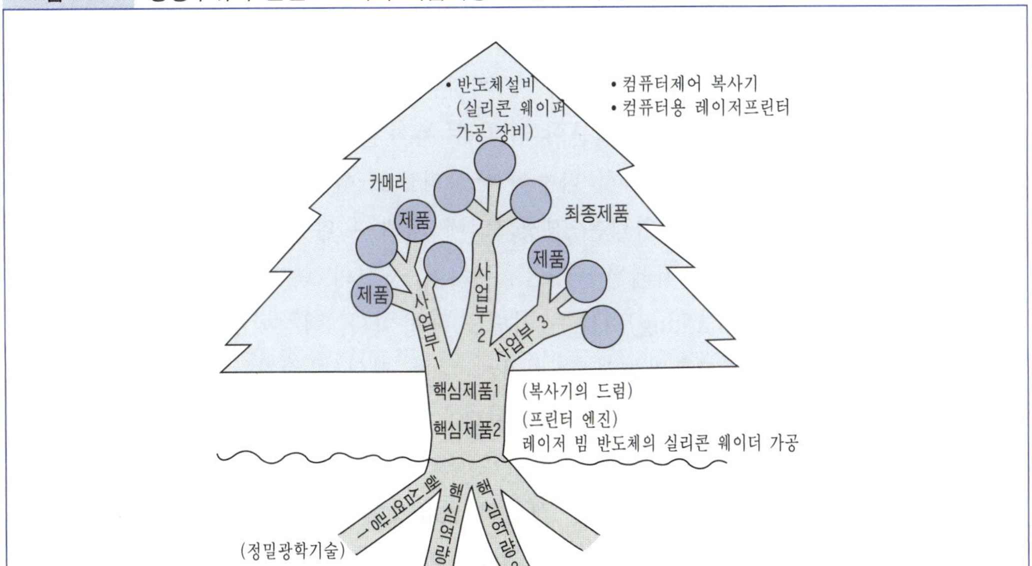

량을 개발하였기 때문에 성공할 수 있었다.

또한 샤프의 경우에도 개발된 액정의 실용화를 위해 전자계산기와 전자시계에 액정을 끼워 넣는 등 액정이 필요한 최종제품을 지속적으로 개발하였고, Cannon도 조직을 사업부 단위로 운영하지 않고, 각 사업부 관리자가 필요한 경우 다른 사업부에서 자유롭게 인원을 끌어모울 수 있게 하는 등 조직구조를 유연하게 하였다.

핵심역량은 열매인 최종제품의 특성을 결정짓는 뿌리의 역할을 한다. 즉 몇가지 핵심역량에 의해 핵심제품이 만들어지고, 핵심제품에 의해 최종제품이 만들어진다. 그러므로 기업의 경쟁력을 파악하기 위해서는 최종제품의 평가보다는 핵심역량의 평가에 주의를 기울여야 한다.

즉, Cannon은 레이저프린터 시장에서는 시장점유율이 매우 낮지만 레이저프린터의 핵심부품인 엔진에서는 세계시장의 80% 이상을 점유할 정도로 경쟁우위에 있다.

3. 핵심역량의 파악 및 관리

기업의 핵심역량을 파악하고 발전시키는 것은 경쟁우위의 확보에 필수적이다. 핵심역량은 가치사슬의 개념을 통해 분석할 수도 있고, 기업조직의 기능별분야에 따라 분석할 수도 있다. 이를 통해 기업의 생산활동을 자세히 나누어서 살펴보고 핵심역량을 찾게 된다.

또한 핵심역량은 경쟁기업에 대해 우위에 있는 능력이 되므로 다른 기업과 자세한 비교를 통하여 자신의 역량을 파악하는 벤치마킹(benchmarking)이라는 기법도 이용한다. 핵심역량 선택시 주로 다양한 시장진출가능성, 소비자에 대한 편익(만족감)증대, 경쟁자의 모방의 어려움 등을 고려하게 된다.

예를 들어 3M이나 Sony는 연구개발 분야에서 핵심역량이 있으며, Toyota나 Benetton은 생산의 효율성이나 속도에서, Microsoft는 판매나 유통에서 핵심역량이 있다. 그러나 많은 경우 기업의 핵심역량은 생산기술이나 유통과 같이 각 기능별 분야에서 나오기 보다는, 이러한 여러가지 기능별 능력들을 종합하고 활용할 수 있는 조직상의 능력(organizational capability)에서 나온다.

그러므로 핵심역량을 파악하고 발전시키기 위해서는 벤치마킹을 통해 경쟁기업에 대한 자사의 강점과 약점을 객관적으로 평가하여 자신의 핵심역량을 더욱 향상시켜야 하며, 기업전체의 관점에서 기능별 핵심역량을 잘 조합하고 적절히 통합시킬 수 있도록 조직을 운영해야 한다. 이러한 활동은 조직의 집단적인 학습과정을 통하여 달성할 수 있는데, 조직내 학습을 위해서는 집단내의 원활한 의사소통이나 사람과 자원과의 상호작용, 개인들의 동기부여나 도전적 자세 등이 필수적 요소가 된다.

경영사례

기업의 시장가치를 높여라. 기업이 생존하기 위해서는 지속적으로 가치를 창출해야 한다.

기업의 가치는 단기적인 관점에서 재무적인 성과에 의해 표시되어지며, 장기적으로는 기업의 시장가치라는 결과로 나타난다.

1980년대 하버드 대학교의 포터 교수가 발표한 5대 경쟁세력 이론에 따르면 기업의 경쟁력은 5가지의 경쟁세력 즉 공급자, 소비자, 잠재적 진입자, 대체재 시장에서의 경쟁자 등의 상호작용에 의하여 결정된다. 이는 기업 경쟁력의 원천을 외적 환경요인으로서 설명하는 것이다. 내부적 요인에 있어서는 소위 가치사슬이라는 틀에 의해서 기업의 이윤 창출 프로세스가 설명된다.

가치사슬이란 기업이 원재료를 구매해 제품을 생산하고 영업활동을 통해 판매하는 일련의 프로세스로 기업이윤이 창출되어진다는 것이다. 이 밖에 연구개발, 자금조달, 회계, 광고 홍보 등의 지원적 활동 등이 가장 원활하게 이루어질 때 기업의 내적 경쟁력은 최고조에 이른다고 본다. 포터의 이론을 기업가치 측면에서 조망해보면 기업의 외적 환경요인과 내적 환경요인을 적절히 통제하고 경영해 기업의 부가가치를 최고로 올리는 기업은 경쟁에서 생존하고 영속적으로 시장가치를 유지할 수 있다.

1990년대 들어서는 프라할라드와 하멜 교수가 핵심역량 이론을 발표했다.

핵심역량이론이란 초우량 기업에 내재되어진 핵심역량들을 잘 관리하고 유지 발전시키는 조직이 최고의 성과를 창출할 수 있다는 이론, 많은 기업들이 과거의 기능별 조직에서 사업부제 조직을 도입한 후 기업 내부적으로 극심한 경쟁관계가 조장됐다. 그 결과 사업단위간에 정보는 단절되고 특히 핵심역량에 대해 타 사업부문에게 공개하지 않아 기업 전체적으로 내부적 가치공유에 장애가 발생했다. 이 때문에 프라할라드아 하멜 교수는 기업의 내재된 가치를 최고로 하고 시장경쟁에서 승리하기 위해서는 기업의 핵심역량을 정확히 파악하고 원활하게 공유하는 것이 필수적이라고 설명한다. 기업의 가치를 정의하고 이를 극대화한 기업 사례를 보면 우선 1995년 스웨덴의 금융회사 스칸디아사의 지적자본의 틀을 들 수 있다. 스칸디아사의 선임 경영자들은 기업의 가치를 재무적 관점에서만 정의하면 종합적 균형적으로 측정될 수 없다는 가설을 세우고 보다 다양한 관점에서 기업의 자본을 정의하는 네비게이터를 만들었다. 이 네비게이터에 의하면 기업의 자본을 재무자본, 고객자본, 인적자본, 프로세스 자본, 개선과 개발의 자본 등으로 정의했다. 또 각각의 가치를 측정하기 위한 측정지수를 개발했는데 재무자본에 있어서는 현금흐름, 자산이익률(ROA) 등이며, 고객자본에는 고객만족 지수, 신규 고객창출지수, 인적자본에는 권한위양지수, 교육훈련지수, 경영참여지수, 개선과 개발에는 신제품지수, 정보시스템의 활용지수 등이다.

유럽의 장비제조회사인 배터리사는 회사의 지적 자본을 인적자본, 고객 및 상호관계유지자본, 비즈니스 프로세스 자본, 개선, 개발자본 등으로 분류한다. 캐터필라사의 자회사인 맥트랙(Mac-Track)사는 최고경영층이 지적자본 항목을 개발하는데 직접 관여했는데 회사의 가치요인을 크게 가치(Value)와 인간(People), 프로세스(Process), 리더십혁신(Ledership Innovation), 성장과 상호관계(Growth Relationship) 등을 축으로 지적자본을 정의했다. 지적자본의 종류는 재무자본, 인적자본, 구조적 자본 등으로 크게 분류했다. 맥트랙의 분류는 핵심성공요인을 중심으로 각각의 축에 집중화되어 있으며 각 항목들이 보다 구체적으로 정의되어 있다. 이처럼 기업들은 가치중심경영을 실현하고 가치요소를 극대화하기 위해 각각의 상황에 맞는 지적자본 항목들을 개발하고 이를 관리한 결과 경쟁사보다 우수한 성과를 올리고 시장에서 높은 가치를 유지할 수 있었다.

자료원: 매일경제, 2000.7.5

4.5 경쟁우위 원천의 관리

1. 시간관리

최근의 연구에 의하면 소비자가 원하는 제품을 3~4배 빨리 납품하면, 경쟁자보다 성장률은 3배, 이익은 2배 성과가 높아지는 것으로 알려져 있다.

대부분의 기업들은 그 동안 품질과 비용에 초점을 맞추어 경쟁하여 왔다. 그러나 극심한 경쟁으로 인하여 비용절감에 초점을 두는 전략은 한계에 도달했으며 소비자들은 낮은 가격·높은 품질과 함께 신속한 소비를 점점 더 원하고 있다.

그러므로 시간을 고려한(time-based) 전략이 필요하게 되었다. 시간중심전략은 특정제품을 제공하기 위하여 기업이 소비하는 총시간을 단축시키는 데 관심을 둔다. 즉 소비자가 욕구를 인식하는 순간부터 실제 소비하여 욕구를 충족시키는 데 걸리는 총소요시간을 단축하고자 하는 것이다.

시간중심전략은 생산성을 높이면서 품질향상에도 기여한다. 즉, 작

경영사례

◆ 신속대응시스템(QR)

섬유업계와 유통업체들을 중심으로 신속대응(Quick Response)시스템이 정착되고 있다. 신속대응시스템은 소비자들의 반응에 따라 제품 생산량이 결정되는 것을 뜻한다. 국제통화기금(IMF) 관리체제 이후 내실경영과 수익 창출 위주로 사업체제를 바꾼 결과다. QR확산으로 업계는 재고를 효율적으로 관리할 수 있고 판매도 늘어나는 추세다. 제조과정에도 영향을 주면서 공장의 생산라인 가동률도 높아졌다.

QR시스템에서는 소비자가 선호하는 상품을 많이 만들고 시장반응이 좋지 않은 제품은 빨리 퇴출시킨다. 소비자 반응에 맞춰 만들다보니 한 여름에 여름상품을 만드는 경우가 빈번해지고 있다. 의류업계에서는 통상 6개월 전에 상품을 만들어 왔다.

QR은 본사와 직영점, 제조업체와 유통업체가 상품의 흐름에 관한 정보를 공유하는 것에서 출발한다. 제조업체는 유통망을 통해 언제 얼마만큼의 물량이 공급되어야 하는가를 파악한 뒤 물량을 공급한다. 본사와 판매점간에 구축된 핫라인에서 고객이 어느 상품을 주로 사가고 어떤 제품이 많이 남아있는지가 자동으로 파악된다. 따라서 QR을 도입하려면 업체간의 신뢰와 시스템 구축이 절대적으로 필요하다.

LG패션은 직영점에서 판매하는 닥스 면티셔츠를 QR로 생산해 재미를 봤다. 지난 4월 10일 1,300벌을 만들고 10일 뒤 판매율이 40%에 이르자 재생산을 결정했다. 지난달 초 3차 생산까지 했는데 판매율이 85%에 이를 전망이다. 대부분의 제품 생산에 QR을 도입한 LG패션의 올 5개월간 공장가동률은 100%에 달하고 있다. 지난해는 66%에 머물렀었다.

제일모직은 QR도입으로 원단주문에서 옷이 나오기까지 100일 정도 걸리던 것을 짧게는 4일에서 늦어도 60일안에 해결하고 있다. 신원은 지난해 짧게는 일주일만에 디자인에서 옷생산이 가능하도록 QR을 도입해 여성복 베스띠벨리의 정상판매율을 70% 이상으로 올렸다. 1994년 설립 초부터 QR체제를 운영해 화제가 된 캐주얼업체 지오다노는 95%라는 경이적인 정상판매율을 자랑하고 있다.

QR은 섬유업체에서 유통업체로도 확산되고 있다. 롯데백화점은 신영와코루와 QR시스템을 지난 달 22일부터 시범적으로 운영하고 있다. 이 시스템으로 재고부담이 25%가량 줄고 상품이 백화점에 들어오는 기간이 기존 5일에서 2일로 짧아졌다. 롯데백화점은 앞으로 QR시스템을 다른업체로도 확산할 계획이다.

자료원: 대한매일, 1999. 7. 3.

업준비시간(set-up time) 등을 감소시켜 이용에 불필요한 시간을 제거하게 되고, 그로 인해 생산성도 높아지고 단위당 제조원가도 낮아지게 된다. Northern Telecom이란 회사의 경우 제조에 소요되는 시간을 50%절감함으로써 간접경비를 30%절감한 사례가 있다.

JIT기법은 적시생산, 소롯트생산, 전사적 품질관리 등의 특징이 있다.

일반적으로 제조활동 시간을 줄이면 품질이 나빠질 것으로 예상되지만, 오히려 품질을 향상시킬 수도 있다. 일본의 도요타자동차회사의 경우 적시에 적량의 자재를 공급하고자 하는 JIT(Just-In-Time)기법을 활용하여 활동시간을 절감하고자 하는데, 이 경우 품질문제가 더욱 민감하게 노출되어 전사원이 품질문제에 적극적으로 대처하게 되었다. 또한 불량을 발견하는 데 소요되는 시간이 단축되어 재빨리 불량원인을 보완할 수 있게 되었다.

또한 시간중심 전략은 소비자의 욕구에 신속히 반응함으로써 신제품·신시장 개발에 중요한 역할을 한다. 빠른 소비를 원하는 소비자들에 의해 폴라로이드사진기 시장이나 패스트푸드산업이 등장한 것을 예로 들 수 있다. 기업이 시간중심전략을 사용하기 위해 주로 관심을 가져야 할 주요활동으로는 제조주기의 단축, 유통주기의 단축, 신제품개발주기의 단축 등을 들 수 있다.

2. 기술혁신

기업은 기술혁신을 통해 특정산업의 선발주자(선도기업)가 될 수 있다. 선도기업은 우선 기술적인 리더십을 발휘함으로써 지속적으로 이익을 연장시킬 수 있다. Microsoft사는 Windows라는 컴퓨터 운영체계(OS; operating system)를 개발하여 Windows 2.0, Windows 3.0에서, Windows 95, Windows 98, Windows 2000 등 지속적인 기술개발을 통해 자사의 시장을 더욱 공고히 하고 있다. 이러한 기술적인 리더십은 대개 학습곡선이나 지속적인 연구개발, 특허 등을 통해 발휘된다.

또한 선도기업은 희소자산을 선취함으로써 이점을 얻을 수도 있다. 즉 새로운 기술과 관련된 투입요소를 선취하거나, 매력적인 시장을 선취하거나, 최적의 공장입지를 선취하여 후발기업의 진입을 효과적으로 저지할 수 있다. 이로 인해 후발기업들은 기존시장의 소비자들을 자사의 소비자로 교체시키기 위한 비용이 막대하게 들게 될 것이고, 소비자들의 경우에도 새로운 후발기업으로의 교체시의 불확실성으로 인해 교체에 부담을 느끼게 될 것이다.

3. 전사적 품질경영

품질은 고객을 확보하고 수익성을 달성하는 데 영향을 미치는 중요한 경쟁수단이 된다. 높은 품질의 제품에 대해 고객들은 그만한 대가를 지불할 마음을 가지고 있으며, 그 제품뿐만 아니라 그 기업에도 신뢰를 보낸다. 또한 기업내부의 종업원들은 자부심을 갖고 일을 할 수 있게 된다.

대개 서비스업의 경우 불량률을 5%개선하게 되면, 보험업은 약 50%, 은행 등은 약 85%까지 이익이 증가되는 것으로 알려져 있다.

제조업의 경우 높은 품질을 유지하는 기업이 낮은 품질의 기업보다 5~6배의 성장률을 보이는 것으로 보고된다. 이처럼 품질은 경쟁우위를 창출할 수 있는 중요한 수단이 된다. 한편 품질은 사람마다 다르게 느낄 수 있다. 즉 상대적이고 주관적인 개념이라는 데 특징이 있다.

그러므로 우수한 품질이란 고객의 욕구를 충족시키거나 고객의 사용에 적합하게 하는 것으로 이해해야 한다. 이러한 품질향상 노력은 특정부서만의 문제가 아니고 전부서에 관련되어 있다. 이와 같이 고객욕구에 부합하기 위하여 전사적 차원에서 제품과 서비스의 질을 관리하는 것을 전사적 품질경영(TQM: total quality management)이라 한다.

전사적 품질경영은 현장근로자에서부터 최고경영층까지, 또는 제품설계 단계에서부터 A/S단계까지의 전과정에 걸쳐 품질을 관리하고자 하는 것이므로, 우선 최고경영층의 관심과 의지 표명 그리고 정책적 지원이 중요하다. 또한 작업자들이 품질의 중요성을 느낄 수 있도록 하기 위하여 업적평가시스템에 품질측면을 도입하거나 의욕을 가지고 품질관리 활동을 추진할 수 있도록 목표설정과정과 추진과정에 자율성을 부여해야 한다.

또한, 지속적으로 교육 · 훈련의 기회를 제공하고 품질에 대한 평가와 수정이 신속하게 이루어지도록 하며 제품의 설계단계에서부터 품질을 고려하게 한다.

또한 품질의 문제를 공급업체까지 확대하여 품질관리에 적극 참여하도록 유도하고, 공급업체와의 지속적인 협조를 통해 파트너 관계로 발전시켜야 한다.

경영사례

♦ 삼성전관 선전(深圳)공장

준공 1년만에 흑자를 낸 삼성전관 선전공장. 연간 6백만대의 컬러TV브라운관을 생산한다. 3천4백만대의 수요가 있는 중국시장을 석권하기 위한 교두보 역할을 하는 곳.

작년 9월 완공된 이 공장은 가동 1년만인 올 9월 4억원, 10월 16억원의 흑자를 냈다. 해외 현지공장으로는 극히 이례적인 일. 짧은 기간에 정상궤도에 진입한 요인은 철저한 표준준수와 원가경쟁력 확보전략. 이 공장은 생산품 1백만개 중 3, 4개의 불량품만 허용하는 '6시그마 운동'을 벌이고 있다. 이를 달성하기 위해 SQM(표준준수)운동과 '애심(愛心) 999' 운동을 진행중.

야구의 '삼진아웃' 방식을 도입한 표준준수운동은 표준을 3번 이상 위반하면 견책 감봉 등 불이익을 주는 제도. 현지 종업원의 동참을 유도하기 위해 SQM운동의 핵심진행요원을 현지인으로 채용하고 직원교육에 아낌없이 투자했다.

우수사원으로 선정된 리궈평 과장의 경우 한국외국어대에서 3개월간 한국어 교육을, 부산공장에서 3개월간 실무교육을 이수한 뒤 선전공장에서 SQM운동의 전도사로 맹활약하고 있다.

그가 거느린 직원은 4백11명. SQM운동 이후 표준준수율이 93%에서 98%로 올라간 데는 그와 같은 핵심요원들의 공로가 숨어있다.

선전지역 최대의 외국계 기업인 이 공장은 '1사 1공원 가꾸기' 운동 등 지역사회 파고들기 전략이 주효해 중국세관으로부터 '믿을 수 있는 기업'으로 선정됐는가 하면 장병태 법인장은 선전시 명예시민증을 받기도 했다.

자료원: 동아일보, 1998. 11. 10.

토•의•과•제

1. 최근 새로운 시장으로 등장하고 있는 인터넷 시장에 경영이나 법률 등 고급정보를 제공하는 사업을 시작하기로 했다. 기업의 비젼과 전략적 목표를 설정해 보고 SWOT분석에 의하여 전략적 환경분석을 해보자. 또한 Porter의 산업구조분석 모형에 따라 공급자, 잠재적 진입자, 구매자, 대체재, 기존사업자간의 경쟁 등을 분석해 보자.

2. 우리나라에서 성공적으로 경영활동을 수행하고 있는 몇개의 기업들을 선정하여 그 기업의 핵심역량과 경쟁우위의 원천은 무엇인지 찾아보자.

3. 시간관리를 경쟁우위의 원천으로 설정하고 사업을 추진하는 기업의 사례를 찾아서 발표해 보자.

4. 전사적 품질경영을 통해 경쟁력을 제고하고 있는 기업의 사례를 찾아보자.

5. 주요산업에 속한 기업들의 성공사례와 실패사례를 분석하여 비교해 보고 이 기업들의 성공요인과 실패요인을 경영전략적인 접근법으로 설명해 보자.

6. 무한경쟁의 시대에 속한 여러분이 개인적으로 보유해야 할 핵심역량은 무엇이며 경쟁우위는 어디서 찾아야 할지 생각해보자.

7. 개인의 성장과 발전을 위한 장기적인 성공전략을 경영전략이론에 근거해 수립해 보자.

5 사업부 전략

5.1 사업부 전략
5.2 기업수준에서의 전략과 각 사업부의 전략
5.3 기업전략의 수립
■ 토의 과제

5.1 사업부 전략

1. Porter의 본원적 경쟁전략

사업부 수준에서는 기업전략에서 선택된 특정산업에서 어떻게 경쟁하여 경쟁우위를 확보할 것인가를 정하게 된다. Porter에 의하면 경쟁우위를 확보하기 위한 전략으로 원가우위전략, 차별화전략, 집중화전략 등을 들고 있다.

그림 5-1 *Porter의 본원적 경쟁전략*

		경쟁우위의 요소	
		낮은 비용	차별화
경쟁범위	넓은 범위	원가우위전략	차별화전략
	좁은 범위	집중화전략 (원가우위 집중화)	집중화전략 (차별화우위 집중화)

2. 원가우위전략(Cost-leadership Strategy)

경쟁기업보다 더 낮은 원가로 제품을 생산할 수 있는 경우 경쟁기업보다 더 낮은 가격으로 소비자에게 공급할 수 있고, 치열한 가격경쟁에서도 승리할 수 있으므로 평균이상의 수익이 가능하다. 원가우위전략을 쓰기 위한 차별역량은 대개 제조와 자재관리분야에서 나타난다. 즉, 규모의 경제나 학습효과, 생산프로세스의 혁신, 제품설계의 개선 등이 기업의 비용을 낮추는 데 중요한 역할을 한다.

규모의 경제(economies of scale)는 투입량을 증가시킬 때 산출량이 투입량증가비율 이상으로 증가하는 것을 말하며, 이로 인해 단위당 생산원가가 비례 이상으로 감소하게 될 것이다.

학습효과(learning curve effect) 또는 경험효과는 생산에 투입된 작업자들이 생산과정을 반복하면서 작업효율성을 높이는 방법을 고안하고, 낭비와 비효율을 없앰으로써 생산성이 높아지는 것을 의미하는데, 이러한 공정개선이나 제품재설계를 통하여 생산비용이 절감될 수 있다.

이러한 경험효과는 생산공정 및 제품의 개선에서 발생하므로 생산공정이 복잡할수록, 부품수가 많을수록 커지는 경향이 있다. 비용측면에서 경쟁우위를 창출하기 위해서는 기업의 비용구조를 분석해 볼 필요가 있는데 가장 대표적인 방법으로 Porter의 가치사슬(value chain) 기법을 이용한다.

또한 기업의 효율성을 증대시켜 비용절감에 기여하고자 하는 기법 중 최근에 많이 이용되는 것으로는 품질경영(TQM), 리스트럭처링(restructuring), 리엔지니어링(BPR: business process reengineering) 등이 있다. 일반적으로 차별화를 추구하는 데는 비용이 많이 들기 때문에 원가우위전략은 대개 차별화 수준이 낮게 되며, 같은 이유로 시장세분화도 무시하게 되는 문제점이 있다.

리스트럭처링은 기업의 사업과 제품구성을 재검토하여 재편성하는 것으로, 미국에서는 1980년대에 M&A가 급증하면서 시작되었다.

3. 차별화전략(Differentiation Strategy)

차별화전략은 소비자의 욕구를 만족시키기 위하여 독특한 제품·서비스를 공급하거나 그 제품·서비스의 소비자에 전달되는 독특한 방법들을 고안해 내는 것이다. 차별화 우위는 소비자에게 독특한 가치를 제공하여 줌으로써 차별화에 소요된 비용 이상으로 높은 가격프리미엄을 얻을 수 있게 된다.

많은 기업들이 비용우위보다 차별화 우위를 더 선호하는 이유는 차별화에 기초한 경쟁우위가 외부환경의 변화에 민감하지 않으며, 경쟁자가 쉽게 모방할 수 없기 때문이다.

차별화는 제품의 크기, 모양, 디자인, 기술적인 면 등의 유형(tangible)의 차별화도 있지만, 소비자가 제품이나 서비스에 대해 느끼는 사회적·감정적·심리적 차이 등의 무형(intangible)의 차별화도 있다. 무형의 차별화는 구체적인 제품의 특성보다는 그 기업전반에 대한 이미지에 의해 형성될 수 있다.

차별화는 대개 R&D 기능이나 마케팅기능이 우위에 있을 때 나타난다.

차별화의 기회는 제품의 특성과 소비자의 선호체계에 달려 있으며 차별역량은 대개 R&D기능이나 마케팅기능에서 주로 나타난다. 그러므로 차별화를 위해서는 제품기획, 광고, 유통전략 등에 관심을 두어야 한다.

Porter의 가치사슬은 기업의 생산활동을 단계별로 구분하여, 어떻게 그 기업이 독특한 방법으로 소비자에게 더 큰 가치를 제공해 줄 것인지 분석하는 데 도움이 된다. 그러나 차별화 우위를 추구하거나 유지하는 데는 많은 비용이 들며, 경쟁자가 차별적 역량을 모방하게 되면 차별화를 유지하기 위한 높은 비용구조가 그 기업에 부담으로 작용할 수도 있는 문제가 있다.

4. 집중화 전략(Focus Strategy)

집중화는 니치시장에 진출하는 것을 예로 들 수 있다.

집중화전략은 특정시장, 특정소비자집단, 일부제품 등을 집중적으로 공략하려는 것이다. 집중화전략은 특정한 목표만을 집중적으로 겨냥하면서 모든 기업활동을 이에 맞추어 나가는 점에 특징이 있다. 그러므로 집중화 전략은 독특한 욕구를 갖는 소비자나, 특정산업의 제품과 색다른 제품이나, 유통 등에서 고유의 특성을 지닌 세분시장이 존재할 때 가능하다.

집중화는 비용우위에 기반한 저가시장에서도 가능하고, 차별화 우위에 기초한 고가 특수품시장에서도 가능하다.

5. 원가우위전략, 차별화전략, 집중화전략의 관계

일반적으로 보면 원가우위전략과 차별화전략은 서로 상반되는 전략이다. 즉 원가우위전략은 일반적으로 표준화된 제품의 대량생산을 통해 달성되므로, 이때 차별화는 희생될 가능성이 많다. 그러나 실제 기업의 사례에서 보면 원가우위와 차별화 우위를 동시에 추구할 수도 있다. 즉 맥도널드 햄버거는 낮은 가격의 표준화된 제품을 제공하지만, 다른 음식점과는 뚜렷한 차별화를 이루고 있다. 최근에 등장한 새로운 생산기술의 변화, 즉 유연생산시스템(FMS; flexible manufacturing system) 등을 이용하면 원가우위와 차별화를 동시에 추구할 수 있다. JIT시스템을 도입한 Toyota 자동차 회사 등 일본기업은 비용을 낮추면서도 불량률을 줄이고 품질을 개선해 차별화를 성공적으로 달성하여 왔다.

표 5-1 *원가우위전략과 차별화우위전략의 비교*

본원적 전략	원가우위전략	차별화우위전략
주요 전략요소	① 효율적인 규모의 설비투자 ② 제작이 용이한 제품 ③ 간접비와 연구개발비 통제	① 브랜드, 디자인 강조 ② 광고 강조 ③ 서비스와 품질의 강조
핵심역량과 조직적 특성	자본력, 공정엔지니어링기술 엄격한 비용통제, 양적 관리시스템	마케팅, 창조성, 제품엔지니어링기술, 질적 관리시스템

표 5-2 *본원적 경쟁전략의 특성*

	원가우위전략	차별화우위전략	집중화전략
제품차별화	낮음	높음	낮음 또는 높음
시장세분화	낮음	높음	낮음
핵심역량	제조와 자재관리	연구개발, 판매마케팅	양쪽 모두 가능
진입장벽 수단	원가우위, 규모의 경제	상품충성도, 차별화	소비자충성도

그림 5-2 본원적 경쟁전략과 시장점유율 · 수익률의 관계

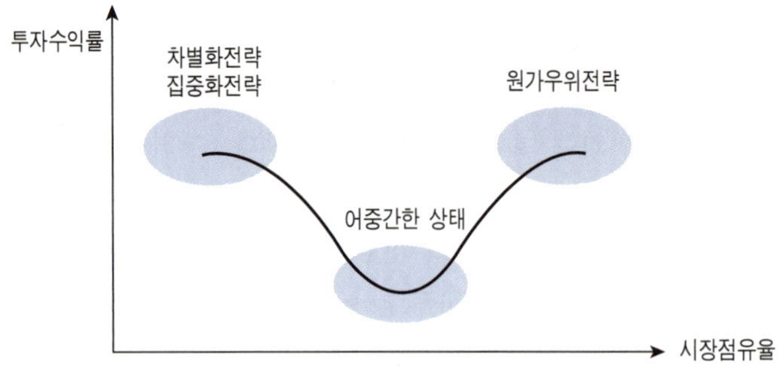

그러므로 원가우위전략과 차별화우위전략은 상호 보완적인 관계로 이해할 수 있다.

그러나 두 전략을 동시에 추구하느라고 어느 하나의 전략도 제대로 수행하지 못하는 경우, 즉 어중간한 상태에 있는 경우 오히려 수익성도 낮아지고 실패할 가능성이 높아진다.

5.2 기업수준에서의 전략과 각 사업부의 평가

다수의 사업부 또는 전략사업단위(SBU)를 운영하고 있는 대기업의 경우 기업전략을 설정하기 위해서는 각 사업부(SBU)를 분석하여 균형있는 포트폴리오를 구성해야 한다. 기업의 사업포트폴리오를 분석하기 위한 대표적인 기법으로 BCG매트릭스, GE/Mckinsey매트릭스 등이 사용된다.

1. BCG매트릭스

BCG매트릭스는 상대적 시장점유율(RM/S: relative market

share)과 시장성장률(MGR: market growth rate)을 기초로 하여 각 전략사업단위를 분석하는 기법이다.

상대적 시장점유율(RM/S)은 산업내 가장 큰 경쟁회사의 시장점유율(M/S)에 대한 자사의 시장점유율의 비율을 의미하며 시장에서의 상대적 위치를 나타낸다. 즉, 상대적 시장점유율이 1보다 큰 경우 그 시장의 선도자가 되며 1보다 작은 경우 상대적으로 약한 사업부가 되는 것이다. 또한 상대적 시장점유율이 클수록 경험곡선효과 때문에 그 기업에 자금(cash)이 더 많이 유입된다.

한편 시장성장률이 높은 경우 매력적인 시장이 될 수 있으나, 경쟁을 위해서는 투자비가 많이 필요하게 된다.

위의 두 가지 척도를 높은 수준과 낮은 수준으로 각각 나누게 되면 [그림 5-3]과 같이 네 군데의 의미있는 영역으로 나눌 수 있게 된다.

BCG매트릭스상에서 ?(Question mark)는 고성장/저점유율의 상태로 많은 사업부는 이 영역에서 출발하게 되며, 장래가 불확실하기 때문에 계속 참여해야 할지를 판단해야 한다.

☆(Star)는 고성장/고점유율의 상태로 시장성장의 기회도 좋고 경쟁우위가 있기 때문에 계속적인 지원이 필요하다. 그러나 기술개발, 생산시설확충 등에 자금이 많이 필요한 곳이다.

그림 5-3 *BCG 매트릭스*

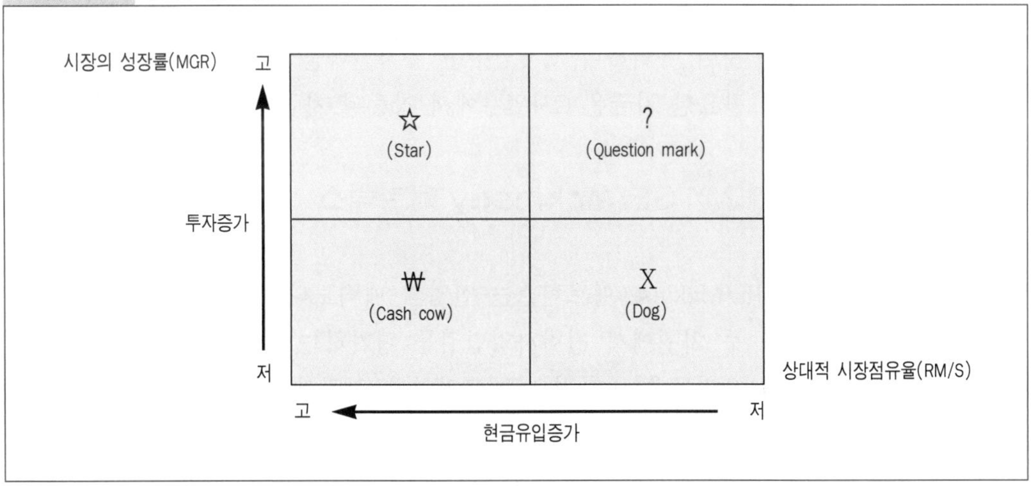

그림 5-4 *BCG 매트릭스와 기업전략*

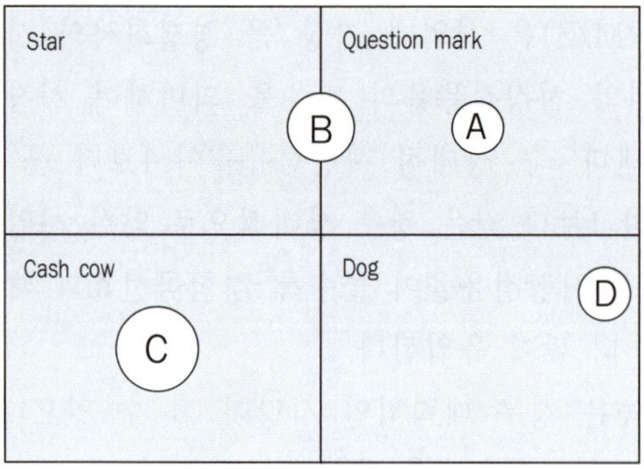

₩(Cash cow)는 저성장/고점유율의 상태로 새로운 투자에 대한 자금수요는 크지 않으면서 자금의 유입이 많아 이익이 나는 영역이다. 사업부가 이곳에 존재하면 유지(hold)전략이 필요하다.

X(Dog)는 저성장/저점유율의 상태로 장래성도 없고 큰 이익이 나지도 않는 영역이므로 사업부가 이곳에 위치하면 철수(divest)를 검토하게 된다.

기업차원의 전략을 수립하기 위하여 BCG매트릭스상에 각 사업단위의 위치를 표시하게 된다. 이때 원의 크기는 해당 사업단위의 매출액의 크기를 고려하여 나타낸다. [그림 5-4]의 경우 D사업부는 철수하는 것이 유리하며, C사업부는 유지전략을 쓰고, A사업부, B사업부에서 필요한 자금은 C사업부에서 창출된 자금으로 조달해야 한다.

2. GE/Mckinsey 매트릭스

GE/Mckinsey매트릭스는 산업의 매력도와 개별사업단위의 강점이라는 두 차원에서 전략사업단위를 평가하는 기법이다. 이 두 차원은 여러 요인들을 종합적으로 고려하여 결정되기 때문에 BCG매트릭스보다 발전된 기법이라 할 수 있다.

GE/Mckinsey매트릭스상의 수직축에는 산업의 매력도를, 수평축에는 사업의 강점을 나타내고, 각각 고·중·저 세 차원으로 나누게 되면 9개의 영역이 나타나는데, 이 중 좌상의 세 영역은 바람직한 지역(청신호지역), 우하의 세 영역은 바람직하지 못한 지역(적신호지역), 대각선상의 세 영역은 불확실한 지역(주의신호지역)이 된다.

기업차원의 전략을 수립하기 위해서는 이 때 각 사업단위의 위치를 찾아 원으로 표시하는데 이 때 원의 크기는 산업전체의 규모를 나타내고, 각 사업단위의 점유율을 원 안에다 빗금형태로 구분하여 표시한다. [그림 5-5]의 경우 A사업부는 유지 또는 성장전략이 필요하고, C사업부는 매각 또는 철수전략이 필요하다.

그림 5-5 *GE/Mckinsey 매트릭스*

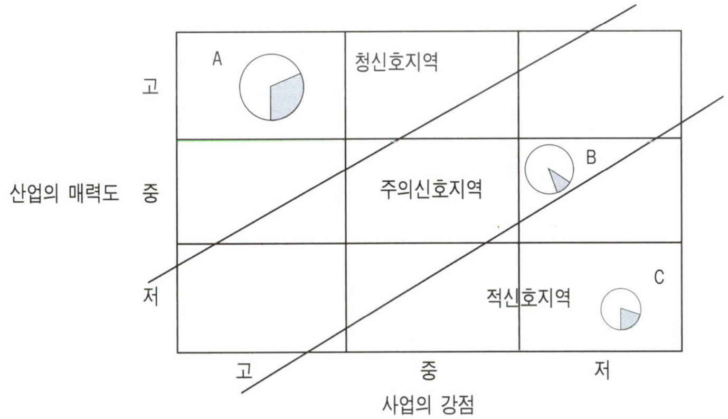

쉬어가는 코너

◆ 어떤 구직 광고

싱가폴의 한 신문에 구직광고가 실렸다. "...대학을 갓 졸업한 사람입니다. 문제를 해결하기 위해 새로운 방법을 찾을 때 직원들의 기를 꺾지 않는 기업을 찾습니다. 실패를 해도 너그럽고, 부하들의 의견에 귀를 기울이며 잘한 일에는 잘했다고 칭찬을 아끼지 않는 그런 곳이면 좋겠습니다. 직원들에게 혁신할 권리를 보장해 주는 곳이라면 어디라고 가겠습니다. 연락을 기다립니다."

빌게이츠 마이크로소프트 회장은 그의 책 '생각의 속도로 이루어지는 비즈니스'에서 다가오는 세기가 지식 근로자들의 터전이 될 거라고 예견한다.

아마 위의 광고를 스스로 디자인한 사람도 소위 지식 근로자 범주에 들지 않을까 싶다. 기업의 자산 중에 사람이 가장 중요하다는 말은 사람이 가진 지식 자본의 중요성이 그만큼 중요하다는 의미다. 그리고 그 지식 자본의 내용 가운데 바로 '혁신하고자 하는 마음가짐과 능력'이야말로 사람을 지식 자본답게 하는 핵심이다.

5.3 기업전략의 수립

기업의 각 사업부에 대한 평가를 하게 되면, 기업이 보유하고 있는 사업부의 포트폴리오가 바람직한 형태인지, 바람직하지 못한 형태인지가 파악된다.

만약 바람직하지 못한 형태의 포트폴리오를 가지고 있다면, 경영성과를 극대화하기 위해 전망이 좋고 수익성이 높을 것 같은 새로운 사업영역으로 진입하거나, 사양사업부문을 축소하든지, 철수하든지의 추가적인 의사결정이 필요하게 된다.

이와 같이 그 기업이 어느 시장에서 경쟁을 할 것인가를 정하는 기업전략은 대개 공격전략 또는 진입전략(사업확장전략)과 방어전략(경영 내실화전략) 등으로 나눌 수 있다.

진입 또는 성장을 위해서는 대개 다각화, 수직적 통합, 전략적 제휴, 합병(M&A)의 방법을 사용하며, 방어 또는 내실화를 위해서는 투자환수, 수확 및 청산 등의 방법을 사용한다.

1. 다각화(diversification)

다각화란 한 기업이 여러 다른 산업에 참여하는 것으로, 현 사업과 관련 있는 산업에 진출하려는 '관련다각화'와 현 사업과 관련이 없는 산업에 진출하려는 '비관련다각화' 또는 컨글로머릿(conglomerate)이 있다. 관련다각화의 예로 소주회사인 진로가 쿠어스와 합작으로 맥주시장에 진입한 예를 들 수 있다. 현대, 삼성 등 우리나라의 대부분의 재벌은 그 동안 비관련 다각화를 추구하고 있었다.

컨글로머릿은 미국에서 1950년대에 클레이튼법(Clayton Act) 개정에 의해 기업의 수평적, 수직적 합병이 금지된데 자극되어 나타난 이종기업간의 합병으로 다각적 결합을 의미한다.

개별 기업이 다각화 하려는 이유는, 성장추구, 위험감소, 범위의 경제성, 시장지배력의 행사, 내부시장의 활용 등을 위해서이다.

범위의 경제성이란 한 기업이 두 가지 이상의 제품을 동시에 생산할 때 소요되는 비용이, 별개의 기업이 각각 한 제품씩 생산할 때 소요되는 비용의 합보다 훨씬 작은 것을 의미한다. 이는 여러 제품의 생산과정에서 공통적으로 투입되는 생산요소가 있기 때문이다. 즉, 이미 보유하고 있는 유통망이나, 특정기업의 브랜드 자산, 기존의 효율적인 관리능력을 활용할 때 '시너지효과'가 나타날 수 있는 것이다.

시너지효과는 두 자산이나 기업이 결합했을 때 1+1=2가 아니라 1+1=3이 되는 현상이 말한다.

또한 기업이 다각화되었을 경우 여러 산업분야에서 손쉽게 자본(내부자본시장)이나 인력(내부노동시장)을 조달할 수 있게 되는데 이를 내부시장의 활용이라 한다.

반면, 성장추구나 위험분산을 위한 다각화는 주주를 위한 것이라기 보다는 최고경영자를 위한 다각화가 된다. 그러므로 다각화가 성장과 위험감소만을 위해서 행해졌다면, 실패확률이 높아진다. 다각화로 더 큰 수익을 얻기 위해서는 범위의 경제성, 시장지배력, 내부시장의 활용을 통해 새로운 가치가 창출되어야 한다.

2. 수직적 통합과 아웃소싱전략

수직적 통합(vertical integration)은 기업이 수직적으로 어떠한 분야에 참여할 것인가, 즉 부품생산에서 유통까지 수직적 활동분야의 참여정도를 결정하는 것으로 다각화의 한 종류로 볼 수도 있다.

또한 수직적 통합은 원재료→생산→유통의 연결고리에서 전단계인 원재료나 공급업자를 통합하는 후방통합과, 다음 단계인 도・소매업자를 통합하는 전방통합으로 나눌 수 있다. 예를 들어 금호고속이 버스의 타이어를 만드는 사업도 함께 하기로 했다면 후방통합에 해당

된다. 즉, 기업이 전방 또는 후방으로 자신의 가치활동을 확대하는 것을 수직적 통합 또는 내부화라 할 수 있다.

수직적 통합은 내부화, 아웃소싱은 외부화라 할 수 있다.

수직적 통합은 여러 단계의 시장거래를 내부화함으로써 세금을 줄일 수도 있으며, 수요독점·공급독점시장에서 끊임없는 협상으로 인하여 발생하는 가격의 불안정을 통합을 통해 피할 수 있게 한다. 또한 한 고객만을 위한 투자가 필요한 경우, 수요독점시장을 통한 거래활동은 실패하기 쉽기 때문에 오히려 수직적 통합을 통한 기업내부화가 훨씬 더 효과적인 방법이 될 수 있다.

반면, 수직적 통합은 성격이 다른 사업분야를 효과적으로 경영해야 하는 문제와, 기업내부의 각 사업부간의 갈등해결 등의 부담도 존재한다. 또한 수직적 통합(즉, 내부화)을 하고 나면 기업의 유연성(flexibility)이 떨어지고, 경쟁의식의 감소로 기술혁신의 인센티브가 줄어드는 문제점도 있다.

그러므로 수직적 통합을 할 것인가 시장에서 구매할 것인가의 결정은 두 경우에 부담하는 비용의 상대적 크기에 따라 달라질 것이다.

한편, 완벽한 수직적 통합이 아니더라도 부분적 통합을 하게 되면 하청업체의 부품의 비용구조에 대한 정확한 정보를 얻을 수 있기 때문에, 부품생산공정을 내부화할 것인지 외부하청에 맡길 것인지의 결정에 도움을 받을 수도 있고, 하청업체를 효율적으로 관리할 수도 있게 되는 이점이 있다.

100%의 소유권을 갖는 수직적 통합은 수직적 거래관계에서 통제력(control)이 높아지지만, 유연성(flexibility)이 낮아지는 문제가 있

표 5-3 *여러 가지 형태의 수직적 관계*

100%소유권을 가진 수직적 통합	합작투자형태의 수직적 통합	상호주식보유를 수반한 장기공급계약	장기공급 계약	시장을 통한 거래
고	← 통제력 →			저
저	← 유연성 →			고

다. 이를 해결하기 위한 준통합형태로 부품공급업자와 장기공급계약을 체결하는 방법, 상호주식보유를 수반한 장기공급계약(계열화), 합작투자에 의한 수직적 통합 등이 사용될 수 있다.

경영사례

◆ 'EMS' 기업이 뜬다

미국 솔렉트론사는 생산만 전문으로 하는 기업이다. 이 기업에는 마케팅실이나 연구개발부서가 아예 없다. 오로지 원청기업에서 넘겨주는 설계도면에 따라 제품을 생산해 납품하는 일만 한다. 공장만 있는 기업인 셈이다.

일본의 경제신문 주간지 도요게이자이(東洋經濟)는 최근호에서 솔렉트론을 생산에만 특화해 급성장하고 있는 이른바 '전자제품 제조 서비스(EMS: Electronics Manufacturing Service)' 업계의 대표적 기업으로 소개했다. 솔렉트론은 IBM, 휴렛팩커드(HP), 노키아를 위해 PC, 휴대전화기 등 수십종의 정보통신기기를 위탁생산하고 있다. 작년도 매출은 1997년에 비해 43%가량 성장한 53억 달러, 이익은 전년보다 26% 늘어난 2억 달러였다. 올해 매출은 1990억 달러로 예상된다.

EMS는 주문자 상표 부착 생산(OEM)방식과 일견 비슷하면서도 차이가 있다. OEM의 경우 제조업체가 자체 설계로 제품을 만든 뒤 주문자의 상표를 부착하지만 EMS는 주문자의 상표를 부착하기는 하지만 자체적으로 제품설계를 하지는 않는다. 또 OEM기업은 주로 1개 회사와 거래하는데 비해 EMS기업은 다수의 회사와 동시에 거래한다. 솔렉트론의 경우 한 공장에서 IBM과 HP 브랜드를 단 PC가 같이 생산된다.

EMS의 주요 생산품목은 컴퓨터, 휴대전화기, 모뎀 등 정보통신기기. 미국의 솔렉트론과 함께 SCI 시스템스, 자빌 서킷, 샌미너, 플렉트로닉스, 캐나다의 세레스티커 등은 EMS업계의 '빅6'로 불린다. 이들 모두가 급성장하고 있다.

미국에서 EMS가 새로운 생산방식으로 각광받게 된 것은 하이테크기업들의 구조조정 때문이다. 하이테크기업들은 마케팅과 연구개발에 집중하기 위해 생산설비와 공장근로자를 감축하고 있다.

EMS기업은 하이테크기업의 공장을 사들이고 근로자의 고용까지 승계해 하이테크업체의 구조조정을 돕고 있다. 하이테크기업은 EMS기업에 생산을 위탁해 보답한다.

솔렉트론은 작년 금전등록기 회사인 NCR사의 조지아주 공장과 미쓰비시 전기의 조지아주 공장을 인수한데 이어 올해는 IBM의 프린트기판공장(텍사스주)을 사들였다. 또 세레스티커는 후지쓰의 영국 공장과 HP로부터 세계 각지의 공장을 매입했다. 1993~1998년에 EMS업계 빅6가 사들인 대규모 공장은 50여개나 된다.

도요게이자이는 "EMS기업을 적극 활용하는 미국의 하이테크 기업들이 제품개발과 마케팅에서 일본 기업을 압도하며 수익성도 훨씬 높다"며 "21세기는 한 기업이 생산과 마케팅 연구개발을 동시에 수행하기 힘든 시대가 될 것"이라고 전망했다.

자료원: 동아일보, 1999. 8. 16.

수직적 통합과 반대되는 개념으로 아웃소싱(outsourcing)을 들 수 있다. 아웃소싱(외주)은 자신의 핵심부문만 내부화하고, 기타의 비핵심부문은 분가, 매각시키고 시장을 통해 조달하려는 것으로, 비용절감 효과와 유연성을 확보할 수 있게 한다. 미국의 Nike사의 경우 핵심부품과 제품의 디자인, 판매만 자신이 담당하고 생산활동 등 기타 부분은 100% 외부에 의존하고 있다. 그 결과 하청업체들 간에 비용절감 및 품질향상 경쟁을 유도하여 낮은 가격과 높은 품질의 제품을 시장에 소개할 수 있으면서도, 노사관계, 환위험, 보호무역장벽 등을 피할 수 있게 되었다.

경영사례

◆ IBM-A&T '이색 빅딜'

세계 최대 컴퓨터업체인 IBM과 세계 최대 장거리 통신업체인 AT&T가 8일 IBM이 통신망사업부문을 AT&T에 넘기고 대신 AT&T의 컴퓨터 관련업무를 떠맡는 '신형 빅딜'을 성사시켰다.

이번 합의로 '통신의 AT&T, 컴퓨터의 IBM'이 상징하는대로 전문기업만이 살아남는다는 생존논리가 초일류 기업에도 적용되며 이에 따라 경영형태에도 큰 영향을 미칠 것으로 전망된다. 이번 계약내용은 크게 세 갈래다.

우선 AT&T는 IBM의 기업네트워크 사업부문을 5년간 50억 달러를 지불하는 조건으로 인수한다. 1백개국 4만5천개 기업에 네트워크 서비스를 제공하고 59개국 1백만명에게 인터넷 접속서비스를 제공하는 IBM의 네트워크사업을 AT&T가 떠맡는 것. IBM은 1981년부터 벌여온 네트워크사업을 청산하고 컴퓨터분야에 전력하게 됐다.

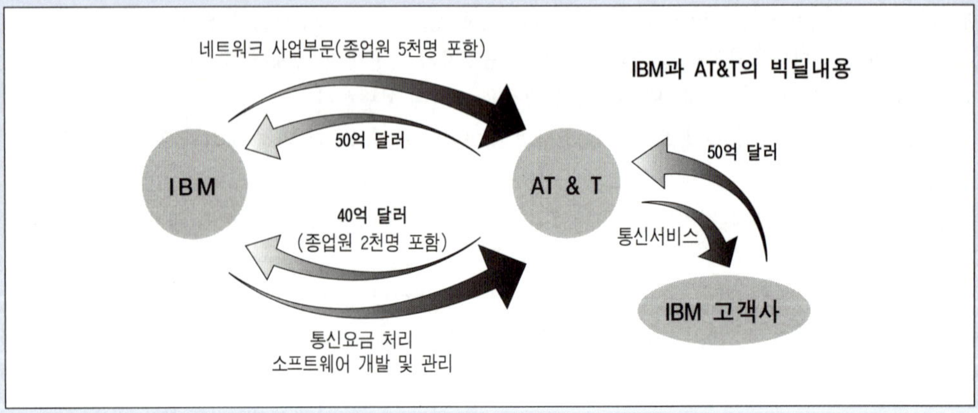

한편 AT&T는 온라인 사업에서 경쟁관계인 MCI나 월드컴보다 국제인터넷 사업에 뒤늦게 참여한 핸디캡을 벗고 올 초 영국 브리티시텔레콤과 체결한 합작사업을 본격 추진할 수 있게 됐다.

두 번째는 대규모 외주용역(아웃소싱)계약.

AT&T는 자체적으로 처리해오던 장거리전화요금정리라는 핵심분야는 물론 직원월급지급에 이르기까지 모든 업무에 대한 컴퓨터소프트웨어 개발 및 유지업무를 IBM에 용역을 맡기기로 했다. 10년간 40억 달러를 지불한다는 조건이다. 아웃소싱에는 IBM에서 31년간 잔뼈가 굵은 AT&T 마이클 암스트롱 회장의 역할이 컸다는 후문이다. "최고수준인 AT&T컴퓨터 인력도 AT&T보다는 IBM에서 더욱 능력을 극대화할 수 있다"는 경영철학에 따라 암스트롱 회장이 밀어붙였다는 것이다.

세 번째는 IBM의 고객통신망정비 등을 AT&T에 일괄해 떠넘긴다는 것. 앞으로 5년간 AT&T가 벌어들일 수입 50억 달러는 IBM측에 지불할 사업매입대금으로 쓰일 전망이다.

관련국 정부의 사업허가가 떨어지면 AT&T의 데이터처리센터 직원 2천명과 IBM의 네트워크사업부 직원 5천명이 상대회사로 옮기는 대대적인 '직원빅딜'도 있게 된다. IBM 루이 거스트너 회장은 이날 "향후 10년간 발생할 90억 달러의 수입을 연구개발비 투자, 새 벤처기업 설립, IBM주식 재매입에 사용하겠다"고 밝혔다. 전문화를 위한 구조조정 속에서도 주주의 이익에 충실한 것임을 분명히 한 것이다.

한편 통신산업 분석가인 아이바지안은 "두 회사가 자체 기업자산, 인력, 현금 동원 이외에 고객의 서비스용역까지 교환대상에 포함시켜 거래 효율을 극대화하려는 것은 새로운 기업구조조정의 전형이 될 것"이라고 전망했다.

자료원: 동아일보, 1999. 12. 10.

그러나 외주에 의존하다보면 자신의 핵심역량이 점차 축소되어 상실될 우려가 있다는 문제가 있다. IBM이 운영시스템과 마이크로 프로세스를 Intel과 Microsoft사에 외주를 줌으로써 핵심부품과 산업표준을 보유할 수 있는 기회를 상실한 예를 보면 쉽게 이해할 수 있다. 또한 아웃소싱을 함으로써 기업내부의 여러 기능간의 밀접한 상호협조관계를 상실할 수도 있고, 부품공급업체에 대한 통제력도 상실될 우려가 있다.

전략적인 아웃소싱을 더욱 적극적으로 활용하여 극히 제한적인 핵심분야만을 소유하고, 이외의 나머지 부분을 외부기업들에게 외주를 주는 극단적 형태의 기업을 가상기업(virtual corporation)이라 한다.

가상기업은 생산활동을 시장에서의 거래활동을 통해 조직하는 하나의 네트워크관리회사로 여러 생산활동과 협력업체들을 효과적으로 관리함으로써 자신이 모든 것을 통제하는 수직적 통합보다 훨씬 낮은 비용으로 유연하게 생산활동을 할 수 있다.

3. 전략적 제휴, 합작 투자, 인수합병

다각화와 수직적 통합을 기업단독으로 수행하기가 곤란할 때는 다른 기업과 전략적 제휴나 합작투자 또는 인수합병을 통해 수행하게

경영사례

◆ 전략적 제휴: 삼성 · 현대 '적과의 동침'

삼성종합화학과 현대석유화학이 서산공장의 원료파이프를 공동 사용키로 한 것은 분명 「뉴스」였다.

두 그룹으로서도 지난해 PCS(개인휴대통신) 신규사업자 선정 때 LG에 맞서 손을 잡은 지 1년만의 일인데다 특히 자존심경쟁이 심했던 유화부문에서의 제휴라 더욱 의미가 있었다.

삼성과 현대는 지난 4월 나프타, 에틸렌 등 유화원료와 액체제품을 교환하기 위한 공동파이프를 건설하는 데 합의했다. 한쪽이 특정 연료가 부족할 경우 빌려주기도 하고 구매 때는 서로 가격을 공개해 메이저들의 농간에도 공동 대응키로 했다. 또 별도로 정기적인 협력모임을 갖기로도 합의했다.

이들 두 업체의 협력체제는 어쩌면 당연할 일. 국내 대부분의 석유화학 업체들이 울산이나 여천단지에 몰려있는 데 비해 이들은 유화 불모지였던 충남 서산에 외롭게 둥지를 틀어온 이웃사촌이기 때문이다. 그러나 이들 두 업체는 유화업계 중에서도 대표적인 앙숙이자 경쟁자였다. 1988년 1차 NCC붐 때 같이 후발주자로 참여한 이후 각기 1백만평에 달하는 공장을 갖고 누가 먼저, 빨리, 많이 하느냐를 놓고 자존심 대결을 벌여왔었다. 신규사업 진출과 증설에 서로 앞서거니 뒤서거니 맞붙어왔다.

이런 두 업체가 「적과의 동침」을 결정하게 된 것은 외부적인 탓이 크다. 지난해 석유화학 경기가 급전직하로 후퇴해 전사적인 원가절감운동을 추진하면서 서로에게 눈이 간 것. 바로 옆에 붙어 있으니까 원료를 나눠쓰고 공동구매하면 비용도 절감할 수 있다는 판단에 이른 것이다.

올초 부임한 삼성석유화학 유현식 사장이 현대석유화학 정몽혁 사장에게 전화를 걸었고 나이가 젊은 정사장이 먼저 삼성을 찾았다. 삼성과 현대는 이렇게 해서 석유화학 부문에서 전략적 제휴를 맺게 됐다. 사실은 거창한 제휴라기보다는 인접 업체끼리의 당연한 협조체제 구축에 다름 아니다. 그러나 우리 현실에서 국내 유화업체간 전략적 제휴의 물꼬를 튼 사건으로 평가되고 있다.

문제는 이런 사례가 우리 업계에선 '화제'나 '미담' 수준에 머물고 있다는 것이다. '생존'을 목표로 어떤 종류의 통합이나 전략적 제휴도 가리지 않은 선진업계들의 구조조정과는 질적으로 차이가 있다는 얘기다.

된다.

전략적 제휴(strategic alliance)는 경쟁관계에 있는 기업이 일부사

경영 노트

❖ 중소기업도 아웃소싱 바람

핸드백을 전문으로 생산하는 코스모스산업은 올해 중견 무역상사인 부산무역진흥(주)와 수출대행 계약을 맺은 이후 일본 시장에 12만 달러를 수출했다.

기업 내부에 수출부문을 확대해 '덩치'를 키우기보다는 외부의 전문업체를 활용해 '효율'을 극대화하기 위해서다. 가정용 의료기기제조업체인 (주)세인전자는 연구개발부문을 산·학협력관계인 대학 연구소에 맡기고, 판매와 디자인은 외국의 전문 세일즈회사에 외주를 주고 있다. 자체제조공장도 따로 없다. 회사측은 "고정비 부담이 없고 전문기관의 정보와 기술을 활용해 제품사이클의 변화와 소비자의 요구에 신속히 대응할 수 있다"며 "조직이 군살 없이 유연하다"고 말한다.

시스템통합전문업체인 포스데이타는 전사적 자원관리(ERP)시스템인 '포스-하미스(POS-HAMIS)'를 중소기업에 제공하고 있다. 이 회사가 보유한 대형 컴퓨터에 시스템을 구축하고 해당 기업을 전용선(포스넷)으로 연결, 자원관리 등 중소기업의 전산부문 서비스를 대행해준다. 기업은 전산실을 따로 두지 않아도 되는 셈이다.

최근들어 대기업뿐만 아니라 중소기업에서도 '아웃소싱'(outsourcing)도입이 활발해지고 있다. 비핵심업무로 인한 손실, 시스템의 비효율과 생산성 저하를 우려하지 않아도 좋고 원가나 품질 서비스 처리 속도 등을 현저히 개선할 수 있기 때문이다. 마케팅·총무부문 등 분야별 아웃소싱 전문업체들도 속속 등장하고 있다.

한국경영자총협회가 국내 208개 기업을 대상으로 조사한 결과 51.9%의 기업이 현재 아웃소싱을 실시하고 있으며 아웃소싱을 하지 않는 기업 중 절반 이상도 조만간 도입계획을 갖고 있는 것으로 나타났다. 도입 초기에는 단순히 비용절감을 위해 아웃소싱을 활용했지만 최근에는 특정 부문을 전략적으로 강화하기 위해 덜 중요한 부문을 아웃소싱하는 기업이 늘고 있는 추세. 아웃소싱 기법을 활용중인 기업의 85.7%는 제조부문에서 가장 많은 효과를 보고 있다고 응답했고 총무부문(85.0%), 생산공정(84.2%), 인사노무(80.0%), 시설관리(79.2%)에서도 기대 이상의 효과를 얻었다고 답했다. 도입유형별로는 하청을 통해 아웃소싱하는 기업이 67.7%로 가장 많았으며 외주(54.6%)와 분사(13.9%)를 이용하는 기업도 상당수였다.

중소기업청도 중소기업의 수출정보 및 전문인력 부족을 아웃소싱을 통해 해결할 수 있도록 11월 3일부터 9일까지 중소제조업체와 무역상사의 상담회를 개최, 수출대행을 알선해주고 있다.

자료원: 한국일보, 1999. 10. 11.

업 또는 기능별 활동부문에서 경쟁기업과 일시적인 협조관계를 갖는 것을 의미한다. 전략적 제휴의 느슨한 형태로 연구개발 컨소시엄, 기술제휴, 라이센스협정, 상호마케팅협정 등이 있고 긴밀한 형태로 합작투자와 상호주식보유를 통한 제휴가 있다.

다른 경쟁기업과 제휴를 한다는 것은 경쟁기업과 협조체제를 구축하려는 것보다는 제휴관계 이외의 기업들과 효과적인 경쟁을 하기 위해 일시적으로 협조하는 것으로 이해해야 한다. 예를 들어 천하통일을 노리는 촉(蜀)이 위(魏)를 치기 위해 일시적으로 오(吳)와 제휴를 맺는 것과 같은 맥락이다. 그러므로 전략적 제휴의 가장 근본적인 목적은 경쟁에 있지 협조에 있는 것이 아니다.

전략적 제휴는 경쟁기업과 일시적인 협조관계를 맺는 것이다.

전략적 제휴는 정보통신산업, 생명공학산업, 신소재산업 등 연구개발비와 생산비가 막대하게 드는 산업에서 두드러지게 나타난다. 대개 기업들은 전략적 제휴를 통해 자원과 위험을 공유하게 되며, 신제품 개발과 시장진입속도를 단축시키고, 산업표준의 선택에도 유리하며, 유연성을 확보할 수 있게 된다.

기술제휴 또는 기술제휴라이센싱(technology licensing)은 한 기업이 다른 기업에게 생산기술을 공여하거나 자신의 기술을 바탕으로 신제품을 개발할 권리를 공유하는 것으로 대개 일정액의 로얄티를 받게 된다.

합작투자(joint venture)는 법률적으로 모기업으로부터 독립된 기업을 세우는 방법으로 기업활동의 여러 분야에 걸쳐 종합적인 협력관계가 필요할 때 실시된다. 대개 두 기업이 합작시 50 대 50이나 49 대 51로 투자하는 경우가 많다.

제휴의 성공여부는 제휴파트너가 보유한 경영자원과 핵심역량을 얼마나 신속하게 자기 것으로 만드느냐에 달려 있다. 기업인수합병은 시장지배력을 확대하고자 하거나, 해외시장을 포함한 새로운 시장에 신속히 진입하기 위해 또는 규모의 경제와 범위의 경제를 활용하기 위해 실시된다.

인수합병을 하게 되면 시장에서 저평가된 자산을 구입하거나 리스트럭처링을 통해 그 기업의 가치를 높일 수도 있으나, 피인수기업의 가치를 과대평가하거나 기업문화의 차이로 인한 갈등 등의 이유로 통합과 운영과정에서 실패한다면 어떠한 가치도 창출할 수 없다.

인수합병과 관련하여서는 제15장에서 자세히 다루고 있으니 나중에 다시 살펴보도록 하자.

경영사례

◆ 대림-한화 첫 자율빅딜

대림산업과 한화그룹이 국내기업 중 처음으로 정부주도가 아닌 자율적 '빅딜'에 합의했다. 핵심사업을 통합하고 비주력사업 부문을 맞교환하는 형식으로 이뤄진 이번 '빅딜'은 과잉투자 후유증을 앓고 있는 다른 업종으로의 '자율빅딜' 확산과 외국자본 유치에 긍정적 효과를 가져올 것으로 전망된다.

▶ 빅딜 내용 및 일정: 대림과 한화는 14일 여천석유화학단지에 있는 한화종합화학과 대림산업의 나프타분해공장(NCC)을 분리해 통합법인을 설립하는 것을 골자로 한 합의서를 교환했다.

양사는 또 한화가 고밀도폴리에틸렌(HDPE)과 폴리프로필렌(PP)사업을 대림에 넘기고 대림은 저밀도폴리에틸렌(LDPE)과 선형 저밀도폴리에틸렌(L-LDPE)사업 부문을 한화에 넘기는 비주력사업 부문 맞교환에도 합의했다.

양사 종업원의 고용은 전원 승계된다.

▶ 살아남기 위한 자발적 선택: 양사의 빅딜은 '강점은 취하고 약점은 버린다'는 원칙에 따라 비주력사업 부문을 과감하게 포기, 경쟁력을 강화함으로써 모범적인 '윈-윈 게임'이라는 평. 에틸렌은 통합법인이 생산하며 한화는 저밀도폴리에틸렌, 대림은 고밀도폴리에틸렌에 전념하게 된다.

통합법인의 에틸렌 생산규모는 연간 1백 22만톤에 달한다. 자동차범퍼, 플라스틱 용기 등의 원료인 PP부문에서 대림은 한화공장을 인수함으로써 연간 80만톤의 능력을 갖추고 한화는 LDPE와 L-LDPE부문에서 아시아 1위, 세계 11위 수준인 연간 72만톤의 생산력을 보유하게 되었다.

한화는 지난해 신설한 PP부문이 고전을 면치 못했으며 대림도 1993년 진출한 LDPE과 L-LDPE 사업에서 재미를 보지 못해 자연스레 빅딜논의로 이어졌다.

자료원: 동아일보, 1999. 4. 15.

4. 해외시장진출전략

해외시장진출전략은 기존의 사업분야에서 해외시장으로 진출하여 시장을 확대하려는 것으로 다각화전략과 유사하다. 성공적인 해외시장 진출을 위해서는 해외사업운영에 대한 경험과 투자대상국의 정치·경제·문화적 환경에 대한 이해가 전제되어야 한다.

기업들은 수출, 계약에 의한 진출, 해외직접투자 등의 방법으로 국제화되어간다. 수출은 일회성 거래의 성격을 띠며, 단기적이고 위험이 낮은 형태로, 직접수출과 종합무역상사나 수출대행업자를 통한 간접수출로 나눌 수 있다.

계약에 의한 진출방식은 대개 외국의 현지법인과의 계약에 의해 해외사업을 운영하는 방식으로 라이센스(licence), 프랜차이즈(franchise), 생산계약(manufacturing contract) 등이 대표적인 형태이며 수출보다는 장기적인 관계이다.

경영 노트

❖ 한국 5대 수출상품 추이

- ▶ 1970년: 섬유류, 합판, 가발, 철광석, 전자제품
- ▶ 1980년: 의류, 철강판, 선박, 인조섬유, 음향기기
- ▶ 1990년: 의류, 반도체, 신발, 선박, 영상기기
- ▶ 1995년: 반도체, 자동차, 유화제품, 선박, 인조섬유
- ▶ 1998년: 반도체, 자동차, 선박, 금속광, 유화

반면, 해외직접투자는 해외사업에 대한 통제력은 커지나, 자금과 인력을 많이 투입해야 하고 그만큼 위험이 높은 형태이다.

라이센스와 프랜차이즈는 비슷한 형태이지만 프랜차이즈가 훨씬 더 강한 통제를 하게 된다. 즉, 라이센스는 기술이나 브랜드만을 일정기간 공여하는 데 비해, 프랜차이즈는 품질관리, 경영방식, 기업체조직·운영, 마케팅지원 등 기업이 라이센스업체를 직접관리하거나 통

제하는 형태이다. 프랜차이즈의 예로 피자헛이나 맥도널드 등을 들 수 있다.

생산계약은 하청업자에게 생산기술과 품질관리 기술을 공여하고 특정 제품을 납품하도록 하는 방식이다. 예를 들어 Nike가 한국의 하청업자에게 일정한 품질과 가격에 운동화를 납품하도록 하는 것을 들

경영산책

◆ KFC의 탄생이야기

1930년대 미국 남부 켄터키주.

자그마한 주유소를 경영하던 커넬 샌더스는 어느날 "어떻게 하면 주유소를 찾는 손님들에게 더 나은 서비스를 제공할 수 있을까"를 놓고 생각에 잠겼다.

샌더스는 고객들을 유심히 살폈다. 그러다 발견한 한 가지 공통점. 상당수의 여행자들이 요기할 곳을 찾지 못해 허기진 채 여행을 하고 있다는 사실이었다.

샌더스는 즉시 주유소 옆에 카페를 차리고 프라이드 치킨, 비스킷 등 간단한 메뉴를 마련했다.

샌더스가 노린 '틈새'는 적중했다.

'샌더스 카페'는 금세 입에서 입으로 퍼져나갔다. 맛에서도 좋은 평가를 받자 샌더스는 아예 주유소 사업은 포기하고 레스토랑 사업에 본격적으로 뛰어들었다.

카페 운영 초기부터 손님들이 가장 좋아한 메뉴는 단연 프라이드 치킨이었다.

샌더스는 치킨 맛 개선에 박차를 가했다.

그 결과 탄생한 것이 지금도 전세계 KFC지점에서 가장 꾸준한 인기를 누리는 '오리지널 치킨'. 샌더스가 직접 11가지 재료를 혼합해 만들어낸 양념이 인기의 비결이었다.

'샌더스 카페'가 KFC라는 프랜차이즈로 변신, 미국 전역에 뻗어나가기 시작한 것은 1956년.

샌더스는 '오리지널 치킨' 제조비법을 전수하는 조건으로 피터 허먼이라는 레스토랑 경영자와 프랜차이즈 계약을 하고 솔트레이크 시티에 1호점을 열었다.

몇 년 뒤 KFC는 또 한 차례 도약을 한다.

'포장 판매'를 통해 음식점 안에서 식사를 하는데 익숙해 있던 고객들을 음식점 바깥으로 끌어내는 데 성공. '패스트푸드' 개념을 정착시킨 것.

KFC는 요리 시간의 빠르기만큼 전세계로 급속히 뻗어나가 지금은 세계 70여개국에 1만 1,000여개의 체인점을 보유하고 있다.

창업자 샌더스의 실물크기인형은 지금도 아래위 하얀 신사복 차림에 지팡이를 들고 사시사철 KFC매장 앞에서 전세계 손님들을 맞이하고 있다. 산타클로스와도 같은 온화한 미소를 띠고.

그림 5-6 *기업의 국제화 과정*

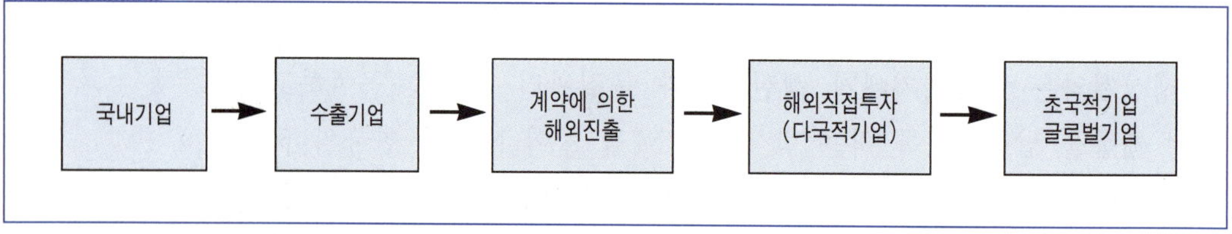

수 있다. 생산계약은 자신이 직접 공장을 운영하지 않고서도 신속하게 시장진입이 가능하고, 시장환경이 불리해질 때 신속히 철수할 수 있는 장점이 있다. 그러나 품질을 지속적으로 관리하기가 어렵고 경쟁자를 키울 수 있는 문제점이 있다.

그 밖의 국제계약방식으로 위탁경영이나 서비스공급계약, 턴키공사(turn-key operation) 등이 있는데, 턴키공사는 생산플랜트를 일괄적으로 만들어 주는 것을 말한다.

직접투자는 해외에 있는 법인체의 20% 이상의 주식을 소유하는 것으로 정의할 수 있는데, 기술, 브랜드 등 자신이 갖고 있는 경쟁우위를 해외시장에서 활용하기 위해 나타난다.

또한 해외직접투자는 지적자산과 원자재 등을 해외로 이전하는데 시장거래를 이용하는 것보다 내부화(internalization)를 통해 수행하는 것이 효율적일 때 실시된다. 또한 보호무역장벽에 대한 우회수단으로, 환위험을 회피하기 위해, 국가간의 제품수명주기의 시차를 이용하기 위해 해외직접투자를 하고 있다. 직접투자 방법은 합작투자(joint venture)와 단독투자로 나눌 수 있다.

합작투자는 투자자금과 위험을 분담하고, 합작파트너로부터 현지정보를 빨리 파악할 수 있고, 현지의 네트워크 형성에도 유리하지만, 합작파트너와 의견을 일치시키기가 어려울 수도 있고, 자신의 기술이 합작파트너에게 이전되어 장차 경쟁기업으로 만들 수도 있다.

단독투자는 투자기업이 모든 위험을 부담해야 하고, 스스로 현지 네트워크를 만들어야 하지만, 완전한 통제가 가능하고 경영이 단순하다는 이점이 있다.

그림 5-7 *해외진출방식의 선택*

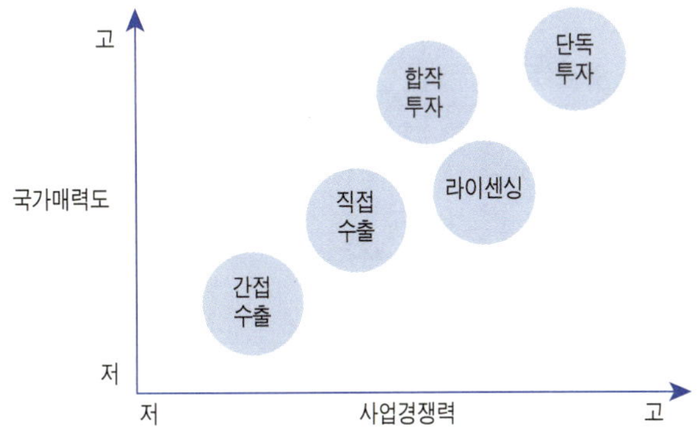

자료원: Hunger & Wheelen, 1993, p.341 수정.

단독투자는 신설투자(green field investment)와 인수합병(acquisition: M&A)으로 나눌 수 있다. 신설투자는 현지에서 필요한 인력만 유연하게 선택할 수 있지만 조업재개시까지 상당히 많은 시간을 필요로 한다. 반면 인수합병은 시장에 빠르게 진입할 수 있지만, 인수합병에 상당한 프리미엄을 지급해야 하는 경우도 있다.

해외직접투자는 한 번에 가능하기 보다는 순차적으로 이루어지는 경향이 있다. 즉, 문화가 비슷한 국가로부터 시작해서 차이가 많은 국가로 넓혀 나간다든지, 경쟁우위가 강한 사업부 먼저 진출하고 경쟁우위가 낮은 사업부가 따라서 진출하는 경우 등을 예로 들 수 있다.

또한 경쟁우위가 있는 사업부가 진출할 때는 신설투자방식이 주로 선택되고 경쟁우위가 낮을 경우 외국의 경쟁우위를 흡수하기 위해 인수합병이나 합작투자가 주로 선택된다.

경영사례

♦ 텐진-닝보의 LG화학공장

중국 베이징(北京)의 관문인 텐진(天津)과 상하이(上海) 서쪽 닝보(寧波), 두군데에 있는 LG화학의 현지공장 임직원들은 요즘 신바람이 났다.

6월 이후 중국 세관(하이관) 직원들이 대대적인 밀수단속에 나서면서 그 동안 비밀루트로 물건을 샀던 현지 업체들이 '보관창고가 불필요할 정도로' 줄지어 제품을 사가고 있는 것.

텐진의 PVC공장은 매월 10만 달러 이상의 영업이익을 내고 있으며 닝보의 ABS는 가동 반년이 못돼 손익분기점을 넘어섰다. 서울 본사는 국제통화기금(IMF)체제 들어 강도높은 구조조정으로 숨을 죽이고 있지만 '제 2의 내수시장' 인 중국사업은 급속히 제자리를 잡고 있다.

LG화학의 쾌속항진은 그룹 차원의 '선택과 집중' 전략이 주효했기 때문. LG는 지리적 · 문화적으로 유사한 중국시장에서 충분히 해외업체와 경쟁할 수 있고 투자의 효율성을 높일 수 있다는 판단에서 1990년대 초반부터 중국시장을 두드려왔다. 제품별로는 현재 세계적 수준의 기술력과 노하우를 보유한 품목을, 지역별로는 중국을 크게 화북(華北), 화동(華東), 화남(華南) 등 3개 권역으로 나누는 지역 차별화 전략을 펼쳐온 것. 1994년부터 지금까지의 총 투자액은 2억2천만 달러. 석유화학 부문의 경우 ABS, PVC, 타일(바닥재), 생필품 부문의 경우는 화장품, 치약 등 8개의 생산거점을 확보해 놓은 상태.

신설공장들이 순항하면서 올해 매출은 1억1천만 달러를 가볍게 넘어설 것으로 LG측은 보고 있다. 대중(對中)수출물량 5억5천만 달러를 감안하면 중국은 LG화학에 최대의 노다지 시장인 셈.

LG는 텐진, 닝보, 베이징의 생산거점을 중심으로 상하이, 광저우(廣州), 홍콩 등지에서 영업거점과 기술서비스센터를 별도로 운영, 생산 · 영업 · 기술서비스망이 연결된 총체적 내수화를 꾀하고 있다.

특히 국내 유화업체 중 가장 먼저 중국에 세운 기술센터는 현지 달러의 의존도를 낮추면서도 직접 고객업체를 발굴하고 있어 LG화학 중국시장 공략의 첨병이라는 평가. LG는 장기적으로 석유화학 기초원료인 에틸렌의 안정적 확보를 위해 나프타분해설비(NCC)공장 건설을 검토하고 있다.

자료원: 동아일보, 1999. 11. 10.

5. 다국적기업과 초국적기업

다국적기업(multinational enterprise)은 둘 이상의 국가에 현지법인을 갖고 있는 기업을 말한다. 다국적기업은 대개 출신국가에 있는 본사가 주요 의사결정을 하고 해외자회사에게 본국의 가치관과 경영시스템을 강요하는 본국중심주의(ethnocentrism), 현지인이 현지에 맞는 방법으로 자회사를 운영하게 하는 현지중심주의(polycentrism), 본사와 자회사간의 쌍방향의 정보교환과 협조적 의사결정을 통해 상호 의존적인 세계중심주의(geocentrism) 등으로 나눌 수 있다.

세계중심주의의 다국적기업에는 본사와 자회사라는 개념이 없다. 즉, 해외의 자회사가 특정사업분야에서 주도적인 입장을 취할 수 있으며, 특정업무를 잘 수행할 수 있는 사람은 국적을 불문하고 채용한다. 이렇게 세계를 하나의 단위로 파악하여 수립된 전략을, 각 국가에서 수행하기 위하여 각 국가의 환경에 맞는 현지화 전략을 수립하고자 하는 기업을 초국적기업(transnational enterprise) 또는 글로벌기업이라 한다.

표 5-4 *세계 10대 다국적기업* 1998. 11. 11. 현재(단위: 10억 달러)

	업 종	해외자산	해외매출
제너럴일렉트릭(미)	전자	82.8	21.1
로열더치셸(네덜란드/영)	석유	82.1	71.1
포드(미)	자동차	79.1	65.8
엑슨(미)	석유	55.6	102.0
GM(미)	자동차	55.4	50.0
IBM(미)	컴퓨터	41.4	46.6
도요타(일)	자동차	39.2	51.7
폴크스바겐(독)	자동차	-	41.0
미쓰비시(일)	다양	-	50.2
모빌(미)	석유	31.3	53.1

토·의·과·제

1. Kim's club이나 E-mart 등 회원제 창고형 할인업체 중 하나를 선정하여 비용우위전략을 어떻게 달성하고 있는지 구체적인 사례를 들어 설명해 보자.

2. 컴퓨터 조립업체에서 차별화 우위를 성공적으로 달성하는 기업은 어디이며, 어떤 방법을 통해 달성되고 있는지 사례를 들어 설명해 보자.

3. 메디슨이 중소기업으로서 성공할 수 있었던 원인은 무엇이며, 미래환경에 대응하기 위한 전략은 무엇이 있겠는가?

4. 제일제당의 다각화 과정을 고찰해 보고 그 성과에 대해 평가해 보자.

5. 현대자동차가 하청업체들과의 관계에 있어서 취해야 할 전략은 무엇이 있을까?

6. 우리나라 기업과 외국기업과의 성공적인 합작투자사례를 들어 설명해 보고, 합작투자의 실패사례도 제시해 보자.

7. LG반도체를 인수한 현대전자의 바람직한 합병 이후의 전략은 무엇이 있겠는가?

8. 외환은행의 세계화 과정을 살펴보고 어떤 전략이 사용되었는지 찾아보자.

부 록

◆ 포커판 룰과 고스톱판 룰

서양화와 동양화 중에서 어느 것을 더 좋아하느냐는 물음에 피카소와 김기창 화백을 들먹이면 덩달이가 되는 수가 있다. 서양화는 포커, 동양화는 고스톱의 대명사로 자리잡은 지 이미 오래됐다. 포커와 고스톱의 룰은 큰 차이가 있다. 포커는 기본 판돈을 놓고 시작하지만 새로운 카드를 받기 전에 추가적 배팅을 해야한다. 자금이 두둑할 땐 나쁜 패를 들었더라도 배팅을 계속해서 높은 카드를 기다려 볼 수 있다. 그러나 자금이 부족할 때는 안정적 패를 가진 경우에만 배팅을 하고 불안할 경우에는 미리 죽어버리는 것이 유리하다. 포커판에서 계속할지, 죽을지는 위험과 수익의 상치관계를 고려해서 결정하게 된다. 고스톱판에서는 일단 게임에 휘말려들면 퇴로가 없다. 상대방이 판을 쓸며 기세를 올리고 있는 상황에서 형편없는 패를 들었더라도 게임을 계속하지 않으면 안 된다. 피박에다 광박까지 쓰고 나면 주머니가 거덜날 수도 있다.

포커판에서는 배팅자금이 바닥나면 손 털고 일어나야 하기 때문에 가진 돈을 털릴 뿐, 빚을 질 일은 없다. 그러나 고스톱판에서는 잃은 돈을 다 갚지 못해 빚을 지고 끝나는 경우도 허다하다.

주식회사제도의 기본은 '유한책임'제도다. 회사가 망하면 주주는 출자한 금액을 포기하는 이외에 다른 책임을 부담하지 않는 것이 원칙이다. 기업이 부실해진 경우에도 주주는 돈을 더 출자해서 계속 사업을 영위할지 또는 손을 떼고 떠날지를 결정하게 된다. 주주에게 유한책임을 부여하는 대신, 주식회사의 경영의사결정은 이사들로 구성된 이사회가 맡아서 하도록 돼 있다. 그러나 주주가 개인기업처럼 경영을 좌지우지할 경우에는 주식회사의 법인격이 부인되고, 당해 주주는 무한책임을 부담하는 경우도 있다.

우리 나라에서는 주식회사 이념에 부합되는 기업을 찾아보기 어렵다. 대주주가 경영의 전권을 행사하고 있고, 채권단에서도 대주주에게 무한책임을 지우는 것이 일반적이다. 금융기관들이 기업에 자금을 대출하면서 대주주의 보증을 요구하는 것이 다반사이며, 회사업무와 관련해서도 대주주의 재정적 책임을 부과하는 각서를 징구하기도 한다. 또 국가도 대주주에 대해 미납세금에 대해 2차 납세의무를 부과하기도 한다.

대주주에게 무한책임을 부과하게 되면 경영의사결정이 파행적으로 이뤄질 위험이 높다. 부실이 심화돼 회사가 퇴출되면 채권단의 책임추궁으로 대주주는 사재까지 털리게 된다. 따라서 회계장부를 조작하고 뇌물을 주는 등의 불법행위를 저질러 가며 끝까지 버티려 하게 된다. 주주의 유한책임만 담보된다면 이미 퇴출됐어야 할 기업을 무리하게 끌고 가다 부실만 심화시키는 경우가 허다하다. 거대한 부실덩어리로 전락한 기업에 거액을 대출한 금융기관이 부실화되고, 부실 금융기권을 살리기 위해 대량의 공적자금이 투입돼 국민의 부담이 되고 있다.

외환위기를 초래한 주범으로 대기업의 불합리한 지배구조가 지목되면서 이를 개선키 위한 각종 제도가 마련되고 있다. 사외이사와 감사위원회제도가 도입됐고, 경영에 간여한 대주주를 사실상의 이사로 보아 책임을 부과하고 있다. 집중투표제와 집단소송제도도 도입돼 대주주의 부담이 되고 있다. 이와 같이 대주주의 책임을 강화하다보니 주식회사 원래의 이념인 유한책임제도는 점점 약화되고 있다. 기업 대주주들의 의욕은 계속 위축되고 있으며, 창업을 말리는 분위기가 확산되고 있다. 어쩔 수 없이 끌려가는 고스톱판처럼 퇴로가 막혀있는 기업주들이 불안한 나날을 보내며 회사를 연명해 가고 있다.

추가적 책임만 없다면 모든 것을 털어 버리고 떠나려는 '호랑이 등에 올라탄 기업주들'이 사방에 널려있고 기업매물이 홍수를 이루고 있다. 기업의 지배구조가 합리화되면 이에 발맞춰 주주의 유한책임을 보장하고 또 기업주가 물러설 길을 터주는 방안도 마련해야 한다. 주식회사제도는 원래 '포커의 룰'과 유사하게 만들어진 것이다. 이를 '고스톱 룰'로 바꿔 운영함으로써 부실을 심화시키고 있는 것이다.

이와 같은 부작용을 방지하기 위해선 유한책임제도의 기본을 지키는 방향으로 관련 제도가 개선돼야 한다.

자료원: 이만우, 한국경제신문, 2001. 1. 6.

6 조직설계와 조직구조

6.1 조직설계의 기본변수와 상황요인

1. 조직설계의 기본변수와 상황요인

성공적인 전략의 실행을 위해서는 적절한 조직구조가 뒷받침되어야 한다. 즉, 조직구조의 적절한 설계는 전략의 실천을 위한 기본적인 도구가 된다. 조직을 설계하기 위해서는 그 구성요소를 먼저 살펴볼 필요가 있다. 즉, 집을 지을 때 어떤 재료들을 활용할 수 있는지 먼저 파악해야 하는 것과 같다.

조직을 구성하기 위해서는 우선 업무를 어떻게 할당할 것인가? 누구에게 맡기고 어느 정도 책임을 부여할 것인가? 업무 수행의 절차를 어떻게 정할 것인가? 등을 정해야 하는데, 이를 분화, 권한의 배분, 공식화라 부른다.

그림 6-1 *조직구조의 설계변수*

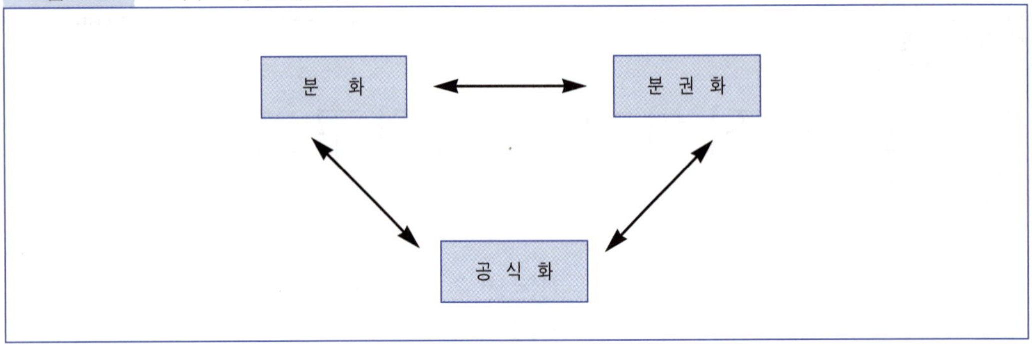

2. 조직구조의 설계변수

조직구조의 설계변수
① 복잡성/분화
② 집권화 또는 분권화
③ 공식화

① 분화/분업화 또는 복잡성

어떤 조직이든 목표를 효율적으로 달성하기 위하여 필요한 일들을 명확히 하고, 세분하여, 담당자에게 할당하게 되는데, 이를 전문화, 분업화 또는 분화라고 한다. 즉, 옷을 만드는 회사의 경우 모든 종업원이 여러 작업을 한꺼번에 하는 것 보다는, 업무를 나누고 각자 한 가지 일만 하여 숙련도를 높이는 것이 더 효율적일 수 있다.

과업이 분화가 많이 되면 복잡성(complexity)이 높다고 한다.

분화는 수평적 분화(horizontal differentiation)와 수직적 분화(vertical differentiation)로 나눌 수 있다. 수평적 분화는 분업의 원리에 따라 일을 세분화해가는 직무전문화(job specialization)와 세분화된 업무를 유사성에 따라 집단화(grouping)시키는 부문화(departmentalization)에 관심이 있다. 즉 분업의 원리로 각 담당자가 각각의 세분된 일을 하게 되면 각자는 자기업무에서 가장 수월한 방식들을 개발할 수 있고, 그에 따라 작업수행능력이 향상된다.

반면 복잡성의 증가로 전문화된 일이 너무 많아지면, 업무의 중복에 따른 낭비가 초래되므로 비슷한 업무를 결합하여 효율성을 더 높일 수 있는 것이다.

수직적 분화는 조직의 상하관계를 구분하는 것으로 계층(hierarchy)이 형성되며 직위(position)가 결정된다.

분화에 영향을 주는 대표적 요소로 감독폭 또는 통제폭(span of control)을 들 수 있는데, 한 감독자가 다루어야 될 부하의 수를 나타낸다.

그림 6-2 *평면구조와 고층구조*

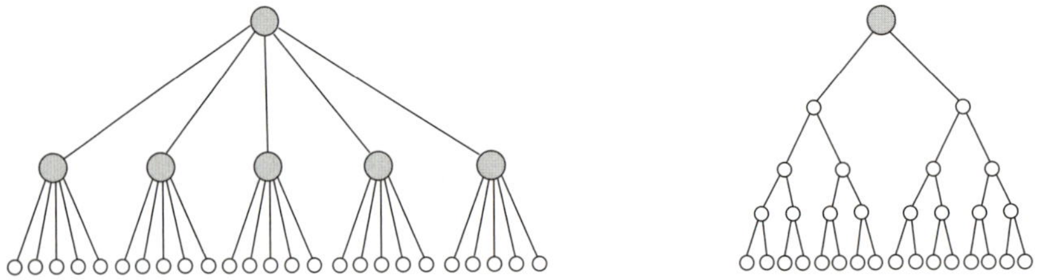

평면구조(총 31명, 통제폭 5명, 계층 3)

- 상 · 하간의 의사소통이 신속 · 정확하고 원활하다.
- 부하들의 자율성을 존중한다.
- 부하에 대한 통제력이 약하다.
- 옆부서와의 의사소통과 업무조정이 어렵다.

고층구조(총 31명, 통제폭 2명, 계층 5)

- 부하에 대한 통제가 쉽다.
- 부하와 상사의 접촉이 활발하다.
- 부하에 대한 통제로 업무스트레스가 높아진다.
- 상 · 하간의 의사소통이 부정확하고 왜곡된다.

감독폭이 넓어지면 평면구조의 형태가 되며, 감독폭이 좁아지면 고층구조의 형태가 된다.

② 집권화 또는 분권화(권한의 배분)

집권화(centralization)는 의사결정 및 통제의 권한이 상위층에 집중되어 있는 형태를 말하며, 분권화(decentralization)는 조직의 여러 계층에 대폭 위양되어 있는 형태를 말한다.

표 6-1 *집권적 조직과 분권적 조직의 특성*

집권적 조직	분권적 조직
• 의사결정 속도나 의사소통 속도가 빠르다. • 구성원이 일사분란하게 움직여 효율성이 높다. • 부문간의 갈등 조정이 신속하다.	• 각 구성원이 창의성을 발휘할 수 있다. • 각 구성원이 적극적으로 참여하고 자율적으로 업무를 한다. • 직무만족도가 높아진다.
• 하위자에게 권한없이 책임만 주어지는 경우가 있다. • 종업원들이 수동적이고 타율적인 행동을 보인다.	• 기능과 업무가 중복될 수 있다. • 부서이기주의에 의해 갈등이 나타날 수 있다. • 비효율적이다.

③ 공식화

공식화(formalization)는 조직내 업무의 표준화 정도를 말한다.

공식화를 하게 되면 종업원의 개인차에 의해 나타날 수 있는 업무 행위의 편차를 최소화하고, 업무흐름의 일관성과 명확성을 높여서 효율적으로 조직을 운영할 수 있게 하며, 업무의 영역과 책임, 권한이 명확해 갈등의 조정에도 유리하다. 또한 고객에 대한 제품 및 서비스의 수준을 일정하게 유지하도록 하여 고객에게 만족감을 줄 수 있다. 그러나 공식화가 심화되면 조직이 경직적으로 운영되어 급변하는 환경에 대처하기가 어려워진다.

그러므로 업무의 성격에 따라서 공식화의 정도를 결정해야 할 것이다.

3. 조직설계에 영향을 주는 외부 요인들

모든 조직의 구조는 그 조직이 처한 상황에 따라 달라진다. 즉 집을 지을 때도 집의 구조는 기후와 토질뿐만 아니라 경제여건, 전통문화, 기술과 재료의 발전에 따라 달라지는 것을 보면 쉽게 이해할 수 있다.

조직설계에 영향을 주는 대표적인 요인들로서 규모, 기술, 환경 등을 들 수 있으며 최근에는 경영전략, 자원과 정보처리전략, 조직의 수명주기, 사회문화 등도 많이 고려되고 있다.

조직설계의 상황요인
① 규모
② 기술
③ 환경

① 규 모

조직의 규모가 커질수록, 분화가 많이 되어 부서가 늘어나고, 계층도 많아지며, 규칙이 늘어나고, 많은 의사결정이 보다 분권화될 것이다. 따라서 경영자의 의사결정에 많은 불확실성이 존재하게 되고, 이를 해결하기 위해 '공식화'를 추구하게 될 것이다.

규모를 상황요인으로 연구한 학자들로는 퓨(D. S. Pugh), 애스톤 그룹(Aston Group), 블라우(P. M. Blau) 등이 있다.

② 기 술

각 조직마다 사용되는 기술이 다른 경우, 이에 적합한 조직구조는 당연히 달라져야 할 것이다. 기술을 상황요인으로 연구한 대표적인 학자로 우드워드(J. Woodward), 페로우(C. Perrow), 톰슨(J. D. Thompson) 등이 있는데, 우드워드는 제조업을 대상으로 연구한 결과 단위생산기술(주문생산기술)→대량생산기술→연속생산기술로 복잡화 되어 감에 따라, 적합한 조직구조가 다르다는 것을 제시하였다. 즉, 자동차조립 등의 대량생산기술의 경우에는 표준화되고 공식화된 작업규칙과 의사소통이 필요하며, 석유정제공장 등 전문기술자가 필요한 연속공정 생산기술에서는 비공식화와 분권화를 추구하게 된다는 것이다.

페로우는 제조업 외에 서비스생산기업이나 일반조직까지 범위를 확대하여 연구하였는데, 기술을 '다양화 차원'과 '분석가능성 차원'으로 분류하여 적합한 조직구조를 제시하였다.

③ 환 경

조직이 처한 환경은 안정적일 수도 있고, 불안정적일 수도 있으며, 확실할 수도 있고, 불확실할 수도 있다. 또한 환경이 동질적이냐 이질적이냐에 따라서도 조직구조는 달라져야 할 것이다.

그림 6-3 *페로우의 기술분류 및 조직의 적합성*

과업의 변화성(다양성 차원)

분석가능성		저	고
	고	일상적 기술	공학적 기술
	저	장인기술	비일상적 기술

집권화 ↕ 분권화

공식화 ⟷ 자율화

표 6-2 *환경의 안정성과 조직구조*

환경의 안정성	안정적 환경	가변적 환경
적합한 조직구조	기계적 구조	유기적 구조
공식화정도	높 다	낮 다
분화정도	높 다	낮 다
권한의 배분	집권화	분권화

환경을 상황요인으로 연구한 학자로 번즈와 스토커(T. Burns & G.M. Stalker), 로렌스와 로쉬(P. R. Lawrence & J.W. Lorsh), 톰슨(J. D. Thompson) 등을 들 수 있다.

번즈와 스토커에 의하면 안정적 환경에서는 기계적 구조(mechanistic structure)가, 가변적 환경에서는 유기적 구조(organic structure)가 적합하다고 알려져 있다.

로렌스와 로쉬는 조직이 처한 환경을 일률적으로 파악하지 않고, 조직 내부의 부서에 따라 처한 환경이 다르므로, 각 부서별로 적합한 구조가 달라져야 함을 밝혀내었다.

톰슨은 번즈와 스토커의 '환경의 안정성 정도'에 '동질성 정도'를 추가하여 적합한 조직구조를 제시하였다.

그림 6-4 *톰슨의 환경분류와 조직의 적합성*

안정성(동태성) 정도

동질성 정도 (복잡성 정도)		안 정	불 안 정
	동질적	Ⅰ 철도사업	Ⅱ 항공기 제조업
	이질적	Ⅲ 식품업	Ⅳ 첨단 정보산업

낮은 분화 ↑↓ 높은 분화

집권화 ←→ 분권화

표 6-3 *정보기술의 발달과 집권화 또는 분권화의 촉진*

집권화가 촉진된다는 견해	분권화가 촉진된다는 견해
정보처리 기술의 발달로 대규모 조직의 복잡한 의사소통 네트워크를 설계할 수 있게 되고, 모든 정보를 중앙에서 직접 관리할 수 있게 된다.	사실상 정보기기는 대량의 정보를 처리해 줄 수 있는 능력은 있지만 복잡한 경영문제와 관련된 모든 변수를 고려하여 최적의사결정을 할 수는 없다.

④ 기 타

우선 조직구조는 그 조직의 전략에 영향을 받게 된다. 즉 어떤 조직이 원가우위전략을 쓸 것인가, 차별화 전략을 쓸 것인가에 따라 전혀 다른 조직구조가 나타나게 되며, 다각화전략을 사용할 것인가, 수직적 통합을 할 것인가의 결정도 조직구조에 중요한 영향을 줄 것이다. 이와 같은 내용을 챈들러(Chandler)는 "전략은 조직구조를 결정한다"는 유명한 명제로 설명하기도 하였다.

또한 정보처리과정의 발달로 일상적 업무를 컴퓨터가 대신해 주고 창의적인 업무는 상위층으로 이전되기 때문에 중간관리층의 역할이 대폭 감소되고, 대신 전문기술을 보유한 스탭분야는 강화될 것이다.

그 외에 조직의 수명주기나 기업이 처한 사회문화가 조직구조에 영향을 주게 되는데, 사회문화가 조직구조에 영향을 준다는 사실을 오우치(Ouchi)의 Z이론으로 설명하기도 한다.

표 6-4 *조직수명주기에 따른 조직설계*

	생 성 기	성 장 기	확 장 기	성 숙 기
규 모	소규모	중규모	대규모	매우 큰 대규모
환 경	변 화	적은 변화	다소 변화	안 정
구 조	유기적	약간 유기적	다소 유기적	기계적
차별화	낮 음	중 간	높 음	아주 높음

자료원: R. E. Quinn & K. S. Cameron, 1983, pp. 33-51 수정.

표 6-5　*오우치의 Z이론*

사회문화	서구적 사회문화	동양적 사회문화
조직구조	A타입(미국식)	J타입(일본식)
의사결정	경영자에 의해 개인적으로	집단을 통한 의사결정
공식화	높음	낮음
책임소재	개인	집단
관심	사물	사람

경영사례

◆ 맥주의 황제 '앤호이저 부쉬'

세계 맥주업계의 황제는 미국 미조리주 세인트 루이스에 있는 148년 역사의 앤호이저 부쉬(Anheuser Busch Companies, Inc.)다. 2만 3천여명의 직원들이 연간 14조원의 매출을 올려 1조6천 8백억원의 순이익을 올리는 시가총액 30조원짜리 회사다. 연간 맥주생산량이 1백20억 리터로 미국 전체 맥주 생산량의 절반, 그리고 한국 전체 생산량의 7배다. 매출액 면에서 미국 시장점유율 47%로 19%의 밀러나 9%의 쿠어스를 완전히 압도한다. 게다가 절대 소비량 면에서 미국 맥주시장이 1990년대 들어 연평균 0.3%씩 줄어드는 사양화 길을 걷고 있음에도 불구하고 경쟁자의 시장을 빼앗으면서 매출액 면에서 연평균 4%, 순이익 면에서 연평균 8%가 넘는 고성장을 계속하고 있다.

앤호이저 부쉬라는 회사이름은 1852년 창설된 바바리안 맥주사를 1860년에 인수한 에버하드 앤호이저와 1880년 경영권을 물려받은 그의 사위 아돌푸스 부쉬, 두 사람의 성을 따 1879년에 지어진 것이다. 앤호이저 부쉬는 사실상 아돌푸스 부쉬 33년 재임기간중 지금의 모든 영광을 거의 다 이뤄냈다. 남들이 지역시장에 만족해 할 때 전 미국을 석권할 생각으로 당대 발명품이었던 기계식 냉장고를 최초로 도입했고 이를 기차역마다 설치해 제품이 더 멀리 신선하게 배달될 수 있게 했다. 나중에는 아예 냉장열차 차량을 만들어 제품을 운송했고, 업계 최초로 저온 살균법을 도입해 품질관리에 일대 혁신을 일으켰다. 브랜드 관리와 시장 분할법에도 일찍 눈을 떠 보통맥주 버드와이저와 고급맥주 미켈롭으로 차별화 전략을 구사했다. 1901년에 이미 한국의 1990년도 생산량에 맞먹는 1억2천만 리터를 생산했다.

모든 주류제품의 생산과 소비를 일체 금지한 금주법이 시행됐던 1919년부터 1933년 사이 3대 사장인 오거스트 부쉬는 아이스크림, 초콜릿, 과즙음료, 이스트, 시럽 등으로 다각화해 명맥을 유지했다. 금주법이 폐지된 후 4대 사장인 아돌푸스 부쉬 3세 때부터는 뛰어난 마케팅으로 선두 자리를 공고히 지켜 오고 있다. 사회적으로 죄악시되고 부도덕한 제품으로 인식되는 술을 만드는 기업의 수장들답게 부쉬 가문의 경영주들은 과단성 있고 공격적이어서 현재의 6대 최고경영자인 오거스트 부쉬 3세는 38세 때였던 1976년에 아버지를 몰아내고 경영권을 장악하기도 있다. 그는 젊은 시절 "파티 보이"라고 불릴 정도의 망나니로 대학도 다 못 마쳤으나 리더십은 뛰어나 이사진을 자기편으로 포섭할 수 있었다.

1990년대 들어서는 맥주의 절대 소비량이 주는 데다 또 성인으로 자라난 X세대와 그 뒤를 잇는 Y세대들이 "아버지의 맥주"를 버리는 조짐을 보여 위기의식이 감돌기도 했다. 그러나 올해 나이 35세의 오거스트 부쉬 4세가 1995년부터 마케팅 담당 부사장을 맡은 후 맥주 업계뿐만 아니라 전 업종에서 최고의 광고로 꼽히는 기발한 광고들을 잇따라 히트시켜 신세대의 마음을 몽땅 사로잡고 있다. 현 회장은 아들이 경영권을 승계하기를 바라지만 이들 부자의 지분율은 고작 1%라 험로가 예상된다. 설사 부쉬 4세가 왕회장 소망대로 2003년 경영권을 승계한다 해도 가족 경영은 그로써 마지막일 것이다.

자료원: 한국경제신문, 2000. 5. 29.

6.2 조직구조의 형태

1. 공식조직과 비공식조직

조직은 조직의 목표달성을 위해 의도적으로 구성된 공식조직과 의도되지는 않았지만 몇몇 구성원들의 개인적 목적을 충족시키기 위해 자연발생적으로 형성된 비공식조직으로 나눌 수 있다. 이 두 형태 모두가 구성원의 행동 및 경영성과에 큰 영향을 주고 있다. 조직을 사장, 전무, 인사부, 총무부 등으로 나누는 공식조직은 비용절감의 논리나 효율성의 논리에 따라 움직이지만, 조직 내의 향우회, 동문회, 산악회, 볼링회 등 비공식조직은 감정의 논리에 따라 움직인다. 비공식조직의 목표는 공식조직의 목표와 일치할 수도 불일치할 수도 있는데, 목표가 일치하지 않을 경우 공식조직에 미치는 부작용이 매우 크므로 경영자는 비공식 조직의 목표에 늘 관심을 갖고 있어야 한다.

그림 6-5 *공식조직과 비공식조직*

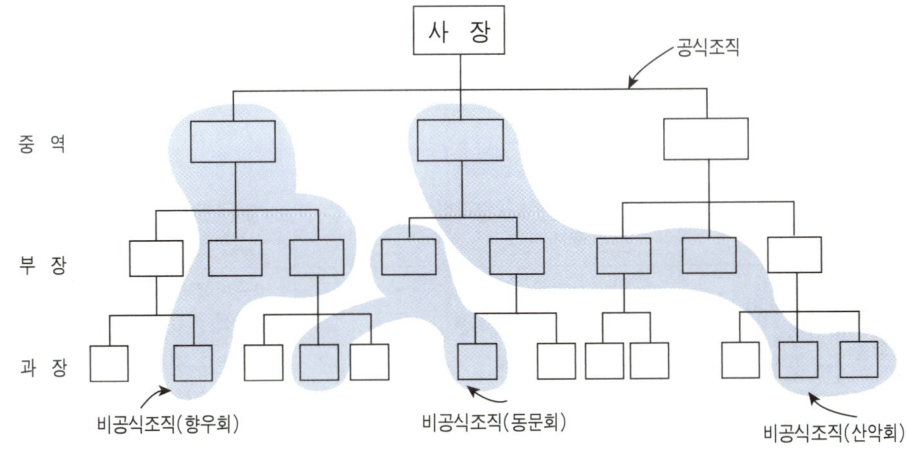

자료원: H. Weihrich & H. Koontz, p.245 수정.

2. 기계적 조직과 유기적 조직

조직의 형태를 분류하는 가장 기본적인 방법으로 기계적 조직과 유기적 조직을 들 수 있다. 기계적 조직(mechanistic organization)은 정형화된 규정이나 절차에 따라 운영되며, 유기적 조직(organic organization)은 변화하는 환경에 탄력적으로 반응하면서 수시로 조직의 형태를 변화시킬 수 있다.

그림 6-6 *기계적 조직과 유기적 조직*

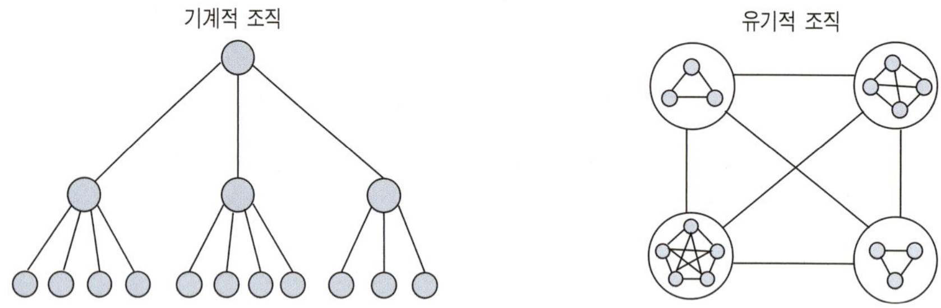

자료원: S. P. Robbins, p.407.

표 6-6 *기계적 조직과 유기적 조직의 비교*

		기계적 조직	유기적 조직
목 표		효율의 극대화, 생산성 향상	유연성, 적응력 향상
조직구조	① 공식화	높 다	낮 다
	② 권한배분	집권화	분권화
	③ 분화	고도의 전문화, 엄격한 부문화, 좁은 통제 범위	낮은 전문화, 교차적 기능별 팀, 넓은 통제 범위
조직활동	① 의사소통	공식적 커뮤니케이션, 하향적 커뮤니케이션	비공식적 커뮤니케이션, 쌍방적 커뮤니케이션
	② 의사결정	명확한 명령계통	자유로운 정보흐름
	③ 조정	조직지위에 의한 상급자의 조정	개인의 능력에 의한 상호, 자발적 조정

3. 민쯔버그의 조직유형

민쯔버그(H. Mintzberg)에 의하면 조직의 유형은 조직의 어떤 부문이 강조되느냐에 따라 여러 형태로 나눌 수 있다고 보았다. 즉 조직의 기본적인 부문으로는 생산핵심부문(operating core), 전략경영층(strategic apex), 중간관리부문(middle level), 일반지원부문(support staff), 기술지원부문(techno structure) 등의 다섯 가지를 들 수 있는데, 이 다섯 개의 기본적인 부문 중 강조되는 부문, 즉 권력의 향배에 따라 적합한 조직구조가 달라진다고 주장하였다.

그림 6-7 *조직의 다섯개 주요부문*

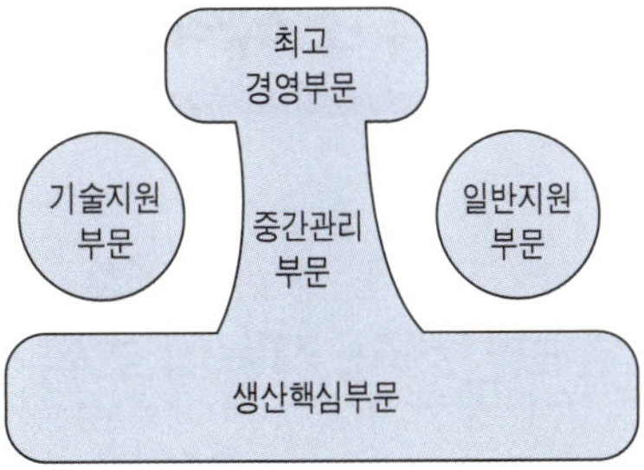

표 6-7 *민쯔버그의 조직유형의 비교*

강조되는 중요 기본부문	조직유형	특 성	예
최고경영부문	단순구조	집권화된 유기적 조직	수퍼마켓, 소규모 서비스업, 기업가조직
기술지원부문	기계적 관료제	수직적 집권화와 제한된 수평적 분권화	자동차조립공장, 우체국, 철강회사
생산핵심부문	전문적 관료제	수평·수직적으로 분권화	병원, 대학
중간관리부문	사업부제	제한된 수직적 분권화	제품별, 시장별 사업부
일반지원부문 생산핵심부문	애드호크라시	선택적 분권화	프로젝트조직, 행렬조직, 팀제

그림 6-8 *민쯔버그의 조직유형*

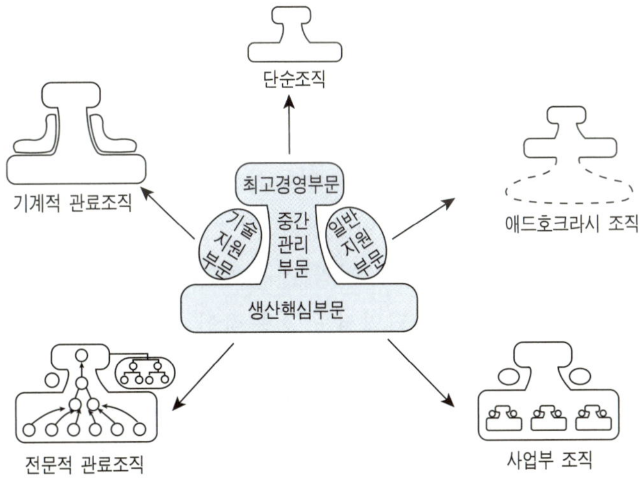

6.3 공식적 조직의 형태

1. 라인조직, 직능식 조직, 라인 · 스탭조직

라인조직은 테일러(F. W. Taylor)가 말하는 군대식 조직이며 페욜(H. Fayol)이 말하는 계층원리에 입각한 형태이다.

라인조직(line organization)은 최고경영자의 권한과 명령이 직선적으로 하급자 또는 일선관리자에게까지 내려가는 조직형태로 군대식 조직이라고도 한다. 라인조직은 위계질서 및 분업의 원리에 따라 부서가 분화되며 중소기업에서 주로 많이 나타난다. 명령일원화의 원칙에 의해 운영되는 라인조직은 신속한 기동성, 강력한 추진력, 빠른 의사결정, 관리자 능력의 최대 활용 등의 장점이 있으나, 상급자의 독재 가능성, 종업원의 창의성 저하, 불확실한 환경에 적절히 대처하지 못하는 등의 문제점이 있다.

직능식 조직도 과학적 관리법의 창시자인 테일러에 의해 제창되었다.

직능식 조직(functional organization)은 분업의 원칙에 입각한 조직으로 관리자가 담당하는 일을 전문화하고, 부문마다 다른 관리자를 두어 작업자를 전문적으로 지휘 · 감독하게 하는 조직이다. 주로 생산을 담당하는 공장에서 많이 사용되며 전문화를 통한 직장(職長)의 양성에 유리하나, 명령일원화의 원칙에 위배되고, 업무상 중복이 많으며, 조정 · 감독이 어렵다는 문제점이 있다.

라인 · 스탭조직(line & staff organization)은 조직의 규모가 커지고 제품계열의 수가 늘어나면서 기존의 라인기능만으로는 업무수행이 불가능할 경우 라인업무의 지원을 위하여 스탭기능을 분화하여 발달시킨 형태로 라인조직과 직능식 조직의 절충형태이다. 명령일원화의 원칙과 분업의 원칙(전문화의 원칙)을 조화시켰으므로 라인조직의 장점이 유지되면서도 전문적인 스탭의 도움을 받아 보다 효과적인 경영활동이 가능하게 된다. 그러나 라인과 스탭간의 의견불일치나 스탭의 조언 · 권고에 따른 의사결정의 지연 등은 문제가 된다.

그림 6-9 *라인조직, 직능식조직, 라인 · 스탭조직*

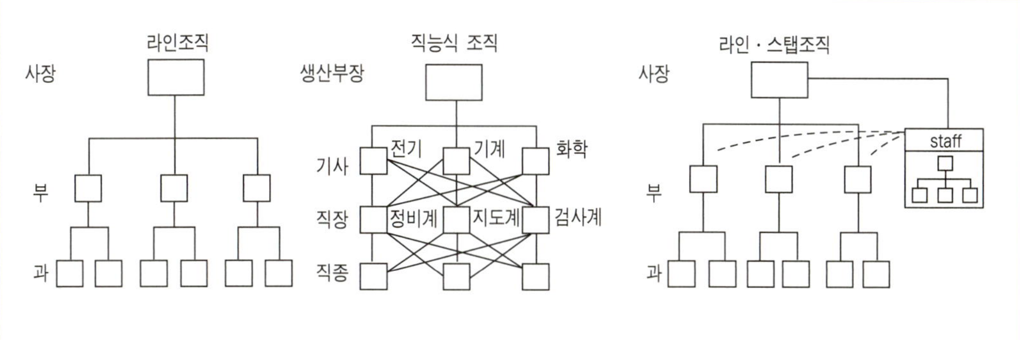

2. 사업부제 조직

사업부제 조직(divisionalized organization)은 분화의 원리에 의해 제품별 · 지역별 · 고객별로 사업부를 편성하고, 각 사업부별로 자율적인 운영을 하게 하는 형태이다. 각 사업부는 이익중심점(profit center)으로서 독립채산제로 운영되므로 유능한 미래의 경영자를 양성하는 기회가 되며, 업무수행에 대한 통제와 평가가 쉽고, 각 구성원에게 동기부여와 능력개발을 촉진할 수 있는 장점이 있다. 그러나 각 사업부의 행위가 기업의 전체목표로부터 벗어나지 않도록 조정하는 본사의 역할도 중요하며 사업부간의 경쟁우려와 과업의 중복이나 중복투자로 공통관리비가 증가하는 등의 문제도 있다.

사업부제 조직은 드러커(P. F. Drucker)가 말하는 연방적 분권제에 해당한다.

결과를 중시하고 제품을 강조하게 되는 사업부제 조직은 대규모 조직이면서 환경이 불안정할 때 효과적인 조직형태이다.

경영사례

◆ 새한 '사업부별 독립채신제' 도입

새한그룹은 주력 계열사인 (주)새한과 새한미디어에 대해 사업부별 독립채산제 형태인 '컴퍼니제'를 실시키로 하고 조직개편과 이에 따른 임원 인사를 단행했다.

이에 따르면 (주)새한은 소재, 필름섬유, 생활산업1, 생활산업2 등 5개 그룹 12개 컴퍼니로, 새한미디어는 SMC와 미주, 구주 등 2개 그룹 6개 컴퍼니로 각각 개편됐다.

새한은 각 컴퍼니를 이끌 컴퍼니장에게 상품기획, 생산, 영업, 기획관리에 이르는 전권을 부여하고 자산, 부채, 자본까지도 컴퍼니별로 운영해 완전한 독립채산제를 실시토록 했다. 새한은 이에 따라 박문성 원료사업부문장을 필름그룹장으로 발령하는 등 임원 25명의 직책을 변경했다.

그림 6-10 *사업부제 조직*

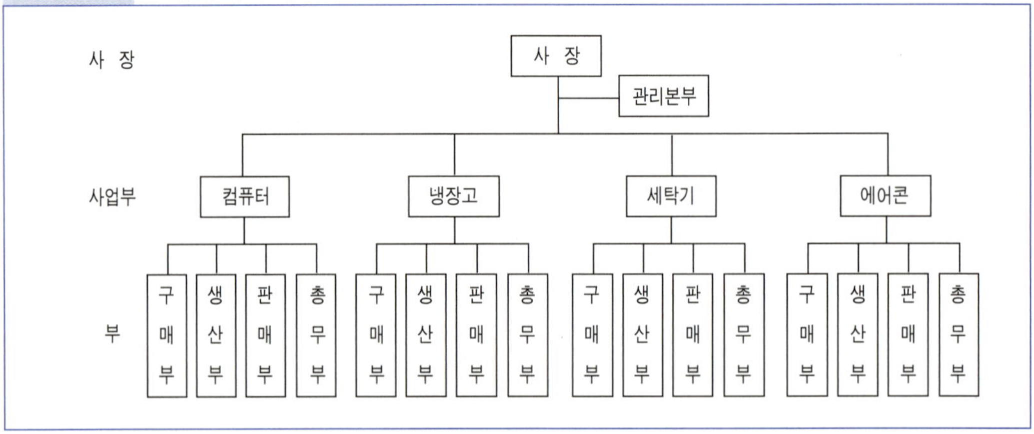

3. 프로젝트조직

프로젝트조직(project organization) 또는 태스크포스(task force)조직은 특정 프로젝트를 수행할 필요가 생겼을 때, 프로젝트의 목표달성에 필요한 전문적 능력을 가진 구성원을 각 부문에서 차출하여 조직을 편성하고, 목표가 달성되면 해산하여 본래부서로 돌아가게 하는 유연한 조직이다.

프로젝트조직은 프로젝트의 내용이나 크기에 따라 인원구성에 탄력성이 있으며, 목표가 명확하여 사기가 높아지는 장점이 있으나, 프로젝트관리자가 새로 구성된 팀원들의 팀워크를 유지하는 문제나, 팀내의 갈등조정, 원래부문과 프로젝트팀간의 관계조정 등의 역할을 잘 소화해야 하는 등의 문제가 있다.

프로젝트조직이 성공하기 위해서는 프로젝트팀의 팀워크, 최고경

그림 6-11 *프로젝트조직*

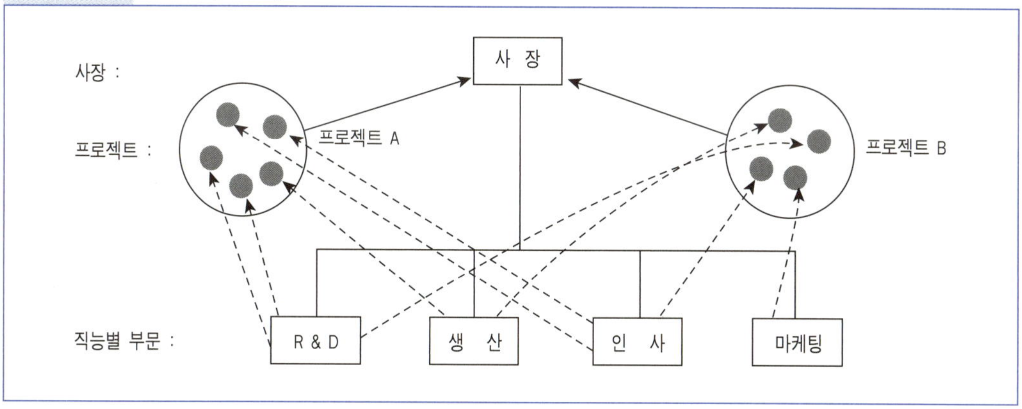

영자의 지지, 치밀한 계획, 프로젝트 관리자에 대한 권한의 위양 등이 필요하다.

4. 행렬조직/매트릭스 조직

행렬조직(matrix organization)은 직능식 조직과 프로젝트 조직의 혼합형태로, 조직구성원이 직능부서에도 속해 있으면서 프로젝트팀에도 소속되어 양쪽 업무를 동시에 진행하는 형태로 효율성과 유연성을 동시에 추구한다. 행렬조직은 급변하는 환경에 신속히 대응할 수 있고, 종업원의 능력을 최대한 활용할 수 있다는 장점이 있으나, 각 종업원은 이중지휘체계하에 놓이게 되므로 역할이 모호하고, 스트레스가 유발되며, 양 업무간의 시간 배분이 어려워진다. 또한 많은 이해관계자로 인하여 의사결정이 지연되고 복잡해지며, 기능부서와 프로젝트팀 간의 갈등이 생길 여지도 있다.

그림 6-12 *행렬 조직*

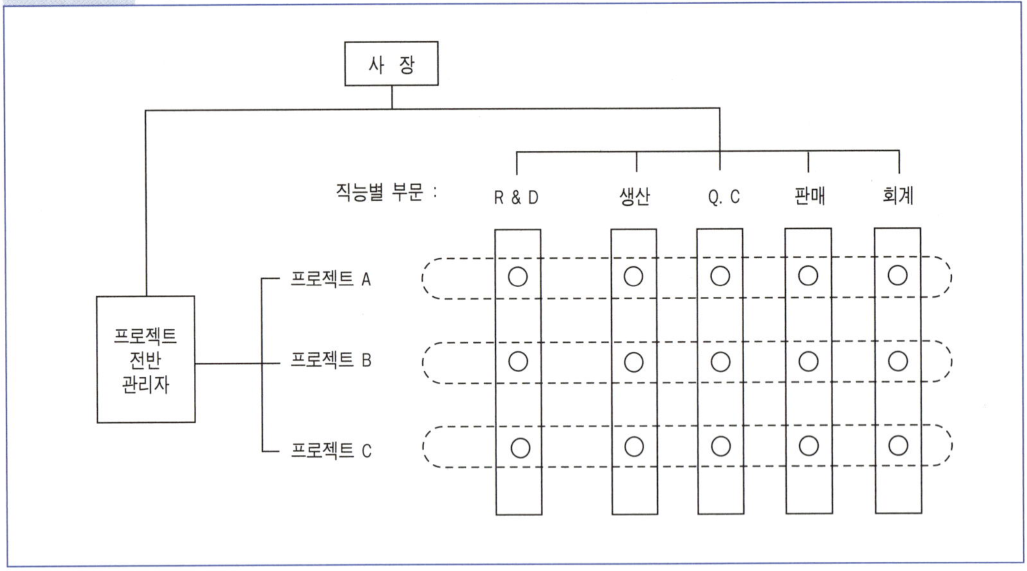

경영사례

◆ 21세기형 조직

최근의 기업활동에서 두드러진 변화는 기업가치가 해당기업 구성원의 지식으로부터 나오고 있다는 것이다. 종전에는 제조·영업활동 등 실물자본 부문을 중심으로 기업가치를 평가했으나 지금은 구성원의 지식과 핵심역량을 중심으로 한 무형의 자본이 평가기준이다. 다시 말해 고품질의 제품을 싸게 생산해 값싸게 다량판매함으로써 얻고자 했던 종래의 기업가치들이 이제는 서비스의 품질, 상품개발능력, 신규사업 개발, 네트워킹 등 창조적인 활동을 통한 가치창출의 의미로 전환되고 있다. 이는 조직 구성원들의 창조적 활동을 통한 부가가치의 극대화가 21세기 경영의 주요 과제임을 의미한다. 또 기업가치의 핵심이 양(量)에서 질(質)로 전환되고 있음을 나타낸다. 새로운 경영 패러다임 아래서는 숙련되고 충성스런 직원보다는 창조적이고 효율성을 추구하는 인재가 요구된다. 또 관리와 통제 위주의 하드웨어 중심적 조직구조보다는 사고의 유연성과 창의성을 극대화할 수 있는 소프트웨어 중심적 조직구조가 요구된다.

〈조직의 변화〉

21세기 성공기업에게는 기존 피라미드형 조직형태보다는 아메바형 조직형태가 요구된다. 관리중심의 피라미드형 조직은 효율적인 조직형태이기는 하지만 비용구조가 아주 탄력적이어야 한다는 단점을 알고 있다. 맥도널드나 월마트는 여전히 피라미드형 조직형태를 갖추고 있다. 이들 기업이 피라미드형 조직형태를 갖추고도 우량 기업으로 인정받는 것은 파트타임 근로자 중심의 인력구조를 갖춰 비용구조가 효율적이고 탄력적이기 때문이다. 하지만 의사결정의 스피드와 탄력성을 강조하는 21세기 무한경쟁에서 우수한 비용구조나 탄력성을 갖추지 못한 통제 위주의 피라미드형 조직이 계속 성공할 수 있을지는 의문이다. 이에 대한 대안으로 논의되는 조직형태는 요즘 많은 벤처기업들이 채택하고 있는 아메바형 조직이다. 아메바형 조직은 새로운 틈새사업 기회에 신속하게 대응하고 가치창출의 기회를 직원의 창의성과 기업가정신을 통해 달성하려는 역동적 형태의 조직이다.

조직역량의 집중과 신속한 재편이 가능하고 다양한 시장기회에 효과적으로 대응할 수 있다는 점에서 주목을 받고 있다. 우리나라 기업의 당면과제는 기존의 피라미드형 조직에 아메바형의 조직 특성을 어떻게 결합시키는가 하는 점이다. 대기업의 경우 조직의 축적된 역량과 재원을 아메바형 조직이 지향하는 기업가적인 마인드와 결합시키고 인센티브를 부여하는 경우에 시너지 효과를 얻을 수 있다.

〈사람의 변화〉

아메바형 조직에서는 기업활동의 주체인 사람의 특성에도 변화가 요구되며 구성원을 보는 시각에도 변화를 요구한다. 피라미드형 조직에서는 기능적 전문가가 필요하지만 아메바형 조직에서는 기업가형 프로페셔널이 요구된다. 사람을 활용하는 관점도 종래의 노동자나 인적 자원이 아닌 인적 사본으로 보는 발상의 대전환이 요구된다. 구성원은 노동과 근로를 제공하고 회사와 주주는 봉급을 준다는 과거의 개념을 버려야 한다. 사람은 기업의 가치를 확대 재생산하기 위한 자본으로서 회사는 창조적인 기여 활동을 지원하고 기회를 제공하는 역할을 해야 한다.

자료원: 매일경제신문, 2000. 1. 19.

6.4 미래형 조직의 형태

1. 미래 경영환경의 변화와 미래형 조직

미래형 조직을 예측하기 위해서는 미래 경영환경의 변화를 살펴볼 필요가 있다. 즉, 최근의 통신기술의 발달, 정보화의 물결, 지식을 중시하는 풍토 등을 고려하면, '지식집약형 조직', '고도로 정보화된 조직', '학습조직'을 예측할 수 있으며, 방만한 경영의 실패사례, M&A 열풍, 사회 · 경제적 글로벌화 등을 고려하면 '글로벌 조직', '고도의 전문화된 조직' 등을 예측할 수 있다.

또한 소비자를 중시하는 시장환경, 인간의 가치와 창의성의 중시, 노동자의 권리찾기 등에서는 '고객지향적 조직', '종업원을 개발하는 조직' 등의 탄생을 예측할 수 있다.

2. 고도로 정보화된 조직과 학습조직

컴퓨터 및 정보통신망의 발달은 공간적 경계를 허물어 조직의 경계를 느슨하게 한다. 즉 본사와 지사간 또는 거래처와의 사이에서도 장벽이 존재하지 않게 되며 결국은 '무경계조직화'할 것이다.

또한 기업의 세분화된 여러 업무를 컴퓨터의 도움으로 통합시켜 이의 처리를 창의성 있는 소수에게 넘기게 되면 업무의 통합화가 가능해질 것이고, 기업의 정보를 모든 종업원이 신속히 전달받고, 자신의 의견을 신속히 전달할 수 있게 되어 분권화된 조직 또는 참여적 조직구조가 나타날 것이다.

경영 노트

❖ 학습조직 구축방법

하루에도 수백 개의 기업이 생기고 수백 개의 기업이 사라진다. 1960년대 중반부터 1990년초까지 약 30년 동안 미국의 1백대 기업 생존율은 21%이고 한국의 경우 16%에 불과하다. 왜 어떤 기업은 지속적인 성장을 구가하는데 비해 다른 기업은 자취도 없이 사라지는가? 여기에 대한 답을 찾고자 하는 노력 중의 하나로 최근 조직연구자와 기업경영자들로부터 학습조직에 대한 관심이 증폭되고 있으며, 특히 지식 · 정보시대에 기업의 핵심적인 관리패러다임으로서 학습결정주의(learning imperative)는 거스를 수 없는 기업경영의 핵심이 되고 있다. 학습조직에 대해 가장 널리 사용되는 정의는 「지식을 창출 · 획득 · 확산하는 데 능숙한 조직, 새로운 지식과 통찰력을 반영하여 행동을 수정하는 데 능숙한 조직, 잘못된 지식을 폐기하는 데 능숙한 조직」이다. 그렇다면 학습조직은 어떻게 만들어 질 수 있는가?

학습조직 구축을 위한 원칙은 크게 조직구조측면과 조직운영측면으로 구분될 수 있다. 먼저 조직구조측면에서 학습조직을 구축하기 위한 핵심 원칙은 다섯 가지이다.

첫째, 자율적인 팀조직으로 만들어라. 상호보완적인 전문지식을 갖춘 개인들이 신뢰를 바탕으로 의사소통과 경험을 공유함으로써 지식 창출과 축적이 촉진되기 때문이다.

둘째, 지식원천인 외부조직과 네트워크구조를 만들어라. 흔히 경제게임에서 반복적인 승리는 외부의 새로운 지식에 대하여 과소평가하고 자신들이 만든 것이 아니면 안된다는 NIH신드롬(Not Invented Here)을 초래한다. 따라서 비록 일류기업이라도 이러한 부작용을 줄이기 위하여 외부지식의 흐름을 감지하고 정보를 얻을 수 있는 네트워크를 만들어야 한다.

셋째, 내부학습을 위한 네트워크를 활용하라. 회사 전체적으로 학습을 촉진하기 위해서는 팀간·부서간·부문간의 학습을 촉진하는 구조가 필요하다. ABB社가 전력변압기 사업분야에서 운영하는 「의견교환을 위한 포럼제도」는 연구개발과 구매를 전문적으로 책임지는 경험이 풍부한 5명의 스탭들이 끊임없이 전세계 사업장을 순회하면서 전문적인 지식을 전달하고 있다.

넷째, 지식관리팀을 만들어라. 기업이 갖고 있는 지식의 대부분은 개인, 혹은 단위부서에 머물러 있다. 따라서 전사적인 관점에서 지식을 관리하는 전담부서가 필요하다. 버크먼 랩社는 사장 직속으로 지식이전부서를 만들어 이들로 하여금 지식의 창출과 관리를 전담케 하고 있다.

다섯째, 가능하면 중복구조를 만들어라. 중복구조란 단일 과제에 대하여 두 개 이상의 복수 팀·부서를 신설하여 운영하는 것을 가리킨다. 중복구조가 효과적인 이유는 공통적인 인지배경과 내부경쟁을 촉진시킴으로써 지식창출과 축적을 촉진하기 때문이다.

조직의 운영적 측면에서 학습조직 구축을 위한 핵심 원칙에는 다음의 다섯 가지가 있다.

첫째, 창조적 긴장을 장려하는 비젼관리를 하라. 새로운 지식의 창출은 창조적 긴장인 혼돈에서 시작된다. 여기서 창조적 긴장이란 기업이 나아가고자 하는 방향인 비젼과 기업의 현재 위치인 현실사이의 차이를 명확히 인식하는 데서 오는 긴장이다.

둘째, 전 임직원의 학습에 대한 몰입을 키워라. 학습을 위해서는 학습자인 구성원의 동기부여와 몰입이 중요하다. 이를 위해서는 학습을 전략적 가치로 삼는다든지, 학습상징물을 만들거나, 경영층이 학습의 중요성을 공개적으로 언급해야 한다.

셋째, 관리기준을 직무중심에서 지식중심으로 바꾸어라. 과거의 관리방식은 객관적인 직무분석을 중심으로 하였다. 그러나 학습조직에서는 지식의 양과 기업의 전체적인 지식구조에 얼마나 기여했는가에 따라서 승진·보상이 결정되어야 한다.

넷째, 사전지식을 갖춘 구성원을 선발하라. 사람이 피가 모자라면 수혈을 받는 것처럼 사전지식이 없는 기업들은 외부 전문가를 적극적으로 활용하여 필요한 지식을 습득하여야 한다.

다섯째, 학습을 촉진하는 기업문화를 만들어라. 학습을 지원하는 문화는 실수가 허용되고 심지어는 실수자체를 권장할 수 있어야 한다. 구성원간의 신뢰가 있어야 하고 의사소통이 원활해야 한다.

급속한 기술발전 및 소비자의 욕구의 다양화로 과거에 획득한 지식만 가지고는 새로운 현실에 적응하기 어려워졌다. 이에 대처하기 위하여 조직의 환경변화를 민감하게 탐지하고, 기업경영에 유용한 새로운 정보와 지식, 능력을 지속적으로 창출하여 조직전체에 전달하여 이용하고자 하는 형태를 학습조직(learning organization)이라 한다. 즉, 학습조직은 지식을 창출하고, 획득하고, 이전하는 데 능숙한 조직을 말한다. 불확실한 환경에 능동적으로 대처하기 위해서는 조직차원의 학습능력이 중요하며, 미래의 경영환경 속에서는 조직의 학습속도와 역량이 중요한 경쟁우위의 원천이 될 것이다.

3. 미래형 조직의 형태

① 네트워크형 조직

네트워크형 조직(network organization)은 경쟁기업, 공급업체, 고객들이 서로 밀접하게 연결되어 기업들이 마치 복잡한 형태의 전략적 제휴를 하고 있는 것처럼 보이는 조직이다. 즉, 이러한 네트워크에 가입한 모든 기업들은 그 기업의 핵심역량을 가진 활동에만 주력하고 각각 다른 핵심역량을 가진 기업들과 제휴를 통해서 연결되어 있는 것이다.

경영사례

◆ 학습조직

'업무 노하우를 데이터베이스로 만들어 후배에게 전수한다.'

기업에서 업무 노하우는 돈으로 가치를 따질 수 없는 무형의 자산. 그러나 우리나라 기업 현실에서는 책임자가 바뀌고 맡은 일이 달라지면 그 동안 쌓은 귀중한 '노하우'가 사장(死藏)되기 일쑤다. SK(주)는 이같은 풍토를 개선하기 위해 선배들의 노하우를 방대한 데이터베이스로 구축, 후배들이 전수받을 수 있도록 하는 독특한 사내 '직능교육제도'를 마련, 본격적인 운영에 들어갔다. 사람이 바뀌면 그의 노하우도 날아가버리는 대부분의 기업에서 참고할 만한 제도.

▶ 6천여권 분량의 '노하우' 데이터베이스: SK는 1997년 능력과 업적 중심의 새로운 인력관리제도를 개발하면서 이를 뒷받침하는 사내교육제도로 '노하우 데이터베이스' 구축을 시작했다. 1997년 9월

부터 각 업무의 전문가들인 차장, 과장, 대리급 직원 6백60여명이 모여 한 직무에 노하우 50개씩을 추출, 5백50개 직무에서 각각 A4용지 25장 분량의 책을 만들기 시작한 것.

이렇게 해서 지금까지 대졸사원 대상의 노하우 지침서만 1천3백여권이 제작돼 데이터베이스로 구축됐다. 역시 3년전부터 데이터베이스화가 진행중인 생산현장에서의 '작업표준', '업무절차서' 등을 포함하면 모두 6천여권의 책이 만들어진 셈. SK(주)는 연내에 1천3백여권을 추가 제작해 모두 7천3백여권 분량의 데이터베이스를 구축한다는 계획이다.

▶ 데이터베이스의 활용: 신입사원의 경우 1년에 6개 과목을 선정, 데이터베이스를 활용해 공부하도록 하고 리포트나 논문형태의 보고서를 선배들에게 제출, 평가받도록 했다. 대리는 연간 4과목, 과장은 3과목, 차장은 1과목을 이수해야 한다.

예를 들어 회계업무를 맡게 된 대졸신입사원의 경우 '세무조사', '외환시장', '국내자금시장', '재무제표분석기법', '주식이동', 'M&A세제지식' 등 70개 과목 중 6개를 선택, 이수해야 한다. 구매담당자는 '수출입업무지식', '구매관리지식', '지방세기초지식', '자재관리지식', '감가상각실무지식' 등 70개 과목 중 원하는 과목을 수강할 수 있다. 강사로 선정된 차·과장급직원들은 업무시간이 끝난 뒤 수강신청서(개인별 육성계획서)를 제출한 직원들을 만나 강의하기도 하고 사내 인트라넷망을 통해 교육과 관련된 정보도 교환한다.

회사는 사원들이 제출한 리포트를 다섯 단계로 점수를 매겨 연말 인사고과에 20% 반영한다.

▶ 직원들 반응: 신입사원들의 호응은 폭발적. 업무를 체계적으로 배울 수 있고 원하기만 하면 직무와 관련없는 다양한 분야의 지식도 배울 수 있기 때문. 과장 이상급에서는 "힘들다, 부담스럽다"는 반응도 있지만 새로운 노하우를 익힌다는 생각에 규정 과목을 초과해 이수하는 경우도 많다.

인력팀 직능개발담당 고대환 과장은 "데이터베이스작업에서 가장 힘들었던 일은 노하우를 추출하는 작업이었다"며 "제도를 좀더 보완해 이 제도에 대한 특허도 출원할 계획"이라고 밝혔다.

자료원: 동아일보, 1999. 4. 30.

예를 들어 구매, 제조, 디자인, 판매를 모두 담당하던 회사가 네트워크형 조직에서는 가장 핵심역량이라고 여겨지는 디자인만 담당하고 나머지는 생산전문업체나, 유통전문업체에게 일임하는 형태이다. 이는 수직적 통합과 상반되는 개념으로 기업의 경제활동이 분산되게 된다.

네트워크형 조직은 실제의 물리적인 공간이 존재하지 않는다는 점이나 핵심영역과 필요기능을 외부화, 네트워크화한다는 점 등을 강조하여 가상조직(virtual organization) 또는 모듈 조직(module organ-

그림 6-13 *네트워크형 기업조직*

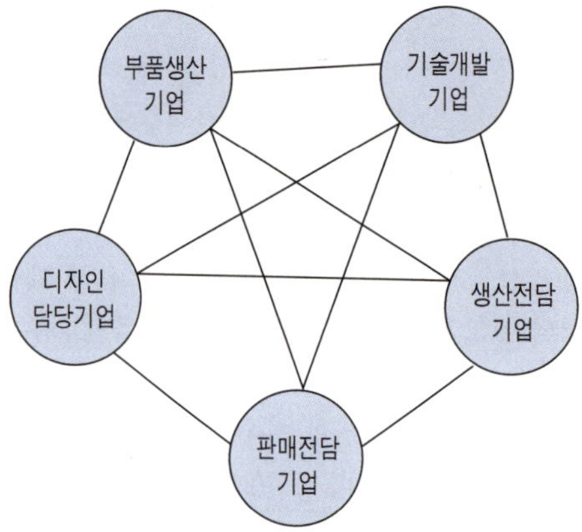

ization) 등으로 불리기도 한다.

또한 네트워크형 조직은 전통적인 대규모 조직의 형태가 아닌 신제품 컨셉트나 독특한 디자인, 핵심제품 제조기술과 같은 가장 핵심적인 분야만을 소유하고, 그 외의 제품생산과 판매 및 유통은 그러한 기능만을 핵심적인 분야로 삼아 활동하는 다른 기업과 네트워크를 형성함으로써 소수의 인력으로도 종래 대기업이 할 수 있었던 경영활동을 수행할 수 있다. 또한 수평적으로 연계된 구조와 사람 및 정보를 중시하고, 참여에 의한 사람관리를 하며, 자기관리에 의한 통제방식을 주요한 관리수단으로 한다.

② 사내 벤처 · 분사조직

사내벤처 · 분사 조직은 종업원의 기업가정신을 고취함으로써 조직의 내부(사내벤처) 또는 외부(분사)에 자율적인 사내기업을 설치 · 운영하여 지속적인 혁신과 조직변화를 촉진하려는 조직이다.

사내벤처 · 분사 조직은 모든 사업을 조직의 통제하에 두려던 방식에서 벗어나 종업원들의 혁신적 태도, 창의적 태도를 촉진하고 기업가적 정신을 가진 사람에 의해 운영되는 중소규모의 조직을 대규모 조직에서 운영하는 것이다. 즉 사내벤처·분사 조직은 중앙조직에 의해 종속되거나 보호받지 않고 독립적으로 사내기업가에 의해 운영되며 그 사업단위가 자체의 성과에 대해 책임을 지도록 하는 조직으로 중소기업의 장점(창업가 조직)과 대기업의 장점을 통합할 수 있는 조직이라고 할 수 있다.

그림 6-14 *사내벤처·분사 조직*

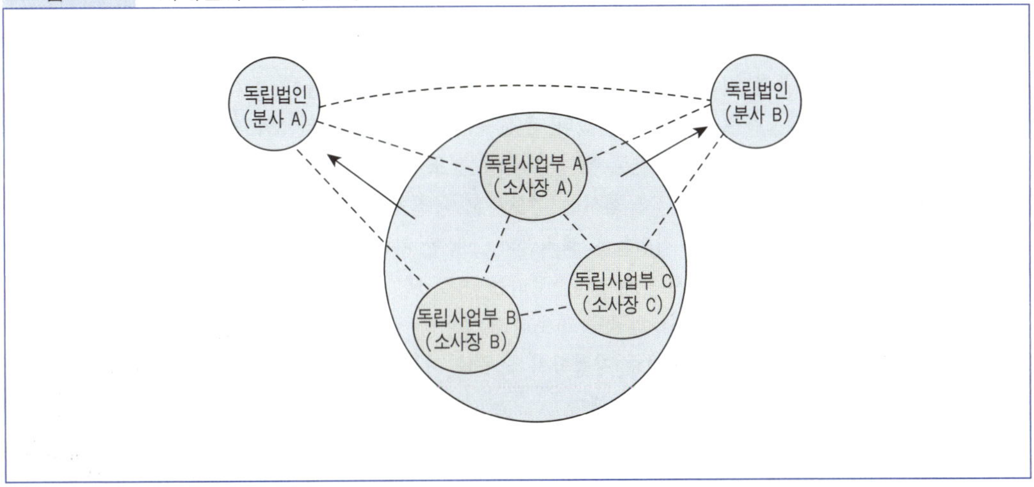

경영사례

◆ 분사조직: 종업원에 회사 판 '어느 구조조정'

사회가 정리해고 등 구조조정의 열풍에 휘말리고 있는 가운데 한 대기업이 계열 사업을 아예 자사직원에게 매각, 노사 모두가 만족하는 방식으로 구조조정을 실시해 화제가 되고 있다. 퇴출이라는 벼랑끝까지 갔던 대상 직원들은 '구조조정의 어려움을 창업으로 극복, 업계의 신화를 창조하자' 며 삼복더위에도 철야근무를 마다않는 등 의욕을 보이고 있다.

인천 부평구 청천동 부평4공단내에 있는 (주)동양인더스트리. 플라스틱 컵과 접시, 요구르트 용기 등의 원료를 만드는 이 회사는 원래 효성그룹의 계열사인 효성T&C의 한 사업분야였다.

그러나 IMF체제 이후 경제난으로 그룹 전체에 대한 구조조정이 지난해 12월 시작되면서 이 사업부는 구조조정 1순위로 선정됐다. 업종 자체가 중소기업에 적합한 것인데다가 불황을 많이 타는 분야였기 때문. 더구나 대기업에 속해 있어 다른 경쟁 중소업체에 비해 임금과 보너스가 상대적으로 높고 복지혜택 등 간접비용이 많이 들어 경쟁력이 약해진 상태였다.

그룹측은 처음에는 동종 업체에 이 사업부를 매각할 방침을 세웠다. 현금 일시불로 사겠다는 인수업체들이 3, 4군데나 있었다. 당시 사업부 부장이었던 최영철 현 동양인더스트리 사장은 "사업부가 다른 업체에 매각되면 23명의 직원 대부분이 틀림없이 정리해고될 수밖에 없는 상황이었다"며 "직원들끼리 머리를 맞대고 대책을 논의한 끝에 아예 사업부를 직원들이 자체 인수해 독립 회사로 만들자는 묘안을 내게 됐다"고 말했다.

그룹측도 직원들의 제안을 긍정적으로 검토했다. 일시불로 매각하는 것보다 경제적으로는 당장 손해가 나더라도 직원들을 정리해고해야 하는 부담을 덜 수 있다고 판단한 것.

사업부 직원들과 그룹측은 협상에 들어갔다. 우선 기존 공장의 기계값 3억9천만원 중 계약금 1억원만 내고 나머지는 매년 나누어 갚기로 했다. 그룹측은 또 공장부지도 주위 공단업체에 비해 절반 시세에 빌려주기로 했다. 영업권은 새 회사에 양도하고 공장에 있던 원자재는 쓰는 양만큼 어음을 끊어 4~6개월 후에 갚기로 했다. 직원들은 퇴직금과 그동안 부어오던 적금을 털어 인수자금을 마련했다. 노사 모두가 만족한 상태에서 동양인더스트리는 이달 1일 정식법인으로 독립했다.

최사장은 "경쟁력을 갖추기 위해 임금을 전보다 30%이상 줄였지만 정리해고의 위험에서 벗어난 직원들이 한번 해보자는 의욕에 충만해 자정까지 근무가 기본"이라며 "새로운 페트병 라벨 등 신제품개발로 불황을 뚫고 나갈 것"이라고 말했다.

효성T&C 가공사업부 유진영부장은 "회사측도 기대반 우려반으로 지켜보고 있지만 노사 모두가 만족하는 구조조정이라는 점에서 첫걸음은 잘 내디딘 셈"이라며 "동양인더스트리가 성공하면 같은 방식의 구조조정을 검토할 생각"이라고 말했다.

자료원: 한국일보, 1998. 7. 23.

③ 역피라미드형 조직

역피라미드형 조직(upside-down structure)은 고객주도형 조직(customer-driven organization)이라고도 하는데, 경영조직이 경영자에 의한 명령보다 고객의 요구에 따라서 설계되고 운영되는 조직이다.

역피라미드형 조직은 고객욕구의 다양화와 빠른 변화와 함께 세계적인 경쟁격화로 고객만족이 기업생존을 좌우하는 핵심과제가 되어가면서 종래 조직의 외부자로 인색해 왔던 고객을 기업의 내부자로 인식하도록 조직도표를 재개념화하여 지금까지의 전통적인 위계적 피라미드형 조직도표를 거꾸로 보는 것이다.

그림 6-15 *역피라미드형 조직*

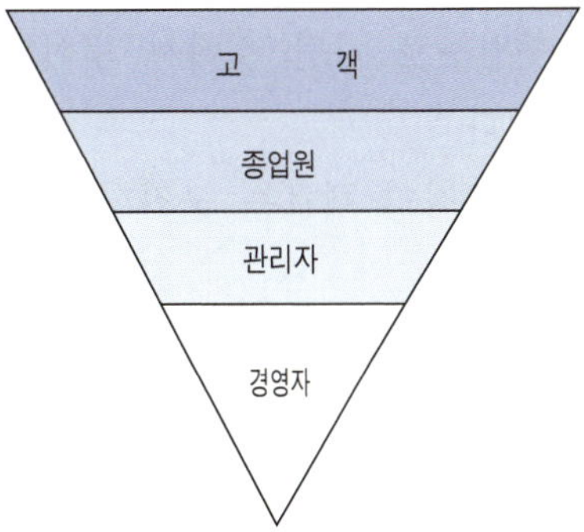

자료원: Bateman & Zethaml, 1991, p. 361.

④ 팀조직

팀조직은 조직내 거의 모든 하위단위들을 팀으로 재편성하고 이들 팀들을 중심으로 운영하는 조직이다. 팀조직은 명령지휘계통이 아니라 업무중심, 과제중심, 주제중심으로 팀을 형성하고 이들 팀들간에 유기적 연결관계를 갖도록 조직을 편성한다. 또한 과잉 관리업무를 과감하게 폐지하거나 축소시키며 이사나 부장·차장들이 팀장이 되

표 6-8 *전통적 조직과 팀조직의 비교*

구 분	전통(수직)적 조직	팀(소사장제)조직
조 직 구 조	수직적 계층(부, 과)	수평적 팀
조직화의 원리	기능 단위	업무프로세스 단위
직 무 설 계	분업화 (단순과업)	다기능화(다차원적 과업)
본 사	관리, 통제	기획, 조정, 서비스
리 더 십	지시, 하향, 감독자	후원, 참여, 동반자
정 보 흐 름	통제, 제재	개방, 공유
보 상	개인, 직무, 근무년수	팀, 능력
직 무 과 정	관리자가 계획, 통제, 조치	팀이 계획, 통제, 조치
분 위 기	관료성, 보수성, 거대조직	신속성, 능률성, 가족적 분위기

자료원: 포항제철 기획조정실, 녹색경영철학과 그 실천, 1995, p. 82 보완.

어 결재단계를 파격적으로 축소시킴으로써 수평조직화한다. 과장, 부장과 같은 중간관리자는 전통적 계층적 조직에서 결재도장만을 찍는 관리업무를 주업무로 하던 것에서 벗어나 담당업무의 전문가로서의 역할을 하게 된다.

팀조직의 대표적인 예로는 군집형 조직과 아메바형 조직을 들 수 있다.

군집형 조직(cluster organization)은 조직내 다양한 분야로부터 차출된 5~7명의 사람들이 자율적인 팀을 이루고, 이들 팀들 중에서 몇몇 팀들이 다시 업무과제의 수행이나 문제해결의 필요에 따라 모여 30~50명 정도 크기의 군집(cluster)을 형성하는 조직이다. 조직전체적으로는 여러 군집들이 덩어리를 이루는 모습을 보인다.

아메바형 조직은 환경변화에 따라 그때 그때의 과업이나 임무를 위해 임시변통으로 움직이는 조직이다. 아메바형 조직에서 조직구성원들이 하는 일은 직무기술서에 고정되어 있는 일이 아니라 고객의 욕구에 따라 수시로 바뀐다. 즉 환경변화에 따라 직면하게 되는 문제에 대처할 수 있는 업무를 창조하고 유연하게 대응하는 조직이다.

그림 6-16 *팀조직과 군집형 조직*

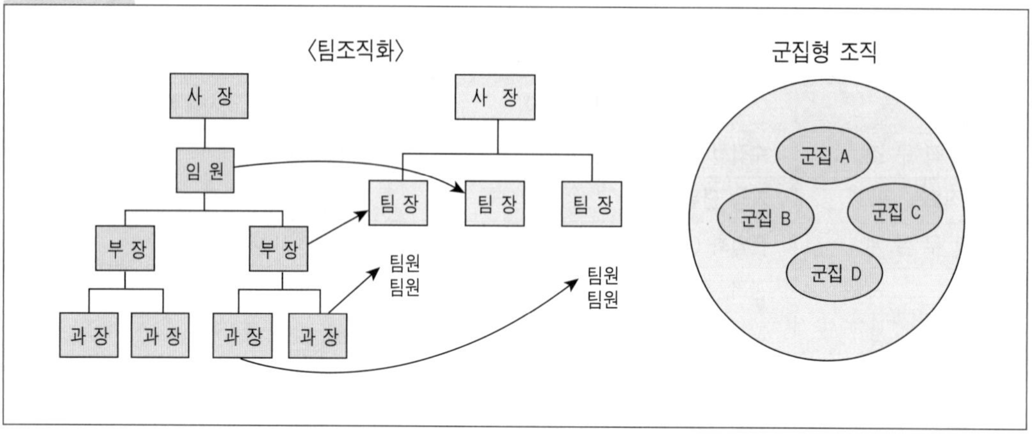

⑤ 심포니 오케스트라형 조직

심포니 오케스트라형 조직(symphony orchestra)은 구성원들의 고도의 자율성과 팀워크를 기반으로 한 수평적이고 슬림화된 조직으로서 마치 심포니 오케스트라단이 연주할 때와 같은 모습을 보이는 조직이다.

오케스트라단이 훌륭한 연주(경영성과)를 하기 위해 단원 모두가 동등한 입장에서 함께 조화를 이루어야 하는 것처럼, 심포니 오케스트라형 조직에서는 부서 또는 구성원이 협동하고, 동등한 지위와 책임을 지며, 경영자들도 단원들 위에 군림하지 않고 함께 연주를 만들어 가는 오케스트라의 지휘자처럼 지원과 후원 역할을 한다. 훌륭한 연주를 위해서는 필요한 종류의 악기가 필요한 수만큼 있어야 하듯이, 심포니 오케스트라형 조직은 불필요하다고 생각되는 부문을 단순히 축소만 하는 것이 아니라 최적의 경영성과를 산출하기 위해 꼭 필요한 부문들로만 조직이 형성되도록 하는 것이다.

토•의•과•제

1. 귀하가 속해 있는 대학환경의 불확실성을 조사해 보고 조직구조가 적절히 설계되어 있는지 평가해 보자.

2. 귀하가 동문회나 동아리의 회장이 되었다고 하자. 어떻게 업무를 분화하고, 권한을 부여하며, 공식화 할 것인지를 설명해 보자.

3. 집권적 조직과 분권적 조직의 대표적 사례를 들고, 이들의 장·단점을 실례를 들어 비교하면서 설명해 보자.

4. 사업부제 조직의 성공 요건들은 무엇이 있는가?

5. 비공식적 조직의 순기능과 역기능은 무엇이 있을까? 또한 공식적 조직내에서 비공식적 조직은 어떻게 발견할 수 있겠는가?

6. 프로젝트조직과 행렬조직의 가장 큰 차이점은 무엇일까?

7. 사내벤처·분사조직의 사례를 찾아 발표해 보자.

7 조직 문화

1.1 조직문화

개인에게는 개성이 있고 사회에는 문화가 있는 것처럼, 조직에도 각기 독특한 조직문화(organizational culture)가 있다. 개인을 이해하려면 그의 성격을 알아야 하고, 사회를 이해하려면 그 문화를 알아야 하는 것과 마찬가지로, 조직을 이해하려면 조직의 문화를 알아야 한다.

1. 조직문화의 중요성과 역할

조직문화는 조직의 구성원이 상호간의 학습과정을 통해 공유하는 가치관(values)과 신념(belief), 이념(ideology)과 규범(norm), 전통(tradition)과 관습(habit), 의식(rites)과 관행(practice), 지식(knowledge)과 기술(skill) 그리고 상징 등으로 조직의 태도와 행동에 많은 영향을 준다.

표 7-1 *오우치(Ouchi)의 Z형 조직의 근거*

	미국기업(A형 조직)	일본기업(J형 조직)	Z형 조직
경영목표	단기목표	장기목표	장기목표
고용	단기고용	종신고용	장기고용
승진평가	급속한 평가	엄격한 평가와 완만한 승진	장기적 평가와 완만한 승진
통제	공식적 통제	우회적 간접통제	명시적 · 암시적 통제의 균형
의사결정	개인적, 하향적	상향적, 공동	참여적 · 합의적
책임	개인	집단	개인책임 강조
종업원의식	개인주의	집단주의	집단 공동주의

최근 연구에 의하면 세계적으로 우수한 기업들은 독특한 조직문화를 갖고 있으며, 조직문화가 강력한 조직체의 관리수단이 됨이 알려지면서, 이에 대한 관심이 한층 높아지고 있다. 오우치(Ouchi)는 미국기업과 일본기업의 조직구조 및 관리시스템의 차이와 문화적 차이를 설명하고, 이 두 문화적 특성을 결합하여 미래 기업이 지향할 새로운 조직형태로 Z형 조직을 제시하기도 하였다.

조직문화는 구성원들간의 결집의 정도에 따라 강한 문화와 약한 문화로 나눌 수도 있다. 조직문화는 우선 조직구성원들에게 소속감을 주고 정체성(organizational identity)을 제공한다. 즉 '현대맨'이니 '삼성맨'이니 하는 말은 그 조직내 종업원들의 동질성을 강조하는 말이다. 그러므로 조직문화는 집단적 몰입을 가져와 가치관이나 믿음, 행동의 통일을 가져오게 된다. 그리고 조직문화는 문화적 동질성을 강화하기 위한 규범이 증가하고, 한계를 벗어난 행동에 제재를 가하는 등 조직체계의 안정성을 높이게 된다.

경영 노트

❖ 삼성과 현대의 조직문화 비교

구 분	삼 성	현 대
주 요 사 업	첨단기술(넥타이)	건설, 자동차(작업복)
경 영 스 타 일	관리형(고지탈취형)	저돌형(고지선점형)
경 영 이 념	인재제일 / 합리주의	창조, 개혁 / 적극적
사 고 행 동	뛰기 전에 생각	뛰면서 생각하고 행동
상징지역/이미지파워	수원 / 자율성	울산 / 통제형
제 품 형 태	경박 단소형	중후 장대형
인 물(대 표 이 사)	고 이병철(삼성전자)	정주영(현대건설)
정 치 성 향	불가근 불가원(우회)	정경불원(돌파)

자료원: 채수명, 아이디어 경영, 일송미디어, 1999.

경영사례

♦ 히타치 "일본식 사풍 벗자"

일본의 종합전자메이커인 히타치(日立)제작소가 '기업문화의 탈(脫)일본화'를 선언했다.

무조건 일본식으로 나가다가는 관료주의에 빠져 경쟁력을 잃을 위험이 있다고 판단, 과감한 '사풍개혁'에 나선 것이다. 히타치는 우선 사원들의 출근복장을 자유화하기로 했다. 검정색이나 감색 정장에 넥타이를 단정하게 매야 했던 직원들이 이제는 티셔츠를 입고 나와도 된다는 것이다. 다만 거래선을 만나야 하는 영업직은 제외됐다.

간부에 대한 호칭도 바꿨다. 지금까지는 이름 뒤에 반드시 직함을 붙였으나 이제는 이름만 부르면 된다. 예컨대 '다나카 부장'은 '다나카상'으로 부른다는 것. 히타치는 사장·회장에 대해서도 이름을 부르는 것을 장려하기로 했다. 딱딱한 상하관계를 희석시켜 아랫사람의 기(氣)를 살려주기 위한 것이라고 한다.

또 출근 직후 전직원이 사내방송에 맞춰 하루도 거르지 않고 실시해오던 아침체조를 없애버렸다. 아침체조는 개인보다 조직을 앞세우는 집단주의를 조장하므로 새로운 시대에 맞지 않는다는 것.

히타치는 지금까지도 각종 구조조정이나 경영혁신을 추진해 왔지만 기업문화를 유연하게 바꾸지 않으면 경영효율을 높이는 데 한계가 있다고 절감, 이같은 개혁을 벌이게 됐다고 설명한다. 히타치는 이 운동을 6만7천명의 사원 가운데 도쿄 본사와 컴퓨터·가전 사업 본부에 근무하는 8천명에 대해 우선 실시한 뒤 반응을 봐가며 전직원으로 확대할 예정이다.

한편 히타치는 이번 개혁을 '조직·인재활성화 추진시책'이라고 이름붙였는데 이에 대해서는 "내용은 유연한데 이름이 다소 관료적"이라는 평도 있다.

이로 인해 조직문화는 구성원들로 하여금 조직의 이모저모에 대해 학습하도록 함으로써 구성원의 행동을 원하는 방향으로 변화시켜 나갈 수 있다. 그러나 지나치게 경직화된 조직문화는 외부환경변화에 대한 신속한 적응행동을 저해하며, 바람직하고 새로운 조직문화로의 전환을 어렵게 하기도 한다.

2. 조직문화의 구성요소와 조직문화의 변화

조직문화를 형성하는 대표적인 요소로 7S라는 것이 있다. 파스케일과 에이도스(Pascale & Athos)는 이 7가지 요소 중에 상위목표인 공유가치(shared value)가 모든 요소들을 통합하는 가장 중요한 역할을 한다고 하였다.

조직문화는 조직외부의 환경적 특성의 변화나 조직내부의 이유때문에 변화하게 된다. 즉, 조직의 기본적 임무의 변화, 주요기술 및 시장의 변화, 타회사의 취득·합병, 조직의 해외진출, 기존의 행동양식과 요구되는 행동양식의 불일치 등으로 인해 조직문화는 변화가 요구되게 된다. 특히 조직의 성장단계에 따라 조직문화의 기능이 크게 달라지게 되므로 각 단계별로 요구되는 조직문화의 특성을 고려할 필요가 있다.

의도적으로 조직문화를 변화시키는 과정에서 그 조직의 시각적 이미지(VI: visual identity), 정신적 이미지(MI: mind identity), 행동이미지(BI: behavior identity)뿐만 아니라 기업의 총체적이고 자주적인 이미지(CI: corporate identity)가 정립되고 공고히 되게 된다.

그림 7-1 *조직문화의 7S요소*

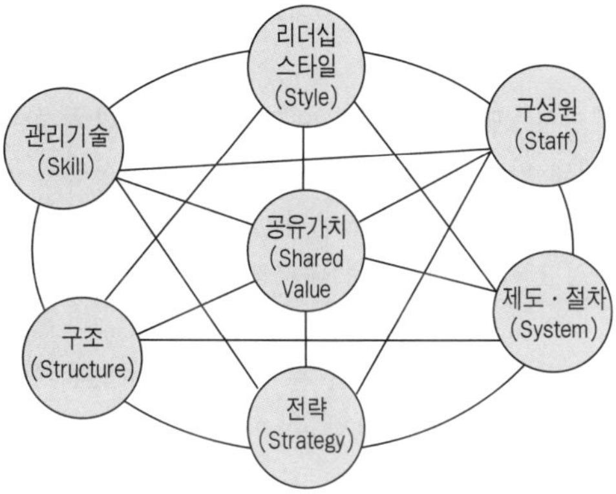

자료원: R. T. Pascale & A. G. Athos.

경영사례

◆ 인터넷과 기업문화

'모든 회사업무는 인터넷으로 통한다.'

대기업 중견사원 김상민 과장의 하루 일과는 컴퓨터로 시작해 컴퓨터로 끝난다. 아침에 출근하자마자 컴퓨터 E메일에서 그날의 회의일정이나 상사로부터의 업무지시, 타부서의 업무협조 요청, 사적인 약속 등을 확인한다. 인터넷을 통해 업무처리에 필요한 자료를 찾은 뒤 완급을 따져 급한 것부터 E메일로 응답한다. 다음은 사내 전자게시판 검색. 공지사항이나 복리후생 정보, 사내 장터나 계열사의 상품 판매정보를 읽는다.

출장 때는 남에게 자신의 E메일까지 '돌봐달라' 고 부탁한다. 부재중에 온 E메일이라도 응답하지 않으면 업무태만으로 낙인찍히는 수가 있다. 긴장된 나날이지만 때론 '딴짓' 도 한다. 대화방에 들어가 채팅을 통해 세상 돌아가는 얘기를 듣거나 인터넷으로 주식투자나 어학공부를 하면서 실속을 차리기도 한다.

인터넷이 기업문화를 이끌고 있다. 각 그룹이나 기업들이 모든 업무를 종합적으로 처리할 수 있는 그룹웨어를 속속 도입해 직장을 '인터넷 공동체' 로 만들어가고 있는 것. 그룹웨어는 전 직원이 사내 통신망을 이용해 전자우편, 전자회의, 문서관리, 업무관리, 작업흐름관리 등을 모두 처리할 수 있는 소프트웨어로 포항제철과 삼성그룹이 가장 앞서 기업경영에 도입했다.

포철은 마이포스(MIPOS)라는 그룹웨어를 통해 모든 업무를 처리하는 한편 팀장급 이상은 컴퓨터모니터로 상대의 얼굴을 보면서 전화하는 영상전화시스템까지 갖추고 있어 사무실에 종이는 물론 전화까지 사라지고 있다.

삼성그룹도 자체 그룹웨어시스템인 싱글로 20여만명의 전 직원을 하나로 묶고 있다. 삼성직원이 있는 모든 곳엔 싱글이 연결돼 있어 그룹의 각종 캠페인 등도 통신망을 통해 하고 있다.

그룹웨어 시스템을 구축하면 보고와 지시가 온라인으로 전달되기 때문에 업무속도가 매우 빠르고 비용절감에도 한몫한다. 삼성그룹의 경우 사내 네트워크 싱글을 이용한 후 통신비용이 최고 90%까지 절감됐다.

이같은 인터넷의 생활화는 사내상하관계에도 큰 변화를 가져오고 있다. '정보의 바다' 인터넷만 통하면 위 아래 구분없이 모두가 정보를 확보할 수 있기 때문. E메일로 사내 누구와도 직접 정보를 주고받을 수 있어 과거 조직상의 수직관계가 수평관계로 바뀌고 있는 것도 새로운 추세.

이제 인터넷 실력은 업무능력의 바로미터가 되기도 한다. 수출입업무를 담당하는 종합상사의 경우 해외업체들의 인터넷사이트를 얼마나 많이 확보해 적극적으로 E메일을 주고받느냐가 수출실적을 좌우한다. 최근 삼성물산 등 일부업체에서는 인터넷으로 실적을 쌓은 사원을 파격 승진시키는가 하면 대부분의 기업들이 인터넷 자격증을 인사고과에 반영하고 있다. 인터넷 공동체에서는 확보한 정보의 양이 개인의 능력을 좌우하게 됨에 따라 '조직민주화' 를 앞당긴다는 것이 전문가들의 전망이다.

이 과정에서 '넷맹세대'인 중년간부들이 받는 스트레스도 크다. 구조조정의 소용돌이 속에서 인터넷에 능숙한 후배들에게 뒤져 명퇴대상으로 지목될까봐 남모르게 인터넷과 씨름하기도 한다. 한 종합상사의 이모 부장은 "모든 일을 컴퓨터로만 처리하다보니 상하, 동료간의 대화가 뚝 끊겼다"며 "후배들이 인터넷에서 내가 모르는 정보를 구해 열심히 윗사람의 E메일로 보고할 때에는 단절의 서글픔마저 느낀다"고 털어놓는다.

그러나 '무언의 E메일'이 직장내 커뮤니케이션 창구로 자리잡고 있는 것은 거스를 수 없는 시대의 조류다. 업무지시는 물론 상사와 부하직원간의 대화나 토론, 개인적 불만이나 사적 서신까지도 전달할 수 있는 인터넷은 앞으로 더욱 빠른 속도로 우리 기업문화를 변화시킬 것이 틀림없다.

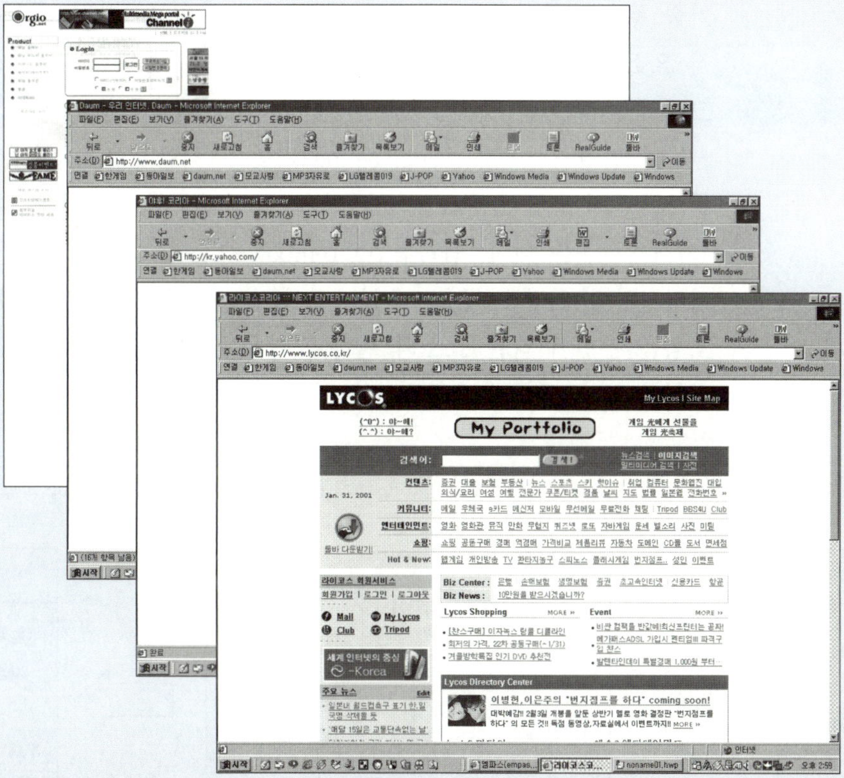

7.2 조직변화

오늘날의 모든 조직은 개방시스템으로서 환경과 상호작용하면서 존재할 수밖에 없다. 그러므로 환경의 변화에 따라 조직의 변화가 요구되게 되며, 환경의 강력한 요구가 없더라도 조직의 자생력과 성과를 높이기 위해 스스로 개선하려는 변화가 필요하기도 하다.

조직변화(organizational change)란 조직을 구성하는 사람, 구조, 기술 등을 변화시키는 것으로 변화과정에서 비공식과정, 직무특성, 인적 요소, 공식적 조직구조 중 어디에 초점을 두느냐에 따라 변화프로그램이 달라진다.

즉, 리엔지니어링(reengineering)기법은 직무특성, 직무과정 등에 리스트럭처링(restructuring)기법은 공식적·비공식적 조직구조에, '의식개혁운동'이나 임파워먼트(empowerment)기법은 조직구성원의 질적변화에 초점을 맞추고 있는 것이고, 기업문화운동은 인적 요소에 초점을 두면서 다른 요소의 변화도 경우에 따라 포함시키고 있는 조직변화프로그램이다.

그림 7-2 *조직변화 모델*

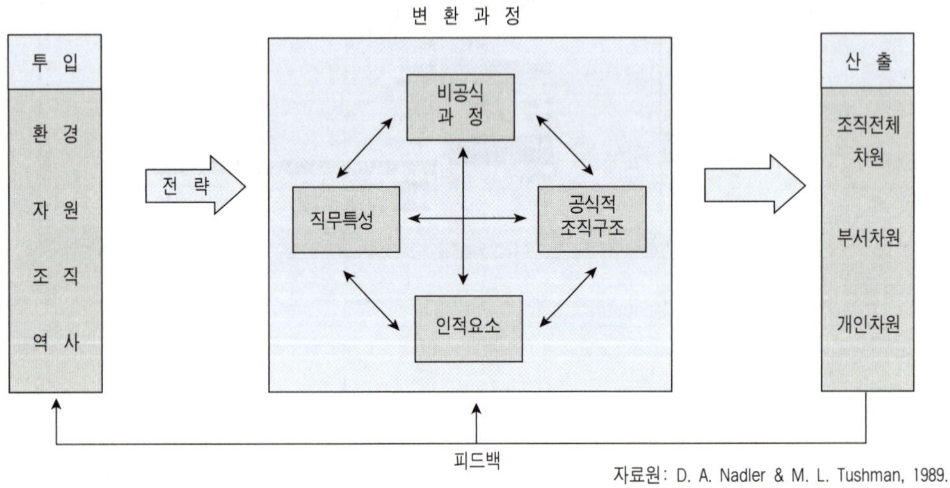

자료원: D. A. Nadler & M. L. Tushman, 1989.

1. 조직변화의 요인과 조직변화의 과정

조직의 변화를 유발시키는 외부적 요인으로 기업간의 경쟁의 심화, 소비자의 욕구변화, 정부의 규제, 기술혁신, 물가변동이나 환율변동, WTO체제, OECD가입, IMF구제금융의 조건, 노조활동의 변화 등이 있으며, 내부적 요인으로 목표의 변화, 전략의 변화, 기술변화, 구성원의 태도 등의 변화, 자동화시스템의 도입 등이 있다.

조직의 변화에 대해서는 그 동안의 습관적인 태도, 조직구성원 상호간의 불신, 과거성공에 대한 자만, 조직의 경직성, 실직 또는 좌천에 대한 우려, 집단의 응집력 등으로 인하여 저항이 나타나는 경우가 있는데, 최고경영자의 강력한 의지, 구성원의 참여, 협상, 교육 등을 통해 극복해야 할 것이다.

모든 조직은 개방시스템으로서 환경에 적응하여야 존재가 가능하다. 조직이 처한 환경은 늘 변하므로 조직도 당연히 변화가 요구된다.

조직변화의 대표적인 연구 중 르윈(K. Lewin)의 연구에 의하면, 조직변화는 해빙(unfreezing), 변화(changing), 재동결(refreezing)의 단계를 거쳐 이루어진다고 한다.

해빙단계에서는 변화를 추진하는 세력과 변화에 저항하는 세력이 힘겨루기를 하여 갈등이 발생하게 되는데, 교육, 참여, 공개토론, 협상 등을 이용하여 추진세력의 힘을 증진시키고, 저항세력의 힘을 약화시켜야 한다.

변화단계에서는 변화대상을 파악하고 알맞은 프로그램을 실시하여 변화시킨다.

재동결단계에서는 변화된 상태를 유지하고, 본래의 상태로 회귀하려는 것을 막기 위해 최고경영자의 지원, 적절한 보상 등을 이용하여 재동결시킨다.

그림 7-3 *르윈의 조직변화 과정*

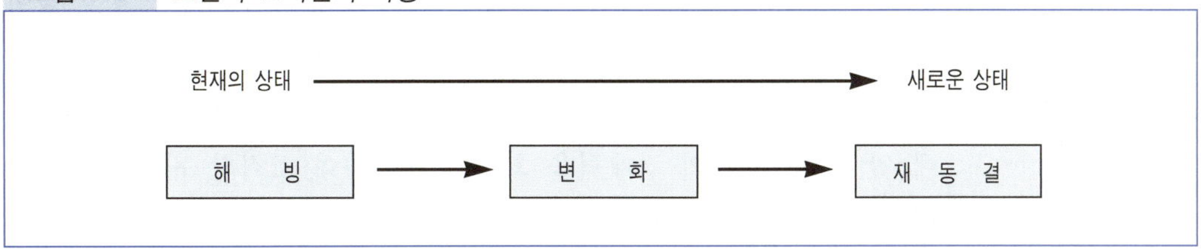

조직변화에 새롭게 제시되는 이론으로 카오스 이론(chaos theory)이 있다. 카오스이론이란 우리가 지금까지 무질서, 카오스(혼돈) 상태로 여겼던 현상에서도 일정한 주기(질서)를 발견할 수 있다는 것으로, 조직변화는 조직시스템의 한 주기에서 또 다른 주기로 전이하는 과정으로 볼 수 있으며, 이런 주기변화의 모티브와 여건, 새로운 질서를 도입하여 조직변화에 이용될 수 있다고 보는 이론이다.

경영사례

♦ '음악경영'으로 효율 높인다.

인터넷서비스 제공업체(ISP) 한국피에스아이넷(www.kr.psi.net)은 오전 8시부터 오후 8시까지 전 직원에게 음악을 들려준다. 은행이나 백화점에서 고객만족을 위해 음악을 들려주는 경우는 많지만 일반 사무실에서 하루 종일 음악을 들려주는 것은 이례적인 일. 이 회사는 이를 위해 최근 2,000만원을 들여 스피커 50개를 설치하고 음악 CD 300장도 함께 구입했다. 음악장르는 클래식은 물론 재즈, 영화음악, 피아노, 첼로 독주곡 등 다양하다. 음악은 업무효율을 높이기 위한 전략에서 마련됐다. 병을 치유하는데 음악을 사용하는 뮤직테라피(Musictherapy)를 업무에 도입한 셈이다. 채승용 사장은 "음악은 마음을 치유하고 스트레스를 예방하는 데 효과가 있다"며 "직원이 만족해야 고객만족이 이뤄질 수 있다"고 '음악 경영'의 도입배경을 설명한다. 직원들의 반응도 좋다. 한 직원은 "업무효율을 높이는 데 도움이 되고 직원들간 음악정보도 공유할 수 있는 이점이 있다"고 말했다.

자료원: 매일경제신문, 2000. 7. 10.

7.3 조직개발

조직개발은 행동과학의 지식을 이용하여 조직의 대응능력을 높이고, 조직의 성과와 구성원의 만족도를 향상시키려는 장기적이고 포괄적인 조직변화전략이다. 조직개발의 주된 초점은 조직의 인간적 측면에 있다. 즉, 인간의 잠재력을 최대한 개발하여 조직의 유효성을 높이려는 데 있다. 또한 조직개발은 계획적으로 실시되며, 조직전체의 근본적인 변화에 관심이 있고, 장기적으로 실시된다.

1. 조직개발기법

① 감수성 훈련

감수성 훈련(sensitivity training)은 르윈(K. Lewin)에 의해 제시된 방법으로 출신배경, 나이, 직업 등이 서로 다른 사람들을 10~20명 정도로 소집단을 이루게 하고, 몇 주일간 같이 생활하면서 서로 토론도 하고 서로에 대해 평가하게 해주는 프로그램이다. 감수성훈련을 통해 참가자들은 자신의 행동이 타인에게 어떤 영향을 주는지 파악하고, 자신에 대한 인식을 높이며 구성원간의 원활한 상호작용을 도모하게 된다.

즉, 사람들이 자신을 개방하고 상대방과 직접적이고 정직한 의사소통을 하게 되면, 서로에 대한 통찰력도 높아지고 자신에 대한 통찰력도 높아지게 되는 것에 초점을 맞추고 이를 돕기 위해 서로 모르는 사람과 자연스럽게 토론하고, 서로에 대해 이야기할 수 있도록 분위기를 조성해 주는 것이다.

② 조사연구 피드백 기법

조사연구 피드백(assessment feedback)기법은 설문이나 면접을 통하여 조직의 상태를 진단하고, 그 문제점과 장·단점을 조사하여 그 결과를 조직구성원들(당사자)에게 피드백시켜 줌으로써 더 나은 조직으로 스스로 발전해 나가도록 하는 방법이다.

③ 팀구축법

팀구축법(team building)은 10명 내외의 다양한 구성원들로 팀을 이루어 1박 2일 정도 합숙을 하면서 자신들의 문제를 진단하고 개선할 점을 나열하여 이를 종합분석하고 구성원에게 피드백시키면서 토론의 기회를 주는 것이다. 이때 참여자들은 자기팀의 현재모습을 재인식하면서 평소 느껴왔던 문제를 들춰놓고, 이를 개선하겠다는 의지를 공유하게 된다.

④ QOWL

QOWL(quality of work life)는 트리스트(Trist) 등이 주도한 방법으로 직장과 근로현장의 질을 높일 수 있도록 직무를 재구성하여 종업원들로 하여금 만족감을 느끼게 하며, 그 직무를 통하여 자신을 개발하게 하는 방법이다.

⑤ 기 타

그 외의 조직개발 기법으로 OJT, off-JT, 역할연기법, 사례연구방법 등 일반적인 교육훈련프로그램을 이용하는 방법, 그리드(grid) 훈련기법, 브레인스토밍(brain storming), 목표에 의한 관리(MBO), 시스템 4 등이 있다.

토·의·과·제

1. 포항제철과 하나은행의 조직문화의 특징과 차이점은 무엇일까?

2. 현대그룹의 심볼마크와 기업이념을 살펴보고 그 이면에 깔려 있는 의미를 찾아보자.

3. A형, J형, Z형 조직의 문화적 특성을 비교해 보고 우리나라의 기업은 어느 유형에 가까운지 찾아보자.

4. 조직변화에 있어 리더의 역할은 무엇일까?

5. 조직변화시 재동결을 위해서는 어떤 방안이 사용될 수 있을까?

6. 조직변화와 조직개발은 어떻게 다른가 생각해 보자.

7. 조직개발의 효과를 어떻게 측정해야 할 것인가?

부 록

♦ 섣부른 빅딜 구조개혁 혼선초래

대통령 비서실장의 빅딜 발언이 파문을 일으키고 있다. 재벌 계열기업들의 생사가 걸린 것은 물론 재계 판도를 바꾸는 일이기 때문이다. 재벌기업들의 사업교환은 전문 계열화를 가져올 수 있는 바람직한 전략으로 볼 수 있다. 그 동안 재벌기업마다 어떤 사업이 된다 싶으면 너도나도 뛰어들어 주요 산업의 중복과잉투자가 심각한 상태이다. 특히 반도체, 자동차, 석유화학 등은 우리 경제의 수출을 주도하고 있는 기간 산업이나 과잉시설로 인해 경쟁력 유지가 어려운 상태이다. 심지어 해외시장에서 제살 깎기 경쟁을 벌이며 함께 망하는 우를 범하고 있는 형편이다. 이런 상태에서 사업교환이 성사된다면 과잉시설을 정리하고 국제경쟁력을 높일 수 있는 계기가 될 것이다.

그러나 사업교환은 현실적으로 어려움이 많다. 빅딜대상기업의 자산평가가 어렵고 상호지급보증으로 얽힌 부채문제 해결이 결코 간단하지 않다. 여기에 고용승계가 안될 경우 정리해고가 사회문제로 대두될 수 있다. 무엇보다도 소유와 경영권의 양도를 재벌기업들이 용인하지 않으려 하고 있다. 빅딜이 성사된다 할지라도 부작용이 클 수 있다. 현재 거론되고 있는 빅딜의 시나리오는 삼성이 자동차를 현대에 현대는 석유화학을 LG에, 그리고 LG는 반도체를 삼성에 넘겨준다는 것이다. 즉 반도체는 삼성으로, 자동차는 현대로, 그리고 석유화학은 LG로 몰아준다는 것이다(참고: 이 안은 당시의 정부주도 구조조정안 중 하나이며 실제로는 이 안대로 성사되지 않았음). 이러한 빅딜은 전문성을 높여 규모의 경제를 실현할 수 있어 외견상 바람직한 것으로 보인다. 그러나 당사자들은 내용적으로 그렇지 않다고 주장한다. 우선 현대는 삼성자동차를 넘겨 받을 경우 짐만 된다는 것이다. 현대는 이미 과잉시설로 조업단축을 하는 등 자체적으로 생산규모를 줄여야 할 판이다. 여기에 생산시설에 비해 투자한 자금과 부채가 지나치게 많은 삼성을 인수받을 경우 경영부실이 악화될 수 있다. LG도 현대에서 석유화학을 넘겨받아도 별 이득이 없다는 주장이다. LG공장은 여천에 있고 현대공장은 서산에 있어 지리적 거리 때문에 합병효과가 없다는 것이다. 삼성도 LG반도체 인수를 달갑지 않게 여기고 있다. 삼성은 이미 과다한 시설용량을 갖추고 있고 LG의 기술과 설계방식이 달라 오히려 부담이 된다는 논리이다. 실제로 사업교환은 기업당사자의 절실한 필요에 의해 성사되지 않는 한 긍정적 효과를 가져오기 어렵다. 경영상태가 부실한 두 기업을 억지로 합쳐놓을 경우, 내부 불안과 갈등이 야기되면서 거꾸로 경영부실의 상승효과를 가져올 수 있다. 더욱이 사업교환은 주요산업을 독과점 체제로 바꾼다. 그러면 경쟁압박이 사라져 기술이나 신상품개발 등 경쟁력 제고보다는 시장독점과 가격조작에 치중한다.

근본적으로 재벌기업들은 빅딜을 추진할 의사가 없다는 것이 문제이다. 재벌기업들은 그 동안 공들여 키워 논 계열기업들을 내놓을 수 없다는 입장이다. 더구나 계열기업끼리 난마처럼 얽힌 상호투자와 지배권의 실상이 드러나는 것을 극도로 꺼려하고 있다. 이런 상태에서 강요된 빅딜은 결국 파괴적인 혼란만 초래한다.

왜 정부는 무모한 빅딜을 집요하게 요구하는 것인가? 더구나 이미 거론이 되었다가 죽은 논리를 다시 꺼내는 이유는 무엇인가? 그 동안 정부는 구조개혁 정책을 강력히 추진해왔다. 그러나 이렇다 할 만한 실적이 없고 속도가 늦어 외국투자가들의 냉담한 반응을 받고 있다. 개혁정책에 대한 국내외 여론의 비판은 점점 거세지고 있다. 이런 상황에서 정부는 압박감에 눌려 재벌기업들의 빅딜을 발표부터 한 것으로 보인다.

정부가 단순히 개혁의 실적을 올리기 위해 인위적으로 빅딜을 추진하면 엄청난 화를 자초할 수 있다. 이것은 환자의 수술이 급하다고 해서 오장육부를 헤쳐놓는 것과 마찬가지이다. 특히 막강한 재벌기업들을 상대로 힘의 대결을 보일 경우, 이것은 산업구조조정이 아니라 산업구조 파괴행위가 될 수 있다. 기업의 구조조정은 시간이 걸린다 해도 철저한 시장논리에 따라야 한다. 정부는 우선 전문계열화와 지배구조 민주화 등 재벌개혁의 기본 방향을 설정하고 이를 위한 법과 제도를 만들어야 한다. 다음 협조융자를 중단하고 재무구조 개선을 요구하는 등 압박을 가하여 자발적으로 구조개혁을 하지 않으면 생존이 어려운 상황을 만들어야 한다. 이렇게 하여 사업교환, 계열기업 매각, 해외자본 유치, 부동산 처분 등 갖가지 수단을 동원하여 스스로 개혁을 하도록 만들어야 한다. 현실성 없는 빅딜을 강요하여 재벌기업들이 개혁을 피할 수 있는 빌미를 주고 산업구조 개혁을 망치는 일은 없어야 한다.

고려대 교수 李弼商

제 3 부

경영관리

8 계획수립과 통제

8.1 경영관리란

1. 경영관리의 이중성

관리론의 이론적 바탕이 업무에 있으면 전통적 관리론, 인간에 있으면 근대적 관리론이라 한다.

경영관리(management)란 조직의 목적을 달성하기 위하여 분화된 각 부문이 최소비용으로 최대효과를 올리도록 하면서(효율성), 또한 조직 전체의 목적을 효과적으로 달성하기 위해(효과성) 각 부문을 통합하여 일관성있게 다루는 것이다. 경영관리는 구매, 생산, 마케팅, 재무 등의 각 활동을 통합하여 경영목적을 달성하려는 전반관리와, 각 부문활동 자체의 효율적인 관리를 목적으로 하는 부문관리로 구성된다. 또한 경영관리의 관심은 크게 '업무의 관리'와 '인간의 관리'로 나눌 수 있다.

그림 8-1 *경영관리의 기본구조*

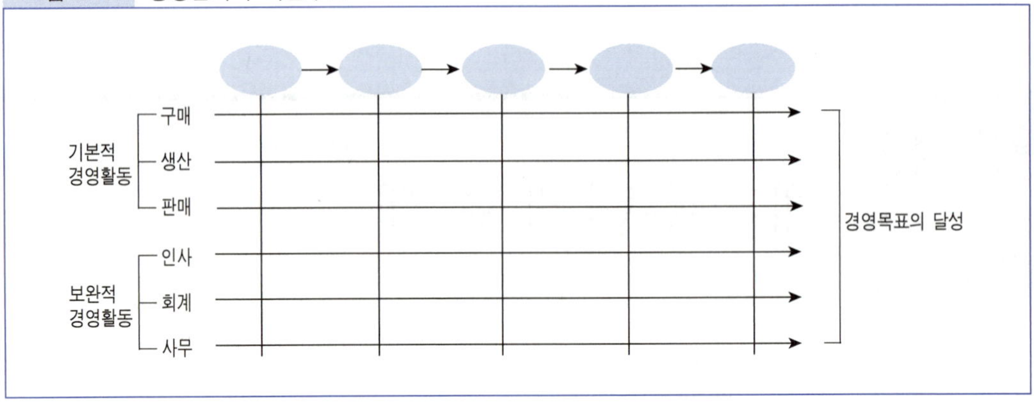

2. 관리론의 역사

① 전통적 관리론

테일러(F. W. Taylor)는 근로자의 생산성과 효율을 극대화시키기 위해 과학적 관리법(scientific management)을 전개하였다. 과학적 관리법을 통해 기업은 비효율을 줄임으로써 전체적인 노무비의 절감과 동시에 근로자에게 고임금의 지급이 가능하게 하였다.

테일러는 표준작업량의 불명확성이 고쳐져야 한다는 관점에서 시간연구와 동작연구를 실시하여 근로자의 하루 적정작업량을 과학적으로 결정하였고(표준과업량), 임금유형을 두 가지로 나누어 목표량을 달성한 자에게는 높은 임률을 적용한 반면 달성하지 못한 자에게는 낮은 임률을 적용함으로써 능률의 증진을 꾀하였다(차별성과급제).

포드(H. Ford)는 시간연구나 성과급제도와 같은 인위적인 방식에만 국한하지 않고 더 나아가 테일러시스템을 바탕으로 자동적인 기계의 움직임을 종합적으로 연구함으로써 컨베이어시스템에 의한 대량생산방식을 개발하여 포디즘(Fordism)이라고 불리는 경영철학을 제시하였다.

그는 T형 차를 이상적 설계라고 생각하고 규격의 표준화(standardization), 제품구조의 단순화(simplification), 제조공정의 전문화(specialization)라는 3S 개념을 정립하여 저가격의 자동차를 생산하고자 했다. 대량생산으로 높은 성과를 올린 포드는 거대한 조직의 책임자로서 그 사회적 책임에 생각을 돌리게 되어 '포디즘(Fordism)'이라고 불리는 철학을 만들었다. 이 포디즘의 근본은 기업의 목적을 '이윤동기'로부터 '봉사동기'로 전환하는 것이다.

테일러가 주로 생산현장의 작업관리에만 관심을 기울인 반면, 페욜(H. Fayol)은 기업조직 전체의 관리문제에 관심을 가졌다.

페욜은 경영활동에는 ① 기술적 활동(생산 · 제조), ② 상업적 활동(구매 · 판매), ③ 재무적 활동(자본의 조달과 운용), ④ 보전적 활동(재화와 종업원의 보호), ⑤ 회계적 활동(대차대조표 · 원가 · 통계), ⑥ 관리적 활동(계획 · 조직 · 지휘 · 조정 · 통제)의 여섯 가지 종류의 활동이 있다고 주장하고 매니지먼트 중 가장 중요한 것은 여섯번째의 관리적 활동이라고 하였다.

베버(M. Weber)는 법에 의한 관리, 즉 관료제를 가장 이상적인 관리형태로 주장하였다.

경 영 산 책

◇ 포디즘(Fordism)

"경영이란 대중에 대한 봉사의 기관이며, 이 봉사는 곧 대중의 질적 수준의 향상을 의미한다. 그러기 위해서는 저가격·고임금의 원칙을 적용함으로써 대량생산에 따른 양질·염가의 상품이 기업에 의하여 공급되어야 한다. 그리고 이 봉사의 원리는 결코 이윤 그 자체를 부정한 것이 아니며, 다만 궁극적인 기업목적으로서의 이윤추구를 부정할 뿐 봉사의 결과로써 얻어지는 이윤이란 경영활동의 당연한 보수이다."

H. Ford - Ford 자동차회사 설립자

쉬어가는 코너

1913년에 포드 1세가 T모델 제작에 필요한 작업총수를 7,882개로 세분해 본 결과 숙련된 기술이 있는 남성을 필요로 하는 작업은 949개에 불과하고, 그 나머지 중에서 3,338개는 보통 남성이, 또 3,595개는 허약한 남성 또는 여성이 할 수 있는 일이었다. 이에 따라 작업의 세분화와 단순화를 실현하였다. 그리고 세분화된 작업이 각기 정해진 표준시간에 컨베이어 벨트(conveyor belt)를 따라 동시적으로 수행되도록 제조공정을 설계하였다.

컨베이어 벨트에 의한 연속자동화와 정밀한 시간관리에 의한 동시화로 전에는 차 한대 조립하는 데 12시간 28분이 걸리던 것을 1시간 반으로 단축시키고, 미국 시장의 50%를 점유하였다. 이러한 생산성 향상 및 대량생산의 경제성으로 인하여 포드사는 자동차 가격을 초창기의 850달러에서 1924년에는 290달러로 낮추는 것이 가능하였고, 노동자의 임금도 평균 일급 2.5달러에서 초임 5달러로 높일 수 있었다.

경영사례

◆ 도요타

도요타가 과연 일본 기업의 전형인지에 대해서는 그다지 깊이 생각지도 않고 도요타 경영은 곧 일본식 경영으로 간주됐다. 그리고는 일본이 숭배됐다. 일본식 경영의 우상화는 도요타의 특출난 생산성 때문이기도 했지만 1980년대 암울했던 미국 경제현실 때문이기도 했다. 자기 처지가 불행하게 느껴질수록 남의 것이 더 좋아 보이는 사회심리가 적용했다. 미국 경제가 활력을 되찾기 시작한 1980년대 말엽 일본식 경영에 대한 관심이 눈 녹듯 사라져 버린 것도 이 때문이다. 그런데 죽은 줄 알았던 도요타에 대한 관심이 바로 지난달 하버드비즈니스 리뷰지에 되살아났다. 도요타 해부는 아직 끝나지 않았다며 하버드대 교수들이 새 연구결과를 제시했다. 도요타의 건재함을 확인하게 된다.

도요타자동차는 포천 그로벌 10대 기업이다. 이는 도요타가 시기를 잘 타고나 몇 가지 히트상품으로 일거에 성공기업 반열에 오른 졸부기업이 아님을 뜻한다. 어느 것 하나, 노력 없이, 거저 얻은 것이 없는 기업임을 의미한다. 최소한 포천 글로벌 50대 기업까지는 온갖 세파를 다 견뎌낸 귀족 기업들뿐이기 때문이다. 마이크로소프트도 여기엔 끼지 못한다. 도요타는 특히 그렇다. "티끌 모아 태산"이란 격언이 현실에 가장 잘 구현된 기업이 바로 도요타일 것이다. 50여년에 걸쳐 아주 사소한 것도 빠짐없이 연구, 개선함으로써 현재의 영광스런 자리에 올랐다. 하버드대 교수들의 지적도 바로 이것이다.

도요타 근로자는 의자 하나를 장착하는 데도 조임 볼트의 순서를 철저히 지키며 조이는 힘도 정확히 조절한다는 것이다. 여기서 조금만 일탈해도 뭔가 잘못되게 해놓고 있다는 것이다. 세계 초일류급 도요타의 생산효율을 어찌 간단한 몇 가지로 요약할 수 있겠는가. 그럼에도 도요타의 최대 성공요인을 한가지만 들라면, 그것은 프레드릭 테일러의 타임-모션스터디를 글자 그대로 실행에 옮긴 것이 아닌가 한다. 인간 움직임을 10분의 1초 단위까지 정밀 측정해 최선의 작업요령을 추출하고 그대로 했다.

미국에선 이것이 인간적 한계에 부딪혀 적정 재고량 축적이라든지 셀 방식 등으로 타협점을 찾아갔지만 도요타는 일시적 생산성 저하와 협력업체에 대한 의존도 증대 등 부작용에도 불구하고 완벽성을 포기하지 않았다. 그렇다면 더 중대한 성장요인은 생산관리기법이 아니라 인사관리기법이 된다.

도요타는 이런 점에서 그 자신 가장 인간적 생산현장을 추구했던 프레드릭 테일러의 본 뜻을 일본 국민성과 절묘하게 결합시켜 지구상에 구현해낸 미국식 경영의 꽃, 지식경영의 사표라고 할 수 있겠다.

자료원: 한국경제신문, 1999. 11. 11.

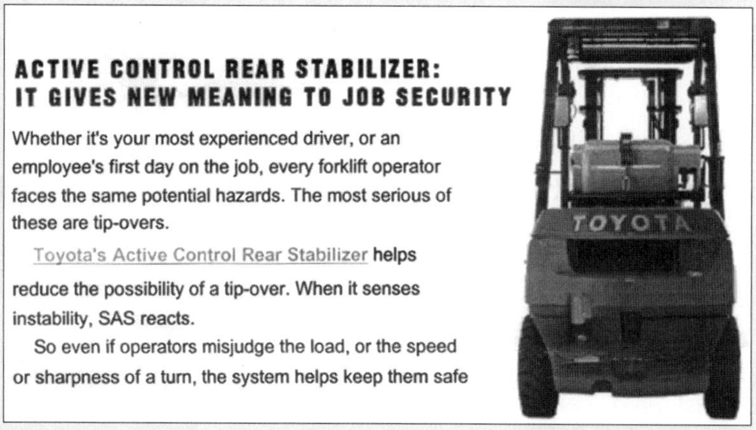

② 인간관계론

인간관계론은 메이요(G. E. Mayo)가 중심이 된 하버드그룹이 호

인간관계론은 생산현장에서 인간의 행동이나 인간관계를 무시하고 있는 문제점을 보완하였고, 후에 조직론으로 발전하였다.

손공장실험을 함으로써 출발하였다.

메이요 등은 수차례에 걸친 실험결과를 토대로 조직 내의 인간행동에 관하여 다음과 같은 다양한 개념을 정립하였다.

◆ 호손공장 실험결과

① 기업조직은 기술적·경제적 시스템일 뿐 아니라 사회적 시스템이다.
② 개인은 경제적 유인뿐 아니라 다양한 사회심리적 요인에 의하여 동기화된다.
③ 비공식조직이 작업자의 태도와 성과를 결정하는 중요한 요인이다.
④ 권위적 리더십 형태보다 민주적 리더십 형태를 강조한다.
⑤ 일반적으로 만족의 증가가 조직의 유효성을 가져온다.
⑥ 조직 내의 여러 계층 사이의 효율적 의사소통경로를 개발하는 것이 매우 중요하다.

전통적 관리론은 인간성을 무시하였고, 인간관계론은 인간만을 강조하고 공식조직의 문제를 경시하여 어느 일면만을 강조한 이론이다.

메이요 등은 호손공장실험을 통하여 사람의 감정, 태도, 배경, 욕구, 사회적 관계 등이 효과적인 경영에 매우 중요하다는 사실을 알게 되었다. 또한 종업원들 상호간의 관계에서 형성되는 사회적 관계가 '비공식조직'을 만들고 이는 공식조직만큼 생산성에 영향을 미친다고 주장하였다.

③ 근대적 관리론

바나드(Barnard)는 전통적 관리론과 인간관계론을 종합하고 이들의 균형을 유지하여 근대적 관리론을 제시하였다.

바나드에 의하면 개인은 생물학적 한계 때문에 서로 협동하지 않

그림 8-2 *관리론의 변천*

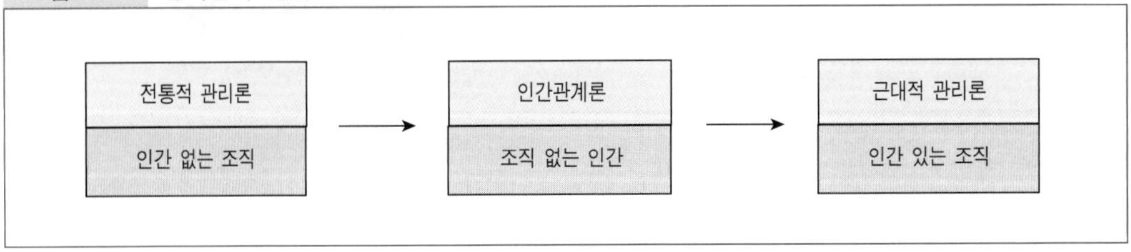

으면 안되며, 이 협동이 얼마나 지속될 수 있느냐 하는 것은 협동의 목적이 어느 정도 달성되는가 하는 유효성과 참여한 개인의 동기가 얼마나 충족되는가 하는 능률에 의하여 결정된다.

바나드는 조직을 개인이 자신의 인간적 한계를 극복하고 목적을 달성하기 위하여 형성하게 되는 협동시스템으로 보았다.

공식조직이 공헌의욕을 확보하기 위해서는 각 개인에게 유인을 능률적으로 제공하여야 하며, 충분한 유인을 제공하지 않는다면 조직은 존속할 수 없다. 이러한 공헌과 유인의 균형은 조직을 존속시키는 조건이 되며, 이러한 균형을 유지하여 조직의 계속적인 존속을 도모하는 것이 경영자의 기능이라 하였다.

그림 8-3 *조직균형의 이원적 측면*

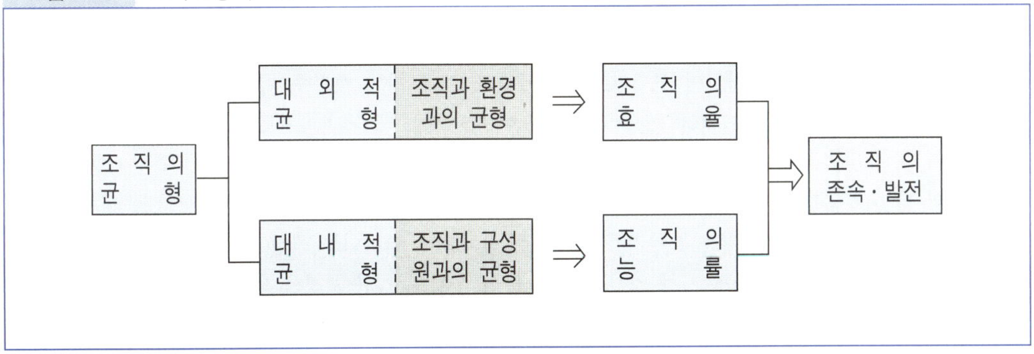

경·영·이·야·기

♦ 총체적 물갈이 고(告)하는 리바이

1백47년 역사의 리바이 슈트라우스(Levi Strauss & Co.)가 파산위기를 맞고 있다. 19세기에 창안된 옷으로 지금까지 애용되는 유일한 옷, 리바이스(Levi's) 청바지가 사라질 위기에 처한 것이다.

리바이는 아주 많은 것을 상징한다. 우선 경영철학면에서 온정주의 경영을 상징한다. 유통방식면에서는 백화점을, 홍보면에서는 공중파 TV를, 그리고 마케팅면에서는 인지도 최우선 전략을 상징한다. 사회적으로는 베이비붐 세대(1945~64년 출생자)를, 국제적으로는 "미국적"인 것을 상징한다. 젊은 남자다움과 함께 근면함과 온화함을 또한 상징한다.

리바이사는 18세에 뉴욕으로 이민 온 유태계 독일인 리바이 슈트라우스가 골드러시에 편승해 24세 때인 1853년 샌프란시스코에서 종합도매상을 차린 데서 시작됐다. 일찍 골드러시에 낀 만큼 10년만에 샌프란시스코 대표 기업에 들었다. 그러던 중 한 고객 양재사가 광부들을 위해 리벳으로 보강해 만든 질긴 청바지를 개발해 냈다. 하지만 특허신청대금 68달러가 없었던 그는 리바이의 도움을 요청했고,

이로써 리바이스 청바지가 1873년 태어났다. 이는 즉각 노동자들의 제복이 됐고, 1960년대 후반부터는 베이비붐의 제복이 됐다.

베이비붐들의 사랑은 1980년대 중반에 나온 다커스 카키바지로 고스란히 이어졌다. 리바이는 1930년대 대공황시절 단 한 명의 직원도 해고하지 않았던 회사로서 자타가 공인하는 세계 제일의 온정주의형 기업이다. "온정주의"로는 부족해 "유토피아" 경영이라 불린다. 이 회사는 명실공히 돈벌이가 아닌 이상세계를 실현을 위해 사업한다. 이는 누구보다 현 회장에 이르러 극치를 이루었다.

현 회장 로버트 하스는 창업주의 자형이자 동업자였던 데이비드 슈던의 4대 손이다. 5세대째 오너다. 올해 나이 58세인 그는 겸손하고 수줍으며 인정 많은 성품으로 버클리 대학을 수석 졸업했고, 해병대에서 2년간 봉직한 후 하버드 대학교 경영학과 석사과정을 거쳐 백악관 연구위원과 매킨지사 컨설턴트를 역임했다. 31세 때 리바이에 입사해 42세 때인 1984년 대표이사 자리에 올랐다. 현 회장의 아버지 월터 하스 시절 기업공개를 계기로 전문경영시대가 열린 후 사람보다 돈벌이가 우선돼 기업문화가 교란되며 이윤이 1971년부터 1983년 사이 종래 5분의 1 수준으로 폭락하자, 현 회장이 1984년 2조원의 빚을 내 주식을 모두 사들여 사기업으로 되돌렸다. 그는 가치 제일주의를 내세우며 황제경영을 통해 10여년만에 기업가치를 1백5배로 올려놓았다. 이는 비슷한 기간 마이크로소프트의 1백22배 주가 상승세와 거의 맞먹는다. 1990년대 초 시장점유율이 50%에 육박했고 1996년엔 8조원이 넘는 매출액에 16조원이 넘는 기업가치를 자랑했다. 그러나 이후 매출액이 1998년에 7조원, 지난해 6조원, 올해는 5조원도 안될 것으로 전망되는 가운데 투기등급 회사로 전락했다. 리바이는 핵심고객층인 베이비붐이 늙어가고 있음을 몰랐다. 또 곱게 자란 양가집 자녀 출신 수재로서 현 회장은 너무나 고지식하게 교수들과 컨설턴트들이 얘기하는 교과서 경영에 매달렸다. 리엔지니어링이 모든 것인양 얘기되던 1990년대 중반, 수년에 걸친 혁명적 조직재구축을 하며 회사 기(氣)를 거의 다 빼버렸다. 직원들의 애사심은 무력감과 냉소주의로 변했고 제품에선 쉰내가 풀풀 나게 됐다. 1994년만 해도 7%의 10대들이 "쿨(cool)"하다고 평가했던 리바이스 청바지는 몇년 후 10대 머리 속에서 완전히 지워졌다. 기업회생 여부와 상관없이 젊은이들 마음속에선 이미 죽었다. 리바이의 몰락은 마치 올 들어 급진전되고 있는 총체적 물갈이를 만방에 고하는 듯하다. 쉰 세대, 종신고용, 백화점, 공중파 TV, 이미지마케팅, 기득권 세력들에 모두 장송곡을 틀어주고 있다.

자료원: 한국경제신문, 2000. 5. 16.

8.2 계획수립

모든 관리활동은 계획수립(planning)으로부터 시작된다. 계획수립을 통하여 조직구성원의 활동을 조정할 수 있고, 미래의 변화에 대비할 수 있으며, 성과달성의 의욕을 자극하고, 통제를 용이하게 할 수 있다.

계획수립은 적용범위에 따라 전략과 운영계획으로 나눌 수 있고 기간구분에 따라 장기계획(long-term plans)과 단기계획(short-term plans)으로 나눌 수 있다.

전략은 제 2 부에서 배운대로 기업의 기본적 방향(전반적 목표)을 정하는 거시적 의사결정이고, 운영계획은 생산계획, 재무계획, 마케팅계획, 인사계획 등을 결정하는 세부적 · 전술적(tactic) 계획이다.

계획수립단계에서는 전략을 달성하기 위한 여러 가지 대안을 개발하여, 가장 적합한 대안을 선택하고, 수요 등 미래를 예측하고, 예산을 편성하는 등의 활동을 한다.

그림 8-4 *계획의 단계*

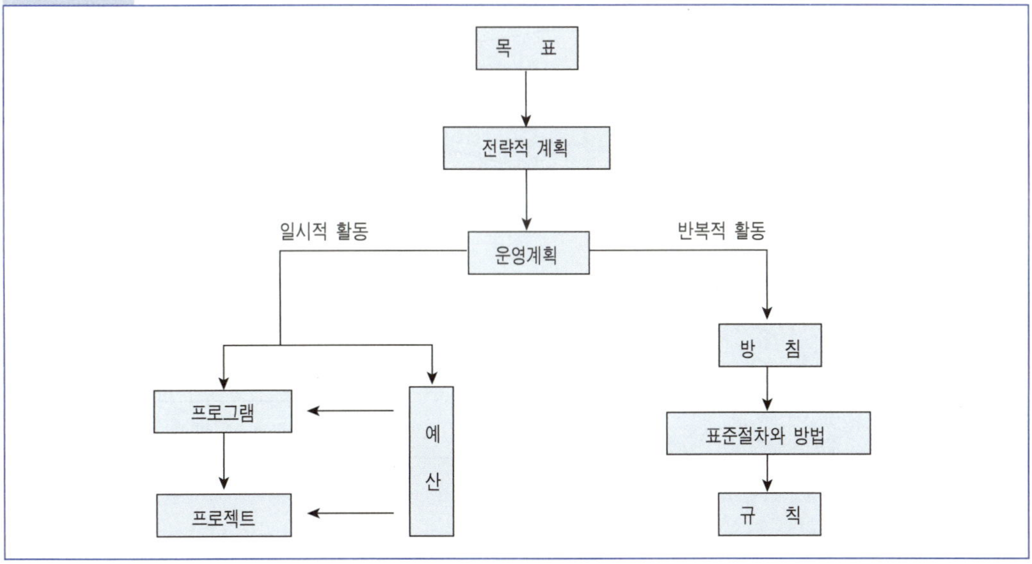

1. 대안개발 및 의사결정 기법

구체적 계획을 수립하기 전에 우선 기업의 목표를 달성하는 데 필요한 대안들을 먼저 개발해야 한다. 그러나 만약 목표달성에 적절한 해결책을 도저히 찾을 수 없다면 목표를 수정할 수밖에 없다.

이 단계에서는 새로운 정보를 더 수집하고, 창의적으로 사고해야 하며, 전문가와 상의하여 연구를 착수해야 한다. 창의적인 아이디어를 도출하기 위해서는 개인의사결정보다 집단의사결정이 유리하다. 대표적인 집단의사결정기법으로 명목집단법, 델파이법, 브레인스토밍법 등이 있다. 의사결정대안이 너무 많거나, 수학적으로 모형화가 불가능하고, 불확실한 상황에서는 의사결정수나 시뮬레이션을 이용한다. 그 밖에 컴퓨터 등 정보처리 기술의 도움을 받아 의사결정지원시스템(DSS)이나 전문가시스템(ES) 등이 이용되기도 한다.

그림 8-5 *의사결정수의 예*

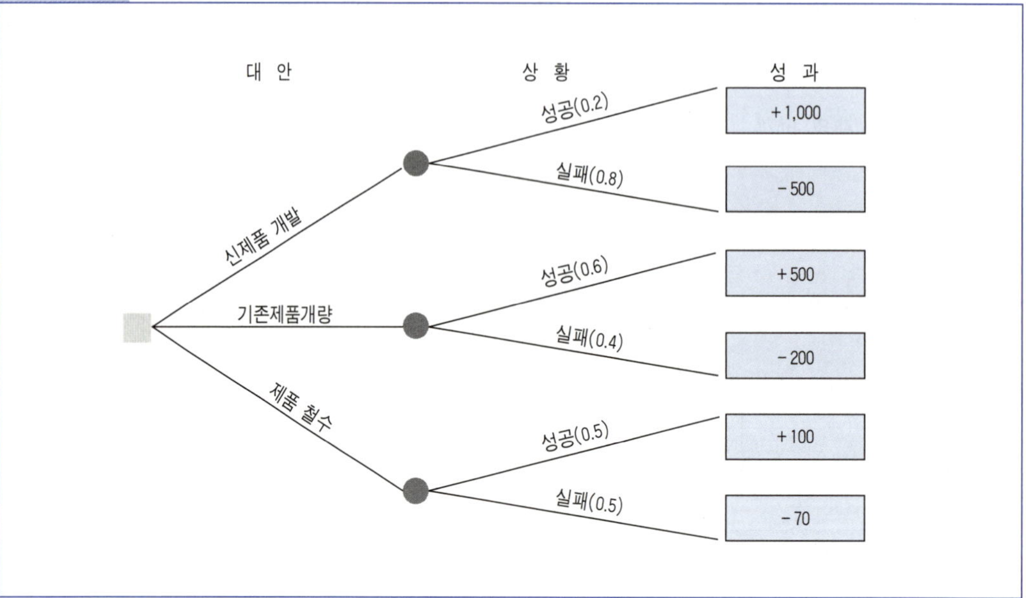

① 명목집단법

명목집단법(nominal group technique)이란 합의가 어려운 문제에 대해 다양한 참석자들이 자신의 아이디어를 낸 뒤에, 제출된 모든 아이디어를 칠판이나 차트에 기록하여 장·단점에 대한 부연설명을 거쳐 투표로서 최종안을 선택하는 창의적인 기법을 말한다.

이 명목집단법은 보통 다음과 같은 요령으로 진행한다.

첫째, 집단의 각 구성원이 제시된 문제에 대해 상호간에 일체의 토의 없이 자신의 아이디어를 작성한다.

둘째, 아이디어를 제출하게 되면 그것을 칠판이나 차트에 기록한다. 이 때 특정 아이디어를 누구의 것인지 모르게 한다.

셋째, 칠판이나 차트에 적힌 모든 아이디어에 대해 그것들의 장점, 타당성, 명료성 기타 여러 가지 측면에서 토론한다(그러나 아이디어에 대해 평가는 하지 못하게 된다).

넷째, 아이디어에 대해 선호도에 따라 등급을 매기는 방식으로 투표를 하여 가장 많은 점수를 얻은 것을 결정한다.

② 델파이법

델파이법(Delphi technique)은 전문가 집단의 합의에 기초를 둔 의사결정기법으로 합의에 도달할 때까지 자신들의 의견을 단계별로 다듬어 나간다. 도달된 합의는 단 한 사람의 전문가 의견보다는 훨씬 더 정확한 것이 될 것이다.

델파이법은 사업전략의 환경평가, 도시재개발, 에너지 보존 그리고 오염방지와 같은 다양한 분야에서 문제를 확인하고, 해결하며, 목표와 우선순위를 결정하는 데 효과적으로 이용되고 있다.

델파이기법은 다음과 같은 요령으로 진행된다.

첫째, 전문가에게 잠재적인 해답을 요구하는 설문지가 배부된다.

둘째, 각 전문가는 최초설문지를 완성하여 돌려준다.

셋째, 그 결과를 수집·요약한 뒤 이와 함께 설문지를 전문가에게 다시 보낸다.

넷째, 각 전문가는 첫번째 설문지의 결과를 참고하여 두번째 설문지를 완성한다.

다섯째, 합의에 도달할 때까지 이러한 과정이 계속 반복된다.

③ 브레인스토밍

브레인스토밍은 처음에는 광고분야에서 창조적인 아이디어를 개발하기 위하여 사용된 것으로 오늘날은 광고뿐만 아니라 제품개발, 기타 모든 문제해결을 위하여 널리 사용되고 있다.

브레인스토밍(brain storming)은 10명 내외의 집단을 대상으로, 한 주제에 대하여 다각적인 토론을 통하여 대량의 아이디어를 얻는, 자유연상법(free association)의 전형적인 방법이다. 복잡한 문제를 논리적으로 해결하기가 어려울 때, 가능한 아이디어를 모두 쏟아내면서 더 좋은 발상이 나오도록 하는 방법이다.

첫째, 다른 사람이 이야기하는 중에 그것에 대해 비판을 하지 않는다. 평가나 판단은 최종적으로 미룬다.

둘째, 엉뚱하게 들리는 이야기도 환영한다. 틀에 박히지 않고 전혀 새로운 제안이 나오도록 한다.

셋째, 되도록 많은 제안이 나오도록 한다. 의견이 많을수록 좋은 대안을 발견할 가능성이 높다.

넷째, 다른 사람이 내놓은 의견에 덧붙여 혹은 수정하여 새로운 제안을 하는 것을 장려한다.

2. 예측 및 프로젝트 관리

경영자는 정치, 경제, 사회 등의 거시적 외부환경의 변화뿐만이 아니라 제품의 수요나 매출액 같은 영업환경의 변화 추세를 파악하고 있어야 한다. 특히 신제품에 대한 시장규모나 매출액의 추정은 그 기업의 성장을 좌우하게 되므로 대부분의 경영자가 관심을 두고 있다.

기업은 생산계획, 인력계획, 자금계획 등 세부운영계획을 작성하기 위하여 특정제품의 미래수요와 매출액을 예측할 필요가 있다. 미래수요예측은 질적방법과 양적방법으로 나눌 수 있는데, 질적방법으로 델파이법, 영업부서 의견종합법, 소비자조사법 등이 있고 양적방법으로 시계열분석법, 회귀분석법 등이 있다.

또한 대형건설공사 등 비반복적인 성격이면서 규모도 크고, 장기간의 그리고 공정이 복잡한 프로젝트의 경우 PERT-CPM이나 간트차트 등을 이용하여 공정계획을 수립하는데, 이때는 공사기간의 준수에 초점을 맞추게 된다. 즉, 시간이 중요한 변수가 되는 것이다.

① 시계열분석법과 회귀분석법

시계열분석법(time series analysis)은 예측하고자 하는 변수(수요량 등)에 대한 과거의 시계열자료를 이용하여 미래의 현상을 예측하는 방법이다.

예를 들어 과거 판매자료를 시기별로 정리한 후 추세나 계절적 요인, 경기변동 등을 고려하여 장차 판매량이 어떻게 진전될 것인가를 예측한다.

시계열분석법은 시간의 변화에 따른 수요를 관찰하여 미래를 예측하므로 수요와 시간과의 관계만을 분석한다. 그러나 수요는 시간에 의해서만 영향을 받는 것은 아니다. 즉, 시간 이외에도 다른 여러 요인들이 수요에 영향을 준다는 사실을 근거로 제시된 방법이 인과형분석법(causal analysis)이고 그 중 가장 대표적 방법이 회귀분석법(regression analysis)이다. 이 기법은 영향을 미치는 변수(독립변수)들과 영향을 받는 변수(종속변수)와의 관계를 분석하여 미래를 예측하고자 하는 계량적 기법으로 장기의 예측도 가능하다.

예를 들어 가격, 광고비예산, 경기수준 등 판매에 영향을 미치는 요인과 매출액과의 관계를 과거자료를 통해 밝힌 후 예측에 활용한다. 시계열분석이나 회귀분석방법은 과거자료에 크게 의존하고 있기 때문에 급격한 환경변화, 예를 들면 전쟁이라든지 기술혁신 같은 요인이 발생하면 그 변화를 제대로 반영할 수 없다는 문제가 있다.

② 간트차트와 PERT-CPM

경부고속철도 건설과 같은 대형 공사를 집행할 때 공사기간이 연장되면 금전적으로 큰 손실을 보게 된다. 이처럼 완성시기가 문제가 되는 일은 계획을 치밀하게 수립하여 통제하여야 한다. 프로젝트 관리에 사용하는 간단한 방법인 간트 차트(Gantt chart)는 여러 가지의 과업들이 각각 언제까지 완성되어야 하는가를 막대그림으로 나타내고 그 진척상황을 함께 표시하여 관리하는 기법이다. 계획에 차질을 빚지 않기 위하여 어느 과업에 집중해야 할지 혹은 기한 내에 완성할 수 있는 가능성이 어느 정도인지를 쉽게 알아볼 수가 있다. 그러므로 훌륭한 통제수단도 된다.

프로젝트가 복잡하면 단순하게 간트 차트로 통제를 하는 것이 어려워진다. 예를 들어 공장을 건설할 경우 설계를 의뢰하고 관공서에 허가를 받고 시공업체를 물색하며 자재구매업무를 관리하는 등 완공될 때까지 해야 할 과업은 복잡하다. 이 중에서 어떤 일들은 동시에 병행해서 착수할 수가 있는가 하면 그 전에 다른 일이 완성될 때까지 기다려야 하는 공정도 있다.

PERT(Project Evaluation and Review Technique)
CPM(Critical Path Method)

이렇게 복잡한 프로젝트의 일정계획 및 관리를 위해서는 PERT-CPM을 이용한다. PERT-CPM은 복잡한 공정을 네트워크라는 그림으로 나타내고, 공기를 늦추지 않기 위해 가장 중요시 해야 될 경로(critical path)를 찾게 하는 방법이다.

그림 8-6 *간트차트: 인터넷을 이용한 정보제공 예*

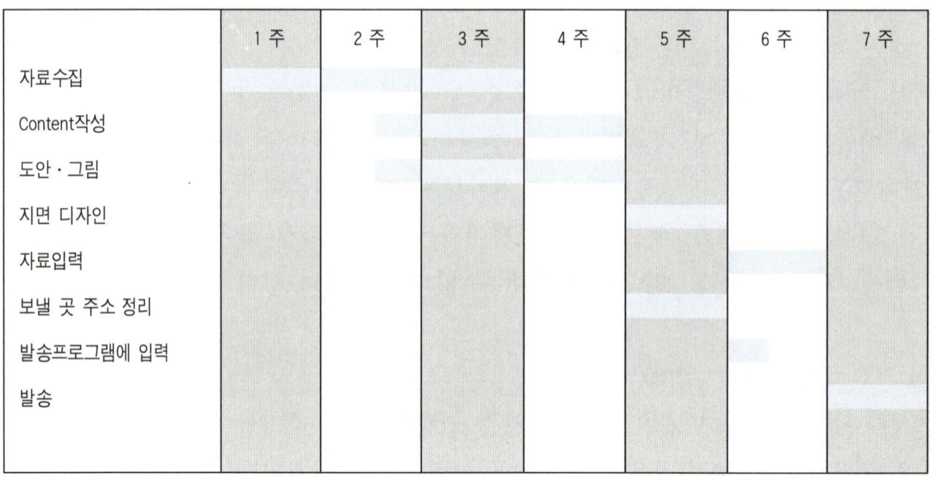

3. 예산편성

예산은 금액으로 표시되는 계획이며 자금을 각 부서에 할당하는 역할을 한다. 이를 통해 각 부서에서는 지출할 수 있는 경비의 한도를 알게 되고, 이 범위내에서 세부적인 활동계획을 수립할 수 있다.

예산을 편성하는 방법으로는 전년도 예산을 이용하는 방법과 전년도 자료를 무시하고 제로베이스에서 새로 짜는 방법이 있다.

전통적으로는 전년도 예산을 기준으로 부서별로 총액을 할당하고, 각 부서에서는 그 범위내에서 과업별로 다시 세분하는 방법을 주로 사용해왔다. 전년과 차이가 나는 항목의 경우 상급부서의 허가를 받아서 결정하게 된다. 이 방법은 부서간의 특성이나 상황변화를 고려하지 못하는 문제점이 있다.

전통적 방법에 의해 예산을 편성하면, 하급부서가 예산확보를 위해 필요없는 항목도 예산에 편성하든지, 회기 말에 사용되지 않은 예산을 일부러 집행하는 경우도 나타난다.

반면 영기준예산법(ZBB; zero-base budgeting)은 예산을 편성할 때마다 각 지출항목에 대해 항상 다시 검토를 한 다음 확정짓는 방법이다. 이 경우 전통적 방법에서 나타날 수 있는 문제점, 즉 한번 책정된 예산이 줄어들지 않는 폐단을 방지할 수 있다.

그러나 이 방법은 작성해야 할 서류가 많고, 적용에 시간이 많이 필요하며, 근거 정보 제시가 어려운 등의 문제점이 있다.

8.3 통제활동

경영관리의 가장 기본적인 과정은 계획, 조직, 지휘, 조정, 통제이다. 계획이 수립되면, 이를 효과적으로 달성하기 위해 조직의 체계를 짜임새 있게 갖추게 된다. 이런 활동을 조직화(organizing)라 하는데, 조직화의 가장 중요한 의사결정은 일의 분할(division of work)이다. 즉, 조직전체 업무를 개인이나 집단에 논리적으로 할당하고, 구성원들을 업무의 성격에 따라 집단화(departmentalization)하고, 맡겨진 일을 수행하는 데 필요한 권한을 적절히 배분(delegation of authority)한다.

조직화에 대한 자세한 내용은 제2부에서 살펴보았다.

업무가 적절히 할당되고 나면 이의 효율적인 수행을 위해 지휘, 조정, 통제활동을 한다. 지휘는 나중에 인적자원관리 부분에서 동기부여와 리더십이론으로 자세히 정리하게 될 것이다.

그림 8-7 *경영관리의 가장 기본적인 순환체계*

조직의 여러 자원들을 효율적으로 활용하기 위해 여러 전문화된 기능별로 나누게 되면, 각 부서간에 이질성이 부각될 가능성이 있다. 이를 효과적으로 극복하기 위해 조정(coordination)활동이 필요하다.

경영관리의 마지막 단계인 통제는 여러 가지 일들이 계획대로 이루어지고 있는지를 확인하고, 편차가 있다면 그 편차를 수정하는 활동이다. 그러므로 통제는 성과측정, 목표(계획)와 비교, 편차수정 등의 순서로 진행된다.

그림 8-8 *계획과 통제의 관계*

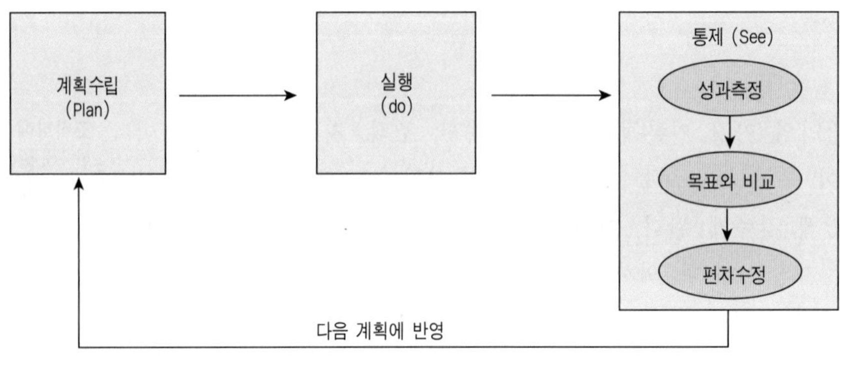

1. 통제의 중요성

기업을 운영하다 보면 고객과 약속된 날짜에 제품을 공급하지 못해 마찰이 생기거나, 불량률이 평소보다 높아지거나, 단기 운전자본의 부족으로 부도의 위험을 느끼게 되는 경우도 있다.

이는 통제기능이 원활하게 작용되지 않아서 나타나는 현상이다. 통제는 다음과 같은 이유 때문에 기업활동에 필수적인 요소가 된다.

① 경영환경의 미래는 항상 불확실하다. 따라서 불확실성에 적절하게 대처하기 위해서는 계획이나 목표 등을 수정해야 할 통제시스템이 요구된다(불확실성).

② 조직이 성장하여 규모가 커지거나 다양성이 커짐에 따라 조직은 더욱더 복잡하게 된다. 이러한 복잡성에 직면하여 다양한 행동을 조정하고 통합시키기 위해서는 적절한 통제가 필요하다(조직의 복잡성).

③ 인간의 능력에는 한계가 있다. 따라서 복잡하고 예측할 수 없는 환경하에서는 예측오류가 발생하거나 문제상황에 대한 판단이 어렵게 된다. 이러한 실수를 예방하고 시정하기 위해서는 통제기능이 필요하다(인간능력의 한계).

④ 권한위양과 분권화는 하위층의 관리자들에게 의사결정권한을 증대시켜 주게 된다. 그러나 권한과 책임이 동시에 위양되는 것이므로 결과에 대한 책임을 명확하게 묻기 위해서는 통제장치가 필요하게 된다(권한위양과 분권화).

2. 통제시스템

경영자가 관심을 갖고 있어야 할 통제기능은 관점에 따라 다양하게 나눌 수 있다. 즉, 경영활동의 진행상황과 관련한 시간적 관점에서 보면 다음의 세 가지로 분류될 수 있다. 즉 경영활동이 이루어지기 전에 실행되는 사전통제(feed forward control), 업무활동이 구체적으로 진행되는 과정중에 실시되는 동시통제(concurrent control), 업무활동이 완전히 끝난 후 실시하는 사후통제(feedback control) 등이다.

표 8-1 *기능부서별 통제*

생　산	마 케 팅	인　사	재무 및 회계
품질	판매실적	노사관계	현금, 자본지출
생산수량	판매, 광고비용	근무태도	자금흐름
생산원가	고객만족도	종업원만족도	유동성
개인별 생산실적	영업소, 사원별 실적	이직률	재고수준

반면 기능부서별로 나누어보면 생산통제(재고통제), 마케팅통제, 인사통제, 재무통제, 품질통제 등으로 나눌 수 있다. 또한 이를 경영계층에 따라 구분하면 [그림 8-9]와 같이 나눌 수 있는데, 대개 최고경영층은 경영상태 전반에 대해, 하위관리층은 담당업무에 대해 통제활동을 하게 될 것이다.

통제시기에 따른 통제시스템을 분석해보면 가장 바람직한 통제는 예상되는 문제를 사전에 예방하는 사전통제(feedforward control)방식

그림 8-9 *경영계층별 구분*

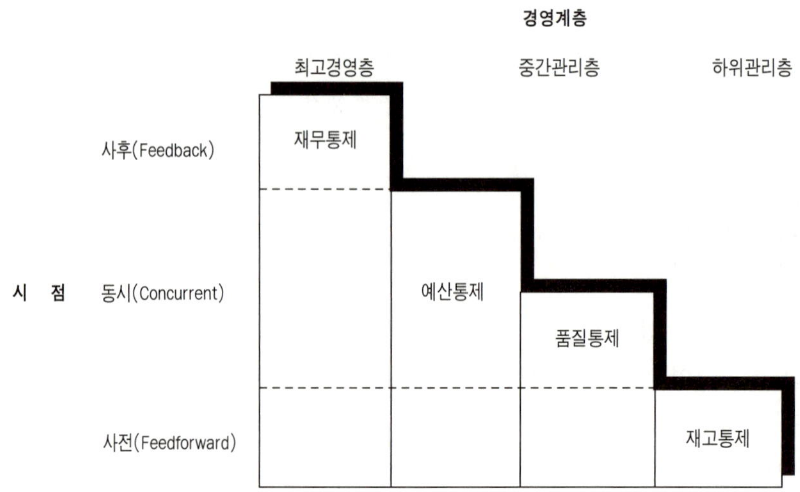

자료원 : Kathryn M. Bartol and David C. Martin, p. 629.

이다. 이것은 업무가 실제로 진행되기 이전에 실시하는 통제이므로 미래지향적 통제라고 할 수 있다. 따라서 사전통제의 핵심은 문제가 발생되기 전에 예방적인 관리행동을 취한다는 점이다. 그러나 이 통제유형이 효과적으로 수행되기 위해서는 적시에 그리고 정확한 정보를 얻을 수 있어야 한다.

동시통제(concurrent control)는 업무활동의 진행중에 실시되는 통제로서, 문제가 발생되어 비용이 크게 발생되기 전에 수정적인 행동을 취할 수 있도록 되어 있어야 한다. 이러한 동시통제의 가장 전형적인 형태는 직접적인 감독을 들 수 있다. 경영자가 부하직원의 행동을 직접적으로 감독할 때 경영자는 동시적으로 문제발생을 파악할 수 있고 종업원의 행동을 감시할 수 있다.

경영통제의 가장 보편적인 통제유형이라고 할 수 있는 사후통제(feedback control)는 모든 활동이 종결된 후에 취해지는 통제이다. 여기서는 실제로 나타난 조직의 성과가 의도했던 목표와 어떻게 다르며, 그리고 실시과정에서는 어떠한 문제들이 있었는지 사후적으로 검토하여 차기 계획수립에 유용한 정보를 제공해 준다.

이러한 사후통제는 사후적으로 이루어지는 통제이므로 진행된 업무의 수정은 불가능하지만 사전통제나 동시통제와 비교할 때 두 가지 장점이 있다.

첫째, 경영자에게 계획수립의 노력이 얼마나 효과적이었는가에 대한 의미 있는 정보를 제공해 준다. 만약 피드백 결과가 표준과 실제 성과간에 차이가 없다면 경영자의 계획활동이 정확하다고 할 수 있으며 반대로 차이가 크다면 이 피드백 정보를 다음의 새로운 계획수립에 보다 유용하게 이용할 수 있다.

둘째, 사후통제는 종업원들에게 동기부여를 촉진할 수 있다. 사람들은 자신들이 얼마만큼의 업적을 이룩했는가를 알고 싶어하는데 사후통제는 이러한 정보를 제공해 준다.

그림 8-10 *통제시기에 따른 통제 유형*

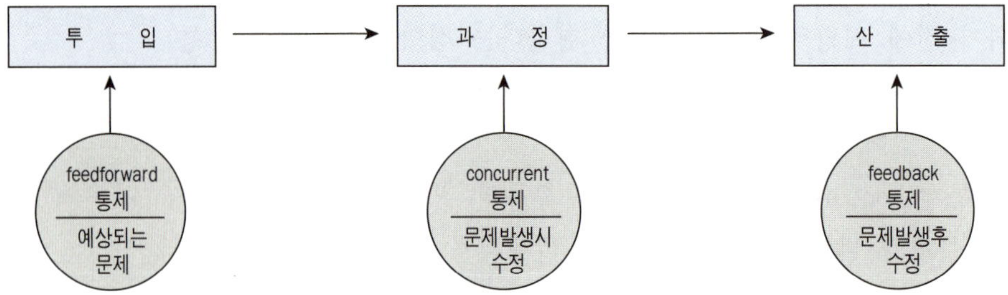

자료원 : S.P. Robbins.

3. 기능별 통제

① 재무통제

경영활동의 대부분의 업무는 자금흐름과 연관되어 있다. 예를 들어 구매, 생산, 판매활동은 즉각 기업의 자금흐름에 영향을 주게 되며, 반대로 영향을 받기도 하다. 그러므로 경영자에게 재무관련 통제활동은 가장 기본적인 관심사항이 된다.

재무활동과 관련된 통제수단으로 각종 회계시스템, 재무제표, 예산, 자본계획, 운전자금계획, 내부재무감사 등을 들 수 있다.

재무제표는 기업내의 재화와 서비스의 흐름을 재무적으로 평가하여 재무상태를 알려 주는 재무통제에 필수적인 자료이다. 재무제표 중 가장 많이 사용되는 것은 대차대조표(B/S; balance sheet)와 손익계산서(I/S; income statement)이며, 여기서 제공된 각 항목들은 비율분석의 자료가 된다.

경영자들은 여러 가지 재무자료를 가지고 재무상태를 알기 위하여 비율분석(financial ratio analysis)을 하게 된다. 비율분석이란 재무제표상의 항목들간의 비율을 계산하고 결정하는 과정으로서, 산출된 비율은 어떤 하나의 항목과 다른 항목의 상대적 크기를 나타낸다. 비율분석에서 많이 활용되는 재무비율로는 유동성 비율, 레버리지 비율, 활동성 비율, 수익성 비율 등이 있다.

내부감사(internal audit)는 조직내 감사실이나 재무부서의 전문스탭 등에 의하여 조직운영의 효율성과 재무제표를 검토함으로써 통제시스템의 개선을 위한 자료를 제공한다.

이와 같은 내부감사는 조직내부의 운영상태를 잘 알고 있는 내부구성원에 의해서 이루어지기 때문에 보다 깊이 있는 검토를 할 수 있으며, 외부감사가 특정의 운영기간이 끝나고 실시되는 것과는 달리 내부감사는 운영과정에도 주기적으로 실시될 수 있어서 문제를 일찍 발견하거나 문제의 확대를 방지할 수 있다.

외부감사(external audit)는 외부의 공인회계사(CPA)와 같은 독립된 감사가 조직의 재무제표의 공정성에 대하여 검토하고 확인하는 것이다. 외부감사자들은 조직이 재무자료를 보고할 때 주로 일반적으로 인정하는 회계원칙을 잘 지켰으며 이를 잘 적용했는가에 대해 중점을 두고 감사하게 된다.

② 생산통제

경영자는 생산활동에서의 효율성을 높이기 위해 제품의 품질을 일정수준으로 유지하면서 생산량이나, 재고량을 수요의 변화에 따라 적절히 조절하고자 한다. 생산량이나 주문량을 통제하기 위한 대표적 기법으로 EOQ(economic order quantity; 경제적 주문량)모형과 EPQ(economic product quantity; 경제적 생산량)모형이 있다. 이 두 방법은 재고관리와 관련해서 발생하는 비용을 최소화시킬 수 있는 적절한 주문량이나 생산량을 결정할 수 있게 해준다.

표 8-2 *재무제표와 비율분석*

대차대조표
2000. 12. 31 현재

S 전자 단위:억원

〈자산〉		〈부채〉	
Ⅰ. 유동자산	150	Ⅰ. 유동부채	50
현금	50	Ⅱ. 고정부채	150
유가증권	50	부채총계	200
재고자산	50	〈자본〉	
Ⅱ. 고정자산	150	자본금	100
자산총계	300	부채와 자본총계	300

손익계산서
2000. 1. 1 ~ 2000. 12. 31

S 전자 단위: 억원

Ⅰ. 매출액	200
Ⅱ. 매출원가	(150)
Ⅲ. 매출총이익	50
Ⅳ. 판매관리비	(10)
Ⅴ. 영업이익	40
Ⅵ. 영업외 수익	15
Ⅶ. 영업외 비용	(5)
당기순이익	50

비율분석

분석목적	비 율	의 미
유동성	유동비율 = $\frac{\text{유동자산}}{\text{유동부채}} = \frac{150}{50} = 300\%$	일반적 기준 200%보다 높으므로 단기지급 능력 양호
레버리지	부채비율 = $\frac{\text{부채}}{\text{자기자본}} = \frac{200}{100} = 200\%$	일반적 기준 100%보다 높으므로 불황기에 위험
활동성	재고자산회전율 = $\frac{\text{매출원가}}{\text{재고자산}} = \frac{150}{50} = 300\%$	산업평균 재고자산회전율 700%보다 낮으므로 재고자산에 비효율적으로 투자
수익성	매출액순이익률 = $\frac{\text{순이익}}{\text{매출액}} = \frac{50}{200} = 25\%$	산업평균 매출액 순이익률 15%보다 높으므로 영업활동의 성과가 좋음

생산활동에서 경영자가 관심을 갖고 있는 또 하나의 중요한 통제분야가 품질관리이다. 제품의 품질은 고객의 만족도에 영향을 주고, 회사의 이미지에도 장기적으로 영향을 주게 되므로 경쟁력 확보차원에서 품질관리는 중요한 역할을 한다.

품질관리의 대표적인 방법으로 표본검사방법, 관리도법, ZD운동, QC서클 등이 있다.

표본검사방법은 제품로트에서 표본을 추출하여 제품로트 전체의 합격여부를 결정하는 것이고, 관리도법은 생산과정에서 공정에 이상이 있는지 여부를 파악하여 공정을 향상시키고자 하는 방법이다.

무결점운동으로도 불리우는 ZD(zero defects)운동은 작업자의 의식과 사고방식에 초점을 맞추어, 작업자 각자가 스스로 품질향상에 최선을 다하도록 동기부여시키는 방법이고, QC서클(quality circle)은 각 작업장의 작업반원들이 자주적으로 모여 품질향상을 위하여 논의하게 하고 자주적으로 품질을 관리하게 하는 기법이다.

③ 예산통제와 손익분기점 분석

경영통제에서 가장 기본적이고 널리 사용되는 수리적 통제기법은 예산이다. 예산이란 계획된 자원의 할당을 재무적 또는 수리적 용어로 표현한 문서이며, 예산통제(budgetary control)는 계획수립시의 예산과 예산집행 실적을 비교·측정함으로써 그 편차를 시정하려는 활동이다.

기업은 기업이익을 달성하기 위하여 예산의 기준 내에서 모든 활동을 수행해야 한다. 그렇지 않을 경우 이익목표 달성은 불가능하게 된다. 경영자들은 예산계획을 수립할 때 전년도 예산에 추가적인 비용을 조정하고 증액하여 신규예산을 수립하는 경향이 많다. 이러한 전통적 예산기법의 결점을 없애고 효과적인 예산편성을 위한 새로운 기법으로 영기준예산접근법과 PPBS법이 사용되고 있다.

영기준예산접근법(zero-base budgeting)은 예산을 편성할 때 영기준(zero-base)에서 시작하는 접근법으로서, 단순히 전년도의 예산을 증액하여 편성하기보다는 각각의 예산항목을 처음부터 새로이 검토하여 결정하는 방법이다.

PPBS(planning-programming-budgeting-system)법은 비용이 많이 드는 프로그램의 종목을 찾아내어 그것을 제거하고 똑같은 프로그램을 보다 더 정확한 전체 예산에 통합하고자 하는 의도로 만들어졌다. 즉, 각 프로그램이 전체 시스템에 미치는 영향에 근거하여 각 프로그램을 분석함으로써 조직이 자원을 보다 효율적으로 활용할 수 있게 하는 방법이다.

손익분기점분석(BEP분석)은 손익분기점(break-even point)을 결정하기 위한 원가와 조업도(판매량) 및 이익과의 관계를 분석대상으로 하는 경영통제기법으로서 CVP분석(cost-volume-profit analysis)이라고도 한다. 여기서 손익분기점이란 총수익과 총비용이 일치하는 판매량을 나타내므로 판매량이 이 수준 이상은 되어야 이익이 실현될 수 있다는 것을 알려준다. 기업들은 이익을 계획하고 통제하기 위한 방법으로 손익분기점분석을 많이 활용한다.

4. 목표에 의한 관리기법

종업원의 개인적 목표와 조직의 목표가 일치하지 않을 때, 종업원들을 회사의 방침에 맞게 관리하고 통제하기는 쉽지 않다. 그러므로 효과적인 종업원관리를 위해서는 종업원의 목표와 조직의 목표를 일치시켜, 종업원 스스로 최선을 다하게 하는 것이 중요하다. 이런 목표통합의 원칙에 의해 등장한 방법이 목표에 의한 관리(management by objectives; MBO)기법이다.

목표에 의한 관리(MBO)는 종래의 통제에 의한 관리(management by control)와는 달리 기업의 목표달성 과정에 종업원을 참여시키고 종업원 스스로 자기가 실행할 실행목표를 결정하게 하고, 각기 자기통제(self control)를 통해 자발적으로 목표달성에 이바지하도록 하는 새로운 관리방법이다. 목표는 기간을 확정하여 구체적으로 결정하게 되는데, '앞으로 3개월 동안 불량률을 1%미만으로 달성하자'는 식으로 단기간의 수리적 목표를 결정하는 경우가 일반적이다.

또한 그 단기간의 수리적 목표의 달성 여부를 평가하여 부하를 관리하게 되는데, 중간평가가 가능하면 지속적으로 중간평가를 통하여 feedback시켜 준다. 이를 통해 종업원으로 하여금 목표를 달성하고자 하는 동기를 부여할 수 있다.

그러나 MBO는 실제 목표설정이 어려울 수도 있는 점, 개인을 강조하기 때문에 조직전체의 목표가 무시될 수 있는 점, 단기적 목표나 숫자만을 중시하는 등의 문제가 있다.

경영산책

◇ 한국 아시아 50大기업 3社뿐

일본의 소니가 아시아 기업 중에서 가장 경쟁력 있는 기업으로 조사됐다. 이와 함께 한국기업으로는 현대자동차, 삼성전자, 포항제철의 경쟁력이 높은 것으로 평가됐다. 홍콩의 경제 전문 월간지인 아시아 잉크(Asian Inc.) 6월호는 컨설팅 회사인 아서 D. 리틀, 아시아의 유명 경영대학원과 공동으로 6백개 아시아 기업의 경쟁력을 조사해 그 결과를 발표했다. 재정의 효율성, 성장성, 자본의 조달비용, 특허보유 정도, 정부와의 관계 등의 기준을 통해 조사된 이번 결과에서는 일본의 소니가 19.2점 만점에 15.45점으로 1위에 올랐다. 그 뒤를 대만의 전자업체인 에이서(15.10), 혼다자동차(14.38), 도요타자동차(14.25), 캐논(14.10)이 각각 2위에서 5위를 차지했다.

한국 기업 가운데는 현대자동차가 13.93점을 맞으면서 8위를 차지했으며 삼성전자(12.58)가 25위, 포항제철(9.83)이 50위에 랭크됐다.

이번 조사결과에서 두드러진 특징은 상위 50개 기업 가운데 절반이 일본, 홍콩, 싱가포르 3개국 기업인 점이다. 일본의 경우 13개 기업이 50위 안에 들었으며 홍콩은 7개, 싱가포르는 6개 기업이 순위에 들었다. 반면에 한국은 3개 기업만이 상위 50위 안에 들면서 대만(5개), 인도(5개)에도 뒤쳐졌다. 업종별로는 전자와 반도체가 18개로 단연 많았으며, 이 외에 자동차와 부품업체 7개 기업이 50위 안에 들어 이들 분야가 상대적으로 경쟁력이 높은 것으로 나타났다.

아시아 50대 기업

순위	기업	국적	업종	순위	기업	국적	업종
1	소니	일본	전자	26	아시아퍼시픽	싱가포르	주류
2	에이서	대만	컴퓨터	27	PT인도푸드	印尼	식품
3	혼다자동차	일본	자동차	28	케펠 랜드	싱가포르	부동산
4	도요타자동차	일본	자동차	29	젠팅	馬聯	레져
5	캐논	일본	전자	30	히타치	일본	전자
6	대만반도체제조	대만	반도체	31	골드 팩	홍콩	전자
7	스지키자동차	일본	자동차	32	에버그린 머린	대만	해운
8	현대자동차	한국	자동차	33	샌 미구엘	필리핀	주류
9	릴라이언스	인도	유화	34	크리에이티브 테크놀로지	싱가포르	전자
10	롬	일본	전자	35	코마추	일본	장비
11	랜백시 래버러토리	인도	제약	36	선 형 카이	홍콩	부동산
12	샹그리라 아시아	홍콩	호텔	37	도시바	일본	전자
13	싱가포르 에어라인	싱가포르	항공	38	교세라	일본	전자
14	그로다노	홍콩	의류	39	아즈텍 시스템즈	싱가포르	전자
15	졸리비 푸즈	필리핀	식품	40	샤론 폭팬드 피드밀	태국	농업
16	선드램 패스트너스	인도	차부품	41	후지필름	일본	전자
17	밴초 마뉴팩처링	싱가포르	전자	42	브로큰 힐 프로프라이어티	호주	광업
18	유나이티드 마이크로 일렉트릭	대만	반도체	43	브리지스톤	일본	차부품
19	아빈드 밀스	인도	섬유	44	청콩	홍콩	부동산
20	바자드 오토	인도	자동차	45	PT 인다카이트	印尼	제지
21	모셀 비텔	대만	반도체	46	PT폴리신도에카퍼카사	印尼	섬유
22	아얄라 랜드	필리핀	부동산	47	에어 뉴질랜드	뉴질랜드	항공
23	TV브로드캐스츠	홍콩	미디어	48	스와이어 퍼시픽	홍콩	항공
24	닌텐도	일본	전자	49	시나워트라	태국	총신
25	삼성전자	한국	전자	50	포항제철	한국	철강

토·의·과·제

1. 자신들이 참여하고 있는 조직 중 조직화가 잘못되어 실패한 경험이 있다면, 이를 소개해 보고 그 이유는 무엇이며, 어떻게 하여야 그런 어려움을 피할 수 있었는지를 이야기해 보자.

2. 개인의사결정과 집단의사결정의 가장 큰 차이는 무엇일까? 집단의사결정의 장·단점을 위주로 해서 설명해 보자.

3. 여러분이 컴퓨터 매장이나 스포츠용품점, 식당 등의 사업을 시작하기로 했다면, 어떻게 계획을 수립하겠는가? 계획수립의 자세한 과정을 다른 사람들에게 발표해 보자.

4. 주위의 중소기업체나 판매점을 찾아가서 재고통제는 어떻게 하고 있는지를 파악해 보자. 과연 재고통제가 왜 중요한지를 사장이나 담당자의 의견을 청취하여 정리해 보자.

5.

> 경영활동이 효과적으로 이루어지기 위해서는 통제기능이 적절하게 수행되어야 하는데 통제가 신축적으로 이루어지지 못하거나 통제기준이 너무 비합리적으로 설정됨으로써 통제의 본질적 목적에 역행하는 결과를 초래할 수 있다. 즉 조직이 통제기능을 수행하는 것이 아니라 오히려 통제가 조직을 관리하는 현상이 발생할 수도 있다.

여러분 주위에서 이와 같이 통제기능이 적절하지 못해 조직의 활동을 저해하는 예를 발견해 보고 각자 이야기를 나누어 보자. 왜 이런 통제의 역기능이 발생하는가?

9 생산관리와 품질경영

9.1 사업전략과 생산전략

생산관리의 4대목표: 품질, 납기, 원가, 유연성

기업활동의 가장 기본적인 기능인 생산활동은, 고객이 원하는 제품을 원하는 시기에, 원하는 가격으로 제공하기 위해 생산시스템을 설계하고, 관리하는 것을 말한다. 경쟁이 격화되고 있는 최근, 경쟁력을 높이기 위해서는 고객이 원하는 제품을 되도록 빨리 그리고 낮은 가격으로 공급해야 한다. 그러므로 생산관리의 기본적인 목표는 생산성(즉, 납기, 원가의 최소화)에 있다.

Skinner는 생산전략을 생산의사결정과 기업전략간의 연결고리로 정의하였다.

그러나 최근에는 경쟁력 확보방안으로 품질과 유연성을 더 강조하고 있다. 즉, 경쟁사의 모방을 어렵게 하면서 소비자의 만족감을 극대화하기 위한 차별화 수단으로, 속도나 가격보다 품질이나 제품의 다양성이 더 유리하기 때문이다.

표 9-1 *사업전략에 따른 기능별 전략*

기능별 전략 \ 사업전략		저원가전략	제품차별화전략
시장조건		가격에 민감 성숙한 시장 높은 수량 표준화된 제품	제품특성에 민감 새로 성장하는 시장 낮은 수량 고객화된 제품
생산전략	생산의 사명	적절한 품질과 납품을 유지하면서 낮은 원가 강조	합리적인 원가, 품질 및 납품을 유지하면서 유연성 강조
	생산의 차별적 능력	우수한 공정기술과 수직적 통합을 통한 낮은 원가	제품개발팀과 유연자동화를 통한 신속하고도 신뢰할 수 있는 신제품 도입
	생산정책	우수한 공정 통계적 공정통제 중앙집중화된 공장 규모의 경제 엄격한 재고관리 낮은 기술의 노동력 높은 자동화	우수한 제품 유연자동화 변화에 대한 신속한 반응 범위의 경제 신제품도입팀의 활용 숙련된 작업자 낮은 자동화

자료원 : Schroeder(1989), p. 33.

표 9-2 *생산관리자의 임무*

관 리 활 동	의사결정문제 유형
계 획 활 동	생산능력 결정 입지선정 제품 및 서비스 선택 설비배치 생산계획
조 직 활 동	집중화의 정도 자체생산 또는 구매 외주 잔업의 사용 고용/해고
지 휘 활 동	동기부여 작업주문의 발행 작업할당
통 제 활 동	재고 통제 생산현장 통제 품질 통제

생산전략은 최고경영층에서 결정된 기업전략이나 사업전략과 연계해서 적용되어야 한다. 사업전략을 저원가전략과, 제품차별화전략으로 구분했을 때 요구되는 생산전략은 〈표 9-1〉과 같다.

즉, 사업전략이 달라지면 이를 지원하기 위한 생산전략도 달라짐을 알 수 있다. 즉, 모든 상황에 다 좋은 생산은 없는 것이다. 따라서 생산을 평가할 때는 생산의 사명과 목표뿐만 아니라 사업전략도 반드시 고려해야 한다.

우리는 높은 품질을 유지하면서 낮은 가격의 제품을 생산하는 것이 상당이 어렵다는 것을 배웠다. 그러므로 두 상충되는 목표를 적절히 고려하여 생산의사결정을 해야 한다.

경영사례

♦ 3M: 제품개발 '아이디어 천국'

1970년 미국 3M 중앙연구소 연구원이던 스펜서 실버는 기존의 접착제보다 훨씬 강력한 접착제 개발에 착수했다. 실버는 오랜 연구 끝에 접착력 향상에 성공은 했지만 회사의 최종적인 평가는 '실패'였다. 잘 붙기는 하지만 쉽게 떨어지는 치명적인 약점이 발견됐기 때문.

그 무렵 같은 회사 직원이었던 아트 프라이는 한 가지 고민거리를 풀지 못해 고심중이었다. 교회 성가대원이었던 그는 일요일마다 그날 부를 찬송가 페이지에 작은 종이를 끼워 표시를 했는데 종이가 금세 빠져버리곤 했던 것. 때마침 실버의 연구 소식을 접한 프라이는 실버의 접착제를 종이에 칠해 자유롭게 붙이고 뗄 수 있는 서표(書標)를 만들었다.

이렇게 해서 탄생한 것이 오늘날 사무실의 필수품으로 자리잡은 '포스트 잇'.

'포스트 잇' 개발 스토리는 3M이 오늘날 어떻게 해서 '아이디어 천국'으로 불리게 됐는지를 단적으로 보여주는 사례 중 하나다. 종업원의 아이디어를 신제품개발에 응용하는 데 3M만큼 적극적인 기업은 아직은 없다.

1902년 설립된 3M이 지금까지 개발한 제품은 6만여종. 산술적으로 따지면 매일 2개의 신제품을 내놓았다는 계산이 나온다. 직원들의 아이디어 개발을 독려하기 위해 3M이 만들어낸 독특한 제도가 '30%룰'과 '15%룰'. 사업부마다 1년 매출의 30%는 최근 4년간 개발된 제품의 판매에서 나와야 한다는 것이 바로 '30%룰'. '15%룰'은 직원이라면 누구나 근무시간의 15%는 자신의 업무와 무관한 개인적 연구활동에 할애할 수 있도록 허용해주는 것.

아이디어 수집 창구는 직원뿐만 아니라 고객에게도 활짝 열려 있다.

대표적 사례가 한국3M이 작년 히트시킨 '삼중 양면 수세미'. '문수엄마'라는 고객으로부터 받은 아이디어를 제품개발에 응용해 히트상품을 만들어냈다. 한국3M의 최혜정 과장은 "실패를 용인해주는 회사 풍토가 아이디어 개발에 큰 힘을 발휘한다"고 말한다.

새로운 아이디어가 운영위원회에서 채택되면 아이디어를 구상해낸 직원은 기술, 영업, 재정 담당자 등을 규합, 실행팀을 만든다. 회사 내에 작은 회사가 생기는 셈이다.

상업성을 인정받으면 기존 생산라인을 뜯어 고쳐서라도 과감히 수용한다. 신제품의 매출이 증가해 일정 수준에 도달하면 실행팀은 제품부가 되고 업적이 더욱 향상되면 사업부로 승격한다. 최과장은 "직원들의 아이디어에 기술적인 조언을 하도록 사무직과 기술직의 중간성격인 기술지원부서를 별도로 운영하는 것도 신제품 개발의 원동력 가운데 하나"라고 밝혔다.

자료원: 동아일보, 1998. 11. 24.

9.2 생산관리의 체계

생산관리의 첫 출발점은 생산시스템의 설계이다. 즉, 생산목표를 달성하기에 적합한 시스템을 먼저 설계하고, 그 시스템이 원할하게 진행되도록 관리하게 되는 것이다.

생산시스템의 설계는 제품설계, 공정설계, 설비배치, 방법연구(동작연구), 작업측정(시간연구), 공장입지결정의 순으로 실시된다. 또한 생산시스템의 관리는 생산계획, 공정관리(일정관리), 재고관리, 설비관리, 품질관리 등으로 나누어서 진행된다.

그림 9-1 *생산관리의 체계*

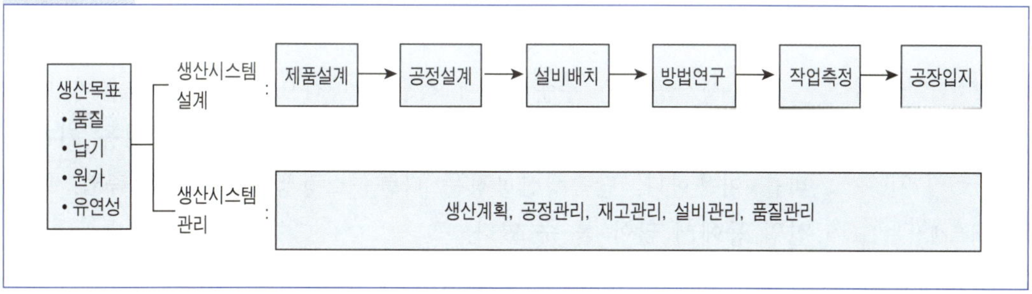

1. 생산시스템의 설계

① 제품설계와 공정설계

생산관리의 출발은 고객이 원하는 제품의 개발에 있다. 대개 신제품에 대한 아이디어는 고객의 요구나 회사의 R&D부문에서 창출된다. 이 아이디어는 심사, 사업성분석, 개발, 테스트, 상품화 단계를 지나면서 여과되어 소수의 제품만 시장에 도입되게 된다.

생산할 제품이 결정되면 제품생산이 적합한 생산공정이 결정된다. 생산공정은 대개 단속생산공정과 연속생산공정으로 구분되며 로트생산, 프로젝트 생산공정까지 포함시킬 수도 있다.

그림 9-2 *신제품의 여과과정 및 아이디어의 소멸과정*

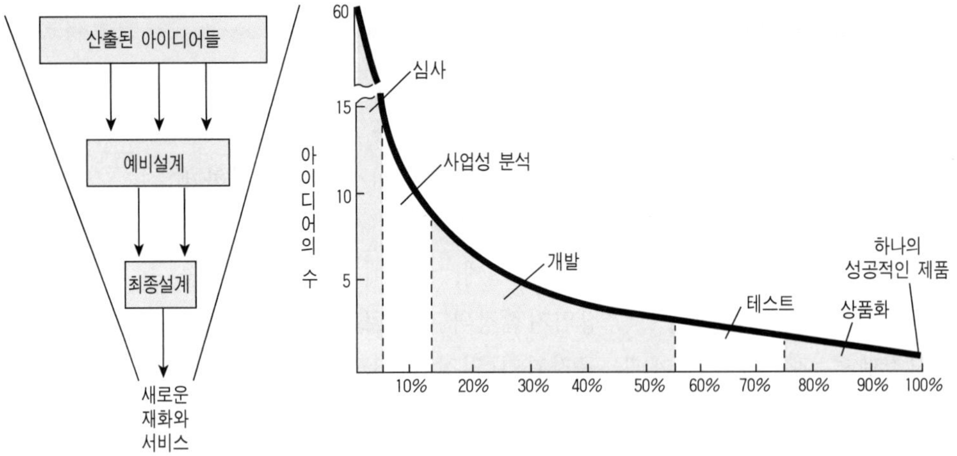

자료원 : Uman(1969), p.67.

로트생산은 단속생산과 연속생산의 중간형태로 묶음생산이라고도 한다.

프로젝트생산은 교량 등의 대형 건설공사에서 프로젝트 형태로 생산되는 방식으로 단속생산과 성격이 유사하지만 단속생산보다 생산규모나 생산기간, 투자비가 훨씬 많이 필요하다.

단속생산공정은 주문생산에 적합한 방식으로 생산의 흐름이 단속적이며, 다양한 제품을 생산할 수 있도록 설계된 일반목적용 기계설비를 이용한다. 단속생산공정은 다품종소량생산업종인 건축업, 항공산업 등에서 많이 볼 수 있다.

연속생산공정은 생산의 흐름이 연속적인 공정으로서 시장생산에 적합한 방식이다. 특정제품을 대량생산할 수 있도록 설계된 특수목적용 기계설비를 이용하며 소품종대량생산업종인 석유화학, 자동차, 전자제품 제조업 등에서 많이 채택된다.

제품은 시장에 도입된 이후 사용도중에도 끊임없이 재설계되고 혁신된다. 즉, 가치공학(VE: value engineering)과 가치분석(VA: value analysis)을 통해 제품의 가치를 증대시키게 된다.

또한 제품혁신과정은 공정과의 상호작용을 통해 이루어진다. 즉, 제품발전단계 동안 제품과 공정간에는 지속적으로 서로 영향을 주고 받게 된다.

그림 9-3 *연속공정, 단속공정, 프로젝트공정의 흐름 및 설비배치 방식*

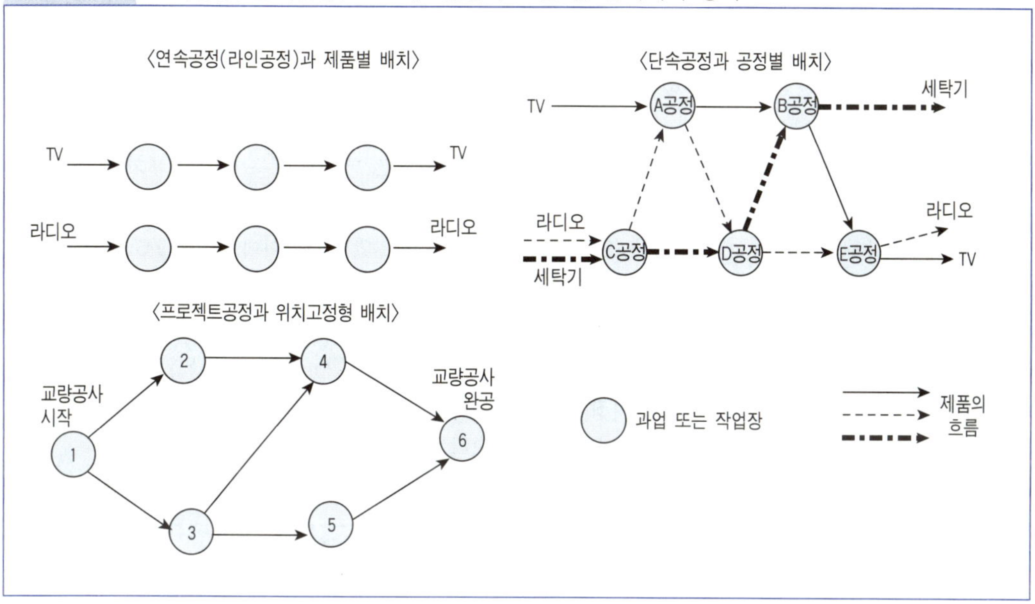

경영사례

◆ 델컴퓨터: PC직판체제 최초 도입

델컴퓨터는 직접판매를 고집하는 기업으로 유명하다. 고객의 주문에 따라 제품을 만들고 판매하는 '다품종 소량생산' 방식을 고수하고 있다.

직접판매와 주문제작의 전통은 델컴퓨터의 설립자 마이클 델 회장의 어린 시절부터 싹트기 시작했다.

1983년 미국 텍사스주립대에 입학한 델은 PC 구조에 관심이 아주 많은 학생이었다. 고교시절 생전 처음으로 애플컴퓨터를 구입한 뒤 가장 먼저 한 일이 분해작업이었을 정도. 또 열두살 때 통신판매로 우표를 팔아 2,000달러를 버는 등 어릴 적부터 직접판매에 남다른 소질을 보이기도 했다.

델은 지역 컴퓨터판매상으로부터 재고PC를 원가에 넘겨받아 이를 업그레이드한 뒤 대학생들에게 전화로 판매했는데 싼 가격으로 큰 인기를 얻었다. 사업가능성을 확인한 그는 창업을 결심하고 1984년 대학을 자퇴한다.

창업자금은 단돈 1,000달러가 전부. '델 컴퓨터'를 창업한 델은 직접판매 방식을 업계 최초로 도입했다. 필요한 양 만큼만 생산해 팔기 때문에 재고 부담이 없었다. 잇따른 성공으로 자신감을 얻자 1987년 영국에 지사를 설립하는 등 사업규모를 빠른 속도로 키워나갔다.

그러나 1989년 사업확장을 염두에 두고 미리 사들인 메모리칩이 쓸모없게 되면서 과잉 재고로 뜻하지 않은 위기에 부닥쳤다.

하지만 제조라인 전체를 당시 최고성능인 인텔 486 프로세서로 전환하는 등 과감한 투자로 곧 위기를 극복하고 1992년 127%의 고속 성장을 기록한다.

시련은 또다시 다가왔다. 덩치는 커졌으나 내실이 다져지지 않았던 것. 이에 따라 1993년부터 노트북PC사업 철수를 비롯한 구조조정을 통해 거품을 제거하는 작업을 벌였다. 이후 1990년 초반부터 시도한 전자상거래가 1996년경 대중화되면서 다시 성장일로를 걷고 있다.

델의 지난해 매출액은 182 억달러. 이 회사는 웹상에서 이뤄지는 주문-제작-판매만으로 매일 1,400만 달러 이상의 매출을 기록, 인터넷을 가장 잘 활용하는 기업으로 통한다.

현재는 전세계 33개국에 2만 4,000여명의 직원을 거느린 다국적기업으로 성장했다.

자료원: 동아일보, 1999. 8. 27.

표 9-3 *연속공정, 단속공정 및 프로젝트공정의 특징*

특징 \ 공정유형	라인공정	단속공정	프로젝트공정
제품:			
생산량	대량	소규모 로트	단일 단위
제품흐름	연속적	복잡, 단속적	없음
표준화의 정도	높다	낮다	낮다
제품의 다양성	낮다	높다	매우 높다
시장형태	대량	고객주문	유일
노동인력:			
기술	낮다	높다	높다
과업형태	반복적	비반복적	비반복적
보수	낮다	높다	높다
자본:			
투자	높다	중간	낮다
설비	전용	범용	범용
생산목표:			
원가	낮다	중간	높다
품질	균일	보다 가변적	보다 가변적
납품	신속	중간	늦다
유연성	낮다	중간	높다

계획 및 통제 : 생산통제 품질관리 재고관리	 쉽다 쉽다 쉽다	 어렵다 어렵다 어렵다	 어렵다 어렵다 어렵다

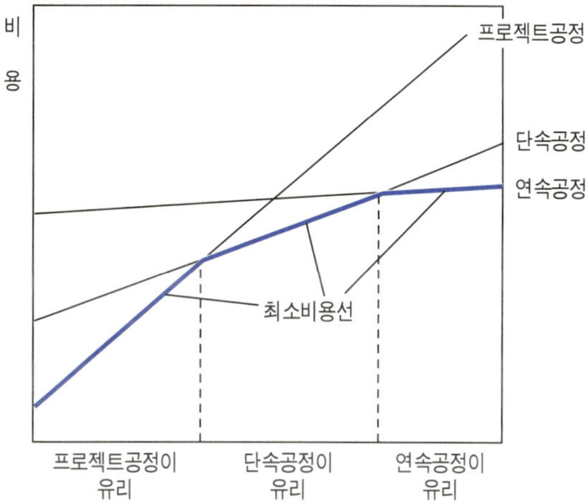

자료원 : 이상범, 현대 생산운영관리, p.135, 141.

가치＝기능/원가

가치공학(VE)또는 가치분석(VA)은 비용만 발생시키면서 제품의 가치나 기능에 공헌하지 못하는 것을 모두 제거시켜 비용 대 유용성의 비율 즉 제품의 가치를 높이고자 하는 개념이다.

그림 9-4 *제품과 공정의 관계*

〈제품-공정혁신의 동태적 모형〉

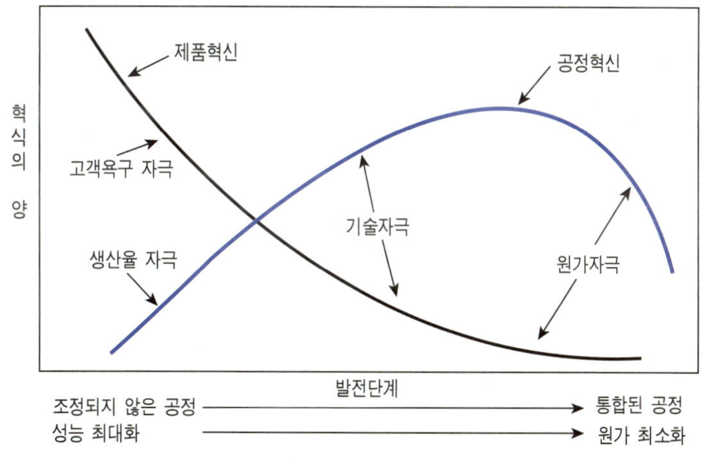

자료원 : Utterback and Abernathy(1975).

〈공정 - 제품행렬〉

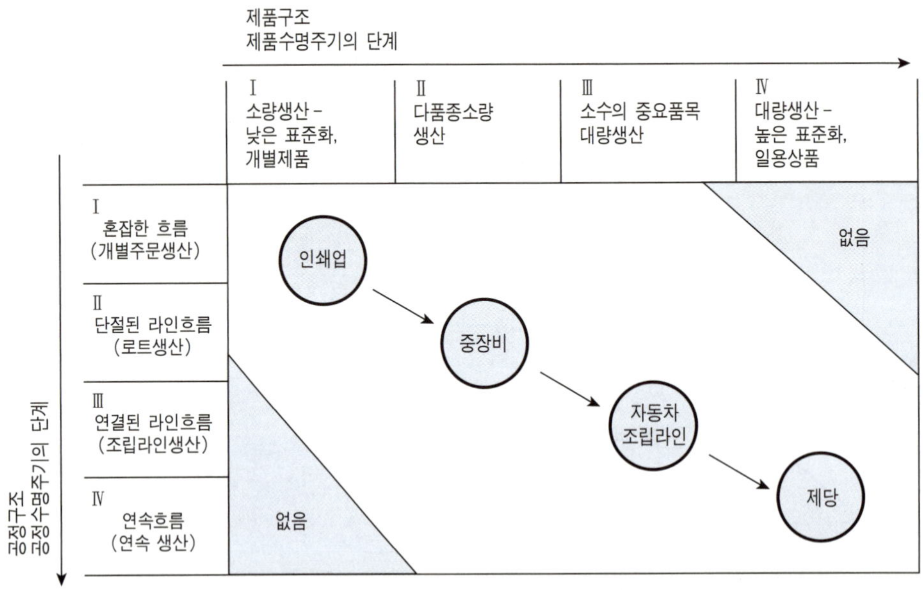

자료원 : Hayes and Wheelwright(1979), p. 137.

총괄생산계획과 공정계획시 다양한 제품과 다양한 자원을 공통의 척도로 나타낼 필요가 있는데, 가장 대표적인 척도가 시간이다.

② 방법연구와 작업측정

제품설계와 공정설계후 적절한 설비의 배치가 이루어지면, 작업자들의 작업방법과 그 표준시간을 측정하여 효율적인 작업이 진행되도록 한다. 대개 작업방법의 결정을 동작연구라 하며, 표준동작에 대한 표준시간의 결정을 작업측정이라 한다. 작업자들에게 이런 표준동작과 표준시간을 지속적으로 훈련시킴으로써, 제품의 품질관리, 생산시간 단축 등에 기여할 수 있다.

생산시스템 설계의 마지막 단계로는 앞에서 결정된 제품과 공정을 운영하는 데 적합한 공장의 입지를 결정하는 것이다.

2. 생산시스템의 관리

① 생산계획과 공정계획(일정계획)

생산시스템 설계후 생산에 돌입하기 전에 다음기에 생산해야 할 제품과 그 생산량을 먼저 결정하게 되는데 이를 (총괄)생산계획이라 한다. 또한 제품의 종류별로 생산량이 결정되면, 이를 달성하기 위해 납기일을 고려하면서 각 작업장별, 기계별, 작업자별로 업무를 할당하게 되는데, 이를 공정계획이라 한다.

② 재고관리

재고가 너무 많으면 자금의 회전율이 낮아 기업에 자금압박을 주고, 재고관리하는 데 비용도 많이 든다. 반면 재고가 너무 적으면 불규칙한 수요에 대비할 수 없으며, 이로 인해 매출액이 감소할 수 있다.

그러므로 일반적인 경우 생산과정에서 재고관리비용을 최소화시킬 수 있는 적절한 재고수준의 결정, 생산량의 결정, 주문량의 결정이 중요하다. 이를 위한 대표적인 기법인 경제적 생산량(EPQ)모형과 경제적 주문량(EOQ)모형은 앞에서 배웠으므로 여기서는 재고관리의 특수한 형태인 MRP와 JIT를 살펴보기로 한다.

우선 MRP(material requirement planning)는 종속적 수요품(원재료, 부품 등)의 필요량을 결정하는 데 유용한 방식이다.

경영 노트

❖ 독립수요품과 종속수요품

독립수요 품목은 다른 품목의 수요와는 상관없이 소비자에 의해 시장 메카니즘 속에서 수요가 결정되는 품목으로써, 주로 기업이 외부고객에게 판매하는 완제품이나 서비스 품목들이 이에 속한다. 반면에 종속수요 품목은 다른 제품의 수요에 의해서 그 수요가 종속적으로 결정되어지는 품목으로 원재료, 부품, 반제품 등이 이에 속한다.

예를 들어서 자동차 제조회사에서 자동차는 독립수요 품목이지만, 타이어는 자동차의 수요에 의해 종속적으로 그 소요량이 결정되는 종속수요 품목이다.

MRP를 적용하기 위해서는 총괄생산계획을 기초로 한 개별제품의 기간별 목표생산량(주생산일정; MPS)이 결정되어 있어야 하고, 한

JIT시스템은 일본의 도요타 자동차 회사에서 개발한 방법으로 현재는 전세계적으로 많이 도입되어 사용되고 있다.

제품을 생산하는 데 필요한 부품의 종류와 수량, 그리고 부품간의 상하관계(자재명세서)가 필요하며, 구체적으로 그 자재의 재고상태(재고기록철)도 관리되어야 한다. 위의 세 가지 정보를 고려하여 종속수요품들의 필요량과 필요시점을 결정하는 것이 MRP이다.

JIT(just in time)는 무재고 시스템으로도 불리우는 방법으로, 재고의 존재로 인한 문제점을 피하기 위해, 적시에 적량의 부품, 제품만을 생산하고자 하는 것이다.

즉, 향후 1개월에서 3개월 정도의 목표생산량을 일(日)별로 균등화한 다음, 뒷공정에서 필요한 양만큼을 앞공정에 칸반(kanban)이라는 카드를 보내어 공급을 요청하는 방식(pull system)이다. 정확히 필요한 양만 다음 공정으로 넘겨지므로, JIT에서는 그 부품들의 품질을 절대적으로 중시하게 된다. 즉, 실수를 덮어줄 재고가 없기 때문에 단 하나의 불량도 전체공정에 중대한 영향을 미치게 되는 것이다. 어느 단계에서든 문제가 발생하면 전체 생산라인이 중단되고 그 원인을 적극적으로 해결시킨 후 다시 공정이 진행된다.

JIT시스템은 문제를 재고로 덮어두기 보다는 적극적으로 노출시켜 바로 시정되도록 설계되어 있는 셈이다.

JIT시스템은 품질을 가장 중요한 요소로 보기 때문에, 가능한 공정을 자동화하게 되며, 설비배치도 U자형으로 배치하여 소수의 작업자로 하여금 많은 기계를 다루게 하는 방식을 취한다.

경영사례

♦ 삼성전기 '월드 톱라인 운동'

전자부품 생산업체인 삼성전기의 생산성이 1년만에 배로 높아졌다.

최근 수년간 증가세가 별로 개선되지 않음에 따라 생산성의 한계를 돌파하기 위해 작년 9월부터 시작한 '월드 톱라인 만들기 운동' 때문이다.

'월드 톱라인'은 삼성전기에서 획기적으로 생산성 향상을 달성한 생산라인을 지칭해 부르는 말이다.

이 같은 생산성 증가로 작년 1조8,000억원에서 올해 2조5,000억원으로 매출액 목표를 40%늘려 잡고 있다. 상반기 매출액이 1조2,500억원으로 작년 동기 8,060억원에 비해 50%신장했다. 이익은 416억원으로 작년 동기 대비 15%상승했다.

IMF체제라는 것을 감안하면 대단한 신장세다.

▶ 월드 톱라인 조건: 삼성전기 자체적으로 월드 톱라인에 선정되려면 3개월 동안 생산성이 50% 이상 올라야 하고, 인력을 30% 이상 감축해 품질개선 성과가 나타나야 한다.

또 선정되면 자신의 성공경험을 다른 라인에 전수해야 된다.

삼성전기 이형도 사장은 "지금까지 생산성 향상의 한계가 30%에 머물렀는데 이를 50% 이상까지 올려 '한계는 돌파할 수 있는 대상'이라는 인식을 확산하기 위해 이 운동을 시작했다"고 설명했다.

▶ 대표적 사례: TV브라운관에 들어가는 편향코일(DY)을 만드는 DY제조 2라인이 대표적 사례다.

이 라인에는 컨베이어벨트가 없다. 조립라인의 모양도 U자형이다.

DY라인은 긴 작업대에 10~20명이 일렬로 앉아 컨베이어벨트를 따라 이동하는 부품을 조립, 다음 사람에게 넘기는 기존 일자형(一字型)과는 다르다.

일자형의 경우 15m 라인에서 작업자 19명이 일했으나 U자형에선 11명으로 줄었다. 남는 인력은 신제품 라인에 투입됐다.

시간당 1개 라인 생산실적이 종전 170개에서 지금은 220개로 늘었다.

지난 2월부터 DY제조2부 7개라인 전체를 모두 U자형으로 바꿨다. 새 라인에서 생산성은 93% 향상되고 불량률은 71% 줄었다.

또다른 사례는 '정밀가공과 드럼생산 라인'이다.

이 라인에서는 주야로 총 4명이 작업했지만 1차 월드 톱라인에 도전, 3개월만에 2명으로 줄이고 2차 도전에서 3개월만에 사람없이 돌아가는 라인으로 만들었다.

금액으로 환산하면 생산성 향상으로 설비 6.5대분의 증설효과를 거둬 9억4,000만원에다 4명 인건비 1억원 등 총 10억4,000만원의 효과를 보았다.

삼성전기는 '월드 톱라인 만들기 운동'을 본사 8개 제품과 국외 7개 제품 등 총 33개 라인에 적용해 상반기까지 본사 265명, 중국, 태국, 멕시코, 포르투갈 등 국외공장에서 551명의 감축효과를 각각 거뒀다.

앞으로 이 같은 활동을 통해 본사 541명, 국외 1,295명 등 총 1,836의 인력감축 효과를 충분히 달성할 수 있다고 자신한다.

자료원: 매일경제, 1998. 10. 17.

③ 품질관리

생산관리 분야에서 가장 중요한 통제기능은 재고관리와 더불어 품질관리가 될 것이다. 전통적으로는 통계적 품질관리 기법으로 표본조사방식과 관리도법이 많이 이용되었으나 최근에는 종업원의 의식을 고려하는 품질향상기법도 많이 등장하였다.

품질향상 프로그램으로는 ZD프로그램, QC서클 등이 있다. ZD프로그램은 '무결점운동'이라고도 불리는 것으로서 품질개선을 위한 종업원의 동기부여 프로그램이고, QC서클은 각 작업장 내에서 품질활동을 자주적으로 행하는 작은 집단을 가리키는 말이다.

품질향상기법을 위한 기법으로는 파레토도표와 특성요인도를 들 수 있다. 파레토도표는 품질에 대한 불량 등이 발생한 경우 그 원인을 찾아서 대책을 세울 때 무엇부터 고려해야 할지를 알려주는 역할을 한다. 또 특성요인도는 발견된 불량항목 중 품질에 문제가 되는 특성과 이에 영향을 미치는 요인과의 관계를 알기 쉽게 도표로 나타낸 것을 말하며 생선뼈 그림이라고도 불린다.

우리나라에서는 1960년을 전후하여 품질관리의 개념이 전파되기 시작하였는데, 이때 공업표준심의회를 비롯한 각종 협회가 발족되고 품질관리 강습회도 열렸다. 이후, 품질관리 및 표준화대회, 품질경영상 제정 등 다양한 품질관리 활동들이 전개되어 현재에 이르고 있다.

그림 9-5 *ISO 9000시리즈의 적용범위*

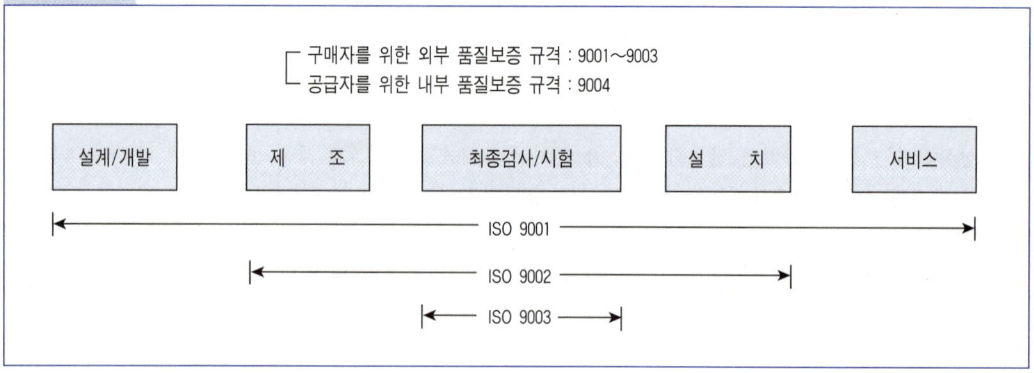

경영 노트

❖ ISO 9000시리즈

품질보증에 관한 국제표준으로 제품자체에 대한 품질을 보증하기 보다는 제품의 생산과정 등의 공정에 대한 신뢰성 여부를 판단하기 위한 기준으로 국제표준화기구인 ISO(International Standards Organization)에 의해 규정된 ISO 9000시리즈는 공산품은 물론 소프트웨어, 서비스 등의 전체산업에 적용될 수 있는 범용적인 규정이다.

ISO는 국가마다 다른 공업규칙을 조정 통일하고 물자 및 서비스의 국제적 교류를 쉽게 하기 위하여 1946년에 설립된 국제연합기구로 우리나라는 1963년에 가입하였다. 그리고 1987년에 국제표준화기구에서 국가간 무역장벽을 해소하기 위해, 국제적으로 인정할 수 있는 품질보증 기준으로 ISO 9000시리즈 규격을 제정하였다. 그런데 최근에 들어 각 기업마다 ISO 9000시리즈의 인증 취득에 대한 요구 또는 권고를 강하게 받고 있을 뿐만 아니라 인증을 받지 못하여 수출상담과정에서 수출자체가 무산되는 경우가 발생하고 있다. 즉, ISO 9000시리즈규격 제정의 취지는 국제무역에서의 기술장벽을 제거하기 위한 것이었으나, 결과적으로는 이 규격에 대한 인증을 받지 못한 경우는 제품수출이 사실상 불가능해지므로, 이 인증자체가 또 다른 무역장벽으로 대두되고 있다.

9.3 전사적 품질경영(TQM)

품질은 오늘날 경영자에게 경쟁전략의 수단으로써 가장 중요한 관심사가 되고 있다. 각 기업들은 실제로 미래를 대비하기 위해 품질에 최우선 순위를 부여하고 있다. 또한 반드시 고품질이 고비용을 의미하지도 않는다. 즉, 품질향상이 원가절감의 효과를 가져온 예도 많다.

미국 GM자동차회사는 품질보증기간을 1년 또는 12,000마일에서 4년 또는 50,000마일로 늘렸는데도 비용은 오히려 29%감소한 예도 있다.

그러므로 전사적 품질경영(TQM: total quality management)의 중요성은 날이 갈수록 강조되고 있다.

기존의 품질관리는 현장의 제조부문을 위주로 진행하는데 비해 TQM은 기업내 전부문이 생산성향상과 품질향상을 위해 노력하는 것이다. 또한 기존의 품질관리는 제품에 관심이 있지만, TQM은 고객의 만족에 관심이 있다. 품질은 주관적인 것이다. 그러므로 회사입장에서 품질을 관리하는 것은 한계가 있고, 고객을 만족시킬 수 있는 품질만이 시장에서 경쟁력이 있는 것이다.

TQM에서는 조직의 모든 종업원을 공급자인 동시에 고객으로 간주한다.

경영사례

♦ 고객품질평가단

국내 고객평가단의 효시는 대우자동차. 대우는 지난해 초 영국시장에서 시행한「테스트드라이버제」가 20만여명이 신청하는 대성공을 거두자 지난해 11월 국내서도「에스페로」품질평가단을 모집했다. 공개모집 결과는 예상을 넘어선 폭발적인 수준이었다. 100명을 선정하는 평가단이 되기 위해 43만5,368명이 신청, 4,433 대 1이라는 경쟁률을 기록했다. 평가단은 12월 3일 에스페로 1대를 받아 1년간 품질테스트와 시장조사 등의 임무를 수행하고 있다.

대우자동차의 대성공 후 전자업계에도 평가단 바람이 불고 있다. 오디오 전문업체인 아남전자가 1월말부터 100명의 음질평가단을 모집하면서 업계 처음 고객품질제도를 도입했다. 19일 발대식을 가진 평가단은 신제품「인엑스-44」를 3년간 무상으로 사용하며 제품의 디자인, 음질, 기능 등에 대한 자신들의 의견을 제시하게 된다. 아남전자는 음질평가단이 성공을 거둘 경우 대상을 전제품으로 확대할 방침이다.

LG전자도 16일 휴대폰신제품「GC-710」을 대상으로 300명의 고객평가단을 구성했다. 2월 중순부터 보름 동안 엽서와 PC통신으로 신청자를 모집한 결과 3만5,000명이 몰렸다. 평가단은 3개월 동안 사용하고 제품평가서와 설문서만 작성하면 임무는 끝난다.

사무기기전문업체 신도리코도 품질평가단의 대열에 동참했다. 지난 2월말부터 최저가 보통용지팩시밀리「젯팩스」에 대한 평가단을 모집한 신도리코는 제품의 특성상 대상을 사업자등록보유자로 한정했음에도 불구하고 30만명이 몰려드는 성황을 이루었다. 신도리코측은 추첨으로 100명의 평가단을 뽑았으며 1,000여명에게는 프린터 등 회사제품을 사은품으로 내놓았고 응모자 전원을「신도리코패밀리」로 지정, 특별관리할 계획이다.

업계 관계자는 "고객평가단은 광고를 통한 대대적인 이벤트효과는 물론 엄청나게 몰려드는 신청자들을 잠재고객으로 만드는 역할도 한다"고 밝혔다. 에스페로 품질평가단 신청자 가운데 지난해 12월 한달 동안 4,049명이 대우차를 구입했고 신도리코 젯팩스의 매출은 품질평가단모집 직후 150%이상 급증, 고객평가단의 효력을 입증했다.

자료원: 한국일보, 1996. 3. 25.

그러므로 전사적 품질경영이란 제품의 라이프사이클 모든 단계에서 전개되며, 기업전부문 및 전직원이 참가하고, 통계적 방법을 비롯한 객관적·정량적 품질관리 기법을 사용하여 변화에 대응하고 지속적인 개선을 추구하는 종합적 품질시스템으로서 정의될 수 있다.

표 9-4 *QC와 TQM의 비교*

구 분	품질관리 (QC: Quality Control)	전사적 품질경영 (TQM: Total Quality Management)
대 상	현장/제조부문 위주	기업내 전부문
중심업종	제조업 중심	서비스부문까지 확산
목 표	생산관리면에 국한 (불량률감소, 원가절감, 품질의 균일화)	기술혁신, 불량예방, 원가절감 등을 통한 생산성의 총체적 향상, 고객만족
성 격	생산현장에 정통한 전문가에 의한 관리, 통제 위주	경영전략차원에서 생산직, 관리자, 최고경영 자까지 전사적으로 참여하는 품질운동

자료원: 현대경영학, 신유근, p. 276

경영사례

♦엄격한 품질관리로 비용절감 '6시그마 운동'

세계의 기업인들은 최근 모토로라와 GE가 전사적으로 추진중인 '6시그마 운동'에 주목하고 있다. 모토로라가 1987년부터, GE가 1995년부터 6시그마 운동을 추진하면서 각각 1백10억 달러와 44억 달러의 비용절감효과를 거둬들였다는 사실이 벤치마킹의 충분한 근거가 되고 있기 때문이다.

시그마(σ)는 본래 통계학의 표준편차를 나타내는 용어로 미국 경영계에서는 이를 제품의 불량률을 표시하는 척도로 사용하고 있다. 2시그마는 불량건수가 1백만개 중 30만8천5백개, 4시그마는 6천2백개로 시그마 앞에 붙은 숫자가 적을수록 제품의 질이 떨어짐을 나타낸다. 6시그마는 1백만개당 3.4개의 불량품이 나올 정도를 의미하며 6시그마 운동은 완벽을 지향하는 품질관리 운동을 일컫는다.

국내기업들이 품질관리 운동으로 추진중인 1백PPM(1백만개 중 1백개의 불량품) 운동과 비교하면 수준차이를 실감나게 한다. 6시그마는 모토로라가 직원들을 재교육해 장기적으로 재활용하자는 전략에서 비롯됐다. 철저한 재교육의 토대 위에서 종업원들은 주인의식을 갖게 됐고 그 결과 6시그마의 신화적인 품질관리 성과가 탄생됐다. 도입 첫해인 1988년 매출과 이윤이 각각 23%, 45% 늘어났으며 4억8천만 달러의 비용절감 효과를 거두었다. 모토로라는 6시그마의 성공에 힘입어 2000년에는 10억개 중 2개의 불량품만 내겠다고 호언장담하고 있다.

GE 잭웰치 회장은 1995년부터 모토로라에서 벤치마킹한 6시그마를 도입해 전세계 사업장에서 추진중이며 올해만 이 운동에 4억 달러를 투자할 정도로 열심이다. 1980년대 품질관리면에서 미국을 능가했던 일본도 최근 6시그마에 눈을 돌리고 있다. 일본 소니사는 '6시그마 아카데미'라는 미국의 컨설팅회사와 수억엔의 비용을 부담하는 고문계약을 지난달 체결했다. 국내에서는 삼성전관이 지난 6개월간 6시그마 운동을 추진해온 결과 3천6백억원의 원가절감을 기록했으며 최근 LG그룹도 GE로부터 이를 벤치마킹해 원가절감에 나섰다.

자료원: 중앙일보, 1997. 12. 28.

경영사례

♦ 품질의 변천사 —'미국, 일본'의 품질 관리 주도권 경쟁

〈1950년대의 품질〉

1950년에 미국의 QC를 일본에 전한 데밍은 경영자와 기사들에게 품질관리 전과정에 걸친 PDCA 사이클의 전개를 강조함으로써 일본의 QC는 품질통제가 아닌 품질관리로 출발할 수 있었다. 이즈음(1954년) 주란이 일본의 최고경영자와 부·과장을 대상으로 품질관리 실천방법을 제시했다. 일본 품질관리의 씨앗은 이보다 훨씬 이전에 뿌려진 것으로, 이시다 교수가 관리도를 고안해 전구 제조공정을 관리했으며, 1943년에는 도오요(東洋) 베어링의 QC를 지도했다는 기록이 있다. 그리고 2차대전 직후의 1945년과 1946년에 표준화와 QC사업을 전개할 일본규격협회와 일본과학기술연맹이 창설되어 품질관리의 기반을 닦았고, 1949년에는 공업표준화법이 시행되었다.

일본과학기술연맹은 이들 품질관리기법을 일본실정에 맞도록 토착화하고, 그의 실천과 보급을 위해 1951년 데밍상을 제정·실시하였다. 결국 일본의 품질관리는 미국과 달리 품질보증을 위해 생산자가 스스로 품질개선을 지속적으로 전개하는 생산자 위주의 품질관리가 추진되어 전사적 품질관리의 토대를 이루게 되었다.

〈1960~1970년대의 품질〉

파이겐바움의 TQC(종합적 품질관리)가 1960년대 초 미국에서 도입되고, 아울러 현장 작업자들의 소집단 활동인 QC서클이 전개됨으로써 일본적 TQC, 즉 전사적 품질관리가 뿌리를 내릴 수 있었다. 1970년대에 일본 상품의 경쟁력이 강화되고 세계시장을 제패함에 따라 세계 각국의 관심을 일본적 TQC에 집중되었다.

〈1980년대 품질〉

1980년대 일본에서는 품질관련 국제 세미나, 전문가 파견 및 연수팀 초정, 민간 기업의 해외진출 및 기술협력이 많았다. 일본적 TQC의 국제적 추세에 따라, 일본에서는 영어판 'QC서클 강령' 책자의 보급을 비롯해 JIS와 데밍상의 국제화를 위해 외국기업에도 문호를 개방하고, QC 관련 국제회의인 ICQCC '85 TOKYO, ICQCC '87 TOKYO 등을 열기도 했다. 1987년에는 미국이 중심이 되어 품질보증체제를 다지기 위해 'ISO 9000 시리즈'를 제정한 바, 여기서 그들은 일본의 전사적 품질관리 개념을 품질경영(QM)으로 받아들이기에 이르렀다. 데밍이 그의 저서 '위기 탈출(Out of Crisis)'을 출간한 것은 1982년으로, 당시 미국에서는 일본기업의 눈부신 발전과 미국시장 침투에 관심이 고조되었을 때였다. 데밍은 이 책에서 미국 산업 위기를 강조하고 경영스타일의 변혁을 촉구하였다. 위기 탈출을 위한 대표적인 대응책으로 1980년에 NBC가 방영한 '일본은 하는데, 우리는 왜 못하는가?'라는 TV프로와 1987년에 제정된 맬콤 볼드리지 국가품질상을 꼽을 수 있다. 미국 사람들로부터 천대(?)를 받아오던 데밍은 그 후 미국 품질관리 재건의 기수로 활약하는 계기가 되었는데, 그의 품질경영철학은 통계적 품질관리를 기초로 하는 통계적 사고를 바탕으로 한 일본적 경영의 이론과 관행을 중심으로 하고 있다.

데밍은 전후 일본의 경영자들에게 QC를 가르쳤지만 그 자신도 일본의 품질관리에서 많은 것을 배웠다. 그것은 '인간을 구성원으로 하는 조직은 인간본위여야 한다'는 것이 그의 경영철학이다. NBC TV 방영 이후 일본의 품질관리기법인 다구치방식, 품질기능전개(QFD), 동시병행설계(CE)방침 관리와 기능별 관리, 지속적인 품질개선(CI) 등에 관심이 집중되었다. 즉, 미국 산업에서의 품질경영은 그룹의 참여, 고객만족, 벤치마킹, 맬콤 볼드리지상의 운영이 큰 몫을 했다. 1980년대 중반까지만 해도 미국의 경영자들은 품질에는 관심이 별로 없었다. 그러나 일본의 TQC를 익히고 이를 실천하는 과정에서 고객만족·경영철학·기업문화·벤치마킹 등을 가미해, 이른바 TQM(종합적 품질경영)을 추구하여 1990년대에 들어와 잃었던 고지를 다시 탈환할 수 있었다. 1980년대 까지 고전하던 미국기업의 부활은 포드의 '토로스'나 크라이슬러의 '네온' 자동차의 인기에서 엿볼 수 있다. 이들 사례에서 '고품질의 상품을 저가격으로'라는 종래의 경영사상에서 '수요자가 가치를 인정하는 상품과 서비스의 제공을 적절히 추구한다'는 패러다임의 전환을 볼 수 있다.

〈1990년대 품질〉

1970년대부터 1980년대 말까지 일본의 경쟁력은 미국을 능가했지만, 1990년대 들어오면서 전세는 다시 역전되었다. 경제력이 국제적 수준에 있는 일본 기업의 도요타, 혼다자동차와 소니, 마쓰시타, 히다치, NEC 등의 전자업체를 비롯한 제조업체들이다. 은행·증권·보험 등의 서비스 산업은 국세경쟁력이 떨어진다. 75% 이상의 근로자들이 서비스업체에 근무하고 있음에도 불구하고 일본 QC서클대회의 참가자수는 1/4에 불과하다. 여기서 일본서비스기업의 품질경영의 취약점을 엿볼 수 있다.

그 동안 미국 산업의 TQM 구축노력을 과소평가한 일본 학계와 실무자들은 외국의 맬콤 볼드리지상 수상업체를 둘러보고 고객만족을 목표로 그룹 주도하에 일본적 TQC가 TQM으로 구축되어 실시되고 있음을 보고 크게 놀랐다. 1960년대에 미국이 그랬던 것처럼 일본은 자만과 매너리즘에 빠져 경쟁력이 떨어지면서 일본내에서는 일본적 TQC의 비판이 일고 있었다. 이에 따라 일본과학기술연맹은 1996년 4월 TQC의 호칭을 TQM으로 개정할 것을 결의하고 1997년에 'TQM선언'을 하기에 이르렀다.

토·의·과·제

1. 최근의 공정 및 제품기술혁신이 생산전략에 미치는 영향에 대해 설명해 보자.

2. 제조업 분야의 생산전략과 서비스업분야의 생산전략의 차이점은 무엇일까?

3. 최근 환경변화를 고려할 때 호출기 회사의 생산전략을 수립해 보자.

4. 신제품아이디어 창출방법을 설명하고, 새로운 제품을 선택하여 직접 아이디어를 창출해 보자.

5. 종속적 수요와 독립적 수요의 차이점은 무엇이며, 적절한 예를 들어 설명하자.

6. 막걸리, 자동차, 전화, 햄버거, 전원주택 등의 제품의 생산에 사용되는 공정형태는 무엇일까?

7. 연구원 내에 연구소의 배치, 셀프서비스 식당의 배치는 공정별 배치, 제품별 배치, 위치고정형 배치 중 어디에 속하겠는가?

8. 작업의 표준이 중요한 이유는 무엇일까?

9. 총괄생산계획을 수립하는 데 있어 제조업과 서비스업의 공통점과 차이점은 무엇이 있는가?

10. 재고를 보유하는 가장 중요한 이유는 무엇인가?

11. 성공적인 JIT를 위해서는 어떤 조직문화가 창출되어야 하겠는가?

12. JIT 시스템에서 공급업자와의 관계가 중요한 이유는 무엇인가?

13. 최근들어 환경에 대한 관심이 고조되면서 국제표준화기구(ISO)에서는 ISO 14000이라는 새로운 인증제도를 도입하였다. 이는 사회적·경제적 필요에 따른 혼경보호를 목적으로 총체적인 관리체제와 능력을 심사하기 위함이다. 그렇다면 ISO 9000과 ISO 14000은 구체적으로 어떤 차이점이 있는지 비교해 보자.

10 인적자원관리와 기업의 잠재력

10.1 인적자원관리

직무분석은 직무의 내용과 요건을 정리하는 것이다.

직무평가란 직무분석결과 밝혀진 자료를 참조하여 직무의 높낮이를 평가하는 것이다. 직무평가시 주로 고려되는 평가요소는 숙련도, 능력, 책임, 작업조건 등이다.

어떤 정치가는 '인사는 만사'라고 하며 조직운영에서 가장 중요한 것이 사람이며 사람관리가 매우 중요하다는 점을 강조했다. 생산활동, 기술활동이 포함된 기업은 정치조직과 성격이 조금 다르겠지만, 역시 기업활동에서 가장 중요한 부분은 사람의 관리, 즉 인적자원의 관리가 될 것이다.

조직에서 종업원들을 다룸에 있어 필요한 두 단계가 있는데 하나는 인적자원관리를 위한 기초자료 수립단계와 기초자료를 이용한 구체적인 관리활동이 그것이다.

기초자료의 수집은 직무분석을 통한 직무평가와 인사고과 등에 의한다. 직무분석 및 직무평가란 직무의 특성을 고려하여 직무의 난이도 또는 서열을 결정하는 것이다. 반면 인사고과는 종업원들의 능력을 고려하여 그 서열을 평가하는 것이다.

이렇게 기초자료가 수집되면 조직내 모든 직무의 높낮이와 종업원의 높낮이가 파악되는데, 이들의 높이(즉 난이도나 능력)를 적절히 맞추어주면서 필요한 부서에 배치하고, 이동시키고, 교육시키고, 보상하는 것이 인적자원관리의 핵심이 된다.

표 10-1 *인적자원관리의 순환*

계 획	인적자원 계획
조 직	인사조직(모집, 선발, 배치 등)
지 휘	각종 인사활동(동기부여, 리더십)
조 정	인사이동, 교육훈련, 경력개발
통 제	인사통제

경영사례

♦ '능력 제일주의'에 웃고 우는 샐러리맨

재계에 임금이나 승진 결정과정에 '시장경제원리'를 적용하는 새로운 바람이 빠른 속도로 확산되고 있다. 기존의 연공서열 관행을 완전히 무시하고 철저하게 개인(조직)별 '능력'과 '업적'을 중시하는 이같은 '능력 제일주의' 풍토는 상대적으로 업무수행능력이 뛰어난 직원들에겐 고액임금과 고속승진을 보장하는 발판이 되지만 그렇지 못한 직원들에겐 퇴출압력으로 작용하고 있다.

▶ 개인 성과급제: 지난달 D증권에는 월급을 10억원 이상 타 간 직원이 탄생했다. 회사측이 영업에 따른 수익의 33%(수익이 3억원 이상일 경우엔 35%)를 그 수익을 올린 직원에게 성과급으로 지급하는 성과급제를 최근 도입했기 때문이다. 이 회사는 재직 20년이 지난 지점장이나 1년밖에 안된 평사원에게 똑같이 기본급을 1백만원만 책정해 놓아 능력이 못미치는 지점장은 '새파란' 후배사원들보다도 월급이 적어질 수도 있게 됐다.

올 1월부터 과장, 차장, 부장 등 중간관리자 1천3백여명을 대상으로 연봉제를 도입한 현대전자도 성과급을 기준연봉의 2백%까지 지급키로 해 앞으로 중간관리자에서도 '1억원 연봉'이 나올 수 있게 됐다.

SK생명의 경우 1년에 1호봉씩 상향조정해온 대리급 이하 직원들에 대한 고과제를 올해부터는 차등고과제로 바꿔 능력과 업적평가에 따라 고과평점을 1~4단계로 차별화해 적용키로 했다.

▶ 조직 평가: 개인능력만 뛰어나서도 안된다. (주)새한은 올해부터 사내 조직별 신용등급을 A~D의 4개 등급으로 나눠 B등급 이상을 받아야 자금지원을 해주는 '사내 뱅크제'를 도입, 경영실적이 나쁜 사업부문은 사실상 퇴출압력을 받을 것으로 보인다.

작년에 이미 '사내 도산제'를 도입했던 삼성물산은 앞으로 이를 보다 엄격히 적용해 적자부서는 과감히 퇴출시키기로 했다.

▶ 파격 인사: 능력있는 30대가 임원으로 승진하는 일이 이젠 새삼스런 일도 아니다. 한통프리텔은 최근 단행한 임원인사에서 30대 이사 3명을 핵심요직에 발탁했으며 LG전자도 연말 임원인사에서 4명의 30대 임원을 배출했다.

특히 대우개발은 고졸출신에 38세에 불과한 박효남씨를 서울 힐튼호텔내 11개 식당을 총괄하는 조리이사로 발탁승진시킴으로써 더 이상 '학력과 나이'가 '능력'보다 우선될 수 없음을 보여줬다. 이 밖에 삼성물산은 최근 호봉제를 폐지하고 한번에 2직급을 승진할 수 있는 대발탁제를 도입하면서 "사내 인사·임금제도에도 '시장경제원리'를 철저히 적용해가겠다"고 밝혔다.

자료원: 문화일보, 1999. 1. 16.

경영 노트

❖ E비즈니스 성공전략으로서의 인적자원관리

디지털 혁명시대에 기업이 생존·발전하기 위해서는 인적 자원관리에 대한 철학을 재정립해야 한다. 과거에는 조직 구성원을 생산수단의 한 비용요소로 인식해 왔으나 디지털시대에는 조직구성원 한사람 한사람을 지적자산 또는 파트너로 여겨야 하는 것이다. 구성원 입장에서도 고용안정성(employment)을 중시하는 근로관에서 벗어나 고용가능성(employability)을 중시하는 새로운 가치관을 정립하는 것이 필요하다. 디지털 시대의 인적관리는 5가지 요건을 충족시켜야 한다.

첫째, 외부 노동시장에서의 수요·공급 논리에 순응하는 개방형 인사체제를 구축해야 한다. 디지털시대에는 5%의 핵심인재가 95%의 종업원을 선도한다. 지금처럼 내부 노동시장에 초점을 둔 폐쇄적 인사관리로는 우수인재의 확보·유지가 사실상 불가능하다. 외부 노동시장의 힘을 인정·수용하면서 최적의 인재확보·유지방안을 모색하는 지혜가 필요하다.

둘째, 전체가 아닌 개개인의 특성을 반영한 맞춤식 인적자원관리 방식을 도입해야 한다. 형평성을 중시한 나머지 일률적으로 적용하는 방식은 다양한 특성을 가진 개별 구성원을 모두 만족시킬 수 없다.

셋째, 성과주의에서 탈피해 성공을 공유하는 메카니즘의 정립이 필요하다. 구성원들이 주인의식을 갖고 신바람나게 일에 몰두하기 위해서는 금전적 성과보상뿐만 아니라 기업문화, 조직운영 등 금전적·비금전적 측면 모두를 함께 공유하는 것이 중요하다.

넷째, 서류중심의 전통적인 인사관리(p-HR)와는 달리 쌍방향 커뮤니케이션이 가능하도록 IT기술을 활용해 인사관리 정보와 서비스를 전 구성원에게 제공하는 체제(e-HR)를 구축해야 한다.

마지막으로 인사관리부서는 전통적인 행정적 관리 역할보다는 전사적인 전략수립에 기여하는 비즈니스 파트너로서의 역할이 필요하다. 이를 위해서는 구성원들도 보다 전문가적인 역량을 갖추어야 한다. 디지털 환경하에서 사업성공을 결정짓는 것은 인재다. 따라서 인적자원 관리기능도 R&D, 마케팅과 함께 전략적 핵심기능으로 새롭게 자리매김해야 한다.

자료원: 매일경제, 2000. 4. 27.

1. 모집·선발관리 및 인사이동관리

인적자원관리는 인력계획에서부터 출발한다. 즉, 현재 및 미래의 각 시점에서 필요로 하는 인력의 종류와 수를 예측하고, 이의 선발을 위하여 적절한 응모자를 확보한 후, 이 응모자들 중에서 적합한 자질을 갖춘 사람을 선발하게 된다. 가장 대표적인 선발도구로 시험과 면접이 있는데, 신뢰성과 타당성이 높은 도구를 선정하여 실시하는 것이 중요하다. 적절한 신입사원이 선발되면, 최초의 부서에 배치하여 직무를 부여하게 된다.

한편, 엄격한 선발과정을 거쳐 채용되어 어떤 직무에 배치된 종업원이라 할지라도 일정한 기간이 지나면 권태감, 개인상의 변화, 회사의 필요능력의 변화가 일어난다. 따라서 일정기간마다 종업원의 성격, 능력, 근무상태, 회사의 필요를 재평가하여 이동시킬 필요가 있다. 이동은 조직의 생명력을 증대시키며 생기있는 분위기를 조성하고, 본인에게는 자신의 경력을 개발하고 근로생활의 보람을 느끼도록 한다.

신뢰성이란 어떤 시험을 동일한 환경에서 동일한 사람이 여러번 다시 보았을 때 그 결과가 서로 일치하는 정도를 말하는데 시험결과의 일관성을 나타내는 개념이다. **타당성**이란 시험이 특정하고자 하는 내용 또는 대상을 정확히 검증하는 정도를 말한다.

경영사례

♦ 일본기업의 인적자원관리

'경영의 신(神)' 마쓰시타 고스노케(松下幸之助)가 설립한 마쓰시타전기사업은 일본의 '가족주의적 경영'을 대표하는 기업이다. 그런 마쓰시타전기도 올해들어 승진을 연공서열에서 능력주의로 전환했다. 지난해에는 주주중시경영을 강조하기 위해 자사주 1,000억엔어치를 매입해 소각했다.

종신고용, 연공서열, 집단주의로 대표되는 일본식 경영은 전후 일본의 고도성장을 뒷받침해 왔다. 그러나 경영실적악화와 경제구조변화로 기업들은 새로운 경영방식을 채택하고 있다. '신(新)일본식 경영'이다. 그 방향은 능력중시, 이사회 개혁, 사업재편, 사풍(社風)개혁, 인센티브제 도입 등이다. 미국식 경영이념을 받아들이고 있는 것이다.

종합상사 닛쇼이와이는 4월에 야스타케 시로(安武史郎) 상무를 사장으로 선임했다. 부사장 등 17명의 상사를 제친 파격적 기용이었다. 자동차회사 마쓰다는 지난달 38세의 미국인 마크 필즈를 전무로 영입하고 설계담당 차장이던 41세의 마루모토 아키라(丸本明)를 이사로 발탁했다.

도요타자동차가 사무기술직 직원에 대한 연령급을 폐지키로 하는 등 연공서열형 임금체계 퇴조는 돌이킬 수 없는 추세다.

일본기업 3할이 어떤 형태로든 연봉제를 채택했다.

전자업체 도시바와 소니는 지난해 이사회에 참가하는 임원 수를 33명과 38명에서 12명과 10명으로 각각 줄였다. 의사결정의 신속화를 위해서다.

이토추상사는 전략분야인 정보통신과 금융증권 전문가를 영입하기 위해 사장보다 높은 급여를 줄 수 있는 제도를 채택했다. 일본빅터는 회사에 도움이 되는 특허를 낸 직원에게 최고 1억엔의 장려금을 주기로 했다. 그러나 미국식 경영을 통째로 도입하는 것은 아니다. 2월에 세계적으로 1만5,000명을 감원하겠다고 발표한 NEC처럼 인원감축은 대세지만 많은 기업들은 '제 3의 길'을 모색하고 있다. 미국식 능력주의와 일본식 장기고용을 절충하려는 시도다.

계측기 업체 요코가와전기는 지난달 과장급이던 42세의 오카베 마사토시(岡部正俊)를 직원 230명인 계열사 사장으로 발탁했다. 실력주의 인사다. 그러나 요코가와전기는 정년퇴직자의 재취업을 위한 인재파견회사를 만들어 퇴직후에도 일할 수 있게 했다.

마쓰시타전기도 60세에 정년 퇴직한 직원을 65세까지 계약직으로 재고용하는 제도를 2001년부터 시행한다. 이데미쓰흥산처럼 인사는 능력위주지만 해고와 정년이 없는 회사도 있다.

도요타자동차 오쿠다 히로시(奥田碩) 회장은 '인간의 얼굴을 한 자본주의'를 강조한다. 그는 "실력주의는 강화하겠지만 사람을 중시하면서도 이익을 내는 '제 3의 경영'을 택하겠다"고 말했다.

마쓰시타 계열의 마쓰시타전공 미요시 도시오(三好俊夫) 회장은 "경영이 한꺼번에 미국형으로 바뀔 수는 없다. 아마 전통적 일본형과 미국형의 중간 어디에서 만나지 않을까"라고 내다봤다.

장기고용 유지와 국제경쟁력 강화라는 '두 마리 토끼'를 잡으려는 '신일본식 경영'이 어떤 성과를 거둘 것인가.

자료원: 동아일보, 1999. 7. 12.

이동은 넓은 의미에서 보면, 승진, 전환, 강등, 이직을 모두 포함하는 개념이다.

이동의 필요성을 자세히 살펴보면 다음과 같다.

첫째, 다음 세대에 조직을 이끌고 갈 후계자를 양성한다.

둘째, 인적능력의 효과적 활용을 도모한다.

셋째, 종업원에게 새로운 일의 기회를 제공하고 자아발전을 도모한다.

넷째, 동일직무에 고착함으로써 발생하는 태만과 타성을 제거하고 근로의욕을 쇄신한다.

다섯째, 이동은 승진과 함께 고려되는 경우가 많으므로 동기부여와 사기를 앙양하게 된다.

여섯째, 조직의 경직성을 방지한다.

그림 10-1 *인적자원관리의 체계*

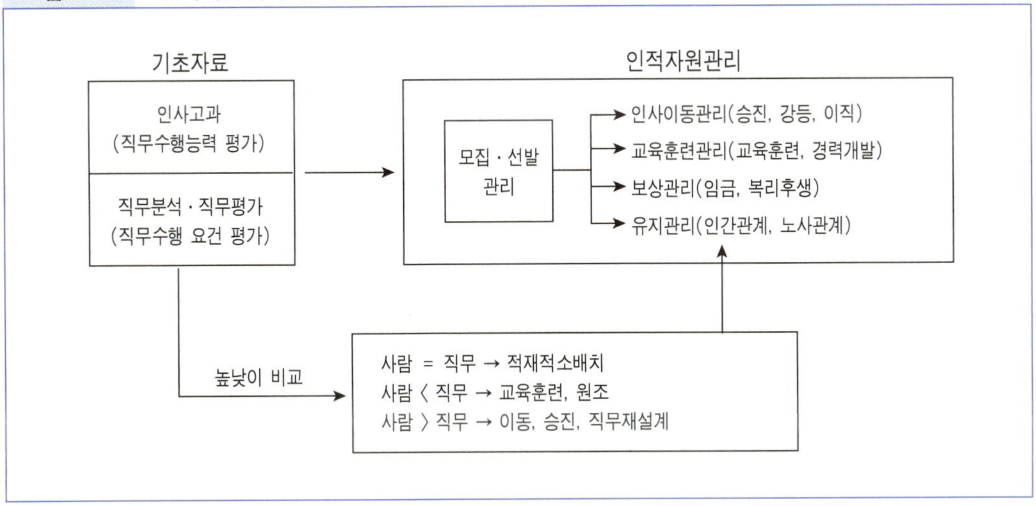

경영사례

◆ MD푸드의 직원채용시스템

덴마크의 대표적 유가공업체인 엠디푸드의 한국 지사 엠디푸드코리아의 직원구성을 보면 전설의 왕국 '아마조네스'를 연상시킨다.

다른 어떤 기업보다 여직원 비율이 높기 때문. 전북 정읍의 공장과 전국 각 지사의 인원까지 합하면 직원의 44%가 여성이다. 특히 서울지사의 회계, 전산, 재무 등 관리 파트 책임자 9명 가운데 8명이 여자일 정도.

이유는 간단하다. 성별에 관계없이 철저하게 능력에 따라 직원을 선발하기 때문. 엠디푸드코리아의 재무담당 매니저 피어 닐슨은 "특별히 여성을 선호하는 것은 아니다"며 "필요로 하는 경력과 능력을 갖춘 사람을 뽑다보니 그렇게 된 것"이라고 설명한다.

이같은 현상은 엠디푸드의 자율적인 직원 채용 시스템이 뒷받침되기 때문에 가능하다.

예를 들면 이렇다. 마케팅 매니저가 인력을 추가로 필요로 할 경우 인사부에 'ㅇㅇ명을 뽑아야 하니까 대상을 추천해달라'고 요청한다. 인사부에서 검토를 한 뒤 타당하다고 인정하면 대상자들을 추천해준다. 그런 다음 마케팅 매니저의 면접만 통과하면 정식 직원으로 채용된다.

그 이상의 상급자나 최고경영자의 면접은 거치지 않는다.

닐슨이 올해초 부하 직원을 선발할 때의 일. 닐슨은 한국적 특성을 감안해 한국지사의 상사인 사장과 회장에게 면접을 하겠느냐고 물었다. 두 사람의 대답은 "내가 왜 개입을 하느냐. 당신이 알아서 하라"는 한마디였다.

이같은 채용제도는 대부분의 업무를 담당자가 판단하고 직속의 상관이 결정하면 끝나는 엠디푸드의 신속한 업무처리 환경에서 비롯한 것.

닐슨은 "여러 단계를 거치다보면 불필요하게 시간이나 예산을 낭비하게 마련"이라고 말한다. 따라서 엠디푸드코리아의 회계담당자가 처리하는 업무를 닐슨이 결재를 할 때도 있지만 닐슨을 거치지 않고 덴마크 본사의 담당 상급자가 직접 판단해 결정하는 경우도 비일비재하다.

닐슨은 "이같이 짧은 단계를 거쳐 업무를 처리하기 때문에 오류가 생길 수도 있지만 관련 있는 업무 파트끼리 철저히 교차점검하도록 해 오류를 최소화한다"고 밝혔다.

경영사례

◆ 사내결원공지제도

주요 부서에 결원이 생겼을 때 보통이 기업이라면 인사기록철을 뒤져 적합한 인물을 찾으려 할 것이다. 또는 실력이 있다는 외부 인물을 스카웃하는 방법을 고려할 터이다.

볼보건설기계코리아는 이같은 고정관념을 깨고 사내직원 신청을 받는 '사내결원공지제도'를 도입했다. 공석인 자리가 나오면 사내게시판과 전자게시판에 고지해 희망하는 직원이 자유롭게 전자우편으로 신청토록 한다. 지원자는 근무할 부서의 매니저와 인사팀 담당 매니저를 통해 자질과 적성을 평가받고 원하는 부서에 배치된다. 직원충원에 따른 투명성이 높아질 뿐 아니라 업무에 가장 적합한 후보자를 사내에서 선정·배치함으로써 업무의 효율성과 경쟁력을 높이는데도 효과적이다.

지난해 말 이후 20명의 직원들이 이 제도로 자신이 희망하는 부서로 옮겼다. 사내에서 뿐 아니라 그룹 전체적으로도 적용돼 이미 6명의 직원이 벨기에, 스웨덴, 독일지사 등으로 자리를 옮겼으며, 최근에는 한국 본사에서 근무중인 이상현 자금팀장이 그룹의 북미법인 비즈니스 컨트롤러로 근무하게 됐다. 볼보건설기계코리아는 사내결원공지제도를 통해 사내의 성별, 연령, 학력, 지역적 차별을 없애는 한편 업무 효율성을 높이고 있어 회사측으로는 두 마리 토끼를 모두 잡는 효과를 얻고 있다.

자료원: 매일경제신문, 2000. 7. 4.

2. 교육훈련관리 및 경력개발제도

조직이 처한 환경은 날이 갈수록 빠른 속도로 변하고 있다. 그러므로 기업의 경쟁력 확보차원에서 환경에 적응하기 위한 끊임없는 노력이 필요하며, 이는 종업원에 대한 교육훈련을 통하여 달성될 수 있다.

변화되는 환경에 적응하기 위하여, 조직 내의 종업원들이 스스로 학습하고 전달하고 성장할 수 있는 체계가 존재하는 조직을 학습조직이라 한다.

이러한 교육훈련은 조직구성원의 잠재적 능력을 최대한도로 발휘하게 하며, 변화된 직장의 환경에 신속히 적응하게 하고, 직무에 대한 보다 많은 지식이나 기술을 습득케 하여 효과적인 직무활동을 할 수 있도록 해 준다. 교육·훈련기법을 장소에 따라 구분해보면 OJT와 Off JT로 나눌 수 있다.

OJT는 직장내 훈련(On the job training)으로 직장에서 구체적인 직무에 관하여 직속상사가 부하에게 직접적으로 개별지도를 하는 방식을 말한다.

직장외 교육훈련(Off JT)이란 직무외 훈련(Off the job training)으로 교육훈련을 담당하는 전문스탭의 책임하에 조직내에 있는 양성소나 연구소 등과 같은 특정의 교육훈련시설을 통해서 하는 것은 물론, 조직 외의 전문적인 훈련기관에 위탁하여 수행하는 경우도 있다. 따라서 Off JT는 현장의 작업과는 직접적인 관련을 갖지 않는 보편적이고 일반적인 작업이나 인간관계의 중요성 등과 같은 것을 교육훈련하는 데 적합하다. 이는 현장작업과 관계없이 예정된 계획에 따라 훈련할 수 있다는 장점이 있으나 그 결과를 곧 현장에서 활용하기 어렵다는 단점이 있다.

경영사례

◆ 텍사스 인스트루먼트사의 승진관리

텍사스 인스트루먼트(TI)코리아의 디지털신호처리칩(DSP)솔루션센터에 근무하는 김성실씨의 직장 생활은 더할 나위 없이 만족스럽다.

다른 일에는 전혀 신경쓸 필요없이 오로지 관심이 있는 분야의 연구에만 전념할 수 있기 때문. 부장급의 지위에 있지만 서류업무나 조직관리 같은 일로부터는 완전히 자유롭다. 다른 일을 하지 않는다고 해서 봉급이나 수당이 적은 것도 아니다. 게다가 회사내에서는 TI의 간판제품인 DSP분야의 전

문가로 인정받아 직원들의 부러움을 한몸에 받고 있다.

기술계통에 종사하는 김씨가 이같이 특별 대우를 받는 것은 기술인력만을 위해 별도로 마련한 TI의 기술직 승진체계(Technical Ladder)덕분. TI코리아의 김명수 상무는 "대부분의 기업에서는 기술인력들이 승진과 함께 관리업무에 시달려야 한다"며 "이 제도는 뛰어난 기술인력이 일반적인 승진코스를 밟지 않더라도 명예와 높은 급여를 받으면서 연구개발에 전력할 수 있도록 뒷받침해주는 제도"라고 설명.

승진코스는 부장급의 MGTS(Member of Group Technical Staff)로부터 사장급인 Pr. Fellow까지 모두 6단계. 김성실씨는 이사급인 SMTS(Senior Member of Technical Staff)의 직급을 보유하고 있다.

이 승진코스에 진입하기만 하면 '반도체 기술의 장인'으로 인정을 받는다. 그런만큼 심사과정도 엄격하다.

상사나 동료들의 추천을 받은 대상자들은 우선 10인으로 구성된 아시아 기술위원회 심사를 통과해야 한다. 그런 다음 전세계 지역 대표자로 구성된 본사 기술위원회의 심사를 받는다. 심사기준은 기술개발 기여도 및 특허보유상황 또는 논문발표 건수 등.

1년에 한차례씩 열리는 심사를 통과하는 사람은 전 세계에서 열 손가락에 꼽을 정도. 또한 희소성을 위해 단계별로 엄격한 비례의 원칙을 적용한다. MGTS는 전체 대상 기술인력의 8.3%로 한정돼 있으며 Pr. Fellow는 전세계적으로 48명에 불과하다. 한국지사에는 MGTS 3명, SMTS 2명이 있다.

일단 이 승진코스를 밟기만 하면 급여와 직급이 상향조정된다. 부와 명예를 동시에 거머쥐는 셈. 부사장급인 Fellow의 경우 아무런 부서를 맡지 않지만 부사장 이상의 대우를 받고 '장인'으로 존중받는다.

이처럼 '장인'이 되기도 어려우며 일정한 노력을 꾸준히 계속하지 않으면 자격을 박탈당하기도 한다. 김상무는 "이 승진단계에 든 사람은 근무시간의 50%를 연구개발에 투자해야 한다"며 "일정기간 연구실적이 미비할 경우 심사를 거쳐 직급을 박탈한다"고 설명했다.

TI는 반도체칩을 세계 최초로 개발한 미국 최대의 반도체 업체로 지난해 매출액은 98억 달러 규모. 올 한해 기술개발부문에만 11억 달러를 투자했다.

김상무는 "기술인력에 대한 투자와 배려가 TI를 세계적 반도체 업체로 성장시킨 배경"이라고 말한다.

자료원: 동아일보, 1998. 12.16.

오늘날 종업원들은 근로생활의 질(quality of working life: QOWL)에 많은 관심을 가지고 있으며 직무에 좌절감과 불만을 느끼는 종업원은 생산성 하락은 물론 이직까지도 고려하게 된다. 따라서 종업원의 장기적인 업무욕구와 조직목표를 통합시킬 수 있도록 설계된 효과적인 경력관리제도에 의한 교육훈련과 승진관리가 필요하다. 이를 위해 경력개발기법이 나타났다.

경력개발(career development)은 조직이 그 구성원 개개인의 경력을 조직내에서 개발하도록 격려하며, 그 과정에서 조직의 목표달성에 필요한 능력개발을 하기 위해서 나타난 제도이다.

경력개발의 목적은 기본적으로 개인의 능력을 최대한 개발시켜 이것을 조직의 경력기회에 적용시킴으로써 개인의 경력욕구를 충족시키고 조직의 목표도 달성하려는 것이라 할 수 있다. 종업원의 경력개발을 위해서는 경력목표, 경력계획, 경력개발 등의 활동이 필요하다. 즉, 종업원들로 하여금 경력목표와 그 달성경로를 알게 하고, 경력개발 기법을 이용하여 경력목표의 달성을 촉진시키는 적합한 방법을 찾게하고 자신을 개발하게 하는 것이다.

대표적인 경력개발기법으로 경영자 개발위원회, 계획적 경력경로화, 중간경력의 쇄신 등이 있다.

경영자 개발위원회(management development committee)는 관리층 종업원들의 경력개발을 감독하는 위원회를 설립하고, 관리자 계층 종업원들간의 이동을 감독하면서 매년 각 종업원들의 강점과 약점을 검토하여 실시한다. 즉, 5년간의 경력계획이 각각의 종업원들과 협의하여 세워지고 위원회는 이 계획에 따라 종업원들의 개발을 감독한다. 이와 같이 계획이 개별관리자와 위원회의 합작으로 이루어지기 때문에 개인과 조직목표와의 일치가 이루어질 기회가 많아지는 것이다.

계획적 경력경로화(career pathing)는 경력초년병들을 대상으로 한다. 종업원들은 처음 몇 년 동안 9개월에서 12개월마다 다른 부서로 이동한다. 즉, 여러 부서의 경험을 쌓은 후, 한 단계 높은 직무를 맡게 되면 새로운 경력경로가 제시되는 것이다.

중간경력의 쇄신(mid-career update)은 중간관리자의 진부화 문제를 해결하기 위한 방법이다. 진부화(obsolescence)는 중간경력관리자들의 고민거리이다. 이 문제를 해결하기 위하여 어떤 대규모 제조회사는 조직적으로 중간경력관리자들이 최신 기술을 습득하도록 하는 프로그램을 마련하고 있다. 즉, 직무, 마케팅, 컴퓨터 실습, 인간행위에 관한 특별 세미나가 제공되며, 참가자격은 중간경력에 이른 관리자로 제한한다.

경영 노트

❖ 경력 개발의 필요성

샐러리맨의 30%는 '나는 과장에서 직장생활이 끝난다'고 생각하고 있는 것으로 나타났다.

LG텔레콤이 직원 393명을 대상으로 실시한 설문조사에서 '나는 어디까지 올라갈 수 있을까'라는 물음에 30%는 '과장', 11%는 '부차장'이라고 답했다. '사장'이라고 답변한 사람은 24%.

직급에 따라 기대치가 다른 점도 흥미롭다. 부차장은 10%, 과장은 15%만 사장까지 올라갈 수 있다고 자신감을 보인 반면 신입사원은 52%가 '사장이 될 수 있다'며 패기를 보였다.

'직장생활을 몇살까지 할까'라는 질문에는 33%가 '30대까지만 하겠다'고 답해 IMF체제 이후 평생직장 인식이 무너지고 있음을 보여주었다. 40대라는 대답은 28%, 50대는 31%, 60대 이상은 8%였다.

'개인적인 비젼이나 계획'을 묻는 항목에는 맡은 분야에서 최고의 전문가가 되겠다(42%), 우리회사를 최고로 키우겠다(33%), 벤처기업을 창업하겠다(15%), 경제적인 기반을 마련하겠다(10%)고 응답.

경영사례

◆ 인재 기르는 회사 앞길 밝아도 대물림 경영엔 미래 없다

미래산업은 국내 금융기관들이 주저없이 꼽는 '국제통화기금(IMF)시대에 생존가능성이 가장 높은' 회사다. 주력품인 반도체검사장비 '테스트핸들러' 분야에서 이 회사와 경쟁할 수 있는 세계적인 업체는 일본어드밴테스트사 한 개 정도.

지난해엔 6백15억원 어치를 팔아 1백83억원의 순익을 올렸다. 테스트핸들러에 들어가는 2만2천개 부품의 대부분을 자체 개발한 것이고 해외주문까지 밀려있어 IMF한파는커녕 IMF특수에 즐거운 비명이다.

"탁월한 예술가가 타고 나듯 훌륭한 엔지니어도 타고 납니다. 기술지향적 기업들이 가장 공을 들여야 할 부분은 바로 옥석(玉石)가리는 일이지요."

정문술 미래산업 사장은 사람에 대한 투자가 오늘의 미래산업을 있게 한 원천이라고 강조한다. 그렇다고 사원채용시 마냥 명문대 출신을 찾지는 않는다.

부사장 등 회사내 서열 4위까지의 핵심인력이 모두 공고 출신. 공고 2학년생들을 받아들여 사람됨됨이와 소질을 평가해보고 우수인재를 병역특례자로 남긴 뒤 해외유학을 보내는 나름의 채용방식을 10년째 고수하고 있다.

미래산업은 한국재벌의 관행인 '대물림 경영'을 배격한다. 회사엔 정사장의 가족은 물론 인척이 한명도 없다. 30대 초반의 큰 아들은 현대자동차 연구원, 둘째도 삼성맨이다.

정사장은 지난해 '회사 자산을 개인의 능력계발에 써도 좋다'고 약속했다. '기껏 키워온 인재들이 대기업에 가버리면 어떻게 하느냐'는 간부들의 우려가 있었지만 "훌륭한 인재를 기르면 회사가 저절로 잘돼 굳이 퇴사할 필요도 없게 된다"고 설득했다.

우리사주로 억대부자가 된 직원들이 수두룩하지만 사주를 팔고 퇴사한 직원은 거의 없다.

정사장은 최근 'IMF체제를 어떻게 극복했느냐'는 질문을 받을 때마다 곤혹스럽다. '평소처럼' 회사를 경영해온 덕택이기 때문에 새삼스러울 것이 없다는 설명.

"사람을 가려쓰고 '실패도 용인하는' 자율적인 기업문화가 임직원들의 '주인의식'과 창의성을 불러일으켜 강한 에너지를 낼 수 있는 것이지요."

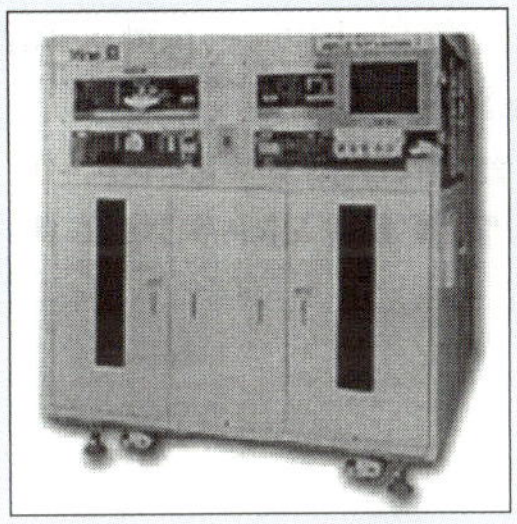

[MR 7300: Memory Module Handler]

자료원: 동아일보, 1998. 7. 22.

3. 노사관계 관리

노사관계 관리는 역사적으로 몇 가지의 특징있는 발전 과정을 거쳐왔다. 즉, 인간적 요소가 무시되고 절대 복종만이 요구되던 전제적 노사관계에서, 근로자의 협조를 얻기 위해 그들의 주택, 의료 등 복리후생시설 공급에 치중했던 온정적 노사관계로, 또한 노동의 조직력이 자본과 대등한 지위에 이르지는 못했지만 노조가 등장하게 되는 근대적 노사관계를 거쳐, 노사간의 지위가 대등하여 임금, 근로조건 등에 관하여 협의와 계약관계를 통해 관리해야 되는 오늘날의 민주적 노사관계로 발전하였다.

오늘날의 노사관계는 근로관계법을 전제로 하며, 노사는 단체교섭과정에서 대등한 사회적 지위를 인정받는다.

이런 발전과정을 거쳐 노동자의 조직이 확립되었고, 이를 부인하

경영 노트

❖ 단체교섭과 노사협의회

노동조합원의 대표가 당사자가 되는 단체교섭과 일반종업원 대표가 당사자가 되는 노사협의회는 그 성격이 다르다. 즉 단체교섭의 대상이 되는 임금을 비롯한 근로조건에 관해서는 노사간의 이해관계가 대립되는 것이 대부분이다. 그러나 노사협의의 대상이 되는 제문제는 보통 노사간의 이익이 공통되는 것으로, 예컨대 작업계획 및 방법, 생산성향상, 기술개선, 경영합리화의 방안 등이다. 그 것은 기업의 번영뿐만 아니라 종업원의 생활향상의 근원이 된다고도 할 수 있다. 더욱이 단체교섭에 있어서는 쟁의권이 전제되어 있는 데 반하여 노사협의는 평화적 처리가 전제로 되어 있다는 점이 다르다.

거나 파괴하는 것은 시대를 역행하는 것이므로 노사관계의 관리방향에 있어서는 다음의 사항이 충분히 고려되어야 한다.

첫째, 노동자의 자주적 조직으로서의 노동조합을 인정한다.

둘째, 조직된 노동조합을 적극적으로 경영에 활용한다. 즉, 노동조합의 자주적 운영을 통하여 그들의 자주적 정신을 배양함으로써 생산에 있어서 창의성을 발휘하게 하고 협조적 태도를 기르게 한다.

현대적 노사관계는 서로를 대립의 관계로 보기보다는 협조의 관계로 보는 것이며, 노사협조가 원활하게 이루어지면 기업의 생산성을 제고할 수 있고, 노동자의 생활개선, 지위향상도 기할 수 있다.

단체교섭제도는 영국, 미국에서 주로 많이 사용되고 있고, 경영참가제도는 독일에서 주로 사용되고 있는 제도이다.

현대의 대표적인 노사관계관리제도로 단체교섭과 경영참가제도인 노사협의회가 있다.

단체교섭(collective bargaining)은 기업에 노동력을 제공하는 근로자의 단체인 노동조합이 그의 조직을 토대로 하고 단결권, 단체행동권, 즉 쟁의권을 배경으로 하여 사용자와 노동력의 거래조건, 즉 임금, 근로시간 및 기타 근로조건을 일괄하여 결정하는 과정을 말한다.

현실적으로 거대한 자본력을 배경으로 하는 사용자와 하루라도 수입이 없으면 생활할 수 없는 노동자와의 관계는 평등하고 자유스러운 관계가 될 수 없다. 사용자가 제시하는 노동조건에 무조건 복종하지 않으면 안되는 불평등관계를 근로자의 단결력을 통하여 대등한 관계로 개선하려는 데 단체교섭의 법적 취지와 사회적 의의가 있다고 하겠다.

노사협의회는 대체로 단체교섭의 대상이 되는 근로조건 이외의 문제, 즉 작업능률, 생산성 등에 대하여 상의하는 것으로 노사쌍방의 대표자로서 구성되는 합동기구이지만 때로는 기업에 대하여 필요한 문제를 건의하는 정도의 자문적 역할을 하는 경우도 있다. 그리고 근로자측의 대표는 그 기업의 노조에 속한 조합원뿐만 아니라, 비조합원도 포함하여 모든 종업원을 대표하게 된다.

경영사례

◆ LG전자: 新勞經文化

LG전자는 노사관계의 화합과 안정을 기업경영의 최우선과제로 삼아 新勞經文化를 정착시켜 나가고 있다. LG의 노사관계 우선경영방침은 지난 1987년과 1989년 두차례의 극심한 노사분규에서 비롯됐다.

1987년에는 평택공장에서 시작, 5개 공장으로 확산되어 10일간 모두 1천50억원의 생산차질을 빚었고 1백50여 협력업체가 조업을 중단하는 심각한 상황을 맞았었다. 또 1989년 봄의 분규는 창원공장 노조가 마창노련과 연합해 약 2개월간 진행, 4천5백억원의 생산차질과 8천만 달러 상당의 수출차질을 빚었다.

이 때문에 LG전자의 시장점유율은 상상 이하로 떨어져 업계 선두자리를 내주어야 했고 불량률은 턱없이 높아져 그 동안의 기업이미지도 유지하기 어려운 지경에 이르고 말았다.

이 과정에서 LG전자는 노사관계의 안정 없이는 어떠한 성과도 기대할 수 없고 그 동안의 성과조차 물거품이 된다는 교훈을 얻었으며 노사가 상하의 수직적 관계가 아닌 수평적·동반적 관계라는 점을 절실히 깨닫게 되었다.

상호 신뢰 없이 갈등과 투쟁을 반복하는 것은 서로에게 아무런 이익이 될 수 없다는 것을, 열매가 커지면 자연히 분배의 몫도 커진다는 것 등을 분규라는 비싼 대가를 치르면서 절감했다.

이후 경영자는 노경안정을 경영의 최우선과제로 삼고 권위주의적 사고철폐와 현장중시의 경영, 고충처리의 활성화에 적극 나섰다. 회사는 관리감독자들에게 많은 권한을 위양함으로써 활동의 폭을 넓혀 주었고 그들 자신도 과거와 같은 지시나 감독 중심의 역할에서 벗어나 협조와 지원의 역할을 자청했다.

이로 인해 노사업무의 라인화가 자연스럽게 이루어졌고, 이 과정에서 LG전자는 권위, 종속, 갈등적 차원에서 '제몫찾기'의 의미를 내포한 '노사관계'라는 용어 대신 '제역할 다하기'의 '勞經관계' 라는 말을 사용하기 시작했다.

LG전자는 신노경문화를 초우량기업으로서의 기업문화로 정착시키고 체계적인 업무수행을 위해 신노경문화연구소를 지난 1994년 설립, 노경관계의 중장기 전략을 수립, 추진해 오고 있다.

LG전자가 추구하는 신노경문화는 참다운 기업시민으로서 사회적 역할과 책임을 노경이 다하는 것으로 요약된다. 지난 4월 LG향토문화지원단을 노경이 공동으로 창설, 옛 선조들의 문화유적을 답사하는 韓日고대뱃길탐험을 지원한 것도 그 일환이다.

또 6월부터 '월급 우수리운동'을 전개, 이에 참여하는 2만5천여 사원들의 급여에서 매월 9백90원 미만의 우수리를 모아 기금으로 적립하여 장애인 복지사업, 심장병 어린이 수술비 등을 지원하고 있다.

특히 이 회사는 지금까지의 노경화합의 역량과 성과를 창출해 내기 위해 올해 초부터 3G운동을 전개하고 있다. 최고의 품질로 고객감동을 추구하는 Great운동, 투명한 경영의 실천과 환경친화적 기업을 만들어 나가기 위한 Green운동, 세계화를 선도하고 무한경쟁에 도전하는 미래가 있는 회사를 만들기 위한 Global운동이다.

이 회사의 노경혁신팀장은 "3G운동은 지금까지의 노경화합을 한차원 발전시켜 새로운 가치를 창조케 하는 실천운동"이라며 "고능률 생산체계 구축을 위한 자율경영팀 도입 등을 중심과제로 추진하고 있다"고 말했다.

자료원: 서울경제신문, 1996. 6. 10.

10.2 개인관리와 동기부여

조직구성원이 맡은 일을 얼마나 잘 해내는지는 여러 요인에 달려 있다. 우선 그 개인의 높은 능력과 적절한 도구, 장비, 작업환경 등이 전제되어야 한다. 그러나 개인의 성과에 근본적으로 가장 큰 영향을 주는 요인은 그 일을 하고자 하는 욕구에 있다고 해도 과언이 아니다. 능력이 높은 종업원도 의욕이 낮으면 그 성과는 기대하기가 어렵다. 따라서 종업원들이 의욕을 가질 수 있도록 동기를 부여하는 것이 개인관리의 핵심이 된다. 학자들에 의해 소개된 동기부여이론은 크게 내용이론과 과정이론으로 나눌 수 있다.

그림 10-2 *인적자원 포트폴리오*

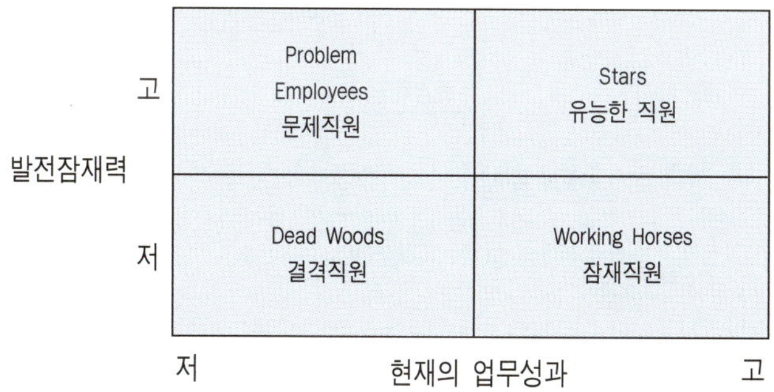

가장 널리 알려진 동기부여의 내용이론은 Maslow의 욕구단계이론, Alderfer의 ERG이론, Herzberg의 2요인이론, McClelland의 성취동기이론 등이 있고 동기부여의 과정에 초점을 맞춘 대표적 이론은 Vroom의 기대이론, Adams의 공정성이론, Locke의 목표설정이론 등이 있다.

1. 동기부여의 내용이론

① Maslow의 욕구단계이론

Maslow는 모든 개인은 욕구(need)를 만족시키기 위해 동기가 유발(motivate)되는데, 인간의 욕구는 다섯 단계의 계층적 구조를 이루고 있다고 주장하였다.

즉, 가장 낮은 단계의 욕구는 생리적 욕구이고 다음으로 안전욕구, 사회적 욕구, 존경욕구, 자아실현욕구 등이 계층을 형성하고 있는데, 사람들은 우선 가장 낮은 단계의 욕구를 충족시키기 위해 노력하며(동기부여되며) 그 단계의 욕구가 충족되고 나면, 바로 윗 단계의 욕구충족을 위해 노력하게 된다고 보았다.

그림 10-3 *Maslow의 욕구단계이론과 Alderfer의 ERG이론*

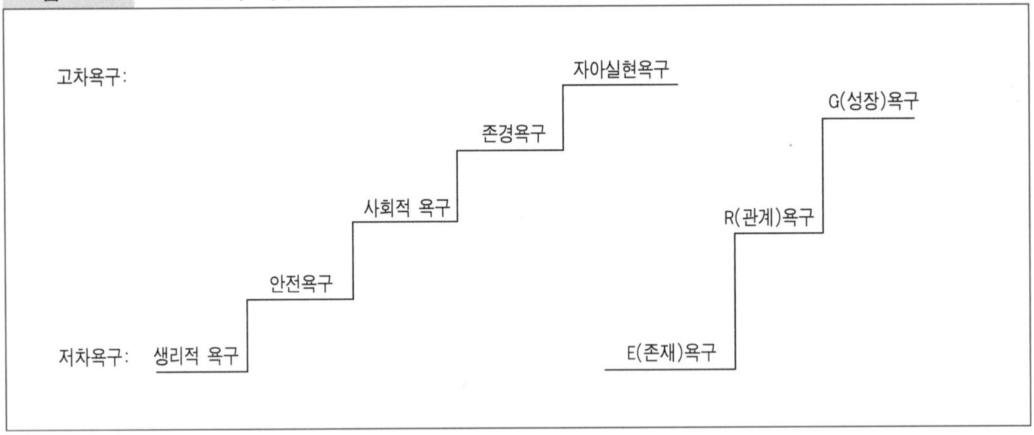

매슬로우의 이론은 개인의 경력발달과정에서 적용하면 의미있는 결론을 얻을 수 있다.

그러므로 조직구성원들의 욕구의 단계가 파악되고 나면 각 욕구를 충족시켜 줄 수 있는 방법을 선택하여 시행함으로써 보다 체계적으로 동기유발을 시킬 수 있다. 즉 생리적 욕구를 충족시켜 주기 위해서는 생계유지에 충분한 임금을 지급하며 작업장에 적절한 기온, 통풍시설, 조명시설 등을 갖추어야 한다. 또한 안전에 대한 욕구는 안정적인 고용보장이나 의료보험, 퇴직연금과 같은 제도, 부당한 대우를 방지해 줄 수 있는 고충처리제도 등을 마련하여 충족시킬 수 있다.

사회적 욕구는 구성원들이 속한 작업집단이나 부서에서 동료들과 원만한 관계를 형성할 수 있도록 분위기를 만들어 주어야 하며, 야유회나 체육대회와 같은 사회적 모임을 마련해 주는 방법도 있다.

매슬로우는 다섯 가지 욕구가 모든 인간에게 있다고 보았고, 계층도 모두 같다고 보았는데 사실은 그렇지 않다.

존경욕구를 만족시켜 주기 위해서는 구성원들이 맡은 업무를 보다 충실하도록 만들어 성취감이나 의미감을 느낄 수 있도록 해주고 일을 잘 처리한 경우 적절한 승진이나 포상도 실시해야 한다.

자아실현 욕구를 충족시켜 주기 위해서는 새로운 지식이나 기술을 배울 수 있는 기회를 마련해 준다거나 업무와 관련된 의사결정에 구성원들을 참여시키는 것 등의 방법이 쓰일 수 있다.

② Alderfer의 ERG이론

Alderfer의 이론은 Maslow의 이론을 보완한 이론이다. 즉, Maslow

그림 10-4 *ERG이론의 욕구증대 원리*

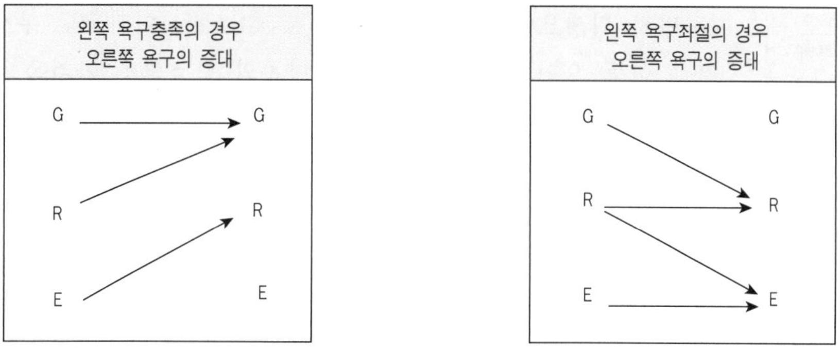

자료원: R. Kreitner and A. Kinicki, Organizational Behavior, Homewood, Illinois: Irwin, 1989에서 수정 인용함.

는 저차원의 욕구가 충족되면, 더이상 이 욕구는 동기부여 역할을 못하고 고차원의 욕구만 동기유발을 시킬 수 있다고 주장하였다. 이에 비해 Alderfer는 저차욕구가 충족되면, 고차욕구를 충족시키기 위해 노력하지만, 고차욕구가 충족이 안될 때는 다시 저차욕구를 추구하게 된다고 주장하였다.

알더퍼는 사람마다 세 가지 욕구의 크기가 서로 다르다고 보았다.

예를 들어 조직에서 종업원의 관계(R; relatedness)욕구나 성장(G; growth)욕구를 충족시켜 주지 못할 때 과도한 임금을 요구하는 등 극단적으로 존재(E; existense)욕구를 추구할 수 있다는 것이다.

또한 Maslow이론에 의하면 인간은 한 번에 한가지 욕구만 동기부여 역할을 한다고 보았지만, Alderfer이론은 한 번에 한가지 이상의 욕구가 동시에 동기부여 역할을 할 수 있다고 본 점에서도 차이가 난다.

③ Herzberg의 2요인이론

Herzberg는 2요인이론(dual factor theory)에서 사람들의 욕구는 단계별로 계층을 이루고 있지 않고, 오히려 불만족해소 차원과 만족증진 차원이라는 서로 별개의 차원으로 이루어져 있다고 주장하였다.

즉 만족과 불만족을 동일선상의 양 극점으로 파악하여 불만족이 해소되면 만족하게 된다는 종래의 입장과는 달리 불만족의 해소문제와 만족증대의 문제는 전혀 별개의 차원이고 각 차원에 작용하는 요인 역시 별개라는 것이다. 이 두 차원의 요인은 위생요인과 동기요인으로 구분되기도 한다.

허쯔버그이론은 직무충실화를 통해 경영활동에 활용되고 있다.

먼저 위생요인은 '불만족요인'(dissatisfiers)이라고도 부르는데, 이것은 이들 요인의 충족이 단지 불만족의 감소만을 가져올 뿐이지 만족의 증대에는 작용하지 못한다는 것을 의미한다. 예를 들어 생계비에도 미달하는 낮은 수준의 임금을 받게 되면 불만족을 느끼다가 임금수준이 점점 높아짐으로써 차츰 불만족은 제거되지만 일정한 수준을 넘어서면, 계속해서 임금수준이 높아졌다고 하더라도 직무에 대한 만족이 증대되어 일에 대한 적극적인 태도가 생기는 것은 아니라는 것이다. 이와 같은 위생요인에 속하는 것으로서는 회사의 정책과 관리, 감독, 작업조건, 개인 상호간의 관계, 임금, 보수, 지위, 안전 등을 들 수 있다.

허쯔버그이론의 문제점으로 만족요인과 불만족요인의 구분의 타당성이 낮다는 것을 들 수 있다.

다음 동기요인이란 '만족요인'(satisfiers)이라고도 하는 것으로, 사람들로 하여금 보다 나은 만족을 가져오게끔 동기부여하는 데 효과적인 요인들을 말한다. 이러한 요인은 충족되지 않아도 불만은 없지만 일단 충족되게 되면 만족에 적극적인 영향을 줄 수 있고 일에 대한 적극적인 태도를 유도할 수 있다는 데 그 특징이 있다. 이러한 만족요인으로는 성취감, 인정감, 도전감, 책임감, 성장과 발전, 일 그 자체 등을 들 수 있다.

2요인이론으로부터 경영자는 종업원을 동기부여시키기 위해 임금 등의 외재적 보상수단을 쓰지말고 칭찬, 격려 등의 내재적 보상수단

그림 10-5 *Herzberg의 2요인이론*

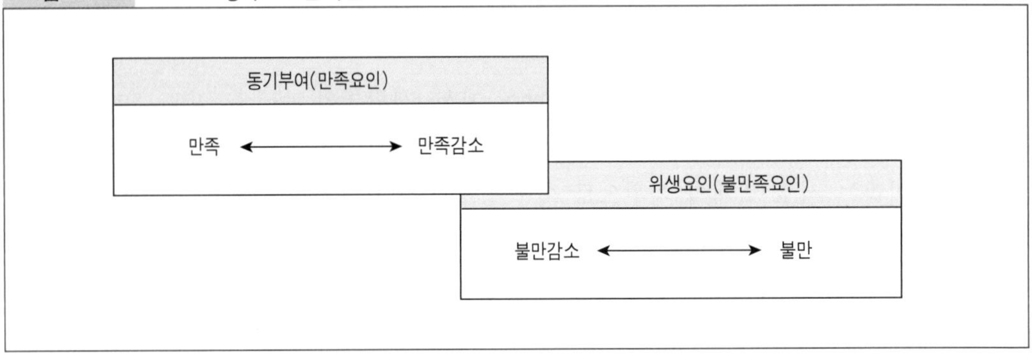

을 써야 한다는 시사점을 얻을 수 있다.

④ McClelland의 성취동기이론

McClelland는 인간의 욕구를 성취욕구, 권력욕구, 친교욕구로 나눈 후 성취욕구가 높은 사람이 동기유발 효과가 높으며 성과도 높다고 주장하였다.

또한 개인의 성취욕구는 후천적으로 사회생활을 통해 학습될 수 있다고 하여 성취동기훈련을 통해 성취욕구를 개발시켜야 한다고 하였다.

그림 10-6 *성취욕구의 크기와 동기유발 · 성과의 관계*

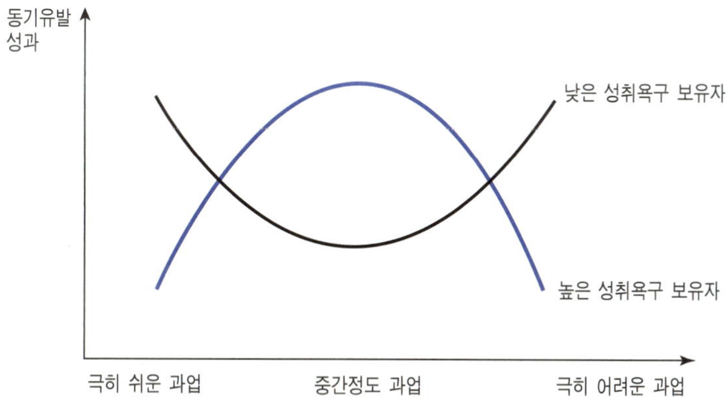

경·영·이·야·기

◆ 인터넷의 황제 '시스코 시스템스'

전화국 교환기에 해당되는 인터넷 접속기인 라우터를 만드는 시스코 시스템스(Cisco Systems, Inc.)는 인류 경제 역사상 아마도 가장 많은 신기록을 세운 회사일지 모르겠다. 2만1천 여명의 직원으로 연 매출 1백50억 달러를 올리고 있는 점이며 직원 8명 중 1명이 백만장자라는 점이 우선 그렇다. 상장(1990년) 이후

최단기간에 싯가총액 1천억 달러(1997년), 2천억 달러(1998년), 3천억 달러(1999년), 그리고 4천5백억 달러(2000년 2월 8일)를 돌파한 점 또한 그렇다.

시스코는 이것도 부족해 올해 안에 5천억 달러 돌파는 물론 세계 1위인 마이크로소프(5천5백억 달러)까지 제치고 1위에 등극할 수 있을 것으로 기대되고 있다. 지난 1990년 나스닥 상장 이래 지금껏 주가가 연평균 2배씩 뛰어 최초 가격의 1천배가 됐고, 매출액은 같은 기간 연평균 81%씩 늘어났다. 세계 인터넷 통신의 80%는 시스코 기계를 거치고 있다.

시스코 시스템스의 이같은 폭발적 상공은 기술력과 시운, 경영능력의 3박자가 기막히게 맞아 떨어진 덕분으로 여겨진다. 우선 기술력으로 따지자면 시스코는 인터넷의 원조격인 스탠퍼드 대학교에서 시작됐다. 소련이 1957년 스푸트닉 위성을 쏘아올린데 자극받아 미국은 국방부 산하에 선진연구프로젝트청(ARPA)이라는 기관을 신설했는데 이 기관은 1969년 인터넷의 전신인 ARPAnet을 스탠퍼드 연구소와 UCLA 사이에 처음 가설했다.

그리고 바로 이 ARPAnet을 탄생시킨 스탠퍼드 연구소의 전통을 계승한 렌보색과 샌디러너 등 2명의 컴퓨터 과학자가 1984년 한 벤처펀드에서 25억원을 지원받아 설립한 회사가 시스코다. 이들은 샌프란 '시스코'에서 뒷부분을 따 회사 이름을 지었다. 첫 상용제품은 1986년 출시됐다. 시운 면에서도 1990년부터 시작된 3중 파도를 제대로 탔다. 베를린 장벽 붕괴 후 공산주의 국가들이 대거 세계경제에 동참하기 시작한 세계화 물결, 미국의 최장기 주식투자 물결, 그리고 월드와이드웹(WWW)으로 촉발된 인터넷의 대중화 물결 등을 더할 나위 없는 시점에서 포착했다. 경영 차원에서도 사심없는 지휘자들을 잘 두었다.

1984~87년 기술개발단계에서의 창업주 경영이나 1988~94년 인터넷 대중화 기반 완성기 동안의 재무 및 홍보전문가인 존 모그리지(John P. Morgridge) 사장의 경영, 그리고 1995년 이후 지금까지 인터넷 폭발기중 마케팅맨인 존 체임버스(John T. Chambers) 사장의 경영이 모두 각 시대상황에 꼭 들어 맞는 것이었다. 특히 올해 50세인 현직 사장 존 체임버스는 웨스트버지니아 경영대와 인디애나 경영대학원을 졸업한 전형적인 경영학도로서 21세기 경영자가 갖춰야 할 스피드, 겸손함, 공정성, 투명성 등을 모두 갖춘 사람이다. 그는 IBM에서 영업사원으로 6년간 일하며 권위적 경영에 진저리쳤고, 한때 미국 컴퓨터 업계를 주름잡았던 왕(Wang) 컴퓨터에서 8년간 판매담당 임원으로 일하며 고객을 무시한 경영의 말로를 체험했다. 특히 왕 컴퓨터에서 막판에 4천명의 부하 세일즈맨들을 해고하면서 인생 최대의 죄를 짓는 아픔을 느껴야 했다. 이런 체험 때문인지 그는 전용 사무실없이 일반 프로그래머들이 쓰는 조그만 작업칸을 쓰며 여행할 때도 이코노미 클래스를 타고, 사무실 건축이며 직원 채용, 비용처리 등 모든 것을 최악의 상황에 대비해 운영한다. 시스코의 경영은 이 좁은 지면에서 감히 다룰 수 없을 정도로 너무나 많은 장점을 지니고 있다. 다만 한마디만 하자면 세상 무서운 줄 아는 편집광적 경영이 아닐까 한다.

자료원: 한국경제신문, 2000. 2. 17.

2. 동기부여의 과정이론

① Vroom의 기대이론

동기부여의 과정이론은 동기유발 원인을 찾고자 하는 내용이론과는 달리 개인의 어떤 심리적 과정에서 동기부여 되는지를 밝히는 데 관심이 있다. 그 중 대표적인 이론이 Vroom의 기대이론이다.

모든 사람은 어떤 노력(E: effort)을 하게 되면, 그에 따라 성과(P: performance)가 나타나고, 그 성과에 대해 보상(O: outcome)이 주어진다. 이 기본적인 과정에서 어떤 일을 하고자 하는 욕구가 큰 사람(즉, 동기부여가 많이 된 사람)의 노력의 양이 많아질 것이고 노력의 양이 많아지면 성과나 보상도 많아지게 되는 것은 당연하다.

Vroom에 의하면 특정인의 동기부여를 위해서는 E→P→O의 기본 과정에 영향을 줄 수 있는 요인이 세 가지가 있는데, 그것은 특정 노

그림 10-7 *Vroom의 기대이론의 구조와 예*

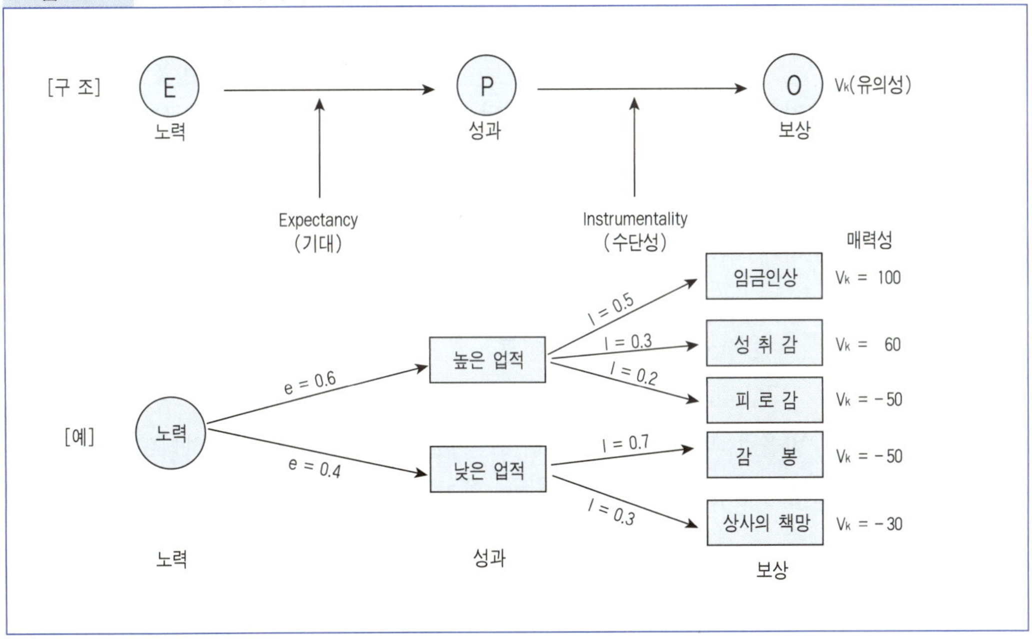

력이 특정성과가 가져올 것이라고 믿는 주관적 가능성(e: expectancy), 특정성과가 특정보상을 가져오게 될 것으로 믿는 주관적 가능성(I: instrumentality), 보상의 유의성(선호도; V_k: velance) 등이다.

즉, 이 세 가지 요인을 높여주면 개인에 대한 동기유발이 가능해진다는 것이다. 예를 들어 어떤 종업원에게 하루에 1,000개 이상의 제품을 조립하면, 초과분에 대하여 개당 10,000원씩의 보상을 추가로 주기로 약속했다고 하자.

브룸의 기대이론은 인간의 합리성을 가정하고 있으나, 인간은 비합리적인 경우도 많다.

이 종업원이 하루에 정규근무시간 동안 노력했을 때, 1,000개 이상이 달성가능하고, 그에 따른 보상도 상당히 매력적이라고 느끼면, 노력을 많이 하게 될 동기부여가 이루어질 것이다. 그러나 아무리 야근까지 해도 1,000개의 목표량을 채울 수 없거나(즉, e가 낮거나), 1,000개 이상을 달성했는데, 경영주가 약속한 보상을 안할 가능성이 높거나(즉, I가 낮거나), 초과달성한 경우에 주어지는 보상에 매력을 느끼지 않고 있다면(즉 V_k가 낮다면), 그다지 노력하지 않을 것이다. 즉 동기부여는 특정노력이 특정성과를 가져오게 될 가능성(E; 기대)이 높고, 그 특정성과가 특정보상을 가져오게 될 가능성(I; 수단성)이 높고, 그 보상의 매력성(V_k; 유의성)이 높아야 된다는 것이다.

그러므로 경영자는 동기부여를 위해 종업원들이 가장 원하는(가장 가치를 높게 두는) 보상수단이 무엇인지 파악해야 하고, 특정 성과가 달성되었을 때 그 보상이 반드시 주어진다는 확신을 심어주어야 하며, 종업원의 노력이 그 성과를 달성할 수 있을 거라는 자신감을 부여해 주어야 할 것이다.

예를 들어 종업원들은 자신의 직무를 수행하기 위해 여러 가지를 투입(Input)하게 되는데, 시간, 노력, 경험, 조직에 대한 충성 등이 그 예가 된다. 또한 이런 투입결과로 월급, 승진, 인정, 성취감 등을 얻게 되는데 이를 산출(outcome)이라 한다.

② Adams의 공정성이론

Adams는 모든 사람은 자기의 투입과 산출의 비율과, 다른 사람의 비율을 비교하게 되는데, 그 비율이 불공정(불균형)하다고 느끼면 이 불공정을 줄이고 공정하게 하려는 과정에서 동기부여된다고 하였다. 즉, 동기부여는 자기가 받을 보상의 크기에만 달린 것이 아니라, 비슷한 상황의 남들이 받는 보상에도 달려있다는 것이다.

예를 들어 자신의 월급이 150만원이고 다른 사람은 200만원을 받

그림 10-8 *Adams의 공정성이론*

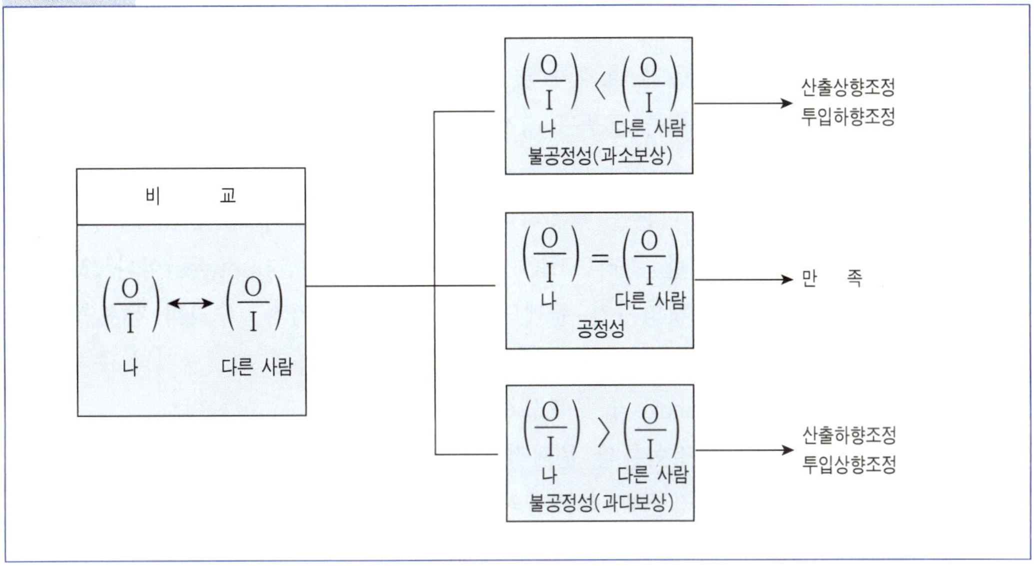

는다 해도 자신의 경력이 그 사람에 비해 적다면 불공정하게 느끼지는 않을 것이다. 반면 다른 사람에 비해 불공징하게 적은 보상을 받거나 많은 보상을 받게 되면 그런 불공정상태를 줄이기 위해 동기유발된다. 만약 적은 보상을 받고 있다고 생각하면 자신의 직무에 대해 덜 노력함으로써 투입을 줄이거나, 더 많은 보상을 요구해 산출을 높이려고도 한다. 그래도 여전히 불공정하다고 느끼면 비교대상을 바꾸든지 조직을 떠나게 되는 것이다. 그러므로 경영활동을 할 때 경영자가 가장 관심을 가져야 할 것은 종업원들에 대한 보상이 형평의 원칙에 어긋나지 않도록 해야 한다는 것이다. 비록 많은 보상이 주어진다 해도 그것이 공정하게 배분되지 않으면 종업원들의 동기를 유발시키기는 어렵다. 따라서 종업원들의 노력이나 성과에 따라 공정한 보상이 이루어질 수 있도록 노력해야 한다.

기대이론과 공정성이론을 잘 결합하여 동기부여과정을 체계적으로 제시한 연구로 Porter와Lawler의 이론이 있다.

③ Locke의 목표설정이론

Locke는 보상에 의한 동기부여보다 가치와 의도(즉, 계획이나 목표)에 의한 동기부여를 더 강조하였다. 즉, 목표가 구체적일수록, 그리고 약간 어려울수록 동기부여의 크기는 커지며, 그 성과도 커진다고 하였다.

또한 상대방이 동의해준 목표나 함께 결정한(참여에 의한) 목표에 보다 동기유발 효과가 높고, 목표의 이행정도를 중간점검을 통해 피드백시켜 주는 경우나 경쟁이 존재하는 경우에 더 동기부여가 잘된다고 하였다.

이러한 이론을 적용하여 계획과 통제의 병행기법으로 제시된 것이 목표에 의한 관리(MBO; management by objectives)이다. MBO는 종업원과 경영자가 함께(참여에 의해) 단기적·수리적 목표를 결정하고 이를 달성하는 과정에서 중간점검을 통해 피드백시켜 주게 되는데, 바로 Locke의 목표설정이론에서 근거를 둔 기법이다.

목표설정이론의 문제점으로는 목표의 계량화 문제, 복수목표의 우선순위 조정문제, 목표간의 상충갈등 조정문제 등이 있다.

경영사례

◆ 인센티브(incentive)

미국 월가를 중심으로 인력 유출현상이 극심하다. 세칭 not.com기업으로 불리우는 전통적 대기업으로부터 '닷 컴'으로 일컬어지는 벤처기업으로의 이동이 걷잡을 수 없는 유행처럼 번지고 있다. 인재를 놓치지 않으려면 그들이 조직에 머물 이유를 주어야 한다. 특히 성과급의 올바른 운용이 필요하다.

〈바꾸지 않으면 인재를 놓친다〉

매킨지 등 컨설팅사와 로펌은 물론 헤드헌터들마저 벤처로 자리를 옮기고 있다. 떠날 가능성이 있는 인재들을 붙들기 위해 월가 실리콘 밸리 소재 기업에서는 임금인상이 러시를 이룬다. 각종 복리후생 조건들도 날이 바뀌기 무섭게 상향 조정되고 있다. 2년전만 해도 소위 '톱 10' 경영대학원 출신의 MBA들의 구직 이력서가 문전에 가득 쌓였으나 지금은 출신학교를 불문하고 MBA라면 누구라도 환영하는 등 인재 확보에 혈안이다. 벤처 열풍의 대명사로 알려졌던 스톡옵션도 증시의 변동폭이 커짐에 따라 시들해지고 대신 '무상공여 주식' 등 새로운 제도가 등장했다.

최근 한국기업들 역시 비슷한 몸살을 앓는다. 샐러리맨들의 급여가 1년전과는 완전히 다르다. 비슷한 일을 하는 사람들끼리도 경우에 따라서는 몇 배나 차이가 난다. 벤처로 언제든지 떠날 준비가 되어있는 샐러리맨의 비율은 50%에 이른다는 여론조사도 나왔다. 이에 따라 지금까지 적정하다 싶었던 임금수준은 완전히 무시됐고 파괴작업이 진행 중이다.

〈가치 붕괴는 전환기적 현상인가〉

과거 1970년대 개발시대에 소위 부동산 투기로 인해 양산된 졸부들과 그로 인해 만연됐던 사회적

병리현상이 새삼스럽다. 최근에 '벤처 졸부'라고 표현되는 새로운 현상에 국민 모두의 정신적 피폐가 날로 증가하고 있다. 지금껏 지켜온 기업의 공동체적 가치나 이웃의 소중한 정을 팽개치고 몇푼의 이익챙기기에 급급한 실정이다. 하루 아침에 이름을 듣도 보도 못했던 벤처기업이 코스닥에 등록하더니 창업주는 물론 전 직원이 떼부자가 됐다. 한 영화배우는 벤처기업 주식으로 횡재했다고 한다. 이 소식을 접한 많은 국민들은 상대적 박탈감에 정신적 질환을 앓기 시작했다. 학업을 마치지 않은 젊은 대학생들마저 벼락부자의 환영을 쫓아 줄줄이 학교를 떤난다. 가치체계의 공동화(空洞化)현상이 심각한 수준에 달한 모습이다.

자료원: 매일경제신문, 왓슨 와이어트의 리서치 노트, 2000. 4. 9.

경영사례

◆ 인적자본

We bring good things to life.

잭 웰치 GE회장이 "우리가 인적자본관리에 실패한다면 이 회사의 운명도 다할 것"이라고 지적한 바 있듯이 최근 인적 자본(Human Capital)의 중요성은 재론할 필요가 없다. 불과 몇년전만 해도 남의 나라 얘기 같던 성과급제와 스톡옵션이 이제는 국내기업의 화두가 됐을 정도이다. 21세기 성공기업이 되기 위해 인적 자본의 중요성은 얼마나 큰 것일까. 이 질문에 대해 지금까지의 연구결과는 추상적인 수준에 그쳤었다.

구체적인 대답을 찾기 위해 왓슨 와이어트는 미국의 뉴욕 증권거래소(NYSE)와 나스닥(NASDAQ)에 상장된 405개 회사의 인사제도와 주식시장 가치의 변동을 분석해 인적 자본과 기업가치의 상관관계를 정량적으로 규명한 인적자본지수(HCI: Human Capital Index TM)를 개발했다. 인적 자본지수 결과에 따르면 우수한 인사제도와 관행을 갖춘 회사의 시장가치 상승폭이 그렇치 못한 회사보다 훨씬 큰 것으로 나타났다. 높은 인적 자본지수 평가를 받은 회사의 지난 5년간 주가 상승폭은 103%를 기록한데 반해 낮은 인적 자본지수 평가를 받은 회사의 주가 상승폭은 53%에 그쳤다. 특히 인사분야 가운데서 기업의 가치상승에 가장 큰 영향을 미치는 요소로 우수인재의 채용이 꼽혔다. 채용 즉시 회사에 기여할 수 있는 직원을 발탁하는 기업이 그렇지 않은 기업보다 시장가치에서 크게 차이가 나는 것으로 조사됐다.

GE는 인턴쉽 제도를 통해 신인사원의 절반 이상을 채용하고 있다. 대학 재학 중의 인턴활동을 통해 예비 사원들이 GE의 기업문화와 업무스타일 그리고 직무에 대해서 이해할 수 있는 기회를 부여하고 있다. 회사도 이 제도를 통해 지원자들의 능력과 업무스타일을 가늠할 수 있는 기회를 얻는다. 서로에 대한 충분한 이해를 바탕으로 새 식구를 맞아 들이는 것이다. 최근 논란의 대상이 되고 있는 직무 안전성이 우선이냐, 확실한 보상과 책임이 우선이냐 하는 문제도 나라마다 문화와 기업의 경영철학에 따라 달라질 수 있다.

한국과 일본은 연공서열 중심의 급여보상과 평생 직장의 개념으로 직원의 충성도를 높여줬다. 반면 미국에서는 냉정한 적자생존의 법칙을 인사제도에 적용해 우수한 성과를 보인 직원을 중심으로 자원을 집중해왔다. 왓슨 와이어트의 조사 결과에서도 시티은행, 모건스탠리 같은 글로벌 기업들은 우수 직원에게 스톡옵션 등의 보상을 제공해 주인의식을 고취시키고, 성과가 낮은 직원들은 재교육시키는 등 새로운 기회를 부여해 성과를 높이고 기업의 시장가치를 증대시켜 왔다. 탄력적 근무시간제, 재택근무, 팀워과 팀간 협조를 강조하는 근무환경, 직급별 차별요소 축소 노력 등도 생산성을 향상시키며 기업가치의 상승으로 이어진다는 사실이 조사 결과 밝혀졌다. 전자메일과 같은 커뮤니케이션 수단을 통해 경영 관련 의사결정의 배경과 결과를 알리며, 직원의 의사가 최고 경영층에게까지 자유롭게 전달되는 기업일수록 회사의 주가는 오를 가능성이 높은 것이다. 왓슨 와이어트의 조사결과에 따르면 이런 기업은 일하기 좋은 회사인 동시에 엄청난 경제가치를 창출하는 회사이기도 하다. 지금이라도 기업들은 더 늦기 전에 직원들을 바라보는 관점을 바꾸는 것이 좋다.

자료원: 매일경제신문, 왓슨 와이어트의 리서치 노트, 2000. 2. 9.

10.3 집단관리와 리더십 이론

1. 집단이란

집단(group)이란 공동의 목표를 달성하기 위하여 상호작용하는 두 사람 이상의 집합을 말한다. 공동의 목표를 위해 여럿이 상호작용하기 때문에 개인과 전혀 다른 행동이 나올 수도 있고, 그러므로 다루는 방식도 달라진다.

집단은 의도적으로 조직되었는지, 자연적으로 구성되었는지에 따라 공식적 집단과 비공식적 집단으로 나눌 수 있다. 비공식적 집단은 호감이나 가치관 등에 의해 자연발생적으로 생겨난 집단으로 동문회, 낚시회, 테니스동호회, 향우회 등을 예로 들 수 있다. 비공식적 집단은 집단내 구성원간에 의사소통을 원활하게 하고 서로 적극적으로 협조하게 하는 등 조직이나 공식집단에 순기능으로 작용하기도 하지만, 비공식적 집단의 목표와 공식적 집단의 목표가 일치하지 않을 때는 오히려 조직에 나쁜 영향을 줄 수도 있다.

그러므로 경영자는 공식적 조직내에 비공식적 집단이 어떤 식으로 형성되어 있는지를 늘 파악하고 있어야 하는데, 비공식적 집단을 발견하고 구성원간의 관계를 이해하는 데 쓰이는 대표적인 방법이 소시오그램(sociogram)과 소시오메트릭스(sociometrix)이다.

소시오그램은 집단구성원들간의 선호, 무관심, 거부관계를 나타낸 도표로서, 집단구성원의 전체적인 관계패턴은 물론 집단내의 하위집단(subgroup)들을 발견할 수 있으며, 정규신분, 주변신분, 독립신분 등 구성원들간의 사회적 서열관계나 자생적 리더를 찾아볼 수 있다.

또한 소시오그램(sociogram)에서 나타나는 관계는 소시오메트릭스에서 수치에 의하여 정확하게 분석될 수도 있다. 즉 구성원 각자와 다른 구성원들간의 선호(1), 무관심(0), 거부(−1)관계를 모두 종합하여 집단내의 자생적 서열구조와 선호인물을 계산해 낼 수 있다. 이때 선호신분지수가 가장 높은 구성원은 집단이 가장 선호하는 인물로서 집단의 자생적 리더라고 할 수 있다.

그림 10-9 *소시오그램과 소시오메트릭스*

소시오그램

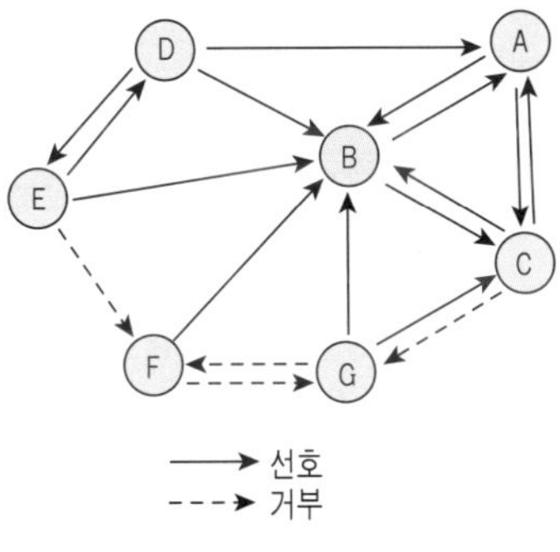

• 하위집단 : (A, B, C) (D, E)
• 신분질서 : 정규신분 B(자생적 리더), A, C
주변신분 D, E
독립신분 F, G

소시오메트릭스

구성원 \ 선호·거부	A	B	C	D	E	F	G
A		①	①				
B	①		①				
C	①	①					-1
D	1	1			①		
E		1		①		-1	
F		1					-1
G		1	1			-1	
선호계산	3	6	3	1	1	-2	-2
선호신분지수	0.5	1.0	0.5	0.17	0.17	-0.33	-0.33

신분서열 : 선호신분지수
정규신분 B(1.0)
A(0.5)
C(0.5)
주변신분 D(0.17)
E(0.17)
독립신분 F(0.33)
G(0.33)

선호 : 1
무관심 : 0
거부 : -1
상호선호 : ○

$$\text{선호신분지수} = \frac{\text{선호총수}}{\text{구성원수} - 1}$$

2. 집단 역학(Group dynamics)

집단을 다룸에 있어 우선적으로 파악되어야 하는 것이 집단의 특성일 것이다. 즉, 조직내에 존재하는 수많은 집단이 다 같은 패턴으로 움직이는 것이 아니므로, 그 집단만이 가지고 있는 고유의 특성을 파악해야 적절하게 관리할 수 있다.

집단의 특성파악은 집단의 규범, 구성원들의 역할, 지위, 응집성 등에 의해서 가능하다. 예를 들어 규범의 경우 그 구성원에 대한 행동표준이 되는데, 구성원의 어떤 행동(예를 들어 절대적 충성)이 집단에 따라 칭찬받기도 하고 비난받기도 하므로 그 집단의 규범을 파악하게 되면 그 집단을 다루는 데 도움이 될 것이다.

집단의 특성파악이 끝나면 그 특성을 고려하면서 집단의 행위에 영향력을 행사하게 되는데, 가장 대표적인 집단의 행위로는 의사결정, 의사소통, 권력, 갈등, 리더십이 있다.

① 집단의사결정과 집단사고의 극복

집단사고란 집단 의사결정과정에서 나타내는 집단착각 현상으로, 대안에 대한 충분한 분석·토론 없이 쉽게 합의한 대안이 최선이라고 믿으며, 위법적인 내용도 도덕적이라고 합리화하는 성향을 말한다.

집단의사결정은 개인의사결정보다 더 창의적인 아이디어를 도출해낼 수 있으며, 구성원의 참여의식을 고취시켜 만족감을 줄 수 있는 등의 장점이 있으나, 합의를 이끌어 내기 위해 시간이 많이 소모되며, 특정파당의 지배가능성, 불필요한 논쟁의 지속으로 인한 갈등이 나타날 여지도 있다. 또한 집단사고(group think)에 빠져 비합리적인 안이 선택될 수도 있다.

집단사고를 피하기 위한 의사결정기법으로, 명목집단법(NGT), 브레인스토밍, 델파이법, 지명반론자법, 변증법적 토의법 등이 있다.

참고

Asch효과와 집단사고

애쉬효과(Asch effect)란 사람들이 심리적으로 다른 사람의 의견을 따라 가는 성향을 나타내는 말이다. Asch교수는 실험에 참가한 대학생들을 7~9명의 소집단으로 묶고 기준선카드 하나와 비교선카드 하나가 한쌍을 이루도록 하여 총 12쌍의 카드를 제공했다. 문제는 이들 12쌍에 대하여 기준선카드의 선과 길이가 같은 선을 비교선카드의 선들 중에서 찾아내는 것이었다. 각자는 자신이 선택한 선을 다른 구성원들 앞에서 제시하도록 되어 있었으며 12쌍의 카드가 주어졌으므로 각자 12회 선택할 수 있는 기회를 갖게 된다. 같은 집단의 구성원들에게는 똑같은 카드가 주어졌다.

그러나, 각 실험집단의 구성원들(7~9명) 중, 한 사람을 뺀 나머지 참가자들은 12회 중 일곱 번은 의도적으로 틀린 답을 하고 나머지 5회에 대해서는 옳은 답을 할 수 있도록 사전에 조작되어 있었다. 12쌍 모두에 대하여 누가 봐도 카드에 나타난 답은 명백하였다. 각 실험집단에서 조작되지 않은 나머지 한 사람이 실험대상자이며 그가 매번 제일 마지막번째에 선택을 하도록 순서를 정해놓았다.

애쉬 실험의 초점은 정답을 분명히 알고 있음에도 불구하고 실험대상자가 얼마나 대다수 구성원들이 선택한 명백히 틀린 답을 좇아가는가를 알아보려는 것이었다. 이 실험의 결과에 따르면, 31명의 실험대상자들[즉, 31개 집단] 중에서 한번도 흔들리지 않고 정답을 말한 사람들은 전체의 20%에 불과하였고, 나머지 80%는 적어도 한번 집단의견(압력)에 굴복하여 틀린 답을 선택하였다. 또한 두 번 이상 틀린 답을 선택한 사람들도 58%나 되었다. 즉, 다수가 공유하는 틀린 생각 때문에 한 개인의 옳은 판단이 영향을 받게 되는 현상을 「애쉬 효과」라고 한다.

Asch 실험

지각테스트: 오른쪽의 비교카드에 제시된 세 선들 중 왼쪽 카드의 기준선과 길이가 같은 선은 어느 것인가?

자료원 : S. Asch, Studies of Independence and Conformity: A Minority of One Against a Unanimous Majority, *Psychological Monographs*, 20, Whole No.416, 1955.

② 권력관리와 임파워먼트

만약 조직이나 집단내의 대부분의 종업원이 권력의 결핍현상(즉, 무력감)을 느끼면 권위에 쉽게 무너지고, 수동적·의존적으로 행동을 하게 되어 조직이나 집단에 악영향만 주게 된다. 그러므로 종업원들로 하여금 자신이 조직을 위해서 많은 중요한 일을 할 수 있는 권력, 힘, 능력 등을 갖고 있다는 확신을 심어주는 과정이 필요한데, 이를 임파워먼트(empowerment)라고 한다. 그러한 확신을 조직원들에게 심어주기 위해서는 능력과 의지를 키우는 일, 공식적 권력(권한)을 위임해 주는 일, 그리고 실제 의사결정과정에 깊이 참여토록 함으로써 자신의 영향력을 체험토록 하는 일 등이 전제되어야 할 것이다.

멘토란 조직에서 후진들에게 조언과 상담을 해주며 도움을 주는 사람을 말하며, 멘토링이란 조직내에서 각 종업원에게 의도적으로 멘토를 연결시켜 주는 것을 말한다.

구성원들에게 권력을 심어주는 또 하나의 방법으로 멘토링이 있다. 멘토링(mentoring)이란 조직내에서 상급자(mentor)와 하급자(protege 또는 protegee)간의 강력하고도 지속적인 관계발전을 조성하거나 유지시키는 일련의 과정을 말한다. 멘토링(mentoring)프로그램은 개인에게 초점이 맞춰져 있어 경력개발 프로그램에서 다루지 못하는 측면을 보완할 수 있다.

경영 노트

❖ 임파워먼트의 중요성

임파워먼트의 개념은 조직내 권력의 분배 문제를 뛰어넘어 권력의 증대(또는 창조) 문제에 초점을 두고 있다. 즉, 종업원 서로가 긍정적 상호작용을 통해서 양자 모두의 권력을 키워 나아갈 수 있도록 하자는 것이다. 상호작용을 통한 권력증대에 초점을 두기 때문에, 개인이 스스로 힘을 쌓아가는 개인 차원에서 뿐 아니라 집단과 조직차원에서도 임파워먼트가 중요시 된다.

3. 리더십이론

집단의 행위에 영향력을 행사하기 위한 가장 중요하고 강력한 수단은 리더십이다. 리더십이론은 그동안 리더의 특성을 찾으려는 단계에서, 리더의 행위를 연구하는 단계, 리더의 행위와 상황의 적합성을 찾으려는 단계 등으로 발전하였다.

리더의 바람직한 행위를 연구한 대표적 이론으로 고려와 구조주의, 관리격자도이론, PM이론 등이 있고, 상황을 고려하여 적합한 리더행위를 제시하고자 한 이론으로 Fiedler의 이론, Hersey와 Blanchard이론, Vroom과 Yetton의 이론이 있다.

경영사례

◆ 인텔(Intel): 전사원이 평등 "권위주의는 가라"

인텔코리아의 오미례 부장은 작년 8월 미국 본사를 방문했을 때 직접 체험한 '신선한' 충격을 아직도 잊지 못했다.

퇴근 시간, 보안 검색대를 통과하기 위해 직원들이 길게 줄을 서있을 때였다. 무심코 뒤를 돌아본 오부장의 눈에 맨 뒤에 서서 차례를 기다리고 있는 앤디 그로브 회장이 보였다.

오부장은 "'전사원은 모두 평등하다'는 인텔의 기업문화를 한 눈에 알 수 있었다"고 말한다.

이 뿐만이 아니다. 연간 매출액이 2백억 달러에 달하는 인텔에 회장 전용 운전사도 전용 주차장도 없다. 그로브 회장이 주차할 공간을 찾지 못해 건물을 몇 바퀴씩 맴도는 모습도 인텔에선 낯설지 않다. 회장실이 본사 5층 한편에 자리한 2평 남짓한 칸막이 사무실이라는 사실은 유명한 이야기. 오부장은 "인텔은 기업이 커갈수록 갖기 쉬운 권위주의와 관료주의를 철저히 배격한다"고 설명했다.

업종의 특성상 창의성이 관건인데 상하 위계를 따지고 절차를 따지다 보면 남보다 한발 뒤지기 마련이라는 것.

이같은 평등주의가 가장 잘 반영된 제도가 평사원과 관리자를 이어주는 '멘토(Mentor · 조력자)' 프로그램. 평사원이 업무상 문제에 부닥치면 관리자 가운데 누구든 멘토로 선택할 수 있다. 상급자는 멘토로 지명되면 반드시 응해야 하며 이들은 일대일 토론을 통해 문제를 해결한다.

'버디(Buddy)' 프로그램도 비슷한 제도. 새로 입사한 직원을 선임자와 6개월~1년간 묶어두는 제도다.

버디가 된 선임자는 일 대 일 미팅, 점심식사 같이하기, 일주일에 한번 전화하기 등을 통해 신입사원이 신속하게 회사 업무와 분위기에 익숙해지도록 이끌어준다.

인텔 본사의 이런 '열린' 분위기는 인텔코리아도 마찬가지. 상사와 부하간에 언제 어디서든 의사소통의 문이 완전히 열려있다. 불합리한 점이 있으면 아랫사람이 아무 때나 윗사람에게 수정을 건의할 수 있다. 사장도 물론 예외가 아니다.

인텔은 이런 분위기를 '건설적인 대립(Constructive Confrontation)'이라고 정의한다.

그로브 회장도 "결정을 내리는데 여러 단계의 과정을 거쳐서는 실리콘 밸리에서 요구하는 스피드와 기술적 변곡점을 따라갈 수 없다"며 '스피드 경영'을 늘 강조한다.

미국 경제전문지 '포천'은 6월호에서 성공 기업문화로 사물을 새롭게 보는 안목과 항상 변신할 수 있다는 자세를 길러줄 것, 전사원의 열의와 자부심을 키울 것, 사내에서 다양한 목소리가 나오도록 할 것, 과감히 실천할 것 등을 들었다.

오부장은 "인텔은 그 모든 조건에 딱 맞아떨어지는 기업"이라고 말한다.

자료원: 동아일보, 1998. 11.18.

① 리더십의 행위이론

미시간 대학 연구의 특성은 어떤 리더가 직무중심 스타일을 갖고 있으면 그가 동시에 종업원중심의 스타일을 보여줄 수는 없다는 관점이다. 이 점이 미시간 대학 연구와 다른 행동중심 리더십 연구들간의 가장 큰 차이점이다.

행위중심의 리더십 개념을 연구한 Likert 등의 미시간대학 연구팀은 리더십 스타일을 직무중심(job-centered)형과 종업원중심(employee-centered)형으로 나누고 어느 스타일이 더 효과적인가를 밝히려고 시도하였으나, 커다란 성과를 거두지는 못하였다.

반면, Stogdill과 Fleishman이 이끌었던 오하이오 주립대학의 연구팀은 리더십 스타일을 구조주의(initiating structure)와 고려(consideration)라고 하는 두 개의 독립된 차원으로 보았다. 즉, 미시간대 연구에서와는 달리, 리더는 구조주의행위와 고려행위를 동시에 보일 수 있다는 관점이다.

리더의 구조주의행위란 집단 구성원들간의 관계(즉, 직위나 역할 등)를 규정하든가 조직화하고 공식적 의사소통 채널을 설정하며 집단의 과업을 달성하는 방법을 제시하는 등과 관련되는 리더의 행위를 의미하고, 고려행위란 리더가 추종자들에게 보여 주는 쌍방의사소통, 의견수렴, 상호신뢰, 존중, 따뜻함 등의 범주에 속하는 리더의 행위를 뜻한다.

연구결과 높은 구조주의와 높은 고려형의 리더행동이 높은 집단성과와 높은 만족감을 가져온다고 하였다.

관리격자도 이론은 텍사스대학의 Blake와 Mouton이 고려와 구조주의 연구를 토대로 제시한 이론으로, 리더십의 스타일을 생산에 대한 관심과, 인간의 대한 관심으로 나누고 각 리더십 스타일을 9등급으로 나누어 바람직한 리더의 행위를 찾고자 하였다. 이론적으로는 81가지의 리더유형이 가능하겠지만, 가장 기본적인 형태인 (1.1)형, (9.1)형, (5.5)형, (1.9)형, (9.9)형을 가지고 연구한 결과 이상적인 형태는 (9.9)형이라 하였다.

PM이론은 미스미 등 일본학자들에 의한 연구로, 리더십의 스타일을 '성과지향'(performance orientation: P)과 '유지지향'(maintenance orientation: M) 등의 용어로 나누어 연구한 결과 PM의 리더십스타일이 가장 바람직한 형태라고 제시하였다.

그림 10-10 *리더십의 행위이론*

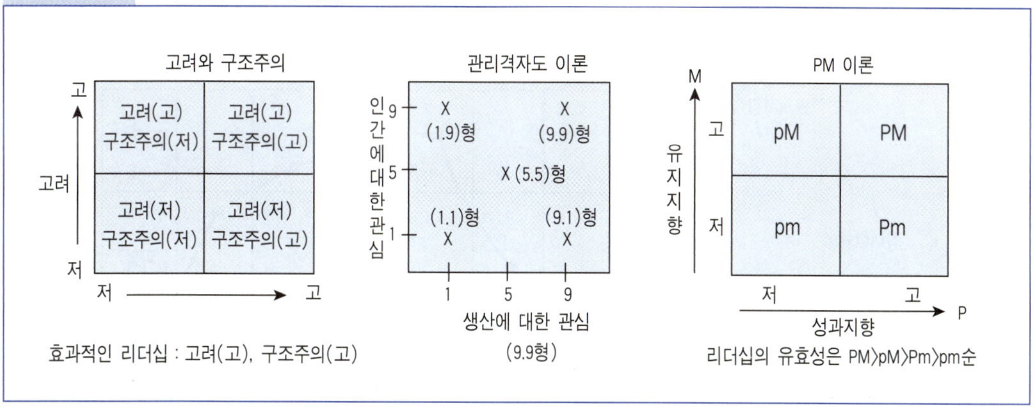

그러나 이러한 연구는 리더가 처한 상황이 고려되지 않았으므로 그 한계가 노출되었고, 자연스럽게 상황을 고려한 리더십 연구가 나타나게 되었다.

> 상황이론의 기본구조
>
> L = f(l, f, s)
>
> 단, L = 리더십, l = 리더의 자질, f = 부하의 특성, s = 상황특성

② Fiedler의 상황적합이론

리더십상황이론의 대표적인 이론인 Fiedler의 이론은 리더가 처한 상황을 고려하여 이에 적합한 리더십의 행위를 제시하고자 하였다. 즉, 리더가 처한 상황변수로 리더와 구성원의 관계(좋음 또는 나쁨), 과업구조(구조 또는 비구조), 리더의 직위권한(강 또는 약) 등을 도입하고, 이를 각각 두 가지의 극단적인 상황으로 구분하여 총 8가지(2×2×2)의 상황에 대한 적합한 리더십 스타일(인간관계지향적 또는 과업지향적)을 제시하였다.

피들러는 최초로 리더십이론에 상황변수를 도입한 학자이다.

그림 10-11 *Fiedler의 리더십 모형*

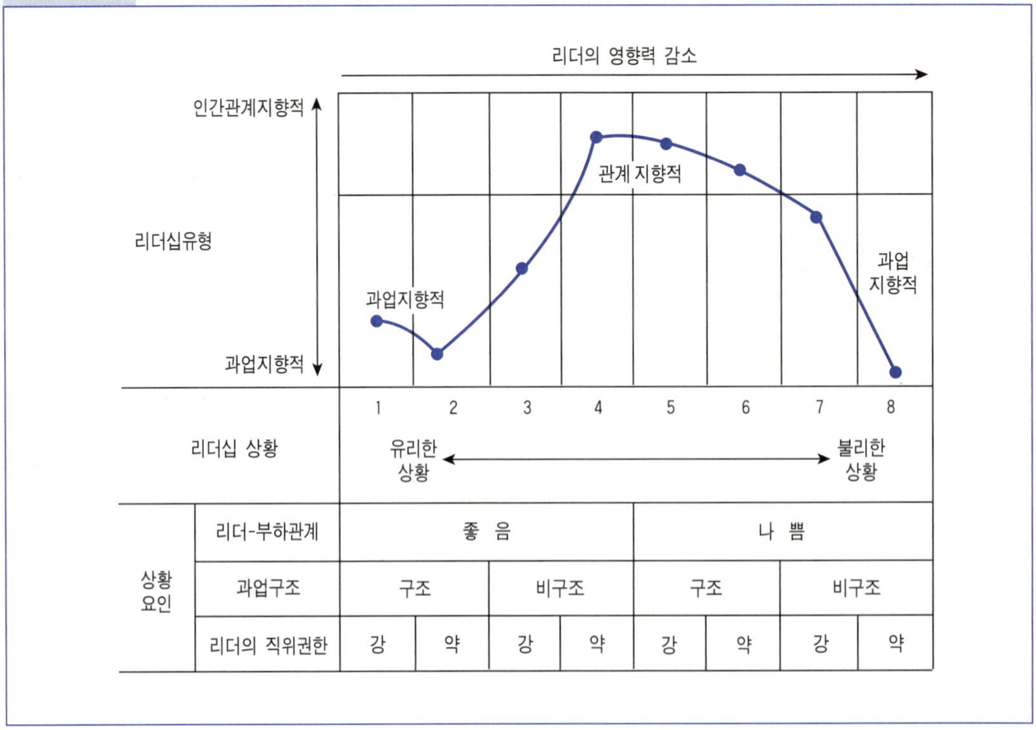

즉 [그림 10-11]에서 리더와 구성원의 관계가 좋고, 과업구조가 구조화되어 있으며, 리더의 직위권한이 강한 상황(1번 상황)은 리더에게 가장 유리한 상황이고, 그 반대의 경우(8번 상황)는 리더에게 가장 불리한 상황이 된다. 연구결과 리더에게 상황이 아주 호의적이거나(1, 2, 3상황의 경우) 아주 비호의적일 때(7, 8상황의 경우)는 과업지향적 리더십이 적합하고, 상황의 호의성이 중간정도일 때(4, 5, 6 상황의 경우)는 인간관계 지향적 리더십이 적합하다고 하였다.

③ Hersey와 Blanchard의 리더십 수명주기 이론

리더십의 수명주기 이론에서는 리더가 처한 상황변수로 '부하의 성숙도'를 유일하게 도입하였다. 또한 리더십의 스타일은 인간관계 지향적 리더십과 과업지향적 리더십을 도입하여 각 상황에 적합한 리더십스타일을 제시하였다.

그림 10-12 *허시와 블랜차드의 상황적 리더십*

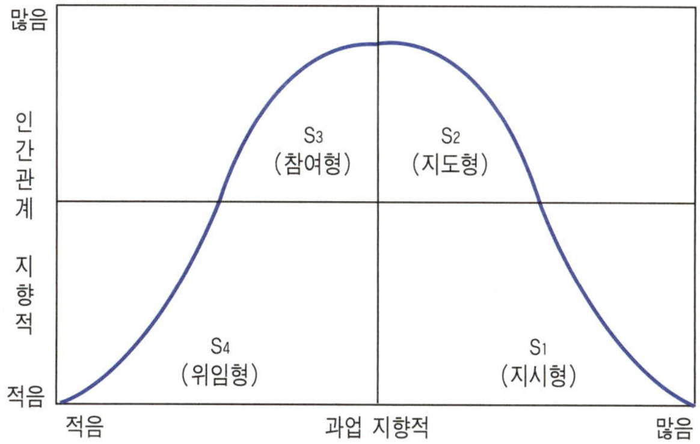

부하의 성숙도	높음 ←————→ 낮음			
부하의 욕구	자아실현욕구	사회적 욕구	안전욕구	생리적 욕구
주 도 권	부하 주도		리더 주도	
리더십 행동	책임위임 결정위임	정보공유 공동결정	지도·설득	구체적 지시 밀착감독

자료원 : P. Hersey & K.H. Blanchard, *Management of Organizational Behavior: Utilizing Human Resources*, 4th ed., Englewood Cliffs, N.J.: Prentice Hall, Inc., 1982, p.152에서 수정 인용.

④ Vroom과 Yetton의 리더십의 규범이론(의사결정 모델)

Vroom과 Yetton은 의사결정 상황에 따라 바람직한 의사결정행동(리더십 스타일)이 달라져야 한다고 주장하였다. 즉 의사결정행동의 종류는 의사결정 과정에 부하를 얼마나 참여시키는가 하는 정도에 따라 AI, AII, CI, CII, GII의 다섯 가지로 나누고, 리더가 처하는 상황을 일곱 종류로 나눈 다음 이들을 각각 '예'와 '아니오'의 두 차원으로 나누었다.

연구결과 어떤 상황에 어떤 의사결정 유형을 선택하여야 가장 효율적인지를 의사결정수(decision tree)형태로 제시하였다.

표 10-2 *리더십 유형(의사결정에의 리더 참여정도)의 구분*

리더십 유형	AⅠ	AⅡ	CⅠ	CⅡ	GⅡ
의사결정 참여자	리 더	리더와 개별적 부하	리더와 개별적 부하	리더와 부하집단	리더와 부하집단
참여형태	단독결정	부하와 개별적으로 질문·응답	개별적으로 부하의 제언을 받음	부하들과 정보 공유	정보공유 공동 결정

※ A : Autocratic C : Consultative G : Group
자료원 : V.H. Vroom & P.W. Yetton, *Leadership and Decision Making*, PA : The University of Pittsburgh Press, 1973에서 요약함.

표 10-3 *의사결정스타일의 구분*

의사결정스타일	정 의
전 제 형Ⅰ (AⅠ)	리더가 자기의 정보자료를 이용하여 단독으로 의사결정한다.
전 제 형Ⅱ (AⅡ)	리더는 필요한 정보를 부하로부터 요청하여 단독으로 의사결정을 한다.
협 의 형Ⅰ (CⅠ)	리더는 문제를 부하와 개별적으로 논의하고 단독으로 의사결정을 한다.
협 의 형Ⅱ (CⅡ)	리더는 문제를 부하들과 공동으로 논의하고 단독으로 의사결정을 한다.
집 단 형Ⅰ (GⅠ)	경영자와 부하들이 공동으로 논의하여 집단의 합의를 얻어 의사결정을 한다.

자료원 : Victor H. Vroom and Philip W. Yetton.

4. 카리스마적 리더십과 변혁적 리더십

카리스마적 리더십(charismatic leadership)이란 카리스마적 권위에 기초하는 리더십으로, 리더가 남들이 갖고 있지 못한 천부적인 특성을 갖고 있다고 하급자들이 느끼게 될 때 리더는 카리스마적 리더십을 발휘할 수 있게 된다. 즉, 리더가 갖는 어떤 특성을 실제보다 큰 것처럼 느끼게 됨으로써 추종자들은 리더를 믿고 따르게 된다는 것이다.

그림 10-13 *의사결정수(Decision Tree)와 처방(Feasible Set)*

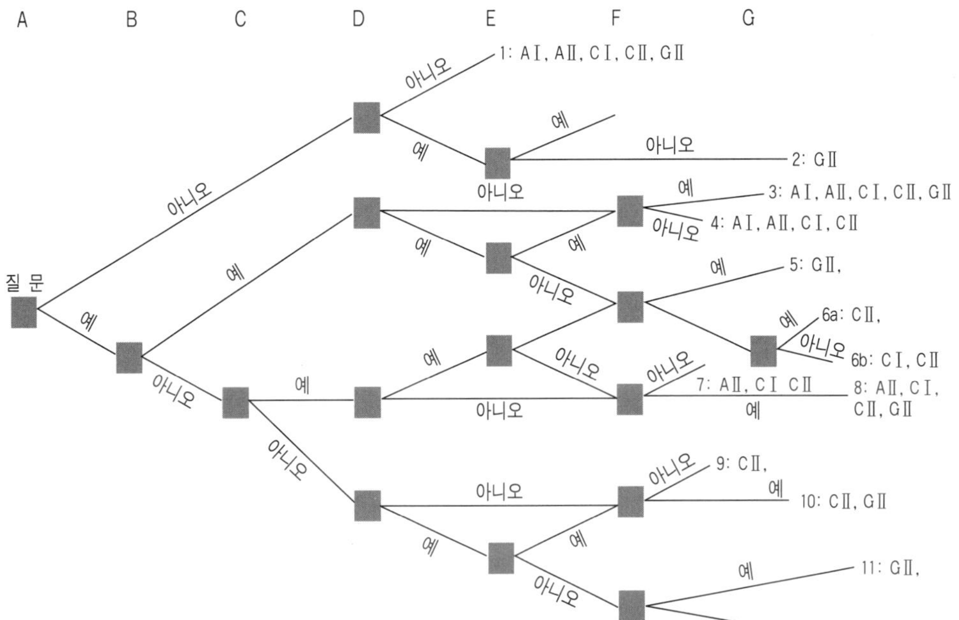

A. 그 문제가 의사결정의 질을 요구하고 있는가?
B. 합리적이고 우수한 의사결정을 위해 나는 충분한 정보를 가지고 있는가?
C. 해결해야 할 문제가 구조화되어 있는가?
D. 의사결정의 결과에 대한 하위자들의 수용 여부가 그 의사결정의 효과적인 실천에 중요한 역할을 하는가?
E. 만약 나 혼자서 단독으로 의사결정을 한다면, 그 결정이 부하들에 의해 수용되리라고 확신할 수 있는가?
F. 이같은 문제해결을 통해 달성될 수 있는 조직목표가 무엇이라는 것을 부하들도 알고 있는가?(부하들이 조직목표달성을 우선적으로 생각하는 입장에서 문제를 해결하려고 하는가?)
G. 무엇이 보다 나은 해결책인가에 대하여 부하들간에 갈등이나 의견의 불일치가 있을 가능성이 있는가?

자료원 : V.H. Vroom & A.G. Jago, *The New Leadership: Managing Participation in Organization*, Englewood Cliffs, N.J.: Prentice-Hall, 1988.

변혁적 리더십(transformational leadership)은 문화 자체를 변혁시키고 집단의 욕구체계를 바꾸려는 리더십이다. 그러므로 비젼을 설정할 뿐 아니라 그의 성취에 대한 자신감을 고취시키며 조직에 대한 몰입을 강조한다. 변혁적 리더들은 공포, 탐욕, 시기 등의 감정에 의존하는 것이 아니라 자유, 평등, 정의 등과 같은 가치에 호소하여 추종자들의 의식, 가치관, 태도의 혁신을 추구한다.

경영 노트

❖ 리더십 변화의 필요성

최근 기업경영 현장에서 광범위하게 진행되고 있는 변화와 혁신의 물결 중 한 특징은 현장밀착경영이다. 임원들을 「현장으로 내몬다」는 표현이 그다지 부자연스럽지 않다. 경영층이 책상에서, 그리고 안락한 소파에 앉아서 조직원들의 변화와 변신을 유도할 수는 없다고 보기 때문일 것이다.

조직의 유연화, 수평화, 능력개발형 신인사제도도입, 의식혁신교육과 기업문화운동, 전략적 비젼 및 중장기 경영전략수립, 리스트럭처링, 리엔지니어링, 그리고 MIS와 사무자동화, 공장자동화, 사무혁신TQC, 벤치마킹 등 경영혁신의 주제는 사실 모두 열거할 수도 없다.

이 모든 혁신활동의 성공요인으로 간주되는 것이 최고경영자의 리더십이다. 실패의 중요요인으로 빠짐없이 지적되고 있는 것이 또한 최고경영자의 추진력 미흡이라는 점이다.

변화와 혁신이 성공하려면 관련당사자들이 능률적으로 참여해야 한다. 계획이나 구상 혁신활동도 구성원들의 능동적 참여가 이루어지지 않아 용두사미식으로 흐지부지된 사례가 수없이 많다.

어느 철강회사에서는 몇년 전에 사무혁신을 통해 "30% 이상의 문서간소화, 회의효율화, 업무간소화 효과를 거두었다"고 스스로 평가한 적이 있다.

그런데 6개월 정도 지난 후에 사원들의 평가는 "사무혁신의 효과는 완화되어 그 이전처럼 되어버리고 오직 드러난 결과는 인력의 감축뿐이었다"는 자조적 발언이었다. 작년 하반기에 열풍처럼 몰아친 리엔지니어링 작업을 시도한 많은 기업의 경영자들도 벌써부터 실패담을 늘어놓고 있다.

구성원들에 대한 교육과 분위기조성도 부족하고 최고경영자도 면밀한 내부성찰을 선행시키지 않은 채 유행에 편승하여 확신없이 시작했기 때문이다.

아무리 좋은 대안이라도 그 결정과 실천과정에 구성원의 동의와 합의, 자발적 몰입과 헌신이 없으면 성공하지 못하고 만다. 결국 성공적인 경영혁신과 기업변신은 특정 개인 단독의 능력에 의존해서는 성공할 수 없으며 최고경영자부터 전체 조직원들의 일치된 합의와 자발적 노력이 중요하다.

구성원의 능동적 참여와 자발적 노력을 이끌어내는 원동력은 무엇인가. 여러 가지를 지적할 수 있지만 결국 요체는 관리자, 그 중에서도 경영층의 리더십이다.

요즈음 리더십에서 새롭게 강조되는 중요한 점은 리더의 솔선수범이다. 부하들에게 행동으로 보여주어야 한다. 그리고 적절한 비젼과 목표를 제시해야 한다.

전통적으로 리더십에 대한 연구에 네 가지 흐름이 이어져 왔다.

① 성공적인 리더의 탁월한 특질을 연구하는 특질접근법, ② 영향력의 원천으로서의 리더가 보유한 권력의 연구방법, ③ 성공집단 리더의 실제 행동을 연구하여 리더십 양성에 활용하는 행동접근법, ④ 리더십의 효과는 상황에 의존한다는 상황접근법 등이 그것이다.

그런데 최근 기업의 경영자에게 요청되는 효과적 리더십의 새로운 개념으로 변화추구적 리더십과 카리스마적 리더십, 슈퍼리더십과 자기리더십, 임파워링 리더십 등이 있다.

이 개념들은 대체로 구성원 개인의 능력개발과 조직의 발전을 추구하는 데 있어 구성원 또는 부하들에게 영향력을 행사하는 리더 개인의 카리스마와 능력, 그리고 적절한 비젼과 목표의 제시, 솔선수범의 중요성을 강조하고 있다.

■새로운 리더십과 효과■

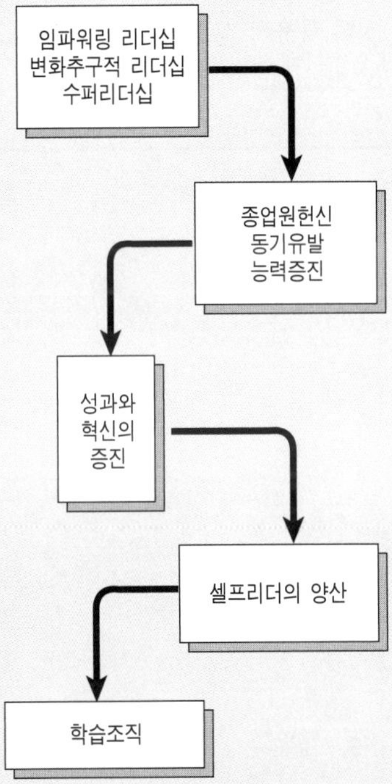

카리스마적 리더와 변화추구적 리더는 부하들을 고무시키고 격려하기 위해 바람직한 카리스마를 구사한다. 오늘날에 요구되는 카리스마는 변화의 이해인 동시에 비젼의 제시이고 혁신의 실천이다.

이들은 성과의 중요성, 부하들에 대한 신뢰감, 부하들의 우수성, 부하들의 집단성과에 대한 강한 기대감 등을 갖고 부하들에게 접근한다.

예를 들어 GE사, 삼성그룹, 이랜드, 파스퇴르우유 등의 최고경영자는 자기확신, 변화의 욕구, 카리스마 확대에 대한 도덕적 타당성과 그에 따른 자신의 리더십에 강한 신념 등을 활용한다.

변화추구적 리더십을 제대로 발휘하려면 대체로 다음의 과정을 거쳐야 한다.

첫째, 현재 상황에 있어 미개발된 기회와 단점을 확인하고 구성원의 요구와 기대를 정확히 파악한 후 이를 토대로 전략적 비젼을 수립한다.

둘째, 비젼을 조직원에게 전달하면서 현재의 상황이 도저히 수용될 수 없는 현실임을 분명하게 말하고 부하들을 이끌 동기부여를 확실히 한다.

셋째, 성공결과에 대한 확신감 시현, 전문능력의 배양, 개인적인 희생과 솔선수범, 예외적 행동 등을 통해 조직원 및 부하들의 신뢰감을 조성하고

넷째, 기업 및 부서특성에 맞는 특유의 전술과 권한 위양을 통해 비젼이 실현될 수 있는 수단을 보여준다.

그러나 변화추구적 또는 카리스마적 리더십이 갖고 있는 한계점을 항상 유념해야 한다.

첫째, 리더가 부하들의 너무 과도한 헌신을 강조하거나, 둘째, 리더 개인의 잘못 설정된 방향을 의도적으로 강조하는 경향이 그 것이다.

슈퍼리더십은 변화추구적 리더십보다도 한 단계 더 진전된 개념으로 부하들이 그들의 능력을 발견하고, 활용하고, 극대화할 수 있도록 도와준다. 단 슈퍼리더도 부하들에게 조직에 최대한으로 기여하도록 하기 위해 권한을 위양한다는 점에서는 변화추구적 리더와 유사하다.

분명 변화와 개혁, 창의와 자율은 이 시대의 거스를 수 없는 명제이다. 이 도도한 변화의 물결에서 어느 기업이, 또는 어느 개인이, 창의적 경영과 능동적 능력개발을 더 잘 할 수 있느냐에 기업과 개인의 성공이 달려있다. 변혁추구의 리더십은 변화의 시대를 능동적으로 선도해야 할 현대의 기업경영자들에게 절실히 필요하다.

이는 단순히 상황에 따라 유효한 리더십이 달라져야 한다는 가치중립적 상황조건 리더십 이론의 한계를 보완하고 있으며 변화의 시대가 보편적으로 요구하는 이 시대 특유의 상황조건 리더십이라고 할 수 있다.

토·의·과·제

1. 집단의사결정에서 리더가 자신의 의견을 관철시키려할 때 Asch 효과를 활용할 수 있는 방안을 토의하여 보자. 리더는 자기와 의견이 같은 사람에게 먼저 의견을 묻는 것이 나을까 아니면 반대하는 사람에게 먼저 묻는 것이 나을까?

2. 집단의사결정시 집단사고가 나타나는 이유는 무엇인가? 한명씩 돌아가면서 발표해 보자.

3. 집단에서는 자연스럽게 집단내의 특정인에게 권력이 부여되는 경우가 있다. 특정인에게 권력이 부여되는 이유가 무엇인가?

4. ① 신입사원들 중 멘토가 있는 사람과 멘토가 없는 사람간에 직무만족, 조직몰입, 이직의도, 그리고 사회화(socialization)의 효과 측면에서 어떤 차이가 있겠는지 토론하여 보자.
   ② 귀하는 멘토링 관계를 가져본 적이 있는가?(예: 교회, 동아리 등에서) 성공적인 멘토링 관계형성, 유지를 위한 조건들을 토론하여 보자.

5. 자신의 조직과 관련된 비젼을 간단히 적어보자. 그리고 가장 가까운 사람에게 자신의 비젼을 공유할 수 있도록 설득해 보자. 설득과정에서 나타난 문제점을 적고 서로 보완책을 제시해 보자.

11 재무관리와 회계관리

11.1 재무관리와 자본조달 결정
11.2 파생금융상품의 등장과 투자결정
11.3 재무제표의 이해와 회계적 의사결정
11.4 세금과 세무관리
■ 토의 과제

11.1 재무관리와 자본조달 결정

1. 재무관리의 의의

전통적 재무관리는 기업의 자금조달 및 운용의 문제를 주요 관심대상으로 하고 있는데, 이와 관련된 분야를 기업재무(corporate finance)라고 한다. 현대 재무관리는 기업재무뿐 아니라 투자론과 금융론을 포함한다.

재무관리(finance)는 기업의 구성요소 중에서 자금과 관련된 의사결정을 효율적으로 수행하고자 하는 활동이다. 즉 기업의 목표를 달성할 수 있도록 필요한 자금을 효율적으로 조달하고(finacing decision), 조달된 자금을 효율적으로 운용하는(investment decision) 것과 관련된 의사결정을 한다.

① 재무관리의 기능

기업의 재무담당자는 자본시장(투자자)으로부터 자본을 조달하여 수익성 있는 자산에 투자하고, 투자의 결과로 창출된 이익을 투자자에게 배당으로 지급하든지 재투자를 위하여 유보하는 활동을 반복하여 수행한다. 즉, 기업의 재무담당자는 자금흐름과 관련하여 투자, 자본조달, 배당에 대한 의사결정을 하게 되며, 이러한 의사결정에 필요한 각종 재무자료의 수집 및 분석활동도 아울러 수행하게 된다. 따라서 재무관리의 기능은 투자결정, 자본조달결정, 배당결정, 재무자료분석의 네 가지로 요약할 수 있다. 이 중 재무관리의 핵심적인 분야는 투자결정과 자본조달결정이다.

일반적으로 기업의 투자의사결정과 자본조달의사결정은 매우 밀접한 관계를 가지고 있다. 왜냐하면 기업이 투자를 할 때 필요한 자금은 어떠한 방법으로 조달하는가에 따라 자본비용이 결정되고, 이러한 자본비용이 투자안을 평가하는 기준이 되기 때문이다.

② 기업가치의 극대화

어떤 자산의 가치는 그 자산을 보유함으로써 얻게 될 미래현금흐름을 그 현금흐름의 위험이 반영된 적절한 할인율로 할인한 현재가치로 구할 수 있다. 따라서 기업가치(V: value)는 기업이 미래에 얻을 것으로 기대되는 현금흐름을 현금흐름의 위험이 반영된 적절한 할인율로 할인한 현재가치이다. 이를 수학적으로 표현하면 다음과 같다.

$$V = \sum_{t=1}^{\infty} \frac{C_t}{(1+k)^t}$$

단, C_t: t기의 현금흐름(수익성)
k : 현금흐름의 위험이 반영된 할인율(자본비용)

이 식에서 분자 C_t는 기업이 미래에 얻게 될 현금흐름으로 기업이 보유중인 자산의 수익성을 의미하며, 분모에서 k는 현금흐름의 위험도가 반영된 할인율로 기업의 자본비용(cost of capital)을 의미한다. 자본비용이란 기업이 자본을 사용하는 대가로 자본제공자들에게 지급하게 되는 비용을 말한다. 따라서 기업가치는 기업이 보유중인 자산의 수익성과 위험도에 의하여 결정되며, 자산의 수익성이 높을수록, 위험도가 낮을수록 기업가치는 증가한다.

기업이 사채를 발행하여 자금을 조달할 경우에는 채권자들에게 지급해야 되는 이자가 부채의 자본비용이 되며, 주식을 발행하여 조달할 경우에는 주주에게 지급하게 되는 배당금이 자기자본에 대한 자본비용이 된다.

③ 재무관리의 기본구조

재무관리의 목표는 기업가치극대화이며, 기업가치는 기업의 수익성과 위험도에 따라 달라진다. 이 중 수익성은 기업이 보유하는 자산으로부터 얻게 될 영업이익의 크기이며, 이 값은 기업이 이떤 자산을 보유하느냐에 따라 달라지므로 기업의 수익성을 결정짓는 것은 투자결정이다.

한편, 기업의 현금흐름이 내포하는 위험에는 영업위험과 재무위험이 있다. 영업위험이란 영업이익의 변동가능이며, 영업이익은 기업이 보유하는 자산으로부터 얻게 될 미래현금흐름이므로 영업위험은 투자결정에 따라 달라진다. 반면에 재무위험이란 부채나 우선주의 이용에 따른 주주현금흐름(주당이익)의 변동가능성이다. 영업이익이 동일할지라도 부채나 우선주의 이용정도에 따라 이자비용 및 우선주배당액의 크기가 달라지므로 주당이익도 달라진다. 따라서 영업위험이 일정한 상태에서 재무위험을 결정짓는 것은 자본조달결정이다. 결국 투자결정과 자본조달결정에 따라 영업위험과 재무위험의 크기가 결정되며, 기업의 위험도에 따라 투자자들이 요구하는 최저필수수익률인 자본비용이 달라진다. 따라서 기업가치를 극대화하기 위해서는 수익성을 최대화하고, 자본비용을 최소화할 수 있도록 투자 및 자본조달결정을 하여야 하는 것이다.

그림 11-1 *재무관리의 기본구조*

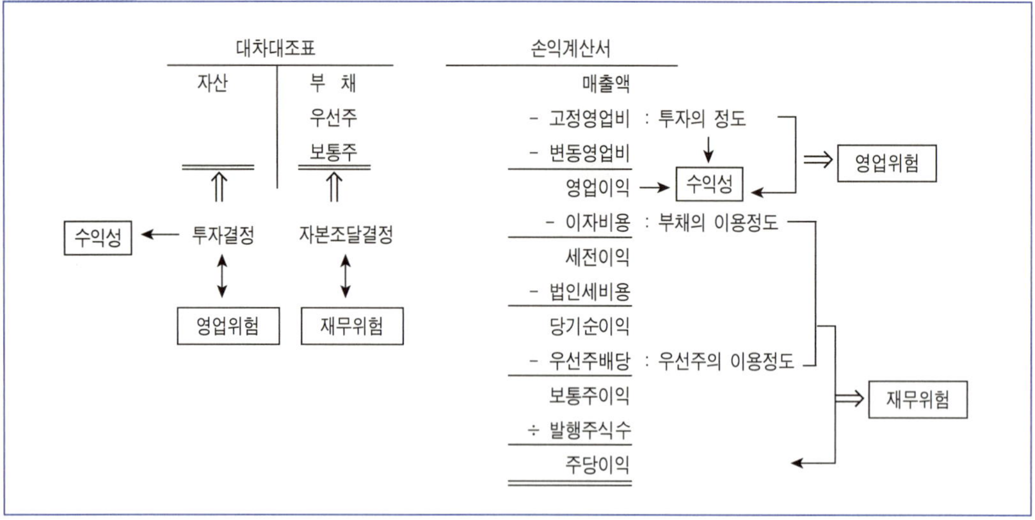

2. 투자의 결정

앞에서도 언급했듯이 기업의 투자의사결정은 자본조달결정과 더불어 재무관리의 핵심분야이다. 이러한 투자의사결정방법은 화폐의 시간가치를 고려하지 않는 방법과 화폐의 시간가치를 고려하는 방법으로 구분되는데, 전자에 해당하는 것으로 회수기간법이나 평균이익률법이 있고 후자에 해당하는 것으로 순현가법이나 내부수익률법이 있다. 여기서는 이론적으로 보다 우수한 순현가법과 내부수익률법을 간단히 살펴보기로 한다.

① 순현가법(*NPV*법)

일반적으로 투자결정을 비롯한 기업의 모든 의사결정은 현재시점을 기준으로 이루어지지만 투자로부터 얻어지는 대가는 미래에 실현되는 것이 보통이므로, 이러한 투자안을 평가하기 위해서는 화폐의 시간가치를 고려해 주어야 한다. 순현가법(*NPV*; net present value)은 이와 같이 투자로부터 발생하는 현금유입의 현재가치와 현금유출의 현재가치를 비교하여 투자여부를 결정하는 방법이다.

$$NPV = CF_0 + \frac{CF_1}{(1+k)} + \frac{CF_2}{(1+k)^2} + \cdots + \frac{CF_n}{(1+k)^n}$$
$$= \sum_{i=1}^{n} \frac{E_t}{(I+k)^t}$$

CF_t: t시점의 현금흐름
k: 할인율(자본비용 · 요구수익률)

여기서 할인율(k)은 기업이 투자를 위해서 요구하는 최소한의 수익률로서 일반적으로 그 기업의 자본비용이 된다. 이러한 할인율은 각 투자안으로부터 추정된 현금흐름의 불확실성에 따라 달라진다.

순현가법에서 의사결정기준은 순현재가치가 0보다 클 경우 그 투자안을 채택하고, 0보다 작을 경우 기각한다. $NPV > 0$이라는 것은 절대적 부 또는 기업가치의 증가를 의미하며, $NPV < 0$이라는 것은 그 반대를 의미하기 때문이다.

[예제 1] JOY상사가 10,000만원을 투자하여 새로운 기계 K를 설치하려고 한다. 이 투자(기계구입)로 인해 기대되는 현금흐름은 아래 표와 같다. JOY사의 자본비용이 10%라고 할 때, 이 기업은 기계 K에 투자하여야 하는가?

JOY사 투자안 K의 현금흐름 (단위: 만원)

연도	0	1	2	3	4
현금흐름	-10,000	6,500	3,000	3,000	1,000

〈풀이〉 $NPV(K) = -10{,}000 + \frac{6{,}500}{(1+0.1)} + \frac{3{,}000}{(1+0.1)^2} + \frac{3{,}000}{(1+0.1)^3} + \frac{1{,}000}{(1+0.1)^4}$

$= 1{,}325$(만원)

이 투자안은 NPV가 0보다 크므로 투자를 함으로써 그만큼 기업의 가치를 증가시킬 수 있다. 따라서 이 투자안이 독립적인 투자안일 경우 투자가치가 있다.

② 내부수익률법(*IRR*법)

내부수익률법은 투자안의 순환재가치(NPV)를 0으로 하는 할인율을 구하여 이를 요구수익률과 비교하여 투자여부를 결정하는 방법이다. 여기서 내부수익률(internal rate of return)이란 투자로부터 기대되는 현금유입의 현재가치와 현금유출의 현재가치를 같게 하는 할인율을 말하는데, 내부수익률(IRR)을 r로 정의하면 다음 식을 만족하는 r이 IRR이 된다.

$$NPV = CF_0 + \frac{CF_1}{(1+r)} + \frac{CF_2}{(1+r)^2} + \cdots + \frac{CF_n}{(1+r)^n}$$
$$= \sum_{t=0}^{n} \frac{CF_t}{(1+r)^t} = 0$$

위 식에서 투자안의 현금흐름이 클수록, 즉 분자인 CF_1, CF_2, …, CF_n이 큰 값을 가질수록 분모인 r값은 높게 되는데, 이는 결국 r이 투자안의 수익성의 척도가 된다는 뜻이 된다. 여기서 r이 자본비용 또는 시장이자율이 되면 이 사업으로 인한 기업가치의 증가(또는 부의 증가)는 영($NPV=0$)이 된다. 따라서 기업의 자본비용 또는 시장이자율을 i라 할때, $r > i$이면 이 투자안을 채택하고 $r < i$이면 이 투자안을 기각한다.

이러한 의미에서 IRR법에서 자본비용은 투자를 위한 최저요구수익률(minimum required of return) 또는 절사율(cut-off)이 되며, r을 구하기 위해서는 현가표를 이용하여 시행착오방법(trial and error method)으로 구한다.

[예제 2] 아래 표와 같은 현금흐름을 가지는 투자안 Y가 있다. IRR을 구하고 투자가치를 평가하라(단, 시장이자율 12%이다).

투자안 Y의 현금흐름 (단위: 만원)

연도	Y의 현금흐름
1	−10,000
2	6,500
3	3,000
4	3,000
5	1,000

〈풀이〉 $NPV(Y) = -10{,}000 + \frac{6{,}500}{(1+r)} + \frac{3{,}000}{(1+r)^2} + \frac{3{,}000}{(1+r)^3} + \frac{1{,}000}{(1+r)^4}$

$\therefore\ r = 0.18(18\%)$

투자안 X의 내부수익률이 시장이자율(12%)보다 크므로 이 투자안은 채택되어야 한다.

3. 자본조달의 결정

① 금융시장의 구조와 자금조달 방법

금융시장(financial market)은 우선 금융이 이루어지는 경로에 따라 직접금융시장과 간접금융시장으로 구분된다. 그리고 직접금융시장은 거래되는 증권의 만기(1년기준)에 따라 다시 화폐시장과 자본시장으로 구분된다.

경제주체간의 자금유통을 금융이라 하며, 자금유통이 이루어지는 시장을 금융시장이라고 한다. 금융시장은 여유자금을 가지고 있는 경제주체(가계)들로부터 자금을 모아서 자금을 필요로 하는 경제주체(기업)에게 공급해 주는 역할을 한다.

그러나 최근에는 금융시장의 발전으로 유통이 원활해짐에 따라 만기와 관계없이 증권의 유동성과 위험성을 기준으로 구분하는 경향이 있다.

직접금융시장은 중개기관을 거치지 않고 자금의 최종수요자(기업)와 공급자간에 직접증권의 매매형태로 자금의 수급이 이루어지는 시장을 말한다. 자금의 최종수요자가 자금을 직접 조달하기 위하여 발행하는 증권으로 주식과 채권이 있다.

간접금융시장은 최종수요자와 공급자간에 은행이나 보험회사와 같은 금융중개기관이 개입하여 직접 또는 간접증권의 매매형태로 자금의 수급이 이루어지는 시장을 말한다. 자금의 최종수요자가 아닌 중개기관이 자금조달을 위하여 발행하는 증권으로 예금증서나 보험증서가 있다.

② 자본시장과 파생금융상품

화폐시장(money market)은 만기가 1년 이하이고, 일반적으로 유동성과 신용도가 높으며, 가격변동위험이 상대적으로 작은 금융상품들이 거래되는 시장을 말한다. 화폐시장에서 거래되는 주요 금융상품

그림 11-2 *자금순환과 금융시장의 종류*

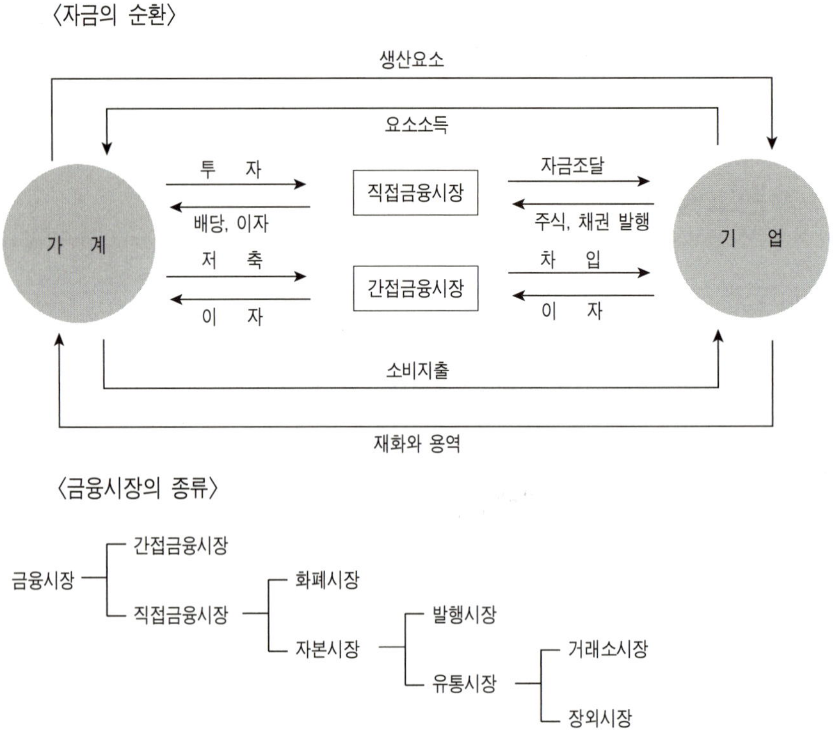

경영 노트

신종기업어음(commercial paper; CP)
기업이 상거래와 관계없이 단기 운전자금을 조달할 목적으로 발행하는 무담보약속어음이다.

양도성예금증서(negotiable certificate of deposits; CD)
금융기관이 정기예금에 대하여 발행하는 예금증서로서 이자율과 만기가 명시되어 있으며, 제3자에게 양도가 가능하다.

환매조건부증권(repurchase agreement; RP)
일정시간이 경과한 후에 특정가격에 다시 매입 또는 매도하는 조건으로 증권을 거래함으로써 단기자금을 조달한다든지 또는 이자수익을 얻는 금융수단이다.

리스금융(Lease)
리스회사로부터 특정자산에 대한 사용권을 얻고 매기 일정한 리스료를 지급하는 계약을 말한다. 직접적인 자금차입이 있는 것은 아니더라도 리스금융(leasing)은 장기적인 자본조달효과를 갖고 있다. 리스금융은 최근 중요한 자본조달수단으로 이용되고 있다.

에는 단기국공채, 신종기업어음(CP), 양도성 예금증서(CD), 환매조건부 증권(RP) 같은 것들이 있다.

자본시장(capital market)은 일반적으로 장기성 유가증권이 거래되는 시장을 말한다. 장기성 유가증권에는 기업이 발행하는 주식과 회사채, 정부나 공공기관이 발행하는 국공채, 시장성 저당증권(marketable mortgage) 등이 포함된다.

자본시장에서 거래되는 증권들은 화폐시장에서 거래되는 증권에 비하여 신용위험과 가격변동위험이 상대적으로 높다. 또한 화폐시장이 유동성의 충족을 주요 목적으로 하는 반면, 자본시장은 장기성 자금의 수급충족을 주요 목적으로 한다.

최근에는 새로운 금융기법의 도입으로 다양한 금융상품이 개발되었다. 이들은 대개 전통적 금융상품인 주식과 사채에 특정한 내용의 선택권을 부여한 선택권부 증권의 형태를 갖는데 이를 파생금융상품(derivative security)이라고 한다. 구체적인 예로 신주인수권부사채, 전환사채 및 전환우선주 등을 들 수 있다. 이들은 기업뿐만 아니라 투자자 입장에서도 상황에 따라서 유리한 선택을 할 수 있기 때문에 기업이 자본을 조달하는 수단으로 점점 더 중요한 비중을 차지할 것으로 예상된다.

자본시장은 장기성 자금이 거래되는 시장을 포괄하는 개념이지만, 일반적으로는 주식이나 채권 등 장기 직접증권이 거래되는 증권시장(securities market)을 의미한다.

이처럼 선택권이 부여된 것은 아니지만 선물계약(futures contracts), 스왑(swap), 리스금융(leasing) 등도 새로이 등장한 금융기법

경영 노트

❖ 주식과 채권

주식을 통한 자본조달은 대규모의 자본을 단시간에 조달할 수 있고, 그 자본을 주주에게 반환할 필요가 없는 안정적인 자기자본이라는 장점이 있으나 영업활동으로부터 발생한 이익을 배당해야 하는 의무가 있다. 반면 채권을 통한 자본조달은 경영권에 영향을 받지 않고 거액의 자본을 조달할 수 있지만, 만기일에 원금을 반드시 상환해야 하고 약속된 이자도 정기적으로 지급해야 하는 타인자본이다.

이라고 할 수 있는데, 이 역시 기업의 자본조달수단으로 이용될 수 있다.

4. 배당의 결정

기업의 자본조달결정과 연계하여 중요한 문제로 제기되는 것이 배당정책이다. 배당정책은 기업의 경영성과인 이익을 어떻게 배분하느냐에 관한 문제이다. 즉 이익 중 얼마만큼을 주주에게 배당하고 얼마만큼을 기업 내에 유보하느냐를 결정하는 것이다. 배당은 자본을 제공한 주주에게는 당연한 청구권이며, 기업내에 재투자를 목적으로 유보되는 유보이익은 기업의 성장의 중요한 원천이 된다.

따라서 이 두 가지 모두 기업의 입장에서 바람직한 것이지만 배당과 성장은 상충되는 것이 일반적이다. 즉 배당을 많이 하게 되면 성장을 할 재원이 부족하고, 성장을 하기 위해 배당을 줄이면 주주들은 불만스러울 수 있는 것이다. 그러므로 어느 정도의 배당이 적절한가 하는 것은 중요한 의사결정이며 이러한 결정은 기업의 목표인 기업의 가치가 극대화되도록 이루어져야 할 것이다.

11.2 파생금융상품의 등장과 투자결정

1. 일반적인 투자원리

오늘날 재무관리의 활동 중 자본조달결정과 더불어 가장 중요시되는 것이 금융상품에 대한 투자결정이다. 수익률이 확실히 알려져 있는 투자안보다, 불확실한 투자안이 많은 상황에서 잘못된 투자안의 선택은 기업에 큰 손실을 입힐 수도 있다. 선택가능한 여러 투자안들의 예상되는 수익률을 확실히 알고 있는 경우에는, 그 투자안의 순현재가치(NPV; net present value)를 구하여 NPV가 가장 높은 대안을 선택하면 된다.

NPV(순현재가치)는 현금유입의 현재가치에서 현금유출의 현재가치를 빼서 결정한다.

하지만 투자안에 불확실성(즉, 위험)이 존재하면, 투자안 평가시 반드시 그 투자안의 수익률 외에 위험을 고려해야 한다.

예를 들어 A투자안과 B투자안의 수익률이 같더라도, B투자안의 위험이 A투자안보다 낮다면, B투자안을 선택하는 것이 투자자의 효용을 높일 수 있다.

한편, 1개의 자산을 투자하는 것보다 여러 자산을 동시에 투자할 경우 수익률은 유지되면서, 위험을 낮출 수도 있는데 이를 포트폴리오 효과라고 한다. 즉 여러 자산을 결합하여 포트폴리오로 투자할 경우 위험을 분산시킬 수 있다면 모든 투자자는 이러한 결합상품에 투자하게 될 것이다.

2. 파생금융상품

파생금융상품(financial derivatives)이란 주식, 채권 등과 같은 실물금융에서 파생되어 나온 상품으로 그 가치의 근거를 실물금융에 두고 있으며, 대표적으로 옵션(option)과 선물(futures)을 예로 들 수 있다.

① 옵 션

옵션(option)이란 정해진 기간 내에(또는 정해진 시점에) 미리 약정된 가격(행사가격)으로 특정자산(기초자산)을 사거나 팔 수 있는 권리가 부여된 계약을 말한다.

옵션의 만기와 행사가격은 미리 정해진 값을 갖기 때문에 옵션은 기초자산의 가격에 따라 그 가치가 변화하는 조건부 청구권의 성격을 갖는다.

기초자산을 살 수 있는 권리가 부여된 옵션을 콜옵션(call option)이라 하고, 팔 수 있는 권리가 부여된 옵션을 풋옵션(put option)이라 한다.

예를 들어 어떤 사람이 삼성전자 주식을 30일 후에 150,000원에 10주 살 수 있는 권리(콜옵션)를 1,000원에 구입했다고 하자. 만약 30일후에 삼성전자 주식의 가격이 200,000원이 되었다면 이 사람은 시장가격보다 싼 150,000원에 10주의 주식을 살 수 있게 되고 투자이익은 499,000원(500,000원 - 1,000원)이 될 것이다.

반면 30일후에 삼성전자 주식의 가격이 120,000원이 되었다면 시장가격보다 비싸게 살 이유는 없으므로 옵션을 행사하지 않고, 옵션가격인 1,000원만 손해를 보게 된다.

이와 같이 옵션은 소유자의 의사에 따라 행사될 수도 있고, 행사되지 않을 수도 있다. 위에서 예를 든 바와 같이 콜옵션의 경우 만기일이 도래했을 때 만약 기초자산의 시장가격이 행사가격보다 낮으면 시장에서 매입하는 것이 유리하므로 콜옵션의 권리는 물론 행사하지 않을 것이다. 그러나 이와는 반대로 행사가격이 시장가격보다 낮은 경우에는 콜옵션의 소유자는 권리를 행사하여 싼 가격으로 자산을 매입하게 된다.

한편 풋옵션의 경우는 기초자산을 팔 수 있는 권리이므로 만기일이 도래했을 때 기초자산의 시장가격이 행사가격보다 낮으면 그 권리를 행사하여 시장가격보다 비싼 가격으로 팔 것이다. 반대로, 행사가격이 시장가격보다 낮은 경우에는 시장에다 파는 것이 유리하므로 풋옵션은 행사되지 않을 것이다. 이와 같이 옵션은 만기일에 있어서 기초 자산의 시장가격에 따라 그 투자자가 자신에게 유리한 경우에만 권리를 행사하게 되는 조건부청구권의 성격을 갖고 있다.

콜옵션과 풋옵션은 다시 그 권리가 행사될 수 있는 기간에 따라

유로피언 옵션(European option)과 아메리칸 옵션(American option)으로 나누어진다. 유로피언 옵션은 만기일에 한해서 권리를 행사할 수 있는 반면, 아메리칸 옵션은 만기일에 이르기까지 어느 날짜에건 옵션소유자의 의사에 따라 권리의 행사가 가능한 옵션을 말한다.

옵션 보유자에게는 권리만이 존재하는데, 선물은 의무를 부담한다.

② 선 물

선물(futures)이란 미래의 특정시점(인도일)에서 정해진 가격(선물가격)으로 특정자산(표준화되어 있는 자산)을 사거나 팔기로 현재시점에서 약속한 계약을 말한다.

예를 들어 어떤 논에서 나올 쌀을 가을이 되기 전에 미리 일정한 가격에 사기로 약속하는 계약은 선물과 유사한 성격을 갖고 있다. 다만 선물은 공인된 선물거래소에서 표준화된 제품을 표준화된 계약방식에 의해 성립시킨다는 점만 다르다.

선물계약은 일반적으로는 제품의 실수요자와 실공급자가 미래에 나타날지도 모를 가격변동위험을 회피하기 위해 체결되는 경우가 많지만, 가격변동위험을 이용하여 투자수익을 노리는 투기자도 거래에 참여하게 된다.

이와 같은 성격을 레버리지 효과라고 한다.

선물계약은 그 자산의 약속된 가격 전부를 지급하는 것이 아니고, 증거금 일부만으로 계약을 성립시킨 후 매일매일의 가격변동에 의한 손익을 증거금에 바로 반영시키는 특징이 있다.

선물시장에서 거래되고 있는 상품에는 여러 종류가 있으나, 그 거래대상에 따라 상품선물거래와 금융선물거래로 구분할 수 있다. 즉 농산물·축산물·주요 원자재 등을 선물거래를 통해 안정적으로 확보함으로써 가격변동에 따른 위험을 헤지하기 위한 상품선물거래와 이러한 일반상품과는 달리 금융자산의 가격(또는 이자율)변동에 따른 위험을 해지하기 위한 금융선물거래에 있다. 원래 선물시장은 상품선물을 대상으로 성립되었으나, 최근 금융시장의 급성장과 함께 금융선물이 선물시장의 주요 품목이 되었다.

11.3 재무제표의 이해와 회계적 의사결정

1. 재무회계의 정의와 목적

회계적 관리는 회계정보의 이용자가 합리적인 의사결정을 할 수 있도록 재무상의 자료를 일반적으로 인정된 회계원칙에 따라 처리하여 유용하고 적정한 정보를 제공하는 것을 목적으로 한다.

기업회계는 그 정보이용자에 따라 재무회계와 관리회계로 나눌 수 있다. 재무회계(financial accounting)는 기업의 외부이해관계인 주주나 채권자 등에게 경제적 의사결정에 유용한 정보를 제공하는 것을 목적으로 하는 회계이며, 관리회계(managerial accounting)는 기업의 내부이해관계인인 경영자에게 관리적 의사결정에 유용한 정보를 제공하는 것을 목적으로 하는 회계이다.

기업은 외부의 이해관계자에게 기업에 관한 정보를 제공하기 위하여 기업의 현재의 재무상태나 과거의 경영성과 및 재무상태의 변동사항을 나타내는 재무제표를 작성하여 공개적으로 알리게 된다. 재무제표는 일반적으로 인정된 회계원칙에 따라 작성하는데, 그 이유는 외

표 11-1 *재무회계와 관리회계의 차이점*

	재무회계	관리회계
목적	기업의 외부이해관계자인 주주나 채권자에게 유용한 정보제공	기업의 내부이해관계자인 경영자에게 유용한 정보제공
보고수단	재무제표(재무보고)	특수목적의 보고서
시간적 관점	과거지향적	미래지향적
범위	범위가 넓고 전체적이다.	범위가 좁고 특수하다.
원칙의 유무	회계원칙이 지배를 받는다.	규범성격의 기준이 없다.

부정보이용자들이 합리적인 의사결정을 하기 위해서는 기업간의 비교가능성과 재무제표의 이해가능성을 제고시켜야 하기 때문이다.

우리나라 기업들이 회계처리시 고려해야 될 일반적으로 인정된 회계원칙을 "기업회계기준"이라 한다.

한편, 관리회계는 기업의 내부에 있는 경영자에게 관리적 의사결정에 필요한 회계정보를 제공하는 것을 목적으로 하기 때문에 관리회계가 제공해 주는 정보는 개별적이고 직접적인 형태를 지니며, 개인적인 추정이나 판단에 의한 내용을 많이 포함한다. 재무제표와 같은 일정한 보고양식과 회계원칙의 지배를 받지 않으며, 과거나 현재의 정보 보다는 미래지향적인 정보를 담고 있다.

2. 재무제표와 재무보고

재무회계의 목적을 달성하기 위한 대표적인 수단으로 활용되는 것이 재무제표(financial statements)이다. 기업회계기준에서 규정하고 있는 재무제표에는 대차대조표, 손익계산서, 이익잉여금처분계산서(결손금처리계산서), 현금흐름표가 있다.

경영 노트

❖ 재무제표

- 대차대조표: 기업의 일정시점의 재무상태를 나타내는 정태적 보고서
- 손익계산서: 기업의 일정기간의 경영성과를 나타내는 동태적 보고서
- 이익잉여금처분계산서: 이익잉여금의 처분 내용을 나타내는 보고서
- 현금흐름표: 기업의 일정기간 동안에 발생한 현금예금의 변동내용을 나타내는 동태적 보고서

이들 재무제표는 각각 서로 다른 재무적 정보를 제공해 주면서 상호관련성을 가지고 있는데, 이를 그림으로 나타내면 [그림 11-3]과 같다.

그림 11-3 *재무제표의 상호관계*

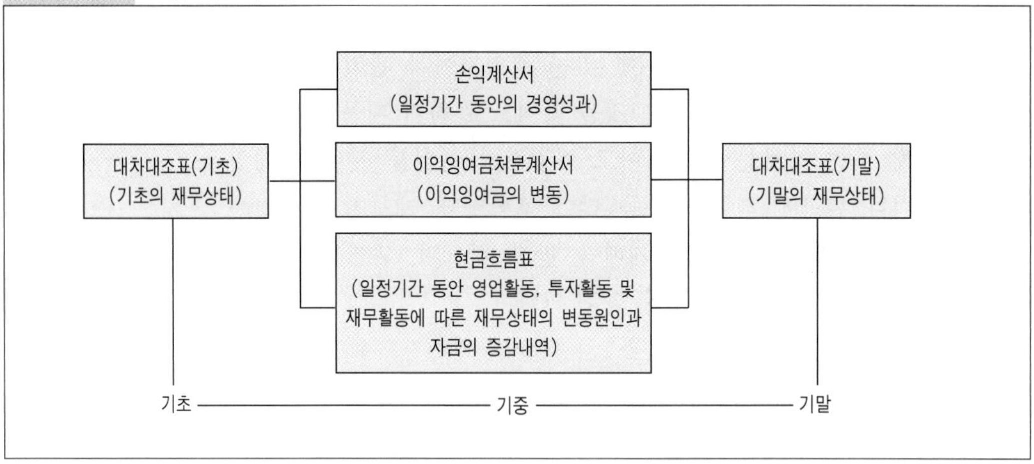

① 대차대조표

대차대조표(balance sheet: B/S)는 특정시점의 재무상태를 나타내는 정태적 재무제표로서 기업이 소유하고 있는 경제적 자원(자산), 그 경제적 자원에 대한 의무(부채), 및 소유주 지분(자본)에 관한 정보를 제공한다.

② 손익계산서

손익계산서(income statement: I/S; profit and loss statement: P/L)는 일정기간 동안 기업의 경영성과를 보고하는 동태적 재무제표이다. 기업의 경영성과는 이익의 크기로서 측정된다.

표 11-2 *대차대조표와 손익계산서*

대차대조표

××회사 2000년 12월 31일

자 산		부 채	
Ⅰ. 유동자산		Ⅰ. 단기부채	×××
(1) 당좌자산	×××	Ⅱ. 장기부채	×××
(2) 재고자산	×××	부채총계	×××
Ⅱ. 고정자산			
(1) 투자자산	×××	자 본	
(2) 유형자산	×××	Ⅰ. 자 본 금	×××
(3) 무형자산	×××	Ⅱ. 자본잉여금	×××
		Ⅲ. 이익잉여금	×××
		Ⅳ. 자본조정	×××
		자본총계	×××
자산총계	×××	부채와 자본총계	×××

손익계산서

××회사 2000. 1. 1～ 2000. 12. 31

매출액	×××
매출원가	(×××)
매출총이익	×××
판매비와 관리비	(×××)
영업이익	×××
영업외수익	×××
영업외비용	(×××)
경상이익	×××
특별이익	×××
특별손실	(×××)
법인세비용차감전순이익	×××
법인세비용	(×××)
당기순이익	×××

③ 이익잉여금처분계산서

기업이 영업활동에서 벌어들인 이익은 주주에게 배당금으로 분배되거나, 미래에 예기치 못한 손실에 대비할 목적으로 또는 기업의 시설규모 확장을 위하여 유보되기도 하며, 상법이나 제반법률에 의하여 강제적으로 일정 금액이 적립되기도 한다. 우리나라는 이러한 이익잉여금의 총 변동사항을 명확히 보고하기 위하여 이익잉여금처분계산서(statement of appropriation of retained earnings)를 대차대조표, 손익계산서와 더불어 기본재무제표의 하나로 규정하고 있다.

표 11-3 *이익잉여금처분계산서와 현금흐름표*

이익잉여금처분계산서

2000년 1월 1일부터 2000년 12월 31일까지

××회사		처분예정일 : 2001년 2월 27일
Ⅰ. 처분전이익잉여금		
1. 전기이월이익잉여금	×××	
2. 당기순손익	×××	×××
Ⅱ. 임의적립금이입액		×××
합 계		×××
Ⅲ. 이익잉여금처분액		(×××)
Ⅳ. 차기이월이익잉여금		×××

현금흐름표

××회사	2000년 1월 1일부터 2000년 12월 31일까지	
Ⅰ. 영업활동으로 인한 현금흐름	×××	
Ⅱ. 투자활동으로 인한 현금흐름		
1. 투자활동으로 인한 현금유입액	×××	
2. 투자활동으로 인한 현금유출액	×××	×××
Ⅲ. 재무활동으로 인한 현금흐름		
1. 재무활동으로 인한 현금유입액	×××	
2. 재무활동으로 인한 현금유출액	×××	×××
Ⅳ. 현금의 증가(감소)		×××
Ⅴ. 기초의 현금		×××
Ⅵ. 기말의 현금		×××

④ 현금흐름표

현금흐름표(cash flow statement)란 일정기간 동안 기업의 영업활동 및 투자와 재무활동으로 인한 현금과 예금의 변동내용을 나타내는 동태적 보고서로서 기본재무제표이다.

경영사례

◆ 인적자원에도 회계개념 도입한다.

비즈니스 위크지에 따르면 미국 기업 경영자의 80%가 우수인력 유치와 이들 인력의 회사 이탈 방지에 가장 많은 신경을 쓰고 있다. 얼라이드 시그널의 래리 보시디 회장은 "궁극적으로 우리는 전략에 승부를 거는 것이 아니고 사람에 승부를 걸어야 한다"고 말한다. 런던 비즈니스 스쿨의 찰스 핸디 교수도 기업의 보이지 않는 무형의 자산 즉 지적 자본(intellectual capital)이 장부가치의 3~4배에 달한다고 강조하고, 다트머스 대학의 퀸 교수도 기업 부가가치의 4분의 3은 지식으로부터 나온다고 지적한다.

■ 지식자본의 시대 스웨덴의 글로벌 금융기업 스칸디아사가 주주들에게 배포하는 연차 회계보고서에는 지적자본의 가치라는 부록이 있다.

지적자본 항목으로는 고객자본, 프로세스자본, 개선·개발자본, 인적자본이 포함된다. 캐터필러사는 회사의 지적자본 항목에 인적자본, 프로세스 자본, 성장과 고객관련자본, 리더십과 혁신자본등을 핵심 지표로 지정한다. 이는 기업핵심자산에 대한 가치기준이 유형의 자산에서 무형의 자산으로 옮겨가고 있으며, 그 가운데서도 특히 인적자본과 관련된 항목이 그 주류를 이루고 있음을 보여준다. 한 국내 기업의 경우 전체 직원 1,600명 중 370명을 대상으로 개인성과표를 작성했는데 그 결과 한 부서의 성과 최하위자는 880만원의 매출 이익기여를 실현한 반면 최상위자는 37억 6,300만원을 실현, 생산성격차가 무려 470배에 달했다.

■ 불과 몇 년전 국내 기업의 종업원들은 어려워진 경영환경을 이유로 회사를 떠나야만 했다.

최근에는 많은 우수인력이 벤처기업으로 옮겨가면서 경영자들은 핵심인재의 유지가 얼마나 기업의 경쟁력을 좌우하게 되는지를 절실히 깨닫게 됐다. 특히 첨단 기술분야의 기업들에 있어서는 종업원 이직률이 높은 부서의 간부에게는 인사고과에서 불이익을 가하고 유능한 인재를 입사시키면 그 공로를 포상하고도 있다. 핵심인재가 이적하겠다는 의사를 밝히면 경영자와 인사담당자가 직접 나서서 이직하지 않도록 회유하거나 근무유지보너스를 현금으로 지급하거나 주식을 무상으로 제공하면서 이직을 막고 있다. 또 외부에서 유능한 인재를 영입하기 위해 스포츠 선수나 연예인과 같이 이적료 명목의 싸인 온 보너스(Sign on Bonus)마저 지급하는 사례도 증가하고 있다. 인적자원의 우위를 유지하는 것이 기업 경쟁력의 핵심임을 깨달은 스웨덴의 국영 통신회사 텔리아 그룹은 사내에 인적자원 회계계정을 도입했다. 이 회사는 자율화된 시장환경하에서 생존하기 위해 인적자원의 우위를 유지하는 것이 중요함을 깨닫고 인적자원 계정을 만들어 인적자원 손익계산서와 인적자원 대차대조표를 작성했다. 텔리아 그룹의 인적자원 계정은 종업원, 관리자, 내부 의사소통, 인적 자원 요구, 채용과 내부전환배치, 역량개발, 조직과 작업방법, 보상과 작업여건, 작업환경, 균등기회 및 문화적 차이, 협동 등 11개 항목이다. 인적자원 회계계정 도입 후 인적 자원과 재무성과 사이의 연관성이 명확해 졌다. 관리자들은 인적자원의 비용에 대한 분석을 시작했고, 그 결과 종업원들에 대한 설득의 근거로 활용했다. 또 종업원들에게 그들의 가치에 대한 정확한 정보를 제공함으로써 그들을 동기부여하는 도구로서도 큰 의미를 갖게 됐다.

자료원: 매일경제신문, 왓슨와이어트의 리서치노트, 2000. 4. 26.

3. 회계적 의사결정

① 원가계산과 ABC기법

기업의 의사결정에서 원가계산은 가격경쟁의 기초가 되고, 제품의 철수여부나 시장확대여부에 큰 영향을 준다. 그러므로 제품의 원가를 정확하게 파악할 필요가 있다. 최근 전통적 원가시스템의 부적합성을 제시하고, 새로운 대안으로 등장한 원가결정기법으로 ABC(activity based costing)가 있는데 이에 대해 살펴본다.

전통적인 원가계산법에서는 간접비의 비합리적인 배분으로 인해, 부적합한 의사결정을 초래하는 경우가 많았다.

원가는 사실 생산량·작업시간 등과 같은 조업도가 커질수록 많이 발생한다. 그러나 원가를 발생시키는 요인을 좀더 면밀히 분석해 보면, 조업도와 관련되지 않는 활동들로 인해 원가가 발생하는 경우도 많다는 것을 알 수 있다. 예컨대 공정준비활동·주문활동·수선유지활동 등으로 인한 원가는 조업도(즉, 생산량)와 관계없이 발생한다. 이러한 경우에도 당해 원가를 조업도관련 배부기준에 따라 배부하면, 결과적으로 원가의 왜곡을 초래하게 된다.

즉, 조업도기준 원가계산에서는 모든 원가를 조업도, 즉 생산량기준으로 배부하므로, 각 제품의 생산량이 다른 경우에 조업도와 관련이 없는 간접원가, 예컨대 준비·주문·선적 등의 활동과 관련된 간접원가도 생산량기준으로 배부된다. 그 결과 생산량이 적은 제품의 원가가 생산량이 많은 제품의 원가로 전이되는 현상이 나타나, 생산량이 많은 제품의 원가는 높게 나타나고, 생산량이 적은 제품의 원가는 낮게 나타나게 된다.

이러한 전통적 원가시스템의 부적합성에 대응하여, 새로운 관점과 기준으로 원가를 계산함으로써 원가관리 나아가서는 경영관리에 적합한 원가정보를 제공하려는 노력 중 하나가 활동기준 원가계산

(activity-based costing: ABC)이다. 활동기준 원가계산은 원가관리의 초점이 원가 자체에 있는 것이 아니라 활동(activity)에 있음을 인식하고, 원가를 발생시키는 활동별로 그 요인, 즉 원가동인(cost driver)을 확인·측정하여 그 원가동인을 기준으로 원가를 배부하고 활동별로 원가를 측정하는 기법이다. 활동기준 원가계산의 기본목표는 한편으로 원가계산의 정확성을 기하면서, 다른 한편으로 기업내 부가가치를 발생시키는 활동을 효율화하고 부가가치를 발생시키지 않는 낭비적 활동요소를 제거함으로써 원가관리를 효과적으로 하고자 하는 데 있다.

경영사례

◆ ABC

휴렛패커드사는 원가동인을 기초로 전체 제품 제조원가를 분석해 본 결과 직접노무비는 전체 제조원가의 2%에 불과하고, 제조간접비는 약 30%에 이른다는 결론에 도달하였다. 따라서 2%에 불과한 직접노무비에 비례하여 제조간접비를 배부할 경우 제품별 제조원가에 커다란 왜곡이 초래된다고 결론지었다. 그 후 원가동인에 따라 원가를 정확히 배부하는 ABC를 도입하여 제조원가의 정확한 계산은 물론 낭비적 원가를 초래하는 비즈니스 프로세스를 제거함으로써 상당한 원가절감을 실현하였다.

GE사도 생산공정을 분석한 결과 35%만이 부가가치를 창출하는 활동이었고, 나머지는 非부가가치 활동이거나 구분이 모호한 활동임을 알게 되었다. GE사는 非부가가치 활동에 투입된 자원을 부가가치를 더 많이 창출하는 활동에 이동 배치하도록 비즈니스 프로세스를 재설계함으로써 단위당 원가를 12% 감소시킬 수 있었고, 불량률도 현저히 줄일 수 있었다.

텍사스 인스트루먼트사의 계열사인 인쇄회로기판 제조회사도 ABC도입 이전에는 이익이 매우 저조하였으나, 1987년 이 시스템을 도입한 후 20% 이상의 세전 순이익을 시현하였고, 이러한 성과는 계속 지속되고 있다.

최근 정보처리기능의 향상으로 제조간접비의 활동별 세분화는 물론이고, 원가동인에 비례하는 정확한 원가배분이 가능하게 됨에 따라 지멘스, GM 등 외국의 우량 기업들도 앞다투어 ABC를 채택하고 있다.

② 세무회계와 세금전략

기업은 영업활동결과 발생한 이익에 대해, 일정한 세율을 적용하여 국가나 지방자치단체에 세금으로 납부해야 한다.

세법은 국가 등의 재정수입의 확보를 목적으로 제정된 것이지만, 소득재분배, 부동산 투기억제, 국가경제발전 및 특정산업의 육성을 위해서도 적극적으로 활용되는 수단이다. 그러므로 기업의 투자활동에 큰 영향을 주고 있다.

특히 세금은 금전적인 납부를 원칙으로 하고 있으므로, 기업의 현금흐름에 중요한 영향을 준다. 그러므로 경영자는 세금을 주어진 비용으로 받아들이기 보다는, 투자안 결정이나 현금 흐름의 계획, 예산 편성시에 적극적으로 고려해야 될 전략수단으로 이해해야 한다.

③ 재무제표분석

주주나 채권자 등 회계정보이용자들은 기업의 미래의 재무상태와 미래의 경영성과에 관심이 있다. 주식에 투자하는 투자자는 미래의 배당금수입과 시세차익을 기대하며, 채권자들은 이자 등의 적정한 투자수익을 기대한다.

재무제표분석은 이러한 회계정보이용자들의 욕구를 충족시키기 위한 대표적인 수단이다. 재무제표분석의 목적은 기업의 과거의 경영성과와 현재의 재무상태를 평가하고 이를 토대로 기업의 미래의 수익잠재력과 관련 위험을 예측하고자 하는 데 있다.

재무제표에 나타나는 항목들은 그 자체로서는 별 의미가 없다. 보다 중요한 것은 다른 항목들과의 상관관계나 현재의 상태나 과거의 상태를 비교했을 때 그 기간별 변동의 방향이나 크기이다. 재무제표의 분석을 통하여 재무제표 항목들의 상관관계나 각 항목의 변동방향이나 추세를 판단할 수 있다. 재무제표분석기법들 중 일반적으로 사용되는 것들로는 추세분석, 수직적 분석, 재무비율분석 등이 있다.

추세분석(trend analysis)은 두개 이상의 연속된 회계기간에 대해 재무제표 항목들의 변화율을 비교하는 기법으로서 수평적 분석이라고도 한다. 추세분석은 기준연도를 정하고 기준연도 이후의 해당 재무제표항목을 기준연도의 항목에 대한 비율로 표시한다.

추세분석은 당기와 전기의 2개연도에 대해 금액·비율을 비교하거나, 수년간의 자료에 대해 금액·비율을 비교하기도 한다. 이를 통해 장기간에 걸친 기업의 기본적인 변화를 살펴볼 수 있다.

수직적 분석(vertical analysis)이란 재무제표를 구성하고 있는 각 재무제표항목의 상대적인 크기를 백분율로 표시하여 분석하는 것을 말한다. 수직적 분석을 위해서는 재무제표의 모든 항목을 백분율로 표시하여야 하기 때문에 수직적 분석에서 이용하는 재무제표를 백분율재무제표라고 한다.

수직적 분석은 재무제표 각 구성요소들이 차지하는 상대적 중요성을 파악하는데 유용하다. 즉, 〈표 11-4〉의 백분율 대차대조표에서 보면 회사는 유동자산과 유형자산에 상대적으로 많은 금액이 투자되고 있기 때문에 이 항목들이 상대적으로 중요함을 알 수 있다. 또한 비교재무제표가 제시된 경우에 각 구성요소들의 변화를 쉽게 알 수가

표 11-4 백분율 대차대조표

	2000. 12. 31	2001. 12. 31
자 산		
유동자산	45%	44%
투자자산	11	7
유형자산	35	36
무형자산	9	13
자산총계	100%	100%
부채와 자본		
단기부채	26	27
장기부채	37	40
부채총계	63%	67%
자 본 금	28	22
자본잉여금	6	7
이익잉여금	3	4
자본총계	37%	33%
부채와 자본총계	100%	100%

표 11-5 *백분율 손익계산서*

	2000년	2001년
매 출 액	100%	100%
매 출 원 가	(83)	(83)
매출총이익	17	17
판매비와 관리비	(11)	(11)
영 업 이 익	6	6
영업외수익	1	2
영업외비용	(3)	(3)
경 상 이 익	4	5
특 별 손 익	3	(1)
법인세비용	(2)	(1)
당기순이익	5%	3%

있다. 즉, 〈표 11-4〉에서 보면 회사의 자산 중 투자자산이 감소되고 유형자산과 무형자산에 추가로 투자되었음을 쉽게 알 수 있으며, 부채비율과 자기자본비율을 비교해 볼 때 전기에 비하여 타인자본의 의존도가 더 높아졌음을 발견할 수 있는 것이다. 그리고 〈표 11-5〉에서 보면 2000년에는 손익계산서상의 특별항목의 비중이 훨씬 높아 당기순이익이 높다는 것을 알 수 있다. 백분율 재무제표는 동종산업에 종사하는 다른 기업들과 비교를 해봄으로써 기업간의 영업의 특징과 재무적인 특징을 파악하는 데 이용되기도 한다.

재무비율분석(financial ratio analysis)은 재무제표상의 개별항목간의 비율을 산출하여 기업의 재무상태나 경영성과를 분석·판단하는 기법을 말한다.

재무제표분석은 은행이 자금 대출시에 기업의 신용분석수단으로 사용한데서 비롯되었으나, 오늘날에는 그 활용범위가 넓어져 투자자들의 투자분석수단으로도 많이 사용되고 있다. 재무비율분석은 기업의 유동성, 안전성, 수익성 등을 평가하는 데 유용한 정보를 제공하지만, 어떤 비율이든지 좋고 나쁨을 결정하는 절대적인 기준치가 존재하지 않기 때문에 동종기업간 비교 및 특정기업의 기간별 비교를 통하여 상대적으로 종합판단하는 것이 바람직할 것이다.

경영사례

◆ 우리나라 기업들의 자기자본비율에 대한 고찰

우리나라를 대표하는 3대 그룹의 자기자본율이 20%선에 머무르고 있으니 취약성이 심각하다. 특히 삼미(2.9%: 1997년 부도), 한라(3.3%), 진로그룹(3.8%)순으로 30대 그룹의 6백4개 계열사 중 1995년 은행감독원이 정한 자기자본 지도비율을 달성한 기업은 2백45개에 불과하다.

자기자본비율은 총자산 중 부채를 제외한 비율로 자기자본비율이 낮으면 그만큼 부채비율이 높기 때문에 외부자금의 의존도가 높을 수밖에 없으니 항상 불안의 불씨가 존재한다.

자기자본비율이 높은 그룹은 롯데그룹으로 35.9%로 가장 재무구조가 좋으며, 동국제강(34.5%), 삼성그룹(32.7%) 순으로 계열사 자기자본 지도비율 달성률은 신호그룹의 경우 16개 계열사 중 1개사만 정부의 지도비율신호그룹을 충족했으며, 진로그룹도 12개 계열사 중 1개사에 그치는 등 대부분의 재벌기업이 정부기준을 맞추지 못하고 있는 것으로 나타났다.

10대 그룹의 경우 자기자본 지도비율을 갖추지 못할 경우 은행감독원은 부동산 매입시 매각자금의 200%를 회사의 자구노력으로 충당하도록 지도하고 있다.

이와 같이 우리나라의 재벌그룹들은 외형상 재벌그룹일 뿐 실속없는 기업의 형태이다. 기업경영에 필요한 자금을 자체 조달하기보다는 은행 등 금융기관 차입에 의존·성장해 온 대기업들의 형태가 사라지지 않고 있어 자기자본비율을 확충할 수 있도록 정치적 차원에서 보완해야 할 과제를 안고 있다.

④ EVA 분석

예전의 경영환경에서는 매출액 극대화, 이익극대화 등에 초점을 맞춘 경영활동을 하였으나, 이러한 양적위주의 경영은 고도성장기를 지난 안정기에는 오히려 기업의 성장을 위협하는 요인이 되기도 한다. 따라서 이러한 경영환경의 변화에 대처하기 위해서는 기업가치의 증대에 초점을 맞추고 장기적인 관점에서 경영활동을 수행해야 할 필요가 있다. 이러한 기업가치의 극대화라는 목표에 부합하는 경영지표로서 최근 각광받고 있는 것이 경제적 부가가치(EVA: economic value added)이다.

경제적 부가가치는 기업의 가치를 극대화 시키는 경영기법으로, 현금흐름의 유입을 기준으로 기존 사업의 구조조정, 신규사업의 선택, 업무흐름의 재구축 등을 실시하게 한다.

EVA는 회계상 공표된 세후 영업이익에서 자본비용을 차감한 잔액을 말하며, 자본비용이란 투자자(채권자 및 주주)들이 제공한 투하자본에 대한 비용이라는 개념으로, 외부차입에 의한 타인자본비용과 주주 등의 이해관계자가 제공한 자기자본비용의 가중평균값(WACC)을 말한다.

11.4 세금과 세무관리

1. 세금이 없다면

'세금이 없다면' 이는 경제이론이나 재무이론에서 논리의 전개를 위하여 자주 사용하고 있는 가정이다. 그러나 실생활에서 세금이 없는 것으로 생각하고 거래를 했다가는 그야말로 큰 낭패를 당하기 마련이다.

'이 금융상품은 연간 이자율 12%를 보장합니다' 라는 광고를 믿고 이자를 받으러 가면 소득세와 주민세를 합하여 21.5%의 세금을 떼고 잔액만을 지급하는 것을 알고 실망하게 된다. 세금이 있기 때문에 실제이자율 9.4% 정도에 지나지 않는 것이다.

'세금이 없다면' 하고 전제하는 경제이론 또는 재무이론에 대해서는 특히 신경을 곤두세우고 주의하여야 한다.

쉬어가는 코너

요트 타기를 좋아하는 대학교수 세 친구가 항해를 하다가 풍랑을 만나 천신만고 끝에 무인도에 상륙했다. 허기진 배를 채우기 위해 먹을 것을 찾아보았더니 배낭속에는 쇠고기 통조림밖에 없었다. 그런데 아무리 찾아보아도 깡통따개가 없는 것이었다. 화학 교수가 먼저 아이디어를 냈다.

"우리 통조림을 바다에 담궈 놓자. 그러면 깡통이 빨리 부식될테니 그때 쇠고기를 꺼내 먹으면 되지 않겠나?"

물리학 교수가 반대를 하고 나섰다.

"아니 불을 피워서 깡통을 뜨겁게 달구자. 그러면 밀폐된 공기가 팽창하여 깡통이 터질테니 그때 고기를 주워 먹으면 되지 않겠나?"

화학 교수가 열을 올리며 달려 들었다.

"고기가 다 튀어 나가텐데 그것을 어떻게 주워 먹을 수 있겠나?"

물리학 교수도 고함을 질렀다.

"깡통이 부식될 때까지 기다리다가는 굶어 죽을 수밖에 없을 게 아니야."

두 사람이 옥신각신하는 모습을 보고 있다가 경제학 교수가 점잖게 말했다.

"자! 가만히 있게. 우리 지금 깡통따개가 있다고 가정하자."

경제학 교수가 두 친구들에게 늘씬하게 두들겨 맞았을 것은 뻔한 일이다.

세금이 없다고 하는 것은 멋있고 간단한 가정이지만 실제가 그렇지 못하다. 우리나라의 경영학이나 경제학 교육에서 특히 등한히 하고 있는 것은 현실적으로 부딪칠 수밖에 없는 세금에 대한 교육이다. 경영학과 교과과정에는 세무회계가 경제학과 교과과정에서는 재정학이라는 선택과목으로 한 과목 정도 개설될 뿐이며 다른 학과에서는 세금문제를 거의 다루고 있지 않다.

'세금이 없다면' 하고 가정하고 배운 지식은 현실세계에서는 그대로 적용될 수 없는 경우가 허다하다.

재무관리론에서 많이 다루고 있는 투자안의 평가에 관한 예를 들

어보자. 10년 정도 사용할 필요가 있는 건물을 취득하는 의사결정문제가 있다면 이와 관련된 여러 가지 세금도 면밀히 검토되어야 한다.

우선 건물 등기시에 취득세와 등록세를, 그리고 매년마다 재산세를 납부해야 한다. 그리고 그 건물이 비업무용 부동산으로 분류된다면 지급이자에 대한 법인세 문제가 복잡하게 얽힌다.

사용 후 그 건물을 처분할 때에도 처분이익에 대한 법인세와 특별부가세가 따르게 된다. 이와 같이 금액적으로도 중요하고 복잡하게 얽힌 세금문제에 대한 고려가 없이 투자안을 평한다는 것은 그야말로 비현실적인 것이다.

그러나 경영학원론에선 세법의 내용이나 세금효과와 같은 이론을 다루기에는 무리가 아닐 수 없다. 다만 여기서 언급하고 싶은 것은 앞으로 경영학을 공부함에 있어서 세금의 실제적 중요성을 간과하지 말라는 것이다.

2. 세무관리

세금을 조금이라도 적게 그리고 보다 천천히 낼 수 있도록 관리해 나가는 것을 세무관리(Tax Planning)라고 한다. 세무관리는 세금을 부담하게 되는 경제적 행위를 계획하는 단계에서부터 이루어져야 한다.

세무관리에 대한 정당성이 최초로 명시된 선언으로는 미국 대법원이 1935년 1월 7일에 내린 'Gregory V. Helvering, 293 U.S. 456 (1935)'의 판결문을 들 수 있다. 이 판결문에서는 법원은 '납세자가 세법이 허락하는 범위내에서 어떠한 수단이라도 사용하여 조세부담을 줄일 수 있는 권리를 가진 사실은 부인될 수 없다'고 주장하고 있다. 이는 절세(Tax Avoidance)는 탈세(Tax Evasion)와는 다르다는 점을 확인한 것이다.

합리적인 세무관리는 현재와 미래의 기간과 각종 세법에서 규정하고 있는 관련된 세금의 영향, 그리고 이해관계자의 입장을 종합적으로 고려하여 이루어져야 한다.

쉬어가는 코너

'세금때문에 죽겠다'는 소리를 가끔 듣는다. 그러나 죽는다고 하여 세금을 피할 수는 없다.

검찰청과 국세청 중에서 어디가 더 무서운지를 한번 따져보자.

아무리 흉악 무도한 죄를 지은 사람도 도망다니거나 죽으면 불기소처분되고 수사가 종결된다. 그러나 세금은 죽는다고 해서 면제되는 것은 아니다. 상속인에게 납세의무가 승계되며 상속재산의 범위내에서는 죽은 후에도 끝가지 쫓아가서 받아내는 것이다.

그래서 세금을 피하려고 죽는 것은 아무런 대책이 되지 못한다. 할 수 없이 세금을 잘 아고 지내면서 가능한 수단을 모두 동원해서 좀더 적은 금액을 좀더 천천히 낼 수 있도록 대책을 세워야 한다.

일반적으로 납세자는 세금의 납부를 지연시키기를 바란다. 그러나 납부지연이 항상 합리적인 방안이 될 수는 없는 것이며, 각 기간에 적용될 한계세율과 이자율 등을 종합적으로 고려해야 하는 것이다. 만약 지연된 소득이 과세되는 시점에서 적용될 한계세율이 상승하게 된다면 차기 이후로 이연시킨 과세소득에 대하여 높은 세율이 적용될 것이므로 세금 지연납부에 따르는 절세효과는 상쇄되고 말 것이다. 가령 외국인투자법인과 같이 시한부 감면을 받는 경우라면 감면기간 중의 과세소득의 이연은 유리한 세금효과를 가져오지 않는 것이다.

한편, 경제활동마다 다양한 세금이 따르는 것이기 때문에 한가지 종목의 세금을 줄이려다 보면 다른 종목에서 불리해지기 마련이다. 예를 들어 취득세와 등록세를 줄이기 위하여 계약금액을 낮춘 허위계약서를 제출하였다면 실지거래액으로 양도소득세를 산출하는 경우에는 큰 낭패를 만나게 되는 것이다.

세무관리는 관련당사자 중 한편만의 입장에서 유리하도록 조정해서는 안될 것이며 이해관계자의 득실이 종합적으로 고려되어야 한다. 가령, 기업이 당해연도의 법인세를 줄이기 위해서 연말에 일시에 상여금을 지급하게 되는 경우를 가정해보자. 기업의 입장에서 보면 상여금의 손금인정을 당해연도에 받기 때문에 유리하게 된다. 그러나 종업원의 입장에서 보면 연말정산에 의해서 즉시 세금을 내게 되기 때문에 다음해 초에 상여금을 받는다면 늦출 수 있는 세금을 빨리 낼 수밖에 없게 되는 것이다.

이러한 측면을 종합적으로 고려하여 세무관리가 이루어져야 한다. 세법은 규정하고 있는 최저한만을 준수하면 되는 것이지 그 이상을 요구하지는 않는다. 따라서 합리적으로 규정된 세법규정이 있다면 납세자가 이를 세무관리의 수단으로 이용할 수 있는 것이다.

토·의·과·제

1. 파생금융상품이 시장에 등장하는 이유는 무엇인가?

2. 기업가치극대화 목표의 문제점은 무엇이 있을까?

3. 컴퓨터를 생산하는 (주)JOY는 2000년 현재 100억원을 가지고 유통업체를 매입하려고 한다. (주)JOY의 M&A팀은 적당한 기업을 찾던 중 X, Y 유통회사 중 한 회사를 매입하기로 결정하였다. X, Y 회사의 현금흐름 자료가 다음과 같을 때 아래 물음에 답하시오.

연도	X유통	Y유통
2001	2억	50억
2002	5억	60억
2003	82억	5억
2004	48억	5억

① 요구수익률이 9%라면 NPV는 각각 얼마인가?
② 각 기업 매입에 대한 내부수익률(IRR)은 얼마인가?
③ NPV법과 IRR법에 의해 매입하고자 하는 기업이 동일한가? 동일하지 않다면 어떤 기업을 매입해야 하는가?

4. 기업의 자금조달관련 의사결정이 중요한 이유는 무엇일까?

5. 법인세가 있는 경우와 없는 경우 기업가치는 달라지겠는가?

6. 옵션의 경제적 기능을 설명하여 보자.

7. 선물거래와 옵션거래의 차이점은 무엇이 있는가?

8. 재무회계와 관리회계의 차이점을 설명해 보자.

9. 각 기업의 재무제표를 구하여 재무제표 분석을 해보자.

10. ABC가 기업활동에 주는 영향은 무엇일까?

11. 경제적 부가가치(EVA)의 개념을 요약해서 설명해 보고, EVA가 중요시되고 있는 이유를 들어보자.

부 록

◆ 결합재무제표 꼭 필요한가

몇 년전 시중에는 '교통경찰관 괴담'이 유행했었다. 사이드카를 타고 기동순찰을 하는 경찰관이 교통사고로 발목이 부러져 응급실로 실려왔는데 가죽장화를 안 벗겠다고 버텼다. 그러나 치료를 위해 끝내 벗기고 보니 그 속에 수십만원의 현찰이 있더라는 내용이었다. 장화 속에서 나온 돈의 액수는 괴담이 퍼질수록 증가되어 한때 5백만원까지 올라갔다. 근거 없는 소문이 확산되는 과정을 적나라하게 보여준 일이다.

대기업의 경제력 집중이 심화된 이유를 찾던 한 회계학 교수가 '결합재무제표'라는 발상을 내놓았다. '대기업 오너 한사람의 영향권에 있는 기업의 재무제표를 모두 통합시키면 대기업의 실체가 모두 드러나 단속이 쉬울 것'이라는 일반인이 보기에는 그럴싸한 주장이었다. 얼핏 보기에는 기발한 발상에 대해 회계학 비전문가인 경제학자들과 정치가들이 관심을 보이기 시작했다. 이름만 대면 알만한 경제전문가가 '결합재무제표만 작성되면 계열기업간 차입 위주의 방만한 경영문제는 거의 자동적으로 해결될 수 있다'는 주장을 신문 칼럼에 게재했다. 이에 화답이라도 하듯 당시 여당의 정책위 의장이 '결합재무제표를 도입하면 재벌은 사실상 해체된다'는 주장을 펼쳤다.

당시엔 결합재무제표 작성기준도 마련되지 않아 어떤 모양이 될지 회계전문가들조차 짐작할 수 없는 상황이었는데 '작성효과'에 대한 기대는 걷잡을 수 없이 확산되었다. 회계학회의 학술발표회장에서는 어떤 모양인지 알 수 없는 '외계인'같은 새로운 재무제표에 대한 우려의 목소리가 쏟아졌다. 그런데 회계전문가 한 명 없는 증권위원회가 결합재무제표준칙을 제정했고, 이에 따라 16개 대기업이 이 표를 작성하여 지난 7월말에 발표했다.

금융감독원은 16개 대기업의 결합재무제표를 분석한 22쪽 분량의 보도자료를 지난 7월에 홈페이지에 게시했다. 금감원 자료엔 '외국에서 결합재무제표를 공시한 사례는 없으며 우리나라에서 최초로 도입된 제도'임을 강조하고 있으며 '외국기업 재무정보와 단순비교는 적절하지 않다'는 경고문을 포함시키고 있다. 또 결합재무제표는 보편적인 재무제표가 아니므로 인·허가 등 규제의 근거로 활용하기 어렵다는 점을 강조했다.

결합재무제표가 주요 목적으로 하고 있는 '내부거래 효과 제거'에 대해서도 금감원은 '기업집단 내에서 수직계열화가 이루어지는 경우 내부거래가 많다는 것을 의미하는 것이 아니다'는 경고문을 끼워놓고 있다. 금감원의 분석자료를 보면 도대체 왜 결합재무제표를 만들라고 했는지 의문을 갖지 않을 수 없다. 개별기업 재무제표의 투명성도 충분히 확보되지 않은 상태에서 이를 합산한 결합재무제표의 유용성은 기대하기 어렵기 때문이다. 결합재무제표가 30대 대기업 모두에 요구되는 것도 아니어서 대기업간 비교에 사용할 수도 없다.

또 계열분리가 계속되고 있는 현대그룹의 경우 1999년의 결합재무제표, 자동차 소그룹이 분리된 2000년의 결합재무제표, 전자와 중공업이 분리되는 2001년의 결합재무제표는 전혀 별개의 것이어서 연도간 비교 목적으로도 사용할 수 없다. 어떤 의미로 해석해야 할지도 분명치 않은 결합재무제표가 비싼 돈을 들여 작성되었고, 금감원 기업공시실의 서가를 차지하고 있다. 고속철도를 건설하기도 전에 미리 사들여온 테제베의 모습처럼 처량하기 짝이 없다.

2000년도 분이 작성되면 비교목적으로 쓰일 것이라는 막연한 기대도, 대기업들의 계열분리와 계열사 매각이 지속되고 있는 상황을 감안하면 헛된 꿈이 될 것이 분명하다. 결합재무제표는 '대기업 괴롭히기' 수단이 될 수 있을지는 몰라도 '대기업 개혁'의 수단으로 활용될 수는 거의 없다는 점에 유념해야 한다. 더구나 대기업그룹에 소속된 개별기업들의 독자경영을 강조하면서 통합경영을 가정한 결합재무제표의 작성을 의무화하라는 것은 부자연스럽기 짝이 없다.

세계에서 유례없는 재무제표를 추가하기보다 개별기업 재무제표의 투명성 제고가 시급한 과제임을 인식, 결합재무제표 제도의 존폐여부를 검토해야 할 것이다.

자료원: 이만우, 한국경제신문, 2000. 12. 11.

12 마케팅관리와 고객만족경영

12.1 마케팅관리의 목표와 과정

마케팅 개념은 최근 사회전체의 이익과 복지를 고려하는 사회적 마케팅 개념으로 옮겨가고 있다. 사회적 마케팅의 대표적인 예로 그린마케팅(green marketing)을 들 수 있다.

기업간에 경쟁이 본격화되면서 마케팅의 개념은 단지 좋은 물건을 잘 만들어서, 많이 팔고자 하는 단계에서 고객의 만족을 극대화하는 단계로 발전하고 있다. 즉, 마케팅 의사결정의 초점은 고객에 있으며, 고객을 감동시키지 않고는 경쟁력 우위를 확보하기가 어려워진 시대가 된 것이다.

마케팅활동은 기업전략에서 출발한다. 즉, 포트폴리오전략이나 신사업전략을 통하여 주요 사업영역을 먼저 선택하고, 그 특정산업에서 마케팅정보나, 소비자정보, 환경정보 등을 수집한 후에 구체적인 마케팅 의사결정을 하게 되는 것이다.

경영사례

◆ 내부마케팅: 피자헛의 예

피자헛 매장에는 유난히 파트타임직원이 많다. 매장이나 주방 곳곳에 '아르바이트'란 명찰을 단 젊은 직원들이 손님을 맞는다.

하지만 어느 직원에게서도 짜증난 얼굴이나 불친절함을 찾아볼 수 없다. 다들 바쁘지만 음식을 재촉할 필요도 없다. 주문후 3분이내에 직원이 음료수를 들고 찾아오고 자리를 뜨면 3분이내에 테이블이 깔끔하게 정리된다.

최상의 서비스를 추구하는 피자헛이 가장 신경쓰는 대상은 정작 고객이 아니라 서비스 제공자인 직원이다. 서비스의 제1선에서 고객을 대하는 직원들이 즐겁지 않으면 마음에서 우러난 서비스를 제공할 수 없다는 것이 피자헛 서비스의 기본철학이다.

이를 실천하기 위해 피자헛은 당근과 채찍이 가미된 고전적이면서 독특한 자체 프로그램을 운영한다.

1백50여개 국내 피자헛 매장은 일찍부터 소사장제를 도입, 매장책임자인 점장의 지휘하에 운영된다.

하지만 점장은 독단적으로 매장을 운영하지 않는다. 소속직원들은 매장의 디스플레이부터 판촉행사에 이르기까지 각종 의사결정 과정에 자유스럽게 참여해 소속감과 주인의식을 공유한다.

피자헛이 3천여명에 이르는 직원의 3분의 2를 차지하는 파트타임 직원에 쏟는 관심은 각별하다. 결코 잠시 스쳐가는 사람으로 대우하지 않는다.

피자헛 직원으로서의 자부심을 가질 수 있도록 편의시설이용, 인센티브제 적용 등에 있어 정규사원과 동일하게 대우한다. 가족을 매장으로 초청해 피자시식회 등 대화의 시간도 갖고, 학생 파트타임 직원을 위해 장학금제도도 운영한다. 또 파트타임직으로는 드물게 1년 이상 파트타임으로 근무한 직원 중 서비스태도, 적응력, 팀워크 등에서 우수한 평가를 받은 직원은 승진의 기회도 가질 수 있으며 점장의 추천으로 정규사원이 될 수도 있다. 직원들의 자발적 서비스를 유발하는 당근정책 외에 챔스(CHAMPS)프로그램이라는 채찍정책도 사용한다.

이 제도는 서비스암행어사가 고객을 가장하고 피자헛 매장에 들어가 매달 청결(C), 친절(H), 정확성(A), 시설관리(M), 품질(P), 신속성(S) 등 6개 항목별로 전국 매장을 평가하는 프로그램. 이렇게 평가된 점수는 향후 인센티브에 반영된다.

피자헛 인사담당 황병철이사는 "손님에게는 직원의 얼굴이 바로 회사의 얼굴이기 때문에 직원의 얼굴을 밝게 만들어 주는 것으로부터 우리의 서비스는 시작된다"고 말했다.

경영 노트

마케팅의 기본적 자세

수요상황	마케팅과제	명칭	수요상황	마케팅과제	명칭
부정적 수요	수요를 전환	전환적 마케팅	불규칙적 수요	수요와 공급시기 일치	동시화마케팅
무수요	수요를 창조	자극적 마케팅	완전수요	수요를 유지	유지적 마케팅
잠재적 수요	수요를 개발	개발적 마케팅	초과수요	수요를 감소	디마케팅
감퇴적 수요	수요를 부활	재마케팅	불건전한 수요	수요를 소멸	카운터마케팅

자료원: P. Kotler, Marketing Management, Prentice-Hall, 1976.

마케팅의사결정은 목표시장선정, 경쟁적 마케팅전략, 4P전략 등을 통하여 하게 된다.

12.2 목표시장선정과 경쟁적 마케팅 전략

1. 목표시장 선정

대량생산체계에 의한 규모의 경제와 계속되는 기술혁신은 눈부신 생산방식의 발전을 가져왔고, 이러한 발전은 기업들의 경쟁을 심화시

경영사례

◆ 금융권의 '디마케팅' 전략

요즘 은행 점포의 내부구조가 크게 달라졌다.

얼마전까지만 해도 객장 한구석에 있던 자동화코너가 객장 밖으로 옮겨졌다. 입금, 출금 등 간단한 업무를 보는 단순창구는 출입문 가까운 곳으로, 신규·해약·대출 등 시간이 걸리는 업무를 담당하는 다기능창구는 객장 안쪽으로 배치됐다. 단순창구는 줄고 다기능창구는 느는 추세다.

영업장 안쪽에 상담코너를 마련하는 것도 유행. 지점장실은 VIP고객상담실 또는 프라이비트 뱅킹(PB)룸으로 개조됐다.

고객들의 반응은 어떨까. 단순창구 고객은 전보다 불편해졌다고 불만인 반면 고액예금자나 기업고객들은 은행 이용이 편안하고 편리해졌다는 반응이다.

"구조조정으로 인력은 크게 줄었는데 점포 수는 그대로입니다. '위'에서는 수익을 올리라고 야단이죠. 이런 상황에서 돈 되는 고객을 우대하는 것은 당연한 것입니다. 돈 안 되는 고객이 발길을 끊어도 이젠 할 수 없습니다." 은행 관계자들은 이렇게 털어놓는다.

금융현장에 디마케팅(Demarketing)이 본격화되고 있다. 디마케팅이란 바로 '돈 안 되는 고객과 거래를 끊어버리거나 돈 안 되는 업무영역에서 과감하게 철수하는 영업전략'.

IMF한파가 한창일 때 일부 국내카드사들이 상습연체자들과 거래를 끊으려고 현금서비스 한도를 0원으로 한 것이 두드러진 예다.

그러나 대부분의 은행은 여전히 조심스럽다. 금융'기관'이 섣불리 디마케팅을 시도했다가는 '몰매'를 자초할 수도 있기 때문이다. 국내 금융 '회사'들은 우회적인 방법을 택했다.

2월초 17개 은행이 공과금수납대행수수료를 올려달라고 요구한 것이 그 사례다. '수납대행업무에 들어가는 비용이 수수료보다 크다. 당장 그만두고 싶어도 반발이 심해 그럴 수는 없다. 그러니 수수료를 올려달라'는 논리였다.

최근에는 차등금리제가 시도되고 있다.

차등금리제는 불량고객에 감당할 수 없을 정도로 높은 금리를 물리는 것이 아니라 우량고객에게 현격히 낮은 금리를 적용하는 것. 따라서 노골적인 디마케팅 기법은 아니다.

그렇다고 단순한 고객차별화도 아니다. 고객의 신용도에 따른 금리차가 워낙 크기 때문이다.

카드사인 대우다이너스는 24일 종전에는 연리 28%안팎의 금리를 일률적으로 적용하던 현금서비스수수료를 고객의 신용도에 따라 10%에서 29%까지 차등화하기로 했다. 국내에서는 처음이다.

은행권에서는 하나, 신한은행이 자동이체 실적이 많은 고객에게 예금금리를 올려주고 대출금리를 내려주는 상품을 개발중이다. 하나은행은 4월초에 새 상품을 선보일 예정.

금융전문가들은 제일은행을 인수한 뉴브리지캐피털과 서울은행을 인수한 HSBC가 국내 영업을 본격화하면 다양한 디마케팅 기법이 보편화될 것으로 내다본다. 노골적인 디마케팅 기법도 소개될 것이라는 예상.

디마케팅이 고객에게 주는 의미는 뭘까. 현대경제연구원 천일영연구위원은 "신용도에 따라 천당에 갈 수도 있고 지옥을 경험할 수도 있게 된다는 것"으로 요약한다.

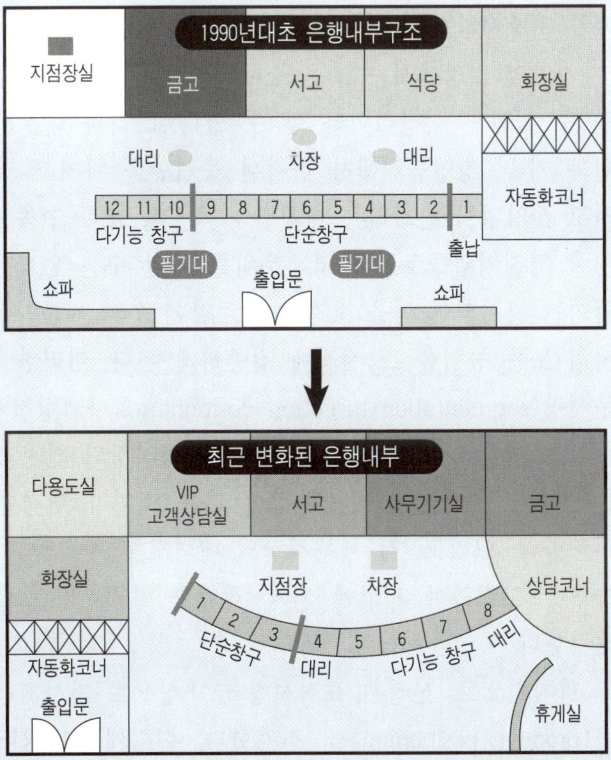

자료원: 동아일보, 1999. 3. 26.

그림 12-1 *세분시장 마케팅전략 수립*

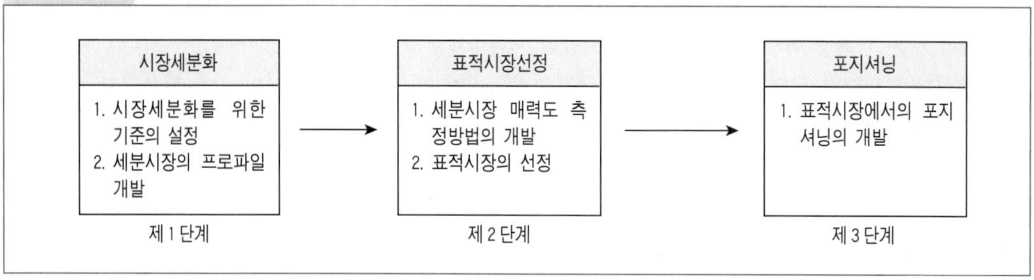

키게 되었다. 이러한 경쟁에서 살아남고 성장하기 위하여 기업들은 시장에서 차별적 경쟁우위를 추구하게 되었다. 경쟁우위를 추구하기 위한 방법으로 기업은 전체시장을 서로 비슷한 욕구를 가진 소비자들로 이루어진 각각의 세분시장으로 분할하고 각 세부집단들의 다양한 욕구를 충족시킴으로써, 타기업에 비해 경쟁우위를 확보하려 하고 있다.

기업의 입장에서는 모든 소비자들의 다양한 욕구를 모두 충족시켜 줄 수 있다면 이상적이라 할 수 있다. 그러나 대부분의 기업들은 자원과 기술, 경영능력에서 한정된 능력만을 가지고 있기 때문에 다양하고 끊임없이 변화하는 개개인의 욕구를 모두 만족시키고 전체 시장에서 경쟁기업들로부터 경쟁우위를 지킬 수는 없다. 따라서 어느 기업이든 자사의 능력을 고려하여 적절한 수의 세분시장을 선택하고 자사의 모든 능력을 그 시장에 집중하게 된다. 이러한 마케팅개념이 세분시장(segmentation-targeting-positioning) 마케팅전략이다.

대량생산방식에 의한 대중마케팅(mass marketing)은 소비자 전체가 공유하고 있는 최소공배수로서의 대표적·공통적인 욕구는 충족시켜 주었으나, 각 세부집단에 따라 독특하게 가지고 있는 고유한 욕구는 만족시키지 못한다.

목표시장의 선정은 시장세분화, 표적시장의 선정, 포지셔닝의 단계를 거친다. 우선, 욕구나 특성이 다른 소비자 집단별로 시장을 우선 세분한다. 그리고, 각 세분시장의 매력도를 측정하고 난 후에 기업의 능력을 고려하여 기업에 가장 적합한 표적시장(target market)들을 선정한다.

마지막으로, 선정된 표적시장을 대상으로 자사제품의 제품 포지셔닝(product positioning)을 결정한다. 이렇게 세분시장 마케팅전략이 수립되면 각 표적시장에 가장 효과적으로 소구할 수 있는 마케팅믹스(4P)를 개발하여야 한다.

① 시장세분화

일반적으로 시장은 이질적 욕구를 가진 다양한 소비자들의 집합으로 구성된다. 그러나 소비자들 개개인은 모두 상이하지만 특정 제품군에 대한 태도, 의견, 구매행동 등에서 비슷한 소비자 집단들이 존재하고 있다. 이러한 비슷한 성향을 가진 사람들을 다른 성향을 가진 사람들의 집단과 분리하여 하나의 집단으로 묶는 과정을 시장세분화라고 한다. 따라서 시장세분화의 결과는 세분시장 상호간에는 이질성이 극대화되어야 하고, 세분시장 내에서는 동질성이 극대화되어야 바람직하다. 세분화의 기준변수들로는 인구통계적 변수, 심리분석적 변수, 구매행동적 변수, 사용상황 변수, 추구효익 변수들이 있다.

세분시장 작성변수로 가장 많이 사용되는 것은 인구통계적 변수로 연령, 성별, 지역, 소득, 종교 등을 예로 들 수 있다.

그림 12-2 *시장세분화*

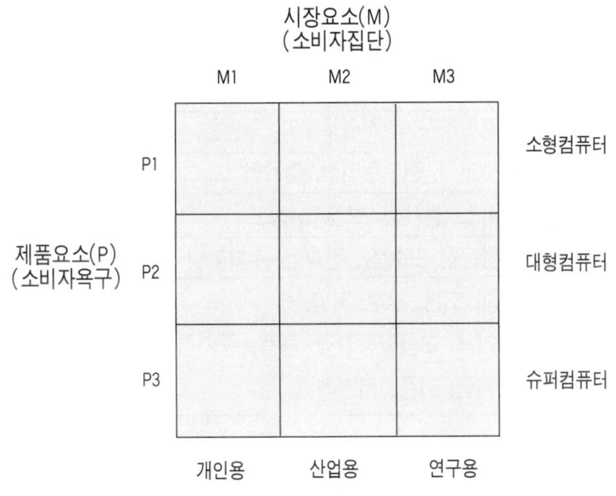

표 12-1 *시장세분화의 주요변수*

구 분	변 수	세 분 화 내 용
지리적 세분화	지 역	서울, 경기(인천), 강원, 충청(남·북, 대전), 전라(남·북 광주), 경상(남·북, 대구, 부산, 울산), 제주
	지역특성	도시, 농촌, 어촌, 산촌
	인구밀도	대도시, 중소도시, 읍, 면
	기 후	남부, 중부, 북부, 동부화
인구통계적 세분화	연 령	유아, 아동, 창소년, 장년, 노년, 노후
	성 별	남성, 여성
	주거형태	아파트, 연립, 다가구, 다세대, 단독
	가족수	독신, 2-3인, 4-5인, 6인이상
	소 득	75만원내외, 100만원내외, 150만원내외, 200만원내외, 300만원내외, 400만원이상
	직 업	공무원, 사무직, 기능인, 판매원, 전문직, 학생, 농어민, 주부, 자영업, 기타
	학 력	대학원이상, 대졸, 전문대졸, 고졸, 중졸, 국졸, 무학
	종 교	불교, 가톨릭, 개신교, 유교, 무종교, 기타
심리분석적 세분화	사회적 계층	상상, 상중, 상하, 중상, 중중, 중하, 하상, 하중, 하하
	라이프스타일	활동가, 쾌락추구자, 지위추구자, 평범형
	성 격	강제적, 사교적, 권위주의적, 야욕적
행동적 세분화	추구이점	품질, 서비스, 경제성, 브랜드, 광고
	구매장소	백화점, 전문점, 도매점, 편의점, 수퍼마켓, 재래시장
	구매시간	새벽, 아침, 오전, 오후, 저녁, 밤
	품질과 가격	고품질고가격, 고품질중가격, 중품질중가격, 중품질저가격, 저품질중가격, 저품질저가격

자료원: 채수명, 아이디어경영, 일송미디어, 1999.

② 표적시장의 선정

마케팅관리자는 각 세분시장을 평가한 후 진입할 가치가 있는 시장 및 그 범위를 결정하고, 선정한 표적시장에 대한 제품포지셔닝을 결정해야 한다. 즉 마케팅관리자는 세분시장의 매력도평가를 통해 하

그림 12-3 표적시장의 선정

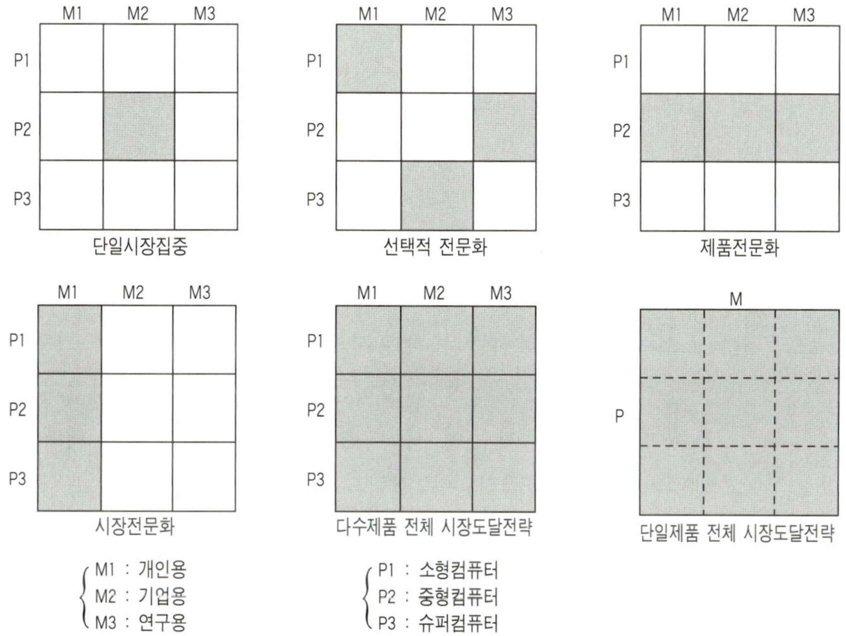

나 이상의 매력적인 세분시장을 발견할 수 있는데, 이때 어느 세분시장에 그리고 얼마나 많은 세분시장에 진출할 것인지를 결정하여야 한다.

기업이 진입할 세분시장과 그 범위를 결정하는 방법에는 전체시장 도달전략과 부분시장 도달전략으로 구분되며 이를 자세히 나누어 보면 [그림 12-3]과 같다.

단일제품 전체시장 도달전략은 시장을 하나의 통합체로 파악하여 모든 계층의 소비자로부터 공통적인 욕구를 발견하여 소구가능한 강력한 이미지에 목표를 두고 단일제품과 단일 마케팅프로그램을 개발하여 전체시장에 소구하는 전략이다.

다수제품 전체시장 도달전략은 시장을 세분화한 후 모든 세분시장을 표적시장으로 선정하여 각 부문에 적합한 제품과 마케팅믹스를 투입하는 형태의 전략이다. 이 전략을 선택하는 마케팅관리자는 소비자들의 욕구가 몇 개의 소집단으로 분리될 수 있고, 이들 소집단 각각의 욕구에 적합한 제품개발과 마케팅프로그램이 가능하다고 보는 관점이다.

부분시장 도달전략 중 단일시장 집중화전략은 가장 단순한 형태로 기업이 단일제품으로 단일세분시장에 소구하는 전략이다. 이 전략은 주로 기업의 자금 및 능력이 제한되어 있거나, 기업이 새로운 시장에 진입할 때 추가적인 세분시장의 확장을 위해 교두보로 특정한 세분시장을 사용하려고 할 때 이용된다.

선택적 전문화전략은 세분시장 중에서 매력적이고 기업목표에 적합한 몇개의 세분시장에 진입하는 전략으로 각 세분시장마다 제품 및 전략이 상이하기 때문에 시너지효과가 낮으며 상당한 제품개발 및 마케팅비용이 수반된다. 이 전략의 선택 근거는 순수하게 위험을 분산시키려는 의도이다. 따라서 이 전략은 위험을 분산시킨 복수의 단일세분 집중화전략의 의미를 갖는다.

경영산책

◇ 왼손잡이용품 전문점: 시장전문화

왼손잡이를 티부시하던 때가 있었다. 별문제가 없었지만 말이다.

정확하게 알 수는 없지만 우리 나라의 왼손잡이는 전체인구의 약 5%로 추정할 정도로 그 수가 만만치 않을 뿐만 아니라 스포츠시장에서는 왼손잡이의 주가가 더 높다. 그러나 아직까지도 모든 일상 용품들이 오른손잡이들을 중심으로 만들어지고 있어 증가하고 있는 왼손잡이들은 생활에 적지 않는 불편을 겪고 있다. 그래서 제안하는 것이 바로 왼손잡이용품 전문숍이다.

미국은 3백만명이 넘는 왼손잡이가 있지만 이들이 사용하는 주방용품이나 야구블러브, 문구류 등을 구입하는 데는 여간 불편한 일이 아니다. 디레프트핸드닷컴(www.thelefthand.com)은 이 불편을 무기로 시작한 왼손잡이 전문 쇼핑몰이다. 왼손잡이용 책, 컴퓨터, 자판기, 마우스, 전자계산기, 가위, 주방용품, 야구글러브, 부메랑, 시계, 와인따개, 칼, 컵, 노트 등 400여종의 용품들을 판매하고 있으며, 계속 개발 중에 있다. 인터넷이나 이메일, 전화, 팩스 등으로 주문을 하면 3일 이내 집으로 배달된다. 대부분 일반 상점에서는 구입하기 힘든 것들이기 때문에 미국이나 캐나다, 영국, 호주 등에서도 주문이 온다고 한다.

자료원: 매일경제, 2000. 7. 25.

경영사례

◆ 증권사 귀족 마케팅(1:1 맞춤서비스)

입구에서부터 느낌이 다르다. 모아증권과 현대증권 리치그룹.

이곳에 가면 마치 할리우드 영화속에 나오는 백만장자 주인공이 된듯한 착각에 빠진다. 세련되고 고급스러운 분위기와 친절한 서비스가 고객을 매료시키기 때문이다.

대부분 증권사들이 사이버에 주력하며 수수료 인하 경쟁이 한창인 요즘, 이들은 역발상으로 특정 계층을 공략한다. 자산규모가 큰 고객만을 대상으로 귀족 마케팅을 추구한다.

이들은 철저한 일대일 맞춤 서비스를 제공한다.

예탁자산이 얼마인지에 따라 적합한 운영방법이 다르고 고객 성향도 각양각색이다. 선물을 좋아하는 고객, 옵션을 좋아하는 고객, 데이트레이딩을 좋아하는 고객 등 이런 세분화된 특성을 영업사원 혼자 감당하긴 힘들다.

따라서 이를 전문화한 것이다. 고객 성향과 자산규모, 형태등을 종합적으로 검토한 후 가장 잘 맞는 FC(Financial Consultant)와 연결해 포트폴리오를 구성하고 운영, 관리해주는 것이다.

모아증권은 설립 때부터 예탁 자산 5,000만원 이상인 고객만을 대상으로 시작했다. 수수료는 0.5%로 일반 증권사보다 높다.

그러나 수수료가 높은 만큼 '확실한 서비스'를 제공하겠다는 전략이다. 명대영 팀장은 "처음엔 대부분 고객이 광고와 언론매체 소개를 통해 왔지만 요즘은 입소문을 듣고 찾아오는 고객이 많다"고 한다.

기관을 뺀 개인고객만 200명 정도. 올 5월 15일 문을 연 후 고객이 꾸준히 증가하고 있다. 현재 직원은 35명. 이 중 15명이 FC다.

모아증권을 방문하면 우선 프라이뱅킹(PB)팀을 만난다. 이곳에서 자산규모와 형태, 성향 등을 상담하고 이에 맞는 FC를 만난다. 서비스 수준을 유지하기 위해 직원별로 관리 고객 수도 제한하고 있다. 7월 중 강남 샌트럴시티에 지점을 오픈할 예정이다.

63빌딩 54층에 위치한 리치그룹. "자본주의 사회에선 100원을 맡긴 사람과 10억을 맡긴 사람이 똑같은 대우를 받는 것이 오히려 차별"이라며 차별화된 고객서비스를 제공한다. 이름에서부터 귀족마케팅 냄새를 물씬 풍긴다. RITCHIE. '스마트(Smart)'라는 뜻을 지닌 미국 성(性)이지만 발음은 Rich(부자)와 같다.

32명 직원 중 19명이 현대증권 출신이고, 16명이 FC다. 풍부한 경제, 금융지식을 갖고 있는 FC를 통해 세무, 증여, 상속세 문제 등 모든 궁금증을 한번에 해결할 수 있다. 주식뿐 아니라 채권, 금융상품, 세무, 부동산 등 재테크 전반에 관련된 것을 종합자산관리서비스를 제공한다. 필요하다면 FC가 직접 고객을 찾아가기도 한다.

귀족 마케팅, 대부분 증권사들이 기존 고객의 반발(?)과 위화감 조성이라는 사회비판의식 등으로 쉽게 발을 내딛지 못하고 있는 초기시장이다. 그러나 모아증권과 리치그룹은 '고객차별이 아닌 서비스 차별'을 강조하며 적극적인 고객 확보와 관리에 나선다.

자료원: 매일경제, 2000. 7.26.

③ 포지셔닝

마케팅관리자가 여러 세분시장들 중에서 표적시장을 선정하고 표적시장내에서 효과적인 마케팅활동을 수행하고자 할 때 거의 대부분의 경우 경쟁기업들이 존재하기 마련이다. 따라서 마케팅관리자는 자사제품이 경쟁제품과는 다른 차별적인 특징을 보유하여 표적시장내 소비자들의 욕구를 보다 잘 충족시킬 수 있다는 것을 소비자들에게 인식시켜 주어야 하며 이 과정을 제품 포지셔닝(product positioning)이라고 한다. 즉, 제품 포지셔닝은 경쟁기업들과 효과적으로 경쟁하기 위하여 마케팅믹스를 사용하여 소비자의 의식에 제품의 정확한 위치를 심어주는 과정을 의미한다.

포지셔닝 맵이란 소비자의 마음속에 있는 자사제품과 경쟁제품들의 위치를 2차원 또는 3차원의 도면으로 작성한 것이다.

표지셔닝은 목표시장에서 소비자들이 추구하는 혜택과 기존제품에 대한 불만족의 원인을 파악하고(소비자분석), 경쟁사의 제품들이 소비자들에 의해 어떻게 지각되고 평가되어 있는지를 파악하여(경쟁자 확인 및 포지션 분석), 경쟁사에 비하여 소비자의 욕구를 더 잘 충족시킬 수 있는 적합한 자사제품의 포지션을 결정하게 되는데, 일반적으로 포지셔닝 맵을 이용한다.

2. 경쟁적 마케팅전략

마케팅전략의 하나로 기업이 시장에서 차지하고 있는 시장지위에 따른 마케팅전략이 있다. 시장지위는 시장선도자, 도전자, 추종자 및 적소자(니치기업)가 있고, 이러한 각 유형의 시장지위에 따라 기업이

그림 12-4 *포지셔닝 전략의 절차*

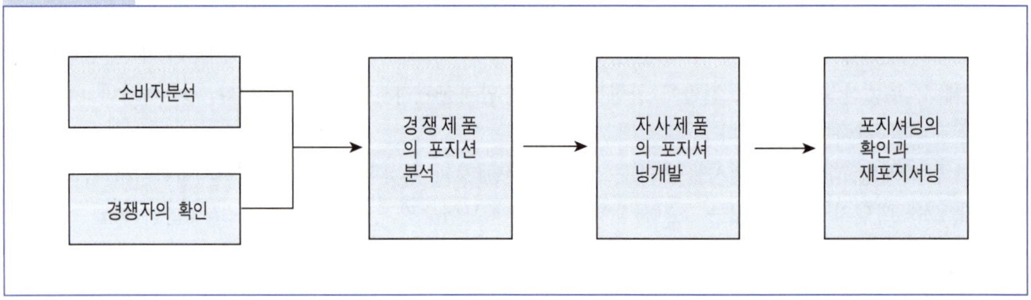

그림 12-5 *포지셔닝 맵*

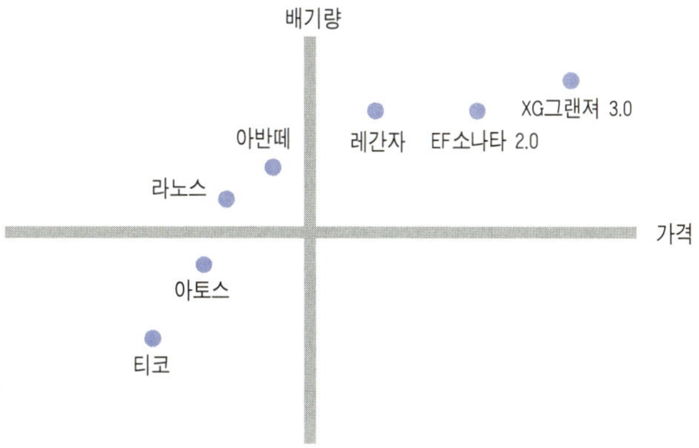

선택할 수 있는 전략적 행위들은 상이하다. 이러한 시장지위에 따른 전략은 시장도달전략과 완전히 일치하지는 않지만 깊은 관련성이 있으며 그 관계는 다음과 같다.

시장지위와 시장도달 전략과의 관계		
시장선도자	························	전체시장 도달전략
시장도전자	························	부분시장 도달전략
시장추종자	························	부분시장 도달전략
시장적소자	························	단일시장 집중화전략

① 시장선도자 전략

시장선도자는 관련제품시장에서 가장 높은 시장점유율을 가지고 있는 기업으로, 가격변화와 신제품의 도입, 유통범위, 촉진의 강도에 있어 다른 기업을 선도하고 있다. 이러한 지배적 기업이 취할 수 있는 활동은 총시장수요의 증대, 현재시장 점유율의 유지, 시장점유율 확대 등이 있다.

② 시장도전자 전략

시장도전자전략은 한 시장에서 2, 3위 혹은 그보다 낮은 위치에 있는 기업들이 시장점유율을 확보하기 위하여 적극적으로 선도기업이나 경쟁자를 공격하는 전략을 말한다. 대부분의 시장도전자가 추구하는 전략목표는 시장점유율을 증대하는 것이며 그 이유는 시장점유율이 더 많은 수익성을 초래한다고 믿기 때문이다.

③ 시장추종자 전략

시장추종자 전략은 시장선도자에게 도전하지 않고 선도자와 공존하며 현재의 위치에 만족하며 현 상황을 그대로 유지하는 전략이다. 추종자는 도전기업의 주요 공격표적이 되므로 낮은 생산원가, 높은 품질과 서비스를 유지해야 한다. 선도자를 추종한다는 것은 수동적이지만 선도기업을 모방하는 것과는 다르다. 추종기업은 성장방향을 설정해야 하며 그것이 경쟁상의 보복을 유발하지 않아야 한다.

④ 니치기업의 전략

니치기업(market nicher)의 전략은 전체시장이나 해당 시장의 커다란 세분시장을 추구하지 않고 규모가 작은 세분시장을 표적으로 하여 마케팅활동을 하는 것이다. 니치세분시장의 표적화는 소규모 기업들이 채택하게 되는데 그 이유는 자원이 제한되어 있기 때문이다. 전체시장에서 시장점유율이 작은 기업들도 훌륭한 니치전략을 통해 높은 수익을 획득할 수 있다.

12.3 4P전략

기업이 목표시장에서 마케팅활동을 하는데 쓰이는 도구를 마케팅믹스(marketing mix)라 한다. 즉 마케팅믹스는 기업이 외부환경에 적응하거나 외부환경을 자사에 유리하게 변화시키기 위해 활용할 수 있는 통제가능한 전략적 도구들을 의미하여 4P믹스라고도 부른다. 4P는 제품(product), 가격(price), 유통(place), 촉진(promotion)으로 구성된다.

1. 제품전략

제품과 관련된 마케팅관리자의 대표적인 전략은, 제품수명주기(PLC)전략, 신제품개발전략, 상표전략, 제품 Mix 전략 등이 있다.

① 제품수명주기(PLC) 전략

특정 제품이 시장에 처음 출시되어 도입, 성장, 성숙, 쇠퇴의 과정을 거쳐 시장에서 철수되는 과정을 제품수명주기(product life cycle)라고 한다. 이같은 제품수명주기는 일반적으로 제품이 시장에 처음 출시되는 도입기, 매출액이 급격히 증가하는 성장기, 제품이 어느 정도 소비자들에게 확산되어 성장률이 둔화되는 성숙기, 그리고 매출이 감소하는 쇠퇴기의 4단계로 구분할 수 있다.

전형적인 제품수명주기는 S자 형태를 띠고 있지만 제품이나 시장에 따라 다양한 형태의 제품수명주기 유형이 있을 수 있다.

그림 12-6 *제품의 수명주기*

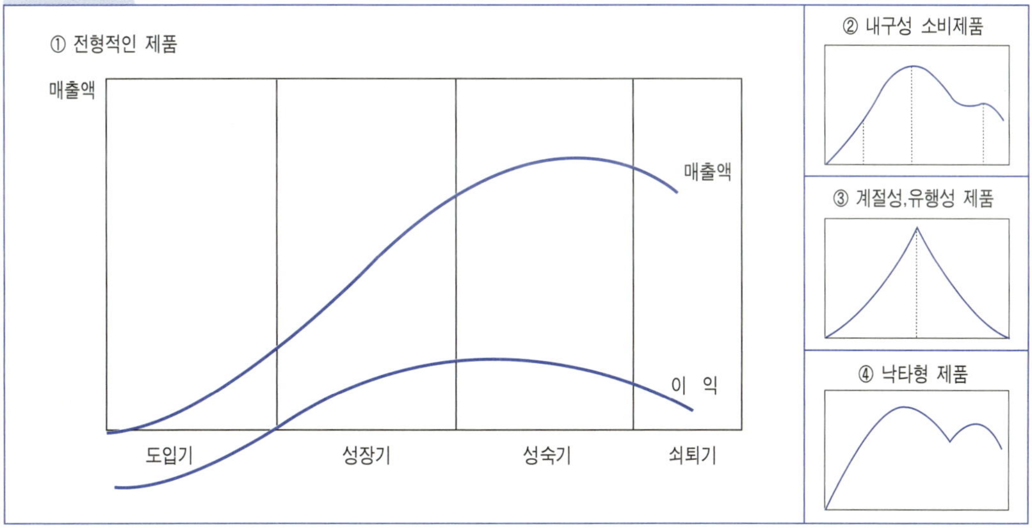

《도입기》

도입기는 하나 또는 소수의 제품으로 시장이 구성되므로 경쟁자가 거의 없고, 판매량은 매우 낮은 수준이다. 막대한 R&D비용, 유통망 구축비용 등으로 기업은 적자상태를 나타내는 것이 보통이다. 소비자들은 신제품 구매에 따르는 위험을 쉽게 부담하는 혁신층을 중심으로 이루어져 있다.

이 단계의 마케팅목적은 소비자의 제품에 대한 인지 증대와 소비자들에게 제품을 한 번 사용해 보게 하는데 그 목적이 있다. 또한 기업의 마케팅노력의 초점은 1차 수요를 유발시키는 데 있다. 소비자들은 제품에 대한 지식이 없으므로 제품이 제공하는 효익과 유용성을 알려야 한다. 도입기에는 소비자들의 욕구는 아직 분화되지 않은 상태이고 표적집단의 소비자들도 한정되어 있기 때문에 시장세분화의 필요성은 거의 없다. 따라서 무차별전략이 유용하다.

《성장기》

성장기의 시장상황은 급속한 판매성장과 경쟁자의 등장으로 특징지워진다. 소비자의 대부분은 조기 수용자와 초기 다수층 일부가 도입기에 이루어진 촉진과 구전효과(word of mouth effect)에 의해서 신제품에 대한 정보를 얻어서 주요한 구매계층이 되며, 매출액의 증가는 이 제품에 대해서 처음 사용하는 새로운 소비자와 이전에 제품을 구입했던 소비자들의 재구매 비율의 급격한 증가로 이루어지게 된다. 매출액의 증가로 산업 전체의 이익이 발생하고 경쟁자들은 점차 이 시장을 매력적인 시장으로 평가하고 진입하게 되며 따라서 유사한 제품이 많이 출현하게 된다.

성장기 마케팅전략의 목적은 시장점유율 확대이다. 따라서 마케팅노력의 초점은 경쟁제품과 대비하여 자사상표를 구매하도록 하는 선택적 수요를 유발하는 데 있다.

또한 성장기부터는 시장세분화를 시도하여야 한다. 일반적으로 성장기에서 경쟁자들이 진입하게 되므로 자사제품이 경쟁적 우위를 확보할 수 있는 세분시장을 찾아야 한다.

《성숙기》

성숙기는 그 제품을 사용할 의향이 있었던 소비자들은 대부분 제품을 수용한 상태이다. 즉, 소비자들의 대다수를 이루는 초기 및 후기 다수층이 주요고객이 된다. 따라서 산업전체의 매출액은 어느 단계보다도 높은 상태이지만 제품 판매성장률은 점차로 감소하고 어느 시점에 이르면 수요는 정체 및 감소하게 된다.

성숙기에는 판매 성장률이 감소하게 되므로 성장기에 확대된 기업들의 과잉생산능력으로 경쟁이 치열해진다. 이에 따라 마케팅관리자는 시장점유율을 확대하려 하기 보다는 이윤을 극대화시켜서 쇠퇴기를 대비하게 된다. 이 단계에서의 마케팅목표는 이익의 극대화와 경쟁기업에 대해 자사의 시장점유율을 유지시키는 데 있다. 성숙기 초기에서 가장 중요한 전략은 계속적으로 시장세분화를 적용하는 것이다. 시장이 안정적이 되고 경쟁자들이 많을 경우에 기업은 시장 세분화에 의한 목표시장의 선정은 필수적이 되기 때문이다.

《쇠퇴기》

쇠퇴기는 소비자기호의 변화로 판매가 감소하면서 그 제품의 산업전체 매출과 이익이 점차로 감소하는 단계이다.

이 시기의 마케팅목표는 비용절감과 투자비의 회수로 볼 수 있고 마케팅노력의 초점은 대체품이나 소비자 기호의 변화에 따라 제품전체의 수요가 감소하므로 도입기와 마찬가지로 1차적 수요 유지에 있다.

② 제품믹스전략

한 기업이 가지고 있는 모든 제품의 수를 전부 합하여 제품믹스라 한다. 이 제품믹스는 제품라인(제품계열)들이 모여 구성된다. 제품라인(제품계열)이란 한 기업이 보유한 제품믹스 중 물리적 특징이나 사용상의 용도 또한 유통경로가 비슷해 마케팅전략을 적용시킬 수 있는 제품의 집합을 말한다.

표 12-2 *제품믹스*

	← 제품믹스의 넓이 →					
제품라인	T V	오디오	카메라	냉장고	세탁기	청소기
제품 믹스의 깊이	수퍼미라클 수퍼미라클블랙 포키 CC블랙 Z블랙 터보사운드 수퍼블랙	환타지아 미지스타 아하 파앙세 에코밴드 패션	오토맨 인공지능 프로감각 하이터치 인텔리젠트 퍼펙트찬스 메모리	그린그린 김장독	OK 리듬	물걸레 동글이

경영 노트

❖ 브랜드의 가치

전세계에서 브랜드 가치가 가장 높은 제품은 작년에 이어 올해도 코카콜라로 평가됐다. 또 마이크로소프트(MS)와 IBM이 2위와 3위를 차지하는 등 정보통신관련 기업들이 무서운 속도로 브랜드가치를 키워 가고 있는 것으로 나타났다.

영국에 본사를 둔 세계적 브랜드 컨설팅업체인 인터브랜드사는 매년 세계 유명상표의 시장점유율과 소비자의 브랜드 인지도, 가격결정 능력, 매출과 순익 추이 등을 기준으로 평가해 브랜드가치를 발표한다. 1999년에 발표된 브랜드 가치의 특징은 컴퓨터 및 정보통신 관련 브랜드 8개가 20위권에 들었다는 점이다. 이 밖에 아메리카온라인(35위·43억달러), 모토로라(39위·36억달러), 야후(53위·18억달러), 아마존(57위·14억달러) 등도 상위그룹에 합류했다.

맥도널드(8위·262억달러) 등 소비자 접촉이 많은 식음료 브랜드는 15개가 60위권에 들었으며 자동차브랜드도 포드(5위·332억달러) 등 6개가 포함됐다.

60위 안에 들어간 한국 브랜드는 하나도 없다.

자료원: 동아일보, 1999. 6. 25.

세계 20대 브랜드

(단위: 억달러)

순위	기 업 명	브랜드 가 치
1	코카콜라	838
2	마이크로 소프트	567
3	IBM	438
4	GE	335
5	포드	332
6	디즈니	323
7	인텔	300
8	맥도널드	262
9	AT&T	242
10	말버러	210
11	노키아	217
12	메르세데스	178
13	넷스케이프	176
14	휴렛팩커드	171
15	질레트	159
16	코닥	148
17	에릭슨	148
18	소니	126
19	아멕스	126
20	도요타	123

경영 노트

장수상품의 사례 비결

브랜드명	회사명	시판연도	장수비결	
칠성 사이다	롯데칠성 음료	'50.5	우리 입맛을 고정시켜 놓은 음료	독특한 맛, 품질불변, 브랜드에 충실
OB 맥주	OB맥주	'53.8	확고한 브랜드 이미지 구축	국민소득향상에 따른 대중화, 품질관리, 브랜드 인식
럭키 치약	LG화학	'54.6	도전에 흔들리지 않는 유명상품	브랜드 우수, 광고의 강점, 한국인의 생리에 맞는 치약 개발
미원	대상	'56.1	식탁혁명을 일으킨 조미료	최초의 조미료, 브랜드의 우수, 품질과 가격변동 적음
에이스 침대	에이스 침대	'63.3	품질위주의 브랜드 인식 확대	품질위주 생산, 가격변동 적음, 브랜드 인식 우수
박카스	동아제약	'64	오랜 브랜드 인식, 드링크제로 변신후 인기	약과 음료의 맛 함유, 가격저렴, 브랜드우수, 슬로건 우수(활력을 마시자),광고주효
모나미 153	모나미	'63	저렴하고 실용적, 오랜 브랜드 인식	품질우수, 실용성, 가격변동 적음
훼스탈	한독약품	'60초	브랜드 인식광고 효과	오랜 역사, 브랜드 우수, 광고주력
새우깡	농심	'71.12	담백한 맛과 독특한 브랜드	생새우 재료, 브랜드 우수
오리온 초코파이	동양제과	'74	브랜드 우수	가격저렴과 변동적음, 독특한 맛, 지속적인 정이 흐르는 광고, 이익의 사회환원(도서벽지 초등학교 낡은 책·걸상 무료교체)

자료원: 채수명, 아이디어경영, 일송미디어, 1999.

한 기업의 제품믹스는 각기 넓이와 길이 그리고 깊이를 가진다. 여기서 제품믹스의 넓이란 "기업이 가지고 있는 전체 제품라인의 수"를 말하고, 제품믹스의 깊이란 "특정 제품라인 내에 있는 한 제품이 창출해내는 품목의 수", 제품믹스의 길이란 "제품믹스내에 있는 전체 제품의 수"를 의미한다.

제품믹스는 제품구색이라고도 한다. 한 기업의 제품들이 구색을 잘 갖추고 있을 때 소비자에게 더 쉽게 접근할 수 있다.

마케팅관리자는 이렇게 자사의 제품믹스를 넓이, 길이, 깊이의 세 가지 차원에서 파악함으로써 향후 제품라인의 수를 증가시키거나 제품라인의 길이를 더 늘이거나 혹은 각 제품별로 더 세분화된 형태의 제품을 생산하든가 함으로써 각 제품믹스 차원별로 다음 제품관리를 할 수 있을 것이다.

경영사례

♦철저한 브랜드 관리로 시장 "평정"

'비달사순'이 샴푸 브랜드라는 사실은 대부분 알지만 제조회사가 어디인지를 아는 사람은 얼마나 될까. 역시 샴푸 브랜드인 '팬틴'이 비달사순과 함께 P&G 제품이라는 사실을 아는 사람은….

이같은 현상은 '기업은 철저히 뒤로 숨고 브랜드만 앞으로 내세우는' P&G의 브랜드 마케팅 때문.

IMF 이후 위기에 빠진 국내제조업체들이 절실히 느끼는 교훈 중 하나는 '회사는 망해도 브랜드는 영원하다'는 것. 국내기업의 브랜드 관리는 아직 걸음마 수준에 불과하기 때문이다. 이에 따라 식품 생활용품 업계를 중심으로 외국기업의 체계적인 '브랜드 마케팅'을 배우자는 움직임이 일고 있다.

업계가 '브랜드 마케팅'에 있어서 첫손에 꼽는 P&G의 브랜드 관리는 가히 놀랄 만한 수준이다. '비달사순'과 '팬틴'이 단적인 예. 우선 두 브랜드는 마케팅팀이 별도로 구성돼 있다. 예산을 따로 운용하는 것은 기본. 심지어 광고대행사와 홍보대행사도 각각 다른 업체와 외주계약을 하고 있다. 자사의 제품 대부분을 계열 광고대행사에 맡기는 국내 기업들의 관행과는 사뭇 대조적이다.

P&G는 비누제품인 '아이보리'와 화장품 '올드 스파이스', 치약 '브렌닥스' 등을 생산하지만 역시 P&G라는 이름은 철저히 가려져 있다. "브랜드에 자신이 있으니까 회사를 굳이 내세우지 않아도 된다"는 것이 P&G의 입장.

유니레버도 브랜드 마케팅에서는 P&G에 뒤지지 않는다. 회사 이름은 일반인들에게 낯설지만 '폰즈', '썬실크', '도브', '바세린' 등의 브랜드는 이미 널리 알려져 있다. 유니레버는 폰즈 광고를 제작하는 광고대행사에 제품 이름만 부각시키고 회사 이름은 가려달라고 주문했다.

이밖에 네슬레의 '테이스터스 초이스', 엠디푸드코리아의 '모차렐라' 치즈, 나비스코의 '리츠' 크레커, 마스의 '스니커즈' 초코바 'M&M' 초콜릿 등도 설명이 필요없는 제품들.

국내업계 관계자들은 "우리나라 기업들은 제품의 신뢰도를 높이기 위해 기업의 이름을 앞세워 왔다"며 "이제는 브랜드의 인지도 제고에 더 신경을 써야할 때"라고 말한다.

국내 제품 중에도 브랜드만으로 세계적 경쟁력을 갖춘 제품들이 있는데 굳이 '우산(umbrella)효과'에 매달려 있을 때가 아니라는 것.

올초 부도를 내고 살충제 사업부문을 한국존슨에 매각한 삼성제약이 매각대금으로 받은 3백87억원 가운데 '에프킬러'라는 브랜드의 가치가 2백97억원을 차지했다는 사실이 대표적인 사례로 꼽힌다.

자료원: 동아일보, 1998. 8. 21.

③ 상표전략

기업이 제공하는 제품의 얼굴인 상표(brand)는 특정 판매업자의 제품을 다른 판매업자들로부터 식별하고 차별화시키는 수단이 된다. 상표가 중요한 이유는 바로 상표만이 경쟁자가 모방할 수 없기 때문이다. 그러므로 마케팅관리자는 상표를 기업의 중요한 자원(자산)으로 인식하고 적극적으로 관리해야 한다.

우선, 제조업자들은 그들의 제품을 자사상표를 부착하여 판매할 것인가, 아니면 유통업자의 상표(PB)를 사용하여 판매할 것인가를 결정하여야 한다. 제조업자가 자금력이 있고, 기업조직의 관리능력이 있는 경우에는 제조업자 고유의 상표로 판매하는 것이 좋다. 삼성, LG, 현대 등 우리나라 대부분의 대기업들의 제품은 제조업자 상표를 사용한다.

PB = private brand

경영사례

◆ LG, 공동브랜드 첫선

LG그룹 계열 유통 3사가 공동상표 개발을 마치고 이달부터 자사상표(PB)로 사용키로 했다.

업계에 따르면 LG백화점, LG마트, LG유통 등 LG그룹 계열유통 3사는 지난 3월 공동개발에 착수해 최근 자사상표 '함박웃음'을 개발했다고 밝혔다.

이에 따라 할인점 LG마트, 편의점 LG25, LG수퍼마켓과 LG백화점은 이전까지 업체별로 사용하던 자사상표를 함박웃음으로 전면 교체키로 했다.

이들 업체는 1차로 이달 말 라면, 화장지, 김밥, 햄, 우유, 오렌지쥬스, 치즈 분야에서 '함박웃음' 상표를 선보이고 연말까지 32개 품목으로 늘릴 예정이다.

LG유통 최재관 차장은 "LG계열 유통업체에 대한 통합 이미지를 창출하고 자사상표 상품에 대한 명확한 이미지 전달을 위해 공동 상표를 겸한 자상상표를 개발하게 됐다"고 말했다.

최 차장은 또 "자사상표 제품을 구색용으로 판매하던 전과 달리 주력제품으로 키우기 위해 매출 비중이 높은 일부 제품을 제외하고 제조업체 상표상품을 취급하지 않을 계획"이라고 덧붙였다.

유통업자 상표전략은 유통업자가 상품의 광고, 유통을 모두 관리하는 것으로 품질관리에 대한 책임이 유통업자에게 있다. 특히 제조업자의 잉여시설이 있는 경우나 저개발 국가의 싼 임금을 이용하여 생산된 제품인 경우 유통업자 상표는 많은 이익을 올릴 수 있다. 우리나라에의 유통업자 상표는 주로 대규모 백화점을 중심으로 사용된다.

경영사례

♦ 유명브랜드 기업자산1호로 부상

올초 부도를 낸 삼성제약은 최근 살충제 사업부문을 다국적기업인 한국존슨에 팔았다. 관심을 끄는 부분은 3백87억원인 매각대금의 내용. 공장부지와 기계 등 고정자산 대금으로 겨우 90억원을 받은 삼성제약은 살충제 브랜드인 '에프킬라'의 상표권으로 그 세배인 2백97억원을 챙겼다.

한국존슨이 이만한 돈을 지불한 것은 1950년대부터 모기 살충제의 원조로 국내 소비자들에게 친숙한 에프킬라의 이름을 계속 활용하기 위해서였다.

한국존슨은 세계적으로 유명한 '레이드'라는 살충제를 생산하고 있으면서도 한국시장에서만은 에프킬라라는 이름을 계속 쓰고 있다.

그런가 하면 삼성제약 주주들은 20일 임시주주총회에서 "회사측이 급하게 매각을 서두르는 바람에 에프킬라 브랜드를 헐값에 팔아넘겼다"며 경영진에게 해명을 요구하기도 했다.

에프킬라의 예처럼 브랜드가 최고의 기업 자산으로 대접받고 있다. 두꺼비(진로), 부라보콘(해태) 등 기업의 대표적 브랜드의 가치는 공장 몇 개에 비할 바가 아니다. 오히려 요즘엔 내놔봐야 팔리지 않는 부동산 대신에 브랜드가 강력한 채권 확보수단으로 새롭게 각광받고 있다.

올들어 부도기업이 늘면서 특허청은 상표에 대한 채권등록을 하러 오는 사람들로 북적거릴 정도다. 채권자들에 의해 압류된 브랜드에는 진로의 두꺼비, 기아자동차의 프라이드, 뉴코아백화점의 킴스클럽 등 알만한 브랜드들이 대거 포함돼 있다.

진로소주의 트레이드 마크인 두꺼비의 경우 진로가 자체적으로 추산하는 가치는 최소한 1조원 이상. 진로측은 "70여년 이상 공들여 키워온 브랜드인데 이 정도 값어치는 한다"고 주장한다. 국세청도 진로의 수천억원대 세금에 대한 담보물로 두꺼비를 설정해 둔 상태.

해외 매각설이 나도는 해태제과도 영업권을 포함한 '해태'브랜드의 가치를 1조원 정도로 주장하고 있다. 특허청 관계자는 "갈수록 가치를 잃어가는 부동산 대신 브랜드가 기업 자산으로 인기를 끌게 될 것"이라고 전망했다.

자료원: 동아일보, 1998. 7. 28.

또한 각각의 제품에 다른 상표를 사용할 것인가, 공동상표를 사용할 것인가를 결정해야 한다. 공동상표(family brand)는 제조업체나 유통업체가 생산·관리하는 모든 제품에 대해서 동일한 제품명을 붙이는 것으로, 기존에 확립된 상표의 명성을 이용하여 새로운 제품을 시장에 도입할 때 적은 비용으로 소비자들에게 쉽게 접근할 수 있다. 반면에 한 제품에 발생하는 실패는 공동상표를 사용하는 모든 제품에 영향을 미치며 공동상표를 사용하는 상품들의 특성이 전혀 다른 경우에는 사용하지 않는 것이 좋다.

공동상표의 예로 중소신발업체들의 '귀족'과 피혁류 제조업체들의 '가파치' 등을 들 수 있다.

개별상표(individual brand)는 제조업체나 유통업체가 생산·관리하는 모든 제품 각각에 대해서 개별상표를 붙이는 것을 의미한다. 이 정책은 취급하는 제품 각각에 대해서 판촉을 하기 때문에 개개 제품의 특징이 두드러지고, 특정 제품이 소비자들에 대한 신뢰를 잃었다고 하더라도 이것이 다른 제품이 가지고 있는 신용에 영향을 미치지 않는다는 장점이 있다. 개별상표는 제품의 유통경로가 다양하거나 각 제품이 커다란 잠재시장을 가지고 있는 경우에 적절하다.

2. 가격관리

가격은 자사제품이 가진 효용에 대해 소비자가 부여한 가치로서 마케팅믹스 중 경쟁에 가장 민감한 요소이며, 경쟁우위의 원천이 된다.

가격결정에 영향을 주는 변수로는 기업의 가격목표, 수요, 원가구조, 경쟁제품의 가격, 법적 제약 등이 있다.

기업의 가격목표는 기업전략과 일관성을 유지하면서 설정해야 되는데, 대개 시장확대목표나 가격에 의한 경쟁력확보목표 등이 있다. 이 목표를 고려하면서 가격전략이 결정되는데 이 경우 가격이 단순히 고가, 중가, 저가라는 말은 기업의 마케팅전략상 큰 의미가 없으며 경쟁기업의 전략 등과 같은 경쟁상황을 고려할 때 상대적으로 높은 가격, 비슷한 가격, 상대적으로 낮은 가격으로 구분지어 생각하는 것이 바람직하다.

경쟁고려하에서 기업이 사용가능한 가격전략의 유형으로는 상대적 고가격전략(premium pricing strategy), 대등가격전략(parity pricing strategy), 상대적 저가격전략(value pricing strategy)이 있다.

가격전략이 결정되고 나면 가격 산정을 위한 기준을 찾게 되는데 대개, 원가, 경쟁자가격, 소비자의 기대가격 등이 선택될 수 있으며, 최종가격 결정시에는 소비자의 심리와 거리를 고려하게 된다.

그림 12-7 *가격결정과정*

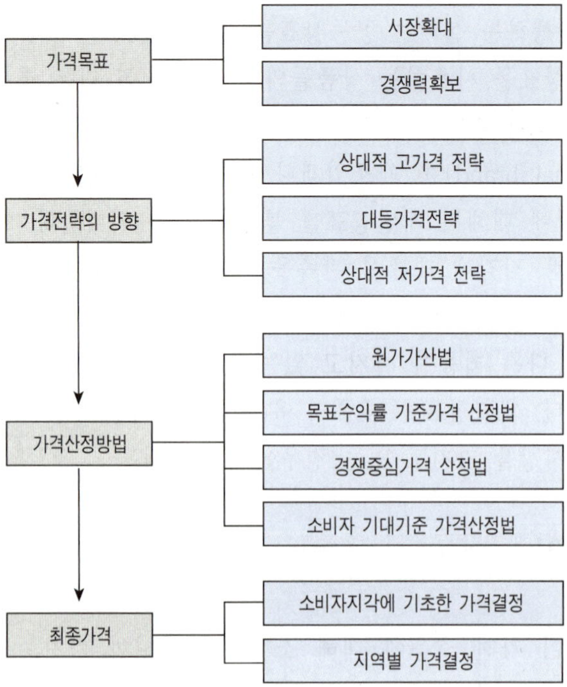

참고

단수가격

소비자들은 제품의 가격이 1,000원, 10,000원 등과 같이 천단위, 만단위로 정확히 끝나는 것보다 그 수준에서 약간 모자란 금액만큼으로 끝나면 더 싸다고 생각하는 경향이 있다. 이 때문에 가격을 1,000원이나 10,000원 대신 990원, 9,900원으로 책정할 수도 있는데 이를 단수가격(odd price)이라 한다. 이러한 단수가격은 소비자에게 제품가격이 최하의 가능선에서 결정되었다는 인상을 주어 판매량을 증가시킬 수 있으며 실제로 가격차이는 얼마나지 않지만 심리적으로는 상당히 저렴하다는 인상을 소비자들에게 심어줄 수 있다.

또한 기업의 입장에서 보면 가격을 일정금액 이상을 넘지 않게 설정했을 경우 세금혜택을 볼 수 있기 때문에 과세대상에 포함되지 않으면서 그 한도내에서 최고의 가격을 제시하기 위해 단수가격을 설정하기도 한다.

3. 유통관리

유통경로 결정은 자사의 제품이나 서비스를 목표시장에 효율적으로 도달시킬 수 있는 방법을 결정하는 것이다. 기업이 선택한 유통경로는 제품, 가격, 촉진 등의 다른 마케팅 의사결정에 영향을 주고 있다.

유통경로는 마케팅믹스 중에서 가장 낮은 탄력성을 보유하고 있다. 즉, 다른 마케팅믹스와는 상이하게 한 번 결정된 유통경로는 다른 유통경로로 전환이 용이하지 않으므로 유통경로의 선정과 결정은 기업의 성공에 상당한 영향을 미치게 된다.

경영사례

◆ 코카콜라의 유통망 관리방법

'미국 자본주의의 첨병' 코카콜라에 관한 몇 가지 재미있는 고찰.

지금까지 생산된 코카콜라를 2백36㎖들이 보통병에 담아 연결하면 달을 1천57번 왕복할 수 있는 길이이다. 병을 4차선 고속도로에 빽빽히 늘어놓을 경우 이 고속도로는 지구를 82번 휘감을 수 있는 길이가 된다.

또 깊이 1m80㎝의 수영장에 쏟아부으면 이 수영장은 길이 35㎞, 폭 13㎞로 한꺼번에 5억4천9백만명을 수용할 수 있는 규모. 나이애가라 폭포에 물 대신 흘려보낸다면 38시간 46분 동안 흐른다.

전세계 소비자들이 초당 1만1천6백10병, 매일 약 10억병을 마셔대는 코카콜라. 이같은 방대한 판매량에도 불구하고 코카콜라 본사 및 세계 각국 지사의 인원은 몽땅 합쳐 3만명이 채 안된다.

코카콜라코리아 이선경과장은 "그 정도의 인원으로 2백여개국에 코카콜라를 판매할 수 있는 것은 보틀러 시스템 덕분"이라고 말한다.

보틀러는 코카콜라 본사로부터 원액을 받아 제품으로 만들어 유통시키는 회사. 대부분 해당국의 현지인들이 소유하고 있다.

이과장은 "현지 공장을 코카콜라가 직접 소유, 운영하면 수익이 더 늘어나겠지만 사업을 방만하게 벌이지 않는다는 경영 원칙을 철저히 지킨다"고 설명. 심지어 미국내 판매도 코카콜라가 직접 하지 않고 보틀러에 맡길 정도.

이과장은 "유통망을 넓히는 데는 현지 사정에 밝은 보틀러들에 맡기는 것 이상의 효과적인 방법은 없다"고 말한다. '언제 어디서나'라는 코카콜라의 캐치프레이즈를 가능케 하기 위한 선택이라는 것.

코카콜라의 탁월한 공급력을 보여주는 사례 하나. 1941년 제2차 세계대전 당시 미군이 배치된 모든 전쟁터에 코카콜라가 보급됐다. 유럽과 남태평양에 현지인들을 동원해 보틀러 공장을 만들었기 때문에 가능했던 일이다.

보틀러 시스템은 코카콜라와 보틀러 양쪽 모두에 이익이 돌아가는 '윈윈(Win Win)' 효과를 낳는다. 두산이 올해초까지 코카콜라의 보틀링을 맡은 덕택에 병을 만드는 두산유리, 캔을 제조하는 두산제관의 규모를 키우는 부수 효과를 거둔 것이 대표적 사례.

또한 외국업체의 진출에 따른 반감을 줄이는 데도 보틀러 시스템이 큰 몫을 했다.

이과장은 "보틀러 시스템은 중간 도매상을 필요로 하지 않아 유통 비용을 절감할 수 있다"고 설명하고 "국내 PCS업체가 유통단계를 줄이기 위해 보틀러 시스템을 배워가기도 했다"고 소개했다.

자료원: 동아일보, 1998. 11. 27.

① 유통경로전략의 결정

유통경로전략의 수립은 유통범위를 결정하고 통제수준을 결정하는 단계를 거친다. 유통범위를 결정하는 방법으로는 세 가지가 있다. 즉, 제한된 일정한 수의 소매상을 각자의 판매지역 내에서 자사의 제품만을 취급할 수 있도록 권리를 부여하는 전속적 유통전략과, 제조회사가 자사의 제품이나 서비스를 취급하는 소매상을 가능한 최대로 확보하는 개방적 유통전략, 그리고 개방적 유통경로와 전속적 유

경영사례

♦ 포철의 '로로시스템'

철강제품을 실은 화물트럭을 배에 싣고 목적지 항구로 나르는 물류방식인 「로로시스템」이 국내에 도입되었다. 포항제철은 육로운송의 한계와 부족한 부두 하역능력을 극복하기 위해 총 2천2백85억원을 투입. 내수 철강제품의 3분의 1 가량을 바다를 통해 수송하게 될 로로시스템을 구축하기로 했다.

로로(ro-ro, roll-on roll-off의 준말)시스템은 승용차를 탄 채로 승선하는 카페리 개념을 화물 해상수송에 적용한 것으로 선박 앞머리 또는 뒤끝에 마련된 받침대를 통해 「로로선」내에 들어온 화물트럭을 그대로 싣고 목적지 항구에 도착해 트럭이 다시 다음 목적지까지 갈 수 있도록 하는 방식이다.

이 방식은 크레인 사용을 최소화하고 하역시간을 단축해 물류비를 대폭 줄일 수 있는 장점이 있다.

포철은 로로시스템 도입으로 연간 1백45억원의 물류비가 절감되고 하역장비 투자비도 3백52억원 정도 줄일 수 있을 것으로 예상했다.

통경로의 중간적 형태로서 제조회사가 일정지역에서 소매상의 이미지, 입지, 경영능력 등을 고려하여 일정수준을 넘는 중간상을 선별하여 이들에게만 자사의 제품을 취급할 수 있는 권리를 부여하는 선택적 유통전략이 그것이다.

두번째 의사결정으로는 기업이 중간상에 대한 통제수준(control level)을 결정하는 것으로 유통경로에 대한 통제수준이 증가할수록 기업은 유통경로에 대한 수직적 통합의 정도를 증가하게 된다. 따라서 통제수준을 최저로 하는 경우에는 독립적인 중간상을 이용하게 되고 통제수준을 최고로 하는 경우에는 기업이 중간상을 완전 소유하게 되는 것을 의미한다.

② 유통경로의 계열화

유통경로의 계열화란 전통적인 유통경로상에 있어서 발생되는 문제점을 최소화하고 유통경로활동의 효율화를 위해서 미리 계획된 판매망을 전문적이고 일관적인 관리체계로 운영하는 것을 의미한다. 유통경로의 계열화는 수직적 마케팅시스템(vertical marketing system)과 수평적 마케팅시스템(horizontal marketing system)으로 나눌 수 있다.

수직적 마케팅시스템은 제품이 제조업자에서부터 소비자에게로 흐르는 과정의 수직적 유통단계를 전문적으로 관리하고 집중적으로 계획한 유통망을 말하며, 수평적 마케팅시스템 또는 수평적 통합은 새로운 마케팅기회를 개발하기 위하여 동일한 경로단계에 있는 두 개 이상의 개별적인 기업이 자원과 프로그램을 결합하는 것을 말한다.

수평적 통합은 공생적 마케팅(symbiotic marketing)이라고도 한다.

이러한 수평적 통합이 발생하는 이유는 각각의 기업이 단독으로 효과적인 마케팅활동을 수행하는 데 필요한 자본, 노하우, 마케팅자원 등을 보유하고 있지 않기 때문에 수평적 통합을 통해 시너지효과를 얻으려고 하기 때문이다.

경영사례

◆ 빵에 POS 시스템 도입

판매점포에선 제때 원하는 분량만큼만 공급받고 소비자는 유효기간 걱정없이 언제나 신선한 제품을 살 수 있으며, 본사는 재고부담을 줄일 수 있는 일석삼조(一石三鳥)의 첨단발주 시스템이 편의점 제빵분야에 처음 도입돼 화제다.

훼미리마트는 빵의 첨단 판매시점정보관리(POS)시스템을 매장에 갖추고 본격 영업에 나섰다. 빵은 유효기간이 짧은데다 종류가 너무 많아 지금까지는 메이커가 일괄공급하고 재고에 대해서는 반품을 받아가는 이른바 루트세일 방식으로 실시돼 왔다. 이 바람에 소비자는 유효기간을 지난 빵을 사기 십상이었고 본사는 안 팔린 빵 재고에 골치를 썩여왔다.

그러나 POS시스템이 도입됨으로 인해 본사는「판매점포가 원하는 시간에 원하는 상품을 원하는 만큼」만 나눠 공급함으로써 반품과 결품이 없이 물류비 등을 획기적으로 줄일 수 있으며, 소비자는 언제나 신선한 빵을 살 수 있게 됐다.

POS운영방법은 점포가 발주를 하면 본부에서 자료를 집계해 거래업체에 통보, 공동배송을 통해 해당 점포에 12시간내 제품을 전달하는 방식으로 6명의 개발팀이 3개월에 걸쳐 완성했다.

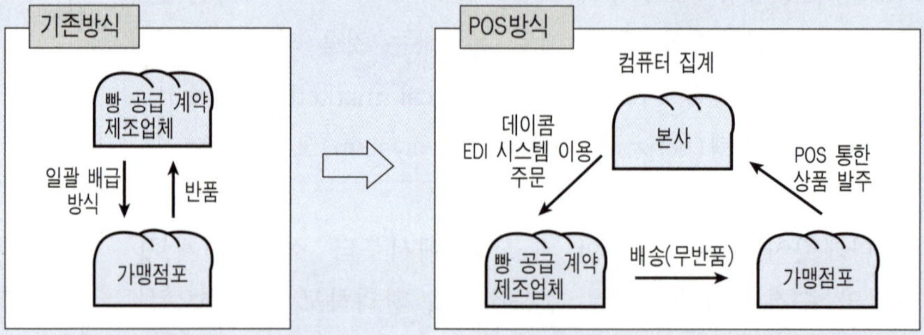

4. 촉진관리

마케팅관리자는 자사의 제품이 타사의 제품보다 더 우수하다는 것을 실제 및 잠재고객에게 알려야 한다.

촉진 또는 마케팅 커뮤니케이션이란 기업의 제품이나 서비스를 소비자들이 구매하도록 유도할 목적으로, 해당 제품이나 서비스의 성능에 대해서 실제 및 잠재고객을 대상으로 정보를 제공하거나 설득하는 마케팅노력의 일체를 말한다.

마케팅관리자가 활용할 수 있는 촉진수단은 매우 다양하나 일반적으로 광고, 인적판매, PR(홍보), 판매촉진 네 가지 요소로 구분될 수 있다.

① 광 고

광고는 다수의 대중을 대상으로 짧은 시간에 접근할 수 있고 고객 1인당 비용도 비교적 저렴하다는 장점이 있다. 그러나 고객에게 전달할 수 있는 정보의 양이 제한되고 소구하는 고객 모두에게 동일한 문안이 제시되므로 고객에 따라 개별화할 수가 없다. 따라서 광고를 통해서 받는 정보는 고객 모두에게 정보의 양과 종류 면에서 만족을 시킬 수 없을 가능성이 있다.

경영사례

◆ 고객은 무엇에 클릭하나?

고객은 어떤 광고에 관심을 보일까.

미국 하버드 대학에서 가상 상점(Simulation Test Market)을 통해 실시한 소비자행동 연구에 의하면 소비자는 글(텍스트)보다는 동영상에 강한 구매욕구를 일으켰다. 금강기획이 최근 조사한 결과 인터넷상 베너광고는 문자보다 그림으로 하는 게 효과적인 것으로 나타났다. 제품 정보보다는 다양한 경품을 제공하는 것이 네티즌의 눈길을 끌었고 클릭을 유도하며 구전효과까지 있는 것으로 조사됐다. 그러나 경품을 적극 활용한 배너광고는 소비자에게 광고 내용의 이해나 신뢰를 높혀 주지 못했다.

호감도나 기억유도 효과, 브랜드인지 효과가 낮고, 광고효과가 제품의 구매까지 연결이 되지 못하는 한계도 있는 것으로 나타났다. 광고를 즐기는 네티즌들을 분석한 결과 유머형 광고를 좋아하는 사람은 문자위주로 구성된 정보제공형 광고에 대해 부정적인 반면, 정감이 있는 광고를 좋아하는 사람은 그림위주의 정보제공형 광고를 선호했다. 또한 인터넷 홈페이지의 내용을 신뢰하는 사람은 문자로 된 정보제공 광고를 관심있게 보며, 나이가 적을수록 문자중심의 광고를 긍정적으로 평가하고, 학력이 높을수록 그림중심의 경품광고를 선호하는 것으로 나타났다.

그러면 광고를 접속하는 이유는 무엇일까?

최근 한국소비자보호원이 광고에 접속하는 이유를 밝히고자 실시한 조사에 의하면 인터넷 및 PC

통신 이용자가 배너광고 등 온라인 광고에 접속하는 가장 큰 이유는 호기심 때문(인터넷 27.5%, PC통신 26.6%)이었다. 이어 경품이 걸려있기 때문, 해당상품을 알아보기 위해, 광고카피와 그래픽이 좋아서, 구매하고자 하는 상품광고여서, 광고라는 사실을 몰라서 순으로 나타났다. 또 온라인 광고를 보고 소비자가 구입한 상품을 보면 컴퓨터용품과 도서 및 음반이 가장 많았고, 열차 및 항공권의 예약 서비스, 통신기기(휴대폰, PCS) 등의 순으로 조사되었다.

최근 소비자의 시선을 끌기 위해 다양한 기법들이 나오고 있다. 대우전자에서 실시한 완전평면 TV의 인터넷광고는 숨은그림 찾기식의 시리즈 광고를 단계별로 노출시키는 전략으로 평소보다 2배 가까운 클릭률을 유도하였다. 온라인 증권사 굿아이와 하나로 통신도 커서를 갖다 대어 로고송 등이 나오는 사운드 배너광고로 효과를 보고 있다.

이 밖에 에버랜드와 같은 사이버 놀이공간의 가상공간에 광고판을 설치하는 기법, 인터넷에서 파일을 내려받는 동안 광고를 보여주는 기법, 컴퓨터를 켜거나 끌 때 운영체계를 제작한 기업의 로고 대신 광고가 뜨게 하는 기법, 인터넷 사용자의 마우스를 광고가 따라 다니는 기법, 사이트를 이동하는 로딩 타임에 5~6초짜리 동영상 광고를 보여주는 기법, 개인 홈페이지에 광고를 실어주거나 개인 e-mail주소로 광고를 전송하는 기법 등이 속속 선 보이고 있다. 특히 차세대 온라인 광고로 불리우는 “리치 미치어”방식은 마치 TV광고처럼, 비디오, 오디오, 애니메이션 등을 합친 멀티미디어형으로 배너상에서 게임은 물론 전자상거래까지 할 수 있다.

삼성전자는 지난해 12월부터 2달간 “리치미디어”방식의 광고를 미국 CNN의 홈페이지에 띄워 일반 배너에 비해 10배 이상의 클릭률을 기록했다.

한 조사에 의하면 10명 중 7명이 리치미디어의 광고효과가 TV못지 않다고 지적했으며 9명은 인쇄 광고와 같다고 대답한 것으로 나타났다.

이와 같이 인터넷광고는 지속적인 크리에이티브를 요구하고 있으며 인터넷 기술환경의 지속적인 발달과 함께 참신한 크리에이티브를 바탕으로 한 새로운 광고기법이 이어진다면 인터넷 광고의 장래는 밝다고 하겠다.

② 인적판매

인적판매란 판매원이 고객을 직접만나 대화를 통해 자사의 상품을 구매하도록 권유하는 활동을 의미한다. 인적판매를 촉진수단으로 사용할 때는 광고 사용시와 정반대의 효과가 있다. 인적판매는 촉진의 속도가 매우 느리고 고객 1인당 촉진비용이 고가이기 때문에 많은 대중을 대상으로 하는 제품에는 적합치 않다. 그러나 고객에게 필요한 정보를 정확히 제공할 수 있고 융통성 있는 대응이 가능하므로 산업재 판촉이나 중간상 판촉에 적합하다. 또한 인적판매는 인적대면, 유대관계 형성, 즉각적 반응 등의 특징이 있다.

③ PR(홍보)

PR이란 제품, 서비스, 기업 등을 뉴스나 논설의 형태로 다루게 함으로써 수요를 자극하는 것을 의미한다. PR의 특징은 다른 촉진수단과는 달리 기업이 비용을 부담하지 않고, 기업이 아닌 독립적인 신문, 방송에 의해 시행되므로 높은 신뢰성을 갖는다. 이러한 높은 신뢰도 때문에 촉진효과가 매우 크나 기업이 통제하기가 곤란하다는 단점이 있다.

마케팅관리자들은 PR을 과소평가하여 다른 촉진믹스의 보조수단으로 사용하기 쉬우나 비용이 들지 않고 신뢰성이 높기 때문에 보다 많은 관심이 필요하다.

④ 판매촉진

판매촉진이란 기업이 제품이나 서비스의 판매를 증가시키기 위해 단기간에 중간상이나 최종 소비자를 대상으로 벌이는 광고, 인적판매, PR 이외의 모든 촉진활동을 말한다. 판매촉진은 비인적 수단을 이용하며 구체적으로 샘플의 제공, 점포진열, 경품제공, 할인권 제공, 상품전시회 개최 등을 포함한다. 판촉의 가장 중요한 특징은 구매시점에서 구매를 유도하기 위하여 사용되며, 단기적이고 직접적인 촉진수단이라는 점이다. 특히 구매시점 촉진은 충동구매를 유발시키는 역할을 한다. 일반적으로 마케팅관리자들은 강하고 신속한 반응을 유도하기 위하여 판매촉진을 사용한다. 그러나 판촉의 효과는 단기적이어서 장기적인 상표 애호도를 증진시키는 데에는 부적절하다.

표 12-3 *촉진믹스의 특징*

	범 위	비 용	장 점	단 점
광고	대 중	보 통	신 속 메시지 통제 가능	효과측정의 어려움 정보의 양이 제한
인적판매	개별고객	고 가	정보의 양과 질이 높아짐 즉각적인 피드백	높은 비용 느린 촉진속도
PR	대 중	무 료	신뢰도가 높음	통제가 곤란 간접적 효과
판 촉	대 중	고 가	주의 집중 즉시적 효과	모방이 쉬움

경영사례

◆ 온라인 마케팅 전략

전통적인 마케팅믹스(Marketing Mix)의 4P전략은 어떤 상품(Product)을, 어떤 가격(Price)에, 어떤 축진(Promotion) 방법을 이용해 그리고 어떤 유통(Place)채널을 통해 소비자 구매를 이끌 것이냐에 대한 의사결정을 의미했다.

그러나 인터넷이 마케팅 도구로 사용되는 온라인 마케팅에서 마케팅믹스는 전통적인 마케팅 4P와 그 내용에 있어 큰 차이가 있다.

온라인 마케팅믹스 전략은 7가지 (6P 1I)로 나눌 수 있는데 그 내용은 다음과 같다.

(1) 제품(Product) – 먼저 판매할 제품의 특성을 파악해야 하는데, 판매할 제품의 유형이 인터넷 상에서 유통이 가능한 무형상품인지 유형상품인지를 파악하는 것이 중요하다. 예를 들어 디지털화가 용이한 제품인지 그래서 어느 채널을 통해 구입해도 동일한 품질을 보장 받을 수 있는 표준화된 제품인지 아니면 고객이 제품을 직접보고 구입해야만 하는 제품인지를 결정해야 한다.

이때 인터넷의 장점을 적극 활용할 수 있는 제품을 선정하는 것이 효과적이다.

(2) 가격(Price) – 소비자가 인터넷에서 물건을 구입하는 가장 근본적인 이유는 기존 상거래보다 저렴한 가격으로 원하는 물품을 편리하게 구입할 수 있기 때문이다. 따라서 경쟁업체보다 저렴한 가격으로 제품을 제공할 수 있는 능력이 중요하다.

하지만 인터넷 기술의 발전으로 인해 각사의 제품을 비교하는 에이전트나 검색엔진이 등장함으로써 가격경쟁은 더욱 중요한 변수로 작용하게 되었다. 컴퓨터를 판매하는 BUY.COM은 "인터넷에서 우리보다 싸게 파는 곳은 없다"는 전략을 내세워 하루 1백만 달러의 매출을 기록하였는데 기존 경쟁사와의 차이점은 마진을 거의 남기지 않고 판매한다는 것이다. 그것이 가능한 이유는 BUY.COM이 상품판매에서 마진을 남기는게 아니라 광고를 유치해 수익을 올리기 때문이다.

(3) 판매촉진(Promotion) - 사이트의 높은 인지도를 구축하라. 어느 비즈니스 모델을 선택하든지, 자사 사이트의 브랜드 인지도를 높이기 위해 초기단계에 모든 커뮤니케이션 채널을 이용해야 한다.

URL(인터넷 주소)을 알리기 위해 아마존이나 AOL도 신문광고나 옥외광고에 많은 광고비용을 투자하고 있다. 이는 높은 브랜드 이미지를 확보하기 위한 것으로써 최근 국내 많은 인터넷 비즈니스업체도 신문광고 뿐만 아니라 공중파 광고를 통해 URL 알리기에 한창이다. 인터넷 주소(URL)는 소비자들이 쉽게 기억하고 발음을 할 수 있도록 해야 하고 사업특징을 한눈에 알 수 있도록 결정해야 한다.

(4) 유통(Place) - 무형의 제품을 판매하는 경우에는 재고관리 및 유통문제를 고려할 필요가 없지만, 유형의 제품을 판매하는 경우에는 재고관리 및 유통문제는 여전히 매우 중요한 문제이다. 실제로 인터넷 쇼핑몰에서 물건을 구입한 많은 고객들은 구입한 제품이 원하는 장소와 시간에 배달이 되지 않아 불만을 토로하고 있는 상황이다.

주문을 신속하고 정확하게 처리할 수 있는 재고 시스템과 물류 및 배송 시스템을 구축하기 위해서는 많은 초기 투자비용이 들기 때문에 기업특성과 경영전략을 고려하여 물류전문업체에서 아웃소싱하는 방안 등을 고려하는 것이 효과적이다.

(5) 파트너십(Partnership) - 인터넷 전자상거래에서는 1등만 살아 남는 수확체증의 법칙이 적용되기 때문에 주도권을 갖기 위해서는 각 기업간 전략적 제휴가 매우 중요하다. 혼자 할 수 없다면 잘하는 곳과 전략적 제휴를 맺어 서로 도움을 받는 것이 필요하다.

인터넷 전자상거래에서는 동일한 고객층에게 서로 보완적인 서비스를 제공하는 통합된 서비스를 제공하는 것이 매우 중요한데 호텔, 여행사, 여행안내책자 출판사와 자동차 대여업체들이 소비자들에게 여행에 필요한 모든 것을 제공하는 협력망을 구축하는 것이 그 한 예이다.

(6) 참여(Participation) - 공동의 관심사로 서로 모일 수 있는 가상공동체(virtual community)를 만들고 고객과 활발한 양방향 의사소통을 하라. 가상공동체란 인터넷으로 연결되어 물리적/시간적 제약에 영향받지 않고 공동관심사를 논하는 동호 단체로 이를 통해 회원들의 결속력을 높이고 인터넷 쇼핑사이트에 대한 충성도를 구축하는 것을 가상공동체 구축이라 한다.

국내 인터넷 비즈니스업체에 성공한 사이트가 드믄 이유는 제품판매에만 치중하여 가상 공동체를 제대로 활용하지 못하고 있기 때문이다. 양방향 커뮤니케이션은 다른 매체가 갖지 못한 인터넷만의 장점으로 고객의 신뢰도와 만족도를 높이는 역할을 하기 때문에 인터넷 마케팅의 성공을 위해서는 매우 중요하다.

(7) 정보기술(Information Technology) - 편리하고 즐거운 쇼핑을 제공하기 위한 정보시스템 인프라를 구축하라. 성공적인 인터넷 전자상거래의 도입을 위해서는 안정된 정보시스템의 인프라 구축과 고객이 언제 어디서나 빠른 속도로 접속하고 정보를 교환할 수 있는 네트워크가 있어야 한다.

또한 개방형 네트워크이기 때문에 고객이 신뢰할 수 있는 수준의 보안시스템이 함께 구축되어야 한다.

자료원: 김주호박사의 인터넷 마케팅, 2000. 5. 15.

12.4 고객만족경영과 데이터베이스 마케팅

1. 고객만족경영

고객만족경영(CSM: customer satisfaction management)이란 고객 중심적 사고를 바탕으로 모든 경영활동을 전개해 나가는 것을 말한다.

즉, 고객만족경영은 시장점유율 확대나 원가절감이라는 근시안적 경영목표의 추구에서 벗어나 고객만족을 궁극적 경영목표로 삼음으로써 시장 변화에 흔들리지 않는 안정적 수익 기반을 장기적, 지속적으로 확보해 나가려는 경영방식이다. 고객 만족을 실천해 나가다 보면 자연히 고정 고객층이 확보되고 호의적 구전 광고 효과를 통해 신규 고객 개척도 가능해지기 때문에 기업 이익이 향상되고 시장 점유율도 늘어나게 된다는 것이 고객만족경영의 기본 원리이다.

고객만족(CS)이란 '고객이 제품 또는 서비스에 대해 원하는 것을 기대 이상으로 충족시켜 감동시킴으로써 고객의 재구매율을 높이고 그 제품 또는 서비스에 대한 선호도가 지속되도록 하는 상태'를 일컫는다. 고객만족도를 높이는 것은 고정고객층의 이탈 방지를 통해 안정적인 기업의 이익을 확보하는 첩경이 된다. 고객을 유지한다는 것이 기업 이익의 관점에서 볼 때 얼마나 중요한 일인가 하는 것은 미국에서 행해진 '고객 유지와 기업이익과의 관계에 관한 연구'의 결과를 보면 분명해진다.

이 연구 결과에 따르면 서비스업의 경우 통상 거래 기간이 4년된 고객으로부터의 기대이익은 그 고객이 첫 해에 남긴 수익보다 무려 3배 이상이나 된다.

따라서 고객 만족도를 높여 고객의 이탈률을 낮출 수 있다면 획기적인 수익 증가를 기대할 수 있다. 미국의 경우 고객이탈률을 5% 떨어뜨리면 은행이나 신용카드 회사의 수익 증가율은 70~80%, 보험이나 유통업체의 수익 증가율은 40~50%에 이르는 것으로 연구된 바 있다. 고정고객은 반복 구매뿐 아니라 호의적 구전 광고를 통해 새로운 고객을 창출하고 기업의 판촉비용을 경감시켜 줌으로써 기업 이익을 크게 늘려준다.

따라서 당장 눈에 보이는 비용 절감에 급급하는 수동적 경영보다는, 고객만족을 높여 고객 이탈을 줄이기 위한 투자에 우선 순위를 두는 능동적 경영이 기업이익을 향상시키는 미래지향적 의사결정이 된다고 할 수 있다.

고객만족을 높이기 위해서는 적어도 두 가지 요건이 충족되어야 한다. 첫째, 처음부터 고객의 기대를 충족시킬 수 있는 품질의 제품 서비스를 제공하는 것이고, 둘째, 고객의 불만을 효과적으로 철저히 처리하는 것이다. 결국 고객만족경영은 이러한 양대 요건을 지속적으로 충족시켜 나감으로써 타사가 쉽게 모방할 수 없는 경쟁우위를 확보해나가는 경영방식이라 할 수 있다.

경영사례

◆ 고객만족경영

고객만족경영을 잘 실천하고 있는 대표적 기업으로 미국의 제록스와 일본의 가오(花王)를 들 수 있다. 제록스는 정기적으로 고객 만족도를 조사하여 품질상의 문제점들을 지속적으로 발견해 내고 전사적 품질향상 운동으로 연결시켜 이를 해소해 나감으로써 업계에서 가장 높은 고객만족도를 유지하고 있다. 또 일본의 종합화학 회사인 가오는 '신에코시스템'이라는 정보 시스템 구축을 통해 고객의 불만을 신속하게 처리해줄 뿐 아니라 나아가 고객의 불만 내용이나 제안 사항을 신제품 개발의 아이디어로 활용함으로써 큰 성공을 거두고 있는 기업이다.

2. 데이터베이스 마케팅

고객만족경영에 보조적 수단으로 각광받고 있는 것이 데이터베이스마케팅이다.

1990년대 후반에 들어 소형 컴퓨터, 정보서비스산업의 급속한 팽창은 우리가 본격적인 '정보사회'에 진입하고 있음을 피부로 느끼게 해주고 있다. 소비자의 욕구 또한 개성화되고 다양화되어 차별적 시장 세분화의 필요성이 한층 높아지고 있고, 욕구의 빠른 변화와 신기술의 지속적인 발달로 인해 제품수명주기는 계속 단축되고 있다.

이러한 변화에 대응하기 위해 정보력의 중요성이 더욱 커지고 있다. 정보는 이제 기업 활동에서 '제4의 경영자원'으로 간주되고 있다.

특히 소비자의 욕구를 기업 내부에 전달하고, 기업이 생산한 제품이나 서비스를 소비자에게 전달하는 역할을 하는 마케팅에 있어 정보의 중요성은 한층 더 커진다. 체계적이고 치밀한 고객 정보의 축적을 통해 고객의 수요를 예측하고, 이를 상품개발·기술개발로 연결시켜야만 기업의 성장을 도모할 수 있기 때문이다.

경영사례

♦ 현대차 'DB마케팅' 결실

현대자동차가 올해초부터 도입한 데이터베이스(DB)마케팅이 큰 성과를 거두고 있다.

현대차는 올해초 출시한 대형 고급승용차 에쿠스의 판매에 이같은 방식의 마케팅기법을 처음 적용했으며 기대 이상의 효과를 거뒀다는 자체평가를 내리고 있다.

현대차는 에쿠스 출시 4개월 전부터 지난 94~97년 사이 그랜저급 이상 고급 승용차를 구매한 고객 14만명에 대한 정밀분석작업을 통해 에쿠스 구매가능성이 높은 3만명의 고객데이터를 추출, 이들을 대상으로 집중적인 마케팅 활동을 벌였다.

현대차는 이들에게 안내책자와 가격표, 에쿠스 전용잡지, 에쿠스 구매시 클럽회원으로서의 혜택을 소개하는 안내문을 발송하는 한편 에쿠스 고객만을 위한 각종 서비스와 이벤트행사를 마련함으로써 예상고객의 호기심과 기대심리를 자극했다.

이 결과 안내문을 발송한 고객 중 15%정도가 에쿠스를 구입한 것으로 나타나 구매층이 한정돼 있는 고급차종에 대해서는 DB마케팅이 효과적이란 것을 입증했다.

자료원: 내외경제신문, 1999. 10. 25.

정보화 시대에 마케팅과 관련하여 필연적으로 대두되는 개념이 바로 데이터베이스 마케팅(database marketing)이다. 데이터베이스 마케팅이란 고객 정보, 경쟁사 정보, 산업정보 등 시장의 각종 1차 데이터를 직접 수집, 분석하고 그것을 기초로 하여 마케팅 전략을 수립하는 하나의 전략 기법이다. 어느 고객이 무엇을 얼마나 자주 구매하였는지, 어느 고객이 어느 매장에서 어떤 유형의 제품을 구매하였는지, 또는 어느 고객층이 언제 재구매, 대체 구매를 할 것인지 등과 같은 데이터를 가지고 고객의 성향을 분석하고 향후 필요한 마케팅 전략을 수립하는 것이다.

이러한 최신 마케팅 전략 기법은 컴퓨터 시스템의 발달로 인해 한층 그 빛을 발할 수 있게 되었다. 컴퓨터가 고객의 복잡한 데이터를 보다 저렴하고 보다 신속하게 일괄 처리할 수 있게 되자, 그날 그날의 고객 구매 행태에 대한 데이터베이스가 과거와 비할 수 없을 정도로 신속하게 갖춰질 수 있게 되었고, 이를 기초로 보다 효과적인 마케팅 전략의 수립이 가능하게 된 것이다.

경영사례

◆ Huggies사의 치밀한 고객 관리

아기 기저귀로 우리 귀에 익숙한 하기스(Huggies)사는 치밀한 고객 정보 시스템을 구축한 것으로 유명하다. 고객들에 대한 체계적인 정보 관리 및 시장 정보의 수집력을 바탕으로 한 데이터베이스 마케팅 전략 수립으로 큰 효과를 거두고 있는 것이다.

하기스사는 임산부의 이름, 주소 등 고객 정보가 기록된 시스템을 구축하기 위해 약 1,000만 달러를 투자하였다. 임산부에 관한 정보는 병원, 의사, 조산원 등으로부터 입수하였으며, 이들 잠재 고객에 대한 정보가 고객 데이터베이스에 체계적으로 전산화되었다.

하기스사는 이와 같은 고객 데이터베이스 정보를 기초로 하여 임산부들과 보다 긴밀한 관계를 구축할 수 있었다. 그들에게 육아에 관한 잡지나 편지를 보내고, 또한 출산 후 제품 구입시 긴요하게 사용할 수 있는 할인권 등을 적시에 우송할 수 있게 되었던 것이다. 이러한 할인권은 모두 코드화되어 있으며, 할인권을 받은 고객이 같은 회사의 제품을 구입했는지의 여부도 쉽게 추적할 수 있는 정보 추적 관리 시스템도 구축되어 있다.

이제까지의 전통적인 마케팅 전략에서는 주로 단기적인 매출 증가에 그 초점을 맞추어 4P(product, price, place, promotion) 조작에 치우쳤던 반면, 하기스사는 이에서 탈피하여 보다 체계적이고 조직적으로 고객 데이터베이스를 구축함으로써 고객과의 장기적인 친밀감 확립을 토대로 한 혁신적인 데이터베이스 마케팅 전략을 구사할 수 있었던 것이다.

경영사례

◆ DB 마케팅과 고객만족

마케팅 관점에서 신문 · 방송 등 대중매체를 이용한 전통적 대고객 커뮤니케이션은 융단 폭격과 비슷하다. '하나라도 맞겠지' 하는 심정으로 막대한 물량을 허공에 쏟아 부으며 효과를 확인되지 않은 전략을 습관처럼 반복한다. 하지만 데이터베이스(DB)를 이용한 DB마케팅은 걸프전에 등장한 스커트 폭탄처럼 발사되는 물량은 많지 않아도 하나 하나가 정확하게 목표에 도달한다. 미국 샌프란시스코에 위치한 한 금융회사에 다니는 낸시는 어느날 오후 문득 그날이 멀리 뉴욕주에 살고 있는 어머니의 생신인 것을 깨달았다. 너무 늦어 당황했지만 곧 인터넷을 검색해 꽃배달회사를 찾아내고 생신 선물로 꽃을 배달시키기로 했다. 주문할 때 화면에 등장하는 다양한 생일 카드 중에서 하나를 골라 축하 사연을 적는 일도 잊지 않았다.

신용카드로 결제한 뒤 몇 시간이 지났을까.

어머니로부터 너무 예쁜 꽃을 선물해서 고맙다는 전화를 받고 한숨을 쉬었다.

한 해가 지나고 어머니의 생신을 1주일 정도 앞둔 어느날 낸시는 1년전 그 꽃가게로부터 예쁜 카드를 받게 된다.

그 속에는 '어머니의 생일이 곧 다가옵니다. 작년에 당신이 어머니에게 보낸 카드 글귀는 다음과 같습니다.' 라고 적혀있었다. 낸시가 그 꽃가게를 다시 이용한 것은 물론이었다. 낸시가 누구에게 언제 어떤 일 때문에 꽃을 배달했고 그때 뭐라고 적었는지를 기록에 남기는 일은 디지털 시대에 있어서 매우 쉬운 기술에 속한다.

그러나 자신을 기억해 주고 그 것에 맞는 서비스를 받은 고객은 감격하게 된다. 그리고 감격한 고객이 얼마의 가격에 연연해 단골가게를 바꾸는 일은 좀처럼 드물다. DB마케팅은 이와 같이 고객의 구매이력, 신상정보, 욕구, 취미 등과 같은 고객정보를 활용해 펼치는 일대일 마케팅이다. DB마케팅을 실행하기 위해서는 먼저 고객의 DB를 구축해야 하고, 고객의 정보가 구축되면 정보를 분석해 개별고객의 욕구와 취미, 가치관 등을 찾아내고 그것에 맞춰 제품을 개발한 뒤 개인화된 메세지를 작성해 전달한다.

메세지가 전달된 후 제품을 구입한 고객으로부터 피드백(feedback)을 받고 그것을 다시 고객 DB에 축적하는 일련의 과정은 되풀이 된다. 브리티시에어라인의 경우 항공기 운항중에 수집한 정보를 바탕으로 우수 고객의 취향에 맞춘 식사, 좌석, 잡지 등 서비스를 제공하는 시스템을 구축했다. IQVC와 같은 인터넷 쇼핑몰은 개인의 눈동자, 머리칼, 피부색깔, 신체치수, 색상선호, 의상취향 등의 정보를 수집한 후 고객에게 가장 잘 어울리는 의상, 장신구 등의 제품을 추천해 사랑을 받고 있다. 현대 마케팅의 특징은 고객과 긴밀한 관계를 유지하기 위해서 서로를 잘 파악해야 한다. 고객정보를 활용한 DB마케팅은 일대일 마케팅의 시작이며 그 끝은 고객만족이다.

자료원: 김주호박사의 인터넷 마케팅, 2000. 4. 24.

토·의·과·제

1. 일반적으로 소비자들을 분류할 때 기준이 되는 항목으로는 어떠한 것들이 있으며 다음 시장에서는 소비자들을 어떻게 세분화시켜야 할지를 설명해 보자.
   ① note-book 시장
   ② PCS 시장
   ③ 자동차 시장

2. K씨는 학교 앞에서 서점을 운영하는 사람으로서 지금까지 고객을 구분하지 않고 모든 고객들에게 동등하게 서비스를 제공해 왔다. 그런데 최근 들어 주위에 서점들이 많이 생겨 경쟁이 치열해졌기 때문에 특정고객을 상대로 영업을 하고자 한다. 귀하가 K씨라면 어떤 고객을 상대로 영업을 하겠는가? 왜 그 세분시장이 매력적인지를 설명해 보자.

3. 여성옷이나 구두 등 패션제품들은 일반 생필품에 비하여 구매고객이 매우 독특한 편이다. 따라서 A패션회사는 세분시장 마케팅전략을 수립하려고 한다. 고객을 세분화하고 표적시장을 선정하는 것이 어떤 이점이 있으며 귀하가 마케팅관리자라면 6가지 표적시장 선정전략 중 어느 전략을 선택하겠는가? 그 근거도 함께 제시해 보자.

4. 우리나라에서 제품전문화전략과 시장전문화전략을 사용하는 기업의 예를 들고 각 전략을 비교해서 설명해 보자.

5. 포지셔닝 접근방법별로 해당되는 제품의 예를 들고 근거를 제시해 보자.

6. 최근 도트프린터시장은 매출이 전체적으로 감소하고 있으며 제

품수명주기상으로 명백히 쇠퇴기에 놓여있는 것으로 보인다. 쇠퇴기에 나타나는 특징들은 어떤 것들이 있다고 생각하는가? 또한 귀하가 도트프린터회사의 마케팅관리자라면 어떤 전략을 수립할 것인지를 제품수명주기이론과 4P의 요소를 모두 고려하여 그 방향을 설명해 보자.

7. 이랜드, 브렌따노, 헌트, 언더우드 등은 같은 계열회사임에도 불구하고 각각의 판매점이 바로 옆에 붙어 있을 정도로 치열한 경쟁을 하고 있다. 이랜드는 어떠한 전략을 구사하고 있다고 생각하는가?

8. CI(Corporate Identity)가 의미하는 것이 무엇인지 조사해 보고, CI와 브랜드파워의 관계에 대해서 설명해 보자.

9. 우리나라에서 공동상표로 시장에 진출한 사례를 조사하고 그 성공사례와 실패사례를 분석하여 발표해 보자.

부 록

◆ 김근배 몬덱스코리아 사장

"21세기 유망산업분야의 하나로 꼽히는 전자화폐사업 육성에만 주력할 생각입니다." 김근배(金槿培) 몬데스 코리아 사장(56·마스타카드 회장 겸임)은 앞으로 국내에 몬덱스 전자화폐 시장을 넓혀 나가는데 모든 역량을 바칠 각오라고 밝혔다. 그 동안 마스터카드코리아 및 몬덱스코리아의 대표를 겸직하다 최근에 마스터카드 경영일선에서 물러난 것은 몬덱스 전자화폐 사업에 집중하기 위한 것이란 게 김사장의 설명이다.

그는 "양사를 겸직하는 동안 일부 회원사에서 몬덱스 사업에 좀더 역량을 모아달라는 요청이 있었다"며 "전자화폐사업의 중요성을 감안할 때 지금이 보다 집중적인 활동이 필요한 시기라는 판단도 작용했다"고 말했다. 그는 현재 시장상황에 걸맞는 상품을 개발하고 보급시키는데 앞장서 몬덱스 전자화폐시장이 국내의 조기 정착되도록 헌신할 것임을 밝혔다.

향후 사업 전개와 관련해 우선은 몬덱스코리아가 주축이 되어 대만, 일본, 호주 등과 함께 지난 5월에 설립한 몬덱스태평양협의회 활동을 강화할 계획이다. 그는 이를 통해 몬덱스 전자화폐의 한국 및 아·태지역 확산은 물론 몬덱스 주변 관련기술을 개발한 국내 IT업체들과 함께 해외진출을 시도할 생각이라고 밝혔다.

이와 함께 최소 내년까지는 몬덱스 전자화폐가 결제시장에서 확고한 자리를 차지할 수 있도록 강력한 마케팅 활동을 전개할 계획이라고 덧붙였다. 구체적으로 현재 상용화중인 코엑스시범지구를 보다 활성화하고 금년내로 가맹점 1,000여 개, 50만 명 이상 카드발급, 인터넷 결제서비스 개설 등 전자화폐시장 공략에 본격 주력할 방침이다.

김 사장은 우리 나라가 몬덱스 회원국 중에서도 가장 먼저 단기간내에 상용화에 성공했음을 주목해야 한다고 강조했다. "인터넷 쇼핑몰 등 국제 인터넷 환경의 폭발적인 성장세를 감안하더라도 우리의 전자화폐 시장은 활성화 될 수 있는 요소를 충분히 갖추고 있습니다." 한마디로 국내 전자화폐 시장의 미래가 매우 밝다는 게 그의 말이다.

김 사장은 "몬덱스 전자화폐의 시장 선정은 물론 국내 시장 활성화를 위해 보다 다양한 기능과 편리한 서비스 개발을 위해 노력하겠다"고 다짐했다.

한편 김사장은 지난 1990년 마스터카드코리아를 설립한 이래 줄곧 대표를 역임해왔고 1998년 12월 몬덱스 코리아사를 창립해 겸임 대표를 맡아왔다.

자료원: 연기홍, 매일경제신문, 2000. 9. 17.

13 경영정보시스템

13.1 정보사회에서의 기업경영

경영환경의 급변으로 인해 경영관리가 과거 어느 때보다 복잡해져 체계적인 정보자원의 관리가 필요하고 복잡한 경영문제들을 효과적으로 해결하기 위해 정보기술의 활용이 필수적인 도구로 요구되고 있다. 기업에서의 이러한 정보기술의 활용은 정보시스템으로 구현된다.

기업이라는 경영시스템의 관점에서 본 정보시스템은 경영시스템의 하위시스템 중의 하나로 볼 수 있다. 즉, 정보시스템은 경영시스템의 목표인 이익 창출을 위해 경영시스템의 다른 하위시스템들인 사람, 기계, 자금, 원료 등이 서로 효율적으로 작용하도록 지원하는 하위시스템이다.

정보시스템(IS: information system)은 데이터를 입력받아 이를 정보로 변화시키는 시스템이다. 즉, 경영관리나 의사결정에 필요한 데이터를 획득·저장·가공하고 그 결과를 제시하거나 검색할 수 있게 한다.

1. 경영계층에 따른 정보시스템

① 거래처리시스템

거래처리시스템(TPS: transaction processing system)은 조직의 정보처리시스템을 구성하는 가장 기본적인 정보시스템으로서 기업활동의 가장 기본적인 업무인 거래를 처리하며, 거래처리로부터 발생하는 데이터를 저장·관리한다. 거래처리시스템은 주로 일선업무를 수행하는 조직구성원이나 거래업무에 책임을 지는 하위관리층에 의해 사용된다. 거래처리시스템은 표준화된 운영절차에 따라 데이터처리 업무를 수행할 뿐, 문제해결이나 새로운 기회의 추구와 같은 의사결정을 지원하는 용도로는 사용되지 않는다.

② 경영정보시스템

거래처리시스템은 거래처리의 자동화를 통한 업무의 개선에 중점을 두었기 때문에 업무처리의 효율성은 높였지만, 정보를 종합하고 요약하며 보고서를 작성하는 경영관리 업무에는 큰 도움을 주지 못하였다.

하위관리층의 업무를 감독하고 통제하며, 최고경영층의 의사결정에 필요한 정보를 제공하는 중간관리층의 경영관리 업무를 지원하는 정보시스템을 경영정보시스템(MIS: management information system)이라 한다.

경영정보시스템의 가장 기본적인 목적은 관리정보의 제공에 있다. 즉, 각 부서별 업무현황 등과 같이 실무부서의 활동들을 관리하고 통제하기 위한 관리정보를 만들어 내며, 최고경영층에 보고될 주요 정보를 위한 기본자료를 제공한다.

③ 중역정보시스템

중역정보시스템(EIS: executive information system)은 최고경영층의 전략적 기획과 각종 의사결정과 같은 경영활동에 필요한 정보를 제공하는 시스템이다. 일반적으로 최고경영층은 회사의 전략적인 목적을 수립하는 역할을 담당하기 때문에 상세한 업무 데이터보다는 필요에 의해 걸러지고 요약된 정보, 즉 조직의 전략적 목적을 달성할 수 있는 결정적인 요인들에 관한 정보를 제공한다.

표 13-1 *경영계층에 따른 정보시스템의 비교*

정보시스템 종류	기 능	지원 업무의 정형화 정도	전형적인 사용자
TPS	거래처리를 통해 발생되는 데이터를 획득하고 저장	일상적인 업무로 표준화된 절차와 규정이 존재	거래처리를 담당하는 실무자와 하위관리층
MIS	경영관리에 필요한 정보를 제공	일상적인 성과측정 등의 구조화된 업무와 즉흥적인 정보요구와 같이 비정형적인 업무도 지원	중간관리층
EIS	최고경영자의 전략기획 업무를 지원	전략수립, 신사업타당성 조사 등과 같은 비정형화된 업무를 지원	최고경영층

2. 의사결정지원시스템(DSS)과 전략정보시스템(SIS)

기업경영에 있어서 컴퓨터의 활용은 단순한 업무의 자동화나 필요정보의 제공이라는 차원을 넘어 경영관리자의 의사결정을 도와주는 영역으로까지 확대되고 있다. 이러한 정보시스템을 의사결정지원시스템(DSS: decision support system)이라 하는데, 의사결정에 필요한 계량적인 기법이나 통계적인 기법을 컴퓨터에 저장하여 의사결정 대안들을 비교·검토하거나 의사결정에 필요한 정보를 제공하고자 하는 것이다.

반면, 정보기술을 조직의 전략 수행이나 경쟁우위 확보를 위해 활용하고자 하는 정보시스템을 전략정보시스템(SIS: strategic information system)이라 한다. 즉, 정보시스템의 활용가치를 전략적인 시각에서 조명하여 목표달성과 경쟁우위의 획득 및 유지를 위해 정보시스템을 실행수단으로 활용하고자 하는 것이다.

표 13-2 *역할 변천에 따른 정보시스템의 비교*

정보에 대한 인식	정보시스템	정보시스템의 목적
필요악 (1950~1960년대)	TPS	거래와 업무처리에 발생한 데이터처리의 효율성 증대
보고 및 통제의 수단 (1960~1970년대)	MIS	효과적인 경영관리를 위한 효율적인 정보보고
의사결정의 기본자료 (1970~1980년대)	DSS	효과적인 의사결정에 필요한 정보의 제공
전략적 자원, 경쟁무기 (1980~1990년대)	SIS	경쟁우위의 획득과 유지 전략경영의 지원

3. 정보화 투자의 증가로 인한 문제점

최근 각 기업들은 경쟁력을 유지하기 위한 방법으로 과감한 정보화 투자를 행하고 있다. 그러나 이러한 정보화 투자의 증가는 기업으로 하여금 과다한 고정투자비용을 야기시켜 오히려 경쟁력에 위협을 주는 요소로 작용하기도 한다. 그러므로 기업의 능력과 환경에 적절한 투자 계획을 수립하여 무분별한 투자 낭비를 피할 수 있는 노력을 기울여야 한다.

경·영·이·야·기

◆ 이 사람을 주목하라: 시스코사 존 챔버스 사장

미국 와이어드(Wired)지는 작년 4월 '시스코노믹스'(Cisconomics)라는 신조어를 만들었다. 인터넷 장비기업인 시스코와 경제학(economics)을 합성한 말이다 와이어드는 "나스닥 상장 초기 주당 18달러이던 시스코 주가가 9년만에 7000달러(90년 주가 환산가격)를 넘었고, 매출액은 매년 40%씩 늘고 있다"며 두 자릿수 성장률을 기록하는 새로운 성장모델로 '시스코노믹스'라는 신조어를 만들었다.

하지만 그로부터 불과 8개월 후 시시코 주가는 '시스코노믹스'라는 신조어로도 부족할 정도다. 상장이후 30여 번의 주식분할을 거친 시스코 주식의 현재 가격은 128달러로, 이를 90년 주가로 환산하면 주당 2만 달러를 넘는다. 작년 4월 1,600억 달러였던 시가 총액은 4,400억 달러로 제너럴일렉트릭(4,390억 달러)을 제치고 미국 2위 기업이 됐다. 직원 수 2만 3,000여명인 시스코의 시가 총액이 대한민국에서 4,600만 명이 지난해 만든 가치 총액, 즉 국내총생산(GDP 3,600억 달러)을 추월한 것이다.

'시스코노믹스'의 핵심 존 챔버스(John Chambers · 51) 사장(CEO)은 조선일보와의 신년 E-메일 인터뷰를 통해 "3~5년 이내에 음성(전화)-데이터(인터넷)-비디오(TV)는 하나의 네트워크로 통합될 것"이라며 "독점 환경에서 성장했던 전화회사는 엄청난 구조조정(reshape)을 해야 할 것"이라고 말했다.

존 챔버스는 94년 사장 취임 이후 6년만에 매출액을 10억 달러에서 122억 달러로 늘리면서 시스코를 거대 기업으로 일군 인물, 주가 폭등으로 직원의 10%이상이 백만장자가 됐고, 세계인터넷 교환기(라우터)시장에서 80%의 독보적인 시장점유율을 기록하고 있다.

"과거 PC시장에서 빌게이츠가 했던 역할을 인터넷에서 존 챔버스 사장이 하고 있다(필립 로울러 · 미국 AGIS사 회장)"는 말이 나올 정도다.

'Mr.인터넷' 존 챔버스의 밀레니엄 새 전략은 과연 무엇인가. 정보통신 전문가들은 그가 "앞으로 머지않아 전화서비스는 무료가 된다"며 통신장비제조 업체들과의 전면전을 선언한 데 주목하고 있다.

지금까지 인터넷교환기(라우터)시장에 집중하던 시스코는 최근 들어 전화장비 시장을 겨냥, 발빠른 움직임을 보이고 있다. 인터넷과 전화망을 통합한 통합시스템 개발에 집중 투자하면서 연간 2,250억 달러라는 전화장비 시장을 놓고, 루슨트-노던텔레컴-알카텔-후지쓰 등 기존 업체와 한판 승부를 선언한 것.

"지금은 인터넷이 불안정하기 때문에 고객들이 음성통신을 전화 회사에 의존하죠. 하지만 머지않아 전화는 인터넷에 통합되고 무료가 됩니다. 시스코의 전략은 대용량 인터넷, 고품질, 음성통화, 비디오 시청을 한꺼번에 할 수 있는 통합시스템과 네트워크를 개발하는 것입니다."

현재 시스코는 음성-인터넷-비디오를 하나의 망으로 통합하는데 필요한 기술을 지닌 벤처 기업을 무제한 사들이고 있다. 지난해 8월엔 1,000만 달러 짜리 신생 벤처기업 세렌트(CERENT)사를 69억 달러에 인수했다. 세렌트는 음성통화와 데이터 트래픽을 광통신망으로 효율적으로 전달하는 기술을 가진 기업, 또 전화스위칭 시스템 업체인 서마포사를 11억 달러에 인수했고, 지난 96년에는 초고속 데이터 스위칭업체인 스트라타콤사를 40억 달러에 인수했다. 루슨트 등 기존정보통신 장비업체와 맞서 싸울 '비밀병기'들을 확보하고 있는 것이다. 최근 4년간 41개의 기업을 사들인 시스코는 올해도 20여개의 벤처기업들을 인수할 예정이다.

마치 한국의 재벌을 연상시킨다는 질문에 대해 존 챔버스는 "시스코의 인수 전략은 극히 보수적"이라며 "이미 기술이 있는 기업을 인수해 시장에서 실패할 위험성을 줄이고 적기에 신기술을 시장에 내놓을 수 있다"고 답했다.

존 챔버스 사장은 인터넷이 기존이 산업사회와는 전혀 다른 새로운 사회체제를 만들고 있다고 말한다. 그는 이를 신네크워크 경제(new network economy)라고 말한다.

"제가 4년 전에 인터넷이 우리가 살아가고, 놀고, 배우는 방식을 바꾼다고 했을 때 모두 반신반의했지요. 하지만 최근 텍사스 대학의 통계를 보면 지난해 미국에서만 인터넷이 5,000억 달러의 부가가치를 만들고 230만개의 새 직업을 만들었습니다. 이 신직업 중 3분의 1은 96년 이전에는 없던 직업입니다.

현재 시스코는 인터넷과 음성통화를 통합(converged)하는 IP텔레포니 기술과, 무선 인터넷 시장에 집중하고 있다. 챔버스 사장은 "지구상의 모든 것들이 인터넷에 연결되고, 무한대의 데이터를 실어 나를 수 있는 네트워크가 개발될 것"이라고 말했다.

인디애나대학 MBA출신인 그가 졸업후 IBM과 왕연구소에서 근무하면서 얻은 좌우명은 "당신은 오류를 저지르지 않는 사람이라고 착각하지 말라"이다.

현재 조지 W. 부시 미대통령 후보주자의 자문역으로 활동 중이다. 일요일은 가족과 함께 지내며 특히 지난 1998년 딸의 생일파티에 참석하기 위해 클린턴 대통령과의 만남을 생략한 일화가 있다.

13.2 기업경영과 정보기술

1. 데이터베이스 시스템

① 전통적인 화일처리방식의 문제점

데이터를 저장하고 필요한 형태로 처리하는 기술로는 데이터베이스 시스템 이외에 좀 더 전통적인 방법으로서 화일처리방식이 있다.

> 데이터베이스시스템은 기업경영에 필요한 정보와 이를 구성하는 데이터의 체계적인 저장, 관리를 가능하게 하는 정보기술을 말한다.

전통적인 화일처리방식에서는 정보시스템을 설계·구현할 때 기업, 혹은 기타 조직의 각 부서에서 필요한 데이터처리에 초점을 맞추어, 각각의 고유업무에 따라 별개의 데이터화일을 구축한다. 따라서, 데이터의 중복, 일관성 없는 데이터, 경직성, 데이터 공유의 제한, 표준화 결여, 프로그래머 생산성 저하, 그리고 프로그램 유지보수의 어려움 등의 단점을 갖고 있다.

② 데이터베이스 방식의 등장

데이터베이스(dababase)란 데이터의 중복성을 최소화하면서, 조직에서의 다양한 정보요구를 충족시킬 수 있도록 상호관련된 데이터를 모아놓은 데이터의 통합된 집합체를 말한다. 데이터베이스는 화일처리방식에서 각 프로그램에 의해 독립적으로 관리되던 화일들을 통합하여 응용프로그램과 독립적으로 구성하므로 다양한 사용자와 응용프로그램들이 데이터를 공유할 수 있도록 한다.

데이터베이스의 독립성과 다양한 사용자에 의한 공유는 데이터베이스관리시스템(DBMS: database management system)이라는 소프트웨어를 통해 가능하다. 데이터베이스관리시스템은 데이터를 입력하고, 처리하며, 출력하는 과정을 간단하면서도 표준화된 체계와 자연어에 가까운 고급언어로 지원하며, 그 외 데이터베이스의 유지 및 관리에 필요한 기능을 수행한다.

2. 정보통신

① 정보통신의 개념과 발전과정

정보통신이란 정보의 수집, 가공, 처리, 전달에 관련된 일련의 과정으로 전화와 같이 음성의 전달을 위한 전기통신, 컴퓨터에서 생성하는 데이타의 교환을 위한 데이타통신, 그리고 컴퓨터들간의 상호연결을 통하여 자원을 공유하고 업무의 분산적인 처리를 가능하게 하는 컴퓨터통신으로 발전하였다. 한편, 컴퓨터와 통신기술의 발전과 결합으로 다양한 형태의 정보를 고속, 대용량으로 전달하는 고도의 정보통신으로 발전하고 있다.

② 정보시스템에서 정보통신의 역할

정보통신은 값비싼 정보자원의 공유를 가능하게 하여 정보시스템에 대한 투자가치를 높여주고 정보자원의 효율적인 활용을 가능하게 한다.

또한, 데이터베이스나 컴퓨터와 같은 기기들이 통신망에 연결되므로, 일부 기기가 고장나더라도 다른 경로를 통하여 다른 데이터베이스에 접근하거나 다른 컴퓨터의 처리능력을 이용할 수 있게 한다.

정보통신회선의 사용비용은 컴퓨터 등 정보처리기기에 비해 상대적으로 저렴하므로 정보통신망을 활용하면 정보처리비용을 절감할 수 있고, 조직내의 수평적·수직적 의사소통을 원활하게 할 수 있다. 또한 업무의 처리에 있어서 거리와 시간상의 지연에 의한 제약을 감소시킴으로써 업무의 효율성과 효과성을 높여주며 궁극적으로 경쟁적 우위를 확보하게 해준다.

사설망(private network)은 개인이나 개별 기업체에서 직접 설치하여 사용하는 비교적 소규모의 통신망으로, 주로 근거리 통신망 LAN (local area network)의 형태로 구현된다.

③ 통신망의 종류

전송거리가 멀거나 통신상대가 많은 경우 가능한 전송경로를 모두 통신회선으로 직접 연결하게 되면 많은 비용과 장비가 소요된다. 이런 문제를 해결하기 위해 통신망(communication network)을 구성하고 통신을 원하는 주체들을 모두 통신망에 접속시켜 통신을 매개하게 된다.

통신망은 분류기준에 따라 다양하게 나눌 수 있으며, 기술의 발전에 따라 새로운 개념의 통신망이 나타나고 있다. 대표적인 통신망으로는 LAN, WAN, MAN, ISDN 등이 있다.

원거리 통신망(wide area network: WAN)은 근거리 통신망(LAN)과 대비하여 보다 넓은 지역에 걸쳐 구현된 통신망을 말하며, 근거리 통신망을 서로 연결하거나 근거리 통신망과 공중통신망을 연결하여 구현된다.

공중망(public network)은 국가적인 차원에서 일반국민이나 기업 등이 빌려서 사용할 수 있도록 하는 통신망으로 전화망, 데이터통신망, 종합정보통신망의 형태로 발전하고 있다.

광대역지역 정보통신망(metropolitan area network: MAN)은 근거리 통신망(LAN)의 보급이 점차 확산되면서 지역적으로 산재한 근거리 통신망을 상호 접속하기 위하여 탄생한 새로운 개념의 통신망이다.

전화를 포함한 다양한 종류의 서비스를 디지틀 전송방식으로 통합하여 제공하고자 하는 새로운 개념의 통신망을 종합정보통신망(integrated services digital network: ISDN)이라 한다. ISDN은 통신망에서의 정보전송과 처리를 디지틀화하기 때문에 정보전송의 신속성과 신뢰성을 향상시킬 수 있으며, 날로 다양화되어 가는 통신서비스(즉 TV, 전화, Fax, 컴퓨터 등)를 하나의 통신망에 의해 종합적으로 제공할 수 있는 장점이 있다.

한편 광대역 종합정보통신망(broadband integrated services digital network: B-ISDN)이란 기존의 전화망, 사설망, 방송망 그리고 ISDN에서 제공하는 기능을 포괄하면서 고속의 광대역 영상통신서비스까지 제한없이 처리할 수 있는 통합된 통신망을 말한다.

④ 정보통신의 활용

과거 워드프로세싱이나 간단한 종류의 업무처리용에 머물던 소형컴퓨터가 통신기술과 결합되어 적은 비용으로 조직의 정보자원을 공유할 수 있게 되었다. 그리고 많은 시간과 비용을 요하는 출장업무들이 원격영상회의로 대체되고 있다. 심지어 업무를 수행하기 위해서는 반드시 회사에 출근해야 한다는 개념도 바뀌고 있다. 통신기술을 활용함으로써 재택근무가 가능해졌기 때문이다. 사람이나 서류가 직접 오가던 고객이나 공급처와의 거래 또한 통신매체를 이용하여 자동화되고 있다. 이러한 정보통신의 활동은 지금까지의 기업활동방식은 물론 조직구성원의 의식과 조직의 형태까지 변화시키고 있다. 기업경영에 적용되고 있는 정보통신기술의 대표적인 활용예로는 EDI, VAN, LAN 등을 들 수 있다.

전자문서교환(electronic data interchange: EDI)이란 기업간에 교환되는 거래서식을 컴퓨터로 작성하고 통신망을 이용하여 직접 전송하는 정보교환방식을 의미한다. EDI를 이용하면 지금까지 종이형태의 문서에 기록하고 서명한 다음, 우편을 통해 전달되던 각종주문서, 송장, 지불명세서 등이 데이터통신망을 통해 전자적으로 전송되고 처리된다. EDI가 이루어지기 위해서는 거래문서에 대해 통용될 수 있는 표준양식이 정해져야 하며, 이를 통해 전달되는 데이터의 형식이 통일되어야 한다. EDI를 도입함으로써 얻을 수 있는 이점으로는 기존의 문서교환방식에서 발생하던 전달의 지연과 우편배달상의 불확실성을 제거할 수 있다는 것을 들 수 있다.

부가가치통신이란 회선을 직접 보유하거나 통신사업자의 회선을 임차하여 음성 혹은 데이터 정보의 축적, 가공, 전송, 처리 등의 서비스를 제공하는 것을 말한다. 즉, 기존의 통신망을 이용하여 일반 국민이나 기업들에게 정보 전송이나 처리 등을 대신 해주는 사업을 부가가치통신, 혹은 부가통신이라고 하며, 데이터의 전송에만 사용되던 통신망의 가치를 높인다는 의미에서 부가가치통신망(value added network: VAN)이라고 부른다.

기업의 정보시스템 구축시에 먼거리에 있는 본사와 지사를 연결해야 하는 경우 자체망을 구축하는 것은 매우 많은 자원이 소요되며, 그렇게 많은 양의 정보가 교환되지 않는다면 투자에 대한 효용이 크지 않을 수 있다. 더 나아가 기업은 정보시스템의 핵심만을 직접 유지·관리하고 나머지 부분은 부가통신망에 위탁할 수 있게 된다. 그리하여 기업이 정보관리부분의 비대화를 방지할 수 있으며, 기업은 본래의 업무를 수행함으로써 많은 부분에서 업무의 효율성을 얻을 수

그림 13-1 *기업경영에서의 정보통신의 활용*

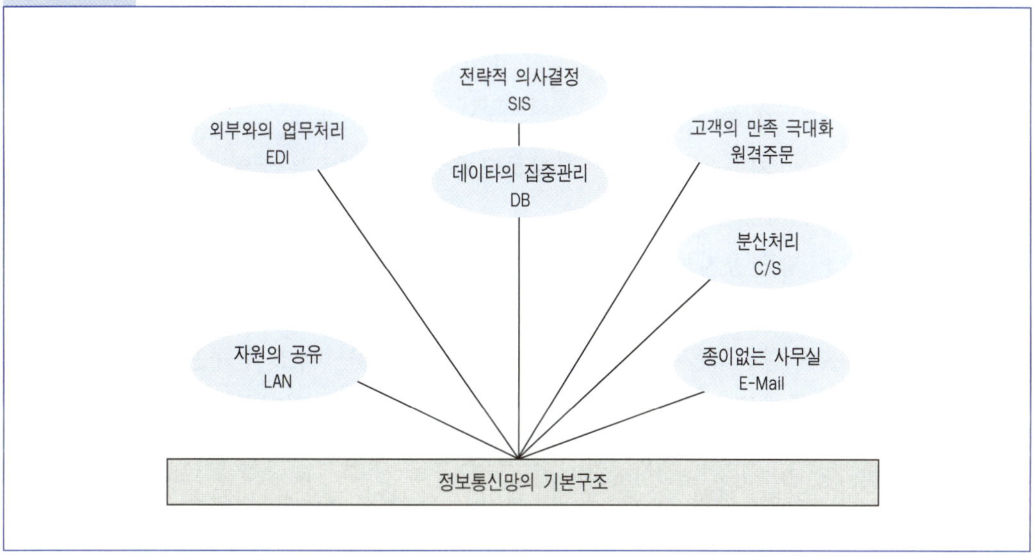

있다.

또한, 부가통신망은 관련있는 기업간의 정보교환을 원활하게 하고 거래를 용이하게 하기 위해 사용될 수 있다. 공급업자와 판매업자 등의 이해관계자 간에 정보교환을 위하여 자체망을 구축하는 것은 많은 비용이 소모될 분만 아니라 서로 다른 기종으로 인하여 통신이 어려우므로 가격이 저렴하고 원활한 통신을 가능하게 해주는 부가통신망을 이용하는 것이 매우 유리하다.

근거리통신망(local area network: LAN)이란 큰 건물이나 인접된 지역 내에서 다수의 독립된 컴퓨터들이 서로 정보를 교환할 수 있도록 구성한 통신망을 말한다. 즉, 부문단위에서 개별적으로 사용되던 여러 대의 컴퓨터들을 서로 연결함으로써 프린터나 모뎀 등과 같은 고가의 하드웨어는 물론 프로그램이나 데이터와 같은 소프트웨어 자원을 공유할 수 있도록 하여 효율성을 증가시키게 된다.

3. 인공지능과 전문가시스템

① 인공지능(AI)

지능을 기계로 실현하고자 하는 연구분야를 인공지능(artificial intelligence)이라 한다.

인공지능은 컴퓨터언어로 프로그래밍되어 컴퓨터에 구현되어야 하므로 일반 소프트웨어의 개발과 마찬가지로 컴퓨터언어와 언어의 구현환경을 기본도구로 하며, 연구분야는 기초 연구분야와 활용 연구분야로 구분된다. 기초 연구분야는 지능의 기계화에 필요한 기본개념과 이론을 제공하는 분야를 말한다. 활용분야로는 경영의사결정, 의료진단, 화학, 교육, 수학, 게임 등에서의 교육적 지식을 응용하는 분야와 언어나 영양인식 등과 같이 본능적 지식을 응용하는 분야가 있다.

그림 13-2 *인공지능의 연구영역*

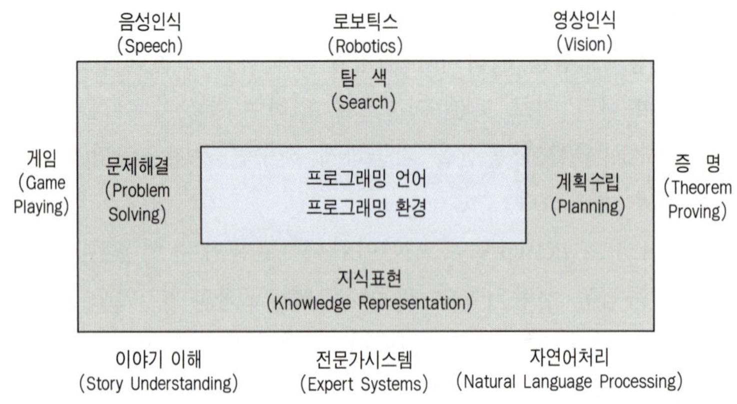

② 전문가시스템(ES)

인공지능의 활용분야 중 기업경영에 있어서 가장 성공적인 분야로는 전문가시스템(expert system)이 있다.

그림 13-3 *전문가시스템의 구성*

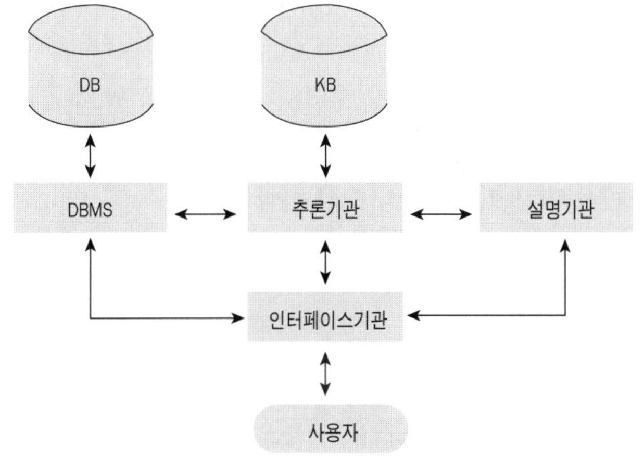

전문가시스템은 특정 전문분야에서 전문가의 축적된 경험과 전문지식을 시스템화하여 의사결정을 지원하거나 자동화하는 정보시스템을 말한다.

전문가시스템은 전문지식을 컴퓨터가 이해할 수 있는 형태로 표현하고 저장하는 지식베이스(knowledge base: KB), 저정된 지식에 근거하여 추론을 수행하는 추론기관(inference engine: IE), 추론과정을 설명하는 설명기관(explanation unit), 사용자와 시스템간의 인터페이스를 가능하게 해주는 인터페이스기관(user interface unit: UIU), 그리고 데이터베이스로 구성된다.

전문가시스템을 구현하게 되면, 과학적 방법이나 경험적 지식만으로는 해결하지 못했던 문제나, 해결하기 어려웠던 문제를 해결할 수 있으며 여러 전문가나 전문가 집단의 전문성을 시스템으로 보존하기 때문에, 한 두 명의 전문가 보다는 더 좋은 의사결정의 성과를 거둘 수 있다. 또한 신속하고, 논리적이고 일관성이 있으며, 여러 명의 전문가의 지식을 보유할 수 있고 과로나 스트레스에 영향을 받지 않는다. 그리고 전문가의 지식을 보존할 뿐만 아니라 재생산할 수도 있어 조직의 전문성을 향상시키고 확산하는데 기여한다. 즉, 전문가시스템을 새로운 조직구성원의 훈련도구로 활용하여 조직에 빨리 적응하도록 도와줄 수 있다.

경·영·이·야·기

◆ 아일랜드, 정보인프라 완비, e 비즈니스의 천국

95년 22위, 99년 11위, 스위스 IMD(국제경영개발원)가 매년 발표하고 있는 아일랜드의 국가경쟁력 순위이다. 국가경제의 외딴 섬에 불과했던 아일랜드의 국가경쟁력이 이처럼 짧은 기간 안에 수직상승한 이유는 무엇일까. 한마디로 그것은 세계최고 수준의 지식을 최대한 활용한 결과였다.

핀 갤런 산업개발청 마케팅 메니저는 "지난 94년 세계적인 컨설팅 회사와 함께 추진한 국가컨설팅 프로젝트가 생산한 결실"이라고 밝힌다. 아일랜드 산업개발청 건물 1층에는 아예 세계적인 컨설팅 회사인 프라이스워터하우스쿠퍼스(PWC)가 자리잡고 있을 정도이다.

국가컨설팅 프로젝트 결과 아일랜드가 찾은 '살 길'은 투자천국을 만드는 일이었다. 그러나 보다 중요한 것은 아일랜드의 성공이 외부로부터 배운 세계적 수준의 국가경영에 관한 지식을 제대로 실천했다는 점이라고 봐야 한다.

아일랜드 정부가 외부로부터 배운 지식을 제대로 실천했다는 것은 인텔, 마이크로소프트, 컴팩, 델, IBM, 이스트만 코닥, NEC, 제록스, 필립스, ABB 등 세계적인 명성을 날리고 있는 쟁쟁한 기업들이 앞다퉈 아일랜드에 투자한 것에서 확인된다. 그러나 이들 기업이 서둘러 아일랜드행 열차를 타고 있는 이유는 세제혜택이 유럽의 다른 국가보다 상대적으로 낮기 때문만은 아니다.

그것은 아일랜드 정부의 지속적인 학습의 공로로 돌려져야 할 것이다.

진출한 기업들의 최고경영자들과 정기적인 회동을 통해 버티 아에른 아일랜드 수상을 비롯한 장관들은 끊임없이 새로운 지식을 학습하고 학습한 지식을 정책을 통해 실천해가고 있다.

아일랜드 정부가 외부 지식을 최대한 활용하는 것은 '디지털 지식강국' 마스터플랜을 수립, 실천해 나가는 데도 그대로 적용된다.

디지털 국가실현을 위해 96년 21명의 위원으로 출범한 '인포메이션 소사이어티 위원회'의 비비엔느 주프 위원장은 세계적인 컨설팅회사인 아더 앤더슨 파트너로 활약하고 있는 사람이다.

그녀 역시 수시로 수상을 만나 아일랜드 국가 전략에 대한 자문을 하고 있다.

외부 지식을 활용하여 전통적인 농업국가에서 세계에서 최첨단 정보 통신 인프라를 구축한 국가로 변신하는데 성공한 아일랜드의 꿈은 여기서 멈추지 않는다.

아일랜드 디지털 지식강국 마스터플랜의 핵심은 'e-커머스(전자상거래)대국'의 창출이다.

지난해 7월5일 아일랜드 정부는 우리 나라에도 번역 출판된 '디지털 이코노미(The Digital Economy)'의 저자 던 탭스콧(Don Tapscottt)을 초청한 자리에서 'e-커머스 대국'을 향한 비전을 발표했다.

아일랜드 정부는 디지털 지식강국 마스터플랜의 실천의 실질적인 주체인 '국가 디지털 파그(The National Park)를 출범시켰을 정도로 치밀하다.

아일랜드의 21세기 꿈인 e-커머스 대국 실현의 중추적인 역할을 수행할 디지털 파크는 투자개발청과 시티웨스트 비즈니스 캠퍼스가 공동출자해 설립한 합작기업이다.

이와함께 아일랜드 정부는 글로벌 크로싱사(社)와 아일랜드를 중심으로 미국과 유럽을 연결하는 해저 광케이블 시스템 구축에 본격적으로 나서 올 봄에 완성시킬 계획이다.

지난해 11월15일 미국 MIT대학의 미디어랩(Media Lab)유럽본부를 설립키로 합의한 것도 디지털 지식강국 마스터플랜의 일환이다.

이곳에서는 멀티미디어와 인터넷 그리고 e-커머스 관련 기술과 컨텐츠를 집중적으로 개발할 예정이다.

이처럼 아일랜드의 디지털 지식강국 마스터플랜은 90년대 중반부터 구축해온 정보통신 인프라를 최대한 활용, 세계적인 기업들이 모두 "21세기의 황금알"로 생각하고 있는 'e-비지니스의 천국' 으로 세계를 제패하겠다는 야심찬 국가 전략을 담고 있다. 아일랜드의 이러한 국가전략은 그러나 이미 1998년 9월 미국 클린턴 대통령과 버티 아에론 수상이 'e-커머스 협력방안' 에 사인하면서부터 수태됐다.

아일랜드 정부의 21세기 국가전략인 'e-커머스 천국' 의 창출은 아주 빠른 속도로 현실화되어 가고 있다. 휴렛 팩커드의 경우 지난해 12월 유럽 아웃소싱 센터를 아일랜드 수도 더블린에 오픈했으며 이곳을 e-서비스 전략의 핵심기지로 활용하고 있다. e-비지니스 시스템 소프트웨어 선두주자인 오라클도 더블린에 인터내셔널 e-비지니스 센터를 설립하고 1천명을 신규로 고용했다. 아메리카 온라인도 지난해 11월 미국이외의 지역으로서는 처음으로 더블린에 연구개발 사이트를 설립했으며 넷스케이프의 유럽본부도 이곳에 자리 잡고 있다.

3Com 역시 더블린에 3천만 달러를 투자, 통합공급센터를 설립했으며 e-커머스 주문 처리기지로 활용할 계획이다. 아일랜드는 디지털 지식 강국의 구체적인 모습이 어떤 것인가를 우리에게 보여주고 있다 그러나 아일랜드가 디지털 지식강국이라는 국가목표에 다가선 것은 단순히 세계 최고의 정보통신 인프라를 구축했기 때문만은 아니다. 피에르 카를로 파로티 오라클 부회장은 아일랜드 센터 설립 기념식에서 "젊은이들을 그렇게 세계적인 수준으로 교육시킨 아일랜드를 축하한다"고 말했다.

그것은 아일랜드가 디지털 지식강국의 꿈을 실현시키기 위해 디지털 인프라는 물론 교육시스템 뿐만 아니라 정부 자체도 개혁의 대상으로 삼고 그 것을 실행에 옮겼기에 가능했다는 평가라고 해석해야 할 것이다.

자료원: 매일경제, 2000. 1. 2.

13.3 기업경영과 정보시스템

1. 정보시스템과 경영관리

경영관리란 기업의 목적달성을 위해 제한된 인적·물적 자원을 효율적으로 활용하고자 하는 노력으로 plan-do-see의 순환과정을 거친다. 경영관리를 계층별로 나누어 보면 전략기획, 관리통제, 운영통제로 나눌 수 있는데, 계층별 경영관리를 지원하는 정보시스템으로는 중역정보시스템(EIS), 경영정보시스템(MIS), 거래처리시스템(TPS) 등이 있다.

2. 정보시스템과 의사결정

① DSS

최근 기업경영에 있어서 컴퓨터의 활용은 단순한 업무의 자동화나 필요정보의 제공이라는 차원을 넘어 경영관리자의 의사결정을 도와주는 영역으로까지 확대되고 있는데, 이러한 정보시스템을 의사결정지원시스템(decision support system: DSS)이라 한다.

그림 13-4 *경영관리수준과 의사결정 유형에 따른 업무와 정보시스템의 예*

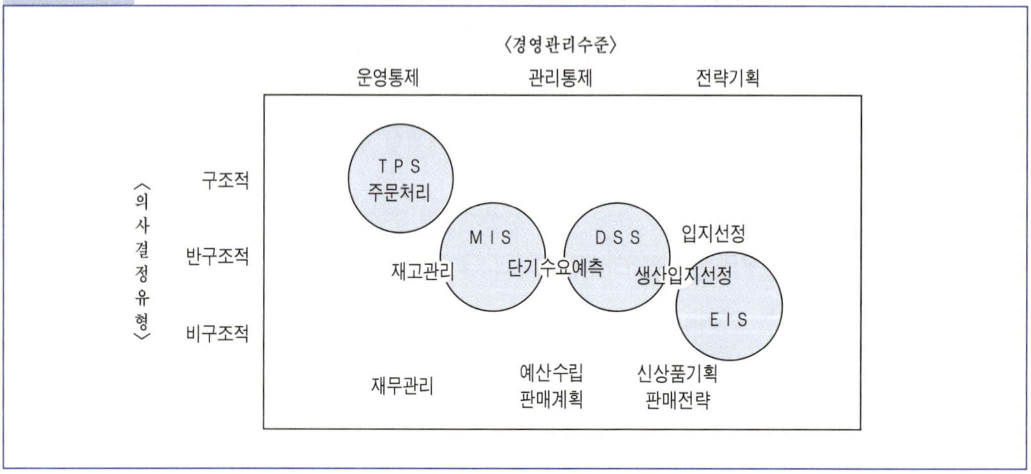

② GDSS

효과적인 관리기능을 수행하는 데 있어서 개별적인 의사결정자를 지원하는 것도 중요하지만, 경영환경의 복잡성으로 인해 많은 경우 전문성을 가진 집단에 의하여 의사결정이 이루어지므로 이들을 어떻게 효과적으로 지원하는가가 중요한 문제로 대두되고 있다.

집단의사결정지원시스템(group decision support system: GDSS)은 2인 이상의 구성원으로 이루어진 집단의 의사결정을 지원하는 것을 목적으로 하고 있다.

현대의 기업이 처한 의사결정환경의 복잡성과 불확실성으로 인하여 정보의 공유가 절대적으로 필요하게 되고, 그러한 회의에 요구되는 시간은 급증하고 있지만 경영관리활동에 할애할 수 있는 경영관리자의 시간은 점차 감소되고 있다. 이러한 시간활용의 불균형 해소와 집단의 의견조율을 위해서는 정보기술을 이용한 새로운 의사결정 도구가 요구된다.

GDSS는 집단이 회의를 함에 있어서 의사소통시 발생하는 일반적인 장애요소들을 제거하고, 의사결정에 필요한 각종 분석기법을 제공하며, 토론의 양상과 내용의 방향을 체계적으로 정리하고 통제하기 위해서 통신, 컴퓨터, 그리고 의사결정 기술이 통합된 시스템이라고 정의할 수 있다.

③ EIS

기업의 성과에 절대적인 기업 내·외부의 정보를 중역이 쉽게 접근하여 의사결정에 활용할 수 있도록 설계한 정보시스템을 중역정보시스템(EIS: executive information system)이라 한다. 중역정보시스템은 사용하기 쉽고, 이해하기 쉬우며, 내용을 분석적으로 검토할 수 있는 기능을 제공할 수 있어야 한다. 키보드보다는 마우스를, 복잡한 명령문보다는 쉬운 메뉴방식을, 표보다는 그래프로, 단편적인 내용보다는 문제점과 원인을 분석할 수 있는 정보제공 체계를 갖추는 것이 요구된다.

3. 경쟁전략과 정보시스템

정보기술을 조직의 전략수행이나 경쟁우위확보를 위해 활용하고자 하는 정보시스템을 전략정보시스템(strategic information system: SIS)이라 한다. 즉, 정보시스템의 활용가치를 전략적인 시각에서 조명하여 목표달성과 경쟁우위의 획득 및 유지를 위해 정보시스템을 실행수단으로 활용하고자 하는 것이다.

SIS는 기업의 경쟁우위를 확보하기 위해 각 가치활동별로 다양한 정보시스템이 활용될 수 있다.

4. 정보시스템으로 인한 조직의 변화

① 과업구조와 정보시스템

정보시스템의 도입은 과업구조와 경영관리과정에 상당한 영향을 미치게 된다. 정보시스템이 도입되면 복잡한 과정을 거쳐 수행되던 업무는 보다 단순화되고, 표준화되며, 통합화된다. 또한 정보시스템은 조직구성원이 담당하는 과업의 처리방식에 변화를 가져옴으로써 궁극적으로 조직의 과업구조를 변화시킨다. 과업구조의 변화는 크게 두 가지 형태로 이루어지는데, 첫째, 단순반복적인 과업이 감소되며, 둘째, 대인접촉보다는 컴퓨터접촉을 주로 하는 업무가 증가한다.

그림 13-5 *가치사슬과 정보기술의 전략적 활용*

표 13-3 *경영정보시스템과 전략정보시스템의 비교*

구 분	경영정보시스템	전략정보시스템
기본적 사고	관리적 사고	전략적 사고
기술적 개념	정보기술	정보기술과 경쟁전략의 결합
시스템 범위	내부시스템 중심	외부시스템과의 연결
투자개념	비용 지출형	자본 투자형
투자기대	저위험, 저수익	고위험, 고수익
시스템 개발사고	업무처리 중심	정보중심
시스템 목적	효율성	효과성
기대효과	경비절감, 인력절감	경쟁우위 확보, 부가가치 창출
추진주체	시스템 개발자 및 사용자 중심	전략개발자 중심
최고책임자	시스템부문 책임자	정보담당임원

② 인력구조와 정보시스템

정보시스템의 도입은 특히 중간관리계층의 인력구조에 많은 영향을 미친다. 일선업무의 감독과 경영층에 대한 정보의 제공과 같은 기능이 정보시스템에 의해 대체되거나 훨씬 효율적으로 지원되면서 점차 중간관리자의 역할과 기능이 줄어들게 된다. 이런 경우 중간관리자의 수가 줄어들거나 전문화되어 라인으로부터 이탈하는 인력구조의 변화가 발생한다.

③ 조직구조와 정보시스템

조직구조에 대한 영향으로는 크게 조직계층의 수평화, 전문화, 집권화 또는 분권화로 나누어 볼 수 있다. 조직계층의 수평화란 정보시스템이 도입됨으로써 상당부분의 정보처리가 컴퓨터로 처리되고, 상위층과 하위층간의 의사소통이 향상됨에 따라 중간관리자의 역할이 축소됨으로써 조직계층은 보다 수평적으로 변화됨을 의미한다. 전문화란 정보시스템이 도입되면 조직구성원의 단순반복 업무는 시스템으로 대체되고 조직구성원은 좀 더 창의적이고 전문적인 업무에 치중하게 된다는 것이다. 그리고 정보시스템의 도입으로 업무의 중앙집중처리가 가능해져 집권화가 강화된다는 견해와, 정보시스템을 통해 조정과 통제가 효과적으로 이루어질 수 있게 됨에 따라 분권화가 강화된다는 상반된 견해가 존재한다.

13.4 정보시스템의 개발

1. 시스템개발 수명주기(SDLC) 방법

정보시스템에 대한 개발계획이 경영층에 의해 승인되고 우선순위에 따라 시스템개발이 추진될 때, 기업은 어떠한 방식으로 시스템을 개발할 것인지를 결정해야 한다. 조직차원에서 비교적 정형화된 업무를 위해 정보시스템을 개발하는 경우 가장 많이 이용되는 방법으로 시스템개발 수명주기(system development life cycle: SDLC) 방법론을 들 수 있다.

SDLC는 일반적으로 필요한 시스템의 사양을 파악하는 시스템 분석(system analysis) 과정, 요구된 사항들을 시스템으로 구현하기 위한 시스템 설계(system design) 과정, 설계된 시스템 내역을 프로그램으로 개발하는 시스템 구현(system implementation) 과정, 그리고 개발된 시스템을 유지보수하고 개선하는 시스템 지원(system support) 과정으로 구성된다.

각 단계에서는 완성해야 할 작업이 있고, 그 작업의 결과는 다음 단계의 입력요소로 활용된다.

2. 정보공학(IE)

기존의 SDLC 방식은 업무 프로세스를 대상으로 하는 개발방법론이다. 그러나 기업의 업무는 환경과 전략의 변화에 따라 계속적으로 변화하게 되어 개발된 시스템의 과다한 유지보수 비용을 유발하게 된

그림 13-6 *SDLC의 단계별 과정*

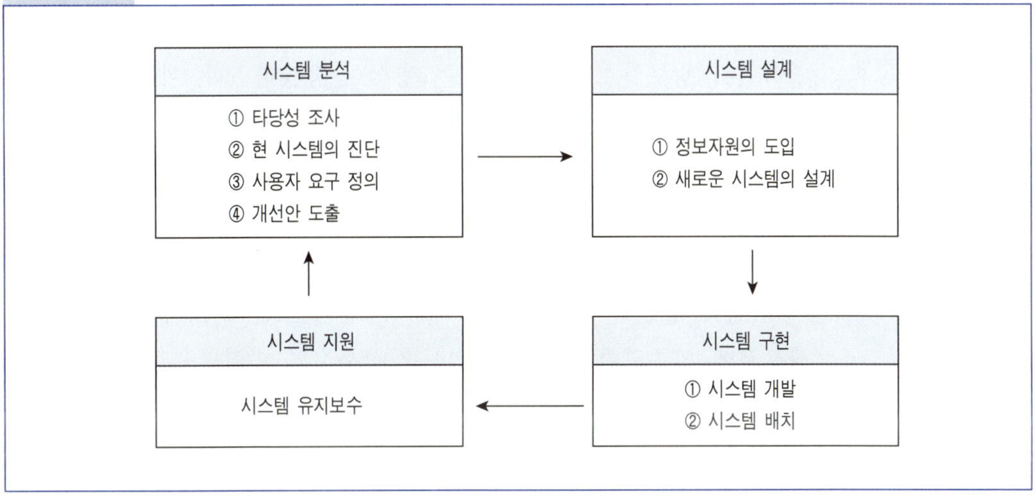

다. 이에 따라 업무 프로세스보다는 정보를 중심으로 한 새로운 개발 기법이 소개되고 있는데, 이 중의 하나가 정보공학(information engineering: IE)이다.

정보공학은 기업전략을 기반으로 정보시스템을 기획, 분석, 설계, 구현하는 통합적인 개발방법론이다.

3. 프로토타이핑 방식

SDLC 방식에서는 요구내용을 수정하거나 개발과정의 전단계에서 발생한 문제점을 수정하기 위해 현재의 개발단계까지 수행하여 온 많은 개발노력을 되풀이하여야 한다. 이러한 문제는 개발기간을 지연시키고 개발비용을 증가시키는 중요한 요인으로 SDLC의 단점으로 지적 되고 있다.

특히, 복잡하거나 계속적으로 변화하는 업무를 대상으로 시스템을 개발하는 경우나 사용자가 요구사항을 정확하게 표현하지 못하여 개발 중 수정의 가능성이 높은 경우 이런 문제는 더욱 심각하게 발생한다. 이러한 문제를 극복하기 위한 방법으로, 사용자의 기본적인 요구만을 반영하여 최대한 빠른 시간 내에 소규모의 모형시스템(prototype system)을 개발하고 이를 토대로 계속적인 수정요구사항을 반영하면서 정보시스템을 개발하는 방식이 등장하였다. 이 방식을 프로토타이핑(prototyping) 방식이라 한다.

4. 최종사용자 컴퓨팅(EUC)

기업의 전산화가 확대됨에 따라 기업의 모든 정보처리 요구를 전산부서에 의존하기는 어려워졌다. 전산부서의 인력만으로는 증가하는 사용자들의 요구사항을 충족시키기 어렵기 때문이다. 또한, 사용자들의 컴퓨터에 관한 지식이 증가하고 컴퓨터 하드웨어와 소프트웨어도 비전문가가 쉽게 사용할 수 있도록 개발되어 사용자 스스로가 필요로 하는 시스템을 개발할 수 있는 환경이 조성되고 있다.

최종사용자 컴퓨팅(end-user computing: EUC)이란 최종사용자가 직접 필요한 응용시스템을 개발하여 사용하고 이를 계속적으로 개선해 나가는 시스템 개발방식을 말한다.

토·의·과·제

1. 정보가 자원으로서 관리되어야 할 필요성을 기업경영의 관점에서 토의해 보자.

2. 정보화가 야기할 수 있는 경영관리상의 문제점은 무엇이 있을까?

3. 시간이라는 경쟁원천의 관점에서 정보시스템의 역할과 기능은 무엇일까?

4. 기업경영에서 데이터베이스의 관리가 왜 중요할까?

5. 조직내 데이터베이스를 구축하는 경우 관리적 관점에서 생길 수 있는 문제는 무엇일까?

6. 기업에서 운영되고 있는 인공지능의 사례를 조사하여 인공지능의 연구영업 중 어느 분야를 응용하고 있는지 살펴보자.

7. 조직변화가 정보시스템에 미치는 영향은 무엇이 있을까?

8. 정보시스템의 개발은 왜 기업전략을 반영하여 추진되어야 할까?

9. 최근 우리 기업들은 정보시스템 부서를 통합하여 시스템 개발, 운영을 위탁하는 추세이다. 이러한 운영방식의 장·단점은 무엇이 있겠는가?

제 4 부

경영학의 미래

제14장 경영혁신기법 및 시간관리
제15장 기업환경의 새바람

14 경영혁신기법 및 시간관리

14.1 경영혁신의 필요성

영원한 초우량 기업은 없다. 세계적인 우량 기업으로 인정받아온 IBM도 79년에는 파산이 시간문제인 것으로 간주되었으나 82년에는 최고의 전성기를 맞았고 최근에는 또다시 비틀거리는 거대한 공룡이라는 평을 듣고 있다.

복사기 시장에서 성공한 제록스는 일본의 캐논에 밀려 고전하다가 '벤치마킹'이라는 경영혁신 기법을 통해 다시 성공적인 기업으로 일어선 전형적인 사례도 있다.

우리 기업들은 지금 중요한 변화의 순간을 맞고 있다. 즉 자율화, 개방, 국제화, 민주화, 정보화로 특징지어지는 경영환경의 변화는 정부와 기업, 고객과 기업, 기업과 기업간의 관계에 중대한 영향을 미치고 있으므로 이에 대해 새로운 관계의 정립과 함께 새로운 경영의 틀이 요구되고 있는 것이다.

이제는 단순한 인원감축(정리해고)이나 경비절감만으로는 경쟁에서 살아남기가 어렵다. 생존을 위해 빠른 시간내에 국제경쟁력을 갖추어야 하며 이를 위해 경영 전반에 걸친 혁신이 절실히 요구되고 있다. 경영환경의 급속한 변화와 외국 기업들의 움직임을 고려할 때 한국 기업들에 주어진 시간은 그리 많지 않다.

큰 힘 들이지 않고 기업을 성공시킬 수 있는 비결이나 지름길은 없다. 경영환경의 변화를 정확히 파악하여 이에 신속하고도 적절히 대응하는 기업만이 생존할 수 있고, 나아가 세계 초우량 기업이 될 가능성이 있을 뿐이다.

1. 불확실성 시대의 도래

먼저 우리 기업들이 앞으로 맞게 될 경영환경 변화의 윤곽을 살펴본다.

정보화사회가 본격적으로 전개될 2000년대에는 우리 기업들이 일찍이 경험해보지 못한 커다란 변화를 맞게 될 것이며, 그 변화는 폭이 넓고 속도가 빠르며 질적인 면에서도 과거와는 판이하게 다른 양상으로 전개될 전망이다.

우리 기업들의 경영에 영향을 미치게 될 구조적인 환경 변화는 대표적으로 다음과 같을 것이다.

첫째, 소득수준의 향상과 함께 고객들의 취향이 개성화, 감성화,

다양화, 고급화되면서 그들의 욕구를 충족시키기가 더욱 어려워질 것이다. 이러한 소비자의 욕구 변화와 함께 공급초과라는 세계시장의 수급 상황은 앞으로의 기업경영에 있어 소비자의 중요성을 증대시키는 결정적 요인이 될 것이다.

둘째, 종래의 국경이라는 개념이 경제적으로는 큰 의미를 갖지 못하게 되면서 예기치 않은 경쟁자가 국내외에서 끊임없이 출현하여 경쟁은 더욱 치열해질 것이다.

셋째, 기술혁신이 가속화되어 새로운 제품, 새로운 서비스가 속속 등장, 제품의 라이프 사이클은 더욱 짧아질 것이다. 또한 상품보다는 서비스의 수요가 더욱 빠른 속도로 늘어날 것이며 시간의 중요성이 더욱 높아질 것이다.

넷째, 사회 구성원이나 조직 구성원들의 가치관이 변화하여 물질적 보상보다는 정신적 보상을 중요시하게 되며, 보다 개인주의적 성향을 강하게 띨 것이다. 따라서 회사에의 충성보다는 일에서의 보람을 더욱 중시하게 될 것이다.

마지막으로 환경보호 문제는 날이갈수록 중요도가 더해가면서 전통적인 기업활동을 제약하는 중요한 요소로 작용하게 될 것이다.

이상의 커다란 구조적 흐름이 주는 메시지는 간단명료하다. 앞으로 경쟁은 더욱 치열해질 것이며 기업경영에 있어서 불확실성은 가속적으로 증가하리라는 것이다. 따라서 우리 기업들은 일찍이 경험해보지 못한 '불확실성의 시대', '위험의 시대'로 빠르게 진입하고 있는 것이다.

이러한 변화에 잘 대처하는 기업은 생존하고 번영하여 성공기업이 될 것이고 대처를 게을리하거나 대응방향을 잘못 잡는 기업은 몰락의 길을 걷게 될 것이다.

2. 기업의 경영지침

2천년대를 향해하는 기업들에게 '신축성, 효율성, 창의성, 전략성'이라는 네 단어는 경영의 기본방향을 잡는 데 매우 중요한 지침이 될 것이다.

불확실한 환경하에서는 어느 경우에나 만능인 최상의 조직이나 기업형태를 갖춘다는 것은 불가능하다. 기업들이 할 수 있는 최선의 방안은 환경파악 능력, 환경 적응력이 높은 조직을 구축하여 변화에 효율적, 창조적으로 신속히 대응하는 것이다. 이를 위한 조직은 가볍고 단순해야 한다.

요즈음 주목을 받고 있는 리엔지니어링이나 네트워크 조직, 시간중심 경쟁 등은 기업의 신축성, 효율성, 창의성을 높이기 위한 경영혁신방안들이라고 할 수 있다.

또 경영환경이 복잡해짐에 따라 경영의 복잡성도 증가하게 된다. 한 기업이 스스로의 힘만으로 모든 것을 잘 하기는 불가능하다. 따라서 이러한 한계를 인정하고 전략적 초점을 명확히 해야 할 필요가 있다.

자사가 필요로 하는 역량을 벤치마킹을 통해 확인하고 잘 할 수 있는 영역에 경영력을 집중하면서 다른 영역은 연결의 경제성을 통해 해결하는 것이다. 여기서 연결의 경제성이란 한 기업의 능력으로 해결하기 어려운 문제를 다른 기업이 가진 정보와 기술, 자원을 결합함으로써 생기는 보완효과와 상승효과를 통해 해결하는 것이 경제적임을 의미한다. 가상기업 형태를 통한 전략적 제휴가 좋은 예가 될 것이다.

네트워크조직은 디자인업계, 공급업체, 생산업체, 유통업체, 심지어는 경쟁업체 등과 같은 독립적인 기업들이 전략적 제휴나 합작관계를 통해 형성하는 기업네트워크로서 특정목적을 달성한 후에는 해체되는 한시적 기업형태이며 가상기업이라고도 한다.

현재 세계의 기업계에는 이러한 기본방향을 지향한 많은 경영이론과 기법들이 속속 등장하고 있다. 문제는 우리 기업들이 이러한 흐름을 재빨리 간파하지 못하거나 제대로 활용하지 못한다면 우리 기업들의 세계 초우량화는 힘들 것이며 나아가 우리 경제의 앞날도 어두우리라는 것이다.

14.2 대표적인 경영혁신기법과 신경영이론

1. 벤치마킹과 리엔지니어링

① 벤치마킹(benchmarking)

손자병법에 "적을 알고 나를 알면 백전백승"이라는 말이 있다. 벤치마킹의 사고는 여기서 출발하지만, 더 나아가 제자가 스승보다 낫다는 '청출어람'이라는 고사성어가 벤치마킹에는 더 제격이다. 왜냐하면 벤치마킹은 경쟁사만을 상대로 하는 것이 아니라 우수성을 상대로 하는 것이며, 또한 단순히 안다는 것(知)보다는 배워서(學) 최고를 지향한다는 것을 핵심으로 하기 때문이다.

벤치마킹이란 어느 특정 분야에서 우수한 상대를 찾아 성과차이를 확인하고, 이를 극복하기 위해 그들의 뛰어난 운영 프로세스를 배우면서 부단히 자기혁신을 추구하는 기법"이다. 즉, "뛰어난 상대에게 배울 것은 배우자"는 것이다.

이러한 벤치마킹 기법을 활용하게 되면 첫째, 우리기업의 수준을 명확히 알 수 있다는 장점이 있다. 우리의 생산 원가가 10억이라는 것은 뭘 의미하는 것인가? 이것을 벤치마킹 상대의 7억과 비교하면 우리의 현 수준과 극복해야 할 폭을 명확히 알 수 있으며, 혁신에 대한 조직내 공감대를 쉽게 이룰 수 있는 것이다.

둘째, 혁신 전개 과정에서 입증된 상대의 우수한 운영 프로세스를 활용하기 때문에 적시에 효율적인 혁신 방향과 수단의 설정이 가능하며, 마지막으로, 우수 기업들에 대한 정보가 회사내에 축적되기 때문에 초일류를 향한 도전적인 기업문화의 형성은 물론, 지속적인 조직학습 효과를 노릴 수 있다는 점도 벤치마킹을 통해 얻을 수 있는 장점이라 할 수 있다.

② 리엔지니어링(Reengineering)

기업의 제반 활동 중 상하간 또는 수평 부서간의 의사소통을 위해 발생하는 업무가 전체 업무의 상당부분을 차지하거나, 부서내에서 일을 처리하기 위해 소비되는 시간보다도 부서간 또는 상하간 이동 때문에 발생하는 시간이 훨씬 많은 경우가 있다.

리엔지니어링의 목적은 불필요한 정보와 비효과적인 업무과정을 제거하여 업무의 흐름을 단순화함으로써 기업의 장기적인 성장을 도모하는 데 있다. 따라서 부서별로 혁신을 꾀하지 않고 기업목표와 관련된 전체 프로세스를 대상으로 혁신을 꾀한다는 특징을 가진다.

이러한 문제들은 기업의 규모가 커지고 경영이 복잡해짐에 따라 '분업의 원리'에 의해 기능별로 분화되어 수행되는 업무들의 통합이 매끄럽게 이루어지지 못하기 때문에 발생하는 것이다. '비즈니스 프로세스 리엔지니어링(BPR)'이란 바로 이러한 기존의 업무수행 방식을 근본적으로 재설계하여 개선 이상의 혁신적 경영 효과를 목표로 하는 신경영기법이다. 즉, 기능별로 나누어진 기존의 경영구도를 모두 허물어뜨리고 이를 전혀 새로운 각도에서 고객을 만족시키는 구조로 재설계해 기업에 새로운 생명과 힘을 불어 넣는 것이다.

가히 '기업 재창조'라고도 할 수 있는 리엔지니어링은 종래의 인원 삭감이나 부서 또는 부문 폐쇄 등에 의존해 온 '리스트럭처링'과는 달리 무의 개념에서 출발하여 기업전략에 맞추어 사업의 모든 업무 과정을 프로세스를 중심으로 재설계하는 것을 주안점으로 하고 있다.

따라서 리엔지니어링은 기존의 기업 가치관은 물론, 모든 경영원칙을 타파하고 업무 흐름의 혁신적 재구성을 통해 보다 적은 인원과 보다 적은 노력, 보다 적은 투자로 생산성과 품질, 서비스와 속도에 혁신을 가져오는 기업의 재창조를 위한 혁명이라고 할 수 있다.

그림 14-1 *리엔지니어링을 통한 경영혁신*

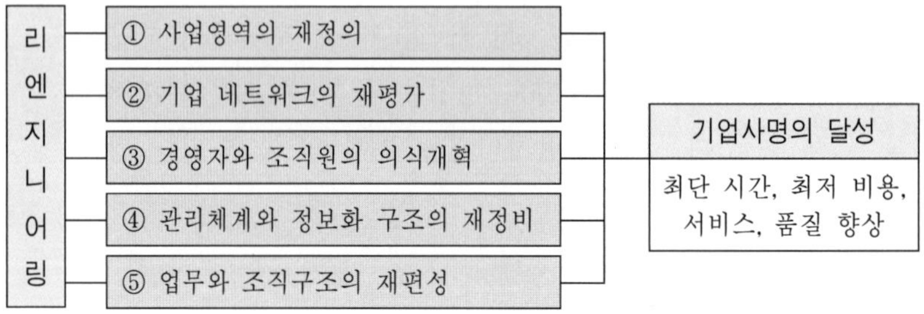

경영사례

◆ BPR : 6일에서 4시간으로

IBM 크레디트사에서는 고객이 제품 구입과 함께 할부 금융을 신청해 오면 고객의 신용 파악에서 시작, 할부 이자 계산까지 모두 다섯 단계의 프로세스를 거쳤다. 여기에 소요되는 시간이 6일씩이나 걸려 많은 고객이 등을 돌린다는 불평을 접수한 이 회사의 두 간부는 어느 날 고객의 신청서를 들고 직접 다섯 단계의 프로세스를 밟아 봤다. 여기서 실제 일 처리에 소요된 시간은 단 90분, 6일 중 나머지 시간은 서류가 부서 사이에서 잠자는 시간이었다. 나아가 신용파악이나 이자계산 등 5개 부서에는 전문직들이 배속되어 있었지만 컴퓨터 데이터베이스의 간단한 조작만으로도 업무 수행이 가능하다는 것도 알게 되었다. 그래서 4명의 전문직을 일반직 한 명으로 대체하고 업무를 처음부터 끝까지 처리하게 한 결과 소요 시간은 단 4시간으로 단축되었다.

경영사례

◆ 한국 IBM, 지정자리 없는 '모빌 오피스제' 실시

한국IBM은 1995년7월 영업부 소속 직원 5백여명의 책상을 치워버렸다. 회사내에 지정된 자리를 주지 않고 근무하도록 하는 모빌 오피스(Mobile Office)시스템으로 전환하기 위한 조치였다. 그러나 '책상을 치운다'는 것은 샐러리맨들 사이에선 '퇴사'로 통하는 말. 한국IBM의 해당 직원들도 당시 '내 자리'가 없어진다는 상실감을 느꼈다.

직원들의 동요에도 불구하고 한국IBM은 1백억원을 들여 모빌 오피스를 위한 사내 컴퓨터시스템과 업무 환경을 구축했다. 해당 직원 전원에게는 노트북PC와 휴대전화를 지급했다. 회사로 걸려오는 전화는 각자의 음성사서함으로 연결되도록 했다. 직원들이 회사로 나와야 할 일이 있을 경우 사무실의 프런트데스크에서 간단한 조회를 통해 빈 자리를 찾아볼 수 있도록 하는 시스템도 갖췄다.

결과는 회사 직원 고객 모두에게 이익이 돌아갔다는 게 한국IBM측의 평가. 회사 입장에서는 모빌 오피스를 도입한 이후 20개층에 걸쳐 있던 사무실을 12개층으로 줄여 비용절감 효과를 크게 봤다.

직원들은 출퇴근에 소요되는 시간을 자기 계발에 활용할 수 있는 이점이 생겼다. 고객의 입장에서도 영업직원이 현장에서 본사의 정보망에 접속, 신속하게 업무를 처리해주는 덕택에 과거보다 문제 해결이 빨라졌다.

한국IBM의 시도가 성공적으로 나타나자 이후 모빌오피스 제도를 도입하는 회사가 하나 둘 늘고 있다. 이들 회사가 공통적으로 꼽는 모빌 오피스제도의 장점은 "고객에게 보다 나은 서비스를 제공할 수 있다"는 점.

모빌오피스 제도를 7월부터 실시할 예정인 한국3M의 최혜정과장은 모빌오피스를 도입하는 이유에 대해 "출퇴근에 소요되는 시간과 비용을 줄여 고객과의 접촉을 늘리기 위한 것"이라고 밝혔다. 한국3M은 직원들에게 노트북과 휴대전화를 지급하는 것은 물론 각자의 집에도 회사에서 요금을 부담하는 전화선을 설치해줄 계획이다.

국내기업 중에는 제일제당이 자체 개발한 사내 정보망을 이용해 모빌오피스 제도를 실시하고 있다. 제일제당의 영업사원들은 아침에 집을 나서기 전 노트북으로 영업본부 전산프로그램에 접속, 영업본부에서 올린 시장동향, 경쟁사 영업정보, 본부 지시사항 등을 다운로드 받는 것으로 하루를 시작한다.

제일제당 관계자는 "과거에는 영업사원들이 무계획적으로 거래처를 방문하거나 정보를 충분히 갖추지 못한 상태에서 거래처 관계자들을 만나 활동에 비해 영업성과가 저조했다"며 "모빌오피스 도입 이후 거래선 정기방문율이 60%에서 96%로 향상됐으며 영업사원 1인당 매일 방문하는 점포수도 2.7개점에서 5.3개점으로 늘어났다"로 밝혔다. 제일제당은 지난해말 모빌오피스를 도입해 현재 전체 영업사원 1천명 가운데 2백50명을 대상으로 실시중이며 2000년초까지 전원으로 확대할 계획이다.

자료원: 동아일보, 1999. 5. 7.

2. 그린마케팅(Green Marketing)

그린마케팅이라는 개념은 1980년대 초 유럽에서 새로운 형태의 1회용 기저귀, 천연세제, 건전지 등 환경을 덜 손상시키는 그린 상품을 판매함으로써 가시화되었다.

1992년의 리우회담 이후 지구환경보전에 관한 관심은 기업 경영에 직접적인 영향을 미치고 있다. 대표적인 예로 프레온 가스 사용 에어컨 장착 차량의 수입규제 등과 같은 선진국들의 조치는 무역 장벽으로 가시화되고 있으며 이러한 추세는 더욱 강화될 것으로 보인다.

뿐만 아니라 소비자들도 점차 환경문제를 자신의 생활의 질과 직결되는 심각한 문제로 인식하게 돼 특정 제품 불매운동과 같은 구체적인 행동과 환경보호법의 제정 요구 등을 통해 기업에 상당한 변화를 요구하고 있다.

경영사례

◆ ***green marketing***

3M사는 엔지니어들로 하여금 규칙적으로 작업 공정을 점검하게 함으로써 손쉽게 공해방지 기술을 개발토록 하고 기존 공장에는 특별예산을 편성, 오염방지 시설을 설치하게 하고 있다.

이와 함께 3M은 주정부와 연방정부의 규제 조치가 있기 전에 스스로 공해 방지 정책을 수립해 실행에 옮기고 있으며, 이를 바탕으로 경쟁우위 확보를 위한 중요한 전략으로 삼고 있다.

또한, 다우케미컬사는 환경보존 문제를 중시해 회사내에 사내 환경 감사 제도를 도입, 감사 결과 지적받은 사항의 개선이 이루어지기 전까지는 각 공장에서 신규 사업을 전개할 수 없도록 하고 있으며, 환경문제를 전체 종업원이 자신의 책임으로 인식하고 실천토록 하기 위해 환경에 대한 공헌도를 인사고과에 반영하고 있다.

소비자들의 환경 관련 요구와 정부의 규제는 기업에 대한 위협 요인이기도 하지만, 다른 한편으로는 기업에 새로운 기회요인을 제공해 주고 있다. 환경관련 상품 및 환경관련 사업이라는 새로운 수익의 기회를 창출해 주고 있기 때문이다.

최근 환경문제에 대한 관심의 고조는 그린 상품의 개발이라는 개념에서 한 단계 더 나아가 그린마케팅이라는 용어까지 탄생시킬 만큼 확산됐다.

그린마케팅은 단순히 고객의 욕구에만 초점을 맞추는 것이 아니라 생태학적으로 보다 안전한 제품, 재활용 가능하고 썩어 없어지는 포장재, 보다 양호한 오염통제장치 그리고 에너지를 보다 효율적으로 활용하는 방안의 개발 등 환경의 효율적인 관리를 통해 인간의 삶의 질을 향상시키는 데 초점을 둔 제반 마케팅 활동을 지칭하는 개념으로까지 발전되고 있다.

기업들은 미래의 환경규제를 예측해 규제에 대응하기 위한 소극적 방어전략뿐만 아니라 규제를 적극 이용하여 관련 시장을 선점 공략하는 창조적이고 장기적인 전략이 필요하다.

경영사례

◆ 베니건스 그린마케팅 실시

"매장에서 음식물을 남기지 않으시면 그린 디저트를 줍니다.

동양제과에서 운영하는 패밀리 레스토랑 베니건스(www.bennigans.co.kr)가 26일부터 5일간 실시한 '그린 마케팅'은 기업이 지역사회에 봉사하는 방안을 제시해 준다.

베니건스는 최근 개장한 홍대점을 그린 캠페인 매장으로 지정하고 음식물을 남기지 않고 식사를 다 하거나 남은 음식을 포장해 집으로 가져가는 고객에게 그린 디저트를 무료로 제공할 방침이다.

그린 캠페인은 외식업체가 음식물 쓰레기 줄이기 운동을 앞장서 지역사회에 봉사하면서 고객들에게 좋은 이미지를 심는다는 점에서 관심을 끈다.

베니건스 마케팅팀 신용준씨는 "그린 디저트는 녹색과 황색이 조화를 이룬 당근모양의 케이크로 녹색은 나무, 황색은 흙을 뜻한다."며 "그린 마케팅을 통해 고객들에게 음식물 쓰레기도 줄이고 환경의 소중함을 일깨우는 게 이번 행사의 취지"라고 설명한다.

이를 위해 매장내 모든 직원들은 '그린 캠페인'이라는 표찰을 달고 포스터 등 홍보물을 통해 음식물 쓰레기 줄이기를 적극 실시할 예정이다.

베니건스는 또 고객이 원하면 주방의 위생상태를 직접 점검할 수 있는 '키친투어'를 실시해 고객의 지적 사항을 매장 운영에 반영한다는 방침이다.

자료원: 매일경제, 2000. 6. 22.

3. 글로벌 경영과 Glocalization

활동무대를 특정 국가에 한정시키지 않고 세계 시장을 대상으로 하는 글로벌 경영(globalization)의 시대에 있어 기업들이 추구하는 목적은 크게 두 가지이다.

첫째, 사업의 영역을 전세계로 확장시켜 나가는 것이다. 즉, 고객의 욕구에 정확히 부응하는 제품을 생산해낼 수만 있다면 기업은 얼마든지 전세계로 나갈 수 있다. 바로 이런 이유 때문에 자국 시장에서 성장의 한계를 느낀 기업들이 세계시장으로 활동무대를 넓혀가고자 하는 것이다.

둘째, 전세계에 분산되어 있는 자원들을 효율적으로 확보하고 활용하는 것이다. 즉, 경쟁에 필요한 자본·기술·설비 등 생산요소를 지역별 비교우위에 따라 전문화하고 흐름을 최적화하여 전략적으로 활용함으로써 기업의 성장을 도모할 수 있다.

세계시장을 대상으로 글로벌 경영을 추구하기 위한 대표적 방법으로는 전략적 제휴와 토착화 그리고 지역간의 정보네트워크 구축 등을 들 수 있다.

① 전략적 제휴

전략적 제휴란 경쟁상대와 일시적으로 협조하는 것을 말한다.

과거 기업들은 지속적인 경쟁우위를 확보하기 위하여 경영상의 모든 분야에서 절대우위를 차지하려는 노력을 기울여 왔다. 그러나 급속한 기술혁신, 막대한 투자비용, 확장되는 글로벌화의 추세 등으로 인하여 이제는 단일기업 형태로는 세계 소비자들의 욕구를 충족시키기 어렵게 되었다.

이 때문에 전쟁에서 승리하기 위해 국가간 동맹이 이루어지는 것처럼, 기업간에도 '협력과 제휴'라는 동맹관계가 중요한 경영전략으로 등장하고 있다. 특히 국제경쟁력 제고를 위해 필요하다고 판단될 경우에는 국내외 기업을 가리지 않고 기술제휴 등 각종 전략적 제휴와 합병을 주저하지 않는 것이 오늘날 글로벌 기업들의 특징이라고 할 수 있다. 이러한 제휴를 통하여 기업은 빠른 기술변화, 막대한 투자비용, 연구개발의 실패 위험 그리고 무역장벽 등을 극복하고 지역시장에 효율적으로 진입할 수 있게 된다.

그러나 이러한 제휴를 성공적으로 수행하는 것은 쉽지 않다. 기업들간의 제휴관계가 성공적으로 이루어지기 위해서는 해당 기업 양측이 제휴를 통해서 모두 이익을 낼 수 있어야 한다. 만약 어느 일방이 조금이라도 불이익을 당한다고 느낀다면 그 제휴관계는 깨지고 만다. 따라서 기업제휴의 성공을 위해서는 적절한 제휴대상 기업을 선정하고 기업문화의 이질성을 해소하는 등 장기적인 대책을 마련해야 한다.

표 14-1 *전략적 제휴 사례*

업종		제휴업체	내용
국내-외국기업간	전자	삼성전자- TI(미)	포르투갈에 반도체 합작공장
		삼성전자-도시바(일)	플래시 메모리 기술제휴
		삼성전자-GI(미)	HDTV분야 핵심칩 공동개발
		삼성전자-마이크로소프트(미)	CD-I 공동개발
		LG전자-컴패스(미)	ASIC기술제휴
		LG전자-제니스(미)	자본제휴로 공동기술개발 및 도입
		LG전자-히타치(일)	기술생산설비의 효율적 결합
		대우통신-SGI(미)	고속그래픽워크스테이션 개발판매
	자동차	현대자동차-미쓰비시	자본참여 및 기술도입
		대우-이스즈-닛산	상용차 관련 기술제휴
		기아-마쓰다-포드	생산·기술제공·판매 복합제휴
		쌍용-벤츠사	생산·기술·자본 복합제휴
	기타	동일방직-델코 등 9개사	CIM시스템 공동개발 및 운영
		방림-니노사(독)	기술·마케팅·자본 등 전 분야
		한국모토로닉스-컴퓨터지니	기술상호공유 및 제품공동개발
외국 기업간		IBM(미)-지멘스(독)-도시바	256M DRAM 공동개발
		후지쓰(일)-AMD(미)	플래시 메모리 합작 개발
		AT&T(미)-NEC(일)	반도체 공동개발
		TI(미)-히타치(일)	반도체 공동개발

자료원: 한국경제신문.

경영사례

◆AT&T의 전략적 제휴

AT&T는 관료적인 조직 체제를 다각적인 글로벌 조직 체제로 전환하면서 컴퓨터 기억 소자의 공급·판매에 있어서는 NEC와, 전자교환기·IC 회로 등의 생산·판매를 위해서는 필립스와 제휴하였으며, 미쓰이와는 VAN사업을 공동으로 수행하고 있다.

경영사례

◆ 항공사간 전략적 제휴

세계항공 시장은 지난 1978년 미국의 항공자율화 정책으로 업체들이 난립되면서 80년대 중반이후 인수합병 및 제휴가 잇따랐다.

그러다가 국익을 강조하는 각국의 항공정책으로 인수합병이 한계에 부닥치자 90년대 들어 다자간 동맹 바람이 불고 있다. 동맹은 미국 항공사 주도로 최근 2년여 동안 급속히 진전되는 추세다. 지난 1997년 5월 미국 유나이티드 항공과 독일 루프트한자가 중심이 돼 스타 얼라이언스라는 동맹을 만든데 이어 1998년 9월에는 아메리칸 항공, 영국항공 등이 원월드를 탄생시켰다.

지난해엔 컨티넨털항공, 노스트항공, KLM 등이 윙스라는 동맹을 결성했다. 이러한 가운데 대한항공은 여행객 수송실적 세계1위인 델타항공과 물밑 접촉, 지난해 코드쉐어(항공기 좌석공유)협정을 맺는 성공했다. 코드쉐어란 특정노선에서 상대 항공사의 좌석일부를 배정 받아 자사 고객에게 판매함으로써 노선을 확대하는 효과를 거드는 양자간 제휴형태다.

대한항공은 이 제휴를 바탕으로 유럽의 프랑스 중남미의 아에로맥시코를 끌어들여 다자간동맹 체제로 발전시켰다. 물론 지난해 항공기 사고가 잦아 어려움을 겪기도 했다. 그러나 조양호 회장의 적극적인 협상과 레오 뮬린 델타항공회장의 지원으로 지난해 10월 동맹결성에 원칙적인 합의를 이끌어내고 이번에 선포식을 하게 된 것이다. 이번 동맹결성으로 대한항공은 아시아 외에 북미, 중남미, 유럽 시장노선을 대폭 보완할 수 있게 됐다. 그러나 다른 동맹에 비해 중동, 아프리카 등 일부 지역은 취약한 편이다.

스카이팀은 이들 지역에 연고지를 둔 항공사를 회원사로 서둘러 추가 영입해야할 것으로 보인다. 대한항공 관계자는 동맹회원사가 너무 많아도 통제가 힘들지만 취약한 지역이 있는 것도 사실이라며 6,7개사까지는 늘리는 방안을 검토중이라고 말했다.

자료원: 매일경제, 2000. 7. 20.

② Glocalization(= globalization + localization)

글로벌 경영의 성공을 위해서는 지역시장에서의 토착화가 필요하다. 전세계의 고객들의 욕구는 상당히 동질화되어 있으면서도 지역 특성에 따른 전문화된 제품과 서비스에 대한 요청 또한 더욱 커지고

토착화한다는 말은 각 지역별로 고객을 정의하는 방법, 제품을 개발하고 생산하는 방법, 그리고 마

케팅 및 유통시스템을 구축하는 방법 등 새로운 사업방식을 끊임없이 모색하는 것을 의미한다.

있다. 그러므로 지역별 소비자의 성향 및 기대 변화에 신속하게 대응하여 성공적으로 글로벌 경영을 수행하기 위해서는 주요 시장에서의 토착화 전략을 사용해야 한다.

글로벌 경영의 성공은 토착화를 통해 그 지역의 고객이 원하는 제품과 서비스를 토착기업보다 더 잘 제공하는 데 달려 있다.

경영사례

♦ 상하이 'E마트'

중국 제1의 상업도시 상하이. 그 한가운데 37층의 상하이상무중심(우리나라의 무역센터)빌딩이 우뚝 서있다.

이 빌딩 지하 1층과 지상 1, 2층에 지난해부터 '이매득(易買得)'이라는 할인점이 성업중이다. 국내최대 할인점인 E마트의 중국식 상호. E마트는 지난해 2월 이곳에 매장면적 4천여평의 대규모 할인점을 열었다. 국내 유통업계에서는 최초의 해외진출. 21세기 세계 최대시장 중 하나로 주목받는 중국 한가운데서 한국계 유통업체로는 유일하게 고군분투하고 있는 셈이다.

개점 첫해인 지난해 2백96억원의 매출을 올린데 이어 올해는 5백억원으로 지난해보다 69%이상 매출 증가를 기대하고 있다. 내년 매출목표는 6백46억원.

▶ 세계 대형유통업체와 어깨를 나란히: E마트는 상하이시에서도 대표적인 상업지구에 들어서 외국계 유통업체와 치열한 경쟁을 벌이고 있다. 길 하나를 사이에 두고 프랑스계 다국적업체인 까르푸가 있으며 독일계 유통업체인 메트로, 화교계 할인점인 로터스가 같은 상권에서 경쟁을 벌인다.

현재 매출순위는 메트로, 로터스, E마트, 까르프 순으로 추정되고 있으나, 메트로와 로터스가 E마트보다 두 배 이상 매장규모가 큰 점을 감안하면 평당 매출액은 E마트가 최고수준인 것으로 평가받고 있다.

▶ 현지화 전략의 성공: E마트가 중국시장에 진출하면서 내건 제1원칙은 '중국인의 특성에 맞는 마케팅 전략구사'.

개장초기부터 상품진열대마다 매일같이 2~3개의 신상품을 전시 판매했다. 호기심 강한 중국인의 특성을 반영한 상품진열방식. 이에 따라 개장초기 7천여종이던 상품구색은 현재 1만5천여종으로 늘었다. 또 시연판매나 시식코너 운영을 정기화해 이벤트와 시끌벅적한 분위기를 좋아하는 중국인의 기호에 맞췄다. 실용적인 중국인의 특성에 맞춰 생필품의 상품비중을 60%이상으로 높였다.

▶ 국내기업 중국시장 진출의 교두보: E마트는 국내 제조업체의 현지 판로개척을 위한 안테나 숍의 역할을 하고 있다. 현지 수출 거점확보에도 크게 기여하고 있다는 평. 현재 중국에 진출해있는 LG화학, 진로, 삼양식품, 다원식품, 동아제약 등 20여개 제조업체와 삼성, LG, 대우 등 가전 3사의 1백여개 제품이 E마트를 통해 중국인에게 판매되고 있다.

자료원: 동아일보, 1998. 11. 10.

불과 얼마 전까지만 해도 글로벌 경영이란 본사에서는 투자, 신제품 개발 등과 관련된 주요 의사결정을 행하고, 각 지역의 자회사들은 이러한 결정에 의해서 지역시장을 개척하는 형태라고 인식되어졌다. 그러나 지역시장에서의 토착화가 중요시되는 현재의 상황에서는 각 지역에서 본사 기능까지 수행하는 복수 본사제를 채택하는 경향이 커지고 있다. 생산 및 판매 거점의 확보, 지역별 전략상품 개발, 지역 전문가 양성 등 모든 주요 의사결정을 각 지역에서 행하게 하는 것이다.

경영사례

◆ Glocalization

소니의 경우 해외 현지 생산의 확대와 함께 현지에 더욱 밀착된 경영체제 구축을 위하여 전 세계를 일본, 미국, 유럽, 동남아의 4개 지역으로 구분하였다. 그리고 각 지역에 본사기능을 부여하여 토착화에 필요한 대부분의 의사결정을 현지에서 행하게 하고 있으며 현지인을 경영에 참가시키는 등 일본 속의 소니가 아닌 세계 속의 소니를 추구해 가고 있다.

베네통은 특정 지역의 시장 요건을 컴퓨터로 추적, 특히 많이 팔리고 있는 제품을 즉시 판단하여 하루만에 그 제품을 제조하여 해당 지역으로 보내고 있다. 또한 지역마다 다른 고객 취향을 고려한 제품을 진열하고 있어, 같은 베네통 지점이라도 진열된 제품이 지역마다 다르다. 이렇게 각 지역의 고객 취향에 맞는 제품개발 및 판매활동을 행함으로써 베네통은 세계적인 인지도와 브랜드 차별화를 확보하는 등 토착화에 성공할 수 있었던 것이다.

경영사례

◆ 21세기의 무색 황금 캐내는 네슬레

2000년 2월 21일 네덜란드 헤이그에서는 유엔개발계획(UNDP), 유엔환경계획(UNEP), 세계 보건기구(WHO), 식량농업기구(FAO) 등의 후원으로 "세계 물 포럼"이 열렸다.

이 행사에서 "21세기 세계 물 위원회"는 지금도 세계인구의 절반이 위생급수를 받지 못할 정도로 물 부족 문제가 심각하지만 사태가 가속적으로 악화되고 있어 시급히 대응책을 실천에 옮기지 않으면 비극적 사태가 25년 내로 발생할 수 있다고 엄중 경고했다. 그런데 이 같은 물 부족 사태의 도래를 일찌감치 내다보고 20세기 "흑빛 황금"석유에 비견될 21세기의 "무색 황금", 즉 물을 착실히 캐온 회사가 있다. 스위스의 네슬레(Nestle SA)다

한국의 경우 네슬레는 생수보다는 "네스퀵"이라는 명칭의 코코아 밀크 혼합분말음료의 "네이스터스 쵸이스", "네스카페"등 의 인스턴트 커피, "커피메이트", "카네이션" 등의 커피크림, 그리고 "네슬레" 초콜릿과 아이스크림 등으로 널리 알려져 있다. 그러나 세계 최대 종합식품회사인 네슬레의 연간 매출액 62조원 가운데 최대 비중을 차지하는 품목은 생수다. 1992년 프랑스의 페리에(Perrier)사를 인수한 이래, 지금까지 12개국 주요 생수회사를 인수해 세계생수업계 1위를 차지하고 있다. 네슬레는 1866년 스위스의 헨리 네슬레라는 약제사가 젖이 나오지 않는 산모들을 위해 모유 대체음료를 만든 때서부터 시작됐다.

나무 가지 위의 한 새 둥지에서 두 마리의 새끼에게 음식을 먹이는 어미 새의 모습이 네슬레의 로고인 것도 이 때문이다.

8년 후 농축유제품 사업자 줄스 모네라에 인수된 후부터 네슬레는 잇따라 밀크초콜릿 제조업체, 초콜릿 메이커 등과 합병하며 부쩍부쩍 성장했고, 급기야 1905년에는 농축유제품 시장에서 최대 경쟁자였던 "앵글로 스위스 밀크"사와 합치며 완벽한 다국적 기업의 면모를 갖추었다.

합병에 합병을 거듭하다보니 일찍부터 전문경영 관행이 정착됐고, 주식분산도가 높아 최대주주의 지분이 3%가 채 되질 않는다. 또 유럽회사답게 미국 식품회사들과 달리 표준화된 제품의 세계화 전략보다는 현지인 입맛에 맞는 제품을 현지에서 만들어 파는 현지화 전략을 채택하고 있다. 이로써 세계 80개국에 23만 여명 근로자와 5백 여개 공장을 거느리고 무려 8천 5백 여종에 이르는 제품을 생산하고 있다.

본국 스위스에서의 매출액은 전체의 2%에 불과하지만 네슬레의 연간 전세계 매출액은 우리 나라 4천 6백만 국민이 연간 1백여 가지 주요 가공식품에 쓰는 총액수의 3.6배가 넘으며 미국 1,2위 식품회사인 크래프트와 콘아그라를 합친 규모와 같다. 특히 네슬레의 매출의 28%를 차지하는 생수 및 음료부문은 세계 청량 음료계의 제왕 코카콜라 매출의 80%에 육박한다. 네슬레는 영아 사망률을 낮추려는 한 약사의 충정에서 시작된 회사임에도 불구하고 역설적이게도 두 차례의 세계대전을 기회로 오늘의 영광스런 자리에 오르게 됐다해도 과언이 아니다. 사람들이 집에서 태평하게 요리를 해먹을 수 없는 위급 시기일수록 네슬레에는 이득이었다.

1970년대 후반 네슬레가 프랑스의 "로레알"화장품 회사와 "알콘"콘택트렌즈회사 등으로 다각화를 추구했던 것도 전후 태평성대의 부진을 극복하기 위한 것이다. 그러나 전쟁이나 화장품 등보다 네슬레의 미래는 세계 물 부족 위기에 더 달려 있지 않다 싶다. 베를린 장벽 붕괴로 인한 공산권 국가들의 시장편입이 1990년대 10년간의 성장을 보장했다면 아시아 지역의 물 부족과 급속한 수질악화는 21세기 1백년간의 성장을 네슬레에 기약하고 있는지 모른다.

자료원: 한국경제신문, 신동욱의 경영노트, 2000. 3. 22.

③ 지역간 정보네트워크의 구축

글로벌 경영체제에서는 지역별 비교우위를 고려해 기업활동을 세계 어디에서나 수행한다. 따라서 글로벌 경영체제를 구축하는 데 있어 중요한 과업 중의 하나는 지역간 정보 네트워크 구축을 통한 경영활동의 효율적인 통합이다. 각 지역의 독립성을 중시하면서도 지역별 경기 및 정책 변화에 신속·유연하게 대처하기 위하여 지역간 네트워크를 구축하고 끊임없이 정보를 교환함으로써 물자 및 정보 흐름의 최적화를 기하는 것이 글로벌 경영의 성공을 위한 필수적인 요소인 것이다.

그러므로 글로벌 경영 체제에 있어 본사는 결국 자국 또는 타지역과의 정보교환 및 협력을 촉진시켜 주는 의사소통의 중심지로서의 기능을 하게 된다. 글로벌 경영을 성공적으로 수행하고 있는 기업들을 보면 구축된 네트워크를 통하여 자사의 조직망들을 서로 유기적으로 연결시킴으로써 각 지역에서 의사결정시 더 높은 부가가치를 창출해 낼 수 있도록 지원 역할을 훌륭하게 수행하고 있다.

글로벌 경영체제에서는 본국의 본사와 해외의 지사가 지속적인 상호작용을 해야 더 좋은 부가가치를 올릴 수 있다.

4. 수퍼리더십과 자율경영

기업 경쟁력의 원천은 경영환경에 따라 변화한다. 과거 고도 성장기에는 이미 형성되어 있는 시장을 중심으로 대량생산, 대량판매라는 양의 개념으로 승부했다면, 요즘의 저성장기에는 새로운 시장의 창출, 고부가가치의 추구하는 질의 개념으로 승부해야 한다.

이러한 시대에는 눈에 보이는 것보다는 눈에 보이지 않는 소프트한 것이 더 결정적인 경쟁력의 원천이 된다. 최근에 우리 기업들이 국제 무대에서 선진 기업과의 경쟁에서 겪는 어려움은 낙후된 설비나 원가 상승과 같은 하드(hard)한 요인에만 기인된 것은 아니다. 오히려 창조성, 감성, 정보력과 같은 눈에 보이지 않는 자산, 즉 소프트(soft)한 가치창출 능력의 부족이 보다 더 근본적인 원인이라고 볼 수 있다.

이러한 가치창출 능력은 조직 구성원의 창의성, 전문성, 적극성 등

개개인의 역량에 달려있다. 따라서 필요한 능력과 자질을 갖춘 인재의 육성·확보가 향후 우리 기업들의 경쟁력 강화를 위한 중점 경영 과제가 되어야 하며, 이를 위해 대두되는 개념이 바로 수퍼 리더십(super-leadership)이다.

① 수퍼 리더십이란 셀프 리더를 키우는 리더

수퍼 리더는 자기 부하를 스스로 판단하고, 행동에 옮기며 그 결과도 책임질 수 있는 셀프 리더(self-leader)로 키우는 리더를 의미한다.

수퍼 리더는 부하들이 스스로 판단하고 행동할 수 있는 셀프 리더로 키우는 리더이다.

앞으로 다가올 시대에는 눈에 보이지 않는 자산을 무기로 경쟁해야 한다. 또한 조직의 규모가 커지고 환경변화 속도가 빨라지면 한 사람이 중앙에서 지시·통제하는 스타일로는 성공적인 경영을 할 수 없다. 따라서 앞으로의 조직 모습은 과거와 같은 피라미드식 계층을 중심으로한 중앙집권적 형태에서 벗어나, 일선 부서가 책임을 지고 신속하게 업무를 처리할 수 있도록 책임과 권한을 부여받은 분권화된 수평적 조직이 되어야 한다. 그리고 이러한 조직 형태가 제대로 운영되기 위해서는 조직 구성원 개개인 모두가 책임의식과 충분한 능력을 가지고 제 역할을 충실히 수행해 주어야 한다.

예를 들어 고객을 직접 접촉하는 일선 부서의 중요한 사명 중 하나는 고객 만족도의 제고이다. 이를 위해서는 고객의 요구 사항을 정확히 판단하여 처음부터 끝까지 책임을 지고 신속하게 해결해 줄 수 있는 능력과 권한이 부여되어야 하다. 그러나 능력이 구비되지 않은 상태에서는 아무리 많은 권한을 부여한다 해도 주어진 역할을 제대로 완수할 수 없다. 자율경영도 권한을 부여하기에 앞서 구성원들이 필요한 능력과 태도를 먼저 갖추어야만 제대로 정착될 수 있는 것이다.

과거 리더의 역할이 지금 이 시대에 잘 맞지 않는 것도 바로 이 때문이다. '나를 따르라'는 식으로 부하를 끌고가는 역할이 아니라 스스로 문제를 파악하고 해결할 수 있는 능력을 배양해 주는 역할이 더욱 중시되는 것이다.

수퍼 리더가 다른 유형의 리더와 근본적으로 다른 점은 부하의 능력을 개발하는 데 초점을 두고 있다는 것이다. 부하 직원들이 잠재능력을 최대한 발휘할 수 있도록 자극을 주고 스스로 모범을 보이며 궁극적으로는 관리가 필요 없는 수준으로까지 조직의 힘을 키우는 것이 바로 수퍼 리더의 역할이다.

② 솔선수범이 가장 중요

수퍼 리더십의 발현을 위해서는, 첫째 리더가 먼저 셀프 리더가 되고 행동으로 모범을 보여야 한다. 부하를 스스로 알아서 움직이는 인재로 키우기 위해서는 우선 리더 자신이 변하지 않으면 안된다. 리더가 변하지 않으면 부하도 변하지 않는다. 스스로 연구하고 공부하는 자세를 실천해 나감으로써 먼저 셀프 리더가 되고, 이를 부하에게 행동으로 모범을 보이는 것이 수퍼 리더십 발현의 첫번째 요건이다. 왜냐하면 리더는 그 지위나 영향력으로 인해 모델 효과가 가장 큰 존재이기 때문이다.

둘째, 부하의 장래 비전과 목표 설정을 지원하는 코치(coach)로서의 역할을 하게 한다. 부하로 하여금 자기의 장래 비전과 목표를 스스로 설정하고 실천할 수 있도록 지원해야 한다. 상급자의 명령이나 지시에 익숙해 있는 부하에게는 스스로 목표를 설정한다는 것이 그리 쉽지 않다. 따라서 장래 자신의 비전을 설정하고 필요한 능력을 개발할 수 있도록 코치의 입장에서 지도하고 지원해야 한다.

경영사례

♦ 비전의 창조자, 전파자, 실행 지원자로서의 리더의 중요성

"훌륭한 리더라면 비전을 창조하고 구체화하며, 이를 적극적으로 전파하고 실천해야 한다. 어떤 정해진 관리적 틀에 얽매이지 않고, 전 구성원을 만나고 돌아다니며 항상 함께 하는 사람이어야 한다. 이것이 전 조직에 살아 움직이는 감성적 동인으로 작용하여 구성원의 창조성, 자신감, 자발성을 불러 일으키는 원동력이 된다".

-GE사의 잭 웰치 회장의 말

셋째, 스스로 이끌어가는 팀 조직을 활성화해야 한다. 조직의 모든 과제를 자율적인 소집단에 의해 해결하도록 유도하는 것이 바람직하다. 즉 관리자의 지시나 명령, 정해진 절차에 의해 움직이기보다는 자발적으로 문제를 발견하고, 해결해 나가는 분위기를 조성해야 한다. 자발적으로 움직이는 팀들이 전 조직에 확산될 때 구성원들은 셀프 리더로 성장하고, 생기가 넘치는 생산성이 높은 기업이 된다.

많은 셀프 리더들이 모여 자율적으로 경영되는 기업, 이것이 미래 초우량 기업의 모습이며, 이러한 조직을 만드는 것이 경영자의 역할이다. 성공적인 경영자가 되기 위해서는 평범한 사람을 인재로 키울 수 있는 능력이 있어야 하며 바로 이것이 수퍼 리더십이다.

③ 자율경영의 실현

이렇게 전체 조직이 수많은 셀프 리더들이 모여 자율적인 작업팀을 형성하고 자발적으로 문제를 해결해 나갈 때 비로소 기업혁신이 성공할 수 있으며, 이것이야말로 미래에 지향해야 할 기업의 모습이다. 전사적으로 공유된 가치관과 목표 의식하에 자발적으로 움직이는 자율적인 팀들의 집합체로 조직이 운영된다면 더이상 통제가 필요없는 진정한 의미에서의 자율경영이 실현될 것이다.

경영사례

◆ 수퍼리더십과 자율경영

테플론(Teflon)계통의 제품을 생산하는 미국의 고어(Gore)사는 주로 자발적으로 움직이는 팀조직에 의하여 이루어진다. 공식적인 직위를 갖는 팀장이 별도로 있는 것이 아니고 업무 수행에 가장 적절한 능력을 보유한 사람이 자연스럽게 리더가 되어 팀 활동이 전개된다. 더욱이 공식적인 직책은 사장과 재정 담당 임원밖에 없고, 호칭에서도 종업원(employee)이라는 용어 대신에 동료(associate)라는 단어를 쓰고 있다. 이와 같은 고어사의 모습은 자율 경영을 넘어 무관리(un-management) 경영이라고도 할 수 있다. 이는 스스로 알아서 문제를 처리하는 셀프 리더들이 있기 때문에 가능한 것이다.

5. 시간관리와 시간중심경쟁

① '더 빨리'로 차별화

차별화 요소는 시대의 흐름에 따라 변하여 왔다. 과거 수요가 공급을 초과하여 경쟁이 덜 치열했던 시대에는 값싸게 만드는 것이 차별화의 요소였으며, 원가 우위에 있는 기업은 시장을 확대해 갈 수 있었다.

그러나 점차 값싸게 만드는 기술이 보편화되어 가고 경쟁사의 수도 늘어남에 따라 차별화의 요소도 변하여 갔다. 이때는 값싸게 만드는 것보다 디자인이나 기능면에서 경쟁사와 차별되게 만드는 것이 경쟁 우위의 요소가 되었다.

하지만 이러한 차별화 요인도 최근에 들어서면서부터는 점차 그 효력을 상실해가는 경향을 보이고 있다. 값싸게 만드는 능력이나 기능, 디자인 또는 품질에서 차별화된 제품을 만드는 기술이 지속적인 경쟁 우위를 가져다 주기에는 경쟁사의 모방 속도가 너무 빨라졌기 때문이다.

이제는 성능이나 기능, 디자인이 유사한 제품이라 하더라도 누가 남보다 신속하게 개발하고, 남보다 먼저 생산하여 소비자에게 빨리 전달할 수 있느냐 하는 신속성(speed)이 차별화의 요소로 부각되고 있다.

미국의 경우 페더럴 익스프레스, 제록스, 포드, 도미노 피자 등이 '시간 단축'을 통해 경쟁 우위를 확보한 대표적인 기업들이며, 일본의 경우 도요타, 혼다, 소니, 마쓰시타와 같은 초우량 기업들이 그 예이다.

이러한 시대의 흐름을 파악하여 최근에는 '시간 단축'에서 차별화의 요소를 발견하고 이를 효율적으로 창출할 수 있는 능력을 구비함으로써 시장에서 선도적 지위를 향유하고 있는 기업이 눈에 띄게 늘어나고 있다.

경영사례

◆ 시간중심 경쟁

페더럴 익스프레스는 급히 물건을 보내야 할 필요를 느끼는 고객들의 욕구를 충족시켜주기 위해 철야 배송 시스템을 개발·구축하였다. 이로써 오후 5시 이전에 접수된 편지나 소포는 다음날 오전 11시까지 미국내 어느 지역에도 배달이 가능하게 되었다. 이 서비스를 이용하는 고객들은 비록 일반 우편 배달서비스에 비하여 비싼 요금을 지불하기는 하지만 신속하고 정확하게 보내고자 하는 자신의 욕구를 충족시키고 있다.

기업내에서 '시간 단축'을 통해 경쟁 우위를 확보할 수 있는 영역은 크게 세 부문으로 나눌 수 있다.

첫째, 생산 부문에서의 시간 단축으로 경쟁 우위를 확보하는 것이다. 기존의 생산 시스템은 생산 라인이 길고 공장의 레이아웃도 공정 기술 중심이며 공정 계획을 중앙 집중식으로 수립한다는 특징을 가지고 있다. 반면 시간 단축형 생산시스템에서는 가능한 한 생산 라인을 짧게 하고 레이아웃도 제품 중심으로 설계하며, 공정 계획을 현장에서 직접 수립하게 함으로써 생산 시간을 단축한다.

둘째, 영업이나 유통 부문에서의 시간 단축이다.

셋째, R&D부문에서 신제품 개발 사이클을 단축함으로써 경쟁 우위를 확보하는 것이다. 예를 들어 신제품을 출시하기 위해서는 여러 관련 부서의 협조와 상부층의 결재를 받아야 하는데 이때 소요되는 시간이 길수록 타이밍을 놓치게 된다. 따라서 관련 부서들이 한꺼번에 모여 의사결정을 할 경우 그 만큼 출시 기간이 짧아질 수 있다.

경영 노트

동시공학(concurrent engineering: CE)은 제품의 설계, 기술, 생산, 마케팅, 서비스 등의 전과정을 거쳐 서로 다른 여러 부서로부터 다기능팀을 구성하고, 팀웍을 중시하며 함께 협력하는 경영방식이다.

이는 제품의 설계단계에서부터 가능한 빨리 기업의 자원과 설계, 개발, 생산, 마케팅 및 서비스의 경험을 적절하게 사용함으로써 제품개발기간의 단축, 비용절감, 품질향상을 동시에 달성하면서 성공적인 신제품을 개발하고자 하는 것이다.

시간 단축형 조직의 특징을 보면 조직 계층이 적어서 의사결정에 걸리는 시간이 짧다. 또한 제품이나 시장을 중심으로 조직이 나뉘어져 있기 때문에 고객과 밀착할 수 있다. 이와 같은 조직에서 특히 시간 단축을 가져오게 하는 핵심은 정보시스템의 구축이다. 본사와 부품 공급업자, 유통업자, 본사내 부문간 정보의 신속한 공유는 시간 단축을 위해서 필수적이기 때문이다.

경영사례

◆ JIT SYSTEM의 예

도요타자동차는 과거 부품 공급업자의 공급 지연으로 늘 골치를 앓고 있었다. 당시 공급업자가 부품을 만들어 내는 데 보름씩 걸렸다. 그래서 도요타자동차는 우선 그들의 1회당 생산 규모를 줄이고, 공장의 레이 아웃도 합리화하여 재고를 보유하는 공정의 수를 줄였으며, 공장내 모든 재공품 재고를 없애 버렸다. 그 결과 공급업자의 부품 공급 기간을 하루로 줄일 수 있게 되었다.

또한 도요타자동차는 애초 생산 부문과 영업 부문이 별개의 조직이었다. 때문에 영업 부문에서 주문을 받고 나서 고객에게 제품을 배달하기까지 보름 이상 소요되어 생산 부문에서의 시간 단축효과를 제대로 발휘할 수 없었다. 그래서 도요타자동차는 1982년 생산 부문과 영업 부문을 합병하였다. 그리고 전에는 고객의 주문을 일괄 취합하여 보내던 것을 영업 사원과 공장의 공정 관리 부문을 직접 연결시키는 컴퓨터 시스템을 구축함으로써 고객이 자동차를 주문한 시점부터 배달되는 시간까지를 획기적으로 단축할 수 있게 되었다.

일본의 생활용품 업체인 가오(花王)는 컴퓨터의 지원을 받아 고객의 소리를 신속·정확하게 축적·정보화하고, 이를 신제품 개발에 즉시 연계시킬 수 있는 신에코시스템을 운용하고 있다. 신에코시스템은 고객의 욕구를 신제품에 반영시켜 시장에 출시하는 리드 타임을 최소화함으로써 고객의 만족을 극대화시키고 있다.

6. 인터넷 마케팅(Internet Marketing)

소비자의 개성 존중, 시장의 글로벌화, 시간중심경쟁 등에 모두 만족시킬 수 있는 미래적 경영수단으로 인터넷 마케팅이 있다.

인터넷의 상업화가 허용된 이후 초고속 성장을 기록하고 있는 인터넷 시장을 선점한다는 것은 미래 정보화시대의 주역이 될 수 있음을 의미한다.

인터넷의 상업화가 허용되고 월드 와이드 웹(world wide web: WWW)의 출현으로 인터넷은 화면, 음성, 동화상에 이르기까지 다양한 멀티미디어 정보를 교환할 수 있는 의사소통 수단이 되었고, 마케팅의 새로운 영역으로 등장하게 되었다.

또한, 인터넷은 전화선, 케이블TV, 인공위성, 무선통신, 정보고속도로 등 다양한 방법을 통해 저렴한 가격으로 시간과 공간의 제약 없

표 14-2 *마케팅 개념의 변화*

	대중 마케팅 (mass marketing) ➡	표적 마케팅 (target mrketing) ➡	일 대 일 마케팅 (one-to-one marketing)
대 상	대 중	표 적 집 단	개 인
시장접근 방법	비차별적 마케팅 (undifferentiated marketing)	차별적 마케팅 (differentiated markeing) 집중마케팅 (focus marketing)	데이터베이스 마케팅 (database marketing)
마케팅 목표	시장점유율, 매출액, 고객만족도		고객점유율(customer share) 고객만족도 매출액
경제 원리	규모의 경제(economies of scale)		범위의 경제 (economies of scope)
관리	제품관리(product management)		고객관리 (customer management)
커뮤니케이션	일방향(one-way)		쌍방향(two-way)

이 표적집단에 정확하고 빠르게 원하는 정보를 전달할 수 있고, 소비자로부터 즉각적인 피드백을 얻을 수도 있게 한다. 그러므로 인터넷은 지금까지 나타난 어떤 매체보다도 가치 있는 광고매체가 된다.

인터넷 마케팅의 구체적인 장점은 다음과 같다.

첫째, 인터넷 이용자들은 대부분 20~30대의 중산층, 고학력의 구매력있는 정보 탐색형의 의견선도자(opinion leader)들이다. 이들은 자

표 14-3 *광고매체별 매체 가치 비교(○ : 좋음, △ : 보통, × : 나쁨)*

	WWW	라디오	신문	정기간행물	텔레비젼	다이렉트 메일
국 내	○	△	△	△	○	○
글 로 벌	○	×	×	△	△	×
표 적 시 장	○	×	×	△	×	○
소비자의 선택성	○	×	○	○	×	○
비 용	저	중	중	고	고	고
즉각적인 상호작용	○	×	×	×	×	×

신이 알고 있는 다른 사람들에게도 의견 선도자로서 적극적으로 정보를 전해 줄 것이기 때문에 마케팅 관리자들은 예상보다 더 큰 소비자 집단과 만날 수도 있다.

둘째, 쌍방향 커뮤니케이션이 가능하다. 온라인 채팅이나 게시판을 통해 소비자들의 제품에 대한 신뢰도, 선호도, 그들이 정말로 필요로 하는 것이 무엇인지 알 수 있으며, 마케팅 관리자들이 시장에 대해 모르고 있는 것에 대한 정확한 분석도 가능하다. 즉 소비자들은 기업에 대한 불만, 제품이나 서비스에 대한 고충, 제품에 대한 의견, 시장경향 등에 대해 전자우편을 통하여 기업에 의견을 줄 수 있다.

경영사례

♦ "인터넷 비즈니스가 21세기 경쟁력 열쇠"

미국은 이미 '디지털 경제'에 진입했다. 기업들은 총자본투자의 50%이상을 정보통신(IT)분야에 쏟아넣는다.

디지털 경제의 핵심은 인터넷이다. 기업, 학교, 가정, 공공기관 등 사회 전체가 네트워크(통신망)로 연결돼 있다. 인터넷혁명도 과거 산업혁명과 마찬가지로 사람들을 새로운 관계로 묶고 사이버기업이란 새로운 기업형태를 탄생시켰다. 그러나 산업혁명이 2백년간 천천히 이뤄진 것에 비해 인터넷혁명은 20~30년이면 끝난다.

1980년대 미국 기업들은 일본을 부러워했다. 그러나 일본이 과거 인프라에 투자하는 동안 미국은 새로운 시장에 투자해 지금은 일본을 훨씬 앞질렀다. 현재 미국의 네트워킹 비율은 42%인데 일본은 22%에 불과하다. 미국경제의 강점은 바로 이것이다.

지금 통신회사들은 수입의 90%를 음성전화에 의존하지만 5년 이내에 음성전화는 전부 무료로 제공하는 시대가 올 것이다. 인터넷은 시간과 공간의 벽을 없애고, 중소기업도 얼마든지 세계무대에 도전할 수 있도록 비즈니스의 세계화를 실현하며, 사람들에게 평생교육의 기회를 제공한다. 인터넷시대에는 의사결정 과정이 신속한 중소기업이 유리하다. 대기업처럼 세계적인 판매망을 갖고 있지 않아도 인터넷을 통해 지구 반대편에 물건을 팔 수 있기 때문이다.

전자상거래시대는 예상보다 빨리 도래하고 있다. 포드사는 현재 연간 60만대의 자동차를 인터넷을 통해 판매하고 있는데 5년 이내에 북미지역 차량판매의 50% 이상이 사이버거래로 이뤄질 것으로 전망하고 있다. 이렇게 모든 비즈니스가 인터넷으로 통합되는 세상에 적응하지 못한다면 그것은 도태를 의미한다.

자료원: 존 챔버스 美시스코사장 來韓강연, 1999. 4. 10.

셋째, 광고의 내용과 분량에 제한이 없다. 인터넷을 통해서는 영상, 그래픽, 음향, 문자 등 다양한 멀티미디어 기술을 이용한 광고가 가능하며, 기업 홍보, 제품광고 뿐만 아니라 다양한 정보를 결합한 정보전달형 광고 또한 가능하다.

다이렉트 마케팅의 예로는 직접우편, 우편주문이나 전화를 이용한 텔레마케팅 등이 있다.

넷째, 광고효과 측정이 용이하다. 즉, 인터넷에서는 이용자가 몇 번 보았는지 얼마나 오랫동안 머물러 있었는지가 자동측정된다. 또한 이용자가 자신의 ID를 입력하고 들어오는 경우, 보다 정확하고 자세한 광고효과 측정 및 소비자 정보를 입수할 수도 있다. 이런 자료들이 축적되면, 데이터베이스 마케팅(database marketing)이나 다이렉트 마케팅(direct marketing)을 할 수 있는 훌륭한 기초 자료가 될 수 있는 것이다.

경영사례

◆ 튀는 전자상거래로 '재미 솔솔' : 포천지 미10개 대기업 선정 성공담

대기업들이 잇따라 전자상거래 영역에 발을 들여놓고 있지만 막상 성공적인 성과를 거두고 있는 업체는 많지 않다. 미국의 격주간지 포천은 최신호(11월 8일자)에서 성공적으로 전자상거래를 정착시킨 10개 대기업을 선정해 발표하면서 이들 업체의 성공적인 사업성과를 소개해 눈길을 끌었다. 이들은 순발력이나 적응력면에서 다른 대기업들과 크게 다르다고 포천지는 소개했다. 이 잡지는 전문가들의 설문을 바탕으로 애완동물용품 공급업체인 펫코(Petco), 사우스웨스트 항공, 의류업체인 랜즈 엔드, 기계류 정비업체 그레인거(Grainger), 티켓 판매업체인 티켓마스터(Ticketmaster), 의류와 가정용 가구로 유명한 핑거헛(fingerhut), 사무용품전문업체 오피스데포(Office Depot), 미국 우정청(U.S. Postal Service), 종합 미디어그룹인 베르텔스만 AG, 금융회사인 찰스 슈왑 등 10개사를 선정했다.

다음은 포천지가 소개한 성공적 이 커머스(e-Commerce) 도입기업들의 성공사례다.

◆사우스웨스트항공=미국내 항공서비스만 취급하는 이 항공사는 그동안 값싼 요금과 고객에 대한 시간보너스 등을 이용, 아메리칸 항공과 경쟁해 왔으나 최근 들어서는 입지를 점차 잃어 가고 있었다.

southwest.com
a symbol of e-freedom

이 항공사는 이를 보완하기 위해 인터넷망을 설치해 주로 예약자 관리에 이용했다. 결과적으로 예약 실행률을 2배로 늘리고 고객 점유율도 크게 늘리는 효과를 내어 전자상거래로 톡톡한 재미를 봤다.

◆베르텔스만=출판업체에서 종합 미디어 업체로 발돋움한 베르텔스만은 독일 기업이지만 인터넷을 통해 전세계적인 망을 확보하고 있다. 이 회사는 과감히 인터넷에 투자해 소장도서를 디지털파일로 변환시켜 독자들이 필요로 할 경우 온라인 상에서 책의 내용을 내려받을 수 있도록 했다. 또 목록을 디지털화해 독자들의 편리를 보장하면서 자사의 출판업체인 랜덤 하우스에서 작가의 작품까지 온라인을 통해 받을 수 있도록 할 계획이다.

Bertelsmann

이 외에도 잘 알려진 인터넷 서점 반즈앤 노블 주식의 40%를 가지고 있고, 미국과 유럽에서 가장 큰 도서체인점과 인쇄소 등을 보유하면서 종합출판 체인망을 넓혀가고 있어 물류와 인터넷과의 적절한 안배를 이뤄낸 기업의 대명사가 되었다.

◆티켓마스터=앞서의 업체들과 달리 경쟁 때문에 전자상거래를 시작한 업체가 아니어서 주목받고 있다.

ticketmaster.com

이 업체는 이미 미국내에서 독점력을 갖춘 상태임에도 지난해 대규모 변신을 시도했다. 기존의 투자사업인 '시티서치'와 웹사이트 구축사업을 통합하고 이 회사의 영업전략과는 다르게 전자상거래용의 별도 구매층과 판매전략을 수립했다.

기존영업망은 대규모 운동경기를 중심으로 하는 반면에 전자상거래를 이용한 티켓판매는 200명 이하의 소규모 음악공연을 중심으로 판매망을 형성했다. 판매전략도 기존 영업은 소비자가 찾아오는 형태이지만 인터넷을 이용한 사업은 그 특징을 십분 발휘해 구매자에게 각종의 행사를 미리 알려주고 행사장에서 셔츠를 사간 고객들을 기록해 두었다가 먼저 연락을 취하는 사업방식을 택했다. 티켓마스터의 이같은 전략은 기존의 독점적인 사업영역을 더 넓히는 역할을 하게 돼 수익성을 배가하는 계기가 됐다.

◆찰스 슈왑=세계적인 금융회사인 찰스슈왑은 이미 고객의 67%가 웹상에서 거래를 할 만큼 전자중개회사의 대명사가 되었다. 이 회사는 온라인상에서 2,630억 달러의 고객 자산을 관리하고 있어 경쟁업체들에 비해 규모면에서 10배 가량 크다. 자회사 슈왑닷컴(Schwab.com)은 하루에만 470만 달러의 수입을 거둬 세계적인 인터넷 서점 아마존을 능가하고 있다.

Charles Schwab Mutual Fund OneSource

찰스 슈왑은 장기적으로 증권업뿐 아니라 사이버공간에서 현금거래를 자유롭게 하는 종합금융회사로 발돋움할 계획까지 세워놓고 있다.

이번에 선정된 10개 대기업 중에는 미국 우정청도 포함돼 있어 눈에 띈다. 포천지는 이곳의 전자우편담당업체인 스탬프스닷컴(Stamps.com)이 이룬 디지털우표사업을 높이 평가해 선정하게 됐다고 밝히고 장기적으로는 웹상에서 운송업을 시작할 구상도 가지고 있다고 소개했다.

이 외에도 펫코, 핑거허트, 오피스데포, 랜즈 엔드 등이 분사형태로 전자상거래 전문업체를 만들어 기존의 사업망을 넓히는 것은 물론 회사가치를 높여 놓았다면서 이는 조류의 변화를 읽은 사업주의 혜안과 적극적인 대응자세에서 나온 것이라고 평가했다.

자료원: 내외경제신문, 1999. 10. 25.

경영사례

♦ 인터넷 비즈니스 성공전략

국내의 인터넷 비즈니스 분야에서 두각을 나타내는 기업들은 공통점이 있다. 업체마다 다양한 전략을 시도하지만 성공비결로 꼽을 만한 제도나 경영기법은 시장에서 검증을 통해 몇 가지로 수렴되기 때문이다. 후발업체는 이들 선두기업의 성공비결을 제대로 파악하고 공략한다면 불필요한 시행착오를 줄일 수 있다. 또 선두업체의 사업모델을 교훈 삼아 취약점을 보완하는 전략으로 선두업체와 격차도 단기간에 따라 잡을 수 있다.

다음에 소개하는 '인터넷 비즈니스 성공비결 6계명'은 후발업체가 갖춰야 할 최소한의 사업조건인 동시에 네티즌이 인터넷 비즈니스를 이해하는 틀이 될 수 있을 것이다.

1. 완벽보다는 최초가 중요하다.

아마존의 성공요소 중에서 가장 큰 부분은 선발업체의 기득권이다. 엄청난 노력과 채산성 약화문제로 누구도 시도하지 않은 가상서점을 세계 최초로 구현하고 서적을 20~30% 할인된 가격에 공급했다. 이 덕분에 창업 5년 만에 사이버 서적판매에서 85%의 시장점유율을 기록했다. 이처럼 초기 시장 진입자는 미리 시장에 안착해 대규모 고객집단을 확보함으로써 후발업체에 비해 고객유지와 관리가 편리하다. 미국 오토테크놀로지 손영권 사장은 "인터넷 사업은 경험적으로 처음 사업을 시작한 5개 사가 전체시장의 80%를 장악하는 법칙이 있다"고 말할 정도다.

2. 단순한 저가전략은 지양하라.

대부분의 인터넷 기업이 시장에 진입할 때 무료서비스나 저가 공세에 의존한다. 차별화된 상품과 서비스가 뒷받침될 경우 무료와 저가전략은 큰 위력을 발휘하지만 그렇지 않은 경우 수익성을 약화시킨다. 브라우저 전문업체인 넷스케이프는 시장진입단계에서 제품을 무료로 제공했지만 차별화된 품질이 뒷받침된 점에 주목해야 한다. 무료나 저가공세보다는 독창적인 아이디어로 고객을 유치하는

게 바람직하다.

3. 기존 사업을 웹기반으로 바꿔라.

인터넷 비즈니스에 안전성을 확보하려면 기존 사업영역과 연계를 추진해야 한다. 기존 브랜드 가치와 독특한 운영체계, 축적된 정보를 충분히 활용하고 이를 인터넷으로 보완하는 사업이 안전하다. 마이크로소프트의 포털서비스 MSN과 사이버 증권사 찰스슈왑이 대표적이다. MSN은 마이크소프트의 엄청난 고객정보를 마케팅에 철저하게 활용했다. 찰스슈왑은 사내에 'e-슈왑'이라는 전자증권사 업부를 신설해 기존 증권업무와 연계했다.

4. 고객에게 보상하라.

인터넷 경매업체 이베이(eBay)는 가상공동체 회원간 친목도모를 위해 정기적 또는 비정기적으로 '트레이드쇼'를 개최한다. 트레이드쇼는 전국을 순회하며 우표 박람회, 동전액스포 등을 개최하면서 행사 일정을 인터넷사이트 게시판에 알리고 있다. 이같은 노력은 보상을 통해 고객을 관리하기 위한 기업의 전략이다.

5. 콘텐츠와 서비스에 주력하라.

귀중한 정보는 고객으로부터 나온다. 선두업체는 게시판이나 대화방을 통해 입수되는 콘텐츠를 회사의 정보자산으로 활용하고 있다. 또 투표, 게임, 숫자, 계산 등 다양한 콘텐츠를 제공해야 사이트에 방문한 고객을 오랫동안 잡아둘 수 있다. 콘텐츠를 쉽게 이용하는 전략도 필요하다. 인터넷으로 컴퓨터를 판매하는 델컴퓨터는 고객 계층별로 웹사이트 접속과 탐색방법을 다르게 설계해 고객편의를 돕고 있다.

6. 가상공동체를 만들어라.

인터넷 업체는 회원을 모집하고 회원간 상호작용을 촉진해 가상공동체를 육성하는 전략으로 소속감을 높이고 있다. 라이코스의 무료홈페이지서비스 '트라이포드'는 토론방을 개설하고 매주 관련분야 전문가를 초청, 실시간으로 채팅하는 행사를 마련하고 있다. 매주 최우수 토론방을 선정하고 이들이 만들어낸 콘텐츠를 책으로 출판한다.

7. 글로벌 네트워크를 구축하라.

선두업체는 인터넷의 개방성을 감안해 국내외 업체와 제휴를 강화한다. 사업 노하우를 공유하고 위험부담을 최소화하는 데 인수와 합병은 가장 강력한 수단이다.

포털서비스 업체 AOL은 국외 네트워크 강화를 위해 컴퓨서브를 인수했고 넷스케이프를 42억 달러에 합병했다. 또 차세대 통합통신시장을 장악하기 위해 위성방송업체 방송프로그램업체인 디렉TV, PC제조업체 네트워크 컴퓨터, 셋톱박스 제조업체 필립스 드오가 제휴했다.

경영사례

♦ 인터넷 마케팅 3요소

인터넷은 소비자가 스스로 찾아가야 하는 사이버상의 공간이므로 인터넷 마케팅은 인터넷 사용자를 모으는 일로부터 시작된다. 사용자의 흥미와 참여를 유도할 수 있어야 한다는 뜻이다. 그러기 위해서는 사용자에게 가치 있는 유용한 정보를 제공해 고정커뮤니티를 확보할 수 있어야 한다. 아메리카 에어라인과 케세이 퍼시픽이 인터넷상에서 개발한 항공좌석 경매 사이트도 그 중 하나이다.

국내 항공사들도 인터넷 고객 전용좌석을 마련했는가 하면 고객이 인터넷을 통해 좌석표를 구입했을 경우 가정까지 배달하는 서비스를 실시하고 있다. 만일 기업이 독자적으로 차별화된 콘텐츠를 확보하는 것이 어려울 때는 아메리카 온라인(AOL)이 타임워너를 인수한 것이나 야후(YAHOO)가 방송국들과 제휴해 인터넷 방송을 하는 예에서 볼 수 있듯이 외부제휴나 인수합병으로 보완하는 것이 바람직하다.

인터넷 마케팅의 두번째 성공요인은 고객정보를 활용한 차별화된 서비스이다. 인터넷 매출이 아직 미미한 때도 기업들이 인터넷에 관심을 가지는 이유는 인터넷의 쌍방향성을 이용해 고객 또는 잠재고객의 인구통계적인 정보는 물론 구매이력 등의 행동정보와 라이프스타일 같은 고급정보를 얻을 수 있기 때문이다.

온라인 서점인 아마존이 책을 팔면서 특정 고객의 문화적 취향에 대한 정보를 입수하고 이를 활용해 고객 취향에 맞는 새 책을 E-메일로 추천해 주는 것이 좋은 예다. 그리고 인터넷의 상호작용적인 특성을 이용해 고객의 의견이나 비판을 적극 수렴해야 한다.

실망한 고객의 부정적인 한마디는 개방적이고 정보가 빠르게 전달되는 인터넷의 특성을 고려할 때 기업에 치명적임을 명심해야 한다. 전자 게시판, e-메일 등으로 고객의 의견을 받아 적절한 대처를 함으로써 고객과의 관계를 지속적으로 유지할 수 있을 것이다.

세번째 성공요인은 내부의 관리부서 또는 기존 거래처들과의 조화로운 협력이다. 미국에서도 인터넷마케팅을 도입하는 과정에서 기존 조직과 크고 작은 충돌이 있다. 청바지로 유명한 리바이스는 백화점, 소매상들의 인터넷 판매를 금지시킨 뒤 인터넷상에서의 리바이스 청바지 구입은 자사 인터넷 상점(Levi.com)에서만 가능토록 했다가 소매상들의 거센 반발로 인터넷 판매전략을 철회하기도 했다.

또 자동차판매 딜러들은 인터넷을 통한 마케팅이 자신의 영역을 침범하는 것으로 간주해 미국 몇몇 주에서 자동차는 딜러를 통해 판매해야만 한다"는 법을 통과시키기까지 했다.

이같은 충돌을 피하기 위해 미국의 GM은 자동차를 판매하기보다 가까운 딜러를 소개해 주거나 자동차 오너를 위한 정보를 제공하는 장으로 인터넷을 활용하고 있다.

대우자동차도 전자결제가 가능한 사이버들을 운영할 예정이지만 대리점과의 형평성을 고려해 고객에게 직접적인 가격할인 혜택보다는 차별화된 부가서비스 제공을 고려하고 있다.

자료원: 김주호, 한국경제신문, 2000. 4. 17.

15 기업환경의 새바람

15.1 벤처기업과 엔젤투자자
15.2 기업인수와 합병
■ 토의 과제

15.1 벤처기업과 엔젤투자자

1. High-risk, High-return의 모험기업

세계는 지금 작은 몸짓으로 기민하게 움직이는 기업들에 의해 가치가 창출되는 시대로 바뀌고 있다. 즉, 대규모 자본을 보유한 기업들이 국가의 경제를 짊어지던 시대에서, 앞선 기술이나 독창적인 아이디어를 가진 기업이 가치를 창출하여 해당기업은 물론 경제 전체에 활력을 줄 수 있는 시대로 가고 있는 것이다.

벤처기업은 1950년대 이후 미국 NASA의 프로젝트에 참여했던 다수의 연구원과 경영자들이 대학, 기업, 연구기관으로부터 전직(spin-off)하여 수많은 벤처기업을 설립하였다.

벤처기업은 1인 또는 소수의 핵심적 창업인이 기술혁신의 개발아이디어를 상업화하기 위해 설립하는 신생기업으로, 높은 위험부담(high-risk)이 있으나 성공할 경우 높은 이익(high-return)이 기대되는 회사를 말한다. 신기술을 보유하고 있는 벤처기업의 성장은 기술개발을 통한 산업구조의 고도화뿐만 아니라 중소기업의 육성이라는 측면에서도 관심을 가져야 할 분야이며, 지방경제의 활성화에도 도움을 준다. 벤처기업에 대한 투자와 경제적·산업적 관심은 선진국에서는 이미 1980년대 초부터 일기 시작하였으며, 우리나라도 1980년대 초반 특별법에 의한 한국기술개발주식회사(후에 한국종합기술금융주식회사로 바뀜)가 설립된 후, 1980년대 후반부터 신기술사업금융회사와 창업투자회사가 차례로 설립되어 신기술사업을 지원하고 있다.

우리나라의 벤처기업은 열악한 기업환경하에서 나름대로 성장을 거듭하며 기술경쟁력을 키워왔다. 지난 1982년 큐닉스컴퓨터를 시작으로 1980년대 중반 이후 메디슨, 한글과 컴퓨터, 미래산업 등 국내를 대표하는 벤처기업들이 창업되었으며 주요 업종은 컴퓨터, 소프트웨어, 반도체 장비 및 정보통신 등 기술집약형 산업에 집중되어 있다.

2. 최근 미국의 성장비결은?

아이디어나 기술만 있으면 어제의 무명기업이 세계 최고기업이 될 수 있는 실리콘밸리…. 실리콘밸리는 기술과 자금이 조화를 이뤄 만들어낸 모험(venture)기업의 땅이다.

실리콘밸리는 벤처기업이 제대로 육성·정착되는 데 크게 공헌하여 미국경제의 원동력으로 등장했고 세계 첨단기술의 발상지로 각광받고 있다.

벤처기업 탄생의 비결은 벤처캐피탈(venture capital)과 엔젤(angel)이라는 투자제도가 있었기에 가능했다. 이와 같은 투자제도는 투자금을 회수할 수 있는 시스템이 훌륭하게 갖춰져 있는 것이 특징이다. 또한 전세계에서 끊임없이 몰려드는 고급인력들도 벤처기업의 활력소가 되었다.

벤처캐피탈은 투자 후 기업에 경영진을 파견하거나 정기적으로 만나 경영전략을 논의하면서 하나의 회사를 공동으로 경영한다.

미국 한 조사기관에 따르면 1996년 미국에서 벤처기업에 투자된 자금규모는 약95억 달러인데, 이 중 24.1%가 실리콘밸리에 집중됐다. 이 수치는 1995년 22.5%에 비해 획기적으로 증가한 것으로 인터넷 관련업종 등 기술집약 중소기업에 투자되고 있다.

경영사례

◆ 벤처기업: 휴렛팩커드

다국적 정보통신기업 휴렛팩커드(HP)는 세계최초의 벤처기업으로 통한다. HP가 태동한 미국 캘리포니아주 팰러앨토의 조그마한 차고를 주당국이 '실리콘밸리의 탄생지(사적 제976호)'로 지정한 것도 이같은 이유에서다.

HP의 창업자인 빌 휴렛과 데이비드 팩커드는 20대 청년이던 1930년대 말 단돈 538달러로 사업을 시작했다. 스탠퍼드대에서 함께 전기공학을 공부한 이들은 팰러앨토에 위치한 작은 차고에서 꿈을 키워나갔다. 이것저것 닥치는 대로 연구하다 1939년 서로 동업계약을 맺고 회사를 설립했다.

첫번째 할 일은 회사이름을 정하는 일.

누구 이름을 먼저 쓸 것인가를 고민하던 휴렛과 팩커드는 결국 동전을 던져 '휴렛팩커드'로 결정했다. HP의 첫 제품은 휴렛이 1938년 발명한 음향발진기. 무선엔지니어협회가 우수제품으로 평가하는 등 반응이 좋자 '모델200A'라는 이름으로 본격 생산하기 시작했다. 음향발진기에 이어 가청주파수 계측기를 생산했으며 1939년 가을에는 넓은 건물로 회사를 이전했다.

1940년대 2차대전 특수로 주문량이 늘어난 와중에도 제품개발을 계속했으며 1957년에는 주식을 일반에 공개했다. HP에게도 시련은 있었다. 1970년대 미국의 경기가 극도로 침체하면서 주문량이 뚝 떨어져 직원의 10%를 해고해야 하는 상황에 직면했다. HP는 그러나 '손쉬운' 해고를 선택하지 않았다. 2주일에 10일이던 작업시간을 9일로 줄이면서 월급을 10%가량 낮추는 방식으로 직원들이 실직의 고통을 피할 수 있도록 했다.

창업자인 휴렛과 팩커드는 매출액이 10억 달러를 돌파한 1976년 40년 가까이 지켜온 경영자 자리에서 조용히 물러났다. 휴렛과 팩커드가 세운 네 가지 기업철학은 HP의 성공과 밀접한 관련이 있다. ① 고객만족, ② 직원에 대한 신뢰, ③ 빚으로 하는 투자는 금물, ④ 이익의 사회환원 등이 그것이다.

20대 사업가 두 명에 의해 차고에서 출발한 HP는 현재 120여개국에 600개 지사를 거느리고 잉크젯 프린터 시장의 50%를 점유하는 등 프린터 시장에서 세계 1위를 독주하고 있으며 계측기 시장 세계 1위, PC 세계 3위 등의 다국적기업으로 우뚝 섰다.

실리콘밸리에서는 벤처캐피탈에 소속된 투자담당자를 제너럴 파트너(general partner)라고 부른다. 이는 각 제너럴 파트너가 투자대상기업을 선정하고 그 회사에 투자된 자금만 관리하는 것이 아니라, 전반적인 회사경영에도 관여하고 있기 때문이다. 즉 투자자, 경영자, 기술제공자가 공동으로 경영에 책임지기 때문에 이 회사가 도산하더라도 깨끗이 손을 털고 각자 새로운 사업을 찾아 나설 수 있는 것이다. 한 기업주가 부도를 내면 관련 기업들까지 줄줄이 넘어지게 되는 우리나라의 기업문화와는 다른 것이다. 실리콘밸리에서는 담보를 제공하고 대출받는 자금조달이 아니라 직접투자방식으로 이뤄지기 때문에 기업이 망하더라도 새롭게 재기할 수 있는 기반이 상존하고 있다.

경영사례

♦ 이제는 '천사' 들이 나설 때다

미국 테네시 주의 내슈빌은 컨트리 뮤직의 본고장이다. 유명한 가수들은 대부분 이곳에서 데뷔를 했다. '퍼스트 레이디 오브 아메리카' 라는 노래로 한 시대를 풍미했던 '테미 하이넷' 이란 가수도 바로 이곳에서 성장했다. 그녀가 지난 4월 지병으로 세상을 떠났을 때 시골도시 내슈빌에는 수만 명의 애도 행렬이 몰려들어 큰 혼란을 빚기도 했다.

내슈빌에서도 가장 유명한 곳은 단연 오크릴랜드 호텔이다. 음악을 아는 사람들에게는 마음의 고향 같은 곳이다. 호텔은 그야말로 장관이다. 한가운데가 뻥 뚫려있다. 수천 명을 수용하는 무대가 마련돼 있다. 그 외곽으로 삥 돌아가며 원형 건물을 지어놓았다. 호텔에 머물면서 음악을 즐길 수 있도록 객실을 만들어 놓은 것이다.

오늘날 미국 경제의 큰 힘이 되고 있는 엔젤 운동이 바로 이곳에서 시작했다. 성경에 따르면 엔젤은 하늘나라에서 하나님을 보필하는 천사이다. 2000년 전 나사렛 지방에 천사가 찾아왔다. 예수 탄생을 알려주기 위해서였다. 오늘까지 이어지고 있는 인류구원의 역사는 천사가 하늘에서 가져온 이 말 한마디로 시작했다. 내슈빌의 엔젤 운동은 원래 불쌍한 가수 후보생들을 도와주는 데서부터 시작했다. 자금 여유가 있는 재력가들이 오크릴랜드 호텔에 몰려와 무명 가수들의 노래를 경청한다. 그 중에 가능성이 보이는 예비 스타를 발굴해 무제한으로 지원해준다. 몰래 도와주는 엔젤도 많다. 하나님이 인류를 구원하는 심정으로 대가 없는 자선을 베푸는 것이다.

엔젤의 도움을 받아 스타가 된 가수들은 반드시 은혜를 갚는다. 인기를 끌어 돈을 벌면 그 중 상당액을 엔젤에게 환원한다. 수백만 달러를 엔젤에게 보답한 가수도 부지기수이다. 대공황 이후 내슈빌의 엔젤 운동은 경제분야로까지 확산됐다.

유망한 아이디어를 가지고 있으면서도 자금난으로 쓰러져 가는 기업에 익명의 엔젤 자금이 쇄도했다. 엔젤 운동은 부자의 여유자금을 자금난에 허덕이는 기업에 돌려 미국 경제를 다시 일으키는 기폭제가 됐다. 이 돈으로 재기한 기업들은 엔젤에게 투자원금의 수십, 수백배를 돌려주었다. 물론 이 과정에서 원금을 떼이는 사례도 있다. 그렇지만 자선의 마음으로 출발한 만큼 돈을 날리고도 원망은 하지 않는다.

아직도 미국에는 엔젤이 많다. 새너제이의 실리콘밸리는 엔젤들이 만든 투자천국이라고 해도 과언이 아니다. 대학을 중퇴한 빌 게이츠가 컴퓨터 대중화시대를 열고 세계 최고 갑부로 뛰어오른 데도 엔젤들의 기여가 적지 않았다. 지금도 실리콘밸리는 많은 두뇌가 엔젤들의 도움으로 정보화 산업의 새 지평을 열어가고 있다. 미국 경제는 엔젤들이 끌어가고 있다.

이 엔젤은 학문적으로도 논리와 근거를 확보하고 있다. 1890년대에 오스트리아 학파가 득세했다. 제본스, 맹거, 왈라스 그리고 뵘바베르크 등이 그 주역이었다. 이들은 이른바 '한계' 라는 개념을 처음 도입해 경제학계에 충격을 주었다. 오늘날 정교한 미시경제학은 한계개념을 토대로 만들어진 것이다.

제본스는 이 한계이론을 식사에 견주어 설명했다. 배고픈 사람에게 첫술은 매우 맛있다. 배가 채워지면 단위당 효용이 감소하기 시작한다. 같은 양의 밥이지만 식사가 끝날 때 뜨는 한술은 먹으나마나 한 것이다. 효용면에서는 첫술에 비해 크게 떨어진다. 그 유명한 한계효용체감의 법칙이 바로 여기에서 나왔다.

오스트리아 학파들의 이 발견은 경제학에서 한계혁명으로 기록되고 있다. 그 후의 많은 이론이 한계개념에 기초한 것이다. 엔젤은 이 한계효용의 개념에 딱 맞아떨어지는 것이다. 부자들에게 한 두푼의 자투리돈은 있으나마나 한 것이다.

그러나 부도위기에 직면한 기업 처지에서는 단돈 1원도 소중하다. 엔젤자금이 유망기업으로 넘어가면 사회적으로는 효용이 커진다. 돈의 양은 일정하지만 한계효용의 관점에서 보면 전체 이익이 훨씬 확대되는 것이다. 정부의 구조조정은 이제 골격이 대충 잡혔다. 더이상 개입하면 부작용을 야기할 가능성이 많다. 서구의 많은 전문가는 정부의 개입이 이미 '루비콘강을 건넜다'고 비판하고 있는 실정이다. 이제는 민간이 나설 때이다. 엔젤 운동은 시중의 여유자금과 이를 필요로 하는 기업을 서로 맺어줌으로써 재도약하자는 것이다. 명퇴자들에게도 투자 기회를 제공한다.

며칠 후면 성탄절이다. IMF시대에도 먹고 마시면서 낭비만 할 것인가. 이번 성탄절에는 정말 뜻있는 일을 한번 해보는 게 어떨까.

인류 구원의 메시지를 들고 온 가브리엘 천사의 마음으로 돌아가자. 순수 민간의 힘으로 경제를 되살려보자. 엔젤은 우리의 희망이다.

자료원: 김대호, 매일경제, 1998. 12. 14.

개인투자자 제도인 엔젤(angel)도 실리콘밸리의 벤처기업에 대한 톡톡한 자금줄 구실을 하고 있다.

엔젤이란 미공개 벤처기업의 창업(start-up) 또는 초기단계(early stage)에 천사처럼 나타나, 필요한 자금이나 경영노하우를 제공하여 기업의 부가가치를 높여 놓은 다음에, 배당이나 공개후 주식양도차익 등으로 높은 수익을 추구하는 개인투자가를 말한다. 엔젤의 본고장이라 할 수 있는 미국의 경우, 네스케이프사 창업자인 짐 클라크(Jim Clark) 회장, 마이크로소프트사 공동창업자인 폴 앨런(Paul Alen)과 같은 저명한 경영자도 엔젤로서 활동하고 있다.

현재 미국내 엔젤 규모는 연간 2백억 달러로 추정되는데 이는 벤처캐피탈보다 많은 수치다. 엔젤은 어느 정도 성숙한 기업에 투자하는 벤처캐피탈과는 달리, 초기 설비나 시제품 제작 단계인 창업초기 상태에 있는 기업에 주로 투자하고 있다. 실제로 엔젤은 평균 5년 동안 창업기업의 주식을 보유한 후 투자액의 4~5배 정도 이익을 남기고 다른 사업을 찾아 나서는 것으로 한 조사결과 나타났다.

이같은 벤처기업에 대한 투자자금이 늘어나는 이유로 기존 산업에 대한 투자유인이 더 이상 없다는 점, 다양한 세제지원, 용이한 기업인수합병(M&A)으로 투자자금을 쉽게 회수할 수 있다는 점외에, 주식장외시장인 나스닥(NASDAQ)을 들 수 있다. 즉 미국은 창업초기기업이라 하더라도 일정 요건만 갖추면 나스닥에 기업을 공개해 운영자금을 끌어모을 수 있고 기업을 팔아 차익을 남길 수 있어 일단 기업이 성공하면 투자금 회수에 대한 걱정이 적은 것이다.

경영사례

◆ 벤처문화로 인한 기업의 새 풍속도

지난 15일 오후 1시 서울 논현동 (주)한국소프트중심 회의실. 캐주얼 복장의 20대 젊은이가 칠판에 그림을 그려가며 '무선 인터넷 서비스'에 대해 설명하자 30~40대 수강생 15명이 강의내용을 열심히 받아적는다.

"2004년이 되면 유선보다 무선 인터넷 접속이 더 많아집니다. 휴대폰으로 소프트웨어를 내려받는 시대가 곧 옵니다. 이때 우리 회사에는 어떤 전략이 필요할까요?"

강사는 지난해 12월 입사한 서민택(27)씨. 수강생은 부장급 이상 간부다. 徐씨 등 이 회사 신입사원 6명은 매주 돌아가면서 간부들에게 인터넷·멀티미디어 콘텐츠 등을 교육시킨다.

인터넷시대를 벤처열풍이 기업 풍속도를 바꿔가고 있다. 권위와 복종 대신 자유롭고 창의적인 정신을 강조하는 '벤처문화'가 확산되고 있다.

복장자유화는 이미 옛말이 됐으며 과장·부장 호칭이 사라지고 소모임을 통해 정보를 교류하는 네트워크 문화가 크게 늘고 있다.

전국경제인연합회 유한수 전무는 "생산성을 높이고 많은 수익을 기대할 수 있다면 형식은 중요하지 않다는 의식이 대기업에도 확산되고 있다"며 "특히 경영자가 젊거나 해외경험이 많은 기업에서 급격한 문화충격이 발생하고 있다"고 말했다.

(1) 벗어던져야 거듭 난다=16일 경기도 용인 삼성인력개발원에서는 DDR 및 스타크래프트 경연대회가 열렸다. 참가선수는 올해 삼성그룹 임원으로 승진한 1백75명. 지난 15일에는 동대문시장도 방문했다.

모두 신규임원 교육과정 중 하나다. 삼성측은 "신세대 문화에 대한 이해의 폭을 넓히고 급변하는 경영현장 체험이 필요하다고 판단해 교육내용을 확 바꿨다"고 말했다.

그래픽 머드게임 '바람의 나라'로 유명한 넥슨 직원들은 과장·부장이란 호칭을 쓰지 않는다. 대신 서로를 '띵', '소마', '성냥' 등 특이한 별명으로 부른다. 심지어 사장을 부를 때도 '사장님'이 아닌 e-메일 ID '제이'라고 한다.

이 회사 김정주 사장은 "학력·경력에 관계없이 능력을 중시하는 벤처기업 특성상 직급으로 아래 위를 구분하는 것은 의미가 없기 때문"이라고 설명했다.

이재교 대리는 "ID나 별명을 이름 대신 부르기 때문에 직원들의 이름을 모르고 지내는 경우도 있다"고 말했다.

제일제당도 올초부터 서로를 부를 때 직급을 붙이지 않는다. '상무님', '전무님' 대신 이름 끝에 '님'자만 붙인다. 김태주 상무는 "전체보다 개인이 중요해진 벤처형 기업문화를 만들기 위해서"라고 설명한다.

PC통신 유니텔은 3월부터 직급과 승진제도를 없앨 계획이다. LG텔레콤에서는 개발실 등 아이디어가 중요시되는 부서 직원들은 양복 대신 평상복 근무를 한다.

삼성SDS는 지난해까지만 해도 매일 하던 아침회의를 올들어 없앴다. 반복적인 회의로 인한 업무비효율성을 막기 위해서다. 회사 지시사항이나 공지사항을 전달해 주는 역할을 하던 회의는 e-메일로 대체됐다.

라이코스코리아는 공식적인 회의가 없다. 업무시간 중인 오전 9시~오후 6시 사이에는 회의를 않는 것이 철칙이다. 보통 e-메일로 업무협조나 의견을 교환하지만 꼭 해야 할 회의가 있을 때 오후 6시 이후에 한다.

(2) 정보공유형 네트워크가 생긴다=벤처문화 흡수를 위해 벤처기업과 대기업이 함께 참여하는 토론모임이 늘고 있다.

이코퍼레이션의 김이숙 사장이 주도하는 e-CEO 클럽에는 벤처기업인은 물론 김영일 현대백화점 고문·신현우 옥시 사장·백각종 쌍방울 사장 등 기존 기업 경영인들이 대거 참여한다.

SK그룹은 매달 한차례 열리는 벤처기업인들의 모임인 한국벤처포험에 계열사 경영진을 참여토록 하고 있다. SK측은 "경영진의 벤처기업의 경영방식과 기업문화 이해를 돕기 위한 것"이라고 말한다.

서울테헤란로 일대에는 벤처리더스 클럽, IB리그, 한국웹마스터클럽(WMC), 말금회, 이브, 인터넷마케팅포험(IMF) 등 20여개 모임이 활발한 활동을 하고 있으며, 알려지지 않은 소규모 모임까지 합치면 수백개에 달한다고 업계 관계자들은 설명한다.

(3) 직장내 문화충돌도 문제=신세대 직장인들이 늘어나면서 연공서열이 무너지는 한편 기존 세대와의 부조화도 적지 않다.

전경련 유한수 전무는 "경험이 중요시됐던 아날로그 경제에서는 연장자가 우대받았으나 디지털경제에서는 능력이 우수한 하급자도 속출하는 등 상명하복이 흐려지고 있다"고 말했다.

기존 기업문화에 대한 신세대들의 불만도 적지 않다.

삼성그룹 신입사원 토론회에서는 "패기, 끼있는 인재를 뽑는다고 해서 왔는데 실제 현업에서는 말 잘 듣는 사원을 편애한다," "신세대들은 내가 하고픈 일을 하는데 가치를 두지만 회사측은 승진이나 급여에만 관심을 갖는다"며 불만을 쏟아냈다.

이들은 또 타파해야 할 관행으로 폭탄주, 양 많은 보고서, 근무시간 중 인터넷 검색에 대한 편견 등을 꼽았다.

한국능률협회 종합연구소 김종길박사는 "대기업의 경우 간부들의 의식·학습수준이 인터넷 발달 등 주변환경 변화를 따라가지 못하는 문화지체 현상이 많이 발생하고 있지만 시간이 흐를수록 자율을 중시하는 벤처형 기업문화가 정착될 것"이라고 말했다.

경영사례

1. 인터넷 벤처 언제까지 갈까

인터넷이 국제경쟁력을 좌우하는 핵심요소 중 하나라는 데는 대부분 동의한다. 다음달 초 인터넷기업협회 창립을 준비 중인 이코퍼레션의 김이숙 사장은 "인터넷은 새로 나타난 사업의 한 부분이 아니라 산업 전체에 걸쳐 있는 새로운 패러다임"이라고 말했다.

삼성경제연구소 고정민 수석연구원도 "지금의 인터넷 열풍은 초기단계여서 충격으로 받아들여지고 있지만 시간이 지나면 누구나 이를 당연한 것으로 받아들일 것"이라고 말했다.

반면 이른바 굴뚝산업(기존 제조업)의 위기를 우려하는 이들도 적지 않다.

서울대 기계설비학과 오수익 교수는 "1990년대 들어 미국이 일본을 제압한 것은 제조업에 대한 지속적인 투자 때문"이라며 국가적으로 투자자원의 균형있는 분배가 필요하다고 말했다.

인터넷이 사회 전반에 변화를 몰고 오곤 있지만 경제를 좌우하는 '실물'은 역시 제조업이라는 주장이다.

이런 의미에서 전자상거래의 활성화, 즉 인터넷 벤처와 제조업의 접목이 필요하다는 지적도 있다.

한국산업기술진흥협회의 김승재 상무는 "온라인만으로 먹고 살 수 없다는 사실은 분명하다. 하지만 한국의 경우 온라인 기반도 충분치 않은 만큼 지금은 투자가 더 이뤄져야 할 시점"이라고 말한다.

그는 그러나 결국 온라인은 오프라인과 결합할 때 부가가치 상승 등 가시적인 효과가 나타날 것이라고 전망했다.

예컨대 아무리 좋은 전자상거래시스템을 개발해도 고품질의 자동차나 신발을 만들어내지 못하면 경쟁력 향상은 기대할 수 없다는 것이다.

그러나 분명한 것은 인터넷 벤처자체가 새로운 산업구도를 만들어내고 있다는 점이다. 컨설턴트 이

승환씨는 "과거 국가나 기업의 경쟁력은 주로 대기업에 좌우됐지만 인터넷 벤처는 규모에 관계없이 얼마든지 국제경쟁에서 '주전 선수'가 될 수 있는 가능성을 열고 있다"고 강조했다.

2. 떠오르는 바이오벤처

차세대 유망 벤처로 생명공학 분야에 대한 기업들의 관심과 투자가 급증하고 있다.

LG화학은 올해 5백억원을 생명공학 분야에 투자, 이 분야 매출비중을 지난해 3%에서 2003년 9%로 끌어올리기로 했다.

한화석유화학도 대덕중앙연구소에 생명공학 연구센터를 개설하고 5백억원을 투자하는 한편 연구원도 50명을 추가로 뽑기로 했다.

한솔화학도 지난달 회사명을 '한솔 케미언스'로 바꾸면서 2006년까지 바이오테크사업에 1천5백억원을 투자하겠다고 밝혔고, 대상은 3년간 2천억원을 쏟아부을 계획이다.

SK・삼성・제일제당도 이미 이 시장에 뛰어들어 투자를 강화하고 있다. 한화 관계자는 "대기업의 바이오산업 진출과 투자확대는 이 산업의 부가가치가 워낙 높기 때문"이라고 말했다.

미국의 경우 이미 성장둔화가 점쳐지는 인터넷 벤처 대신 도약기에 들어선 바이오 쪽 투자가 활발하다. 인체 유전자 프로그램 등 생명・건강분야에 10여년 전부터 이미 수십조원 이상을 쏟아부었고, 이제 그 성과가 벤처로 연결되고 있다는 것이다.

생명공학연구소 최인성 선임부장은 "생명공학 분야는 기술 특성상 벤처로 이어지기에 적당한 조건을 두루 갖추고 있다"고 설명했다. 기존 제조업 등과 달리 대규모 설비가 필요없는 대신 고도의 기술력을 요하기 때문이다.

바이오 분야의 경우 실제 '소량・다품종'의 이른바 '소매업' 형태를 중심으로 최근 활발하게 창업이 이뤄지고 있다.

다음달 문을 여는 국내 최초의 바이오벤처 보육센터인 대덕연구단지 내의 생명공학연구소 창업센터에는 미생물농약・진단시약・효소제 등을 개발하겠다는 벤처기업들이 줄을 잇고 있다.

마크로젠의 서정선 박사는 "인간 유전자 해독이 끝나는 2003년을 전후해 인터넷 벤처에 버금가는 바이오 벤처 시대가 도래할 것"이라며 "그때까지 착실하고도 견고하게 기술을 쌓는 데 주력해야 한다"고 말했다.

15.2 기업인수와 합병

오늘날 기업은 여러 가지 환경의 급격한 변화와 경쟁에 적극적으로 대응·성장하지 않으면 장기적으로 존속할 수 없게 되었다. 이러한 대응전략의 일환으로 기업의 합병 및 인수는 중요성이 더해가고 있으며 기업의 성장과 발전에 있어서도 관건이 되고 있다.

합병이나 인수(merger & acquisition: M&A)의 함은 일반적으로 기업의 확장전략과 관련한 외적 성장(external growth)의 일환으로 일정한 법률적 절차에 따라 둘 이상의 기업이 하나의 기업으로 결합하는 전략을 말한다. 여기서 합병의 경우에는 합병 후 하나의 독립된 기업만이 남게 된다. 그러나 인수의 경우에는 주식의 공개매수제의(takeover bid 또는 tender offer) 등을 통해 인수대상기업의 주식의 일부를 매수하기 때문에 제의에 응하지 않은 나머지 주주들은 그대로 그 기업의 소유권을 보유하게 된다. 따라서 인수라는 말이 합병보다 일반적이고 포괄적인 용어로 사용되어진다.

이러한 과정에서 인수합병의 주체가 되고 있는 기업을 인수기업(acquiring firm), 그리고 인수합병의 대상이 되고 있는 기업을 피인수기업 또는 인수대상기업(acquired or target firm)이라고 부른다.

이하에서는 합병과 관련하여 합병의 방법 및 합병의 동기를 중심으로 좀 더 살펴보도록 한다.

그림 15-1 *M&A 형태*

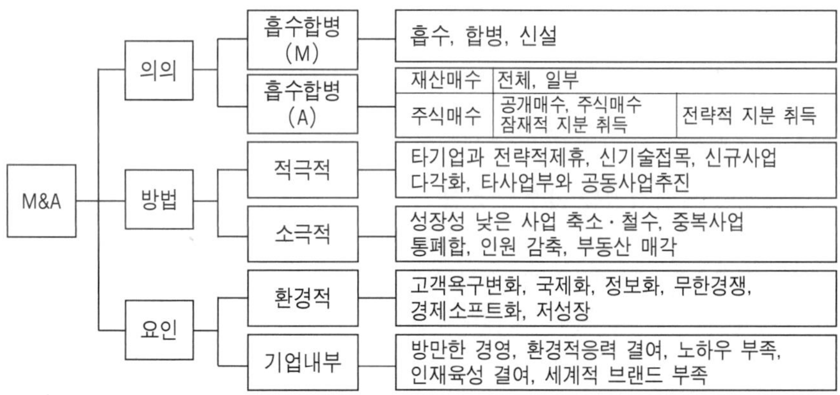

자료원: 채수명, 아이디어 경영, 1999.

1. 합병의 방법

법률상의 합병방법에는 흡수합병과 신설합병이 있다.

흡수합병(marger)이란 2개 이상의 합병당사기업 중 1개 기업만이 법률적으로 합병 후에 존재하여 다른 기업을 인수하고, 인수되는 기업이 해산하여 소멸하는 합병방법이다. 해산하는 기업은 1개의 기업으로 한정되는 것은 아니나 실제로 1개의 기업인 경우가 많다. 이 때 해산법인의 재산과 사원은 존속기업에 수용된다.

흡수합병은 합병당사기업간에 규모상의 격차가 현저한 경우에 흔히 이루어지는데, 신설합병에 비하여 그 절차가 비교적 간편하여 흡수합병을 하는 경우가 많다. 우리나라의 경우 합병기업의 대부분이 이 방법에 의하고 있다.

반면 신설합병(consolidation)은 결합하려고 하는 기업이 모두 해산·소멸하고 새로운 기업을 설립하여 여기에 해산된 모든 기업의 권리·의무를 이전시키는 합병방법이다. 신설합병의 경우 자본력이나 대외적인 신용도에 있어서 반드시 대등해야 할 필요는 없으나, 대부분 비슷한 규모의 기업이 결합하여 제3의 기업을 신설하게 된다. 그리고 이 경우 해산된 법인의 결손금은 신설된 합병기업에 승계 되지 않으며, 세제상 흡수합병보다 불리한 이유 등으로 해서 이러한 사례는 거의 없다.

경영사례

◆ 미국 정보통신분야 신생기업들 인수합병 붐

미국 정보통신분야의 신생기업들 사이에 수 십억 달러 규모의 인수합병이 잇따르고 있다.

파이낸셜타임즈는 7일 급속도로 성장을 거듭하고 있는 정보통신 기업들이 이에 신속하게 대응하기 위한 전략의 일환으로 인수합병을 선택하고 있다고 보도했다.

이같은 흐름의 주인공은 리눅스 운영시스템에서 사용되는 소프트웨어를 개발·생산하는 인프라이즈·보어랜드(Inprise·Borland), 네트워크 부품업체인 오르텔(Ortel), 오디오·비디오 시그널기술업체인 인터뷰(InterVu), 온라인상 고객서비스업체인 실크넷(Silknet) 등이다.

인터뷰를 28억 달러에 인수한 인터넷데이터업체 아카마이(Akamai)는 지난 10월 기업공개 이후 주가가 9배나 뛰었고, 실크넷을 42억 달러에 인수한 전자상거래소프트웨어업체 카나(Kana)의 주식은 다섯달 만에 16배나 올랐다.

인프라이즈·보어랜드는 캐나다의 소프트웨어업체인 코렐(Corel)에 24억 달러에 인수됐다고, 통신기기업체인 루슨트(Lucent)는 오르텔을 30억 달러에 인수했다.

이러한 정보통신업체 인수 붐은 인터넷기술기업과 전자상거래기업을 중심으로 나타나고 있다.

모건스탠리 기술분야 M&A담당자인 척 코리는 "초기단계에 영업방안을 공개한 후에는 인수합병이 그 사업진행을 가속화하는 한 방법이 될 수 있다"며 "실제로 신생기업들은 주로 기업공개(IPO) 후에 바로 인수합병 방향으로 진행되는 추세를 보이고 있다"고 분석했다.

또 이들 신생기업은 아직 몸집이 작고, 전통과 역사를 자랑하는 기업보다 상대적으로 거부감 없이 이러한 인수합병을 받아들이고 있다는 점도 원인으로 거론되고 있다.

자료원: 매일경제, 2000. 2. 8.

2. 합병의 동기

① 규모의 경제

기업은 합병을 통하여 원가절감(생산성의 향상, 기계설비의 경제적 이용에 의한 고정비의 분산, 제품생산에 필요한 원재료나 부분품의 대량구매에 따른 가격할인이나 거래비용감소 등)을 실현할 수 있으며, 컨글로머릿합병의 경우 유통관리·R&D활동·자료처리활동 등이 1개 기업에 한정되지 않으므로 간접비분산에 의한 효과를 볼 수 있다.

규모의 경제는 시장선도기업에게 도전하며 합병에 의해 성장하려는 중규모기업의 경우 적당한 동기부여가 될 수 있으나, 시장이 불완전할 때는 제약이 따른다.

② 시장경쟁력의 강화

합병후의 결합이윤은 경쟁자감소에 따른 수요탄력성의 둔화에 의하여 개별기업이윤의 합보다 클 수 있다. 또한 판매촉진비용 및 제품계열단순화로 경쟁비용의 절감을 기할 수 있다. 이는 결국 제품의 시장경쟁력이 강화되어 시장점유율을 늘릴 수 있으나 극단적인 경우 독점요소를 내포하게 된다.

③ 경영의 합리화

피합병기업이 발전가능성은 있으나 비효율적인 경영활동으로 자신의 잠재력을 충분히 발휘하지 못하여 영업성과가 좋지 않을 경우, 이 기업을 합병함으로써 새로운 경영능력을 주입시켜 장기적으로 그 성과를 상당히 개선할 수 있다. 또 일반투자가의 입장에서는 기업규모의 확대에 따른 수익성의 증대를 예측하므로 기업의 신용도가 커져 자금조달에 있어서 유리하게 된다. 즉 거액의 자금조달 및 자본조달 코스트 인하의 가능성에 있어서도 이점이 있다.

④ 시너지효과

합병기업과 피합병기업이 서로 별개의 기업으로 존재함으로써 상호보완적인 자산을 이용하지 못하고 있을 경우에도 이는 합병의 유리한 동기가 된다. 또한 피합병기업이 아직 사용되지 않은 특허권을 소유하거나 제한된 원재료를 갖고 있을 경우 합병에 의한 시너지효과를 볼 수 있다.

피합병기업이 상당한 손실을 냈을 경우, 이 기업이 이익을 발생시키지 못하는 한 주주에게 거의 가치가 없지만 합병 후 피합병기업의 수익성이 회복된다면 합병에 의해 재무적 시너지효과를 얻을 수 있다.

⑤ 제품의 다양화

제품의 다양화(product diversification)란 기업이 제조·판매하는 제품품목의 수를 늘리는 것으로, 이는 기업합병을 통하여 쉽게 달성할 수 있다. 즉 기업이 합병을 하게 될 경우 자사에서 개발하지 않은 제품라인을 인수함으로써 제품계열을 늘릴 수 있고, 또한 기술적인 노하우(know-how)를 획득함으로써 신제품개발을 용이하게 할 수 있다. 이렇게 볼 때 제품의 다양화 역시 합병의 중요한 동기가 된다.

⑥ 위험분산

성숙기의 산업에 속한 기업은 장차 쇠퇴기에 예측되는 이익감소에 대비하여야 한다. 이 때 잉여자금을 이용하여 새로운 산업의 기업을 합병함으로써 이러한 위험을 분산시킬 수 있다. 이와 같이 위험분산의 동기에서 기업합병이 추진되는 경우도 흔히 있다.

이 밖에도 합병시 합병기업이 합병을 위한 자금조달을 사채(bonds)에 의할 경우, 세제상 사채에 대한 이자지급액에 세율을 곱한 것만큼 세금효과를 얻을 수 있다. 그리고 피합병기업이 합병 전에 적자가 발생한 경우, 이런 기업을 인수함으로써 제도적으로 적자폭만큼 법인세를 면제시켜 줄 경우에도 세제상의 혜택을 받을 수 있다. 또한 기업의 성장가능성은 있으나 재무구조 특히 유동성이 부실한 경우, 재무구조가 양호한 기업과 합병함으로써 재무구조의 개선과 함께 기업의 성장도 기대할 수 있다.

경영사례

◆ 자동차 주요 인수합병 사례

연도	주도기업	피제휴기업	특징
1990	포드 GM	재규어 사브	유럽고급차 사업 강화 유럽고급차 사업 강화
1994	BMW	로버	대중차 시장 진입
1996	포드	마쓰다	아시아 전략 강화
1998	벤츠 폴크스바겐 현대	크라이슬러 롤스로이스 기아	전 부문 합병 고급차 전략 강화 국제입찰 인수
1999	포드 르노 GM	볼보 닛산 쓰바루	고급차 전략 강화 전부문 합병 아시아사업 강화
2000	GM 다임러크라이슬러 르노	피아트 미쓰비시 삼성	자본 상호 제휴 소형차 전략 강화 아시아 진출 강화

기업의 합병 및 인수는 산업혁명 이후 미국을 중심으로 가장 활발히 진행되어왔다. 미국의 경우 기업의 합병 및 인수 붐(boom)은 네 차례에 걸쳐 나타났는데, 제1차 붐(1895~1905)은 수평적 합병에 의한 독과점 형성시기였고, 제2차 붐(1920~1929)은 수직적 합병형태가 주를 이루었으며, 제3차 붐(1950~1969)은 다각적 합병에 의한 복합기업의 형성시기였고, 제4차 붐은 1980년 이후로서 고도성장의 한계에 따른 탈복합기업화, 구조개편의 일환으로서의 사업분리매각, LBO(leveraged buy out) 등의 성행시기였다. 그러나 우리나라의 경우에는 그 동안 합병빈도수가 그리 많지 않았을 뿐더러 그것도 계열기업·부실기업의 정리과정에서 이루어진 것이 대부분이고, 미국과 같이 합병의 경제적 효과를 기대하여 이루어진 경우는 거의 없다.

그러나 향후 경제운영이 민간주도화됨에 따라 산업구조의 재편성 차원에서 기업의 합병 및 인수는 새로운 의의를 갖게 될 것으로 전망된다.

경영사례

◆ 기업 우호지분 확보 '비상' … 삼성 등 외국사와 제휴총력

대기업들이 국내외 우호지분 확보에 총력을 기울이고 있다.

국내주가와 대주주 지분율이 낮은 상황에서 외국인투자비중이 갈수록 높아지고 있어 현대자동차, 삼성전자 등 대표적인 민간기업뿐만 아니라 포항제철 같은 공기업들도 적대적 M&A(인수합병)에 대비하는 추세다.

또 "글로벌 합종연횡"이 성행하면서 해외 전략제휴에 따른 "지분주고받기"도 늘어나고 있다.

기업들은 국내 협력업체, 자사 직원까지 동원해서 우호지분을 늘리고 있다.

20일 제계에 따르면 현대자동차와 다임러크라이슬러는 현대차에 대한 제3자의 적대적 인수합병이 감행될 경우 다임러가 현대차 주식을 적극적으로 사들인 뒤 양사가 이를 50 대 50으로 나눠 갖기로 하는 "백기사 협약"을 맺었다.

대기업이 경영권 방어를 위해 해외업체와 정식으로 백기사 협약을 맺은 것은 이번이 처음이다.

현대차 관계자는 "지난번 다임러와의 제휴과정에서 지분 10%를 주면서도 확실한 우호파트너로 굳혀 놓기 위해 의결권을 위임받기로 명문화했다"고 밝혔다.

현대는 최근 미쓰비시자동차 및 상사가 보유한 현대차 지분 4.8%에 대해서도 현 경영진에 대한 우호지분으로 인정하는 내용의 포괄협약을 맺었다.

동해전장이 최근 56억원을 들여 현대차 34만여주(0.1%)를 샀고 성우하이텍이 14억원을 투입,

10만주(0.004%)를 매입한 것도 현대차의 우호세력 확대전략에 따른 것으로 알려졌다.

삼성전자는 지난 1999년 인텔에 지분율 0.8%에 상당하는 1억 달러 어치의 전환사채를 발행했다.

외국인 지분율이 57%에 달하는 삼성은 외국의 금융기관과 거래처를 우호세력으로 확보중이다.

세계 1, 2위 철강회사인 포항제철과 신일본제철도 서로 지분을 주고받는 전략을 쓰고 있다.

두 회사는 지분을 공유하고 연구개발분야에서 제휴하기로 함에 따라 포철은 신일철의 주식 0.22%를, 신일철은 포철지분 0.5%를 서로 주고받았다.

양사는 앞으로 공유지분 비율을 더 늘릴 계획이다.

작년 가을 포철이 DR(주식예탁증서)을 해외에서 발행할 때 중국과 싱가포르정부가 각각 투자기금에서 포철주식 1%씩을 매입한 것도 간접적인 우호세력확보 전략으로 해석된다.

또 포철은 신세기통신(017) 지분과 SK텔레콤(011) 주식을 맞바꾸는 과정에서 SK가 포철 주식 3%을 우호지분으로 시장에서 사도록 했다.

포철제품을 사가는 동국제강이 포철 주식 1% 정도를 보유중인 것도 포철 우호세력확대 전략의 산물이다.

SK텔레콤의 경우 일본의 이동통신회사인 NTT도코모사를 협력파트너로 끌어들이기 위해 15% 정도의 지분을 넘겨주기로 하고 양도가격을 협상중이다.

SK는 작년말 SK텔레콤 주식을 포항제철의 신세기통신 주식과 맞바꾸면서 서로 우호적인 전략제휴를 맺었다.

SK는 또 포철의 주식 3%를 우호지분으로 매입했다.

LG화재도 회사부담 5만원, 본인 부담 5만원 등 직원 1인당 매달 10만원씩 주식매입자금을 마련, 직원들에게 자사 주식을 사도록 하면서 우호지분을 느리고 있다.

자료원: 한국경제신문, 2000. 7. 21.

경영 노트

❖ **적대적 M&A**

인수대상 업체의 경영진이 반대하는 상태에서 강압적으로 기업을 탈취하는 합병방식을 말한다.

인수대상업체 경영진들이 모르게 시장에서 주식을 매집하거나 위임장 대결, 주식 공개매수(TBO) 등을 통해서 진행된다. 심하면 법정싸움으로도 비화된다.

인수업체와 피인수업체가 합병조건 등을 합의하는 우호적 M&A와 대비된다.

토·의·과·제

1. 우리나라에서 벤처기업이 되기 위해서는 어떤 요건을 갖추어야 하고 어떤 절차가 필요한지 조사해서 발표해보자. 또한 대표적인 벤처캐피탈과 엔젤그룹은 어떻게 활동하고, 어떤 성과를 내고 있는지도 조사해 보자.

2. 조를 둘로 나누어 한쪽 조는 YONGARI Ⅱ라는 새로운 개념의 만화영화 게임을 개발한 벤처기업의 역할을 맡고, 나머지는 엔젤투자자의 역할을 맡아 투자협상을 벌여보자. 벤처기업이 엔젤투자자들을 설득시키기 위해 가장 중시해야 하는 점은 무엇일까? 또한 엔젤투자자가 투자결정시 가장 주의해야 할 점은 무엇일까?

3. M&A가 남의 기업을 빼앗는 부도덕한 탈취행위와 어떻게 구별되는지에 대하여 토론해 보자.

4. 미국의 경우 지난 100년간 몇 차례에 걸쳐 M&A의 붐이 일어났었다. 그 중에서도 1980년대 이후의 M&A는 그 규모도 크고 기법도 다양했을 뿐 아니라 역사상 적대적인 매수도 가장 많았다. 그렇다면 1980년대의 M&A활동과 1990년대의 M&A활동은 어떻게 다른지에 대하여 학습하고 향후 M&A활동은 어떻게 전개될 것인지에 대하여 토의해 보자.

5. 1990년대 국내에서 이루어진 M&A에 대하여 성공사례와 실패사례로 구분하여 분석해 보자.

6. 아래에서는 '아이러브스쿨'이라는 인터넷업체에 대한 사례가 제시되어 있다. 본인이 대형포털업체의 사장이라면 '아이러브스쿨'에 대하여 어느 정도의 금액을 합병대가로서 지불할 수 있

을까? 또한 합병 후 이 사이트를 어떻게 활용하면 수익을 극대화할 수 있을까?

경영사례

◆ '아이러브스쿨을 잡아라' … M&A 대상 1호로 지목

인터넷 업체인 아이러브스쿨을 인수하기 위한 경쟁이 달아오르고 있다.

대형 포털 업체는 물론 오프라인 업체들까지 아이러브스쿨에 잔뜩 군침을 흘리고 있다.

한 업체가 인수금액으로 2백억원을 제의한 가운데 회사 가치가 8백억원은 족히 될 것이라는 전문가들의 평가도 나오고 있다.

아이러브스쿨은 최근 선풍적인 인기를 끌고 있는 동문 사이트(www.iloveshool.co.kr)를 운영하는 인터넷 업체.

이 업체의 인기가 치솟은 것은 확고한 커뮤니티 사이트를 운영하고 있기 때문.

회원이 매일 5만명 이상씩 늘어 현재 전체 회원 수가 3백만명에 근접했다.

또 자본금이 10억5천만원으로 비교적 적고 직원이 20여명에 불과해 인수합병(M&A) 대상으로 최적의 기업이란 평을 받고 있다.

이에 따라 인터넷 벤처 M&A대상 1호로 지목되고 있다.

아이러브스쿨은 하루에도 투자 제의가 10~20여건에 이를 정도로 인기가 급상승하고 있다.

하지만 이 회사는 타깃 배너광고와 e메일 광고 외에는 뚜렷한 수익모델이 없어 고심하고 있다.

최근 회원이 폭발적으로 늘어 서버 증설 등 설비투자를 확충해야 할 시점이지만 수익을 내고 있는 형편이 아니어서 투자유치 등을 적극 검토하고 있다.

이런 점이 아이러브스쿨의 M&A가능성을 더욱 높여주고 있다.

야후코리아, 라이코스코리아, 네이버컴, 인츠닷컴 등 대형 포털업체들이 현재 아이러브스쿨 인수에 적극적으로 나서고 있다.

야후코리아는 지난 2월 제리 양 야후 회장이 방한시 야후코리아측에 M&A 및 투자 목적으로 지원해준 7백억원 가량의 현금을 확보하고 있는 상태다.

아이러브스쿨 김영삼 사장은 "인터넷업계에서 M&A가 활성화되는 것이 바람직하다고 본다"면서 "하지만 아이러브스쿨은 일단 투자유치가 급선무"라고 말했다.

자료원: 한국경제신문, 2000. 8. 2.

부 록

더 넓은 바다를 향하여

이번 장은 경영학원론을 공부한 후 더 깊게 경영학을 공부하려는 학생들에게 일말의 조언을 해 주기 위한 목적으로 준비되었다.

가벼운 마음으로 한 번 읽어주기 바란다.

우선 이 교과서를 학습한 후에 어떠한 과목들을 공부하게 될지 또 그 내용들은 대략 무엇인지에 관하여 모대학교의 커리큘럼을 중심으로 서술할 것이다. 나아가 캠퍼스에서의 공부를 한 차원 높은 단계로 승화시킬 수 있는 어학연수와, 경영학도라면 주구나 한 번 쯤은 소망하는 MBA학위에 대해서도 언급하고자 한다. 마지막으로는 경영학과 졸업생들의 진로에 대하여 최근 각광받는 직업을 중심으로 서술한다.

무릇 경영학을 공부하는 사람이라면 꿈을 크게 가질 수 있어야 한다고 생각한다. 그 규모가 크건 작건간에 한 기업의 CEO까지도 바라보는 꿈 말이다. 그리고 그런 꿈은 결코 꿈으로 끝나선 안 되고 현실세계에서 거머쥐기 위하여 부단히 노력해야 할 것으로 판단된다. 노력하는 그 순간부터 여러분의 미래는 실현되고 있는 것이다. 그러한 꿈과 미래를 설계하는 데 이번 장이 조금이나마 도움이 되었으면 좋겠다.

16.1 경영학과 교육 시스템

1. 경영대학 교육과정(교양과목 및 전체구조)

<table>
<tr><th colspan="2">분 야</th><th>교과목명</th><th>학점</th></tr>
<tr><td rowspan="7">학문의 기초</td><td>인간과 문화</td><td></td><td></td></tr>
<tr><td rowspan="4">인간과 사회</td><td>경영학 개론</td><td>3(3)</td></tr>
<tr><td>회계학 원리</td><td>3(3)</td></tr>
<tr><td>경영통계</td><td>3(3)</td></tr>
<tr><td>경제원론 1</td><td>3(3)</td></tr>
<tr><td>과학의 기초</td><td>정보시스템 기초</td><td>2(3)</td></tr>
<tr><td colspan="2">소 계</td><td>14</td></tr>
<tr><td>인성의 기초</td><td>고전과 윤리</td><td>동양의 지혜</td><td>2(3)</td></tr>
<tr><td colspan="2">자유 교양</td><td>세계경제와 기업
경영수학</td><td>3(3)
3(3)</td></tr>
<tr><td rowspan="4">언어 및 수리</td><td>국어와 작문</td><td>국어
국어작문</td><td>2(2)
2(2)</td></tr>
<tr><td>제1외국어
(영어)</td><td>교양영어 1,2
실용영어 1,2</td><td>2(3), 2(3)
1(2), 1(2)</td></tr>
<tr><td>제2외국어</td><td>제2외국어
제2외국어실습</td><td>2(3), 2(3)
1(2), 1(2)</td></tr>
<tr><td>수 리</td><td colspan="2"></td></tr>
<tr><td colspan="3">소 계</td><td>15</td></tr>
<tr><td colspan="3">계</td><td>37</td></tr>
<tr><td rowspan="3">전 공</td><td>필 수</td><td></td><td>30</td></tr>
<tr><td>선 택</td><td></td><td>12</td></tr>
<tr><td colspan="2">계</td><td>42</td></tr>
<tr><td colspan="2">일반 선택</td><td></td><td>51</td></tr>
<tr><td colspan="2">졸업요구 총이수학점</td><td></td><td>130</td></tr>
<tr><td colspan="2">비 교</td><td colspan="2">* 단일전공을 이수하는 경우 전공필수, 전공선택 과목을 60학점 이상 이수하여야 한다.</td></tr>
</table>

2. 경영학과 교과과정

분야	교과목명	분야	교과목명	분야	교과목명
1. 재무/보험	재무관리	4. 국제경영	무역상무론		시스템엔지니어링
	금융론		국제경영론		
	보험론		국제무역론	7.생산 O/R	생산관리
	투자론		무역정책		계량경영학
	국제재무관리		글로벌전략		보관및수송관리
	재무분석		국제마케팅론		생산전략
	기업재무		국제금융론		품질경영
	선물옵션		무역환경론		로지스틱스관리
	증권시장론		외환론		
	금융기관경영론		지역연구	8. 어 학	경영외국어
			아시아비교경영론		영문커뮤니케이션
2. 인사/조직	조직행동론		국제경제기구론		기업영어
	인적자원관리		국제경영현장실습		기업영어실습
	산업조직론				
	거시조직론	5. 회 계	중급회계	9. 기 타	경영관리입문
	조직개발론		관리회계		기업법
	경영전략		세무회계		관리경제학
			고급관리회계		창업과기업가
3. 마케팅	마케팅원론		고급회계		한국경영론
	기업광고론		비영리 및 국제회계		기업윤리
	마케팅조사론				기업과사회경영사
	소비자행동분석	6. MIS	경영정보시스템		경영혁신론
	유통관리		경영정보통신		
	마케팅전략		정보통신기술과경영		
	마케팅신조류		데이타베이스론		
	제품관리론		회계정보시스템		

3. 주요 개설과목에 대한 개요

1. 재무/보험

(1) 재무관리

기업의 재무관리에 관한 기초적 문제들을 소개하고 자본의 조달과 운용에 따르는 관리문제를 종합적으로 강의한다. 주요 주제로는 운전자본관리, 중장기자금조달, 자본예산, 자본비용, 자본구조, 가치평가 등이 포함된다.

(2) 금융론

금융시장과 금융기관에 대한 체계적 이해는 기업경영과 경제정책 수행에 있어 필수적이다. 본 과목은 금융시장의 형성과 금리결정, 금융자산의 발전과 거래기구, 금융기관의 행위와 중개기능 등에 미시경제학적인 분석을 한다. 최근 개방경제체제 돌입과 함께 금융시장은 급속도로 변하고 금융기관들은 동태적 경영을 하고 있다. 이에 따라 본 과목은 금리위험, 선물/옵션/스왑 등 파생금융상품, 금융기관의 위험측정과 관리 등도 심도있게 다룬다.

(3) 투자론

기업의 설비투자에 대한 의의, 수요예측, 기술적 타당성분석 및 투자가치의 평가기준을 연구한다. 특히 현금흐름 분석을 중심으로 미래의 위험과 불확실성을 다루며 최적 포트폴리오전략, 증권분석 등도 강의에 포함된다.

(4) 재무분석

재무분석에 필요한 제반 방법을 연구하고 재무분석의 목적에 따른 적용방법과 문제점 등을 종합적으로 강의한다. 주요 주제로는 운전자본, 손익분기점 분석, 기업성과 평가, 재무비율분석 등이 포함된다.

(5) 선물옵션

선물/옵션은 주식과 채권 등의 기초금융상품에 기초하여 발행된 파생금융상품이다. 선물/옵션은 기초자산에 대한 투자로부터 발생하는 투자위험을 헷징하고 관리하는 수단으로 이용될 뿐 아니라, 보다 적극적으로 파생상품 자체의 가격변동으로부터 수익을 얻는 것을 목적으로하는 투기적 거래수단이 되기도 한다. 본 과목은 이러한 파생금융상품의 위험헷징 투자전략, 차익거래 투자전략, 그리고 선물과 옵션의 가격결정이론 등을 다룬다.

2. 인사/조직

(1) 조직행동론

시스템 어프로치를 통하여 인간행동의 체계화와 체계적 이해를 제공하고 조직에 있어서의 제반 문제를 규명, 분석하는 데 중점을 두어 강의한다.

(2) 인적자원관리

조직내에 인적자원의 효율적 관리 및 개발에 필요한 여러 기법 및 정책 등을 최근의 연구 업적을 중심으로 하여 포괄적으로 다룬다. 충원 및 배치, 교육 및 훈련, 노동시장, 보상 그리고 노사관계 등을 주요 주제로서 다룬다.

(3) 경영전략

기업의 전반적인 행동계획에 관한 연구를 목적으로 하고 판매, 재무, 인사, 조달 등의 의사결정능력을 향상케 하는 것을 주안으로 한다.

3. 마케팅

(1) 마케팅원론

현대 기업이 처하고 있는 환경은 갈수록 복잡해지고 다양해지고 있다. 이렇듯 불확실한 환경 내에서 성공적이기 위해서는 마케팅 이론과 실무적 노하우에 대한 이해는 기본적이며 중요하다. 이 과목을 통해 수강생들은 다양한 마케팅 과제를 해결하는 데 필요한 기본적인 지식과 기술을 습득할 수 있다.

(2) 기업광고론

현대 기업의 마케팅 활동에 있어서 중요한 비중을 차지하고 있는 광고의 이론 및 실무의 고찰과 실습 위주로 강의한다.

(3) 소비자행동분석

소비자행동분석의 중요성을 설명하고, 소비자 행동분석에 있어서 행동과학의 유용성을 강의함과 동시에 소비자행동의 여러 기법을 소개한다.

4. 국제경영

(1) 무역상무론

수출입의 실무적, 기술적, 절차적 면을 다루되 수출입에 관한 법규, 국제매매계약, 무역영어 및 무역서류의 고찰을 포함한다.

(2) 지역연구

한국기업의 주요 투자 대상지인 중국, 동남아, 북미, 유럽, 일본의 투자환경, 산업정책, 내수시장 및 유통구조, 우리 기업의 경제교류 증진방안 등을 검토하고, 각국의 상관습과 문화, 무역/투자환경, 기업의 경영사례 등을 체계적으로 분석함으로써 국제인턴쉽을 준비하는 학생들이 현지기업을 방문하기 전에 해당 국가의 기업환경에 대한 폭넓은 사전지식을 습득케 한다. 강의와 학생의 사례연구발표 등의 내용으로 구성되어 있다.

(3) 외환론

경영자가 국제경영에서 직면하게 되는 외환위험을 분석하고 이에 대한 관리방안을 중심적으로 연구한다. 연구분야는 환율이론, 환위험관리, 우리나라의 외국환관리제도 등이 포함된다.

(4) 국제경영현장실습

본 과목은 해외지사 또는 현지법인을 갖고 있는 국내기업의 협조하에 경영대학 학생들을 해외 산업현장에 파견하여 현지업무를 실습케 함으로써 창조적인 국제경영지도자로서의 자질을 구비하도록 하는데 궁극적인 목적이 있다. 본 국제경영현장실습은 현지생산 및 영업현장에서 3주간 실습요원으로 근무함으로써 교과과정에서 배운 경영이론을 직접 적용해 실제 문제를 연구, 분석하고 이에 대한 정식보고서를 제출하여 창의적인 문제해결 능력을 향상시킨다.

5. 회 계

(1) 중급회계

회계원리를 기초로 실무에서 나타나는 다양한 특수문제를 이론적으로 해명하고 처리하는 응용능력을 배양한다.

(2) 관리회계

경영관리 각 계층에 있어서의 회계자료의 이용 및 분석을 위주로 관리적 의사결정을 다룬다. 즉 회계상의 계획, 통제의 문제를 다룬다.

(3) 세무회계

조세의 개념과 국세기본법을 개괄적으로 다루고 소득세회계, 부가가치세회계, 법인세회계 등 세무회계의 이론과 실무를 체계적으로 강의한다.

(4) 고급회계

중급회계의 연장으로서 특수한 회계문제와 외환회계, 연결 및 합병회계, 기금회계 등을 강의한다.

6. MIS

(1) 경영정보시스템

본 과목에서는 기업경영에 있어서 정보기술의 활용과 관련된 기본 개념 및 활용방안에 대해 소개한다. 기업경영을 지원하는 각종 정보 시스템, 정보시스템 도입에 따른 경영의 변화, 그리고 정보사회에서의 정보통신기술의 역할 등에 대해 강의한다.

(2) 경영정보통신

정보통신은 이제 업무 수행 및 경쟁력 강화, 그리고 서비스의 차별화 등의 핵심요소로 자리 잡아가고 있다. 본 과정에서는 이러한 여러 목적들을 효과적이고 효율적으로 달성하기 위하여 정보통신과 관련된 기술적인 기초개념, WAN, LAN, MAN, protocols(OSI, TCP/IP, IEEE 802.X), 그리고 사업적 개념을 다룬다.

(3) 시스템 엔지니어링

정보시스템의 개발에 관련된 개념을 공부하는 과목으로, 크게는 시스템 개발 프로젝트에서 프로젝트 관리에 관한 개념과 시스템개발에 관한 개념을 다루게 된다. 프로젝트 메니저들이 알아야 할 개념으로, 공수측정, 위험관리, 스케줄링, 소프트웨어의 품질관리, 형상관리 등을 다루고, 소프트웨어 엔지니어, 즉 프로그래머들의 개발과정인 요구사항 분석, 설계, 구축 및 시험, 설치 및 인수에 관한 방법론, 툴 등에 관하여 공부한다.

(4) 데이터베이스론

이 과목은 데이터베이스 시스템에 관한 기본 과목이다. 모든 정보시스템의 중요한 요소인 데이터베이스 시스템의 기본개념에 대하여 공부한다. 이 과목에서는 데이테베이스의 관리자와 사용자 모두에게 공히 요구되는 실제적인 이슈들, 예를 들면 데이터베이스 시스템의 구조, ER-Diagram을 이용한 모델링 기법, 디스크 저장 및 접근방법(예: Indexing이나 Hashing), 데이터베이스 설계, 트랜잭션 관리 등에 관하여 배우게 된다. 이어서 상용 데이터베이스 시스템인 Oracle을 이용하여, 자신이 설계한 데이터베이스를 가지고 여러 가지 명령어를 통해 실습을 하게 된다.

(5) 회계정보시스템

본 과목은 학생들에게 다음과 같은 내용을 주로 학습하게 한다.

① 시스템, 정보, 경영의사결정, 통계, 회계모형, 정보기술 등 회계정보시스템에 관련된 개념들을 이해하는 것.

② 시스템흐름도, 자료흐름도, 자료구성 등과 같은 시스템 분석과 설계에 관한 다양한 기법들을 배우는 것.

③ 복잡한 시스템 환경 속에서 어떻게 전반적인 시스템을 개발하고 구축할 것인가에 대한 이해와 적용능력을 배양하는 것.

7. 생산/OR

(1) 생산관리

기업에 있어서 생산관리의 전략적 중요성을 검토하고, 효과적인 생산관리를 위한 개념과 기법을 다룬다. 다루어질 주요 주제로는 생산전략, 생산성, 품질관리, 재고관리, 생산계획, 공정계획 등이 있다.

(2) 계량경영학(OR)

경영문제를 선형계획법, 대기행렬이론, 네트워크분석, 동태적 계획법, 시뮬레이션 등의 계량적 기법을 적용하여 해결해 나가는 현대적 경영관리 방식을 이수한다.

(3) 로지스틱스관리

원재료의 조달, 생산계획 및 스케줄링, 그리고 완제품의 분배에 이르는 기업 내 모든 물류에 관련된 의사결정을 합리적으로 하기 위한 제반개념과 방법을 다룬다. 또한 기업내 물류관리의 확장된 개념인 공급체인관리도 살펴본다.

(4) 품질경영

기업환경이 국제화되어감에 따라 품질에 대한 인식이 기업경쟁력의 중요문제로 대두되고 있다. 이에 따라 국제품질 규약인 ISO9000의 인증요구조건과 절차 등을 살펴보고 아울러 통계적 품질관리, 종합적 품질관리 그리고 서비스산업의 품질관리 등을 다룬다.

8. 기 타

(1) 기업법

회사기업, 특히 주식회사에 관하여 설립에서부터 해산/청산에 이르기까지의 법적인 여러 문제점을 해석학적인 측면은 물론, 비교법적/입법론적으로 고찰한다.

(2) 기업윤리

기업행위의 윤리적 차원에 의한 체계화로 기업의 책임론을 주된 내용으로 한다.

16.2 어학연수 및 MBA안내

1. 어학연수

오늘날 세계 인구의 약 20% 정도인 10억명 이상이 영어를 쓰고 있는 것으로 알려져 있다.

통계적으로 볼 때 그 중 3억 이상의 인구가 영어를 모국어로 사용하고 있으며, 7억 이상의 인류가 영어를 제2외국어로 사용하고 있다고 한다. 또한 영어는 UN을 비롯한 국제 기구들에서 공용어로 사용되고 있으며, 이미 서적, 신문, 인터넷, 공항, 항공 관제소, 국제무역, 국제 해운업, 과학, 기술, 의학, 정치, 스포츠, 대중음악, 광고 등의 많은 분야에서 없어서는 안되는 존재로 자리잡고 있다. 결국 영어연수에 대한 필요성을 개인과 직장 내지는 정부 등에서까지도 깊이 인식할 수밖에 없는 상황이 온 것이다.

비즈니스맨뿐만 아니라, 과학자, 정치가 등의 거의 모든 직업전선에서 국제 공용어인 영어를 배우지 않고서는 발돋움할 수 있는 여지가 별로 없다고도 말할 수 있다. 이러한 추세에 발맞추어 과거 수년동안 영어권 국가에서 영어를 배우고자 하는 학생들의 수도 급격하게 증가해 온 것이 사실이다.

아래에서는 이러한 어학연수에 대하여 자세히 설명하고 있는 관련 사이트를 소개하고 있다.

꿈 많은 대학시절에 자신의 영어능력을 크게 향상시키고 외국에서의 색다른 경험까지도 쌓을 수 있는 어학연수를 해보는 것도 좋을 것이다.

유학세계	www.study.co.kr
동서유학원	www.dongsuh-edu.co.kr
Interstudy	www.interstudy.net
국제교육원	www.eduhouse.net
IERI 유학원	www.ieri.com
JK International 유학원	www.jkint.com
가교유학원	www.kakyo.com
고려유학정보	www.mypage.channeli.net/keic505
국제유학원	www.ia.co.kr
로스타	www.roster.com
유학뱅크	www.yuhakbank.com
조이아카데미	www.joyacademy.net

2. MBA

① 개 요

경영학과 학생들이 목표로 하는 석사학위는 MBA (master of business administration)라고 불리우는 것으로서 최근 들어 MBA과정은 정치, 사회적으로 요구되는 바가 커지면서 점점 그 인기가 올라가고 있다. 또한 학위 과정에 다양한 전공 분야를 포함하고 있는데 Accounting, Finance and Banking, Human Resource Mangement And Personnel, Industrial Administration, International Business, Marketing, Organizational Behavior, Real Estate, Taxation 등이 있다. MBA과정의 입학 요건으로는 보통 최소 3년의 분야별 경력과 GMAT 성적도 요구되는 바, 이때 Personal Statement와 각각의 Essay 등이 합격여부에 커다란 영향을 미친다.

경영학이 주는 매력은 여러 가지가 있다.

첫째, 회사의 경영인이 되어 무한한 성공의 가능성을 꿈꿀 수 있다.

둘째, 크고 작은 대다수의 대학교가 경영학 과정을 가르치고 있고 또 다른 전문직 전공에 비해 입학이 용이하므로 학교 선택의 폭이 넓다.

셋째, 직장 선택의 폭이 넓다. 미술 전공자나 연극 전공자는 특수 분야의 직업을 가져야 하므로 선택의 폭이 자연히 좁아지지만, 경영학 전공자는 사기업, 공기업, 정부기관 등의 모든 분야에서 필요로 하므로 은행, 제조업, 증권회사, 여행사, 무역회사, 공사, 정부부처 등 여러 종류의 직장에 두루 채용될 수 있다.

그러나 경영학 전공이 장점만을 가지고 있는 것은 아니다. 경영학 전공시 유의할 점들은 다음과 같다.

첫째, 경영학은 의학이나 법학과 달라서 자격증에 의해 사회적 신분이 보장된다거나 좋은 수입이 기다리고 있는 것은 아니다. 대부분 경영학 전공자들은 큰 기업의 최고 경영자(CEO)자리를 꿈꿀 수 있으나 우선은 취직을 해야 하고, 졸업 학교나 경력에 따라 틀릴 수 있으나 대학 졸업 후 취직할 때 대우는 공대(Enigneering) 출신들보다 떨어지는 게 보통이다. 회계학(Accounting)을 전공하고 공인회계사(CPA) 자격증을 취득하는 것을 제외하고는 기타 일반 경영(Mangement), 재무론(Finance), 마케팅(Marketing), 경영 정보관리 및 국제경영학(International Business) 전반에 걸쳐 특별한 자격 제도는 없다. 즉, 개인의 자질로 자기의 길을 헤쳐 나가야 한다. 경영학 석사(MBA)도 최근에는 포화상태를 빚어 1980년대 중반처럼 선택해서 가는 특권을 잃었다.

둘째, 취업을 서두르다 보면 자기의 전공(예: 마케팅)과는 거의 관계가 없는 분야(예: 일반관리 혹은 은행)에 취직하는 사례가 종종 있고 이것도 저것도 아닌 것 같은 혼돈에 빠진다는 사람도 있다. 컴퓨터 전공이나 예술 전공같이 기능면에서 확실한 아이덴티티(Identity)를 가질 수 있는 것도 있지만 경영학 전공, 특히 일반 경영(General Mangement)분야는 광범위한 수강과목으로 인해 기능적 전문성에 회의를 품는 사람들도 있을 것이다. 그러므로 경영학은 전공자에게 전문적 기술을 가르치는 학문이라기 보다는 인문·사회과학의 폭넓은 교육과 경영기법의 기본을 가르쳐 학생들의 시야를 넓히고 최고경영자의 자질을 쌓아 주는 것이다.

많은 학교가 MBA 지원요건으로 GMAT 500점을 최저점수로 잡고 있으나 지원자가 많은 상위권 학교들은 600점 정도가 되어야 합격이 가능하다. GMAT 550점 이상을 얻으면 웬만한 학교는 한번 시도해 볼 만하다. 학부 성적이 3.0이상이면 큰 상관이 없겠으나 GMAT, GPA(총평점) 및 직장경력을 같이 참고하므로 이 세 가지 분야 중 두 가지가 뛰어나면 한 가지 분야가 약해도 입학시키는 경우가 있다.

② MBA세부 전공 소개(자료참고: IERI유학원)

경영학은 크게 재무(Finance), 마케팅(Marketing), 회계(Accounting), 일반경영(Management), 정보관리(Mangement Information System) 등으로 나눈다. 최근엔 세계경제의 국제화(Globalization)로 인해서 국제 경영학(International Business)이 인기를 얻고 있다. 지

난 80년대에는 Wall Street를 중심으로 한 금융 산업의 각광에 의해 재무론(Finance)의 인기가 절정이었고 지금은 전반적인 경제의 불황, 특히 금융분야의 어려움으로 재무론 전공자들이 어려움을 겪고 있다. 재무론 전공자는 주로 은행, 증권, 투자분야가 전공을 살리기에 적합한 직업이 될 것이다. 재무론 과목들은 수학을 기본으로 요구하므로 자신의 수학실력을 점검해 볼 필요가 있다.

마케팅은 창조적이고 진취적인 사람들에게 매우 멋진 전공이 된다. 마케팅이 가르치는 분야는 판매(Sales), 홍보(Promotion), 유통(Channel), 시장조사(Market Reserch) 등인데 상품개발 등에도 관여하므로 능력이 있으면 회사 내에서 눈에 잘 띄는 직종들에 종사하게 된다.

경제가 불황이면 광고와 유통(예: Retail)이 타격을 받으므로 경기에 민감한 분야이기도 하다. "소비자"와 회사를 연결해 주는 고리 역할을 하기 때문이다.

회계(Accounting)는 공인회계사(CPA)를 하고 싶은 사람들에게 필요한 전공으로 조직의 회계감사, 세무관리, 지출, 회계, 조사들을 할 수 있는 능력을 길러 준다.

세무관리(Taxation)와 회계감사(Audit)는 조직의 크고 작음에 관계없이 다 필요한 것이므로 경영분야에서 중요한 역할을 하는 기능이며 회계학파트에서 가르치고 있다.

일반경영(Management)은 소위 "남을 통해 일을 이루는"관리 직무를 가르친다. 생산관리, 조직관리가 주를 이루고 있고 회사내 권력구조에 깊이 참여하게 된다. 마케팅이 소비자와 끊임없는 연결을 하는 업무라고 한다면, 일반 경영은 조직내의 각 기관의 이해관계를 효과적인 인사관리 등으로 잘 처리해야 하는 임무를 진다. 학교, 행정부, 병원, 자선기관 등의 비영리기관(non-for-profit organization)도 일반 경영 전공자를 많이 필요로 한다.

경영정보관리(Management Information System)는 컴퓨터를 다루는 지식을 길러 주며 이 컴퓨터 시스템이 어떻게 조직에 도움을 줄 것인가 하는 응용능력(Applicability)을 길러 준다. 컴퓨터의 능력을 알고 있는 신세대에 어필하는 전공이다.

어느 전공을 택할 것인가는 자신의 적성과 미래의 포부에 맞추어 선택해야 할 것이다. 위에 열거한 것 중 두 가지를 전공(Major)하고 나머지를 부전공(Minor)할 수도 있다. 부전공 제도를 잘 사용하면 직장 선택시 큰 도움을 주기도 한다. 예를 들어, 심리학(Psycology)과 마케팅을 같이 공부하면 광고제작 등의 직무에 남다른 실력을 발휘할 수 있을 것이다.

마지막으로 국제 경영학(International Business)은 유럽, 아시아 그리고 북미주 등 이미 연합을 통한 지역통합체제로 들어가기 시작하는 경제권을 집중적으로 파악하는 분야이다. 급격한 세계의 블럭화가 이루어지는 시점에서, 국제 마케팅, 국제 재무, 국제 경영 등의 과목과 아시아 경제, 유럽 경제들의 지역 경제를 배우므로 학생들의 시야를 넓히고 미래를 잘 준비시킬 수 있는 분야이다.

③ 우수 MBA School 소개 (자료 참고: IERI유학원, joyacademy.net)

Ducke University

이 대학의 MBA는 Emory University와 함께 미 동남부 최고의 비즈니스 코스로 알려져 있다. 우수도 순위 10위 사이에 오른다. 학교측의 자료에 따르면, 1999년 입학생의 평균 GMAT 점수가 664점, 학점이 3.34/4.0, 직업경력이 4.5년이다. 요구하는 TOEFL 최저점수는 600점이나 625점이 넘어야 입학이 가능하다. 예정된 학기에 등록이 어려운 학생들에게는 지원 연기 혜택(Deferred Admission)도 주고 있다. 연간 학비는 $27,000이며 외국인 유학생을 위한 장학금은 없다. Essay Topic이 까다롭기로 유명한 학교이다.

Indiana University-Bloomington

미국내 20~30위 내에 드는 우수한 실력을 자랑하는 학교 중의 하나이다. 입학은 가을학기에만 가능하다. TOFEL은 610점을 넘겨야 합격 안정권이다. 외국 학생들에게는 첫 1년 동안 장학금을 제공하지 않는다.

New York University(Stern School)

한국 학생들에게 가장 널리 알려진 MBA School 중 하나이다. 대학원 못지 않게 학부 과정도 인기가 있어 학부 경영학과의 경우, 전 미국 우수 순위 5위 내에 들 정도로 위력을 발휘하고 있다. 경비는 미국에서 가장 비싼 수준인 연간 3만 달러를 훨씬 상회하고 있으므로 경비에 자신 없는 학생들은 지원하지 않는 것이 좋다. 외국 유학생에게 주는 장학금은 물론 없다. TOEFL과 GMAT 기준은 없으나 모두 600점을 넘어야 입학이 가능하다고 보면 된다. 1999년도 GMAT평균은 675이며 평균 GPA는 3.4/4.0이다. 이 대학은 특히 실용적인 프로그램이 다양하기로 소문난 곳으로 Marketing을 전공하더라도 Advertising, Product Management, Marketing Research, International Marketing 등 다양한 분야를 선택할 수 있다.

University of Pennsylvania

Wharton Business School로 널리 유명한 비즈니스 스쿨로 항상 Top 5에 오르는 명문대학이다. MBA세부 전공분야 중, 거의 전 분야에서 상위 10위 권에 오르는 우수한 프로그램을 자랑하며, 특히 Finance, Marketing 및 Accounting분야는 세계 최고 수준을 자랑한다. 대부분의 지원자들이 TOEFL은 600점을 넘기고 있으며 GMAT 평균은 685점이다.

Stanford University

자타가 공인하는 미국 서부 지역 최고의 비즈니스 스쿨이다. 스탠퍼드는 특히 일본, 한국, 홍콩 등 동양계 출신의 학생들이 10%를 넘어서 아시아인 국가가 가장 많은 학교 중의 하나이다. 유학생도 전체 학생 수의 18%를 차지하고 있다. 이 대학은 미국 내에서도 IBM 등 대기업이 가장 선호하는 비즈니스 스쿨로 널리 알려져 있으며 주로 직업 경력자들이 많이 지원하고 있다. 신입생들의 평균 직업 경력은 3-5년이다. GMAT 최저점 제한은 없으나 지난 5년간 신입생의 75%가 670점 이상의 점수를 획득했다. TOFEL의 경우도 대개 630이상이다. 연간 학비는 미혼자의 경우 25,000달러 선이다.

University of California, Berkeley

Haas School로 알려진 버클리 MBA코스는 각 평가 기관에 의해 5~20위 사이를 오르내리지만 일반적으로 10위내에 드는 우수한 대학으로 알려져 있다. Haas스쿨은 아시안 연구 MBA, MBA/JD, MBA/MPA 등 다양한 코스를 가지고 있어 선택의 범위가 넓다. 입학원서는 해마다 전년도 11월~12월 사이에 받고 있으니 유학생들은 서둘러 지원할 필요가 있다.

TOEFL과 GMAT는 특별히 하한선을 정해 놓고 있지 않지만 일반적으로 TOEFL은 620점, GMAT는 630점을 넘어야 입학이 가능하다. 이 대학은 특히 직업 경력을 중시하는 학교중의 하나로 1999년도 전체 학생의 90% 이상이 3년 이상의 경력을 가지고 있으며 평균 직업 경력이 4~6년이다.

University of Chicago

미국 내 우수 경영 대학원 5위 내에 항상 랭크되는 최우수 MBA 스쿨중의 하나이다. 시카고대학은 특히 동아시아를 비롯해, 지역 단위 MBA프로그램을 왕성하게 개발하고 있는 대학으로 외국 유학생들의 관심을 끌고 있다. TOEFL 기준은 550점 이상(각 Section별 55점 이상)이나 620점을 넘겨야 합격 안정권에 들어간다. GMAT 점수나 학점의 최저규정은 없다.

University of Michigan

미시건대는 미국의 모든 유수 잡지들에 의해 항상 10위 내에 오르는 최우수 경영대학원을 가지고 있다. 시카고 대학과 함께 중북부 최고의 비즈니스 스쿨로 꼽히는 미시건대는 가을 학기에만 외국인 입학이 허용된다. TOEFL, GMAT 기준을 확정해 놓고 있지 않지만 최소한 TOEFL 630점, GMAT 650점을 받아야만 합격 안정권에 든다.

University of North, Carolina-Chapel Hill

비교적 적은 비용을 들여 공부할 수 있는 비즈니스 스쿨 중의 하나이다. 연간 학비는 16,400달러 선이다. 외국 유학생의 입학 조건은 TOEFL이 600점 이상(각 Section 60점 이상)이다. GMAT은 최저점이 없다. 1999학년도 입학생의 평균 점수는 GMAT 641점이며 학점은 3.2/4.0이다. 같은 해 입학생의 99%가 직장 경력자이다. 외국 유학생은 전체 학생의 12%선 이다.

University of Virginia

버지니아 대학의 경영 대학원(Darden)은 미국에서 가장 외국 유학생이 적은 학교 중 하나이다. 이는 Darden의 재학생이 소규모인 것에도 원인이 있으나 지역이 동남부로 유학생에게 인기를 끌지 못하는 점에 기인하고 있다. GMAT, TOEFL이 1월까지 응시가 가능하다. 대학 측에 따르면 1999년도 입학생의 평균 GMAT는 685점 GPA는 3.36/4.0이다.

④ 유럽, 캐나다 지역의 비즈니스 스쿨

먼저 미국과 유럽의 비즈니스 스쿨을 비교해 보면, 이 두 비즈니스 스쿨 사이에는 크게 두 가지의 차이점이 있는데, 하나는 미국 MBA과정은 2년 과정인데 반해 유럽 MBA과정은 1년 과정으로 설계되어 있다는 것이고, 또 하나는 미국은 International Students의 비중이 30% 내외가 대부분인데 반해 유럽은 자국민의 비중이 15% 내외로 다국적 학생들로 구성되어 있다는 것이다.

유럽이 미국에 비해 비즈니스 스쿨의 역사는 짧지만 결코 미국 비즈니스 스쿨에 비해 질적으로 뒤지지는 않는다. 유럽의 3대 비즈니스 스쿨인 LBS, IMD, INSEAD 등은 미국의 Top Business School과 같은 수준으로 평가되고 있다. 이외에도 스페인의 IESE, 영국의 Imperial College, 맨체스터, 네덜란드의 RSM 등도 우수한 비즈니스 스쿨이다. 물론 미국에 비해 비즈니스 스쿨에의 숫자는 절대적으로 적고, 다국적 학생들로 구성되어 있어 한국 학생들의 입장에서 볼 때 그만큼 입학허가를 받기가 어렵지만 유럽관련 경험이 많고 유럽계 회사에서 근무할 계획을 갖고 있다면 또 다른 기회를 갖을 수 있을 것이다.

또한 캐나다의 비즈니스 스쿨의 경우에는 인지도면에서는 미국의 비즈니스 스쿨에 비해 떨어지지만 학비가 저렴해 최근 관심이 점차 커지고 있다. 미국의 비즈니스 스쿨과 직접적인 비교를 한 자료는 업지만 Univ. of Western Ontario(RICHARD IVEY School of Business), Mcgill Univ., Univ. of Toronto, York, Queens, Univ. of British-Columbia 등의 주요 캐나다 비즈니스 스쿨은 미국 비즈니스 스쿨을 기준으로 할때 30위권 내에 드는 수준이라고 한다. 특히 Western Ontario는 Top School과 견줄 수 있을 것이라고 학교측은 자평하고 있다.

⑤ 우수 MBA School 순위 및 Web stie (자료참고: IERI 유학원)

1. Harverd University (MA)   www.hbs.edu/
2. Stanford University (CA)   www.gsb.stanford.edu/
3. University of Pennsylvania (Wharton)

www.wharton.upenn.edu/mba/

4. Massachusetts Institute of Technology (Sloan)
www.mitsloan.mit.edu/

5. Nothwestern University (Kellogg) (IL)
www.kellogg.nwu.edu/

6. University of Chicago www.chicagogsb.org/

7. University of California-Berkeley (Haas)
www.haas.berkeley.edu/

8. Columbia University (NY)
www.cloumbia.edu/cu/business/

9. Duke University (Fuqua) (NC)
www.business.duke.edu/

10. University of Michigan-Ann Arbor
www.bus.umich.edu/

11. University of California-Los Angeles (Anderson)
www.anderson.ucla.edu/

12. Cornell University (Johnson) (NY)
www.johnson.cornell.edu/

13. Dartmouth College (Tuck) (NH)
www.dartmouth.edu/

14. University of Virginia (Darden) www.darden.edu/

15. Carnegie Mellon University (PA) www.gsia.cmu.edu/

16. New York University (Stern) www.stern.nyu.edu/

16. University of North Carolina-Chapel Hill (Kenan-Flangler)
www.bschool.unc.edu/

18. University of Texas-Austin texasinfo.bus.utexas.edu/

19. Yale University (CT) www.yale.edu/som/

20. Indiana University-Bloomington (Kelley)
www.kelley.indiana.edu/mba/

참고

경영학 관련기관 사이트

금융감독원	www.fss.or.kr
한국경영과학회(KORMS)	www.dure.net/~koms/
한국경영학회(KASBA)	www.kasba.or.kr/
경영정보학회(KMIS)	www.kmis.or.kr
한국DB학회(KDBS)	society.kordic.re.kr/~kdbs/
한국인사조직학회(KAM)	www.dure.net/~kam/
한국증권학회(KSA)	www.dure.net/~ksa/
한국마케팅학회(KMA)	www.dure.net/~kma/
한국국제경영학회(KAIB)	www.dure.net/~kaib/
한국금융학회(KMFA)	www.dure.net/~kmfa/
한국생산관리학회(KPOMS)	www.dure.net/~kpoms
한국세무학회(KAT)	www.dure.net/~kat
한국무역진흥공사(KOTRA)	www.kotra.or.kr/main/main.php3

16.3 졸업 후 진로

대학생들에게 있어 고시의 매력은 여전히 사그러들지 않고 있지만 1990년대에 들어서면서부터는 금융, 마케팅 등 자유롭게 개성을 살리는 직업이 인기직종으로 부각되었다. 그런 직업은 특히 경영학과 학생들이 직접 배우며 느끼는 분야이기 때문에 진출의 폭도 그만큼 넓고 자신이 좋아서 하는 일이라면 개인적인 성장가능성도 매우 높다고 할 수 있다. 여기서는 우선 경영학과 학생들의 졸업 후 진로를 개략적으로 제시한 뒤 최근 들어 이들이 많이 선호하는 전문직 중에서 대표적인 몇 가지는 설명을 덧붙이고자 한다. 이 외에도 경영학과 출신 졸업생들의 진로는 무궁무진하며 사회 각 분야에서 그들의 활약은 눈부실 정도이다. 여러분들도 지금부터 착실하게 미래를 준비한다면 선배들의 대열에 당당하게 낄 수 있을 것이다.

1. 개 요

(1) 재무/보험

① 금융기관

② 경제연구소

③ 금융관련전문가

(2) 인사/조직

① 경영, 경제, 노동문제연구기관 및 경영자문회사

② 인적자원관리전문가

(3) 마케팅/국제경영

① 시장조사연구소 또는 기관

② 경영자문회사

③ 상품기획 및 영업기획

④ 광고회사

(4) 회계/MIS

① 공인회계사

② 경영 컨설팅 분야

③ 연구소 및 학계

(5) 생산/OR

다양함(제조업-서비스업)

2. 최근 각광받는 전문직 소개

자료원: www.joyacdemy.net; 정혜원, 요즘 뜨는 직업 잘 나가는 직업, 청담, 1998; 이진재, 유망직종 150, 잡포인트, 2000.

① 펀드매니저(Fund Manager)

펀드(fund)는 투자신탁에 있어 독립적인 운용단위로서 관리되고 있는 신탁재산을 말한다. 그리고 펀드매니저(fund manager)란 그러한 펀드의 운영을 담당하는 전문가를 가리킨다. 한편 펀드매니저는 고객들로부터 모은 돈을 운영하기도 하는데 자산을 운영하는 전문가로서 자신의 전문지식과 시세감각을 가지고 운용자산의 특성에 맞추어 가장 효율적인 투자계획을 세워 운용하는 사람이다.

이들은 주로 투자자문회사, 투자신탁회사, 은행, 보험회사에서 활동하는데 이 중 투자신탁회사에 펀드매니저가 많다. 투자신탁회사의 업무가 투자자들이 맡긴 돈을 운용하여 생기는 이익을 투자자들에게 돌려주는 일이 많기 때문이다.

펀드매니저는 자금사정의 변화 및 주식시장의 변동에 따라 포트폴리오(투자자산의 구성)를 조정하여 항상 최대한의 이익을 얻도록 투자계획을 세우게 된다.

국내에서 펀드매니저가 되는 국가공인 자격증이 따로 없으나 증권분석사회에서 시행하는 증권분석사 자격증이 있다. 이는 민간단체에서 자체적으로 주관하기 때문에 자격증 취득이 취업에 직결되지는 않는다. 시험은 학력과 성별의 구분이 없고 20세 이상이면 지원이 가능하고, 1차 시험은 경영학원론, 경제학원론, 회계학원론, 상법으로 치러지고 2차 시험은 경제학, 회계학, 증권투자론, 증권관계법으로 구성되어 있다.

펀드매니저가 되기 위해서는 금융기관의 입사가 중요하며 투자신탁회사에 입사하는 것이 가장 빠른 길이다. 은행의 경우는 주식운용부서에서 일하는 것이 펀드매니저로 성장할 수 있는 가장 빠른 길이다. 그러나 은행이나 증권회사의 경우는 이들을 펀드매니저라고 부르지 않고 단지 주식운용부나 상품운용부, 투자자문부의 직원으로 간주한다. 그러나 펀드를 운용하는 업무를 담당하면 실무와 분석기법을 익히고 나서 까다로운 통과를 거쳐 펀드매니저의 업무를 담당한다.

정식 펀드매니저가 되기 위해서는 자기개발 노력이 필요한데 국제경기흐름, 정치의 흐름, 경기의 변동에 민감해야 하며 증시변화에 따른 판단력과 결단력이 요구된다. 또한 불특정 다수의 투자자로부터 자금을 모아 최소한의 위험으로 수익을 늘려 다시 고객에게 돌려 주는 일 자체에 강한 성취감을 느끼는 사람에게 적합하다.

② 애널리스트(투자분석가: Analyst)

애널리스트(Analyst)란 실무에서 기업을 분석하는 투자분석가이다. 단순직이 아닌 전문직으로서 복잡한 분석업무를 수행한다. 주로 증권회사 연구센터, 투자분석부, 기업분석부에서 활동하는 이들은 자신들이 맡은 해당 업종에 속한 기업들만을 전담하여 해당기업 및 산업의 동향에 대한 정보를 수집·분석하고 주식시장을 전망하여 기업별 재무분석, 유망업종 및 유망기업을 선정하여 주가를 전망하는 업무를 수행한다.

기업의 현재가치와 미래가치를 평가하여 적정 주가를 산출하고 향후 주가 추이를 예측하는 것이 애널리스트의 주요 업무이다. 펀드매니저가 필드에서 활동하는 실전 전문가이면, 애널리스트는 전략을 세워 계획을 수립하는 이론 전문가로 볼 수 있다.

애널리스트의 의견은 즉시 주식시장에 반영되어 주가의 변동에 영향을 미친다. 대부분의 증권회사는 부설 연구소 혹은 계열 연구소를 가지고 있는데 이는 기업을 분석하는 투자정보를 제공하기 위한 전문기관으로서의 역할을 담당하기 위해서이다.

이들 연구소의 애널리스트는 증권회사를 지원하는 두뇌집단으로 증권사의 흥망은 이들의 역할에 달려 있다고 해도 과언이 아니다. 때문에 애널리스트는 전문지식과 풍부한 실무경험이 중요한 자산이 된다. 아무리 이론적 토대가 탄탄해도 경험이 없으면 기업분석 과정에서 잘못된 판단을 내릴 수 있기 때문이다.

때문에 이 분야를 전공한 애널리스트가 대부분이고 증권사, 금융사의 경력자들이 주를 이룬다.

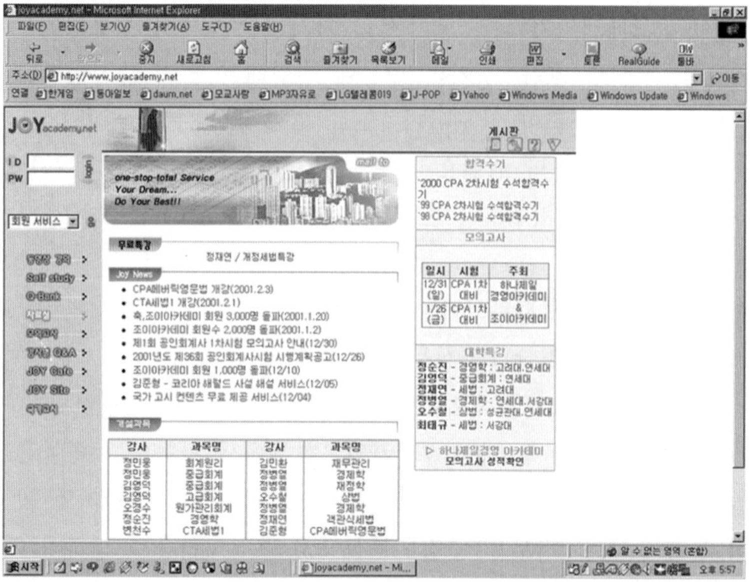

〈www.joyacademy.net의 홈페이지〉

③ 금융컨설턴트

현대 직장인의 두드러진 특징 중 하나는 재테크에 관심이 많아졌다는 것이다. 부모님세대의 근검절약과 저축정신은 단순하고 경제성이 떨어지는 과거의 이야기로 뒷전에 있고 각종 정보를 통해 수익이 발생하는 창구를 다양하게 모색한다.

금융 컨설턴트는 의뢰인에게 맞는 재테크 방법을 설계하고 이에 대한 구체적인 방법을 제시해 주는 맞춤상담 서비스를 실시하는 전문가이다. 개인의 재테크 상담과 기업의 경영컨설팅까지 상담의 범위는 매우 넓다.

금융 컨설턴트는 고객의 자산, 부동산, 보험, 세금, 부채 등의 자료를 모두 수집하고 이에 대한 관련자료를 수집하고 분석을 한다. 그리고 그에 맞는 투자계획을 만든다. 의뢰인이나 의뢰기업의 재정에 관한 사항을 종합적으로 고려하여 합리적인 자산운영방안을 세우는 것이 이들의 업무이다.

금융컨설턴트는 고객의 의뢰가 들어오면 라이프플랜을 작성한다. 고객의 미래수입과 지출액을 산출하고 노후의 생활과 리스크 관리대책을 제시한다. 미래수준의 계획을 현재의 관점에서 세운다는 점이 부담스럽지만 고객은 이를 미리 파악하기를 원한다.

개인의 라이프플랜을 작성한 후에는 자산의 포트폴리오 구성과 적당한 금융상품의 제시로 상담은 이어진다. 부동산에 관심을 표현하는 의뢰인에 대해서는 입지와 최적의 활동범위를 고려하고 투자 후의 손익상황을 검증한다. 금융상품이나 부동산에 대해서는 일반적인 세액과 관련세액의 검토로 아울러 해주어야 한다.

금융 컨설턴트는 사업을 승계 하거나 상속을 위한 상담도 담당하는데 주식, 부동산, 동산에 관한 원활한 이전을 검토하고 사업승계를 위한 대책을 마련한다. 상속에 대한 상담은 세금에 대한 상담으로 세금이 지나치게 많을 경우는 절세에 대한 대안을 제시한다.

기업의 창업이나 경영을 상담하는 일도 금융 컨설턴트가 담당한다. 창업에서는 회사설립에 필요한 준비와 은행자금의 유입, 설립단계별 준비사항을 수시로 체크한다. 기업의 경영에 대한 상담에서는 기업의 조직개선과 경쟁력강화, 자금과 재무상담, 노무상담부터 임금체계의 지도도 언급된다. 그밖에 해외투자와 수출입 업무의 컨설팅과 투자국의 경영상황과 경제환경 등의 정보를 보고서 형식으로 작성해 주기도 한다.

④ 선물거래중개인

물건이 지금 당장은 필요하지 않지만 6개월 또는 1년 후를 위해 현재의 가격으로 미리 물건을 구입하는 전문가가 있다. 이들은 현재 물건값으로 계약을 체결하고 일정기간 후에 계약한 대로 구입비를 지불하여 물건을 받게 된다.

선물거래 중개인은 고객으로부터 선물거래 계약이나 옵션의 매매 주문을 받아 거래 계약을 체결하고 매매주문의 체결에 따른 고객의 현금이나 유가증권을 관리하며 투자상담을 하여 고객에게 시장정보를 제공한다. 고객에게 선물거래의 개괄적인 사항과 선물거래시 가격 변동에 따른 위험을 설명하고 계좌개설 전에 고객정보 및 재정상태를 파악한다.

선물·옵션 등을 거래하고자 하는 개인·법인에게 선물거래의 일반적 사항과 위험 등을 고지한 후 계좌개설 신청서를 접수하여 계좌를 개설하고 거래에 필요한 현금, 주식, 채권 등의 증거금을 받아 개설된 계좌에 입금, 입고 처리한다. 이때 증거금이란 선물계약 당사자들이 결제시점에서 거래약속을 이행하도록 담보로 요구하는 일종의 계약금이다.

선물거래 중개인은 고객으로부터 주문을 접수하여 상품의 종류, 가격, 수량 등의 적정여부를 확인하고 주문증거금 유무를 확인하여 주문한다.

주문을 접수한 후 이를 체결하고 매도에 관한 수량과 정산자금을 산출한다. 각 종목에 따른 증거금을 산출하고 이에 관한 내용을 고객에게 요구하여 적정한 증거금을 유지하도록 해야 한다.

선물거래를 한 고객의 요구에 따라 이를 언제든지 매매할 수 있으며 이에 관한 금액을 고객의 계좌에 입금하고 출금할 수 있는 권한도 선물거래 중개인에게 주어진다. 또 가격의 영향에 따른 물가, 외환시세 등의 동향을 인터넷을 통해 분석하고 이러한 시장정보를 수집하여 단기예측에 관한 기술적 분석을 하여 고객에게 알려 주어야 한다.

선물거래 중개인이 되기 위해서는 일단 선물회사나 신탁회사, 증권회사, 은행 등의 자산운용부서에 취직을 해야 한다. 또 선물회사마다 약간의 인원만이 채용되므로 정기채용은 많지 않다.

국내외 실물경제에 대한 자료를 정확하게 이해하고 판단할 수 있어야 한다. 뛰어난 위험관리능력과 컴퓨터 활용능력이 있어야 하며 시장조사와 분석에 관한 지식이 필요하다.

선물거래에 대한 국내의 자격제도는 없으며 미국의 공인자격증 AP(Associated Person)를 취득할 수 있으며 이 시험에는 선물거래 증거금, 상품선물의 투기거래, 금융선물의 투기거래, 주문, 가격분석, 옵션 거래 등 선물거래 이론과 규제의 개요 등의 지식을 요구한다. 현재는 선물협회, 증권협회 및 실무교육과정이 개설되어 있다.

⑤ M&A 전문가

IMF이후 금융전문가와 함께 M&A전문가, 아웃소싱 관리 전문가의 중요성이 부각되었다. 특히 조사분석과 조직문화를 구성하고 지식사업을 관리하며 직무분석 및 직무평가에 관한 중요성이 다른 분야에 비해 인기가 높아진 것이다. 때문에 일반적인 관리자나 사무직원으로 평생을 살아야 하는 샐러리맨들의 전문직업으로 M&A 전문가에 관한 관심이 높아지고 있는 실정이다.

M&A전문가는 중개업무를 수행하고 간접적으로 M&A시장을 형성해 나가는 전문가로 기업들의 리스트럭처링을 통해 기업의 구조를 재편하고 다양화하여 기업의 경쟁력을 높이고 경영성과를 조정하는 기업전문가이다.

기업의 구조조정에 참여하여 기업 및 사업부문의 매도와 매수, 인수와 합병을 담당하고 기업간 제휴를 통해 기업의 성장전략과 연관된 지식을 제공하는 경영 집약적 전문가가 바로 M&A전문가인 것이다.

M&A 전문가는 대졸 이상의 학력으로 상경계열이나 법정계열의 전공자가 많다. 또는 국외 학위소지자로서 MBA(Master of Business Administration)를 갖춘 사람도 적지 않다.

이들은 신입사원 때부터 M&A전문가로 일을 할 수는 없고 흔히 금융기관이나 일반 기업에서 3~5년 이상의 폭넓은 경력을 쌓은 후에 일을 할 수 있다.

공인회계사 또는 증권분석사의 경력을 쌓으면 M&A전문가로 활동하는 데 도움이 된다. 경영에 관한 기본이해 및 응용능력을 갖추어야 하고 기업의 구조에 관한 이해와 분석이 요구된다. 금융시장에 관한 관련법규를 알고 있어야 하며 산업전반에 걸쳐 거시적인 분석이 필수이다.

현재 우리나라에서 활동하고 있는 M&A 전문가의 수는 정확히 파악되지 않는다. 다만 다국적기업 등과 관련하여 많은 수가 이에 관심을 가지고 참여하고 있음을 알 수 있을 뿐이다.

기업의 국가간 인수와 합병이 더욱 심화되고, 소규모 기업이 대기업에 점차 편입되어 가고 있는 현재의 실정으로 말미암아 M&A전문가의 필요성을 더욱 요구되고 있다.

⑥ 광고기획자

광고기획자란 의뢰 받은 제품의 광고효과를 극대화하기 위해 전반적인 광고업무를 수행하는 사람으로 흔히 A.E.하고 불린다. A.E.는 광고주와 광고대행사 사이의 실질적 책임자로서 광고주에게는 뛰어난 광고전략을, 광고회사에게는 좋은 이미지를 유지하게 하는 일을 한다.

광고를 의뢰받으면 이들은 먼저 광고기획을 세우고, 광고주와 '무슨 내용을, 어떤 매체를 통해, 누구를 대상으로 알릴 것인가' 라는 전략을 수집하고 예산을 결정한다. 그리고 가장 효과적인 광고물 제작을 위한 업무의 진행과 일반적인 관리를 담당하고 결과분석을 통한 차기계획까지 수립하게 된다.

즉 광고기획자는 광고전문가가 아니면 할 수 없는 직업으로 광고업계의 정보, 소비자심리, 상품지식, 광고디자인에 대한 지식을 이해, 사용할 수 있어야 한다. 그리고 소비자의 성향과 사회환경의 변화를 앞서서 파악할 수 있는 능력과 섬세한 감각과 독창성이 필요하다.

무엇보다 A.E.는 광고주와 광고회사 사이의 업무조정 능력이 탁월해야 한다. 광고를 따올 수 있는 세일즈 능력은 물론이고 제작팀을 이끌 수 있는 통솔력과 친화력이 있다면 더욱 좋다. 다시 말해, 다방면으로 뛰어난 사람이 능력 있는 광고기획자가 될 수 있는 것이다.

광고기획자의 역할은 광고회사의 규모에 따라 약간씩 차이가 난다. 큰 광고대행사의 경우 A,E.의 역할을 겸하는 경우가 많다.

현재 국내에는 20여개 광고대행회사에서 매년 공채로 사원을 모집하는데, 특별히 전공제한을 두고 있지는 않지만 대부분이 신문방송학이나 경영학 전공자 출신이 많다. 그 외 광고회사에서 실시하는 광고대상에 입상하여 특채로 입사하는 경우가 있고, 개인적으로 미리미리 광고대행사 여기저기에 이력서를 보내, 간혹 결원이 생길 때 충원되는 경우도 있다.

광고관련 사설교육기관에서 공부하는 방법도 있는데 여기서는 대부분 규모가 작은 광고대행사 쪽으로 취업을 알선해 준다.

최근 광고업계에서 광고기획자는 빠르게 증가하고 있으며, 여성 A.E.도 늘어가는 추세이다. 앞으로는 계속되는 광고시장개방으로 외국어 능력을 더욱 요구할 것으로 보이며, 다국적광고회사와 경쟁하기 위한 전문분야출신 A.E의 필요성이 크게 높아질 것으로 보인다.

현재 광고인력양성기관의 하나로 한국방송공사 부설 광고교육원에서 국제광고인 자격과정 I, II가 개설되어, 일반인과 전문 광고인을 대상으로 실무교육강좌를 실시하고 있다.

⑦ 스포츠 에이전트(Sports Agent)

최근 스포츠 마케팅에 관한 관심이 높아가고 있다. 단순히 스포츠 선수를 돌보는 매니저 수준에서 벗어나 선수의 이미지를 관리하고, 광고계약을 체결하고, 연봉을 협상하고, 운동량을 관리하고, 언론의 관심을 모으며, 선수를 상품으로 포장하는 일련의 일을 담당하는 것이 스포츠 에이전트의 일이다. 따라서 스포츠 마케팅을 담당하는 전문가로 최근 각광받고 있다.

영화『제리 맥과이어』와 박찬호 선수의 메이저리그 진출로 국내에서 관심을 모으게 된 스포츠 에이전시는 이미 선진국에서는 자리잡은 전문 마케팅이다.

이들은 선수의 보호를 위해 소속팀이나 경기에서 협의를 하고 연봉협상에는 선수를 대행하여 계약을 체결한다. 그리고 선수의 재정관리도 담당하여 선수가 안정적으로 생활을 유지할 수 있도록 최대한 돕는다.

또 광고계약을 체결하여 선수의 수입을 높일 수 있도록 기업의 홍보 담당자와 광고회사 담당자와의 연결을 시도한다. 책임진 스포츠 선수의 수입이 곧 에이전트의 수입이 되므로 이들은 시즌 후에는 선수의 상품성을 과대포장하고 스포츠 선수가 만능 엔터테이너인 것처럼 홍보한다.

생활수준이 향상되고 스포츠에 대한 일반인들의 관심이 높아지면서 스포츠에이전트에 대한 관심이 높아지고 있다. 그러나 그저 스케줄을 관리하고 이미지를 높이는 일반적인 매니저와는 달리 스포츠의 기본지식부터 체력관리, 마케팅, 금융관리까지 모두 담당하는 전문가임을 명심해야 한다.

스포츠 에이전트가 되기 위해 특별한 훈련이나 자격증이 필요한 것은 아니다. 다만 경영학이나 체육학을 전공한 경우라면 유리한 고지를 점령할 수 있다. 아울러 외국어실력이 요구된다.

기업에 소속된 스포츠 마케터는 마케팅 전문가로서 3~5년 이상의 회사경력이 있어야 전문가로서 일을 할 수 있게 된다. 또한 전문 스포츠 에이전시사에 소속되기 위해서는 석사학위 이상의 전문전공이 필요하고 학문적인 부분과 경력적인 부분의 인정을 받을 수 있어야 입사가 가능하다. 또한 외국에서 받은 학위도 유리하게 작용된다.

전문적인 공부를 위해서는 대학원 등에 진학하여 전공을 하면서 정보를 확보하고 스포츠 에이전트로 나아갈 분야에 관한 지식을 습득하는 것도 필요하다. 야구, 골프, 농구 등 프로선수들이 활약하는 분야는 어디서나 스포츠에이전트가 활약할 것으로 예상되므로 이에 관한 전문선수들의 활약상을 주목하여 리포트를 작성해 두는 것도 입사에 도움이 될 것이다.

⑧ 공인회계사(CPA: Certified Public Accountant)

공인회계사는 고객을 위해 회계, 감사, 세무, 컨설팅의 업무를 수행한다. 여기서 고객은 기업, 정부기관, 비영리법인 그리고 일반개인이다. 회계사는 주로 감사업무를 담당하면서 고객의 재무제표를 검토하여 투자가나 감독기관에 보고하는 일을 수행하지만 회계법인은 감사 업무보다는 수익이 높은 컨설팅 업무에 치중하는 추세다.

기업에서는 매년 결산을 하고 이에 대한 경영상태를 알린다. 기업은 자체의 재무제표가 적합한 기준에 의해 작성된 것인지를 객관적으로 입증하여 이를 주주와 채권자에게 공표한다. 이때 재무제표를 평가, 감사하는 업무를 회계사가 맡아서 하는 것이다.

최근 회계사들은 기업의 경영자들이 안전한 경영의사결정을 내리도록 돕기위해 재무에 대한 보고서를 분석하여 이해하기 쉽게 정리하는 일도 담당한다. 또한 주주, 채권자, 규제기관, 세무서 등 비경영집단에 제출할 목적으로 재무보고서를 작성하기도 한다. 회계사는 재무회계부서에 근무하면서 재무분석, 계획수립, 예산결정, 원가회계 분석을 수행한다.

회계사는 회계업무 이외에도 기업평가, 기업의 M&A, 기업경영진단, 경영전략수립 등의 업무와 경영자문 업무를 수행한다. 기업의 회계와 결산업무를 담당하고, 기업이나 개인의 납세신고서를 작성하고 세금에 대한 상담과 세무소송 등을 대리한다. 경영자문 업무는 경영전략, 재무관리 등에 효율적인 방안을 제시하고 사업의 타당성을 평가한다.

공인회계사는 경우에 따라서는 기업의 인수와 합병 및 외국기업의 국내진출을 돕는다. 회계사는 혼자서 근무하는 경우도 있지만 대형회계법인의 직원으로 입사하여 업무의 전문성을 높인다.

회계나 감사의 업무를 수행하는데 있어서 최근에는 컴퓨터가 널리 사용된다. 회계사들은 특별한 소프트웨어의 도움을 받아 재무사항을 기록하고 정해진 방식에 의해 자료를 정리하게 된다. 따라서 과거의 수작업은 많이 줄어들었다고 볼 수 있다. 그러나 컴퓨터네트워킹과 해킹 기술의 발달로 컴퓨터 작업을 기피하는 기업도 있어 수작업과 컴퓨터 작업을 수행할 능력을 동시에 갖추어야 한다.

공인회계사 업무에 종사하기 위해서는 주로 학사학위 이상의 학력이 필요하다. 그리고 금융감독원에서 시행하는 공인회계사의 자격을 취득한 사람이 2~3년의 실무실습을 경험하여 공인회계사로 등록을 한다.

공인회계사 시험은 매년 실시되며 1차에는 회계학, 경영학, 경제원론, 상법, 세법개론, 영어 등의 시험이 있고, 2차에는 주관식 필기시험으로 재무회계, 원가회계, 회계감사, 세법, 재무관리 등이 있다. 시험 합격자는 한국공인회계사회 회계연수원에 등록하고 110시간의 실무연수를 마쳐야 한다. 연수 후에는 직업윤리, 기업회계, 회계감사, 세법, 경영평가 등의 필기시험 및 과제물의 평가를 받아야 한다.

공인회계사 시험에 합격한 사람은 공인회계사의 자격을 갖게 된다. 그러나 회계법인, 한국공인회계사회, 금융감독원, 중앙행정기관, 정부출자기관에서 실무수습을 받아야 공인회계사의 직무를 수행할 수 있게 된다.

⑨ AICPA

AICPA(American Institute of Certified Public Accountant)란 **미국 공인회계사**를 지칭한다. AICPA는 자본시장의 개방화 및 글로벌 시대를 맞이하여 주로 국제적인 전문가로서 세계 중심에서 눈부신 활약을 펼치고 있으며, 국제적인 경쟁력을 갖출 수 있는 유망한 국제적인 자격증이다. AICPA가 주로 하는 업무는 한국 공인회계사(KICPA)의 주업무인 회계감사(Auditing), 세무대리업무 및 경영 자문 업무뿐만 아니라 국제적인 경영 및 회계관련 서비스 등을 수행하는 일이다. 이와 같이 ACIPA의 업무는 KICPA보다 그 영역이 광범위하며, 경제가 더욱 국제화 되어감에 따라 ACIPA업무영역은 앞으로 더욱 넓어질 것으로 보인다.

최근들어 공인자격증인 미국 공인회계사(ACIPA)를 취득하려는 지원자들이 급증하고 있는 근본적인 이유는 세계의 회계시장이 단일화되어 가면서 미국 공인회계사 자격증을 국제적인 회계전문가 자격증으로 인식하고 있기 때문이다.

현재 각국의 회계기준은 나라마다 차이가 있어 국제간 자금조달과 주식거래 및 M&A 등에 많은 문제점을 야기하고 있어서 통일된 국제회계기준이 무엇보다도 필요하며, 현재 전 세계적으로 회계시장이 개방됨에 따라 각국의 회계기준을 국제회계기준에 일치시키는 작업이 진행되었으며 최근에 통일안이 합의되었다. 최근의 우리나라 기업회계기준(GAAP)의 개정도 국제회계기준에 일치 시키는 한 과정이라고 볼 수 있다.

그런데 국제회계기준은 미국 회계기준에 기초하고 있기 때문에 결국 미국 회계전문가인 ACIPA는 곧 국제회계 전문가로 인정받으며, 우리나라에서도 향후 ACIPA의 필요성이 크게 증가할 것으로 예상되고 있다.

따라서 앞으로 국제 공인자격증을 취득한 전문가는 국내는 물론 세계경제를 주도하는 가장 능력있는 전문가로서 자리 매김할 것이다. 시대의 흐름에 능동적으로 대처할 수 있고, 자신있고 당당하게 살 수 있는 국제 공인자격증의 시대가 온 것이다.

미국공인회계사는 1,2차 구분 없이 1차시험으로 합격이 가능하며, 합격점수 이상이면 인원수와 관계없이 합격하는 등 한국공인회계사 시험제도보다 합리적이며, 문제의 난이도를 일정하게 유지하기 위하여 특정연도의 수험생 득점이 평균점보다 하락한 경우 일률적으로 가산점을 주는 제도도 있다.

⑩ CFA

국내 외국인 투자 증가와 신종 금융기법 발달에 따라 국제적으로 공인받는 금융자격증에 관심이 쏠리고 있다.

이 중 가장 인기를 얻는 있는 것이 미국 투자경영분석협회(AIMR)가 인정하는 국제 재무분석사(CFA). CFA는 증권, 채권, 부동산, 선물옵션 등 투자와 기업분석에 관련된 분야에서 종사하는 전문가다.

이 자격증이 인기를 얻는 이유는 취득하기가 비교적 까다로운 반면 이에 대한 수요는 계속 늘고 있기 때문이다.

투자자들은 CFA자격증 소지자의 기업분석 자료를 요구하는 추세며 이들을 고용하고 있는 금융기관은 국제적 공신력과 신뢰도면에서 높은 평가를 받고 있다. CFA 시험의 운영은 미국 투자경영분석협회 주관으로 한국 CFA협회에서 위임 받아 시행한다. 시험은 연 1회 실시되고 국내에서는 1998년 5월에 처음 실시된 이래 매년 6월께 치러진다.

시험은 1·2·3차로 나뉘며 1차는 전과목 240문항 객관식, 2·3차 시험은 단답형 서술형태로 20~25문항이 출제된다.

시험과목은 직업윤리규정, 통계학, 경제학, 회계, 재무관리, 투자론, 채권분석, 주식분석, 포트폴리오 등 9개 과목이다. 과목은 1차부터 3차까지 똑같아 1차 시험준비를 하면서 기본개념을 확실히 닦아 놓는 것이 좋다.

시험 합격률은 1차 60%, 2차 63%, 3차 70% 수준이며 아직까지 응시생이 적어 국내에는 합격자가 20여명 있다.

CFA는 전세계 금융계에서 권위를 인정하는 최고의 자격증이다. 미국 등에서는 CFA 자격증 소지자가 MBA보다 더 높은 대우를 받고 있다. 국내에서도

CFA 자격증은 입사나 승진하는 데 매우 유리한 조건이 된다. 또한 전세계에서 통용되는 자격증이기 때문에 국내 취업 때도 유리하다. 특히 금융시장 개방으로 외국인 투자자들이 몰리면서 국내 CFA에게 재무분석을 의뢰하는 사례가 늘고 있어 앞으로 CFA 위상은 지속적으로 확대될 것으로 보인다.

⑪ 정보기술 컨설턴트

정보기술(IT)컨설턴트라는 직업은 외국에서는 이미 유망한 전문기술사업으로 자리잡은 직업이다. 국내에 이 직업이 소개된 것은 1990년대 들어 시스템 컨설팅을 전문으로 하는 다국적기업이 국내에 진출하면서부터다.

최근 대부분의 기업들이 기업경영에 컴퓨터 시스템, 그룹웨어, 인트라넷등을 도입하므로 정보기술 컨설턴트들이 각광을 받고 있다.

IT컨설턴트는 수요자의 의뢰를 받으면 해당기업의 규모, 자본금, 업무특성 및 규모, 인원 등의 제반조건을 고려하여 그 기업에 가장 알맞는 컴퓨터 시스템을 만들어 제공함으로써 기업의 생산성증대에 커다란 역할을 한다.

이 분야는 컴퓨터 하드웨어, 소프트웨어뿐만 아니라 경영학이나

회계학 등에 관련된 충분한 지식이 필요한 고수준의 직종이다. 이들에 대한 보수는 상당히 좋은 편으로 일반직종의 급여보다 20~30%정도 높다.

국내 IT컨설팅 시장은 사실상 외국계 기업이 주도하고 있다. 전체 시장의 60%이상이 외국계 컨설팅 업체들의 몫이다. 앤더슨 컨설팅이나 오라클, 프라이스워터하우스 등이 대표적이다.

그러나 최근 들어 한국 컨설팅업체들의 성장세가 뚜렷하다. 실제로 대기업이나 관공서 등에서 국내IT컨설팅업체에 의뢰하는 프로젝트가 크게 늘고 있는 추세이다. 이는 무엇보다 풍성한 노하우를 가진 IT컨설턴트들이 대거 쏟아져 나온 데 따른 것이다.

국내에서 이름을 날리는 IT컨설턴트들 중 상당수가 외국계 기업에서 경험을 쌓은 사람들이다. 물론 척박한 풍토에서 출발해 자수성가한 사람들도 적지 않다. 최근에는 경영학석사(MBA)출신의 젊은 IT컨설턴트들이 대거 쏟아져 나오고 있다.

유능한 IT컨설턴트라고 해도 창업하기란 쉽지 않다. 기술력뿐 아니라 경영자적인 능력을 갖춰야 하기 때문이다. 따라서 IT 컨설턴트들 가운데 독립할 경우 재택사무실(SOHO)로 출발하는 경우가 상당수이다.

이 경우는 IT컨설팅업체들이 수행하는 프로젝트중 한 부분을 떼내 맡게 되는 형식이다.

IT컨설팅 분야에 처음 발을 들여놓은 사람은 보통 장기간(8~10년)에 걸쳐 훈련을 해야 한다. 특정분야에 대한 전문지식도 쌓아야 할뿐만 아니라 무수한 현장경험을 통해 업종에 대한 전반적인 이해력도 갖춰야 한다. IT컨설턴트를 꿈꾸는 사람들에게는 일반적으로 두가지 길이 있다. 곧바로 컨설팅업체에 입사하든지 아니면 삼성, SDS, LG-EDS 등 시스템통합(SI)업체들에서 경력을 쌓는 것이다.

IT컨설턴트를 키우는 전문 교육기관도 있다. 한국능률협회 컨설팅이나 한국생산성본부 등이 대표적이다. 그러나 컨설턴트는 단기간의 교육을 통해 만들어질 수 없다.

따라서 이러한 곳들은 컨설팅관련 업종에서 일하는 사람들의 재교육기관 성격이 강하다.

IT컨설턴트가 되기 위해서는 몇 가지 기본적인 자질이 필요하다. 우선 말을 잘해야 한다. 컨설팅이란 고객을 집요하게 설득해 원하는 방향으로 이끄는 작업이기 때문이다. 또, 환경변화에 재빠르게 적응해야 한다. 정보기술의 변화속도는 워낙 빨라 조금이라도 뒤처지면 낙오되기 쉽상이다. 따라서 천성이 부지런해야 한다.

⑫ 경영컨설턴트

경영 컨설턴트는 기업의 경영에 관한 문제점을 분석하고 문제해결을 위한 대책을 연구하며 기업경영과 사업추진에 관한 상담과 자문(consulting)을 맡아서 한다. 경영컨설턴트 문제파악을 위한 조사 및 분석에서부터 문제해결을 위한 상담, 자문, 지도에 이르기까지 업무가 매우 방대하다.

뿐만 아니라 경영전략, 인사 및 조직관리, 재무 및 회계, 생산 및 제품개발, 전산 및 정보시스템, 자재 및 구매관리, 물류, 설비 등 기업의 경영 모든 분야와 연관되어 있다. 따라서 경영 컨설턴트는 전문화되어 있으며 관련 분야에 대한 폭넓은 지식을 가지고 있어야 한다.

경영 컨설턴트의 업무는 프로젝트를 주로 한다. 의뢰인으로부터 상담을 받으면 예비조사를 실시한 후에 의뢰인의 요구에 따라 정식 계약을 맺기도 하고, 프로젝트에 대한 공개입찰에 참여하여 일을 얻는다. 프로젝트를 맡게 되면 규모와 영역에 따라 필요 인원의 팀을 구성하여 정보를 수집한다.

경영 컨설턴트가 팀장이 되어 각자 조사를 실시하고 정보를 수집하고 종합·분석하여 문제해결을 위한 가설을 설정하고 의뢰인이 원하는 성과향상을 위한 프로젝트 제안서를 작성하는 일을 하게 된다.

이에 대한 제안이 받아들여지면 프로젝트 추진을 위한 일정을 세우고 제안서의 내용을 의뢰인회사의 실무진을 통산 검증, 통계분석, 전문가 집단과의 토론, 회사내의 기존자료 확인, 면담 및 설문 등의 기법을 사용하여 사실을 확인하고 일을 조종한다. 이 과정을 통해 검증된 사실로 회사의 경영상 문제해결이나 성과향상을 위한 방법론이

제안된다.

경영 컨설팅의 범위는 경영진단이나 사업체 분석까지 수행하는 경우도 있으며 제안서의 작성과 방법 제시에서 그치지 않고 실제 수행단계까지 담당하기도 한다.

경영 컨설팅을 하기 위해서는 소규모의 팀으로 구성되어 특정 분야를 다루는 경우도 있고, 다국적 기업체에 소속되어 대규모의 프로젝트를 수행하는 일반 업무를 담당할 수도 있다.

경영 컨설턴트가 되기 위해서는 경제학, 경영학, 공학 등의 학위가 요구된다. 특정 분야의 전문가로 3~5년 이상의 경력이 있는 경우 학사 이상으로도 컨설턴트가 되지만 일반적으로 컨설팅 업체에 입사하기 위해서는 석사 이상의 학위를 가지는 것이 유리하다.

경영 컨설팅 업무는 경영 사업체 전분야를 다루고 있기 때문에 컨설턴트로 활동하는 사람들은 다양한 학문적 배경과 경력을 가지고 있다. 신입인 경우에는 연구보조 업무나 조사 업무로 활동을 익히고 내부 자체교육을 통해 컨설턴트가 된다.

전문적인 컨설팅 업체에 고용되거나 개인 컨설팅 업체에서 컨설턴트로 활동하는 경우 외에도 전문 분야에 연구원으로 일하면서 컨설팅 업무를 수행하기도 한다. 한국경영기술지도사회에서는 중소기업의 경영 전반에 걸쳐 컨설팅 업무를 수행할 수 있는 인력을 양성하기 위해 경영지도사 자격시험을 실시하고 있다.

이 시험의 요건은 학사학위 기준으로 10년의 실무경력, 국가기술자격법에 의한 기사자격 소지자 기준으로 7년 이상의 실무경력 등이 필요하다. 1차 시험은 중소기업론, 회계학, 경영학, 영어의 객관식시험이 있고, 2차 시험은 인사관리, 재무관리, 판매관리, 생산관리 중 1과목을 택하여 주관식으로 시험을 본다.

향후 경영 컨설턴트의 인력은 증가 할 것이다. 기업의 경영진단과 기업구조조정이라는 문제를 해결하는 데는 없어서는 안 될 직업이 바로 경영 컨설턴트이기 때문이다. 소규모 컨설팅 업체와 종합적인 경영 서비스를 지원하는 경영 컨설팅 업체, 해외에 본사를 둔 다국적 컨설팅 업체에서는 더 많은 인력을 수요로 하기 때문에 실력 있는 경영 컨설턴트는 지속적으로 채용될 것이다.

이들 21세기 유망전문직업에 종사하는 사람들은 컴퓨터전문가는 아니지만 컴퓨터 기능은 당연히 뛰어나야 한다. 그리고 이 모든 분야에서 외국어 또한 필수다. 선택의 여지는 없다. 그렇기 때문에 인생의 한 시기는 분명 책과 공부에 떼어 줘야 한다. 전문적인 직업과 풍요로운 삶을 누리고 싶다면 컴퓨터와 외국어를 잘 하는 사람이 되라. 단시일에 가능한 일이 아닌 두 가지 일은 미리 계획을 세워 시작해야 한다. 이것은 필수과목처럼 차곡차곡 쌓아야 할 인생의 양곡이다. 대학생활을 통해 정복하고야 말겠다는 각오로 임하면 훗날 분명히 좋은 결과가 있을 것이다.

3. 새로운 취업전선, 외국계기업

자료원: 양영길, 외국계기업: 선택과 공략, 양서원 , 1998.

(1) 외국계 기업을 노려라

한국 경제의 규모가 커지고 세계무역 및 기업활동에서 차지하는 비중이 높아짐에 따라 국내 외국계 기업의 수가 상당히 늘어났다. 특히 최근 들어 시장개방과 국제화 물결을 타고 외국기업과 다국적기업의 국내 진출이 활발해지고 있다.

일간신문 광고란을 봐도 외국기업의 영문 구인광고가 심심치 않게 눈에 띈다. 현재 국내에 들어와 있는 외국기업 및 외국인 투자기업은 7천 7백여개. 1996년을 기준으로 할 때 외국인 투자기업은 5백여개가 더 생긴 셈이다.

그러나 그 수가 많은 만큼 우리에게 생소한 기업이 훨씬 많다. 그래서 대부분의 취업지망생들에게 외국계 기업은 대부분 관심 밖에 있는 것이 현실이다.

나름대로 외국계 기업이라는 새로운, 그리고 아주 넓은 채용시장을 포착한 취업지망생이라 해도 대부분 기업의 지명도만을 중시하여 귀에 아주 익은 외국계 기업에만 매달리기 일쑤고, 자신의 외국어 실력이 부족하다고 여기는 취업지망생들은 관심은 많아도 외국계 기업의 구인광고에는 눈을 돌린다. 그래서 세계를 대상으로 사업을 하는 좋은 일자리를 아예 도전해 볼 생각도 하지 않고 기회를 놓쳐 버리는 것이다.

외국계 기업이란 한마디로 외국인이 투자에 참여하고 있는 다른 형태의 '한국기업'이다.

대부분의 외국계 회사는 전체 직원이 20~50명 이내로 국내에 지점이나 연락사무소 등을 개설해 놓은 정도다. 하지만 국내에 완전히 뿌리를 내리고 있는 현지법인이나 합작사의 경우는 전체 직원이 2천명 이상인 회사도 있다.

그럼에도 불구하고 전체 외국계 기업의 수(數)나 채용인력 규모는 파악하기 힘든 것이 현실이다. 비교적 규모가 크고 안정적인 국내 현지법인이나 합작사 등과는 달리 비교적 소규모인 지점, 대리점, 연락사무소등의 직원이 10명 이내인 관계로 일일이 알아보기 어렵고 설립이나 철수 또한 빈번하기 때문이다. 국적별로는 미국이 가장 많고 다음으로 일본, 독일, 영국, 프랑스 등이 진출해 있다.

우리가 광고나 일상생활을 통해 잘 아는 필립스코리아, 한국 IBM, P&G, 한국듀폰, 한국3M, 한국후지쯔, 한국디지탈, 한국유니시스 등은 국내 현지 법인화된 대표적인 외국계 회사이다.

다국적기업들의 대부분이 이러한 형태로 국내에 들어와 있다. 이들 회사는 근무조건이 좋고 재무구조가 튼튼해 학생들 사이에서 인기가 높은 편이다.

(2) 외국계 기업의 장점과 단점

① 외국계 기업의 장점

외국계 기업의 수가 많고 국적과 유형도 다양한 만큼 그 장점과 단점을 일반화시켜 구분짓기란 사실상 힘들다고 봐야 한다. 그러나 국내에 들어와 있는 우수한 외국계 기업을 중심으로 볼 때 대체로 다음과 같은 장점을 찾아 볼 수 있다.

◆ 세계적인 네트워크와 합리적인 경영

외국계 기업, 특히 다국적 기업들은 세계 곳곳에서의 경영활동을 통해 합리적이고 진취적인 기업경영기법을 보유하고 있다. 그들의 세계적 규모의 영업활동과 경영기법을 배운다는 것도 아주 매력적인 일이라고 할 수 있다. 더구나 외국인과 함께 일하면서 익힐 수 있는 국제적인 분위기도 자기개발에 큰 보탬이 될 것이다.

◆ 능력에 따라 대우한다.

최근 들어 우리 나라에서도 연봉제와 업적급제가 도입되는 등 과거와 같은 연공서열식의 업무 및 급여체계가 서서히 변화하고 있는 추세이긴 하지만, 외국계 기업에서는 특히 개인의 능력에 따라 승진·승급이 적절히 보장된다. 그만큼 외국계 기업의 직위 체계가 개방적이라는 것을 의미한다. 따라서 자신의 능력을 적극적으로 펼치고 싶은 사람들에게 외국계 기업은 좋은 도전의 장(場)이라고 할 수 있다.

◆ 출신배경이나 성별을 중시하지 않는다.

또한 외국기업들은 국내기업들에 비해 대체로 세칭 '일류대학' 출신에 대한 선호현상이 덜하다. 따라서 이른바 '중하위권 대학' 출신도 서슴없이 문을 두드려볼 필요가 있다. 여대생들에게도 외국기업들은 국내기업들에 비해 장벽을 낮춰놓고 있다.

또한 외국기업들은 지원자들의 대학 전공을 크게 중시하지 않으며, 나이가 서너 살 많다고 해서 뽑을 사람을 안 뽑지는 않는다.

본인이 생각하기에 실력, 특히 외국어 실력이나 전산능력, 혹은 특정분야의 전문지식은 풍부한데 '출신성분(?)' 으로 인해 국내 대기업 입사시험에서 고배를 마셨다고 생각되는 사람은 서슴없이 이력서를 작성해서 가급적이면 많은 외국기업에 접수해 두는 것이 좋다.

◆ 여성에 대한 차별대우가 적다.

흔히들 외국계 기업이라면 남녀평등이라는 가치관을 중시하므로 남녀차별이 전혀 없다고 생각하는 경우가 많다. 그러나 외국계 기업이라고 해서 차별이 전혀 없는 것은 아니다.

예를 들어 외국계 금융·증권사 등의 경우 여성직원은 주로 반복적 업무인 예금·출납업무에 배치하는 차별, 승진차별 등으로 이어진다.

그러나 외국계 기업에서 근무하는 여직원의 경우 입사시기와 학력이 같은 남성에 비해 그 남성의 군대 경력을 인정해 지급하는 초과호봉분외에는 동등한 급여를 보장해주는 기업이 대부분이다. 물론 남성들의 군경력을 급여산정에 전혀 반영하지 않는 기업도 많다.

또한 여직원이 동일한 근무연수의 남성에 비해 먼저 승진하는 경우도 비일비재하다. 출산으로 인한 휴가나 휴직제도 역시 철저히 유급으로 보장된다. 한마디로 이 땅에서 외국계 기업은 국내기업들에 비해 여성들의 낙원인 셈이다.

◆ 근무조건이 좋다.

외국계 기업의 가장 큰 매력이라고 할 수 있는 것은 근무시간이라고 할 수 있다. 평일은 보통 9시 출근, 5시 퇴근이 일반적이다.

물론 토요일 근무를 하지 않는 회사가 토요일에도 근무하는 회사보다 압도적으로 많다. 국내 사정에 맞추려는 시도에서 격주로 토요일을 휴무하는 회사도 있다.

평일 출퇴근 시간을 본인이 자유롭게 선택해 정해진 근무시간을 채울 수 있도록 하는 flexible 근무제(유동시간 근무제)를 채택한 기업도 상당수 있다.

② 외국계기업의 단점

◆ 직장문화가 다분히 자기중심적이다.

어느 기업과 마찬가지로 외국기업에도 문제점은 있다. 우선 외국계 기업들은 철저한 실적 위주의 경영으로 직장생활의 주요한 부분인 직원들간의 동료애를 찾아보기가 쉽지 않다.

◆ 자본철수의 위험성이 있다.

외국기업의 경우 자본철수라는 위험성을 향상 내포하고 있다는 점을 명심해야 한다. 지난 1990년을 기점으로 외국회사들이 소리 소문도 없이 문을 닫는 경우가 심심찮게 발생해 직원들이 큰 피해를 입은 경우도 있었다. 즉 '이익이 없으면 냉정하게 철수한다'는 것이 이들의 특징인 것이다.

특히 소규모 대리점이나 연락사무소의 경우는 근무여건이 국내기업보다 열악한 경우가 많으며 신분보장도 어렵다는 사실을 유념해 둘 필요가 있다.

◆ 승진에 한계가 있는 기업들이 있다.

최근 들어 일부 외국계 기업에서는 승진의 한계가 무너지고 있는 추세이다. 과거와는 달리 외국계 기업의 현지화가 활발하게 이루어지고 있기 때문이다.

하지만 아직은 일부회사에서 국내인으로서 고위직으로 승진하기는 어렵다. 특히 이들 기업들은 국내인보다는 본국에서 채용한 교포나 현지 유학생 출신을 선호하는 경향이 있어 국내에서 입사해 승진하는 길은 더욱 힘들다고 할 수 있다.

참고문헌

김동기, 현대마케팅 원론, 박영사.
서성무 · 이지우, 경영학원론, 형설출판사.
신유근, 현대 경영학, 다산출판사.
이두희 · 한영주, 인터넷 마케팅, 영진출판사.
이상범, 현대 생산 · 운영관리, 경문사.
이원우 · 서도원 · 이덕로, 경영학 원론, 박영사.
이장우, 경영전략론, 법문사.
이재규 · 김성국 · 권중생, 인적자원관리론, 문영사.
이필상, 재무관리, 박영사.
이학식 · 현용진, 마케팅, 법문사.
임창희, 조직행동, 학현사.
장세진, 경영전략, 박영사.
정수영, 경영학원론, 박영사.
조병태, 현대경영학의 이해, 학현사.
채서일, 마케팅, 학현사.
채수명, 아이디어경영, 일송미디어.
한재민, 경영정보시스템, 학현사.
황규승 · 박명섭 · 박광태, 생산관리, 홍문사.

Covey, Stephen R., *The Seven Habits of Highly Effective People*, Fireside, 1990.
Donnellym, James H. Jr., James L. Gibson, and John M. Ivancevich, *Fundamentals of Management*, Irwin, 1992.
Greenberg, Jerald and Robert A. Baron, *Behavior in Organizations: Understanding*

and Managing the Human side of Work, Prentice-Hall, 1995.

Griffin, Ricky W., *Management*, Houghton Mifflin, 1996.

Higgins, James M., *The Management Challenge*, Macmillian Publishing, 1994.

Holt, David H., *Principles and Practices*, Prentice-Hall, 1993.

Ivancevich, John M., Peter Lorenzi, Steven J. Skinner, and Philip B. Crosby, *Management: Quality and Competitiveness*, Irwin, 1994.

Kreitner, Robert and Angelo Kinichi, *Organizational Behavior*, Irwin, 1995.

Peale, Norman Vincent and Kenneth H. Blanchard, *The Power of Ethical Management*, Ballantine Books, 1996.

Robins, Stephen P. and David A. DeCenzo, *Fundamentals of Management*, Prentice-Hall, Inc., 1995.

Robins, Stephen P., *Management*, Prentice-Hall, Inc., 1994.

Schermerhorn, John R. Jr., *Management*, John Wiley & Sons, Inc., 1996.

Senn, James A., *Information Technology in Business*, Prentice-Hall, 1995.

Stalk, George and Thomas M. Hout, *Competition against Time: How Time-Based Competition is Reshaping Global Markets*, Free Press, 1990.

Stoner, James A. F., R. Edward Freeman, and Daniel R. Gilbert, Jr., *Management*, Prentice-Hall International, Inc., 1995.

사항색인

인명색인

[저자약력]

이필상
서울대학교 공대 졸업
미 Columbia University 경영학박사
한국재무학회장
경실련 경제정의연구소장
함께하는 시민행동 상임대표
감사원 부정방지대책위원
현, 고려대학교 경영대학장 겸 경영대학원장
저서: 재무관리, 금융경제학, 관리경제학, 신국제금융 등 다수

이만우
고려대학교 경영대학 졸업
미 Georgia University 경영학박사
한국 및 미국 공인회계사
재정경제부 세제발전심의위원
정부투자기관 운영위원
예금보험공사 운영위원
현, 고려대학교 경영대학 교수
저서: 세법, 회계원리, 고급회계, 회계감사 등 다수

정순진
고려대학교 영어교육과 졸업
고려대학교 대학원 경영학과 박사과정 수료
기업경영연구원 선임연구원
강원대, 시립대, 동덕여대, 방송통신대 강사
현, 고려대학교 경영학과 강사
저서: 경영학연습, 객관식 재무관리

경영학원론

2001년 3월 10일 초판 발행
2017년 2월 20일 초판 22쇄 발행

저 자 이필상 · 이만우 · 정순진
발행인 배 효 선
발행처 도서출판 法 文 社
주 소 10881 경기도 파주시 회동길 37-29
등 록 1957. 12. 12 / 제2-76호 (윤)
TEL 031) 955-6500~6 FAX 031) 955-6525
e-mail (영업): bms@bobmunsa.co.kr
(편집): edit66@bobmunsa.co.kr
홈페이지 http://www.bobmunsa.co.kr
조 판 대 경 문 화 사

검인 BUM MOON SA

정가 27,000원 ISBN 978-89-18-12232-8